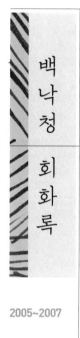

백낙청 회화록

2005~2007

5

백낙청 회화록

2005~2007

5

백낙청 회화록
간행위원회 엮음

창비

간행의 말

청사(晴簑) 백낙청(白樂晴) 선생의 고희를 기념해 선생이 한국 및 해외의 지성과 나눈 회화(會話)의 기록을 모아 간행합니다. 계간 『창작과비평』을 창간하며 한국 문화운동에 첫발을 디딘 후 1968년 1월부터 2007년 6월까지 40년에 걸쳐 선생이 참여한 대담과 좌담을 기본으로 하고 토론과 인터뷰 등을 곁들인 이 다섯 권의 회화록은 20세기 중후반 한국 논단에서 치열하게 논의된 주요 쟁점들이 망라된 우리 지성사의 생생한 사료집입니다.

대화라는 형식은 한 사람이 일방적으로 진술하는 수사법과 대립되는 방법으로서 예부터 진리발견의 절차로 주목되어왔습니다. 그리고 좌담은 동아시아 근대 저널에서 독자들에게 순발력있는 대화의 흥미를 안겨주는 부담없는 읽을거리이자, 참여자들의 대등한 의견교환을 통해 각자의 입장을 명료하게 전달하는 형식이어서 널리 활용되어왔습니다.

돌이켜보건대, 영문학자이자 문학평론가일뿐만 아니라 『창작과비평』 편집인 그리고 민족문화운동과 그것을 한층 발전시킨 분단체제극복운동을 수행하는 이론가요 실천가인 선생은 자신이 직접 조직하거나 또는 초대받은 대담과 좌담을 통해 1960년대 이래 우리 사회의 핵심적인 담론생산의 현장에 깊숙이 간여해왔습니다. 대담과 좌담이라는 회화 형식이야말로 항상 논쟁의 현장에 머물길 원하는 '젊은' 논객인 선생의 식견과 경륜이 효과적으로 발휘되는 의사전달 통로가 아닐 수 없습니다.

이 책을 엮기 위해 자료들을 검토하면서 간행위원들은 회화록이 지닌 세 가지 차원의 가치에 주목하게 되었습니다.

첫째로 선생 개인의 자전적인 기록으로서의 가치입니다. 선생 스스로 자신의 생애와 행적을 서술한 것은 물론 아니지만, 대담과 좌담에는 그가 40년간 공개적으로 표명한 언행이 시기순으로 정리되어 있어 선생의 이론적·실천적 궤적이 일목요연하게 드러납니다. 제5권 권말의 상세한 연보와 대조해 읽는다면 선생의 사상적 편력을 이해하는 데 매우 유용한 자료가 될 것입니다.

둘째로 선생과 더불어 우리 시대의 문제를 놓고 고뇌하며 실천의 길을 걸어온 한국 지성의 집단 전기적인 기록으로서의 가치입니다. 선생의 대화 상대자(국내 125인, 해외 8인)는 이른바 진보진영에 국한되지만도 않고 우리 사회의 발전에 다방면에서 공헌해온 분들인데, 그분들의 언행 역시 여기에 고스란히 담겨 있습니다. 그분들이 시대의 변천에 어떻게 대응해왔는지를(때론 변모해왔는지를) 지켜보는 것도 우리 지성사를 읽어내는 의미있는 일이 되겠습니다.

셋째로 선생이 해외의 저명 지식인들과 함께 한국인의 이론적·실천적 고투를 전지구적 시각에서 성찰한, 우리 담론의 세계화의 기록으로서의 가치입니다. 세계사적 변화에 대한 주체적·실천적 대응은 선생이 1960년대부터 한결같이 추구해온 지향인데, 외국의 지성들은 그와의 대화에 참여하여 한국인의 과제가 그들 자신의 사회, 더 나아가 전지구적 과제와 어떻게 연관되어 있는지를 규명하고 연대의 가능성을 확인할 수 있었습니다.

이 책의 체재는 수록된 자료들을 연대순으로 배치하는 것을 원칙으로 삼았습니다. 그리고 분량을 고려해 편의적으로 다섯 권으로 나눴는데, 가급적 그 시기구분을 한국의 정치사회적 변동의 획기와도 연결해보려고 애썼습니다. 각권의 끝에 실린 간행위원들의 해설은 바로 그 획기의 시대적 의미와 대화 내용의 한국 지성사적 위치를 규명하고 있습니다. 선생과 오랜 기간 교감하며 같은 길을 걸어온 간행위원들이 분담한 권말의 해설들은 선생에 대한 회고와 수록내용 비평이 어우러진 또 하나의 흥미로운 대화록입니다.

끝으로 40년간의 자료들을 수집 정리해 다섯 권의 알찬 책으로 간행하는 데 도움을 주신 분들의 고마움을 기억하고 싶습니다. 먼저 선생의 대화 상대자 여러분께 대화록 간행취지에 공감하시고 원고게재를 쾌히 승낙해주신 데 대해 깊은 감사를 드립니다. 또한 그간 노고를 아끼지 않은 창비 편집부의 실무진에 각별한 마음을 전합니다. 회화록 전체의 목록을 작성하는 일에서부터 묵은 잡지들을 뒤지고 시청각 자료를 점검하여 원고의 정본을 만드는 일까지의 전과정은 사료집 편찬의 어려움을 실감하는 작업이었습니다. 이 과정에서 선생 역시 원고를 전부 직접 교감(校勘)하는 번거로움을 기꺼이 감당해주셨는데, 그 덕에 자료의 신뢰도는 한층 높아졌다고 자부합니다.

근대학문의 분화된 지식의 경계를 넘나들며 현실과 소통하는 길을 일찍부터 닦아온 이 회화들의 간행이 앞으로 선생이 여러 층의 새로운 독자와 더불어 대화를 계속 이어가는 계기가 될 수 있기를 간절히 바랍니다.

2007년 10월
백낙청 회화록 간행위원회

차
례

일러두기

1. 1968년 1월부터 2007년 6월까지 백낙청이 참여한 좌담, 대담, 토론, 인터뷰 등을 시대순으로 배열하여 총 5권의 회화록으로 엮었다.
2. 각 꼭지에서 참가자들의 이름 배열과 직함은 발표 당시의 것을 따랐고, 각권 말에 참가자 약력을 따로 실었으며, 확인가능한 회화의 일시와 장소는 밝혀두었다.
3. 독자들의 이해를 돕기 위해 각 꼭지 제목을 더러 바꾸기도 했으며, 이 경우 원제를 밝혀두었다. 본문에 중간제목이 없는 경우는 그대로 두었다.
4. 원문의 명백한 오탈자는 바로잡았고, 문장은 가급적 원본 그대로 두었다.
5. 외래어 표기는 현지음을 존중하는 원칙에 따랐다.
6. 책을 엮으면서 편자가 필요하다고 판단되는 경우에 편자 주를 각주로 달았으며, 발표 당시의 주는 가급적 본문 안에 괄호로 묶어 남기되 예외적인 경우는 따로 밝혔다.

백낙청과 인터넷 논객들

백낙청(『창작과비평』 편집인·서울대 명예교수)
민경배(경희사이버대 교수·정보트러스트센터 운영위원장)
김용민(라디오21 편성제작국장)
조희정(공간플러스·퍼슨웹 기획위원)
하종강(한울노동문제연구소 소장)
2005년 1월 22일

하종강 안녕하십니까. 하종강입니다. '만남 2005', 오늘 세번째 시간입니다. 오늘은 백낙청 선생님과 함께합니다. 백낙청 선생을 수식하는 말은 참 많습니다. 서울대학교 교수, 『창작과비평』 창간인 그리고 편집인. 그렇지만 고은(高銀) 시인이 백낙청 선생님을 표현한 말이 가장 잘 어울리는 것 같습니다. 고은 시인은 백낙청 그 앞에는 '대지의 지식인'이라는 말이 필요하다, 왜냐하면 그는 그 어떤 골짜기나 유역의 지식인이라는 한계를 벗어나 있기 때문이라고 표현했습니다. 오늘 '만남 2005'에서 백낙청 선생님과 함께하는 세 분의 젊은이들은 인터넷 시대를 이끌고 있는 젊은 논객들입니다.

■ 이 좌담은 RTV(2005년 1월 22일)에 방송된 것이다.

먼저 오늘 나오신 분들을 소개해드리겠습니다. 『창작과비평』 창간인, 편집인·문학평론가 그리고 시민방송의 이사장, 대지의 지식인 백낙청 선생님입니다. 경희사이버대학 NGO학과 교수이면서 정보트러스트운동을 이끌고 있는 민경배씨입니다. 그리고 TV에 'RTV'가 있으면 라디오에는 '라디오21'이 있다, 이렇게 말하는 사람도 있습니다. 라디오21 편성국장 김용민씨입니다. 인터넷 전문 웹진 퍼슨웹에서 인터뷰어로 활동하면서 '공간 플러스'에서 교육전문가로 활동하고 있습니다. 조희정씨입니다.

우선 제가 가벼운 질문부터 몇 가지 해보겠습니다. 지난 방송에서 사회자가 너무 말이 많았다, 이런 지적이 있었는데 출연자들이 왕성하게 말을 하지 못했기 때문이거든요. 오늘 제가 말을 적게 할 수 있도록 도와주시기 바랍니다.

우선 백선생님은 앞에서도 얘기했다시피 항상 여러 수식어가 따라다닐 정도로 칠십 평생 동안 많은 일을 하셨고, 지금도 왕성하게 하고 계십니다. 독일의 한 대통령은 교수 출신이면서 대통령을 지낸 뒤에도 계속 교수라고 불러달라고 말한 적이 있다고 들었습니다. 우선 고은씨가 표현한 '대지의 지식인', 이 표현은 맘에 드십니까? 사람들이 뭐라고 불러드리는 게 가장 좋겠습니까?

스스로 나를 규정하는 것은 문학평론가

백낙청 글쎄요. 저는 수식어에 대해선 별로 신경을 안 쓰고 살아요.(웃음) 다만 분야를 지칭할 때는 기본적으로는 문학평론가라고 생각합니다. 요즘은 문학평론을 별로 많이 쓰지도 못하는데 문학평론가라고 하기가 좀 쑥스럽기는 하지만 '문학평론가'라고 할 때는 뭐가 아니다라는 뜻이 들어가죠. 첫째는 제가 교수생활을 40년 가까이 했지만 전공이 문학인데 학자라기보다는 영문학 역시 평론가로서 접근했다는 게 있고요. 또 하나는 이것저것 사회활동을 많이 합니다만, 나는 활동가가 아니고 기본적으로 문필가다 하는 게 있고. 그다음에는 그냥 뭐가 아니다라는 뜻만이 아니고 문학평론을 제대로 한다는 것은 최고의 차원에서 글을 읽고 생각하고 또 자기가 읽고 생각한 것에 대해서 말하는 작업이라고 보거든요. 그런 점에서는 기본적으로 문학평론가라고 씁니다.

하종강 그렇게 말씀하실 거라고는 짐작을 했습니다. 그런데 문학평론가라는 말로 포괄하기에는 그동안 살아오신 삶의 궤적이 너무 광범위해서 항시 우리가 아쉬움을 느끼고 있습니다.

민경배씨는 디지털 역사책읽기 운동을 하고 있다고 들었습니다. 그리고 정보트러스트운동센터의 운영위원장을 맡고 계신데 그 운동을 잠시 소개해주시죠.

민경배 정보트러스트 하면 아직까지는 많은 시청자분들은 낯선 용어일 거예요.

하종강 왜 트러스트라는 용어를 썼냐고 시비를 거는 사람은 없습니까?

민경배 지난번에 고려대의 이필상(李弼相) 교수님께선 정보트러스트센터를 우리말로 하면 정보신뢰중심이 되지 않겠냐고 하셨는데, 트러스트라는 용어가 사실 환경운동에서는 많이 쓰이고 있죠. 내셔널트러스트운동이 있습니다. 많이 아시겠습니다만, 내셔널트러스트운동은 아주 소중한 문화유산이나 자연환경을 시민들의 힘으로 보존하고 지키자는 취지의 환경운동인데요. 어떻게 보면 내셔널트러스트운동의 디지털 버전이라고 소개를 해드릴 수가 있을 것 같고요.

하종강 환경이 오염되어 있기 때문에 그런 운동이 필요한 것처럼, 정보공간도 많이 오염되어 있다고 볼 수 있겠습니다.

민경배 네. 오염된 중요한 이유가 물론 유해한 정보들이 생산되기 때문인 측면도 있습니다만, 사실 깨끗한 공기가 많으면 오염이 안되지 않습니까? 그와 마찬가지로 양질의 정보, 유익하고 의미있는 정보들이 오래 보존되면 그런 인터넷 환경의 유해성이 많이 줄어들 텐데, 애석하게도 상당히 의미있는, 그리고 역사적 가치가 있는 정보들이 금방 사라지고 없거든요. 책의 경우는 보통 절판이 되어도 도서관에 보관되어 있기 때문에 후세에 남겨지는데, 의미있는 웹싸이트들은 써버에서 사라지면 흔적도 없어집니다.

하종강 그다음에 김용민씨는 직함이 편성국장인데, 보통 다른 방송은 편성, 제작을 혼자 하는 경우가 거의 없습니다. 김용민씨는 혼자 북 치고 장구 친다고 하는데, 보니까 진행도 하십니다. 근데 라디오21이 1인 방송은 아니겠죠? 잠시 소개해주시죠.

김용민 그렇지는 않고요. 개그맨 김구라씨가 저한테 국내 최연소 국장이라고 얘기하고 있는데, 반창회에 나가보면 다 사장입니다. 삼겹살집 하는 친구도 있고, 술집 하는 친구도 있고…… 어쨌든 그렇습니다. 인터넷 공간 안에서 직함이나 이런 것들은 굉장히 거추장스럽다는 느낌이 들거든요. 인터넷 안에서는 모든 것이 다 평등하다는 원리가 있기 때문에…… 그래서 필명들을 많이 쓰지 않습니까? 그래서 국장이라는 직함이 부담되는 측면도 있고, 또 인터넷 세대를 대변해서 나온만큼 제 필명을 소개해드리겠습니다. '진보 백작'이라는 필명을 쓰고 있습니다.

하종강 참고로 김용민씨에게 우리가 처음 출연 섭외를 했을 때 첫 질문이 "출연료 나옵니까? 빨리 나옵니까?"였죠. 물론 농담이셨지만. 그런데 백작이라는 필명을 쓰고 계시군요.

조희정씨는 '공간 플러스'가 '연구공간 수유+너머'에 속해 있는 청소년 프로그램이네요. 주로 어떤 활동을 하고 계십니까? 교육전문가라고 소개되어 있는데요.

조희정 교육전문가라고 하면 저로서는 좀 과분하고요. '수유+너머'가 대학생과 대학원생, 그리고 주로 연구자들이 모여 있는 집단이어서 어떤 의미에서 자족적인 공동체가 될 수 있기 때문에 여러가지 네트워킹을 시도하는 것 중의 하나라고 볼 수 있고요. 그중에서도 청소년이라면 세대간의 네트워킹을 시도하는 거라고 볼 수 있을 텐데요. 그런 면에서 청소년 교육공간 중에서 저희 같은 경우는 주로 인문학 중심의 강좌와 학생들의 몸에 대한 자각 같은 것에 중점을 두고 활동하고 있습니다.

하종강 그래요. 인문학이라는 단어가 머리에 와닿습니다. 영상매체의 성장과 함께 성장한 20대, 30대는 종이보다는 인터넷, 문자보다는 이미지를 더 친근하게 여기고 있습니다. 이 모두가 나이든 사람들에게는 마땅치 않은 현상들입니다. 인터넷의 역할이 무엇보다도 커지고 있습니다. 오늘 함께하신 분들이 모두 인터넷 공간에서 자신의 능력을 한껏 발휘하시는 분들입니다. 어떤 활동을 하시는지 우리가 준비한 자료를 보고 난 후에 다시 얘기하도록 하겠습니다.

대안매체를 꿈꾸는 인터넷 라디오방송국 라디오21. 김용민 피디는 라디오21에서 '김용민의 동향 분석' '정치 톺아보기' '뉴스 앤 커피' '노동과 꿈' 등의 프로그램을 제작하고 있다. 그는 통쾌한 진행과 차별적 콘텐츠로 애청자들의 사랑을 받고 있다. 신학과를 졸업한 그는 극동방송과 TV 피디를 거쳐왔다. 하지만 피디 재직 시절 교회 비행을 규탄하다가 자의반 타의반으로 퇴직하게 되고 마지막으로 그가 선택한 곳이 바로 라디오21이다. 수구세력에 맞서 사회를 변화시키는 데 함께하겠다고 나선 김용민 피디. 평범하지만 평범하지 않은 남자, 다재다능, 의욕과잉의 김용민 피디를 만나본다.

경희사이버대학교 NGO학과 민경배 교수. 사회학 박사인 그는 사이버문화 연구소 이사로 인터넷 문화를 통한 세상읽기 전문가로 통한다. 한국NGO신문, 지방자치실물연구소, 아시아문제연구소 등에 몸담고 있는 그는 오마이뉴스 고정 칼럼니스트로 활동한다. 또한 민경배 교수는 사라지는 인터넷 문화유산을 지키자는 디지털 역사찾기 운동, 정보트러스트운동에 주도적으로 참여하고 있다. 지식정보의 상업화를 막고 인터넷 상에 존재하는 가치있는 정보들을 보호하기 위한 이 운동은 인터넷 시대에 정보의 권력화와 불평등을 막아내기 위해 꼭 필요한 작업이다.

청소년과 함께 새로운 세상을 꿈꾸는 젊음, 조희정. 국어교육을 전공한 조희정씨는 '공간 플러스'와 퍼슨웹에서 활동하는 기획위원으로, 현재 서울대학교 국어교육연구소 연구원이기도 하다. 그는 공교육과 사교육, 그리고 대안학교의 틀마저 뛰어넘는 새로운 교육을 고민하고 있다. 조희정씨는 인터넷 웹진 퍼슨웹에서 교육관련 인터뷰 기사와 칼럼을 쓰고 있으며, 『인텔리겐차』『대담한 책읽기』 등을 공동 집필하기도 했다. 든든한 청소년들의 지킴이로 나선 조희정씨를 만나본다.

세대간의 대화: 인터넷 시대의 책읽기

하종강 모두가 만만치 않은 활동을 하고 있는 사람들이군요.

오늘 첫번째 주제는 세대간의 대화, 인터넷 시대의 책읽기입니다. 한 기사에서 "인터넷이 활자매체의 목을 조르고 있다", 이런 표현도 제가 봤습니다. 신속성·영향력·만족도에서 책은 인터넷의 경쟁상대가 되지 못한다, 혹시 이러다가 책이 영원히 종말을 고하는 것이 아닌가 하는 걱정도 나이든 사람들은 하고 있습니다. '만남 2005'에 첫번째, 두번째로 출연한 홍세화(洪世和), 황대권(黃大權) 씨도 인터넷 세대에게 책을 읽어달라는 주문을 잊지 않았습니다. 오늘 나오신 젊은 세대들은 그래도 책을 읽을 것 같은데 어떻게 책을 많이 읽습니까?

김용민 제가 이 질문에 고민을 많이 했습니다. 안 읽은 책도 있었다고 할까……(웃음) 책 목록을 적어봤는데 너무 빈티가 날까봐…… 근데 정말 책을 읽을 시간이 없습니다. 왜냐하면 인터넷에 집중하다 보니까 눈이 피로해져서 딴 시간에는 책이라든지 이런 걸 볼 겨를이 없더라고요. 지하철 안에서 소설을 읽는 일이 간혹 있기는 하지만. 전에 한번 인터넷 상에서 너무 좋은 글이 있어서 그걸 프린트를 해봤더니 A4 용지로 20장이 넘더라고요. 그걸 책으로 읽는다면 30~40페이지 정도 되는 거고, 그걸 10개 정도 읽는다면 책 한 권 읽는 겁니다. 저는 책이라는 게 종이에 찍혀 있는 활자, 디스플레이의 차이일 뿐인데, 종이로 된 묶음, 이걸 읽으라고 얘기하는 건 시대착오적이지 않은가 하는 생각을 해봤습니다.

하종강 그래요. 우리가 세 번 진행하면서 사실은 비슷한 답변을 들었습니다. 종이로 된 책만 읽지 않을 뿐이지 텍스트는 정말 많이 접한다는 얘기를 들었습니다. 혹시 나오신 분들은 『창작과비평』 영인본을 알고 계신가요?

민경배 『창작과비평』이 1966년에 창간되었다는 건 오늘 처음 알았는데요. 제가 66년생입니다. 그래서 저와 생일이 똑같은 책이라는 생각이 드는데, 아까 소개를 보니 근 40년 가까이 잡지가 지속적으로, 물론 중간에 잡지가 잠시 중단된 적도 있는 것으로 알고 있지만 근 40년 가까이 유지되어왔습니다. 반면에 아까 제가 인터넷 상에서 중요한 정보들이 자꾸 사라지고 있다는 말씀을 드렸는데, 어떻게 보면 영속성이라는 측면에서 책이라는 매체와 디지털이라는 매체에 중요한 차이가 있는 것 같아요. 그래서 앞으로는 모든 정보들이 이러한 디지털로 바뀌어가는 추세 속에서 『창작과비평』처럼 장기적인 생명력을 가질 수 있는 디지털 콘텐츠든 디지털 웹싸이트든, 이런 것들이 앞으로 만들어질 수 있을까, 이런 측면은 앞으로 우리가 함께 고민해보아야 할 부분이 아닐까 싶습니다.

조희정 지난 시간에도 그렇고 지금도 책을 잘 읽는다고 강조하는 부분에 대해서 저는 좀 동의하기 힘들었던 지점이 있는데요. 지금 말씀하신 부분들이 다 타당한 지적이긴 하지만 요즘 초등학생들의 경우에는 부모님들이 열화와 같이 읽히고 있거든요. 물론 학교 정규과정 같은 데서 요구되는 바가 있기 때문에 그렇기는 하지만. 그래서 책을 안 읽는다는 것에 전적으로 동의하기는 어렵고요. 한편으로는 세대의 책임으로 가면서, 개인의 책임으로 가는 부분들도 있는 것 같아요. 근데 저는 과연 사회가 책을 볼 수 있는 문화를 조성해주고 있는가를 짚어봐야 할 것이라고 보는데요. 예컨대 도서관 같은 것들이 건립되어 있어서 학생이나 일반시민들의 접근 가능성을 높여주고 있는지, 그런 문제들을 따져보는 것이 훨씬 중요하지 않을까 하는 생각이 들었어요. 그래서 저는 오늘 백낙청 선생님을 뵙는다고 해서 사실은 그 부분을 여쭤보고 싶었거든요. 선생님께서 그런 부분에 관심이 많으시니까. 사실 저는 우리 사회에 독서문화의 조성이랄까, 이런 것이 중요하지, '인터넷 세대는 책을 안 읽어' 이런 걸로 해결될 수 있는 문제는 없다고 생각되는데요. 질문을 드려도 될까요?

하종강 책에 대한 얘기는 주로 백낙청 선생님의 생각을 듣는 쪽으로 모아보겠습니다. 우선 조희정씨가 한 질문에 대한 답변부터 먼저 하셔야 되겠고요. 다음에는 책에 대한 질문에 답해주시죠.

인터넷의 발달로 훨씬 커진 책읽기의 가능성

백낙청 우리나라의 독서문화에 문제가 많고, 사회가 정말 자발적인 독서를 장려하지 않는 상태라는 데는 동의를 하는데요. 어떻게 대처할 것이냐 하는 건 복잡한 얘기이고, 다만 이걸 인터넷이냐 종이책이냐, 이거냐 저거냐 하는 식으로 접근하는 건 별로 도움이 안될 것 같아요. 조금 아까 사회자께서 창비 영인본 얘기한 걸 들으니까 우리 하소장께서도 구세대구나 하는 생각을 했는데요.(웃음)

하종강 창비 영인본에 대해서는 할 말이 많은데요.

백낙청 창비 영인본을 친근하게 생각하는 세대인데 지금은 옛날 창비를 읽으려고 하면 창비 홈페이지에 들어가서 디지털로 올라와 있는 걸 읽으면 됩니다. 다만 정기구독자가 되시거나 아니면 따로 회원가입을 해야 하는 절차가 있는 거죠.

하종강 창비 영인본을 목침 대용으로 쓰는 사람도 있다고 들었습니다.(웃음)

백낙청 네. 목침 대용으로 쓰고, 그다음에 비치해놓는 거지, 그게 지금 많이 팔리거나 그러지는 않아요.

하종강 지금도 영인본을 계속 발행하나요?

백낙청 그것도 모르겠어요. 새로 찍진 않을 겁니다. 그리고 나 자신만 하더라도 내가 종이책 세대고 지금도 종이책이 전문분야이기는 하지만, 상당히 많은 시간을 사실은 인터넷으로 논설을 읽고 문헌들을 읽고 또 인터넷에 글을 쓰기도 하거든요. 그러다 보면 한 사람이 동시에 인터넷책도 보고 종이책도 볼 수 없으니까 그런 점에서는 경쟁관계에 있다고 하지만, 그건 그 사람의 편리에 따라서 조정하기 나름이지 인터넷 책읽기를 해야 하느냐 종이책 읽기를 해야 하느냐 물을 건 아닌 것 같고요. 인터넷 책읽기를 할 수 있는 방도가 발달함에 따라서 사실은 우리 책읽기의 가능성이 훨씬 커졌거든요. 그렇기는 한데 종이책 세대의 입장에서는 종이책을 읽을 때에 인터넷 컴퓨터에 얽매이지 않는 그 나름의 자유란 게 있고 또 내가 손에 들고 있으니 아무 데나 들어가서 읽을 수 있고 아무 데서나 펼쳐볼 수 있는 나와 책 간의 은밀한 관계랄까 그런 친근성, 집중성, 이런 특성이 있다고 봅니다. 그래서 인터넷 책읽기가 발달한 것 자체는 좋은데 그것으로 인해서 종이책 읽기가 갖는 미덕이나 잇점이 상실되어서는 곤란하겠다 하는 생각을 합니다. 그리고 이것이 상실되지 않으려면 어릴 때부터 그런 책을 읽는 습성이 붙어야지…… 사실은 독서라는 게 상당히 노동강도가 높은 작업이라고 봐요. 영화를 본다거나 TV를 보는 것에 비하면. 그렇기 때문에 그런 훈련을 일찍부터 해야 하고, 그런 훈련을 장려하는 사회가 되어야 할 텐데……

하종강 그런 노력을 조희정씨가 활발하게 하고 있다, 그렇게 볼 수 있을 것 같은데, 어떻습니까? 질문한 것에 대한 답변이 나왔나요?

조희정 충분하지는 않은 것 같은데요. 약간 다른 질문을 드리고 싶은데요. 아이들이 인터넷에서 글을 많이 읽고, 또 글을 많이 쓰지 않습니까? 그래서 인터넷 글쓰기가 굉장히 문제가 된다고 들었는데. 아까 말씀하셨듯이 책을 읽거나 그러면 엄청난 노동강도나 집중력을 요한다거나 할 때도…… 그래서 사실 많은 사람들이 인터넷 글쓰기를 비판하잖아요? 저도 인터넷 소설이 출판되는 것에 대해서는 거부감이 심한 세대 쪽에 속하는데, 얼마 전 '공간 플러스'에서 한 청소년을 만났는데요. 저희들이 영화를 보고 난 소감 같은 걸 인터넷에 올려달라고 청소년들에게 요구를 하면 글을 써서 올리는데, 한 친구는 인터넷 까페에 꾸준하게 소설을 올리는 친구였어요. 그 친구가 영화를 보고 난 후의 소감을 소설식으로 써서 저희 싸이트에 올렸더라고요. 근데 제가 그 친구의 소설을 보지는 못했지만, 이걸 읽어보니까 인터넷 소설 문체 같은 게 드러나긴 하지만 이야기를 구성하는 게 장난이 아니구나 하는 느낌이 들었거든요. 그런 면에서 보면 인터넷을 통해서 텍스트를 읽고 글을 쓰는 사람들도 새로운 방식의 문체를 드러내긴 하지만 그런 정도의 감수성이나 집중력의 훈련도 진행되는 것은 아닌가 하는 생각이 들었어요. 그런 경우의 인터넷 소설이나 인터넷 글쓰기에 대해서는 어떻게 생각하시는지 궁금합니다.

하종강 이게 어쩔 수 없는 현상이어서요. 감히 부인할 수 없고…… 백선생님이 쓰는 표현 중에 '현실에 몸담고 있으면서 현실을 극복한다', 이런 것이 자주 나오거든요. 그것과 거의 비슷한 차원의 고민이 필요한 상황인 것 같습니다.

백낙청 인터넷 소설에 대해서는 솔직히 읽은 게 없어서 얘기할 수 없고요.(웃음) 인터넷 글쓰기에 대해서는…… 저도 창비라든가 시민방송에 소위 내부용 인트라넷이라는 게 있어 그런 게시판에 글도 쓰고 자유게시판에 글을 쓴 적도 있는데, 그러다 보면 그 나름대로 훈련이 되는 게 있어요. 쉽게 써야 하고. 또 조금 이상하게 어물쩍 넘어가려다 보면 금방 걸리잖아요. 즉각 반응이 들어오고 욕설이 올라오고……

하종강 그런 거도 당해보셨어요?

백낙청 많이 당했죠. 그러니까 자기가 솔직하게 얘기하고 알아먹게 얘기하고, 그리고 정말 당당해야지, 그렇지 않으면 반드시 말썽이 생긴다, 그리고 말썽이 생겼을 때 감당하기 어렵다, 그런 점에서 참 좋은 훈련이 된다고 생각하는데…… 우리 같은 사람은 인터넷 아닌 데서 글 쓰는 훈련이 된 상태에서 인터넷에 들어가서 추가로 어떤 훈련을 하는데, 처음부터 인터넷 글쓰기만 하고 특히 자기네들끼리만 하면 그 나름대로 매너리즘에 빠질 우려는 있는 것 같아요.

하종강 두 분도 아마 인터넷 공간에 글 쓰는 양이 꽤 될 텐데, 그런 입장에서 백선생님의 생각을 여쭤보거나 하시죠.

민경배 네. 저는 책과 인터넷의 차이는 텍스트가 어느 매체에 담기느냐의 차이이기도 하지만, 그 둘에 담긴 텍스트를 보고 받아들이는 독자들의 태도에도 차이가 있지 않나 하는 생각을 해봤습니다. 저도 대학교 다닐 때는 『창작과비평』을 들고 다니기도 했지만, 책을 읽는다는 것은 책을 읽고 혼자 사색하거나 누군가와 이야기를 주고받는 것인데 인터넷의 경우는 독자들의 반응이 훨씬 더 적극적이거든요. 그래서 90년대 이후 어떻게 보면 옛날의 『창작과비평』 못지않게 젊은이들에게 영향을 미친 잡지로 『인물과사상』이 있지 않습니까? 최근에 종간호가 나왔는데, 『인물과사상』의 가장 열성적인 독자층은 사실은 네티즌이거든요. 그래서 『인물과사상』 홈페이지에서 토론을 하고, 거기서 여러가지 시사적인 문제들이 나오고 안티들도 생기고 하는 이런 양상도 보이는데요. 저는 이런 식으로 책과 인터넷이라는 매체가 독자를 중심으로 해서 결합할 수 있는 모델들이 앞으로는 가능하지 않을까 생각해봤습니다. 그리고 이런 것들이 시사적인 측면뿐만 아니라 문화적인 영역에서도 가능하지 않을까 생각해봤는데, 이런 점에 대해서는 어떻게 생각하시는지 듣고 싶습니다.

백낙청 동감입니다.

하종강 지난번에 보니까 개점 휴업했던 문학평론을 다시 개업해봐야겠다는, 이런 재밌는 표현도 하셨는데 새로 집필하는 문학평론이 어떤 매체를 통해서 널리 전파되길 원하세요? 책으로 출판되지 않아도 인터넷 매체를 통해서 널리 읽히면 그게 더 좋은 것 아니냐는 반론도 있을 수 있는데요.

백낙청 작년에 다시 개점을 하긴 했어요. 그래서 평론을 두 편 썼는데, 두 편 다 『창작과비평』에 썼죠. 하나는 좀더 긴 평론, 작가론이었고, 작품론. 그리고 『창비』에서 특집을 했는데 그에 대한 논의가 분분해서 그걸 받아서 후속논의 하는 걸 쓰고. 두 편을 썼는데요. 『창작과비평』에 쓰면 창비 홈페이지에도 올라가고 하니까 이 경우에도 종이책에 썼다고 해서 종이책에 한정되는 건 아닙니다. 그런데 인터넷에 쓴다고 할 때는 특별한 경우가 아니면 길이가 짧아야죠. 그렇기 때문에 역시 인터넷에만 써서는 문학평론에서는 본격적인 작업을 하기는 어렵지 않은가. 그리고 지금 민교수가 말씀하셨다시피 쓰는 사람의 태도도 있지만 독자가 접근하는 태도의 차이가 있으니까 독자에게 어떤 식의 집중된 반응을 기대할 때는 『창비』 같은 데에 쓰는 것이 저로서는 더 편하죠. 김용민씨는 할 얘기 없으세요?

김용민 저는 기본적으로 인터넷 시대가 오게 되면서 책을 읽는 독자들이 크게 줄어들었다고 하는데 그 걱정의 요지는 이런 것 아닙니까? 생각하는 사람들이 줄어드는 것 아니냐? 그런데 저는 거꾸로 인터넷 시대가 만개함에 따라서 토론문화가 활성화되고, 논리구조가 없는 사람은 도태될 수밖에 없는 사회적 구조가 형성되고 있다고 생각합니다. 글도 보면, 글을 누가 하나 쓰면 그것에 대한 리플들이 계속 달리지 않습니까? 욕이라든지 입에 담을 수 없는 글들을 악의적인 리플이라고 해서 악플이라고도 표현하는데, 그런 글들은 도태되게 되어 있어요. 그런 글들이 인터넷 글쓰기 문화를 대표할 수 없는데도 대표한다고 비판하면, 그건 악의적인 매도라고 보거든요. 그렇기 때문에 저는 이런 토론문화, 말하자면 쌍방향인데 쌍방향의 글쓰기 문화, 어느 한 사람이 쓴 글에 대해서 그걸로 끝나는 것이 아니라 그것에 대한 평가가 줄줄이 달리는 이런 리플 문화가 인터넷 글쓰기 문화의 중심이 되면서 그것이 토론문화뿐만 아니라 이 시대의 사고력을 키우는 힘이 되어가고 있다고 판단하고 있습니다.

떴다, 인터넷 정치의 시대

하종강 네. 지금 인터넷 공간에서 활동하는 젊은이들의 문자매체에 대한 걱정은 없어 보입니다. 그러면 두번째 질문으로 넘어가보겠습니다. 두번째 주제는 인터넷 정치입니다. 인터넷이 활성화되면서 눈에 띄는 것이 인터넷상의 정치참여입니다. '당신의 클릭이 세상을 바꿉니다', 이런 모토를 가지고 있는 시민단체도 있습니다. 선거는 물론이고 정치적 이슈가 있을 때마다 인터넷에 형성된 언론이 여론을 주도하는 현상도 몇 번 봤습니다. 시민들이 인터넷에서 자신의 의견들을 거침없이 쏟아내면서 정치참여의 폭을 넓히고 있는데, 국회의원들과 정치인들도 홈페이지와 블로그를 운영하지 않고는 정치를 할 수 없는 그런 시대가 되고 있습니다. 백선생님께서는 인터넷을 통한 정치가 바람직하게 흘러가고 있다고 보십니까?

백낙청 지금 그게 바람직하게 흘러가느냐 아니냐를 판단하려면 민경배 교수처럼 여기저기 많이 섭렵하고 연구해서 결론을 내려야 할 텐데 저는 그렇지 못하고⋯⋯(웃음) 다만 그런 것이 진행된다는 건 근본적으로 좋은 일이라고 봅니다. 조금 아까 우리 '진보 백작'께서 말씀하셨다시피(웃음) 이게 토론문화를 활성화하고요. 선거비용을 절감하고 부패문화를 청산하는 데도 도움이 될 거고. 다만 인터넷 토론문화가 제대로 되려면 건전한 토론을 할 수 있는 능력을 가진 사람들이 적극적으로 참여해야 한다고 봅니다. 악플 같은 것이 저절로 도태된다고 하지만 보면 꼭 그런 건 아니더라고요. 어떤 싸이트 같으면 악플이 하도 많으면 악화가 양화를 구축한다고 진지하게 뭘 해보려는 사람들이 게시판에서 다 떠나버려요. 그리고 남은 사람들이 자기들끼리 진탕 놀음을 하다가 결국 싸이트를 버려버리고. 아니면 운영자들이 자진해서 폐쇄해버리는 일도 생기더라고요.

그리고 허위 사실을 가지고 욕하잖아요? 한창 그런 걸 가지고 얘기하다 보면 심지어 호의적인 생각을 가진 사람도 사실이 아닌 걸 사실이거니 하고 전제해서 얘기하게 돼요. 이런 경우 그때그때 사실이 아닌 걸 바로잡아주고, 또 악플에 대해서 점잖은 태도로 반박을 하면서 내용도 고쳐줄 뿐 아니라 이런 식으로 토론하는 게 진짜 좋은 거로구나 하는 모범을 보여주면 그게 전기가 되는 것 같아요. 여기 나오신 분은 다 그런 토론문화에 기여하고 계신 분이라고 생각하지만요.

하종강 백선생님의 이런 걱정에 대해선 민교수가 우선 하실 말이 있을 것 같은데……

민경배 일단 저는 그렇게 생각합니다. 우리 사회에서 그동안 자신의 정치적인 의사표현의 기회도 전혀 없었고, 또다른 사람과 토론할 수 있는 교육의 기회가 전혀 없었던 상태에서 인터넷이라는, 그것도 익명의 공간이라고 얘기하는, 족쇄가 풀린 이런 공간이 갑자기 만들어지다 보니까 그간 억눌려 있던 표현의 욕구나 소통의 욕구가 급격하게 분출되면서 과도한 표현, 여러가지 부작용도 나타나는 것이 아닌가 보는데요. 저희가 최근에 국내 인터넷상의 토론문화 가운데, 특히 정치적 측면과 관련해서 조금 우려스럽게 보고 있는 측면이 하나 있는데요. 좌다 우다, 보수다 진보다 하는, 우리 사회에서 아직까지는 심각한 이런 식의 이념적인 갈등이 최근에는 인터넷 공간에서도 두드러지게 나타나고 있거든요. 그래서 과거에는 주로 개혁적인 성향의 젊은 네티즌들이 인터넷 여론을 주도해왔다면 최근에는 보수적인 이념을 가지신 분들이 상당히 의도적으로 인터넷에 적극 진출하면서 인터넷이 또다른 이념 대립의 장으로 가고 있는 것이 아닌가, 이런 우려가 드는데요. 이런 현상들에 대해서는 어떤 견해를 가지고 계신지요?

하종강 이념의 공론화라는 것이 걱정해야 할 만한 일이냐 아니냐는 생각도 해봐야 할 것 같다는 질문을 한 것 같은데요.

백낙청 인터넷 공간에서 벌어지는 일을 잘 모르는 사람한테 자꾸 질문만 하시니까 토론이……(웃음)

하종강 원래 두번째 주제는 백낙청 선생님이 젊은이들에게 질문을 하는 시간인데 우선 답변하고 질문하도록 하겠습니다.

백낙청 저쪽에서 질문하는 시간, 내가 질문하는 시간 딱 나눌 필요 없이…… 왜냐하면 내가 질문을 받아도 내용을 잘 모를 때는 다른 분들이 부연을 해주시면 좋을 것 같아요. 그런데 좌우 이념의 불필요한 대립들이 우리 사회에 실제로 있는 거니까, 그게 인터넷 공간에 스며드는 거야 불가피한 일 아니겠어요? 말씀하셨다시피 이런 토론이 억압되어 있다가 정치적으로만 풀어진 게 아니고 인터넷이라는 새로운 공간이 주어지면서 중구난방으로 여러가지 부작용이 생기는 것이 불가피하다면, 이념갈등 같은 것이 벌어지는 것도 어느정도 불가피하겠죠. 다른 분들 생각은 어떠세요?

조희정 제가 질문을 드리고 싶은데요.

하종강 그런데 그에 대한 답변이……

조희정 네. 관련된…… 보통 우리가 인터넷 정치를 얘기하면 진보논객들을 생각하지만, 저희 퍼슨웹에서 '독립신문'의 신혜식(申惠植) 대표를 인터뷰한 적이 있었거든요. 근데 그 기사를 읽으면서 좀 당황스러운 느낌을 받았고, 그 이후에 보니까 신혜식 대표가 여기저기서 사실은 많이 드러나더라고요. 그런 경우에 아까 정보트러스트운동을 말씀하셨는데, '트러스트'라는 게 신뢰를 말할 때 이것의 결정권이랄까 기준을 누가 가지고 있는

가도 궁금하고요. 저는 어떤 면에서는 우리 사회에 건전한 보수랄까 자기 목소리를 제대로 내는 보수가 인터넷에도 등장하고 현실에서도 우리 눈앞에 있는 사람이었으면 좋겠다는 생각을 많이 하는데요. 그런 측면에서 정보트러스트운동과 관련해서 인터넷에서의 건전한 보수들의 움직임, 이런 건 어떻게 해나가시는지 궁금해요.

민경배 정보트러스트운동과 정치적인 이념은 전혀 무관한 차원이기 때문에 그런 색깔을 가리지는 않고요. 우리 사회에서 어쨌든 의미있는 정보라고 했을 때는 이념적인 것보다는 실험적이라든지 역사적인 가치가 있는 것들을 기준으로 하죠. 예를 들면 지난 2002년 대선 때 세계가 한국의 인터넷 선거를 주목했거든요. 그리고 각 후보자 진영에서 인터넷 홈페이지를 만들어서 싸이버 선거유세를 했는데 당시에 유력 대선후보들의 인터넷 홈페이지, 이건 저는 사료라고 봅니다. 역사적인 자료라고 보는데 그것이 지금은 사라지고 없다는 거죠. 이런 것들을 저는 보존할 필요가 있다는 생각을 하고요.

하종강 지금 조희정씨가 한 질문은 건전한 보수가 있다면 어떠한 사람들이겠냐는 질문인데 그에 대한 조희정씨의 생각이 있을 것 같고요. 제가 박노자(朴露子) 교수의 얘기를 한번 들었더니, 예를 들어 장준하(張俊河) 선생이나 함석헌(咸錫憲) 선생 같은 분들이 한국의 건전한 우익이 될 수 있는 사람들이었다는 얘기도 하더라고요. 조희정씨도 하고 싶은 얘기가 있었을 것 같은데……

조희정 현실에서 어떤 분들이 있는지는 제가 과문해서 잘 모르겠고요. 저는 이병주(李炳注)씨의 『관부연락선』이라는 책을 읽다가 건전한 보수가 이런 모습이 아닐까 하는 생각을 했던 것 같아요. 우리가 보통 해방공간에서도 좌파의 생각들만 있었다고 여기지만 민족주의 우파에 기반한 이런 논의들을 굉장히 논리적이고 합리적이면서 설득력있게 풀어낸 인물을 그 소설 속에서 만났던 것 같고요. 그 이후에 박노자 선생님과 허동현(許東

賢) 선생님이 우리 역사에 대해서 대담으로 논쟁하신 것을 펴내신 책이 있었는데, 그때 허동현 선생님이 의도적으로 우파 역할을 자임하셨어요. 그래서 쭉 말씀하신 것을 보면서도 이런 역할을 하는 사람들이 중요하겠다는 생각만 했지 우리 사회의 건전한 보수가 무엇일까 할 때 떠오르는 인물이 현재로서는 없습니다.

하종강 김용민씨가 한동안 말씀을 안하셨는데, 라디오21 방송이 원래 대통령선거에서 노무현 후보를 지지한 라디오에서 출발해서 사람들이 그 정체성을 계속 그와 연결해서 생각하기도 하는데…… 그리고 우리나라에서 열린우리당 정도가 건전한 보수가 되지 않겠느냐, 이런 시각도 있습니다. 그래서 그에 대한 생각을 듣고 다음에 우리 백선생님의 생각을 정리 삼아 듣겠습니다.

김용민 인터넷이 기본적으로 편향성을 띠지 않고서는 독립하기가 쉽지 않습니다. 특히 정치적인 웹진이라든지 방송, 매체, 모든 것들이 대부분 편향성을 담보하고 있다고 저는 보는데요. 그렇지 않은 매체들, 소위 말하는 중도니 통합이니 해서 진보와 보수를 아우른다던 매체 중에 인터넷에서 살아남은 것이 어딨습니까? 다 확실하게 친 열린우리당, 친 민주노동당, 친 한나라당, 아니면 완전 수구, 아니면 완전 진보, 이런 것들이 아니고는 살아남기 어렵습니다. 그래서 인터넷상에서 중간지대가 없다고 말씀하시는 분들이 있는데 그건 필연적인 속성인 것 같아요. 인터넷 논객들을 보면 자기 정체성을 뚜렷이 하고 자기 노선을 선명하게 하지 않는 사람들은 회색분자로 몰리거나 혹은 언제든 어느 쪽과도 손잡을 수 있는 위험인물 혹은 요주의 인물로 낙인찍히는 경우가 많거든요. 그런 의미에서 인터넷 정치의 이념간의 대립은 예견될 수밖에 없는 부분이고, 또 이런 것들이 굳이 이 안에서 주제로 얘기되기도 어려운 현실적인 측면이 있지 않은가 하는 판단이 들거든요.

사실 라디오21이 출발할 때 최대 목표는 이 사회의 개혁과 진보의 담론은 다 끌어내보자는 것이었는데, 탄핵이라든가 총선 과정을 겪으면서 정치적인 색깔을 뚜렷이 한 거죠. 반한나라당이면서 민주노동당과 척을 질 이유는 없지만 좀더 가까운 당이 있다면 열린우리당, 이런 정치적 색깔을 띠게 되고, 또 그런 노선이나 색깔을 이사진이나 사장 같은 사람들보다는 주로 청취자들이 만들어나갔다는 거죠. 왜냐하면 그 사람들이 우리의 고객이고 그 사람들이 우리의 방송 매체의 기반이니까.

하종강 그러한 한계를 극복하기 위해서 계속 노력하고 있다, 이렇게 보십니까?

김용민 네. 그렇습니다. 우리 사회의 개혁적인 담론들을 담아내려는 시도들은 계속 하는 것이고. 또 그런 견인조차 회사가 하는 것이 아니라 청취자들이 한다는 것이죠.

하종강 백선생님이 보시기에 인터넷의 정치적인 논쟁들을 통해서 한국사회에 건전한 보수가 형성될 가능성이 있다고 보시는지, 한국사회의 건전한 보수에 대한 궁금증을 좀 해소해주시죠.

백낙청 한국사회에 —

하종강 스스로 보수라고 하는 사람들은 협잡에 가깝다, 이렇게 혹평하기도 하던데……

백낙청 아직은 건전한 보수가 크게 세력화되어 있지는 않은 것 같은데, 사실은 백범(白凡) 김구(金九) 선생 같은 분이 건전한 보수죠. 이승만(李承晚)이 보수이니 반대한 사람은 진보다, 이렇게 보지는 말고요. 김구 같은 분의 사상적인 궤적이나 정치적인 입장을 보면 그런 분이 훌륭한 보수거든요.

하종강 당시 북한의 김일성(金日成)이나 이승만, 어느 쪽에도 포함되어 있지 않았던 세력들, 이런 사람들을 말씀하시는 건가요?

백낙청 네. 그런 세력 중에서도 조금 더…… 가령 벽초(碧初) 홍명희(洪命憙) 같은 분들은 굳이 좌우를 나눈다면 좌에 가까운 분이고, 백범 선생이나 민세(民世) 안재홍(安在鴻) 선생 같은 분은 합리적인 우익세력이라고 보겠습니다. 그런 것이 우리 사회에 새롭게 형성되는 것이 불가능한 일은 아닌데, 다만 나중에 좀더 시간이 나면 얘기를 하겠지만, 이건 남한사회만 따로 떼어놓고서 뭐가 좌고 뭐가 우고 합리적 보수를 어떻게 형성할 것인가, 이렇게 봐서는 답이 안 나온다고 봐요. 남과 북에 걸쳐 있는 분단체제 아래에서 살고 있는데, 이걸 해소하고 극복해나가는 과정에서 어떻게 대응할 것인가 하는 차원에서 찾아야 한다고 봅니다.

백낙청이 인터넷 세대에게 말하는 민족문학과 분단체제

하종강 네. 얘기가 자연스럽게 분단체제론으로 넘어가게 됐는데요. 이제부터 본론입니다. 우리 백선생님을 모시면서 인간 백낙청에 대한 궁금 증도 많았습니다. 그래서 백선생님에 대한 여러가지를 알아보는 시간을 갖겠습니다.

세번째 주제로 넘어가는 겁니다. 백낙청 선생은 영문학자, 주로 문학평론가이면서도 끊임없이 사회에 대한 이론과 관심을 얘기하셨습니다. 젊은 세대들에게는 생소할지 몰라도 민족문학론, 분단체제론, 요즘은 환경친화적 중간국가론, 이런 것들도 주창하셨습니다. 제가 중간에 잠깐 여쭤볼 게 있는데 이런 것들이 본인이 붙인 이름은 아니죠? 이런 이름들은 다른 사람들이 부르기 시작한 거죠?

백낙청 세 가지를 말씀하셨는데 각기가 조금씩 다릅니다. '민족문학론'이라는 건 한국사회에 전부터 있던 논의인데 70년대 초부터 그 논의가 아주 활발해졌어요. 저는 사실은 69년부터 72년 사이에 미국에 다시 갔더랬습니다. 박사학위를 마치려고. 그리고 돌아와서 73년, 74년경부터 이 논의에 뒤늦게 참가를 했어요. 민족문학론이라는 건 여러 사람이 공유하는 이름이고, 요즘은 '분단체제론'이라는 말이 꽤 유행을 했습니다만, 한

때는 그게 무슨 개인의……

하종강 분단이라는 말을 사용하는 것조차 금기시되는……

백낙청 그런 뜻이 아니고 분단체제를 얘기하는 것은 거의 저의 개인상
품 비슷하게 되어 있었고.(웃음) 그다음에 '친환경적인 중간국가론'이라는
건 완전히 남이 붙여준 이름이고 저는…… 세련되고 안되고를 떠나서 그
개념은 그렇게 표현하면 제가 말하는 원칙과는 어긋나는 부분이 있습니다.

하종강 그 자세한 얘기는 다음에 듣겠습니다. 세번째 주제 뒤에 이어지
겠고요. 결국 민족문학, 분단체제, 이런 것에 대해서 얘기하는 것이 세번
째 주제입니다. 그런데 그전에 먼저 얘기를 저 앞으로 돌려서 문학평론가
이면서 역사와 사회문제에 대해서 왕성한 목소리를 내기 시작한 계기가
궁금합니다. 그 얘기를 듣겠습니다. 그러면 제가 먼저 질문하겠습니다.
아마도 제가 하는 질문은 이게 마지막일 것 같은데요. 박사학위논문은
D. H. 로런스에 대해서 쓰셨다고 들었습니다. 그런데 D. H. 로런스가 가
지고 있는 일반적인 이미지는 그동안 하셨던 왕성한 활동과는 거리가 있
다고 느끼는 것이 보통 사람들의 지식인데, 어떻게 문학평론가로서 사회
문제에 대해 적극적으로 발언하도록 전환되셨는지 그 계기에 대한 얘기
를 해주시죠.

백낙청 우선 D. H. 로런스에 대해서 먼저 말씀을 드리면 로런스의 소설
중에서 제일 알려진 것이 『채털리 부인의 연인』인데, 그건 당시에 노골적
인 성문학이라고 해서 크게 말썽이 되었던 거죠. 그래서 그런 이미지가 있
기 때문에 아직도 로런스라고 하면 성문학의 대가라고 생각을 하고—

하종강 말씀중에 죄송한데요. 잠깐 끼어들게요. 저는 이걸 고민 고민하
다가 권위에 도전한다는 측면에서는 이게 진보겠거니 생각했는데……

백낙청 아니요. D.H. 로런스는 그냥 권위에 도전한다는 의미에서만 진
보적인 작가가 아니고, 서양 근대문명에 대해서 근본적인 문제제기를 하
고 새로운 대안을 모색한 작가이고 사상가이며, 요즘 우리가 쓰는 표현으

로 한다면 정말 생명사상의 작가입니다. 그런데 그런 것들이 잘 알려지지 않다 보니까 어떤 사람들은 멀쩡하고 점잖은 사람이 그런 풍기문란한 작가를 전공했냐고 하는데 그렇지가 않고.(웃음) 사실 저의 사회비평이나 이런 관계를 말씀하셨는데, 로런스 자신이 사회비평을 많이 한 사람이지만 저의 경력에서도 보면 제가 66년에 『창비』를 창간하면서 이미 문학을 통한 현실비판도 했고 또 『창비』라는 매체가 문학이 아닌 다른 분야의 현실비판을 소개하기도 했고요. 그것을 한참 하다가 다시 미국에 가서 박사학위논문을 썼거든요.

어쨌든 저는 로런스라는 작가를 일찍부터 만나서 지금까지도 평생을 두고 읽고 연구하게 된 걸 큰 행운으로 압니다. 20세기 서양의 대표적인 생명사상의 작가이고, 저 개인으로서는 제가 서양문학이나 사상을 섭렵할 수 있는 능력이나 한계가 엄연한데 로런스를 하나의 베이스캠프로 해서 때로는 맑스(K. Marx)한테도 다녀오고 니체(F. W. Nietzsche)한테도 다녀오고, 이런 식의 기지로 활용할 수 있게 된 걸 저는 행운으로 알고 있죠.

하종강 그렇게 공부하셨다가 한국사회의 문제에 대해서 발언하시게 된 계기라든지 대학에서 쫓겨나게 된 계기라든가…… 교수로 임용된 지 2년 만에 해직이 되셨더라고요. 어느 자료에 보니까 그렇게 되어 있던데요.

백낙청 그건 자료가 잘못되어 있을 겁니다. 제가 전임강사로 발령을 받은 건 64년이고, 63년 26살 때부터 서울대 교단에 섰는데, 전임강사 발령을 받고 가르치는 도중에 『창비』를 창간했고요. 그 후 교수생활을 하다가 중간에 미국에서 박사를 마저 하고 다녀와서…… 아, 그걸 보셨겠구만요. 미국에서 72년에 돌아와서 74년에 파면당했으니까 2년 만에 파면당했죠.

하종강 파면이라는 건 공무원 신분을 가진 사람들이 신분이 박탈되고 향후 5년 동안 복직할 수 없다는 건데, 서울대 교수였으니까 공무원의 신분에서 파면당한 거죠?

백낙청 그렇죠. 그때가 유신시대인데 유신헌법 개정을 촉구하는 소위 민주회복선언에 서명을 한 게 74년입니다. 그때가 교육공무원으로서는 저하고 돌아가신 문학평론가 김병걸(金炳傑) 선생이 있었어요. 그분은 경기공전 교수셨고. 그분이나 나나 다 사표를 내라는 압력을 받았는데 그분은 그냥 사직을 하셨고, 나는 사표를 안 내겠다고 버티니까 파면을 한 거죠.

하종강 그 선언에 참여하게 되신 계기를 잠시 말씀해주시죠.

백낙청 제가 로런스를 연구하다가 현실참여로 전환한 건 아니고요. 그런 관심은 일찍부터 있었어요. 내가 제일 먼저 당국하고 문제를 일으킨 건 『창비』를 창간하기 전 1965년입니다. 그때 소설가 남정현(南廷賢)의 「분지」 사건이 있었죠. 「분지」를 쓰고 그분이 구속됐는데 작가의 구속에 항의하는 글을 신문에 썼다가…… 근데 그때만 해도 완전히 독재체제가 확립되기 전이라서 탄압을 하더라도 영장을 하나 받아와서 가택수색을 하고 말예요. 이런 식으로……

하종강 삼선개헌이 있기 전이죠?

백낙청 네. 그리고 중앙정보부에서 조사를 하는데 12시가 되면 집에 보내줬어요. 그 다음날 아침이면 다시 부르고. 그랬던 것이고, 민주회복국민선언을 하기 전까지 문단에서도 여러가지 움직임이 많았습니다. 특히 문인들이 일으킨 사건으로는 1974년 1월에 문인 61인의 개헌청원지지성명이라는 게 있었어요. 그걸 제가 주도를 했고요. 그때는 미국에 갓 다녀온 친구라 순진해서 아무것도 몰라서 그랬다고 풀려났는데, 그다음에 74년 11월 중순에 자유실천문인협의회가 결성되면서 선언을 했었죠. 그때도 저는 가담을 했지만 표면에 나서지는 않았고. 그러다가 그달 하순에 민주회복국민선언에 끼어드니까…… 그때는 김대중(金大中), 김영삼(金泳三) 씨가 다 들어갔거든요. 정치행위를 했다, 공무원 신분에 금지된 집단행동을 했다 해서……

하종강 저는 질문을 그만 하겠습니다.

우리 시대의 '민족문학론' '민족' '민족주의'

조희정 민족문학론에 대해서 질문을 드리고 싶은데요. 사실 민족문학론은 대학 시절에 들어봤지만 저는 잘 모르고요. 또 논의가 진행된 것이 70년대라서, 저는 오히려 지금 현재의 민족문학론이 어떤 의미가 있는지 궁금하거든요. 오늘 나오신다는 얘기를 듣고 여기저기 자료를 찾아서 보니까 선생님께서 쓰신 「2000년대의 한국문학을 위한 단상」이라는 글을 만나게 됐어요. 거기에서 선생님께서 민족문학론은 여전히 유효한가 하는 질문을 던지셨더라고요. 여전히 유효성에 대한 말씀을 하고 계신 것 같은데, 저는 약간 오해의 소지도 있다고 생각하고 사실 민족이라고 하면 가장 먼저 떠오르는 게 우리나라에 와 있는 외국인 이주노동자들이거든요. 학생들과 수업을 할 때도 국문학, 문학, 민족, 이런 얘기를 할 때 과연 그들을 우리 민족이라고 볼 수 있느냐 하는 얘기도 하고요. 같이 산다는 것이나, 민족이라는 건 사실 통합의 개념이 강한데, 그런데도 우리 사회에서 같이 살아가는 사람들 중에 소외되는 사람이 있잖아요. 민족문학론의 민족도, 그리고 제가 보기에는 분단체제론도 통합의 개념이 강한 것 같은데, 그렇다면 현재 우리 사회에서 같이 살아가는 사람들, 소외되어 있는 사람들에게 민족문학론 같은 것들이 여전히 유효하게 적용될 수 있는 것인가. 만약에 외국인 이주노동자가 적당하지 않다면, 예컨대…… 이런 질문들도 많이 하잖아요. 여성이 민족의 범주 안에 들어가느냐? 이런 얘기들도 여성을 얘기하시는 분들은 많이 거론하시는 것 같더라고요. 선생님 논의를 제가 쭉 좇아간 논의가 아닐 거라고 생각되지만 그런 부분에 관심이 있거든요.

하종강 질문의 취지는 충분히 이해하셨을 테고요. 그와 더불어서 최근에 사람들이 제기하는…… 원래 민족이라는 개념이 보수적인 사상 속에서는 사용할 수 없는 개념이다, 이런 지적을 하는 사람들도 있으니까 그에 대한 궁금증도 같이 풀어주셨으면 합니다.

백낙청 이게 정말 문제가 복잡합니다. 좀 쉽게 말하려면, 70년대 민족 문학론을 여러 사람이 제기한 취지를 말씀드려야겠는데, 그때 민족문학이라고 하면 한국의 국민문학만 되어서는 안되겠다, 왜냐하면 한국이 분단된 나라니까 민족 전체를 대변하고 생각하는 문학이 되어야겠다, 그런 취지가 앞섰던 것이죠. 그래서 그런 점에서는 아직도 문제의식은 유효하다고 봐요. 그런데 그걸 민족문학이라고 말하다 보면 이런저런 오해가 있으니까 요즘은 민족문학을 그런 의미의 구호로 내세우는 건 별로 바람직하지 않다고 생각하지요.

분단체제론의 문제의식이란 건 나중에 다시 얘기하겠습니다만, 그건 민족문학론의 문제의식을 좀 발전시킨 거고요. 그런데 요즘에는 민족문학론에, 우리가 왜 우리의 상황에서 국민문학이라는 말을 쓰기가 곤란한가 하는 문제의식이 하나 있고. 또 하나는 단순히 서술적인 개념이랄까 하는 건데, 한국어로 된 문학이 우리 한반도에서만 생산되는 게 아니고 가령 중국에서도 옌볜(延邊) 같은 데서 나오고 다른 데서도 나올 수 있는 거고요. 한민족이 지금 전세계에 퍼져 있잖아요. 이건 국적과 관계없이, 그리고 한반도에 거주하냐 아니냐와 관계없이 민족공동체의 문학이라는 의미가 있어요. 그런 의미의 민족문학이라는 건 앞으로 점점 더 중요해질 거라고 봐요. 왜냐하면 해외동포들하고 한반도에 사는 사람들이 국경이나 국적에 얽매이지 않고 교류하는 건 앞으로 더 폭넓어질 테니까요. 그리고 중국 옌볜에 있는 조선족 사회에서는 민족문학이라는 개념 속에 자기들 문학이 들어간다는 걸 큰 긍지로 삼고 있고요. 최근에 어떤 교수님이 옌볜 문학은 물론이고 이북의 문학도 민족문학에서 빠진다는 얘기를 했는데, 그게 참 우스꽝스러운 얘기이기는 하지만 그쪽에서는 그 말을 듣고 분개하기도 하고 낙담하기도 하고 그런 일이 있습니다. 민족문학 속에는 한국에 들어와 있는 이주노동자라든가 타민족의 성원들이 한국어로 작품을 쓰지 않는 한 포함이 되지 않죠. 그러나 다른 한편으로 한반도 분단체제의 극복을 지향하는 문학이라면 거기에는 이주노동자 문제에 대한 바람이나 소망이 당연히 들어가야 될 것이고. 그래서 민족문학이라는 개념이 그러잖아도 복잡한데, 개념의 외연이랄까 이런 게 한 가지가 아니고 이렇게 정의하면 이렇게 들어가고, 저렇게 정의하면 이게 빠지고 나머지가 들어가고 그래서 혼란스럽기도 하죠.

하종강 전에 제가 읽었는데 민족문학을 정의하면서, 민족이라는 단위로 묶여 있는 사람들이 대다수가 진정으로 인간다운 삶을 추구하는 것과 관련된 문학, 이렇게 표현하신 것도 있는데 이것도 본인의 표현인가요?

백낙청 예. 그것이 말하자면 분단 한국에서는 우리가 국민문학이라는 말을 앞세울 수 없는 이유이기도 한데, 가령 일제시대에 우리가 국민문학이라고 하면 그건 조선민족의 문학이 아니라 일본의 신민으로서의 문학이 되는 거죠. 그렇기 때문에 그때도 민족문학이라는 말을 쓰고 국민문학이라는 말을 안 썼듯이 분단시대에도…… 분단시대는 물론 식민지시대와 똑같은 건 아니지만 그래도 분단시대를 극복해야 한다는 의식을 가지고 있으면 민족이라는 말이 더 낫다 하는 것인데—

하종강 국민이라는 말이 국가이데올로기와 관련되어서 별로 바람직하지 않고 조심스럽게 사용되어야 한다는 뉘앙스도 있더라고요.

민경배 저는 워낙 문학은 모르는 사람인데도 지금 말씀을 듣고 보니까 더 복잡해진 것 같아서 문학을 빼고 민족에 대한 말씀만 드릴까 합니다. 요즘의 정보화·세계화 시대에 민족주의라는 것이 어떤 의미가 있느냐고 문제제기를 하는 분들도 있습니다. 그런데 제가 볼 때 특히 한국의 네티즌들 경우는 상당히 민족주의적인 성향을 많이 보입니다. 그래서 민족정서나 민족감정을 손상시키는 주요한 사건들, 일본과의 교과서 문제라든지 독도문제, 심지어는 올림픽 경기에서까지 그런 게 한번 일어났다 하면 이

걸로 똘똘 뭉쳐서 집단행동들을 보여주는데, 그럼에도 불구하고 이 시대의 네티즌들이 보여주는 민족주의나 민족의식은 예전에 백낙청 선생님께서 70년대에 말씀하셨던 것들과는 차이가 있지 않나 하는 생각들을 해봤어요. 일제시대까지 포함해서 과거의 민족주의는 어떻게 보면 생존의 문제와도 직결이 된 측면이 있었다면, 오늘날 네티즌들이 보여주는 민족주의는 상당히 감성적인 시대적 아이콘 중의 하나가 아닌가 하는 생각도 해봤거든요. 그렇다면 오늘날 정보화·세계화되었다고 하는 이 시대에 한국에서 가지고 있는 민족주의, 이것이 과거의 민족주의와 과연 어떤 차이를 보이느냐, 그리고 이런 것들이 유효한가 하는 질문을 드리고 싶습니다.

하종강 민족문학을 말씀하시면서 국수주의와 대비되는 표현을 하신 적도 있는데 그것도 같이 설명해주시면 좋겠습니다.

백낙청 국수주의와 구별되는 건 물론이고요. 민족문학에 대해서 한 가지만 덧붙이면, 민족문학이 민족주의 문학은 아니라는 걸 몇번 명시한 적이 있습니다. 그런데 지금 네티즌들을 말씀하셨는데, 네티즌뿐만 아니라 일반 우리 국민들을 보면 가슴은 민족주의인데 머리는 탈민족주의인 경우가 상당히 많은 것 같아요. 그래서 스포츠 행사라든가 사건을 겪으면서는 어떻게 보면 원초적인 민족주의 감정이 폭발하는데요. 그러나 담론 차원에서는 민족을 부정하고 국민국가를 비판해야지 최신인 것처럼 여기거나 그런 데 솔깃해지는 경향이 있는 것 같은데, 무엇보다 이렇게 분열된 상태란 건 그렇게 좋은 건 아니죠. 이걸 통합하다 보면…… 우리가 거친 민족주의적 감정을 다스리는 감성의 훈련도 필요하지만, 외국의 학자들이 요즘 민족주의라면 완전히 죄악시하고 민족이나 국가의 개념을 냉소하는 것이 제일 세련된 입장처럼 보는 것도 많이 수정해야 하지 않을까 하는 생각입니다.

김용민 이 사회의 극단적인 대립, 선명성이라고 말씀을 드렸는데, 그에 대한 해법은 이런 것이 아닌가 하는 생각이 들어요. 결국 다름의 차이를 인정하는 부분들이 아닌가 생각하는데, 사실 진보적인 진영에서 보는 관점은 민족주의적인 관점이고요. 보수적인 쪽의 통일에 관련된 부분만 본다면 주석궁으로 탱크를 몰고 가야 한다는 식의 지극히 국가주의적인 사고방식이라는 생각이 많이 드는데요. 이런 차이를 극복하는 과정에서 갈등이 이어지고 내 것이 옳다는 대립이 계속 인터넷에서 빚어지고 있는데, 선생님은 다름의 차이를 극복하는 방안이 없다고 보시는지요?

백낙청 다름을 인정하자는 게 말하자면 홍세화씨가 말하는 똘레랑스 아니겠어요? 근데 그게 하자 하자 해서 되는 건 아니고 뭔가 그걸 할 수 있는—

하종강 시청광장에 모여서 성조기와 태극기를 같이 흔드는 이런 다름을 우리가 다 인정하고 살아야 되느냐 하는 뜻인 것 같습니다.(웃음)

백낙청 그건 일단은 성조기 흔드는 사람도 놔두고 태극기 흔드는 사람은 물론 놔둬야 하는 거고.(웃음) 심지어는 인공기 흔드는 사람이라도 1인 시위이면…… 지금은 안되는 거지만 국가보안법이 철폐되었을 때 인공기 들고 집단시위를 하게 되면 어떡하느냐 걱정하는데 그건 걱정할 필요 없다고 봐요. 그건 집시법(집회 및 시위에 관한 법률)에 의해서 집회를 신청할 때 허가를 안해주면 되는 거고, 1인 시위를 할 때는 어쩔 수 없으니까 하게 내버려두는 거. 하게 내버려두고 저 사람이 무슨 조직을 대표해서 하는 건지 아닌지 정보기관에서 조사를 해보면 되는 것 아니에요? 아니면 정신이상에 걸린 사람인가 그런 것도 알아보면 되는 거지. 더 크게 보면 저는 통일이 됐든 또는 완전한 통일에는 미달하는 통합이 됐든 남북이 함께 어울려 살면서 지금보다는 더 낫게 사는 사회를 만드는 방안에 대해서 어느정도 합의를 하는 것이 이걸 극복하는 길이라고 봅니다.

백낙청과 인터넷 세대가 시대의 개혁을 말한다

하종강 민족에 대한 얘기를 하느라고 분단체제에 대한 얘기는 거의 못했습니다. 근데 시간상 우리가 네번째 주제로 넘어가야 하는데, 다행히 네번째 주제가 분단의 문제를 같이 얘기할 수 있는 개혁의 문제입니다. 이 이야기를 해보겠습니다. 오늘의 마지막 주제가 될 것 같은데요.

2005년은 을유년(乙酉年), 닭의 해입니다. 닭의 해에는 우리나라에 중요한 정치적 격변과 사건이 상당히 많았습니다. 1945년에 우리가 해방을 맞았습니다. 그런데 해방 60년을 분단 60년과 같이 말해야 하는 현대사의 비극이 있습니다. 69년에는 삼선개헌이 통과되어서 박정희(朴正熙)의 독재정권이 아주 튼튼히 자리잡는 장기집권이 시작됐고, 81년에는 아는 것처럼 수백 명의 국민이 목숨을 잃으면서 제5공화국이 등장했습니다. 93년은 군사정권이 막을 내리고 문민시대가 열린 해입니다. 그렇다면 2005년 정치사회적 갈등과 그 경기침체의 고통 속에서 국민들은 지금 어떤 개혁을 꿈꾸고 있을까? 우리 한국사회가 현 시기에 풀어야 할 문제가 상당히 많습니다. 그걸 한마디로 개혁, 이렇게 표현하기도 합니다. 그렇게 표현하는 사람도 있습니다. 젊은 세대와 우리 사회를 이끌어온 지식인이 2005년 올해를 이끌어갈 어떤 개혁과제들이 필요한지, 해법은 무엇인지 같이 얘기해보도록 하겠습니다.

먼저 시대적 과제 속에서 1순위가 뭐라고 생각하시는지 얘기를 해주시죠. 분단체제론과 관련해서 통일이 제일이다라고 얘기하는 것도 옳은 것은 아니다라고……

백낙청 분단체제론의 요지가, 덮어놓고 통일이 제일이다라고 해서는 안된다는 겁니다.(웃음) 다시 말해서 그냥 분단극복이라고 하면 통일 아니에요? 분단체제극복이라고 하면 지금 남북에 걸쳐서 존재하는 분단구조보다 뭔가 나은 체제가 한반도에 건설이 되어야 한다는 얘기거든요. 그러려면 물론 분단구조도 지금과는 달리 통일에 가깝게 바뀌어가야 하지만 그 과정에서 이게 더 나아져야지요. 가령 전쟁이 일어나더라도 분단은 극복이 돼요. 그렇지만 다 폐허가 되고 나서 통일이 되면 뭐합니까? 다 죽고 나서. 그러니까 분단체제극복이라고 할 때는 통일운동이 따로 논다든가 통일지상주의로 가서는 안된다는 거예요. 통일과 개혁을 항상 같이 보자는 것이거든요. 그것이 분단체제론에 대한 나의 해명이고요. 그러다 보니까 사실은 뭐가 제1과제냐 하는 게 그렇게 선명하지가 않습니다. 따로따로 보면 각기 자기가 제일 우선과제다 할 텐데, 분단체제론에서 보면 각기 맞물려가면서 복잡한 함수관계에 있는 거니까 그때그때 구체적인 정세를 보고서 핵심고리가 뭔지 짚어내서 풀어나가는 것이 중요하지, 통일이 우선이다, 개혁이 우선이다, 이렇게 말할 수는 없는 거죠.

하종강 백낙청 선생님이 그동안 쓰신 글이나 주장하신 말씀을 보면 이런 식의 표현이 상당히 많이 나와요. 우리 세대는 익숙해졌어요. 자본주의가 제일이다, 영원불멸할 것이다 하는 것도 잘못이지만, 곧 패망할 것이다, 이것도 잘못이다. 백낙청 선생님이 얘기하면 평균이 생각나는 시기가 있었는데, 지금 열린우리당과 가장 비교적 가까운 거리에 있는 라디오21에서 일하시는 김용민씨가 생각하는 개혁, 가장 중요한 과제는 무엇입니까?

김용민 저는 기본적으로 경제뿐만 아니라 모든 부분에서 포괄할 수 있는 개혁의 일순위는 결국 씨스템의 완성이 아닌가 하는 생각이 들어요. 사회적 씨스템이 거의 붕괴되어 있기 때문에…… 재벌들 중심의 우리나라의 산업구조, 자본구조가 형성되어 있고, 또 씨스템이 아니라 짐이 곧 국가였던 권위주의정권 시절에는 한일협정과 같은 생각도 할 수 없는 어이없는 협상결과도 있었고요. 이 사회에 정당하고 투명한 권력이 씨스템을 구축하는 작업들이 선행되었다면 지도자에 따라서, 어떤 집권 정파에 따라서 우리 사회나 국가의 운명이 좌지우지되지는 않았을 거라고 생각되거든요. 저는 좌우대립이랄지 이념대립, 이런 사회적 갈등이라는 것들이 어떻게 보면 가진 자와 못 가진 자의 대립이라고 보거든요. 이런 상황에서의 계급투쟁이라는 것은 씨스템을 바로 세워나가기 위한 과정이라면 정당한 것이라고 보고요. 이런 갈등은 많이 있어야 한다고 생각하고, 이런 갈등이 앞으로는 없기 위한 갈등 아니겠습니까?

하종강 애매하게 표현하지 마시고, 씨스템을 갖춘다는 게 어떤 겁니까?

김용민 가장 현실적으로 얘기를 한다면 사회안전망을 구축하는 일부터 시작해서 이 사회의 법적인 테두리 안에서 모든 것들이 융화롭게 돌아갈 수 있는 씨스템이죠.

하종강 예를 들어 국가보안법을 폐지하는 것도 씨스템을 갖추는 일에 포함됩니까?

김용민 그렇죠.

하종강 제가 얘기할 기회를 드리는 거예요.(웃음)

김용민 그런 점에서 이런 씨스템을 만들기 위한 과정 속에 있는 개혁이라면 진통은 불가피한 일이라고 보고, 이런 갈등양상들이 우려해야 할 성질의 것인지에 대한 의문도 있습니다.

하종강 2005년의 과제에 대해서 각 분야와 관련해서 얘기 듣고 싶은데요. 지금 인터넷의 홈쇼핑 방송을 보니까 미국유학 상품이 나와서 거의 10분 만에 매진되는 것이 부인할 수 없는 우리의 현실이거든요. 아까 교육전문가라고 소개되셨고 교육위원회 연구위원으로서 활동하고 계신데 교육문제와 관련해서 2005년의 과제에 대해서 설명해주시죠.

조희정 저는 사실 교육에 대해서 질문을 드리고 싶었는데요. 최근에도 교육과 관련해서 나오는 뉴스는 안 좋은 것들이 많고, 오늘 아침에도 그런 안 좋은 뉴스가 있었는데요. 사람들이 교육에 대해서 매우 쉽게 얘기하지만 사실은 교육에 대해서 제대로 얘기하는 사람들은 별로 없는 게 아닌가 하는 생각이 많이 드는데, 아까 씨스템의 개혁에 대해서 얘기를 하셨잖아요? 그런데 저는 큰 개혁의 과제들도 중요하지만 정말 중요한 건 사실은 일상의 개혁이라는 생각이 많이 들어요. 그리고 제 몸을 개혁하는 것, 학생들이 신체를 어떻게 변환하는가, 이런 문제가 정말 개혁에서 중심점이 되어야 한다는 생각이 들거든요. 아주 단순하게, 예컨대 우리가 '공간 플러스'에서 요가를 하면 아이들이 평소에는 안 쓰던 근육을 쓰기 때문에 매우 고통스러워하는데, 한두 시간만 지나면 그 자세를 익숙하게 해내는 것들을 보게 되거든요. 이건 단순한 예지만, 거대담론 속에서 개혁으로 무엇을 하는 것도 굉장히 중요하다고 생각하지만, 한편으로는 내 몸의 개혁이나 학생들과 함께 우리 일상들을 어떻게 개혁해 갈 것이냐 하는 문제를 고민하기 때문에 개혁이라는 문제에 대해서 관심이 있는데요. 그래서 선생님께 질문을 드리고 싶었어요. 아까 문학평론가라고 자칭하셨지만 한편으로는 교육자로서 살아오셨기 때문에 교육이라는 관점에서 우리 사회의 개혁에 대해서 어떻게 생각하시는지 궁금했고 조언을 듣고 싶습니다.

백낙청 자꾸 대답하기 어려운 질문을 하시니까 토론이 진행되지 않는 것 같은데요.(웃음)

하종강 서울대 개혁을 얘기하면서 한번 구설수에 오르셨잖아요? 개혁의 걸림돌이 대학교수다 해서…… 변명할 기회를 드릴 테니까 그와 결부해서 말씀을 해주시죠.

개인의 수련과 사회구조적 변화가 같이 가는 개혁이어야

백낙청 그건 기자가 좀 과장되게 썼죠. 그러나 서울대만이 아니고 교수사회도 대학교육의 큰 걸림돌의 하나인 건 틀림이 없다고 봅니다. 다른 분야에 비해서 바람을 덜 받아온 사회이기 때문이고, 당연히 개혁이 되어야하는데, 요는 뭘 가지고 개혁이라고 하느냐와, 또 누가 개혁하느냐가 문제인데, 최근에 교육부총리 임명 파동을 보면서 제가 느낀 것은 특정인의 도덕성이나 자질 문제를 떠나서 정권 수뇌부에서 생각하는 교육개혁이라는 게 과연 무언가 하는 의문을 갖게 됐습니다.

조희정씨 질문이 사실은 중요한 문제라고 생각하는데, 쏘비에뜨 사회주의가 무너지면서 사람들이 여러가지 새로운 생각을 하게 됐는데, 그중 하나가 나는 그런 거라고 봅니다. 개인의 변화라는 것, 개인의 수행 또는 훈련이 따르지 않는 사회변혁에는 한계가 있다는 거죠. 물론 대개는 보수주의자들이 각자가 변하는 것이 중요하지 사회변혁이나 구조가 중요한 건 아니라고 자꾸 얘기하니까 거기에 대한 반발로 "그렇지 않다, 제도가 바뀌고 구조가 바뀌어야 한다. 그것을 바꿔야 사람들도 바뀔 수 있다"고 주장하는데 그것도 일리가 있는 말이고요. 그러나 무슨 방법을 써서든지 정권을 잡아서 국가권력의 힘으로 제도를 바꿔놓으면, 특히 경제제도를 바꿔놓으면, 사람들이 저절로 바뀌고 따라올 것이다 하는 게 잘못된 진단이었다는 점이 드러났다고 보거든요. 그래서 뭔가 개인의 수련이나 훈련과 사회구조적 변화가 같이 가는 개혁이 필요하다고 생각합니다.

하종강 역시 평균인적인 입장입니다. 싸이버대학이라는 특이한 대학에서 일하는 교수로서 교육에 대해서 생각이 있으실 텐데요.

민경배 흔히 싸이버대학 하면 사람들이 일반적으로는 공부가 제대로 되냐 하는 편견을 가지고 계십니다. 뭐냐 하면 지도하는 교사가 눈으로 직접 학생들을 관리 감독을 해야만, 어떻게 보면 관리 감독이라고 표현했지만 감시의 눈길이 있어야만 학업집중도가 높아지는데 인터넷 동영상만 들여다보고 앉아서 제대로 공부가 되겠느냐 하는 질문들을 많이 하세요. 그런데 저는 그런 것들이 어떻게 보면 구시대적인 발상이 아닌가 하고, 실제로 학생들의 주체성이라는 측면에서는 오히려 싸이버대학만큼 좋은 효과가 없다고 생각합니다. 저는 그런 것들이 하나의 작은 영역이지만 개혁의 새로운 패러다임을 얘기해주지 않나 싶은데, 왜냐하면 자신의 강력한 학업동기가 있어야만 사실 아무도 지켜보지 않는 빈 방에서 동영상을 들여다보고 앉아 있는 거거든요. 근데 그런 학업동기가 작용했을 경우에 그 강의는 오프라인에서 여러 사람과 함께 듣는 강의보다는 어떻게 보면 학생이 교수와 일대일로 집중적으로 강의를 들을 수 있고 질문이 있으면 바로 인터넷 게시판에 올려서 질문할 수 있어서 훨씬 집중도가 높다는 거죠. 그런데 그런 동기가 부여되지 않는다면 그야말로 강의 창 띄워놓고 다른 걸로 채팅하면서 출석했다 시간 체크하고 어영부영 졸업할 수도 있는 거겠죠. 중요한 건 구성원, 참여자의 자발적인 동기부여, 결국 동의라는 거죠.

아까 김용민씨께서 씨스템 얘기를 하셨습니다만, 씨스템이 만들어져야 하는 건 맞는데 그 씨스템이 만들어지는 과정에서 또 중요한 것이 바로 사회구성원들의 동의가 아니겠는가. 과거 권위주의정권 시대에 개혁이라면 강압적으로 밀어붙이는 것이고, 아니면 오늘날 민주화된 이후에는 그런 것들을 도덕적인 정당성, 이런 것들에만 호소를 하거든요. 그러다 보면 실질적인 이해관계 때문에 거기에 동의하지 않는 사람들이 만들어지고, 그래서 사회적인 분열이 나타나고 개혁이 되지 않는 현상들이 되풀이되는 것이 아닌가 싶어서, 어떻게 강력한 동기부여를 해줄 것인가, 개혁의 메씨지를 만들어가는 과정에서도 그런 노력들이 앞으로는 우리 사회에서 많이 필요하지 않겠나 싶습니다.

백낙청 내가 이런 얘기를 하면 사회자께서 또 나를 평균주의자라고—

하종강 토론을 정리하는 의미에서 짤막하게 해주시죠.

백낙청 평균주의자라고 하실지 모르겠는데, 중도주의와 평균주의는 다른 거라고 봐요. 지금 갈등을 어느정도 표출해서 조정하며 통합해가는 과정이 필요한 건 사실인데 그건 원론적인 얘기지요. 역시 한국사회에서는 한국사회만 따로 노는 것이 아니라, 물론 세계화시대니까 세계화시대에서 노는 것도 중요하지만 특히 남이나 북의 경우는 이게 한반도의 분단체제라는 중간 차원의 프레임이 있어서 그 제약을 받으면서 노는 거거든요. 가령 갈등이 왜 생기고 통합이 안되는가 하는 걸 연구할 때 반드시 그 요소를 감안해야 한다고 봅니다. 그런데 많은 진보적인 학자나 지식인들이 의외로 그런 건 빼고 얘기를 해요. 그래서 분단이 안된 사회를 기준으로 뭐가 좌다 우다, 뭐가 진보다 아니다 하는 식으로 얘기를 하는데, 오히려 보수적인 분들은 무슨 개혁을 하자고 하면 분단상황에서 그건 안된다, 북의 위협이 있다 하는 식으로 항상 분단현실과 연결을 시키지요. 반대하는 사람들은 보수적인 사람들이 분단현실을 남용하여 자기들의 기득권 수호를 위해서 억지로 갖다 붙인다 하는 지적을 하지만, 실제로 어디까지가 악용이고 어디까지는 현실적으로 분단상황에 의해서 규정되고 있는가 하는 점에 대한 구체적인 연구가 부족한 것 같아요. 그래서 그걸 인정하면서 나가다 보면 나는 분단 안된 사회 기준으로 뭐가 진보다 하는 개념이 우리에게는 안 들어맞는다는 게 분명해진다고 봅니다. 그래서 우리는 분단체제극복이라는 대의를 중심으로 되도록 많은 세력이 뭉치자, 합치자는 겁니다. 독립운동을 할 때 그때도 물론 좌우의 이념갈등도 있었고 토론도 있어야 했지만 당장에 제일 중요한 목표는 광복이니까 광복에 뜻을 같이하는 사람들은 뭉쳐야 하지 않았어요? 마찬가지로 분단체제극복이 당면과제라고 한다면 이걸 중심으로 뭉쳐야 되는 거고, 그런 의미에서 내가 중도주의를 얘기하는 거죠. 그것은 어떻게 말하면 변혁적인 중도주의입니다. 우리 시대 최대의 변혁과제는 분단시대극복이니까 이 과제에 맞춘 중도주의라는 의미에서 변혁적 중도주의라고 할 수 있겠죠.

하종강 아쉽지만 분단체제론의 핵심에 거의 접근하면서 오늘의 토론을 끝내야 할 것 같습니다. 90분의 시간이라는 것이 한 사람의 머릿속에 있는 수많은 생각을 듣기에는 너무 짧은 시간이라는 느낌을 받았습니다.

1974년에 민주회복국민선언에서 백낙청 선생님의 이름을 처음 보았습니다. 그로부터 30년의 세월이 지난 후에 2004년에 다시 국가보안법 폐지를 위한 원로공동성명에서 백낙청 선생님의 이름을 다시 발견했습니다. 이렇게 30년을 두고 벌어진 일들이 우리 현대사의 비극과 그 속에서 치열하게 살아온 지식인의 삶을 극명하게 보여주고 있다고 생각합니다.

'만남 2005' 네번째 시간에는 비교적 젊은 대표적인 진보적 인터넷 논객, 진중권씨를 만나봅니다. 더욱 젊은 세대들간의 격돌을 기대해주시기 바랍니다. 함께해주셔서 감사합니다. 안녕히 계십시오.

6·15 이후 분단체제는 동요기

백낙청(6·15공동선언실천 남측준비위 상임대표)
유병문(『민족21』 기자)

유병문 개인적 인생에서도 새로운 결단을 하신 셈인데 남모르는 고뇌도 있었을 것 같아요.

백낙청 개인적으로 맡을 자격과 능력이 되는가를 많이 고민했습니다. 현실적으로는 시민방송 이사장 일도 바쁜데다가 기본적으로 공부하는 사람이고 문필활동을 하는 사람인데 그것도 제대로 못하면서 이 일을 또 해야 하는지 걱정했지요. 게다가 남북교섭의 경험도 없지 않느냐고 마다했는데 제안한 분들이 그런 걱정은 하지 말고 맡아달라고 하시더군요.

유병문 경험이 적다고 겸손하게 말씀하시지만 통일문제에 대한 관심은

■ 이 인터뷰는 『민족21』 2005년 3월호에 수록된 것으로, 2005년 1월 31일 6·15공동선언실천을 위한 남북해외 공동행사 남측준비위원회(훗날 '6·15공동선언실천 남측위원회'로 개칭) 상임대표로 선출된 백낙청 교수를 인터뷰한 것이다.

오래되시지 않았습니까?

백낙청 글을 통해 통일을 이야기한 것은 40년 가까이 되었죠. 1970년대부터는 민족문학론을 전개해왔고 1980년대에는 분단체제론을 얘기했고 1990년대에는 흔들리는 분단체제론으로 나아갔죠. 그러나 책상머리에 앉아서 하는 이론에는 한계가 있다는 생각을 늘 해왔고 이번 일을 맡은 것도 좀더 실천과 밀착된 공부를 할 기회라고 생각했기 때문이지요. 실천과 함께 할 수 있는 영예로운 자리라 거절키 어려웠다고 하는 게 솔직한 심정이겠지요.

유병문 현재 꾸려진 6·15준비위는 그 어느 때보다 방대한 규모로 조직이 꾸려졌습니다. 그러나 6·15 5주년의 의미를 살리기엔 역부족이 아닌가 하는 반론도 존재합니다. 백선생님께서는 현재의 조직 구성에 만족하십니까?

백낙청 그전보다 폭넓은 세력이 모여서 모두 합의하는 방식으로 결성식을 한 것은 커다란 진전이라고 봅니다. 갑자기 참여해서 소상히는 모르지만 지금의 조직이 완결된 것은 아닌 걸로 알고 있습니다. 앞으로 폭도 더 넓히고 내부의 단결과 화합도 강화해야 한다고 생각합니다.

유병문 앞으로의 조직적 과제를 좀더 구체적으로 말씀해주시지요.

백낙청 일단 정당 쪽의 참여 문제가 남아 있지요. 의원대표단을 따로 두기로 했는데 각 당의 대표적 인사를 상임고문, 고문, 운영위원 등으로 영입할 생각입니다. 열린우리당과 민주노동당은 이미 사람을 정해서 보내왔습니다. 한나라당에 참여를 적극 권유하고 있고 새천년민주당이나 자유민주연합의 인사도 포함하고자 합니다. 또한 대중문화인 참여도 적극적으로 추진해야 하는데 그동안 미처 인선, 섭외하지 못해서 미뤄진 상태지요. 그와 더불어 학계와 의료계의 참여도 이끌어야 하는 등 과제는 많습니다.

유병문 남북해외의 공동조직이다 보니 북과 파트너십 형성 문제도 중요한데요.

백낙청 저쪽은 정부나 국회 부의장 격 인사들이 들어 있지만 남쪽은 민간기구이기 때문에 일단 정부관계자는 배제하기로 했습니다. 또한 남쪽에서는 기업인들이 힘이 있다고 하지만 재계 차원에서 들어오는 것은 원칙적으로 배제하기로 했습니다. 다만 경제인들이 개별적으로 참여하는 것은 언제든지 환영합니다. 남쪽은 북쪽과 달리 민간진영을 대표할 수 있는 진용으로 꾸려졌다고 보면 됩니다.

북이 정부와 민간이 일체화된 것에 비해 우리는 정부와 대립각을 세우던 통일운동진영이나 정부와 공동보조를 맞추는 통일운동진영이나 또한 그동안 통일운동에 적극적이지 않았던 시민운동진영이 함께하고 있는데 이것이야말로 북과 구별되는 또다른 의미있는 대목이라고 할 수 있지요.

유병문 개인적으로 방북 경험이나 북쪽 인사들과 접촉하신 경험은 있으신지요?

백낙청 금강산에 가본 것 말고는 북쪽 땅을 밟아본 적이 없습니다. 영문학자라서 해외에서 남북학술회의에 참여할 기회도 없었죠. 무슨 조직에 가입되어 있어 행사 때 참여하거나 북쪽 사람들을 만날 수 있었던 것도 아니고요. 다만 2002년 8·15 남북공동행사 때 독도문제를 가지고 남북학술회의를 했는데 그때 사회를 맡았기 때문에 북쪽 분들과 잠시 접촉할 기회가 있었습니다. 또 가깝게는 지난해 12월 금강산에서 만해문학상 시상식을 가졌을 때 북의 소설가 홍석중 선생과 조선작가동맹 분들을 만난 적이 있습니다.

유병문 해외준비위 결성이 가장 늦어지고 있다고 들었습니다. 해외준비위도 이번을 계기로 새로워져야 한다는 목소리가 들립니다.

백낙청 북은 북대로 새판을 짰고 남도 새롭게 하려고 하는데, 차제에 해외에서도 여러 갈래로 나뉘었던 것이 6·15 정신에 맞게 대동단결로 가야겠지요. 물론 일시에 되진 않겠지만 지난날과는 확연히 다른 모습이 있었으면 합니다. 어느 정도 모일 수 있을지는 모르지만 이번 기회를 잘 활용해서 못 끼었던 분들, 안 끼었던 분들도 함께할 수 있는 진정한 민족대단결의 모습이 되었으면 하는 바람이죠. 물론 이 바람은 남쪽이나 북쪽에 모두 해당되는 것이고요.

유병문 새로운 시대로 도약하기 위한 조직구성과 운동양태가 필요한데 그러자면 6·15선언 5주년에 대한 평가가 중요한 기준이 될 것 같습니다. 취임사 때 6·15 이후의 성과가 만족스럽지 못하다고 지적하셨습니다만.

백낙청 6·15 이후 실로 많은 일이 이루어졌다는 사실이야 누가 부인하겠습니까. 또 6·15 당시의 부풀었던 기대에 비해 성과가 미흡하다는 점도 쉽게 인정하겠지요. 취임사에서는 주로 남쪽의 통일운동이 다시 자세를 가다듬자는 자성의 의미로 얘기했습니다. 그동안 많은 분들이 열심히 했지만 아쉬움도 많은데, 현실적인 이유로 미국 행정부의 영향으로 남북교류에 불리한 여건이 조성된 것은 엄연한 사실입니다. 그것은 그것대로 분명히 인식하고 결연히 대응하되 모든 책임을 바깥이나 당국자 등 남에게서 찾지는 말자는 거지요.

통일운동을 하는 각 진영의 이해다툼도 있고 대중 속에 충분히 뿌리박지 못한 점도 있지요. 정부 쪽에서 적극적으로 나서고 싶어도 일반여론이 따르지 않아서 못하는 경우도 많지요. 물론 일방적으로 여론을 호도하는 쪽이 있지만 통일운동이 바로 그런 국민여론을 긍정적이고 우호적인 것으로 바꿔가야 하는 몫을 충분히 했는지 돌아봐야 합니다.

유병문 통일운동의 대중화에 대한 문제점을 지적하셨는데 준비위의 고민도 깊을 것 같습니다.

백낙청 준비위에서 대중설득, 대중참여 작업을 구체적으로 어떻게 전개할지는 더 연구해봐야겠습니다. 준비위 내에는 남쪽의 다수 대중과의 공감은 부족하지만 북과 관계를 중시해온 분들도 있고 상대적으로 남쪽 대중과의 사업에 중요도를 더 두고자 했던 분들도 있습니다.

무엇보다 이분들 사이의 단결이 필요하다고 봅니다. 그것이 있어야 대중적인 사업도 활발히 펼칠 수 있지요. 일단 조직의 명칭대로 '남·북·해외 공동행사'를 아름답게 치러내는 것을 1차적 목표로 삼고 있습니다.

유병문 보수진영을 설득하고 동참하게 하는 것도 빼놓을 수 없는 과제로 지적되어왔는데요.

백낙청 민족대단결은 남북이 모두 부르짖고 있지요. 그런데 7천만 겨레라고 하는 우리 민족 가운데 5천만 가까이가 남쪽에 살고 있으니 남쪽의 다수가 지지하지 않는 민족대단결은 공허한 얘기가 되지 않겠습니까. 그래서 보수진영도 충분히 설득하고 동참시킬 필요가 있습니다.

그러나 우리 조직이 6·15공동선언에 동의하는 사람들로 구성된 조직이기 때문에 그것을 기준으로 할 것입니다.

유병문 정부와의 관계 설정은 어떻게 할 예정입니까?

백낙청 정부와는 협조할 일도 있고 독자적으로 할 일도 있을 것입니다. 정부에서는 광복 60주년 사업을 대규모로 계획하고 있는 걸로 압니다. 우리도 8·15 때 서울에서 남북이 행사를 같이 하기로 했으니까 이 일을 포함해서 정부와 논의하고 협조할 일이 많이 있으리라 봅니다.

유병문 국가보안법이 처리되지 않은 상태에서 대중적으로 활동을 넓히는 문제나 정부와의 관계에서 범민련·한총련 문제가 해결해야 될 과제로 나설 것 같은데요?

백낙청 범민련·한총련의 조직 자체는 법률상 이적단체로 규정되어 있지만 그동안 그분들이 통일운동에 많이 참여하고 활동해왔습니다. 중요한 것은 우리가 민족적으로 '민족대단결'을 이루자고 하고 남쪽 내에서도 '상생사회'를 만들자고 하면서 그분들을 빼놓고 할 수 없다는 것은 정부도 잘 알고 있을 것입니다. 정부의 고충도 알지만 그보다는 정부가 전향적인 태도를 보여줬으면 하는 바람을 가지고 있습니다.

유병문 계획하시는 사업도 많을 것 같은데요?

백낙청 무엇보다 남북공동행사가 중요하지요. 3월 초 금강산에서 남·북·해외 준비위 발족식이 있을 예정이고 6·15 행사는 평양에서, 8·15 행사는 서울에서 갖기로 했으니까 이 사업들을 잘해야지요. 그외에 문산−개성간 마라톤 대회도 구상하고 있는데 이것이 성사된다면 굉장히 뜻깊은 행사가 될 것 같습니다. 양측의 군 당국이나 미군과도 얘기가 돼야 하는 행사니까요. 또 백두산에서 내려오고 한라산에서 올라와서 만나는 국토순례대행진도 구상하고 있지요.

유병문 이번 조직위는 남·북·해외가 공동으로 꾸리는 조직이고 남쪽으로 볼 때는 부문과 지역의 활동을 포괄하게 되는 셈인데 조직 위상에 대한 고민도 있을 것 같습니다.

백낙청 남북교류와 통일운동을 하는 단체와 인사들을 느슨하게 총괄하는 형식의 조직을 둔다는 취지가 좋다고 보입니다. 느슨한 총괄을 넘어서 지나친 중앙통제를 꾀한다거나 정치적으로 너무 높은 수준을 요구하면 오히려 어려워지지 않겠는가 생각합니다. 일단은 남쪽 통일운동을 총괄해서 볼 수 있고 서로가 의견을 조율해서 가능한 일부터 해나가는 통로가 되면 좋겠습니다.

유병문 북측의 핵보유선언 이후 정세의 동향이 남북교류사업 전반에 영향을 미칠 것으로 예측되고 있습니다. 준비위 사업에는 차질이 없겠는지요?

백낙청 향후의 영향을 정확히 짚어내기는 어렵습니다. 다만 남쪽 준비위원장으로서 한 가지 확실하게 말씀드릴 것은, 남북 민간교류사업과 협력사업이 정세의 변화나 외풍에 중단되어서는 안된다는 점입니다. 이번 기회에 어떤 어려움이 있어도 민간끼리의 사업은 꿋꿋하게 진행한다는 것을 보여줬으면 합니다.

유병문 정세가 긴장된다면 반전평화운동이 강력히 요구될 수도 있을 것 같습니다.

백낙청 준비위에서 무슨 운동을 할지는 조직구성이 완비되지 않아서 말씀드리기 이르지만 개인적으로는 '평화운동'이 중요하다고 생각합니다. 평화통일의 과제를 제대로 해내려면 한반도뿐 아니라 세계적 차원에서도 평화에 헌신해야 하고, 또 일상적인 평화문화를 건설하는 데도 이바지해야 한다고 생각합니다. 평화를 주장하면서도 비평화적인 기질을 가지고 있는 사람들도 적지 않은데 평화가 단순한 구호가 아닌 생활로 되기 위해선 평화문화가 절실하다고 봅니다.

유병문 어떤 의미에선 최근의 북핵문제 등의 갈등이 분단체제를 허물기 위한 진통이 본격화된 것이라고도 볼 수도 있을 것 같은데요.

백낙청 6·15는 분단체제가 동요기에 접어들었음을 확인해준 결정적인 사건이었습니다. 그런데 단순히 분단을 극복하는 것과 분단체제를 극복하는 것은 다릅니다. 전쟁이 나서 다 죽고 난 다음에 통일되는 것도 분단극복이겠지만 분단체제의 극복은 지금보다 나은 체제를 만들자는 겁니다.

전쟁통일이나 한쪽이 한쪽을 먹어치우는 식의 통일은 모두 분단체제의 나쁜 속성이 지속되거나 심지어 강화되는 사태겠지요. 따라서 우리가 추구하는 것은 평화적 방법으로 더 훌륭한 사회를 한반도 전역에 걸쳐 건설하는 일이죠. 온전한 평화는 분단체제 내에선 안되기 때문에 궁극적으로는 통일이 돼야 하는 거고요. 분단체제가 반세기 이상 존속하면서 그 나름의 지구력과 적응력을 과시하고 있지만 기본적으로 우리 민족이 원해서 분단된 것이 아니기 때문에 반민주적이고 비자주적인 체제일 수밖에 없고 따라서 근본적으로 불안정한 체제입니다.

그리고 이제 드디어 그것이 흔들리고 있다는 사실을 분명히 인식할 필요가 있습니다. 최근 핵문제 등으로 남북에 다소간에 어려움이 있을 수도 있겠지요. 쌀을 보내면 총알로 돌아온다고 주장하던 사람들이 이제는 핵폭탄으로 돌아온다는 얘기를 할 수도 있어요. 그러나 큰 흐름은 바뀌지 않을 것이라고 봅니다.

박정희 경제성장 칭찬한다고
민주화운동 진영이 주눅들 필요 있나

'박정희'와 '백낙청'.

애당초 두 사람의 이름은 나란히 놓아서 어울릴 만한 이름이 아니었다. 박정희(朴正熙)를 옹호하는 사람이나 반대하는 사람도, 백낙청을 옹호하거나 반대하는 사람도 마찬가지였다. 하지만 두 사람은 1960년대부터 지금까지 40여 년 동안 한국사회에 지속적인 영향력을 발휘하고 있다는 공통점을 갖고 있다.

군사쿠데타와 유신독재의 정점에 섰던 박정희 전 대통령은 지금도 '재평가'라는 담론 안에서 여전히 살아 있다. 유신체제에 반대하는 지식인 사회에 논리를 제공했던 백낙청 서울대 명예교수는 '백낙청 정부(政府)' '창비 공화국'이라는 조어들을 만들어내며 문단의 막강한 중심축을 장악하

■ 이 인터뷰는 『데일리서프라이즈』 2005년 5월 19일자에 실린 것이다.

고 있다. 박 전 대통령의 장녀가 대표로 있는 '한나라당'이나, 백교수의 자식과도 같은 『창작과비평』이 한국 정계와 지식인사회에서 차지하는 이들의 현재 영향력을 반영하고 있다.

하지만 두 사람의 과거를 생각해보면 얘기가 조금 달라진다. 28세(1966년)의 나이에 『창작과비평』 창간 편집인으로 참여한 백교수는 창간호 권두 논문 「새로운 창작과 비평의 자세」로 당시 문인들의 가슴을 서늘하게 만들었다. 그는 순수문학을 표방한 문인들의 이데올로기를 정면 비판하는 동시에 참여문학 진영에도 '구체적으로 어떻게 참여할 것인가'라는 질문을 던졌다. 당시 그가 '참여'하고 깨뜨려야 할 거대한 절망 중의 하나는 '박정희'였다. 그가 '소시민 의식을 미화하지 말라'고 주장한 자신의 권두 논문을 3년 만에 '시민문학론'으로 정리했을 때, 이미 박정희는 유신체제를 통한 장기집권의 구상을 시작하고 있었다. 백교수는 유신시절 3선 개헌을 반대*하다 교수직을 빼앗기기도 했다.

그런 그가 최근 박정희에 대한 '옹호론'을 펴 논란이 되고 있다. 계간 『창작과비평』 2005년 여름호에 게재한 글(「박정희시대를 어떻게 생각할까」)에서 "'주식회사 한국'의 CEO로서 그를 충분히 인정을 안해준 것은 사실"이라고 주장한 것이다. 그는 자신의 주장이 언론에 보도되면서 비판의 목소리가 일자 "일부 보수언론이 한쪽 측면만을 강조하고 있다"고 불만을 보이기도 했다.

그가 정말 하고 싶었던 얘기는 무엇일까. 백교수는 "민주화운동 진영이 냉정하고 진지하게 박정희 재평가 논의를 해보자는 취지의 주장"이라고 말했다. 또 이같은 박정희 재평가에 박근혜(朴槿惠) 한나라당 대표의 위치와 역할에 대해서는 별개의 문제라고 말했다.

5월 18일 자택에서 전화를 받은 백교수는 50여 분 동안의 긴 통화에서

* 실은 유신헌법 개정을 촉구 — 편자.

자신의 생각을 비교적 소상하게 밝혔다. 다음은 그와의 일문일답이다.

〔데일리서프라이즈〕

민족경제론, 현실적 대안은 아니었다

■ 이번 글을 쓰신 이유가 무엇입니까?

백낙청 내 글에도 썼지만 박정희 향수를 극복하는 대안의 하나로 제시한 주장입니다. 60~70년대 민주화세력이 경제에 미친 긍정적 영향을 살펴보고 동시에 그 시절에 박정희가 세운 나름의 경제적인 공적도 객관적으로 평가해보자는 거지요.

■ 지금 상황에서 '박정희 재평가'가 중요한 이유가 무엇이라고 보십니까?

백낙청 우리가 박정희식의 독재는 끝장을 냈지만 경제발전이나 국가운영에 대해서는 박정희식의 사고방식이 살아있어요. 그런데 뚜렷한 대안 패러다임이 없다 보니까 마치 '박정희 때는 좋았는데 지금은 혼란스럽다'는 식의 박정희 향수가 퍼지는 것이지요.

박정희 시대에 대해 무조건 부정적인 얘기만 하면 건전한 논의가 안된다고 봤어요. 그래서 공과를 냉정하게 따져보자는 것이지요. 박정희식의 패러다임을 극복하는 것과 대안 패러다임을 만드는 일은 같은 작업이면서 동시에 진행되어야 합니다.

■ 언론 반응을 보시면서 어떤 생각이 드셨습니까?

백낙청 보수언론들이 먼저 보도를 했더군요. 대체로 '진보진영의 백아무개가 박정희를 인정했다'는 쪽으로 촛점을 맞췄지요. 물론 그런 측면도 있지만, 그건 중요한 취지는 빼고 얘기한 겁니다.

더군다나 어떤 언론은 (내 주장을 인용하면서) '과거사 청산도 하지 말아야 한다'는 논리에 갖다붙이는데 그건 내 생각과는 정반대예요. 잘한 건 잘한 것대로, 못한 건 못한 것대로 정직하게 대면할 필요가 있지요. 결코 박정희의 오류나 범죄를 덮어주자는 건 아닙니다.

■ 백선생께서도 1974년 유신헌법에 반대하는 '개헌청원지지 문인 61인 선언'에 참여하였고, 그 때문에 교수직에서 파면되기도 하셨는데요.

백낙청 개인적으로 어떤 경험을 했든간에 그것과 관계없이 사실로서 인정해야 할 대목은 인정해야 합니다. 내 글을 읽어본 분들은 아시겠지만 옹호론자들이 읽어서 기분 좋을 얘기는 아니었다고 생각합니다.

■ 박정희 시절에 대해 어떤 개인적인 기억을 갖고 계십니까?

백낙청 나는 다른 분들에 비하면 그렇게 심하게 당한 것도 아니에요. 그때 실제로 당한 사람들의 경험이라는 것은 요즘 안 당해본 젊은 세대는 상상하기도 어려울 겁니다. 그런데 당한 사람들의 억울함에만 매달려가지고는 미래에 대한 해결책이 안 나와요. 또 그분들의 절실한 체험을 잊어버리고 단지 '불가피한 일이었다'라는 식의 경박한 태도 역시 마찬가지이지요.

■ 1970년대 『창작과비평』은 '민족문학론'과 함께 '민족경제론'이라는 담론 형성을 주도했던 것으로 알고 있습니다. '민족경제론'과 박정희식의 경제개발 방식은 배치되지 않습니까.

백낙청 그렇죠. 민족경제론도 내용이 간단한 건 아니고 여러 측면이 있는데 결국 수출주도형 경제개발에서 내포형 공업화로 가자는 얘기였고 박현채(朴玄埰) 선생이 주도하셨습니다.

그런데 나는 지금 생각해보면 민족경제론은 당시의 세계정세로 보나, 세계 속에 처한 위치로 볼 때 현실적인 대안은 못됐다고 생각합니다. (박정희식의) 개방형 경제로 가더라도 그것을 어떻게 운영하느냐에 따라 다르겠지요. 다만 그길(박정희식 개방 경제)로 가면서도 남북의 화해냐, 대결국면으로 가느냐의 측면에 대해서는 민족경제의 비판이 옳았다고 봅니다.

■ 그렇다면 당시 창비에 실렸던 '민족경제론'은 잘못된 판단이었다는 말씀인가요.

백낙청 창비가 민족경제론을 내세운 것은 아닙니다. 창비의 편집위원들이 적극적으로 개발한 담론은 민족문학론이었죠. 같은 맥락에서 박현채 선생이 민족경제론을 펼치면서 창비를 많이 활용을 하신 것입니다. 민족경제론에 있어서는 박선생이 주된 창비의 필자였습니다.

하지만 민족경제론 노선 그 자체가 현실적인 대안은 안될뿐더러 박선생이 완벽하게 현실적인 대안을 낼 책임은 없었던 거죠. 그러나 박현채 선생이 주장하신 것들이 (경제정책에) 더 많이 반영됐더라면 우리 경제가 지금보다 더 나아졌으리라고 봅니다.

주어진 조건 잘 이용한 것이 CEO 박정희의 공로

■ 민주화운동 진영의 '현실 대안'에 대한 책임을 말씀하셨는데요. 이번에 쓰신 글을 보면 '박정희 시대 민주화운동 진영은 부정부패와 천민자본주의를 규탄하는 데 앞장서기는 했지만, 한국경제 발전에 대한 현실적 대안을 제안했다고 말하기는 어렵다'고 말씀하셨습니다.

인권탄압이 자행되는 상황에서 민주화 진영이 경제발전의 현실적 대안을 제안한다는 것은 당시 시대상과는 조금 동떨어진 얘기 아닌가요.

백낙청 그렇죠. 그런데…… 그건 민주화운동 진영에 왜 그것도 못했느냐고 나무라는 게 아니라 그런 점(현실 대안의 제안)에서 약했던 건 사실이라는 걸 얘기하려던 것이었어요.

민주화운동 진영을 넓게 보면 야당도 포함되는 거 아닙니까. 김대중 후보가 1971년 대중경제론을 들고 대통령선거에 나왔는데 내용을 보면 사실 5·16 직후 군사정권이 추진하던 내용이 많아요. 박정희도 처음부터 수출주도를 외쳤던 게 아니라 처음엔 민족경제론을 들고 나왔어요. 그래서 화폐개혁도 하고 이런저런 걸 시도했지요. 그런데 이게 현실하고 맞지 않고 미국하고도 맞지가 않았어요. 그래서 고친 거지.

대중경제론이 민족경제론과 똑같은 건 아니지만 김대중 후보 역시 만약 그때 대통령에 당선됐더라면 그 또한 경제정책을 수정했을 겁니다. 박정희식 독재를 했을 것이라는 말이 아니라 다른 식의 배합을 찾았을 것이라는 얘깁니다. 박정희정권이 개방형 경제정책을 선택한 것은 그래도 크게 볼 때 타당한 선택을 한 것으로 볼 수 있습니다. 그 싯점의 개방형 경제가 지금 시기의 신자유주의적인 개방은 아니었거든요.

자금을 조달하기 위해서 한일협정을 맺었는데, 일본과 관계를 맺어서 돈을 들여온 것 그 자체를 나쁘다고 할 수는 없어요. 다만 온갖 과도한 양보를 하고 밀약을 한 것은 당연히 비판을 받아야지요.

■ '독재만 하고 경제성장을 못 이룬 독재자가 많다는 점에서, 그리고 한국에서와 같이 극적인 성장을 이룩한 일은 더욱이나 드물다는 점에서 어쨌든 유공자는 유공자'라고 말씀하셨습니다.

그런데 인권문제를 뒤로 미룬 개발독재 방식이 후진국의 양적인 경제발전에는 효과적인 방법 아닙니까. '독재자 중에 경제성장을 못 이룬 독재자가 많다'는 말씀은 이해가 잘 안 갑니다만.

백낙청 경제발전 하겠다고 내세우면서 독재한 사람은 많지만 실제로 경제발전에 성공한 경우는 많진 않아요. 싱가포르의 경우는 좀 특이한 경우지만, 중남미도 그렇고 아시아지역 국가는 대부분이 그렇습니다.

다만 한국의 경제성장이 오로지 박정희의 공로냐 하는 것은 별개문제입니다. 양질의 노동력이 열심히 일을 한 것도 한 이유입니다. 여러 여건을 박정희가 잘 이용했고, 편승한 거죠. 그걸 잊어버리고 박정희 개인을 신화적인 존재로 만드는 것은 반대합니다.

그러나 그런 조건이 있었다 하더라도 그것을 이용해나가는 데는 역시 그 최고경영자의 역할이 중요합니다. 다른 사람이 (대통령이) 됐더라면 더 잘했을까는 별개 문제지만 그런 조건들을 적절히 이용한 것은 그의 공로입니다. 거기에 독재나 사회적인 획일화까지 가미한 것은 그의 책임이죠. 공로든, 책임이든 인정할 것은 인정하자는 겁니다.

■ 경제발전에 성공한 독재자는 많지 않습니까. 히틀러(Hitler)는 그야말로 잿더미에서 국가경제를 일으켰고 사담 후쎄인(Saddam Hussein)이나 장 제스(蔣介石)의 사례를 꼽는 사람도 많습니다.

백낙청 히틀러의 경우는 비교가 안됩니다. 독일은 이미 그때 세계 강대국 중의 하나로 들어간 상태였어요. 사담 후쎄인도 결국 독재만 있고 민주화는 못하다 보니까 지속적인 발전을 못 이룬 것이지요. 그리고 거기(이라크)는 석유만 해도 얼맙니까. 비교가 안되죠.

결국 동남아시아와 중남미 국가가 비교대상인데 내가 전문가는 아니니까 잘 모르겠습니다. 외국에서도 60년대 이래 한국경제의 성장은, 적어도 성장이라는 면에서 볼 때는 세계적으로 드문 예라고 평가하고 있습니다.

박정희 독재 18년, 긴 역사로 보면 짧은 시간

■ 말씀을 듣다 보니 조갑제(趙甲濟)씨의 논리와 일부분 닮아 있다는 생각이 드는데요.

백낙청 (웃으며) 그런데 조갑제씨는 주로 잘했다는 견지에서 나오는 것이고 나는 잘한 일이든 못한 일이든 그 사람이 그 자리에 있었기 때문에 제대로 평가를 하자는 얘깁니다.

박정희를 옹호하는 사람은 경제성장에 대해서는 박정희 혼자의 공로로 돌리고, 그가 한 탄압에 대해서는 불가피했다거나 아니면 차지철(車智澈) 등 아랫사람 책임으로 돌립니다.

반면 박정희 비판자들은 그 시절의 모든 잔혹행위는 박정희의 책임이라고 말합니다. 어떤 의미에서는 맞는 얘기지만 모든 책임을 돌릴 거면 그

시대에 이뤄진 성과도 함께 돌려져야 할 것 아니겠어요. 박정희가 여러 조건들에 편승한 대목, 또 노동자들의 기여는 별개로 인정하되 박정희의 CEO로서의 역할을 이제 그의 몫으로 돌려주자는 얘깁니다.

어떻게 보면 내 얘기가 양쪽에서 다 오해받을 수 있는 측면은 있어요. 하지만 이제는 냉정하게 어느 한편에 쏠리지 않는 평가를 할 때가 됐습니다. 박정희를 위한 토론이 제대로 벌어져야 한다고 봅니다. 제 글에 대한 신문보도만을 보고서 이러쿵저러쿵하지 말고 독자들이 글 자체를 보고 생산적인 논의를 했으면 좋겠습니다.

■ "'주식회사 한국'의 CEO 박정희에 대해 충분한 인정을 안해준 것은 사실"이라고 하셨는데 어느 정도가 돼야 충분한 인정이 될까요?

백낙청 충분한 인정이 안됐다는 건 그에게 그것을 비판하는 사람 쪽에서 독재와 범죄 등의 여러 행위만을 부각하고 충분히 인정을 안했다는 겁니다. 우리 민주화 진영에서 충분한 인정을 하지 않는 것이 사실이잖아요.

민주화투쟁은 옳은 일이었고, 민주주의는 정당한 가치였습니다. 민주주의 발전이 없으면 경제발전도 끝난 일입니다. 그렇다면 이제 (민주화운동 진영이) 자신감을 가지고 인정해줄 건 인정해줘야죠. 박정희가 어떤 부분에서 잘했다고 해서 주눅들 필요가 없습니다.

■ '박정희식 경제개발이 비록 지속불가능한 것이기는 했어도 오늘날 우리가 그때 이룩된 경제성장과 자본축적을 토대로 좀더 지속가능한 발전을 논의할 수 있게 된 점은 무시할 수 없다'고 말씀하셨는데요.

백낙청 지속불가능한 발전이라는 것은 말 그대로 발전이 오래 갈 수도 없는 것이고, 오래 못 가는 정도가 아니라 시간이 지날수록 폐단이 늘어나는 겁니다. 그런데 우리는 (박정희 독재를) 최단기간 내에 끝냈다고 할 수는 없지만 그래도 결국 끝을 냈습니다. 그러니까 그런 상황에서는 지속불가능한 방식으로라도 (박정희식 개발이) 단기간에 무슨 성과는 냈는데, 박정희 독재를 단기간에는 끝장을 냈으니까 그 성과를 딛고서 지속가능한 발전을 논의할 수 있게 됐다는 겁니다.

■ 하지만 박정희 독재 18년이 짧은 기간은 아닌 것 같습니다만.

백낙청 그 당시 생활이 고통스러웠던 사람에게는 짧은 기간은 아니지만 그래도 역사의 긴 입장에서 보면 그렇다는 얘깁니다. 18년 만에라도 끝장낸 게 다행은 다행이죠. 박정희의 (통치)기간도 크게 보면 3공과 유신시대 둘로 나누는데 유신시대에 와서 부작용이 더 커졌습니다. 3공은 독재도 덜했고 유신시대에 비하면 비교적 무리를 좀 덜했죠.

■ 지속가능한 발전을 얘기할 수 있게 됐다고 말씀하셨는데 IMF 외환위기는 결국 박정희정권의 개발독재에 따른 부작용 아니었습니까.

백낙청 그건 맞는 얘기라고 생각합니다. 지속가능한 발전의 일반적인 정의는 '미래세대의 요구를 충족시킬 수 있는 한도 내에서 지금 세대의 욕구를 충족시키는 발전'입니다. 그렇다면 지속불가능한 발전이란 미래세대의 발전을 가로막는 방식으로 현재 발전을 하는 것이겠죠. 한마디로 미래세대의 몫을 미리 찾아다가 써먹는 겁니다. 100% 박정희 잘못은 아니지만 무리한 발전을 통해서 정경유착이나 그런 문제점을 만들어놓았습니다. 그 빚을 갚을 시대가 이제 돌아온 것이지요.

■ 그럼 빚을 갚을 채무자는 박정희가 되는 겁니까?

백낙청 말했지만 100% 박정희라고 말하긴 어렵겠죠. 아무튼 박정희 시대가 무리하게 빚을 져놓은 것을 우리 국민이 갚고 있는 것은 사실입니다. 마이너스적인 요인들이 뒤늦게 곪아터진 겁니다.

많은 국민들은 '박정희 시절에는 IMF도 없이 경제성장을 했다'는 식으로 생각하는데 그거는 IMF의 뿌리 상당부분이 박정희 시대에 있다는 것을 모르고 하는 얘깁니다. 이런 점을 지적하면 상당수 사람들이 (박정희 비판이) 정치적인 의도를 갖고 하는 얘기 아니냐, 박근혜 대표를 어떻게 하려고 하는 것 아니냐 하는 얘기를 합니다. 그것도 문제입니다.

박정희 평가에 있어 정치인 박근혜는 지엽적 문제

■ 그렇게 보면 어떤 의미에서는 박근혜 한나라당 대표가 올바른 박정희 평가에 걸림돌이 될 수도 있는 것 아닙니까.

백낙청 박근혜씨가 한나라당 대표가 됐기 때문에 박정희 평가가 더 부각이 되고 예민하게 받아들여지는 것은 사실입니다. 또 실제로 박대표를 반대하는 사람들, 여당 쪽에서 정책이나 어떤 의도를 갖고 (박정희 평가를) 하는 사람이 있는지도 모르겠어요. 그러나 그건 다 지엽적인 얘깁니다. 야당 대표가 누가 되건간에, 여당에 누가 있건간에 지금은 새로운 시대를 열어나가야 할 싯점에 와 있고 과거에 대한 정확한 인식이 필요합니다.

■ 박근혜 대표가 제1야당의 당수인데 박정희 평가에 있어 그의 위치가 별개의 사안, 혹은 지엽적인 문제가 될 수 있을까요?

백낙청 박정희 평가라는 차원에서는 그렇게 돼야 합니다. 박정희 패러다임을 극복하고 다른 길을 찾는 데 있어서 박근혜 대표와의 관계는 지엽적인 문제라고 할 수 있어요. 박근혜 대표에 집착하는 것은 내가 바라는 토론에는 도움이 되지 않습니다.

■ 하지만 박근혜 대표 지지층 중 적잖은 사람이 아직도 박정희 향수를 갖고 있습니다. 거꾸로 본다면 정치인 박근혜의 성장에 있어 박정희 향수가 별개의 문제가 될 수 없을 것 같습니다.

백낙청 가령 박대표에 대한 지지가 박정희 향수에 의한 것이라면 바람직한 현상은 아니죠. 박정희 향수 자체를 나는 병적인 현상이라고 보니까요. 그러나 박정희 평가는 정치인 박근혜가 뜨느냐 마느냐의 문제가 아닙니다. 박정희 평가가 역사적인 큰 과제라는 맥락에서 보면 박대표 개인이 어떻게 성장해왔느냐는 작은 사안에 지나지 않습니다. 과거 역사에 대해서 시시비비를 정확하게 가리는 일이 중요한 것이지 시비가 잘 안 가려진 상황에서 누가 더 부추기고 있느냐의 문제로 끌고 갈 필요는 없어요. 그것은 부수적인 문제죠.

■ 평가에 대해서도 영향을 받지 않을 수 없을 것 같습니다.

백낙청 나는 현재의 정치현상에 대해서 정치평론을 할 수도 없고 그런 전문적인 능력도 없는 사람입니다. 한 사람의 지식인으로서 역사적인 과제에 대한 문제를 당장의 정치행위 차원으로 끌어내려지는 것을 바라지 않습니다. 별도로 논할 수는 있겠지만 그것이 본 주제는 아닙니다.

한수진의 선데이 클릭
백낙청 서울대 명예교수

백낙청(서울대 명예교수)
한수진(SBS 기자)
2005년 6월 21일 창비 심학산방, 6월 22일 인사동 민다헌

한수진 선생님, 안녕하십니까? 정말 책 속에서 사시는군요. 아이, 웬 책이 이렇게 많은지요? 아니 창작과비평사가 언제 이리(파주출판단지 — 편집자)로 이사를 왔어요?

백낙청 그게 벌써 2년 가까워옵니다. 마포에 있다가 출판단지가 생기면서, 우리가 제일 먼저 온 출판사는 아니지만 비교적 일찍 들어온 출판사예요.

한수진 제가 마포 출판사에서도 뵌 적이 있었지만 훨씬 좋네요.

백낙청 네, 좋죠.

한수진 이 앞에는 산인가 봐요?

■ 이 인터뷰는 SBS TV '한수진의 선데이클릭'(2005년 6월 26일)에 방송된 것이다.

백낙청 이 앞이 심학산인데 심학산이 내려오다가 야트막한 동산을 만든 게 이거고, 우리 사무실이 이걸 감싸면서 이게 완전히 우리 게 되어버렸어요.

한수진 네. 오랜만에 이 사무실에 나오신 것 같아요?

백낙청 그렇죠. 지난 주 내내 못 나왔고.

한수진 네. 평양에 다녀오셨으니까…… 그럼 선생님, 평양 다녀오신 얘기를 앉아서 나눠보시죠. 행사가 끝났는데도 여전히 바쁘시던데요. 평양에 다녀오신 이후에도 그렇게 할 일이 많으셨어요?

백낙청 네. 밀렸던 일들도 있고, 또 여기저기 언론에서도 관심을 갖고 하니까 바빴어요.

한수진 6·15대축전이 올해로 다섯째 해인가요?

백낙청 6·15기념행사는 매년 있었지만 이번 같은 대축전은 처음입니다. 그동안은 항상 무슨 문제가 생겨서 어떤 때는 반쪽짜리 대회가 되고, 어떤 때는 아주 형식적으로 치르기도 하고 이렇게 됐고요.

한수진 3박 4일간의 일정, 어떻게 보면 짧은 기간이지만 지난 1월부터 준비를 하신 걸로 알고 있습니다. 마음 많이 졸이셨을 것 같은데요.

백낙청 가면서도 계속 가슴 졸여야 하고…… 그래서 실무진들이 애를 참 많이 썼어요. 원래 6·15이니까 615명이 상징적으로 의미가 있는 숫자라고 해서 그렇게 합의를 했었거든요. 그걸 북에서 어려운 사정이 생겼다고 해서 일방적으로 190명으로 줄이자고 통보를 해왔어요. 그런데 우리는 190명으로 숫자가 준 것도 문제지만 그런 식으로 일방적으로 통보하는 걸 받아들일 수는 없잖아요. 그래서 행사 전에 일부러 평양에 가서 북측과 절충을 해서 결국 300명으로 합의를 했는데, 물론 300명이라는 숫자는 우리 입장에서 만족스러운 건 아니지만 대화와 타협을 통해서 합의를 도출하는 과정을 복원했다는 게 의미가 있어서 우리 남측준비위원회 공동대표자 분들도 흔쾌히 이 안을 수락해서 성사가 됐죠.

한수진 네. 행사를 계속한다, 민간 차원에서 교류는 계속한다는 의미도 중요했던 것 같은데요.

백낙청 그렇죠. 만약 그때 숫자 가지고 이 행사가 파탄이 났으면 6·15 행사 자체가 안되고, 정부대표단의 방문도 어려워지는 거고, 아마 오늘 21일 열린 장관급 회담도 어려워졌을 가능성도 있죠. 그래서 성사됐다는 게 아주 다행이라고 생각합니다.

한수진 그런데 이번 행사를 보면서 김정일 위원장의 깜짝 면담으로 인해서 언론의 관심이라든지 국민의 관심이 그쪽으로만 쏠려버린 것은 아닌가 하는 생각이 들더라고요. 많은 준비를 하셨는데 좀 서운하시지 않았어요?

백낙청 김정일 위원장과 우리측 특사가 장시간 면담을 했다는 것은 사실 국제적인 사건입니다. 그래서 언론 보도에서 거기에 촛점이 가고 우리가 가려지는 건 당연하다고 봐요. 다만 그 얘기가 나왔으니까…… 그 문제를 떠나서 언론들이 일반적으로 우리 민간행사의 중요성을 충분히 인식하지 못하고 있구나 하는 걸 느낄 때는 있습니다. 그건 사실이에요.

한수진 그런데 선생님, 북한 쪽에서는 왜 그렇게 당초의 합의를 어기고 대표단 규모를 축소하고자 한 겁니까?

백낙청 그쪽에서 내세운 이유는 당시 미국에서 스텔스 전폭기를 한국에 배치했고, 또 그 무렵에 마침 김정일 위원장을 개인적으로 모독하는 발언을 부시(G. W. Bush) 대통령도 하고 체니(D. Cheney) 부통령도 하고 그랬잖아요? 그런데 북에서는 그걸 절대로 용납을 못합니다. 그래서 그걸 내세웠는데, 가서 나는 주장을 한 것이 "그럴수록 우리가 합의를 한 걸 더 실천하고 우리끼리 이 행사를 성대하게 성공적으로 치르는 것이 올바른 대응이지 미국에서 그렇게 한다고 해서 축전을 안한다든지 규모를 축소해서 초라하게 하고, 남쪽에서 축전에 오겠다는 사람 자르고 그게 무슨 잘하는 일이냐?" 그렇게 하고 나중에는 대화를 더 하니까, "우린들 그런 걸 왜 모르겠습니까? 그러나……"(웃음) 하면서 얘기하는 내용인즉, 그쪽 내부에서 강한 반발이 나온 거예요. 그쪽에서도 대남관계에 대해서 강경한 쪽에서, 미국에서 우리를 쳐들어오려고 하는데 이 판에 축전은 무슨 축전이냐 하는 반발이 있었던 모양이에요.

한수진 이번에 대표단이 북에 가서 구체적으로 어떤 활동을 하셨는지 말씀을 해주시죠.

백낙청 이번에는 협상을 한다든지 하는 게 아니고 축전이었어요. 그래서 개막식 할 때 행진하고…… 그날 마침 비가 와서 괴롭기는 했지만 어떤 의미에서는 극적인 면도 있었는데요. 행진하고 개막식 하고 여러가지 그쪽 관람하고. 또 이튿날은 본 행사를 옥내에서 치렀고. 폐막식 행사 하고 참관하러 다니고. 그리고 대표들끼리 친선 체육행사도 했어요. 그런 식으로 이번에는 잔치를 하고 온 거죠.

한수진 북한에서 북측의 「춘향전」을 관람하고 오신 걸로 아는데요. 직접 보니까 어떠셨어요?

백낙청 글쎄요. 북한 가극의 스타일들이 있지 않습니까? 공연의 완성도나 대중성은 상당히 뛰어났다고 생각했어요.

한수진 우리 측 대표단도 공연을 했었는데요. 「금강」이었나요?

백낙청 충분한 준비, 이런 게 부족해서 아까 말한 무대의 완성도 면에서는 북쪽에 비해서 떨어진다면 떨어졌는데…… 글쎄요, 나는 예술적인 향기랄까 이런 면에서는 나으면 나았지 전혀 뒤지지 않았다고 봅니다.

한수진 북한 관객들의 반응은 어땠어요?

백낙청 대체로 환영을 했고 끝에 가서 눈물을 흘린 사람도 있었다고 들었어요. 그런데 대사를 알아듣기 좀 어려웠다…… 북에서는 대중을 위해서 그런 것이 잘 되어 있는 게요, 가사가 옆에 자막으로 동시에 나옵니다. 그런데 우리는 그렇게 준비할 겨를도 없었고, 또 우리가 대중을 배려하는 점에 신경을 좀 덜 쓰는 것 같아요. 그런 점이 있었죠.

한수진 백선생님 부친께서 6·25동란 당시에 실종되신 걸로 알고 있는데요. 이번 북한 방문 기간에 아버님 생각이 많이 나셨을 것 같아요.

백낙청 네. 물론 아버님 생각을 했죠. 우리 아버지는 오랫동안 생사불명이다가 사실은 5년 전에 김대중 대통령이 평양 방문을 할 때 형님이 수행단에 들어가셨어요. 그때 국정원에서 북의 가족관계를 파악해줬는데, 이미 돌아가셨다는 걸 그때 처음으로 확인했죠.

한수진 어린 마음에 상처가 되거나 그런 기억은 없으세요?

백낙청 딸이 아버지를 생각하는 것과 아들이 아버지를 생각하는 건 좀 양식이 다르지 않나 하는 생각이에요. 나이가 들면서 아버지 생각을 더 하게 되지 한창 젊을 때는 뭐…… 우리가 아버지를 잃고 처음 한동안 슬프고 하던 것은 어느샌가 다 가라앉고 한동안은 별로 의식하지 않고 살았던 것 같아요.

평생을 문학평론가로 살아온 백낙청 서울대 명예교수. 공직을 맡아 앞에 나서는 것을 꺼리던 그가 남북간 최대행사인 6·15통일대축전의 민간대표를 맡았을 때 사람들은 의외라고 생각했다. 그러나 그는 그동안 민중문제와 분단문제에 대한 저서를 꾸준히 내왔다.〔이하 고딕체는 내레이션〕

백낙청 우리가 분단이 됐지만 오래 지속되다 보니까 남북이 서로 대립을 하면서도 남쪽, 북쪽의 기득권세력들이 묘하게 공생관계에 들어가 있는 체제로 자리잡았기 때문에 이걸 극복하기 위해서도 우리가 더 전체의 복잡한 구조를 보고 신축성 있게 유연하게 대응해야 한다는 취지로 분단체제론을 말하게 된 거죠.

한국전쟁 당시 아버지의 실종은 소년 백낙청에게 분단의 아픔으로 남았을 것이다. 그러나 슬픔은 잠시, 1954년 미국에서 열린 세계 고등학생 토론회에 참가한 것을 인연으로 고등학교를 졸업하자마자 유학길에 오른다. 명문 브라운대 졸업, 하바드대 영문학 박사. 귀국 후 25살의 나이로 서울대학교에서 교편을 잡은 그에게는 누가 봐도 엘리뜨 코스가 보장되어 있었다. 그러나 그는 혼탁한 현실에 적응하지 않고 저항했다. 66년 문예지와 사회평론지를 겸한 『창작과비평』을 창간해 독재정권의 주목을 받기 시작한다. 1974년 백낙청 교수는 동료 문인들과 함께 개헌청원지지선언을 했다. 그리고 그해 겨울 서울대학교로부터 해직 통지서를 받음으로써 박정희 시대 해직교수 1호로 기록된다.

백낙청 5년 남짓 해직되어 있었는데 아주 신나게 보냈어요.
한수진 어떻게 신나게 보내셨어요?
백낙청 반정부 데모도 하고 집회도 다니고. 또 나는 창비 일도 있으니까 창작과비평사 일에 시간도 더 많이 쏟을 수 있었고.

하루아침에 10년간 지켜온 강단에서 쫓겨났지만 그의 문학활동은 더 활발해졌고 비판의식도 더욱 날카로워졌다. 시민문학론에서 민족문학론으로 발전해온 그의 문학관은 순수의 불모성에 사로잡혀 있던 우리 문학계에 사회적 상상력을 복원시켰다는 평을 듣는다.

80년 서울의 봄, 복직된 후에도 그는 현실참여의 고삐를 늦추지 않는다. 백낙청에게 문학은 현실의 거울이었고 분단체제를 외면하는 것은 문학인의 책임을 저버리는 행위였다.

현기영*(소설가) 워낙 학구적이시다 보니까 그 모습이 우리에게는 격려가 되는 것으로…… 그러면서도 학문과 실천운동이 같이 있어요. 오로지 아카데미 거기에서만 글쓰기를 하는 게 아니고 바벨탑을 벗어나서 실천운동, 사회운동과 같이 양립해온 그런 분으로서…… 그럴 때 선생님은 모범적인 사례로……〔이하 자료화면의 인터뷰는 * 로 표시〕

백낙청* 또 재미없는 사람으로 만들어놔서……(웃음)

한수진 선생님, 이런 말씀은 뭣합니다만, 유복한 가정에서 태어나시고 공부도 많이 하셨고, 어떻게 보면 앞날이 보장된 서울대 교수셨고. 그런데 많은 걸 포기해야 하는 어려운 길을 선택하셨어요. 궁금합니다.

백낙청 사람들이 나한테 그런 질문을 많이 합니다. 그러나 지금 우리 주변을 봐도 그렇고, 또 우리 전통을 보아도 그런데, 뭔가 사회로부터 혜택을 많이 받은 사람들이 그걸 버리면서 자기가 옳다고 생각하는 일을 하는 게 무슨 유별난 일은 아니라고 생각합니다. 오히려 나는 혜택받은 사람은 그 혜택을 지키기 위해서 거기에 안주하고 타협하는 것이 당연하다고 사람들이 은연중에 생각하는 것이 지금 우리 세태의 문제점이 아닌가 해요.

한수진 네. 얼마 전에 『창작과비평』 2005년 여름호(128호)에 논문을 하나 내셨는데 화제가 됐어요. 박정희 전 대통령에 대한 재평가 문제였는데 정확한 뜻이 무엇인지 논란이 분분합니다. 이 기회에 선생님께서 무슨 말씀을 하시고자 했는지 직접 말씀을 해주시죠.

백낙청 나는 기본적으로 박정희 대통령의 그때 우리 사회를 지배하는 방식이라든가 그런 것은 우리가 거부하는 일이 옳은 일이었고, 더군다나 지금 와서 박정희 향수에 젖는다든가 하는 건 오히려 우리 사회의 병리적인 현상이라고 봐. 지금 이걸 청산, 극복해야 하고 새로운 패러다임을 개척할 시기인데요. 이걸 제대로 하려 할 때 하나부터 열까지 박정희가 잘한 건 하나도 없다고 말하면 오히려 설득력이 없단 말이에요. 그래서 경제발전에 그가 기여한 측면에 대해서는 정당한 평가를 해주면서 비판할 걸 비판하자는 취지였죠.

한수진 당시에 상당히 비판적이었던 지식인께서 그런 말씀을 하니까 아마 더 화제가 되지 않았나 하는 생각이 드네요. 자, 선생님께서는 분단체제론도 그렇고요. 민족문학론으로 우리 사회에 많은 영향을 끼치셨는데 스스로 직접 쉽게 설명을 해주시면 좋겠어요. 어떤 내용인지요?

백낙청 민족문학론이란 걸 먼저 얘기했습니다. 민족문학론은 쉽게 말하면 우리가 한국에서 한국어로 쓰는 게 다 한국문학이지만, 민족이 분단되고 또 그 당시 독재가 있고 이런 심각한 위기상황에서는 뭔가 이런 민족적인 위기를 실감하면서 거기에 대해서 정직하게 반응하는 문학을 우리가 더 알아줘야 한다는 취지예요. 그 얘기를 하는 도중에 분단체제론이라는 게 나오게 됐죠. 물론 남북이 처음에는 강대국에 의해서 분단됐지만, 분단이 오래 지속되다 보니까 대립을 하면서도 남쪽과 북쪽의 기득권세력들이 묘하게 공생관계에 들어가 있는 체제로 자리잡았기 때문에, 이걸 극복하기 위해서도 우리가 전체의 복잡한 구조를 보고 신축성있고 유연하게 대응해야 한다는 취지로 분단체제론을 말하게 된 거죠.

한수진 그런데 민족이니 국가니 하는 말들이 요즘에는 예전같이 그렇게 인기를 끌지 못하고 있는 것 같은데요. 선생님께서는 어떻게 생각하십니까?

백낙청 지금 현실에서 물론 국가나 민족이라는 것을 무시할 수는 없지만 우리가 무슨 국가를 시민의 우위에 놓고 절대시하는 국가주의라든가 또는 민족주의 일변도로 나가는 것은 탈피해야 하니까, 그런 데 대한 비판이 나오는 건 좋은 일이라고 봅니다. 다만 국가와 민족이라는 말만 나와도 알레르기 반응을 보이고, 그걸 시대에 뒤떨어진 촌놈들 얘기처럼 취급하는 것도 문제가 있다고 보고요. 어떻게 보면 지금 외국의 담론이 국가나 민족을 비판하는 게 대유행이거든요. 그래서 과거에도 우리가 이런저런 외국 이론을 따라다녔듯이 이번에도 그런 행태를 보이는 것 아닌가 하는 느낌이 들 때도 없지는 않습니다.

한수진 민족이나 국가라는 화두가 여전히 우리 시대에도 유효하다고 보시는군요?

백낙청 그렇죠. 우리가 국가에서 살고 있고, 때로는 국가의 도움을 받고, 때로는 우리가 국가와 싸워야 되고. 민족의 경우는 더군다나 지금 우리 민족이 둘로 갈라져서 민족문제를 해결하는 게 아주 절실한데…… 그리고 민족주의가 좋든 싫든 민족주의의 동력을 동원하지 않고는 우리가 통일문제를 해결할 수가 없습니다. 그러면 우리가 민족주의적인 동력을 활용하면서도 어떻게 민족주의의 폐단을 벗어나느냐 하는 걸 아주 구체적으로 진지하게 연구해야 하는데, 민족주의를 비판하면 얘기가 다 끝난 것처럼 해서는 안되죠.

우리 문단에서 백낙청 하면 떠오르는 것은 『창작과비평』. 1966년 백낙청은 계간지 『창작과비평』을 만든다. 사회평론과 문학이 만난 첫번째 문예지의 탄생. 문학이 결코 사회 현실과 동떨어질 수 없다는 그의 신념이 고스란히 반영된 것이다.

한수진 이게 창간호군요?
백낙청 예. 얇잖아요. 값은 70원이었어요. 122페이지.
한수진 그때 70원이면 어느정도 될까요?
백낙청 요즘 7천원은 되지 않을까? 모르겠네.(웃음)
한수진 1966년 겨울, 이호철 선생님 계시고 김승옥 선생님이 소설 쓰시고, 싸르트르, 밀즈, 유종호…… 선생님도 직접 글을 쓰셨네요.
백낙청 네.

『창작과비평』이 본격적으로 알려진 것은 소설 「분례기」가 실린 6호부터다. 방영웅 소설 「분례기」는 이미 신문사 공모에서 낙선됐던 작품. 백낙청은 낙선작을 과감하게 실어 독자들의 사랑을 받는다. 그만큼 작품을 보는 안목이 탁월했다. 뿐만 아니라 백낙청은 그동안 숨겨지고 가려졌던 역사의 진실을 밝히는 데도 힘을 기울인다. 제주 4·3항쟁의 진실이 최초로 알려진 것도 『창작과비평」을 통해서다.

현기영[*] 우리 백선생님이 주로 하시는 『창비』라는 매체가 있었기 때문에 4·3이 처음 발언을 하기 시작한 거예요.

김형수[*](시인, 소설가) 책 하나, 이렇게 온 게 아니라 완전히 새로운 문화였거든요. 출현 자체가 굉장히 놀라운 사건이었어요.

그러나 『창작과비평』도 신군부의 탄압을 피할 수는 없었다. 1980년, 여름 통권 56호를 펴내고 언론통폐합 조치로 폐간된다.

현기영[*] 자유를 굉장히 목말라하던 시대지 않겠습니까? 언론의 자유, 글쓰기 자유, 이게 완전히 억압되어 있는 상황에서 창비는 언론의 자유를 쟁취하려고 의도적으로 애쓰고 있었어요. 그래서 저의 작품 같은, 소위 정치적 자유와 관련된 작품을 군이 선호했고 많이 실어줬습니다. 그래서 폐간까지도 당하고 그런 수난을 겪었습니다.(웃음)

바늘끝 같은 희망도 보이지 않던 시절, 그래도 백낙청은 포기하지 않는다. 계간지 대신 출판사를 설립한 그는 독재정권에 저항하던 김지하, 남정현 등의 책을 출간한다. 85년, 정부가 출판사 등록마저 취소하자 윤보선 전 대통령, 작가 박완서, 시인 고은 등 항의서명을 한 지식인만도 2500여 명.

정도상[*](소설가) 한국 근대문화사에 문학사적 사건이기도 합니다. 그만큼 그때는 폭력이 만연했고 야만적이었고. 거기에 대해서 문화적으로 저항하는 것이니까요.

정권에 의해 침묵을 강요받은 백낙청은 87년 6월항쟁에 힘입어 다시 『창작과비평』을 복간시킨다. 그 후 한국자본주의 논쟁, 분단체제론 등 한국사회의 쟁점을 주도해왔다. 황석영, 이문구, 공지영 등의 작가들과 함께 한국 민족문학의 산실이라 불리는 『창작과비평』, 그 뒤엔 문학평론가 백낙청이 있다.

한수진 이렇게 오랜 세월 동안 이런 잡지가 계속 발간될 수 있다는 것만 해도 대단한 일이라는 생각이 드는데요. 참 어려운 일이 많았을 것 같아요.

백낙청 네. 참 곡절이 많았죠. 처음에는 조그맣게 120페이지짜리로 시작해서 점점 커졌다가 한때 폐간도 당했고. 또 처음에는 출판사 없이 잡지만 내다가 출판사를 세워서 그 출판사도 등록취소 당한 적이 있고.

한수진 처음 시작하실 때도 선생님 댁에서 시작하셨다고 들었는데요.

백낙청 네. 그때는 문우출판사라는 출판사 이름을 빌려서 발행은 거기에 위탁해서 했는데, 원고 교정 보고 그런 건 다 우리 집에서 했고, 인쇄소도 직접 다녔고. 또 독립채산제로 했기 때문에 그 부분에 관한 경영도 한 셈이죠.

한수진 네. 창비라는 잡지가 아무래도 독자층이 한정되어 있으니까 그만큼 오랫동안 발간하기가 힘들지 않았을까 하는 생각이 드는데요. 재정도 많이 어려우셨을 것 같아요.

백낙청 처음에는 친구들 돈 모으고, 여기저기에서 돈을 끌어대서 했는데…… 사실은 우리가 6호를 낼 때에 방영웅의 「분례기」라는 소설이 나왔어요. 그러면서 그게 아주 인기를 끌어서…… 처음에 창간할 때는 2천 부를 찍어서 2천 부 다 팔기가 어려웠는데 삽시간에 4천 부, 5천 부를 찍는 잡지가 되어버렸거든요. 그때는 괜찮았어요.

한수진 창비가 배출한 스타 작가들이 많잖아요? 그중에서도 특히 신경림 시인의 『농무』라는 시집이 아마 창비시선의 1호죠?

백낙청 원래 『농무』라는 시집은 신경림 선생이 자비 출판을 했더랬어요. 그런데 그것으로 만해문학상을 탄 다음에 새로 쓴 시들을 더 모아서 창비시선 1호로 나갔죠.

한수진 그리고 보면 또 『동의보감』인가요? 한참 후이기는 한데……

백낙청 『동의보감』은 그것보다 한참 후인데, 『동의보감』은 여러 사람들이 감명 깊게 읽은 소설이고, 창비라는 회사 입장에서 보면 아주 고마운 작품이에요. 그때까지 출판사가 계속 적자였는데 그 『동의보감』이 베스트셀러가 되는 바람에 빚도 다 갚고 상당히 기반을 마련했죠.

한수진 책을 펴낼 때는 내부적으로 의견이 분분했다고……

백낙청 분분까지는 아니었는데요. 이진섭(李珍燮)이라는 분이 나한테 가져왔는데 나는 다는 안 읽었지만 처음에 보니까 우선 재미가 있고…… 어떻게 보면 사업적으로 판단을 한다면 '이건 될 만한 작품이다' 하는 생각이 들었고, 그리고 문학적으로 문학평론가로서는 할 말이 많이 있지만 그래도 열정을 가지고 쓴 작품이에요. 그래서 이걸 가지고 상업주의에 흘렀다고 욕을 하는 사람이 있더라도 그건 우리가 충분히 감당할 만하다고 판단했죠.

한수진 그동안 창비가 냈던 책과는 좀 다른 색깔의 작품이었다, 이런 말씀이시겠군요?

백낙청 네. 조금 성격이 다르다면 달랐죠.

한수진 선생님께서는 출판인으로서도…… 감이라고 해야 되나요? 선구안이라고 해야 되나요? 굉장히 뛰어나다고 들었는데요. 얼마 전에 저희 프로그램에 유홍준 문화재청장께서 출연하셨지만 그때 그런 말씀을 하시더라고요. 『나의 문화유산답사기』가 어느 조그마한 잡지에 실린 지 채 몇 회 되지도 않았는데 그걸 어떻게 아시고 제일 먼저 전화를 하셔서 많은 격려를 해주시고 "좋은 글이 될 것이다. 잘 써봐라"라고 말씀을 하셨다고. 그래서 굉장히 비즈니스맨적인 감각이 있으시다고 말씀하시던데요.(웃음)

백낙청 전화가 아니라 어느 자리에서인가 만나서 그 책이 재미있는데 창비에서 책을 내자고 했죠. 그걸 가지고 비즈니스…… 결과적으로는 비즈니스가 성공을 이루기는 했지만 꼭 그렇게 돈을…… 그것도 굉장한 베스트셀러가 됐는데 그렇게까지 상업적인 성공을 이룰 걸 예견하고 한 것은 아니고 좋은 책이니까 우리가 내고 싶다는 얘기였거든요.

한수진 배수아(裵琇亞)씨에 대해서도 선생님께서 평론을 쓰신 걸 봤어요.

백낙청 그건 최근의 일이죠. 작년에 '배수아론'을 하나 썼고…… 그때 『창비』에서 현재의 한국작가들에 대한 비평 특집을 한 건데 거기에 대해서 여러 논란들이 있어서 후속 논의도 하나 썼죠. 배수아씨는 사실 연령으로 보면 지금 40세가 넘었으니까 아주 신세대는 아닌데 새로운 경향을 대표하는 작가인 것은 틀림없고. 내가 보기에는 그런 작가 중에서 상당히 뛰어난 작가인 것 같아요.

한수진 요즘 신세대 작가에 대해서 관심을 많이 갖고 계십니까?

백낙청 관심은 많아요. 근데 많이 읽지는 못하죠. 최근에 흥미있게 읽은 새로운 작가라면 박민규 같은 소설가인데, 상당히 주목하고 있습니다.

한수진 문단의 상당한 어르신인데 그런 젊은 작가들의 작품을 읽으시면서 문학이 참 많이 변했구나 하는 생각은 안하시나요?

백낙청 문학이 이상하게 변했다는 생각은 안 들고요. 그렇게 변해가는 것이 활력있고 발랄하고 좋아요. 너무 그렇게 일변도로 나가면 곤란하지만요. 가령 박민규 같은 사람이 나와서 인기를 모으면 아류들이 많이 생겨나는데, 이런 건 옛날에 소위 민중문학을 한다고 하면서 신경림 선생이나 이런 사람들의 아류가 생기는 게 별로 좋은 일이 아니었듯이 이 경우에도 마찬가지죠. 그러나 또 평론가란 진짜에 해당하는 작가와 아류에 해당하는 사람들을 식별해내는 것도 임무니까요.

"계간 『창작과비평』이 출간되면 백선생님께서는 처음부터 끝까지 다시 읽으세요. 그래서 거기에서 오자가 나온다든지 맞춤법이라든지 외래어 표기법에 잘못된 점이 있다면 다시 잡아서 지적을 해주시고, 어떻게 보면 상당히 정확하시고 빈틈이 별로 안 보여요."(염종선·창비 직원)

"젊은 직원들과 얘기를 하고 그 사람들의 말을 듣는 걸 굉장히 좋아하세요. 젊은 편집자들이 와서 어떤 얘기를 하는지 항상 궁금해하시고 바빠서 자리를 못하실 때에도 꼭 담당자를 통해서 말씀을 챙겨 들으시고 반응을 보이시고, 이러는 분이세요."(신수진·창비 직원)

빈틈이 없으면서도 늘 열려 있다. 백낙청에 대한 평가는 적과의 동침이라고 불릴 정도로 긴장관계를 유지하는 작가와 평론가의 관계에서도 한결같았다.

김형수[*] 그냥 숨을 못 쉬는 거죠. 조심스럽고…… 실체가 아닌 것 가지고는…… 저희들 말과 저희들이 사용하는 표현들 속에 담겨 있는 모순과 허점을 굉장히 빨리 정확하게 꼬집으시니까 선생님께 말씀드릴 때는 표현도 '이 말이 맞나?' 생각하면서 하고……

현기영[*] 오랜 싸움이잖아요. 민주화운동이 오래되고 고달프고 그러니까 만나면 소주를 먹게 되는데, 백낙청 선생도 술자리에 끼게 되고 그러면 우리가 노래를 불러요. 「댄서의 순정」인가를 부르셨죠? 그때 너무너무……

한수진[*] 선생님 18번이 「댄서의 순정」이세요?

백낙청[*] 아니, 아는 건 많아요. 한 곡으로 국한되는 사람이 아녜요.(웃음)

한지현[*](부인·광운대 국문과 교수) 주변분들이 많이 궁금해하시죠. 사생활도 그렇게 완벽하냐고 더러들 물으시는데요. 글쓰기라든가 남의 글을 읽는다든가 의사를 전달한다든가 그런 것에 대해서는 굉장히 정확하고, 정확해야 하는 분이고요. 그밖의 일에 대해서는 전혀 그렇지 않습니다.

한수진[*] 그밖의 일이라고 말씀하시면…… 예를 들면……

한지현* 집안일은 물론이고 본인의 옷차림이라든가 집안 청소 상태라든가 그런 거에 대해서는 전혀……

한수진* 사모님께는 고생을 시켜드린 게 아닌가 싶은데요.

한지현* 물론 해직 시절에 불러다니고 할 때는 참 힘들었죠. 그때는 늘 그렇게 지내서 안 잡혀가는 날은 행복한 날이다 생각하고 지냈으니까…… 별 일이 없으면 행복한 날이다 그렇게 생각하고 지냈어요.

한수진 선생님께서는 돌이켜보니까 굉장히 치열한 삶을 사셨던 것 같은데요. 문단의 틀 안에서는 겪어볼 수 없는, 문단의 지평을 많이 넓히셨던 것 같기도 하고요.

백낙청 문단 안에서도 우리 한국문학이 지난 한 세대 동안 상당히 치열했다고 봐요.

한수진 그 치열한 논쟁에서 항상 선생님께서 횃불을 드신 것 아닌가요? 점화를 하시고……

백낙청 점화를 한 적도 있고, 또 다른 데서 횃불 들고 쳐들어와서 정당방위를 한 적도 있고 그렇죠.(웃음)

한수진 이제 40년 동안 계시던 서울대에서도 퇴직을 하셨지요. 하지만 평론가로서의 삶은 계속되어야 하는 것 아닌가 하는 생각이 드는데요. 정년이 없죠?

백낙청 네. 평론가로서는 정년이 없죠. 올해는 평론집 한 권을 내려고 하고 있습니다.

한수진 아, 최근에 쓰신 건가요?

백낙청 최근에 쓴 것도 있으니까, 옛날에 써놓고 오랫동안 못 내고 있던 걸 모아서……

한수진 아, 평론도 앞으로 계속하실 생각이시고요?

백낙청 해야죠.

한수진 문단의 일도 중요하지만 6·15 후속행사인 8·15행사도 준비를 하셔야 할 것 같은데요.

백낙청 네. 6·15공동위원회라는 게 6·15행사 준비만이 아니고, 6·15 공동선언 실천을 위한 온갖 남북해외공동행사의 준비위원회예요. 그래서 6·15 평양행사 이후로 큰 행사로는 8·15, 그건 우리 남쪽에서 하게 됩니다. 그래서 북측에서 대표단이 올 거고. 또 김정일 위원장이 정동영 장관을 만나서 이번에 정부대표단도 함께 보내겠다고 그랬으니까 6·15행사 못지않게 비중있는 행사가 될 겁니다. 근데 그걸 준비하는 일이 만만치 않아요.

한수진 우리 민족의 운명이 어떻게 될까요? 갑자기……(웃음)

백낙청 글쎄요. 너무 거창한 질문을 하시니까 막연한 대답을 할 수밖에 없는데, 나는 좋아지고 있다고 봅니다. 통일에 대해서 너무 틀에 박힌 생각을 해서, 가령 베트남처럼 탁 통일이 된다든가 독일이 통일이 된다든가 하는 그런 틀에 얽매어서 생각을 하니까 한반도에 언제 그런 일이 일어날 수 있을까 싶지만 여기는 좀 다른 식으로 될 겁니다. 나는 그런 생각도 하는데, 한참 지나다 보면 '어, 통일됐네,' 그럴 날이 오지 않을까 싶어요.

한수진 다른 식이란 게 구체적으로 어떤 복안이 있으신 건가요?

백낙청 그러니까 구체적으로 어느 날 한쪽이 망하고 한쪽에 의해 통일이 되는 식이 아니고, 점점 가까워지다 어느 순간에 가면 '이만 하면 통일이 됐다고 해도 되지 않나,' 그런 식으로 될 가능성이 많다고 봐요.

한수진 아, 그러기 위해서는 교류가 우선이겠군요.

백낙청 그렇죠. 우선 평화공존을 유지하면서 많이 교류하고 대화하고 그래야죠.

한수진 앞으로 민간교류의 전망은 어떻게 보십니까?

백낙청 민간교류가 6·15공동행사 하나가 잘됐다고 해서 탄탄대로로 가지는 않을 겁니다. 계속 우여곡절이 있겠지만 크게 보면 점점 확대되고 깊어지고, 그렇게 발전해나가리라고 봅니다.

"6·15공동선언 발표 5주년 기념 민족통일대축전의 폐막을 선언합니다. 돌아오는 8월 15일 남녘에서 다시 만납시다."(백낙청)

6·15통일대축전은 이미 막을 내렸습니다. 그러나 백낙청에게는 새로운 시작일 뿐입니다. 평생 분단과 민족문제 해결의 실마리를 찾기 위해서 힘써온 그는 이제 남북교류의 현장에서 그 꿈을 실현하고자 합니다. 문학인으로서 그리고 출판인으로서 그가 우리 사회에 남긴 뚜렷한 발자취만큼이나 앞으로의 행보도 분단체제를 허무는 새로운 역사가 될 수 있기를 기대해봅니다. 한수진의 '선데이 클릭'이었습니다.

수용할 것은 수용해야 남북화해 이루어져

백낙청 6·15공동위원회 남측준비위 상임대표

백낙청(6·15공동선언실천 남측준비위 상임대표)
이수언(『민족화해』 편집인)

이수언 6·15통일대축전이 성공적으로 마무리되었는데요, 대표님은 이번 행사를 어떻게 보십니까?

백낙청 내부에서는 물론 외부에서도 이번 행사가 대체로 성공적이었다는 평가를 많이 하시던데 저도 그렇게 생각합니다. 더욱이 이번 행사를 계기로 정부 당국자 회담도 복원되었기 때문에 더욱 의미가 크다고 봅니다.

남쪽 내부의 의견조율과 북의 인원축소 통보가 최대 고비

이수언 행사가 성공적으로 치러지긴 했지만, 그 과정에서 우여곡절도

■ 이 인터뷰는 『민족화해』 2005년 7-8월호에 「수용할 수 있는 것은 수용해주어야 남북화해가 이루어질 수 있습니다」라는 제목으로 수록된 것이다.

많았는데요. 특히 지난 3월 금강산에서 있었던 6·15공동위원회 결성식 과정은 그 어느 때보다 복잡하고 힘들었던 것으로 압니다.

백낙청 지난 3월, 남북해외가 공동기구를 만드는 '6·15공동선언실천을위한남북해외공동행사준비위원회'(이하 6·15공동위원회) 결성식이 금강산에서 있었습니다. 막판까지 어떤 조직을 구성해서 어떻게 결성식을 할 것이냐에 대한 합의가 이루어지지 않아 결성식이 12시간 정도 지연된 바 있습니다. 처음 맡은 일이라 남북의 상황뿐만 아니라 우리 사회 내부에 대해서도 잘 모르고 있었는데, 멋모르고 참여했다가 호된 신입식을 치렀지요. 특히 남쪽 내부의 의견조율이 힘들었던 기억이 납니다.

이수언 남남대화도 남북대화 못지않게 어렵다는 것을 직접 경험하셨군요.

백낙청 금강산 결성식 때 실감나게 경험했지요. 작년까지는 민화협과 통일연대, 7대 종단이 주축이 되어 남북교류사업을 진행했는데, 올해는 그 폭을 넓혀 시민사회 단체들까지 아우르는 4자 구도로 가다 보니, 견해차이의 폭이 더 넓어진 셈이지요. 그런데 그에 대한 사전조율 없이 결성식에 임박해서 내부토론이 벌어지니 참 난감했습니다. 그래도 다행스러운 것은 북도 어느정도 양보를 하고, 우리 쪽에서 이의를 제기하던 분들도 결국 따라와주고, 모두가 결과를 흔쾌히 수용해주서서 무사히 치르고 돌아왔습니다. 이번 6·15행사의 가장 큰 성과 중 하나도 그런 견해차이가 상존함에도 불구하고 의견조율에 큰 문제가 없었고, 참여의 폭도 어느 때보다 확대되었다는 것입니다. 실정법상 문제가 있는 단체들의 대표도 모두 참여했고, 보수 쪽이라 할 수 있는 분들도 많이 참여했음에도 큰 문제없이 행사가 치러졌습니다. 때문에 남남화합의 측면에서도 성공적이었다고 봅니다.

대화와 협상의 복원이 방북의 큰 성과

이수언 남쪽 내부의 의견조율 문제도 있었지만 방북 규모 축소와 관련해서도 아쉬움이 많이 남습니다. 북측의 축소통보 직후 방북하셨는데, 심정이 어떠셨습니까.

백낙청 저의 취임 이후 두번째 큰 고비였지요. 북측의 인원축소 통보가 6월 1일자로 왔는데, 그때는 이미 많은 논란과 어려움을 거쳐 남측대표단 인원을 확정해서 모든 서류를 북에 보낸 상태였습니다. 인원을 줄이는 실무적인 일도 보통 문제가 아니었을 뿐만 아니라, 이렇게 일방적으로 통보나 하는 북과 행사를 하는 게 옳으냐는 비판의 분위기가 팽배해 있었습니다. 그나마 다행스러웠던 것은 6월 4일 평양을 방문하기로 미리 합의가 되어 있었다는 점입니다. 제가 한번도 평양에 가본 적이 없어서, 친선방문 형식으로 6월 4일 방문하기로 합의가 되어 있었는데, 대표단 축소 문제가 때마침 터진 거지요. 부담없는 친선방문이 아주 부담이 큰 협상여행으로 바뀌었지만, 다행히 이를 계기로 문제에 관해 진지한 대화를 할 수 있었고, 결과적으로 190명으로 축소되었던 대표단 규모를 300명으로 늘릴 수 있었습니다. 만족스러운 숫자는 아니었지만, 북이 일방적으로 통보한 내용을 그대로 받는 것이 아니라, 대화와 협상을 통해 새롭게 합의를 이끌어냈다는 점에 주목해야 합니다. 대화와 합의 과정을 복원했다는 점에서 의의가 있었고, 남측위 내부에서도 그런 평가가 있었기 때문에 방북 이후 열린 공동대표자 전체회의에서 논란은 있었지만, 우리가 북과 합의해온 내용을 만장일치로 추인해주셨던 겁니다.

이수언 6월 4일 방북이 처음이셨다는 것이 상당히 의외인데 평양의 첫인상은 어땠습니까?

백낙청 누가 못 가게 하거나 일부로 안 간 것도 아닌데 이상하게 그전까지는 특별한 계기가 없었습니다. 작년에 두어 번 평양 갈 기회가 있었지만, 남북관계가 경색되면서 행사가 모두 취소되어 기회를 놓쳤습니다. 평양의 첫인상은, 처음으로 순안비행장에 발을 내딛었을 때 산천이 우리 남쪽과 너무나 같아서, 이렇듯 같은 땅인데 이제야, 그것도 뻬이징으로 돌고 돌아서 힘들게 왔다는 데에 비감한 심정이 들더군요. 평양시는 남쪽 도시와 같은 발랄하고 역동적이며 풍성한 맛은 없었지만, 우리 같은 난개발 도시가 아닌 계획도시라는 점이 인상적이었습니다. 이런 부분을 잘 살리고 배워서 우리가 바람직한 통일을 이루었을 때 평양의 계획성과 남쪽의 역동성이 잘 조화되면 멋진 통일도시들이 탄생할 수 있으리라 기대됩니다.

서로 솔직한 속내를 드러내며 신뢰 쌓아

이수언 이번 과정에서 북측 인사들을 많이 접촉하셨을 텐데, 어떤 느낌을 받으셨습니까?

백낙청 6·15공동위원회 일은 아니었지만 작년에 『황진이』라는 역사소설을 쓴 북측 작가 홍석중(洪錫中)씨 등과 만난 적이 있습니다. 제가 관여하고 있는 창비사에서 분단사상 처음으로 북쪽 작가에게 만해문학상을 주면서 금강산에서 수여식도 했습니다. 그때는 작가들간의 만남이라 그런지 처음부터 통하는 점이 많았고 상당히 화기애애했습니다.

6·15공동위원회와 관련된 접촉은 그렇게 화기애애할 수만은 없지만, 만나서 이야기할수록 북도 솔직한 속내를 드러내고 상호이해를 깊이할 수 있었다는 점에 보람을 느낍니다. 제 경험이 부족해서 비교하여 판단하기는 힘들지만, 오랫동안 접촉해온 동지들의 이야기에 따르면 북이 6월 초순의 평양 접촉에서처럼 솔직하게 얘기하는 것은 처음 본다고들 했습니다. 이렇듯 자꾸 만나서 대화를 하다 보면 서로 좀더 솔직해지고 가까워지는 것 같습니다. 그런 경험이 있었기 때문에 6·15행사에서는 큰 문제가

없었습니다. 작은 실무적 다툼은 있었지만, 저와 안경호(安京浩) 위원장이 직접 대화해서 그때그때 풀어나가기도 했지요. 그런 점에서 서로 신뢰가 많이 두터워졌다고 봅니다.

이수언 북측에서 이번 행사를 굉장히 성대하게 준비했던 것으로 아는데, 이번 행사와 관련해서 가장 인상 깊었던 점은 무엇입니까?

백낙청 말씀하신 것처럼 행사가 정말 성대했습니다. 북측 사회가 아니었으면 그 정도로 성대하게 한다는 것은 힘들었을 겁니다. 다 동원된 군중이 아니냐고 생각할 수도 있지만, 성원하는 평양시민들의 모습에서는 자발적인 열기가 많이 느껴졌습니다. 예를 들어 연설을 할 때도 우리 남측이나 해외측의 문동환 박사가 기존의 틀에서 벗어난 연설을 했을 때 오히려 호응이 더 크다는 느낌을 받았거든요.

민간의 교량역할로 정부 당국자간 만남 이루어져

이수언 정부 대표단이 민간 대표단과 함께 방북하면서 이번 행사에 대한 관심이 더욱 높아지긴 했지만, 상대적으로 민간 행사가 너무 소홀하게 다루어지는 것 아니냐는 불만도 있었는데요.

백낙청 원래 민간 행사였는데 정부 대표단의 참여로 민간의 역할이 덜 부각된 측면은 있습니다. 특히 이번 일에 땀 흘리며 준비한 실무진이나 남측위원회의 상당수 구성원들이 약간의 섭섭함을 느끼고 있는 것도 사실이지요. 그러나 이번 행사의 성과 중 하나는 민간이 교량역할을 하고, 그 다리를 건너서 남북 당국자들이 만났다는 것입니다. 더구나 김정일 국방위원장과 남측 특사간의 면담이 이루어진 것은 남북간의 일일 뿐 아니라 세계적인 사건이지요. 언론의 속성상 우리 민간 쪽이 가려지긴 했지만, 여하튼 민간 대표단으로서도 큰 보람이고 성과였습니다.

이수언 이번에 민족통일선언문이 발표되었습니다. 많이 부각되진 않았지만, 의미있는 선언이라고 생각하는데요.

백낙청 남북해외가 합의해서 민족통일선언문을 채택했다는 점도 의의가 있고, 내용도 좋다고 봅니다. 통일에 대한 의지나 민족단합에 대한 내용과 더불어 선언문은 특히 평화를 강조하고 있습니다. 한반도뿐만 아니라 동북아시아와 세계의 평화로 시야를 넓히기도 했고요. 남북해외가 선언문의 내용을 합의하는 데 큰 대립은 없었습니다. 다만 북은 '우리민족끼리'를 구호로 못박으려 했고, 남측은 통일을 우리민족끼리 힘을 합쳐 자주적으로 하자는 것은 당연하지만 맥락을 떠나 '우리민족끼리'를 고정된 슬로건으로 만들어 배타적이고 편협한 민족주의로 나가는 것을 경계하는 분들도 많아서 다소 유보적인 입장이었지요. 또 하나의 쟁점은 한반도 비핵화 문제였는데, 자칫 이것이 미국의 전쟁위협에 대한 북측의 대응을 비판하는 것으로 비칠 수 있다는 데 대한 북측의 거부감으로 이번 문서에는 담지 않기로 합의됐습니다.

8·15 서울 행사, 남북 현실 감안하고 인정하는 자세 필요

이수언 앞으로 8·15행사를 준비해야 하는데요, 어떻게 준비해나갈 예정입니까?

백낙청 사실 고민이 많습니다. 여러가지 구상을 하고 있는데 남쪽 사회의 성격상 북과 같은 일사분란한 대규모 군중행사는 불가능할 것 같습니다. 대신 우리 특성을 살리면서 우리 나름으로 성대하고 규모있게 할 생각이고, 부문별 행사도 확대하려고 합니다. 다만 어려운 점 중 하나는 북쪽에서 6·15는 김정일 위원장의 큰 업적으로 내세우는데다 평양에서 행사가 진행되었기 때문에 좀더 마음놓고 열심히 치렀지만 8·15행사에 대해서는 어느 선까지 합의를 얻어낼 수 있을지 아직 불투명하다는 겁니다. 남측에서 원하는 것도 있지만, 북이 원하는 바가 무엇인지도 잘 파악해서 수용할 수 있는 것은 수용해줘야 성공적인 행사가 되리라 봅니다.

이수언 남쪽에서 진행되는 행사가 북측의 행사에 비해 행사의 규모뿐만 아니라, 제대로 손님 대접도 못하게 되는 것 아닌가 싶어 미안한 마음까지 드는데요.

백낙청 아시다시피 남쪽에서는 대규모로 사람을 모으는 일도 쉽지 않고, 다원화된 사회이다 보니 행사 자체를 반대하는 세력도 있습니다. 그런데 우리 법체계나 풍토에서는 반대세력의 행동을 완전히 막을 길이 없지 않습니까. 그래서 한편으로 북이 우리의 그러한 사정을 어느정도까지는 으레 그러려니 하고 이해해주었으면 좋겠고, 부정적 인식을 가진 우리 국민들도 가깝고도 먼 곳에서 온 손님 대접으로라도 지나친 행동은 자제해주었으면 하는 바람입니다. 북은 체제나 정서상 이론적인 비판은 그래도 들어 넘길 수 있어도, 최고지도자에 대한 모욕은 절대 용납하지 못합니다. 때문에 반대하는 세력에서는 그 점을 일부러 악용하기도 합니다. 남북화해 분위기가 더 확산되면 그런 행동들도 줄어들겠지만, 8·15 때까지 그런 변화가 이루어지기를 기대하기는 힘들겠지요. 남과 북이 서로의 현실을 감안하고 이해하면서 최선을 다하는 수밖에 없습니다.

이수언 이번 행사를 계기로 열린 장관급 회담에서도 많은 진전이 이루어졌습니다. 실천적인 합의사항들도 상당히 많은데요.

백낙청 12개 합의사항이 한꺼번에 쏟아져나왔다는 것만 해도 쉬운 일이 아니었는데 그중에는 상당히 실질적인 내용들도 많았습니다. 백두산에서 장성급 회담을 하기로 합의했고, 6자회담도 날짜 합의는 안됐지만 실질적인 조처를 하겠다는 언급이 있었고요. 그밖에도 많습니다. 저의 짧은 경험으로도, 예정된 시간에 합의문이 나오는 것이 쉽지가 않은데 이번에는 거의 예정시간에 나왔습니다. 저는 이러한 점도 상당한 진전이라 봅니다.

이수언 작년 7월 이후로 남북관계가 경색되었다가 이번 통일대축전을 계기로 복원되었습니다. 또 북이 어느정도 변화된 자세를 취하고 있다고 보이는데요, 북의 기본적인 입장은 무엇이라고 보십니까?

백낙청 기본적으로는 북측도 남북관계와 북미관계 개선을 원한다고 생각합니다. 그런데 내부에서 북미관계가 안 풀리는 마당에 남북관계만 이렇게 앞서가야 하냐는 의견이 있었을지도 모릅니다. 남북관계에서는 남쪽의 실수도 없지 않았고요. 참여정부 초기에 대북 특검 등을 통해 대북관계 일을 했던 사람들을 법정에 세우고 더러 감옥까지 보낸 것은 실수였다고 생각합니다. 김주석 10주기 조문불허도 정부의 고충을 이해하긴 하지만, 우회적으로라도 해결방법이 있었다고 봅니다. 북의 체제를 인정한다면 단 한 명도 못 간다는 식의 태도는 자제했어야 합니다.

그러나 북미관계가 풀리지 않는 것이 근본적인 문제이고, 그 책임의 대부분은 미국 행정부가 져야 한다고 봅니다. 그럼에도 북이 이제는 여건이 어느정도 바뀌었다고 판단하는 것 같습니다. 남측 역시 남북관계 개선을 위해 성실하게 노력하고 있다는 점을 확인했을 것이고, 미국은 이라크전쟁으로 수렁에 빠져 있는 상황이고요. 북이 NPT를 탈퇴한다고 했을 때만 해도 말로는 온갖 소리를 다 했지만 실질적인 대응을 한 것은 없지 않습니까. 이러한 태도는 또한 대북정책에 대한 미국 내의 비판을 가중시켰습니다. 미국 입장에서도 계속 북을 봉쇄하고 시간을 끌 수만은 없게 되었다는 것을 북미 양측이 다 깨닫게 된 것이 아닌가 합니다.

남북작가대회, 분단극복 통일문학에 기여하리라 기대

이수언 그동안 학계에서 활동해오셨는데, 민족문학의 경향을 어떻게 보십니까. 최근 젊은 작가들은 민족문제에 다소 소홀한 감도 있는데요.

백낙청 90년대 이래로 우리 작가들의 사회의식이 약화된 것은 사실입니다. 그러나 통일문학이라는 장르가 따로 있는 것이 아니고, 통일을 주장한다거나 분단을 개탄하는 작품들이 반드시 실질적으로 통일에 기여하는 것도 아니라 봅니다. 오히려 우리 사회 개인들의 삶 구석구석을 문학답게, 예술답게 드러내면서 작가가 의도했든 안했든, 이것이 분단체제 속에서의 삶이라는 성격을 띠고 있고 그 삶이 개선되려면 분단체제가 극복되어야 한다는 일깨움을 준다면 그것이 훌륭한 민족문학이라고 생각합니다. 그래서 저는 분단이나 통일 주제를 표면에 내세운 문학의 양이 줄었다는 것 자체가 꼭 나쁘다고 보지는 않습니다. 우리 문학이 분단체제를 극복하는 작업에서 더 성숙해가는 과정의 일부라고 볼 측면이 있습니다.

90년대에는 80년대의 강렬한 사회의식에 대한 반발과 거기서 탈피하려는 움직임이 강했는데, 2000년대 들어와서는 그것도 서서히 균형이 잡혀가고 있다고 봅니다. 특히 남북작가대회가 7월 하순에 개최될 예정인데, 이때 100명 이상의 남쪽 문인들이 방북합니다. 이러한 만남이 통일소재 작품들의 양적 팽창과 더불어, 작가들이 일상적인 활동에서도 분단을 의식하고 작품활동을 할 수 있는 계기가 되리라 기대합니다.

이수언 이번 공동위원회 활동을 계기로 통일운동에 발을 담그셨는데요. 어떻게 보면 학계에서 발을 빼고 통일운동의 프로가 되신 셈인데요. 앞으로의 계획은 무엇입니까?

백낙청 제가 통일운동의 프로가 되면 망하게 돼 있습니다. 학계와 문단에서 발을 완전히 빼지 않고 6·15공동위원회 상임대표 몫을 감당하는 것이 나의 욕심이지요. 이게 어중간해 보일 수도 있지만, 지식인으로서의 정체성을 유지하면서 통일운동에 참여할 때에만 제가 온전한 기여를 할 수 있다고 봅니다. 통일운동 조직 안의 동지들이 보더라도 전업 활동가로서이 기구를 장악할 사람이 아니고, 그분들이 원치 않을 때는 언제든지 돌아갈 곳이 있는 사람이라고 생각할 때 저를 더 쉽게 받아들이고 협조해주시리라 생각합니다.

이수언 대표님의 그러한 성향 덕분에 남쪽의 다양한 이념세력들 간에도 거부감 없이 절충이 가능한 것 같습니다. 말씀 감사드립니다.

| 좌담 |

분단의 과거, 평화의 미래

강만길(친일반민족행위진상규명위원회 위원장)
백낙청(8·15민족대축전 남쪽준비위원회 상임대표)
한승동(『한겨레』 기자)
2005년 7월 29일 친일반민족행위진상규명위원회 위원장실

한승동 광복과 함께 제기된 1945년 8월의 '시대사적 과제'가 지난 60년 동안 어떻게 구현, 실현됐다고 보는가.

강만길 어느 민족을 막론하고 근대사회로 이행하는 과정에서 중요한 과제는 국민주권주의를 이루는 것이다. 일본은 메이지 유신을 통해 입헌 군주제를 도입했고, 중국도 신해혁명을 통해 중화민국을 수립해 공화주의의 기초를 형성했다. 하지만 우리는 그런 과정을 겪지 못한 채 일본의 지배를 받게 됐다. 그래서 우리의 민족해방운동은 해방운동인 동시에 공화주의운동, 국민주권운동이었다. 1945년 8·15의 과제는 두 가지였다. 하나는 해방과 독립이고, 또다른 하나는 '어떤 독립'인가의 관점에서 국민주

■ 광복 60돌의 의미를 되짚은 이 좌담은 『한겨레』 2005년 8월 15일자에 실린 것이다.

권국가를 만드는 것이었다.

그렇게 보자면 국민주권주의 국가 건설은 일단 달성된 셈이다. 그런데 분단이 되면서 이질적인 두 개의 국민주권국가가 만들어졌다. 이 상태가 60년간 지속됐다. 8·15와 함께 이뤄야 할 민족사적 과제를 분단으로 인해 다 이루지 못한 것이다. 그런 상황에서 20세기를 넘겼다. 21세기에 들어서면서 6·15공동선언을 통해 통일된 민족국가, 통일된 국민주권국가를 만드는 과정에 들어섰다. 지금 우리는 그런 전환점에 서 있다.

'반쪽 국가' 민주주의·공화주의에 손상

백낙청 일제하의 민족사적 과제는 강선생님 말씀대로 독립된 민주공화국을 건설하는 것이었는데, 해방 직후 이를 절반밖에 달성하지 못했다. 남쪽에서는 대한민국이 민주공화국으로, 북쪽에서는 민주주의인민공화국 형태로 건국이 이뤄졌다. 그러나 분단된 반쪽 국가들이어서 내용상으로도 민주주의와 공화주의가 많은 손상을 입었다. 지금이라도 그 과제를 제대로 달성해야 하는 것은 당연하다. 다만 60년의 역사가 쌓인 오늘, 과제의 실질적 내용은 상당히 달라진 면도 있다. 통일된 민주공화국을 건설해야 한다는 큰 원칙에는 변함없지만, 딱히 1945년 당시에 생각하던 단일형 국민국가가 돼야 하느냐는 점은 검토의 여지가 있다.

우선 내부적으로 보면, 남과 북이 전혀 다른 제도를 갖고 60년을 살아왔기 때문에, 이것을 무리하게 단일형 민족국가로 통일하려 하면 통일 자체도 어려울 뿐만 아니라, 통일의 내용이 오히려 빈곤해질 수 있다. 연방제든 연합제든 지금 우리 몸에 맞는 옷을 지어 입고 그다음에 또 어떤 옷이 가장 적당할지 그때 가서 판단할 일이다. 세계적으로는 기존 국민국가의 위상이 변하고 있다. 유럽연합을 비롯해 여러 형태의 새로운 통합기구가 생기고 있다. 국민국가 내부의 지방자치 수준도 예전과 달라졌다. 이런 세계적 추세에 비춰보더라도 1945년 8월에 설정했던 목표를 지금 그대로 추구할 필요는 없다.

강만길 해방공간 3년 동안 우리가 왜 통일된 민족국가를 만들지 못했는지를 돌아보면 그 문제를 조금 더 쉽게 설명할 수 있다. 38선이 획정되고 소련군이 북쪽을, 미군이 남쪽을 점령했고, 민족세력 내부도 좌·우익으로 갈라졌다. 그런 조건 속에서 가능한 통일민족국가의 형태를 생각해보면, 먼저 우익이 한반도 전체를 다스리는 민족국가를 만들 경우, 소련군이 북쪽에서 물러나고 좌익이 이를 수용해야 하는데, 이것은 전혀 불가능한 상황이었다. 반면 좌익이 한반도 전체를 지배하는 민족국가를 만들 경우도 미군이 철수하고 우익이 이를 수용해야 하는데 이 역시 불가능했다.

이런 경우 말고 두 가지 가능성이 더 있을 수 있다. 우선 좌우 연립정부가 성립됐다면 통일된 민족국가 성립이 가능했을 것이다. 또다른 하나는 극좌와 극우를 배제하는 중도좌파 및 중도우파의 중도파 정부가 통일된 민족국가를 만드는 것이다. 그런데 당시에는 좌·우익이 서로를 인정하지 않았다. 더구나 제대로 된 정당 하나 없고 국민들이 투표 한번 경험하지 못하는 등 근대적 민주주의에 대한 훈련이 전혀 안된 상황에서 좌우 연립정부 또는 중도파 정부를 만들 수 있는 '조건'이 아니었다.

그때로부터 60년이 지났다. 지금 어떤 통일국가를 만들 것인가 하는 문제는 다시 한번 그때의 상황을 돌아보는 데서 시작할 수 있다. 좌와 우가 서로 인정하고 공존할 수 있는 상황이라야 통일국가를 만들 수 있다. 우리는 평화통일을 지향해야 하는데, 이를 위해서는 상대를 적이 아니라 동족으로 인식해야 한다. 적으로 인식하면 전쟁할 수밖에 없다. 전쟁을 통한 통일이 불가능하다는 것은 이미 6·25를 통해 증명됐다. 사실은 그 결과로 평화통일 이론이 정착된 것이다.

한승동 지난 60년 동안 '평가해줄 만한' 진전이 있었다면 무엇인가.

독재 타도한 남한… 민족 긍지 지킨 북한

백낙청 지난 60년을 통해 남북이 각기 이룩한 것을 평가해줄 필요가 있다. 즉 각자의 미덕을 보존하고 발전시키는 새로운 틀을 짜자는 것이다. 우리 남쪽만 보더라도 민족의 잠재적 역량을 바탕으로 이룩한 경제건설도 있고, 민중이 피흘려가면서 독재를 타도하고 이만큼이라도 민주화를 이룩한 성과도 있다. 북한 역시 70년대까지만 해도 제3세계가 부러워하는 경제건설을 이뤘다. 지금은 여러가지로 곤란한 상태지만, 북쪽을 가보면 민족적 긍지나 자존심을 지키면서 살아가는 자세는 남쪽보다 철저하다. 물론 경제가 뒷받침 못하니까 식량문제부터 외부의 지원에 의존해야 하는 모순된 상황에 빠지긴 했지만, 지금도 북한사회가 갖고 있는 그 나름의 미덕들을 살리는 통일을 해야 한다. 우리가 분단체제 속에서도 그동안 이룩한 것이 많다는 정당한 긍지를 가져야 한다.

북한 안 변한다?… 확 바뀐 개성에 가봐라

한승동 보수적 관점에서 보자면, 북쪽은 절대로 변하지 않을 것이라는 생각이 여전히 많다.

백낙청 우리가 옛날부터 배운 반공교육에 따르면, 공산주의자는 민족이고 뭐고 모른다고 했다. 그러나 북쪽 사람들과 접촉하면서 느끼는 것은 오히려 북쪽이 더 철저한 민족주의가 아닌가 하는 것이다. 맑스-레닌주의에 대한 이야기는 그다지 듣지 못했다. 김일성 주석이 처음부터 민족주의적 성향이 강했던 사람인 이유도 있지만, 어쨌든 최근 북쪽 상황은 민족주의가 지나치면 지나쳤지, 민족을 무시하고 공산주의나 계급해방만을 주장한다는 것은 가당치도 않은 이야기가 됐다.

남쪽에서는 최근에 민족담론 자체를 부정하는 이야기도 많이 나온다. 그런데 민족을 절대화하는 것은 문제지만, 절대화를 배격한다면서 완전히 부정하는 것은 또다른 흑백논리에 빠지는 일이다. 민족을 상대화해서 그때그때 상황에 맞게 비중을 두는 것이 중요하다.

강만길 북쪽의 변화에 대해 이야기할 때 흔히 북쪽은 왜 중국처럼 변하지 않느냐는 질문이 나온다. 중국은 아무리 변해도 대만에 흡수될 염려가 없다. 반면 북은 하루아침에 너무 심하게 변할 경우, 체제 자체가 위협받을 가능성이 있다. 자기 체제가 위협·흡수당하면서 변하겠다는 정권은 없다. 북쪽은 그런 속에서도 상당히 변하고 있다.

개성을 두어 번 가봤는데, 정말 군사요지다. 개성을 개방하려 할 때 북쪽 군부의 반대가 상당했는데 김정일 위원장이 '원래 개성이 남쪽 땅 아니냐, 도로 주는 셈치고 하자'며 그야말로 통 큰 결단을 했다는 이야기를 들었다. 현장에 가보면 여긴 이제 통일이 다 됐다는 생각이 든다. 북쪽 주민 2천명이 남쪽 사람들과 같이 식사하고 일한다. 개성은 휴전선에 접한 곳이기 때문에 전쟁을 예상했다면 개방할 수 없는 곳이다. 지금 육로 관광길도 열리고 있다. 경의선이 올해 안에 연결될 것이다. 동해선은 이미 연결됐다. 휴전선은 과거처럼 군사대결선이 아니라 단순한 경계선으로 변하고 있다. 체제를 무너뜨리기 위해 북한의 변화를 바라니까 안 변했다고 생각하는 거지, 체제유지의 조건 아래서 보자면, 북쪽은 참 많이 변하고 개방했다. 더구나 2002년 7·1 조치 이후엔 경제적 부분에서도 자본주의적 요소를 가미하면서 상당히 많이 변했다.

한승동 최근 동아시아 정세가 100년 전과 비슷한 것 아니냐는 우려가 있다.

백낙청 지금 상황을 100년 전과 똑같다고 말하는 것은 괜히 기분 내는 발언 아닌가 싶다.(웃음) 현실에는 안 맞는 이야기다. 100년 전과 비교해, 우리 민족이 결정적으로 불리한 점 한 가지는 분단돼 있다는 사실이다. 그것 말고는 많은 면에서 월등히 유리한 여건이다. 아시아에서 일본이 경제적으로 막강하다 하지만 옛날처럼 한반도와 중국을 침략하는 일은 생각도 못할 상황이다. 서양과 동아시아의 세력균형을 보더라도 미국이 중국을 라이벌로 생각할 정도로 바뀌었다. 남북한의 역량도 구한말과는 전혀 다른 차원이다. 우리 민족이 분열돼 있다는 결정적 약점 하나만 슬기롭게 제거할 수 있다면, 19세기 말·20세기 초와는 천양지차의 현실을 만들어 갈 수 있다고 생각한다.

강만길 당시 한반도 지역이 남의 지배를 받지 않고 독립된 위치를 유지할 수 있는 유일한 길은 영세국외중립이었다. 그런데 이는 주변 강대국의 이해관계가 맞아 들어갈 때 가능하다. 당시 일본은 식민지 없이 초기자본주의국가의 발전이 불가능하고 이를 위한 식민지는 한반도밖에 없다고 생각했다. 더구나 러시아의 남하를 막는다는 조건으로 영·미가 일본을 도와주는 상황에선 한반도의 영세국외중립은 불가능했다.

지금이 100년 전과 비슷한 상황이라고 하는데, 국제적 조건에서 차이가 상당하다. 약했던 중국이 매우 강해졌다. 러시아가 한때 어려웠으나 조금씩 회복되고 있다. 문제는 한미관계다. 누가 보더라도 과거 60년간 한미관계는 정상적 국제관계가 아니었다. 그런 상황 속에서 한반도가 통일되면 한반도 전체가 미국 세력권 속에 들어가는 통일이 될 수밖에 없다. 이를 중국이나 러시아가 허용하지 않는다. 일본도 지금 불안해하고 있다. 한반도가 내부에서 스스로 통일을 이루려 하는데, 만약 중국·러시아와 가깝게 통일이 되면 동아시아에서 일본은 완전히 고립된다. 그래서 미국에 기대면서 계속 우경화하고 있는 것이다.

이런 조건 속에서 어떻게 남북이 공조해 통일할 것인지가 21세기의 과제다. 19세기 말처럼 영세국외중립이 한 방법 아니냐고 생각하는 사람이 있지만, 이는 세계사 흐름에 역행하는 것이다. 중립은 제국주의 시대의 산물이다. 21세기는 유럽연합·아세안 등 지역협력주의로 가고 있다. 영세

중립국이 되면 동아시아 공동체에 가입할 수 없다.

이런 점들을 내다보면서 통일해야 한다. 가깝게 보면 중국과 일본, 그 배후에 있는 러시아, 미국 등의 사이에서 어느 쪽에도 치우치지 않으면서도, 동아시아 사회의 일원이 되는 미래를 열어야 한다. 이미 지역공동체를 이루고 있는 아세안과 한·중·일 등 동북아 세 나라가 결합해 동아시아 공동체 만들어야 한다는 움직임이 일어나고 있다. 그런데 한반도가 통일되지 않으면 이런 공동체의 성립 자체가 어렵다. 평화통일 문제를 동아시아 공동체 형성 문제와 결부시키면서 해결해야 한다.

한승동 결국 미국과 미군의 문제를 짚어야 할 것 같다.

강만길 평화주의를 지향하는 21세기에 동아시아 스스로는 지역 평화를 유지할 수 없는지 물어야 한다. 스스로 평화를 유지할 수 없다면, 동아시아 공동체 성립은 불가능하다. 미국과 한국의 관계를 한·프랑스, 한·영국 관계처럼 정상적인 국제관계로 만들 때 21세기 동아시아에 평화가 올 수 있다는 동아시아인들의 자존심이 스스로 생겨나고 있다. 만일 동아시아 공동체가 만들어지면 역외의 미군이 한반도에 와 있을 이유가 없다. 미군은 결국 철수를 할 수밖에 없을 것이다.

백낙청 지난 60년간 한미관계는 결코 정상적 관계가 아니었고 지금도 대등한 동맹관계와는 거리가 멀다. 다만 60년의 역사를 보면, 정상화를 향한 점차적이고도 꾸준한 진전의 길이었음을 자부해도 좋을 듯하다. 가령 미국의 압력에 못 이긴 이라크 파병은 예속관계를 단적으로 드러낸 것이지만, 동시에 지금 미국이 세계적으로 제일 골머리를 앓는 나라 중에 하나가 남한이다. 옛날에는 시키는 대로 했는데 지금은 말을 안 듣는다는 이야기다.

이런 정상화의 과정이 완성에 이르는 것은 역시 외국군이 완전히 철수하고 한반도가 어떤 형태로든 다시 통합된 싯점일 것이다. 한미간의 진정한 우호관계도 그때 성숙하리라 본다. 다만 미군철수가 이뤄지지 않으면 통일작업이 전혀 진행될 수 없다는 식으로 너무 조급하게 생각할 필요는 없다. 1차적 목표는 미군의 철수보다는 미군이 북을 위협하지 않게 되는 상태로의 변화, 다시 말해 북미관계 개선과 북미 평화체제다. 미군의 전면적 철수는 민족자존의 궁극적 목표요 상징이라고 보면 되지 않을까.

한승동 광복 60년이면 두 세대가 지나갔다. 역사 주체, 현실 주체의 구성이 상당히 바뀌었다.

백낙청 강선생님은 6·25를 겪은 세대가 다 물러나야 뭐가 될 거라고 했는데 지금도 그렇게 생각하시는지 모르겠다.(웃음) 6·25를 겪은 기성세대가 퇴진하면서 북을 적으로밖에 생각 못하는 사람들이 줄어드는 것은 이로운 현상이지만, 젊은 세대가 전면에 나서면서 다른 문제가 발생하고 있다. 북을 적으로 보느냐 동포로 보느냐는 문제설정 자체에 대해 무관심한 세대가 자라고 있다. 그런 건 늙은이들이나 하는 이야기지 동포니까 어쩌란 말이냐는 식이다. 이는 근본적으로 분단체제가 오래 지속되면서 분단에 길들여진 탓인데, 싹수없는 애들이라고 욕할 수 있을지도 모른다. 그러나 선배세대의 교조주의나 지나친 민족주의에 대한 건강한 반발의 측면도 있고, 어쨌든 엄연한 현실이다.

실제로 많은 문제가 분단과 관련돼 있다는 걸 잊어버리고 사는 현상은 젊은 세대뿐만 아니라, 사회과학계도 그렇다. 진보적인 학자라는 이들이 남한사회를 분석하면서 분단체제와 연결시켜 논하는 사람이 얼마나 되나. 교과서에서 배운 선진사회를 기준으로 이런저런 비판을 '신랄하게' 제기하기 일쑤다. 이런 상황에서 젊은 세대를 향해 동포애를 설교한다거나 통일의 당위성을 강조하는 것만으론 부족하다. 남북교류의 장을 넓혀서 젊은이들이 동포애를 실제로 느껴볼 기회를 주면서 분단현실을 실감하게 해주고, 우리 남쪽의 내부 문제라고만 생각하는 문제, 젊은이들 자신의 일상적인 문제들이 어떻게 분단체제와 맞물려 있는지를 그야말로 과학적으로 분석해서 정당한 사회인식을 공유하도록 해야 한다.

한승동 과거를 돌아보는 일을 두려워하는 세력이 여전하다. 친일반민족행위진상규명위원회의 역할도 그런 점에서 살펴볼 수 있을 듯한데?

강만길 과거 60년간 못했던 일이 다시 시작되는 것이다. 해방정국에서 한번 실패했다. 이승만정권은 과거사를 청산하지 않았다. 그런 점에서 4·19는 '혁명'이 됐어야 했다. 4·19 주도세력이 정권을 쥐었다면 과거사를 청산했을 것이다. 4·19 이후 야당이 정권을 잡았는데 그 대부분이 일제관료 출신이다. 5·16 쿠데타 이후의 군사정권은 일제 직업군인 출신이다. 이 두 세력은 비록 세대는 다르지만 생각은 같은 사람들이다. 당연히 과거사 청산을 기대할 수 없었다.

그다음 김영삼정부는 군사정권과 타협해 들어선 정권이다. 도저히 과거사 청산을 할 수 없었다. 김대중정권도 옛 군사정권 세력과 연합해 들어섰다. 옛 군사정권 세력은 상당기간 동안 정부의 한 부분을 차지했다. 노무현정권은 과거 기득권세력과의 관계를 끊고 성립된 정권이다. 어떤 의미에서 보면 해방 이후 처음이다. 훗날 역사가들이 그렇게 평가할 것이다. 그래서 어려움 속에서도 지금 친일반민족행위진상규명위원회가 만들어질 수 있게 된 것이다. 친일세력이 다 사망했는데 무슨 청산이냐 할지 모르겠지만, 적어도 역사적으로는 청산해야 한다. 그게 없었기 때문에 식민지근대화니 일제지배가 다행이니 하는 이야기가 나오는 거다. 철저하게 학문적으로, 어떤 사람이 무슨 방법과 목적으로 반민족행위를 했는지 철저히 밝힐 생각이다. 다시는 이 땅에서 송병준(宋秉畯)이나 이완용(李完用)이 나와서는 안된다고 생각한다.

현정부 경험 부족, 청렴함으로 메워야

한승동 현정권에 대한 실망과 탄식의 목소리들도 있다. 한편으론 그런 좌절감에 대한 우려의 목소리도 있고.

강만길 현정부에는 민주화운동이나 시민운동에 참여했던 사람들이 역대 어느 정부보다 많다. 이들은 이전에 행정이나 정치에 관여해본 적이 없기 때문에 경험이 부족할 수도 있다. 이를 메워나가고 국민지지를 받으려면 원래 갖고 있었던 정의감, 청렴함으로 일관해야 한다. 경험이 부족한 그들을 지지한 것은 국민의 요구이자 바람이었는데, 정권을 잡은 뒤 옛 정권처럼 가버리면 앞으로의 민주주의 발전에 크게 악영향을 준다. 결국 경험부족을 메울 수 있는 것은 청렴도와 정의감이다. 그런 것을 지켰으면 좋겠다. 설령 정권을 잃는 한이 있더라도, 자리에서 물러나는 한이 있더라도 자기 양심, 정의감, 청렴함을 버릴 수 없다는 생각을 해야 한다. 처음 민주화운동, 시민운동에 참가할 때의 초심을 유지해야 한다.

백낙청 강선생께서 정부에 대해 고언을 하셨으니 나는 동료 시민들을 향해 한마디 하겠다. 자기가 지지해 뽑아놓은 정부라 해도 잘못할 때는 매섭게 비판해야 한다. 그러나 듣는 쪽에서 아프게 느낄, 정곡을 찌른 비판이 돼야 한다. 아직도 분단체제의 질곡에 얽매어 있는 한국사회의 성격과 한계를 이해하고 이 사회를 대표하는 정부가 할 수 있는 일과 못하는 일을 정확히 짚어가며 비판해야 한다. 특히 지식인의 경우, 식민지시대나 독재시대에는 국정에 전혀 참여하지 않는 것이 양심적 지식인의 기본자세였는데, 그러다 보니까 국정경험이나 실물에 대한 지식은 없이 원론적 비판을 하는 것이 지식인의 본분처럼 돼버렸다. 실제로 지금은 정부를 비판하는 것이 지식인으로서 남는 장사다. 잡아가는 사람도 없고.(웃음) 물론 지식인은 항상 원칙에 입각해서 비판해야 한다. 그러나 이 사회에 대한 주인의식을 갖고서 '세정(細情)을 헤아리고' 폐부를 찌르는 비판을 하자는 것이다.

남북이 함께 열어야 할
'분단체제 극복'의 길

백낙청(6·15공동선언실천 남측준비위 상임대표)
이진섭(국회사무처 공보관)
2005년 8월 5일 창비 심학산방

이진섭 오늘이 8월 5일이지요. 이제 열흘 뒤면 8·15 60주년이 될 텐데, 60년이라면 갑년의 의미를 떠나서라도 과거를 한번 성찰해볼 수 있는 적당한 텀이 아닌가 싶습니다. 8·15 광복절이라고 해가지고 최대의 국경일로 치고 있습니다마는 이 8·15는 민족분열과 동족상잔이 시작된 첫 해이기도 하지요. 그래서 미완의 광복절이라고 해야 될 텐데, 60주년을 맞은 금년 1년은 과거 어느 해보다도 일촉즉발의 먹구름이 짙게 깔린 가운데 남북회담과 6자회담 등으로 위기 국면을 타개하기 위한 협력과 협상이 진지하게 진행되고 있기도 합니다.

백선생님은 일평생 강단에서, 또 문단에서 겨레의 화합과 인간다운 삶

■ 이 대담은 『국회보』 2005년 9월호에 실린 것이다.

을 위한 모색을 일관되게 해오셨는데 60주년이 되는 올해부터는 온몸을 던져 남북대화에 앞장서고 계십니다. 지난 6·15공동선언 발표 5주년 기념 민족통일대축전 때도 대표로 평양에 가고 또 지난달 남북작가대회 때도 대표로 갔다 오셨는데, 먼저 새벽에 백두산 천지에 올라 바라보셨을 때의 감격스러운 장면을 듣고 싶군요.

백두산 천지에서 통일의 새벽을 맞다

백낙청 먼저 올해의 행사에 대해서 잠깐 말씀드리지요. 올해가 광복 60주년이기도 하지만 또 6·15공동선언 5주년입니다. 그것이 겹쳤다는 것이 더욱 의미가 있는 것 같습니다.

지금 말씀하신 대로 그동안 한반도 긴장이 고조되고 남북간의 대화도 경색돼 있었는데 6·15 다섯 돌을 기념해서 무언가 전환국면을 만들자는 남북간의 공감대가 있어서 6·15공동위원회라는 것이 결성되었습니다. 정확하게 말하면 '6·15공동선언실천을 위한 남·북·해외 공동행사 준비위원회'입니다. 남과 북과 해외, 3자의 상설 공동기구가 된 것이지요. 그 남쪽 상임대표를 제가 느닷없이 맡게 된 것입니다.

지난 6·15 때 평양에 가서 민족통일대축전이라는 것을 아주 성대하게 성공적으로 치렀고, 또 그 과정에서 남북 당국자의 대화가 이루어지고 남쪽 특사와 북쪽 최고 지도자의 면담까지 성사되었습니다. 그 후에 당국자 간에도 많은 진전이 있었고 민간에서도 여러 부문행사가 가능해졌습니다.

어떻게 보면 그런 부문행사 중에서 제일 큰 행사가 남북 민족작가대회였습니다. 7월 20일부터 5박 6일에 걸쳐서 북쪽에서 열렸는데, 역시 가장 감동적인 순간은 평양에서 열린 본대회보다도 말씀하신 백두산 행사였지요. 우리가 백두산에 간 것이 22일인데 그날 삼지연에 도착해 그 일대를 구경하고 다음날 새벽 2시 전에 기상을 해서 버스를 타고 천지까지 올라

갔어요. 도착했을 때가 4시 좀 넘었을 겁니다. 동트기 전에 동녘이 불그스름해지고 있었는데, 그 전날까지도 비가 와서 삼지연 호수에 백두산이 비치는 것이 그렇게 아름답다고 하는데 흐려서 그 모습을 못 봤었거든요.

그런데 이튿날 새벽에는 날씨가 그렇게 맑을 수가 없었어요. 장군봉 아래, 천지 가에 평평한 개활지가 있는데 거기서 '통일문학의 새벽'이라는 행사를 치렀지요. 행사 시작하면서 해가 막 떠오르고, 또 그때가 정확히 보름이었는지 모르겠지만 둥근 달이 장군봉 위에 지지 않고 걸려 있었어요. 천지는 그야말로 안개 한 자락 없이 맑았고요. 꼭 사진사들이 일부러 별러서 찍은 날의 사진 같았습니다. 거기서 남북 작가들이 모여서 같이 시도 낭송하고 연설하고 하니까 그 감동은 대단했습니다.

원래 문인들이 감동주의가 좀 강한 사람들이지만(웃음) 문인 아니라 누구라도 그 장면에서는…… 그때 북쪽의 어떤 분이 이런 말을 했어요. "지금 이 순간에 이런 멋진 행사를 치르고 있는 민족은 세상에 아무도 없을 것이다." 정말 그런 민족적 긍지를 느꼈고, 또 백두산에 처음 오는 작가들이 거의 대부분이었을 텐데 이런 멋진 장면을 보니까 다들 우리 민족의 앞날이 훤히 열리는 것 아니냐, 그런 신심 같은 것이 생겼지요. 아마 누구나 일생에 두 번 겪기 어려운 경험이었을 겁니다.

이진섭 그야말로 통일의 새벽을 맞는구나, 그런 벅찬 감격을 느꼈겠습니다.

백낙청 예, 통일문학뿐 아니라 정말 '통일의 새벽'이라는 느낌이 들었지요.

고은 시인은 즉석시 '백두산' 낭송하기도

이진섭 고은(高銀) 선생님 같은 분은 특히 감격 잘하시는 분인데 그분이 그 전날 백두산 시를……

백낙청 원래 그분이 옛날에 『백두산』이라는 긴 서사시를 썼잖아요. 그 서사시의 서시가 있습니다. 그것도 상당히 긴데 그 일부를 추려서 낭송을 할 예정이었어요. 그런데 그 전날 백두산에 도착해서 막 영감이 떠오르고 해서 갑자기 새로 시를 써서 낭송을 하셨는데 작품도 좋았고 또 워낙 낭송을 잘하는 분이라서 많은 사람에게 감동을 안겨주었지요.

이진섭 북쪽은 누가 대표로 연설을 하셨습니까?

백낙청 북쪽 행사의 대표는 김병훈(金炳勳)이라는 소설가인데 조선작가동맹의 위원장 하시는 분이에요. 연세가 만으로 76세쯤 되는 분인데 그분이 행사의 주최자로서 연설을 하셨고 사회는 리호근이라는 시인이 했어요. 그밖에 홍석중, 남대현, 이런 소설가들의 연설과 오영재 등 시인들이 낭송을 했고, 해외에서 오신 분들도 발언하거나 시낭송을 했습니다.

이진섭 홍석중(洪錫中)씨는 벽초(碧初) 홍명희(洪命憙) 선생의 손자이고……

백낙청 예, 홍석중씨는 남쪽에서도 꽤 알려진 분인데 대산(袋山) 홍기문(洪起文) 선생의 아들이기도 하지요. 그리고 우리 남쪽에는 『황진이』라는 역사소설을 통해서 많이 알려진 소설가지요. 그분도 연설을 했어요.

이진섭 사전 원고 없이 했다면서요?

백낙청 그것이 나는 상당히 인상적이었습니다. 왜냐하면 내가 북측과 하는 행사를 그렇게 많이 다녀본 사람은 아니지만 금년 들어서는 집중적으로 여러 행사에 참석했는데 북측 인사가 공식 행사장에서 원고 없이 얘기하는 것은 처음 봤어요. 그러니까 북측 당국에서도 이 작가대회에 대해서 상당히 자유를 부여한 것 같고 또 그런 자유가 주어졌을 때 그것을 활용할 수 있는 역량과 의지가 있는, 기백이 있는 작가가 있다는 얘기지요.

이진섭 내용은 어떤 것이었습니까?

백낙청 글쎄요, 자세한 내용이 지금은 기억이 안 남고 감동만 남았는데, 처음에는 분단으로 인해서 이러저러한 고통을 겪으면서 살아온 사람으로서 지금 내가 무슨 말을 할 수 있겠는가라는 수사적인 질문을 던지면서 나중에는 사람들의 마음만 합치면 못할 일이 없다고 했고, 6·15공동선언의 중요성을 특히 강조했어요.

황석영과 북한 작가 홍석중의 공동창작 '관심'

이진섭 또 홍석중 작가가 김정일 위원장하고 어릴 때부터 특별한 관계였다고요?

백낙청 직접 자세한 이야기를 들은 것은 아닌데 강영주(姜玲珠) 교수 같은 연구자들에 따르면, 김정일 위원장의 어머니 김정숙 여사가 일찍 세상을 뜨지 않았습니까? 세상을 뜨고 나서 그때 김정일 위원장이 어릴 때인데 그 집안의 아이들을 벽초 선생의 쌍둥이 딸들이 가서 돌봐준 것으로 압니다.

이진섭 그러니까 김정일 위원장이 어릴 때 함께 돌봐주었다는 말이지요?

백낙청 김정일 위원장이 어릴 때 홍석중씨의 고모들이 가서 김정일 위원장을 길러주었는데 홍 작가하고 김 위원장하고는 원래 한 살 차이예요. 그러니까 어릴 때부터 거의 형제처럼 자라지 않았겠어요? 지금은 물론 장군님, 지도자로 깍듯이 모시지만 그 당시에야 오히려 한 살 많은 형이었겠지요.

이진섭 그러면 위원장이 지금도 작가님, 형님 이런 식으로 깍듯하게 모실까요?

백낙청 그것은 모르겠어요. 김위원장과 홍석중씨의 관계뿐 아니라 사실 벽초 선생을 김일성 주석이 굉장히 깍듯하고 살뜰하게 모셨다고 하지요.

이진섭 당연히 그렇겠지요.

백낙청 나이도 원로이자 애국지사이고, 그런저런 일로 두 집안이 처음부터 각별한 관계였다고 볼 수 있지요.

이진섭 얘기 나온 김에, 홍석중 작가하고 황석영(黃晳暎)씨가 작품을 공동으로 집필한다는 얘기가 옛날부터 있었지요?

백낙청 황석영씨가 옛날에 불법 입북했을 때 상당히 오랫동안 있으면서 자유롭게 작가들을 많이 만났던 것 같아요. 그때 홍석중씨하고 가까워져서 작품 같이 쓰자는 얘기를 했었는데 이번에 대담을 하면서 다짐을 되풀이한 것이지요. 구체적으로 어떻게 실현이 될지는 모르겠습니다.

이진섭 '황구라' '홍구라'라고 두 분 다 구라가 센 사람들로 알려져 있는데 합쳐놓으면 걸작이 틀림없겠습니다.

백낙청 두 사람 다 좌중을 휘어잡는 탁월한 언변이 있고 홍석중씨도 아주 활달한 데가 있는데요. 그래서 어떤 사람들은 남의 황석영, 북의 홍석중 해서 둘이 똑같은 사람처럼 얘기하는데 나는 그렇게 안 봅니다. 두 사람은 기질이나 성품이 많이 다른 사람 같아요. 다만 홍석중씨는 황석영씨하고 한자리에 어울려도 꿀리지 않을 내공이 있는 사람 같더군요.

'분단체제'가 형성된 배경과 원인

이진섭 백선생님이 쓰신 책 중에서 『분단체제 극복의 길』이라는 책이 있지요?

백낙청 『분단체제 변혁의 공부길』이라는 책을 1994년에 낸 적이 있고 98년에 『흔들리는 분단체제』라는 책을 냈습니다.

이진섭 일생동안 '분단체제'라는 문제의식이라고 할까, 그런 표현을 정착시켰다고 할까 그렇게도 봐지고……

백낙청 예, 분단체제라는 말은 유행시켜놓은 것 같은데 분단체제의 개념이 널리 공유되고 있는 것 같지는 않아요.

이진섭 그런데 분단체제라는 말은 어떻게 보면 좀 현학적이라고 할까요. 인과성에 대한 문제의식이 조금…… 2차세계대전이라는 것이 그야말로 제국주의 세력들의 식민지 쟁탈전이라고 볼 수 있는데 전승국이 패전국의 옛 식민지를 분할 점령해서 생긴 것이 우리의 분단체제가 아닌가 싶습니다. 그런데 그냥 분단체제라고 얘기하면 그런 인과관계가 잘 안 드러나는 것 같아요.

백낙청 내가 분단체제라는 개념이 널리 공유되고 있지 않은 것 같다고 말했는데 이선생도 개념을 공유하지 않고 있는 게 분명하군요.(웃음)

나는 분단이 이루어지면서 즉각 분단체제가 성립되었다고 보지는 않아요. 1945년 당시 분단은 지금 말씀하신 대로 강대국들, 미소 양국의 합의에 의해서 분할점령이 이루어졌고 이후 주로 미국이 작용해서 임시적인 분할이 장기적인 분단으로 갔지요. 그때의 인과성을 따진다면 내적인 요인보다 외부의 요인이 압도적으로 큰 것이 사실입니다.

그런데 그때도 내부적인 요인이 전혀 작용 안한 것은 아니지만, 한국전쟁을 통해 동족상잔의 경험을 겪은 뒤 휴전이 돼서 그 상태가 오래 지속되면서 흔히 하는 말대로 분단이 고착화되었습니다. 나는 휴전 이후 분단이 일종의 체제 성격을 띤, 꽤 안정적인 재생산능력을 가진 분단구조로 정착되었다고 봐서 분단체제라는 표현을 쓰고 있지요.

이렇게 분단이 고착화되는 데는 원래의 외부적인 요인, 또 계속 작용하는 외세의 입김 외에도, 그것을 내면화한 우리 사회 내부의 구조적인 문제, 우리 자신의 책임이 상당히 있다는 것, 이것이 분단체제론의 또다른 일면이기도 합니다. 그러니까 이런 인식이 맞냐 틀리냐에 대해서는 논란의 여지가 많겠지만 외부적인 요인의 작용을 처음부터 무시하고 분단체제라는 개념을 설정한 것은 아니지요.

이진섭 우리 한반도가 과거 천년 이상 문화공동체는 이루어왔다고 보여지는데요. 조금 더 멀리 봐서 삼국 정립시대 때도 언어·민족공동체로서의 기능을 해오지 않았는가 싶은데, 나라는 갈려 있어도 불교를 주거니

받거니 했으니까요. 그런데 해방된 1945년부터는 정말 완전하게 일도양단 식으로 철두철미하게, 기계적인 분단이 이루어진 것은 역사 이래 처음이 아닌가 싶어요.

백낙청 그렇지요.

이진섭 그리고 그동안 기존 권력들은 그런 체제를 고착화시키는 쪽으로 기능을 해왔고 그런 분단체제를 굳히기 위한 갈등이나 증오, 분열을 확대 재생산하고 심화시키는 역할을 해온 것이 국가 이데올로기였지요. 또 그러면서 그동안 남북대화가 몇 차례 있어왔지 않습니까? 그 남북대화라는 것도 정말 남북분단을 극복하기 위한 순수한 열정이라기보다는 정략적인 의도에서, 또는 분단체제를 더욱 굳히기 위한, 트집 잡을 것을 축적시키기 위한 위장대화가 많았지요?

그런데 이제 금년 들어와서 백선생님이 대표를 맡으면서 하는 이 남북대화야말로 정말 민간이 처음으로 주도하는 오직 화합을 위한 순수한 대화가 열리지 않았는가 그렇게 보여지는데, 또 혹자들은 지금까지 남북대화를 주도한 사람들이 대부분 정략적인 의도를 갖고 있던 사람들이었으니까 백선생님도 혹시 무슨 정치적 속셈이 있는 것 아닌가 이렇게 보는 사람도 있을 것 같습니다만······(웃음)

남북대화의 정략적 측면, 나는 이렇게 본다

백낙청 개인의 정치적인 속셈하고 남북대화를 하는 당국의 정략적인 의도를 혼동하시는 것 같은데, 내가 정치적인 속셈이 있다 한들 뜻대로 되느냐는 건 별개문제지요.(웃음) 그런데 당국의 남북대화가 얼마나 정략적이고 책략적이었느냐 하는 문제에 대해서도 우리가 너무 일방적으로 판단할 일은 아니라고 봅니다. 정치 하는 사람들이 일을 하면서 정치적인 계산을 빼고 하라는 것은 처음부터 말이 안되는 일이고, 그런 의미의 정략적 타산이라면 어느정도 인정을 해주어야지요. 다만 그런 전략적인 타산이 10%, 20% 작용하는 것하고 50%, 60% 작용하는 것이 다르고, 만약에 80%, 90%까지 작용한다면 이건 그야말로 규탄의 대상이 되어야겠지요.

그런데 돌이켜보면 7·4공동성명 같은 것은 민족사에서 대단히 중요한 사건이었는데 그 이후의 결과를 보면 정치적으로 악용한 것이 너무나 분명하지 않습니까? 물론 그러고도 7·4공동성명의 역사적 의미는 남습니다만, 정치적으로 악용한 독재정권을 타도했기 때문에 그 의미가 간신히 되살아나고 있는 거지요. 전두환정권 아래서는 뚜렷한 남북대화의 성과가 없었는데, 시도는 꽤 있었던 걸로 알고 있습니다. 그런데 7·4공동성명이 악용된 선례도 있고, 그래서 북에서 잘 응하지도 않았고……

'87년 6월항쟁을 거쳐 일단 민주화가 된 뒤에 처음 나온 남북관련 제안이 88년의 7·7선언이라는 것입니다. 뒤이어 '한민족공동체 통일안'이라는 것이 나왔지요. 여기에도 다분히 전략적인 요소가 섞여 있었고 또 7·7선언 후 얼마 안 가서 공안정국이 다시 펼쳐지지요. 그러나 나는 7·7선언 자체도 순전히 전략적인 선언이라고 보지 않습니다. 7·7선언과 한민족공동체 통일방안은 어떤 의미에서 87년 민주화운동의 성과의 일부였고 이후 남북관계 개선을 향한 하나의 이정표가 되었다고 평가할 만하지요.

6·15공동선언은 그야말로 민족사적 의의가 지대하지만, 사실은 김대중 대통령의 평양방문 발표가 선거를 앞두고 나와서 전략적인 요소가 끼어들었다는 시비가 걸렸지요. 그래서 오히려 훼손된 면이 있지만 결과적으로 볼 때 6·15 자체는 설혹 전략적인 계산이 일부 작용했다 하더라도 민족사적 의의가 훨씬 더 크다고 봐야겠습니다.

6·15공동위는 축적된 민간 통일운동의 산물

민간분야에서도 백아무개가 나서기 전에 많은 접촉과 성과가 있었다는 점을 말씀드려야 할 것 같아요. 6·15 이전부터 전선(戰線)적인 통일운동이 랄까 재야에서 통일운동을 해온 분들이 통일연대라는 조직에 포괄되어 남북교류 사업을 해왔습니다. 그리고 김대중정부에서는 정부가 주도해서 좌우를 망라하는 조직을 만들려고 한 것이 민화협(민족화해범국민협의회) 아 닙니까? 거기에 진보·보수 단체가 두루 많이 들어갔지만, 국가보안법상 이적단체로 규정된 단체들이 배제되었습니다. 그래서 이들 단체뿐 아니 라 전투적 재야통일운동 단체들이 민화협 들어오기를 거부하고 통일연대 라는 별도의 조직을 구성한 걸로 압니다. 그래서 2개의 큰 축이 때로는 협 동하고 때로는 별도로 움직이면서 진행해오다가 6·15공동선언이 나오면 서 활동의 장이 넓어졌잖아요? 여기에 7대 종단이 가세를 해서 종단과 민 화협과 통일연대가 남북공동행사추진본부라는 것을 만들어가지고 작년 까지 여러 행사를 치렀지요. 물론 그 과정이 순탄치만은 않았지만요. 그 러다가 이번에 6·15 공동위원회로 확대 재편되면서 종래에는 통일운동에 직접 나서지 않던 시민사회단체들까지 가세한 4자구도가 성립한 거지요. 이런 성과를 바탕으로 제가 나선 것이지, 그전에 독자적인 민간활동이 없 었다는 건 사실이 아니에요.

이진섭 지금 남쪽은 정치적인 경직도 면에서 많이 완화되었다고 보여 지는데 북쪽은 아직도 그 면에서 조금 덜 풀렸다고 봐야지요?

백낙청 그렇지요, 예전에 접촉한 경험이 없는 나 같은 사람이 처음 접 해보면 답답할 때가 많습니다. 물론 오래 겪어본 사람이라고 해서 답답하 지 않은 것은 아니겠지요. 그러나 오랫동안 이 일에 종사해온 사람들 얘기 를 들으면 옛날에 비해 많이 부드러워졌고 남쪽의 입장에 대한 이해도 넓 어졌다고 해요. 또 나는 6월 초에 난생 처음 평양에 갔으니까 몰랐습니다 만 예전에 갔다가 최근에 평양에 다시 가본 분들이 얘기하기를 정치구호 가 아직 많기는 한데 옛날같이 살벌한 반미구호가 일절 안 보이더라, 그리 고 시민들, 특히 여성들의 옷차림 같은 것이 다양해지고 밝아졌다는 얘기도 많이 하더군요.

북미관계 개선의 최대 고비, 6자회담

이진섭 김대중정부 이후의 대북정책을 보통 햇볕정책이다, 그렇게 말하는데 그런 햇볕정책 내지 포용정책에 대해서 북에서는 좀 자존심 상한다는 반응이었다고 알고 있습니다. 거꾸로 북에서 서방이나 남쪽에 대해서 포용정책 내지는 햇볕정책 같은 것을 펴볼 수는 없을까요?

백낙청 북의 공식입장은 우리는 미국하고 손잡고 지내고 싶은데 미국이 우리를 무시하고 위협한다는 것 아닙니까? 그것을 미국에 대한 햇볕정책이라고 표현하기는 그렇지만, 나는 기본적으로 북의 주장이 거짓말이 아니라고 봅니다. 진정으로 북미관계 개선과 남북관계의 진전을 바라고 있다고 봐요. 물론 그쪽의 체제를 보존한다는 대전제 아래서지요. 그리고 지금 그런 정책을 진전시키고 있다고 봐야겠지요.

북미관계 개선의 최대 고비는 지금 뻬이징에서 열리고 있는 6자회담인데 이것이 만약에 잘 풀린다면 북미관계도 정상화에 가까워질 것이고, 어쨌든 북측이 미국하고 정상적인 관계를 맺고 싶어한다는 점 자체를 의심할 이유는 없다고 봅니다.

이진섭 지금 남북교류가 많이 활발해지고 있는데 어린애가 기다가 일어나서 걸으려면 수만 번도 더 자빠지고 연습을 해야 된다는 말이 있습니다. 남북 교류협력이라는 것도 그런 연습이라고 할까 시행착오를 거듭하면서 자연스럽게 이루어지는 것이 아닌가 싶은데요?

백낙청 그렇지요.

이진섭 그런 점에서 지금 남북대화에 임하고 있는 부분도 그전보다는 범위가 민간차원으로 많이 넓어졌습니다마는, 아직도 젊은 학생이나 어린이 또는 아무것도 가지지 않은 일반서민들한테는 거리가 먼데, 아무런 정치적 이해관계에 얽매이지 않는 서민이나 학생들, 어린이들까지 다 포함해서 교류를 확대할 방안 같은 것은 없습니까?

의회 차원의 남북교류 더욱 활발해져야

백낙청 그동안에도 그런 다양한 교류가 아주 없었던 것은 아닙니다. 가령 어린이 교류로는 사단법인 어린이어깨동무에서 실제로 남쪽 어린이들을 데리고 북에 가서 북쪽 어린이들하고 만나게 했고요. 또 청년·학생들 간의 상봉행사가 금강산 같은 데서도 있었지요. 그렇기는 한데 이런 폭넓은 민간접촉에 대해 아직은 북측이 소극적인 것 같습니다. 이번 8·15 행사에도 우리는 더 많은 대표단이 오기를 바랐는데 축구까지 포함해서 200명이 안되는 숫자만 오게 되었거든요.

그런데 순수 민간과 정부당국자의 중간에 위치한 존재가 어떤 의미에서는 행정부보다 국민을 더 직접적으로 대표한다고 할 수 있는 국회의원들입니다. 나는 의회 차원의 남북교류도 더 활발해져야 된다고 봅니다.

지난번 6·15 축전 때 의원들이 꽤 여러 명 갔었어요. 정식 의원대표단으로 가신 분도 있고, 그때 '통일맞이'에서 주관하는 가극 '금강' 공연과 관련해서 장영달(張永達) 의원 같은 분은 '통일맞이' 이사장이기 때문에 그쪽으로 해서 갔지만 김희선(金希宣) 의원이나 김재홍(金在洪) 의원도 '금강' 지원단에 포함되었고, 이래저래 내가 정확한 숫자는 기억이 안 나지만 의원들이 한 스무 명 갔어요. 한나라당에서도 원희룡(元喜龍) 의원을 비롯해서 네 분이 갔고, 민주노동당은 원래 6·15 공동위에 활발하게 참여해왔습니다만, 김혜경(金惠敬) 당대표와 이영순(李永順) 의원이 간 것으로 기억합니다. 민주당에서도 김효석(金孝錫) 의원이 갔고, 의원 대표단의 단장을 열린우리당의 한명숙(韓明淑) 의원이 맡으셨지요. 일행 중 배기선(裵基善) 의원은 우리 6·15 공동위 운영위원이기도 하고요. 그래서 그분들이 가서 앞으로 남북 의원회담을 하자는 제안을 내놓은 걸로 압니다.

이진섭 김원기(金元基) 국회의장도 남북 국회회담을 제의해놓은 상태입니다.

백낙청 그렇지요, 국회의장 회담도 제안해놓았고 의원간의 만남도 제안된 상태이고, 또 이번에 저쪽 대표단이 내려오면 김원기 의장이 오찬을 내시는 것으로 되어 있습니다. 그 자리에서는 아마 남측대표단에 참가하지 못한 많은 의원들이 북측대표단과 대면할 기회가 생길 것입니다.

사실 나는 6·15 때 같이 가신 의원님들에 대해서 조금 미안한 마음을 갖고 있어요. 국회의원이라는 분들은 자기가 의미있는 활동을 하는 것도 중요하지만 그것이 각광을 받아서 국민들에게 알려지는 것을 대단히 중시하는 분들 아닙니까? 그런데 지난번에는 좀 운이 안 좋았다 그럴까, 사실 의원들이 여러 분 가서서 행사에 참여하고 또 돌아와서 아주 좋은 결의안까지 냈는데 이것이 언론의 조명을 별로 못 받았어요.

이진섭 떠나는 날은 김우중(金宇中) 회장이 귀국하는 바람에 완전히 묻혀버렸고 돌아오는 날은 정동영(鄭東泳) 특사와 김정일 국방위원장의 오찬 소식에 다 덮여버렸지요.

백낙청 거기 가 있는 동안에도 그랬어요. 북에서는 아무래도 당국대표단을 더 예우하는데 의원대표단은 민간대표단에 끼었기 때문에 저쪽 당국으로부터 큰 대접을 못 받았고, 우리 민간대표단 내에서도, 사실 통일운동 하는 사람들이 국회의원을 별로 대단하게 안 여기는 경우가 많잖아요. 그래서 의원님 의원님 하고 받드는 사람이 별로 없었을 뿐 아니라 아마 의전상으로 여러가지 미흡한 점이 많았던 것으로 압니다.

6·15 민족작가협회 기관지 '통일문학' 발간 계획

이진섭 창비 책은 이북에서 많이 읽히지 않았습니까?

백낙청 정확히는 모르겠지만, 창비 책이건 다른 출판사 책이건 그쪽 지도부에서 정책적으로 결정해서 읽히는 것 외에는, 정치사업을 한다든가 대남사업을 하는 아주 특수한 일부 층이 아니면 보기가 쉽지 않다는 인상을 받았어요.

이진섭 백선생님 평론은?

백낙청 내 평론을 읽었다는 분들을 몇 분 만나기는 했어요. 그분들은 그래도 그 분야에서 일정한 지위에 있는 분들이고, 그런 특수한 분들 아니면 거의 읽을 기회가 없었을 거예요.

이진섭 『창작과비평』이나 백선생님 글은 정치적인 성향 이런 것을 떠나서 남북 동포가 다 같이 봤으면 정말 좋겠다 싶은 책인데. 그리고 '통일문학' 잡지를 발간한다고 합의를 봤지 않습니까? 그것을 구체적으로 언제 어떻게 어떤 체제로 낸다 하는 안이 있습니까?

백낙청 아직 구체적인 안은 없고 후속 실무회담을 해봐야겠지요. 『통일문학』이라는 잡지가 원래는 재미동포 중에서 북에 드나들면서 뜻있는 분이 돈을 내서 미국에서 발간이 되었어요. 그러다가 그분의 사정으로 중단한 후로는 북측에서 발행해왔지요. 그러다 보니 이제까지는 주체사상과 반미라는 북쪽 노선이 뚜렷한 잡지였는데 앞으로 남북이 공동으로 하는 '6·15 민족작가협회'의 기관지로 만들기로 했으니까 편집진도 새로 구성하고 편집방침도 남북이 다 받아들일 수 있는 것으로 바꾸어야겠지요.

이진섭 작품의 게재 비율을 남북 반반씩 한다든지 이런 원칙상의 합의랄까.

백낙청 그런 건 나는 전혀 모르고, 구체적인 문제에 대해서는 아마 이번 대회 집행위원장이기도 했던 민족문학작가회의의 김형수(金亨洙) 사무총장이 중심이 돼서 차차 정해가리라 봅니다.

이진섭 창비에서 운영하고 있는 만해문학상을 앞으로 북쪽 문인들이나 해외 문인에게 똑같이 확대할 생각은 없으신가요?

백낙청 이미 확대가 되어 있어요. 첫째는 규정상 대상이 '한국 작가의 작품'이 아니라 '한국어로 된 작품'이라고 되어 있습니다. 남과 북, 해외 어디에 있든, 저자의 국적이 어디든, 한국어로 쓴 작품이면 되는 거지요. 동시에 비록 아직은 단 한번뿐이지만 실제로 북쪽 문인에게 준 실적이 있어요. 작년도 만해문학상을 바로 홍석중씨가 탔거든요. 금강산에 가서 시상식까지 하지 않았습니까? 그러니까 이미 그 규정을 남한 밖으로까지 실제로 적용한 선례를 남긴 것이지요.

이진섭 북쪽 문인이 남쪽의 만해문학상을 탄 것에 대해서 북쪽에서도 그 의미를 평가해주는 듯합디까?

백낙청 북에서 우리 쪽하고 접촉하는 작가동맹 분들은 상당히 좋아한다는 얘기를 들었고요. 시상식에는 부위원장인 장혜명 시인 등 몇 명이 동석을 했습니다. 그런데 그 작품이 만해문학상을 탔다는 사실이 북쪽에서 얼마나 널리 보도되고 평가되었는지는 잘 모르겠어요.

이진섭 이제 6·15남북공동선언 기념 8·15경축대회가 열리는데 축구대회 말고 다른 행사가 있습니까?

백낙청 여러가지 행사가 있는데 지난번에 현대그룹 현정은(玄貞恩) 회장하고 현대아산 김윤규(金潤圭) 부회장이 김정일 국방위원장을 면담하고 8·15 때 축구팀 보낸다는 것을 받아오지 않았습니까? 그래서 우리가 2개의 축구경기를 위주로 프로그램을 재편했습니다. 남자축구는 8월 14일 저녁에 개막식을 치른 뒤 곧 이어서 하기로 했고, 여자축구는 8월 16일 폐막식 할 때 고양시 종합경기장에서 합니다.

그밖에 경축공연도 있고 아까 얘기한 국회의장 주최 오찬도 있고 또 8월 15일에는 장충체육관에서 본대회가 따로 있습니다. 그리고 서대문형무소도 관람하고 거기서 일본에 대한 특별성명을 발표하고, 또 광복 60주년기념사업추진위원회 공동위원장인 이해찬(李海瓚) 총리와 강만길(姜萬吉) 선생이 환송만찬을 주최하기로 되어 있습니다.

이진섭 축구장이 굉장히 큰데 관중은 아무나 들어갈 수 있습니까?

백낙청 초대권과 일반 입장권의 비율을 어떻게 할지 아직 논의중입니다만, 아무튼 남자축구는 상당히 인기종목이니까 사람들이 많이 올 것 같은데 8월 16일 폐막식 때, 고양경기장이 상암보다 작기는 하지만 그래도 약 4만 석 된다고 하는데 그것을 어떻게 채울까 하는 고민이 있기는 해요. 더구나 8월 16일은 평일 아닙니까? 여러가지로 홍보를 하고 국민들에게 많이 와주십사고 호소도 하고 그래야지요. 민족의 큰 축전인데 너무 썰렁하면 안되지요.

6자회담 핵심은 한반도의 비핵화 방안

이진섭 너무 넘치지도 않고 모자라지도 않은 정말 좋은 축전이 되어야겠는데요. 또 그러면서도 돌출성 사고라든지 이런 것이 없어야 될 텐데, 정말 신경 써야 될 것들이 많겠습니다.

지금 6자회담이 열려서 이제 마지막 고비까지 와 있는데 6자회담의 기본적인 성격이 북핵문제인지, 한반도의 비핵화문제인지 또는 더 한발 나아가서 군축과 세계평화를 위한 하나의 기준틀이 될 것인지 여러가지 관점에서 볼 수 있겠습니다마는 6자회담에서 지켜야 될 대원칙이라고 할까 이런 게 있다면 뭐라고 생각하십니까?

백낙청 핵심은 한반도의 비핵화를 어떻게 달성하느냐는 것이라고 봅니다. 비핵화원칙에 대해서는 지금 6자가 다 동의하고 있어요. 자기들은 비핵화 안하지만 남들에게는 비핵화를 요구하는 게 미국의 원래 방침이고, 북도 한동안은 모호한 태도를 취했지만 지난번에 김정일 국방위원장이 김일성 주석의 유훈이다, 이렇게 말했단 말입니다. 북의 현실에서 다른 사람도 아닌 김정일 위원장이 다른 예도 아닌 김일성 주석의 유훈이라고 그랬으면 그것은 끝난 얘기예요. 그러니까 궁극적인 비핵화 자체에는 지금

이견이 없는데, 내가 알기로는 핵의 평화적인 이용 권리를 북에 대해서만 특별히 더 제한할 것인가, 아니면 NPT에 가입한 주권국가가 통상적으로 행사할 수 있는 정도의 권한은 인정할 것인가가 쟁점이 되었다고 하지요. 그 결말이 어떻게 날지를 나 같은 문외한이 미리 예상할 필요는 없겠지요.

이진섭 백선생님, 참 군대 갔다 오셨습니까?

백낙청 예, 갔다 왔어요.

이진섭 그때 얘기를 좀 해주시지요.

백낙청 왜 새삼스럽게 그걸 물으시는지 짐작이 가긴 하는데⋯⋯(웃음) 내가 미국 유학하다가 돌아와서 군에 입대했다는 사실이 당시에 꽤 알려졌고 그러다 보니까 와전이 된 것도 적지 않습니다. 가령 선배 한 분은 나를 칭찬하는 말씀으로 하셨는데, 5·16 이후에 병역기피자들을 군대 입대시키고 어쨌든 군사정권이 혁신한다고 나섰을 때 내가 거기에 감동해서 귀국해서 자진입대했다, 이런 기록을 내놓으시기도 했어요.

그런데 내가 귀국한 것은 5·16 나기 전이었고, 1960년 10월에 입대해서 군대생활을 하던 중에 5·16이 터졌으니까 5·16 이후에 귀국한 게 아니라는 건 알리바이가 확실하지요.(웃음) 내가 4·19 이후에 귀국했다가 군에 지원입대한 것은 사실입니다. 그것을 동아일보인가 어디에서 대서특필을 했습니다. 군에 입대하려고 돌아왔다고. 그러나 그게 아니고, 내가 어린 나이에 미국에 가서 학부부터 다녔잖아요.

이진섭 고등학교 졸업하기 전입니까?

백낙청 아니요, 고등학교 졸업하기 전에 세계 고등학생토론대회에 다녀온 일이 있고 거기 다녀오느라고 대학입시를 못 봤기 때문에 졸업 후에 미국 대학에 진학했어요. 가서 한 5년 있으니까 지겹고 더 있기 싫어서 석사를 마치고 박사과정에 입학이 되었는데도 그걸 포기하고 돌아왔지요. 그런데 와서 보니까 그때가 4·19 후인데 군대 안 가고는 취직도 못하고 아무것도 못하겠더라고요. 그래서 군대를 가려고 보니까 징집영장이 나오기를 기다리려면 언제 갈지 모르겠어요. 그래서 줄을 좀 대서 자원입대하는 형식으로 들어갔지요. 자원입대하려고 일부러 미국에서 귀국했다는 식의 극적인 사건은 전혀 아니었어요.

이진섭 어떻게 됐든지간에 적극적인 자원입대는 맞군요.

백낙청 자원입대 형식으로 간 것은 사실이지요. 그리고 그렇게 신문에 나다 보니까 훈련소 가서도 아주 대우를 많이 받았습니다. 고생도 덜했고요.

이진섭 스포트라이트를 받으면서 군대에 입대했군요?

백낙청 논산훈련소에 입소하는 날부터 연대장인가 하는 이가 "여기에 그런 사람이 와 있다는데 어디 있나? 손들어" 그래서 손들고 그랬지요.(웃음) 그러니까 대대장이니 중대장이니 다 많이 봐주고 그래서 전반기 훈련은 아주 편하게 받았지요.

펜에도 엄청난 힘이 있다는 걸 믿고 산다

이진섭 보통 펜이 칼보다 강하다고 하는데 그 속언을 얼마나 믿습니까?

백낙청 그거야 경우에 따라서 펜이 강할 때도 있고 칼이 강할 때도 있겠지만 나는 펜을 쓰는 사람으로서 펜에도 엄청난 힘이 있다는 걸 믿고 살지요.

이진섭 마지막으로 백선생님은 서울대학교 교수시면서 문학평론가시면서 이제 통일운동도 하시면서 시민언론운동도 하시는데 사후에 어떤 호칭을 듣고 싶습니까?

백낙청 아, 벌써 유언부터 하라고 그러시네요.(웃음) 이선생이 그런 말씀 하시는 거 보니까 나도 이제 차차 그런 걸 정리하고 가야 될 나이가 된 모양인데 아직은 정리를 못했습니다. 지금부터 숙고를 해보지요.(웃음)

이진섭 제 질문이 너무 속되고 단편적으로 흘러 통일운동, 통일문학에 대한 백선생님의 깊은 경륜을 담아내지 못하고 오히려 누를 끼치지 않았는지 모르겠습니다. '한국'과 '조선'으로 동강난 이 나라가 하나로 합치려는 기운을 보다 본격적으로 성숙시키려면 남북의 국호통일에 대한 논의가 일어나야 할 때가 가까이 오지 않았나 합니다만, 하나 된 조국의 국호에 대해서는 평소 생각을 정리해두지 않으셨는지요?

백낙청 정리한 바도 없지만 이것 역시 그때 닥쳐서 정할 일이라 봅니다. 한쪽에서 미리 안을 내놓아버리면 오히려 좋은 안이면서도 채택될 확률이 줄어들 수 있는 게 우리의 실정이니까요.

이진섭 바쁘신 시간에 남북화해를 위한 소중한 말씀 감사합니다.

다시 민족문학을 생각한다
광복 60주년 기념 학술쎄미나 종합토론

김명환(서울대 교수)
한정숙(서울대 교수)
윤해동(서울대 교수)
신승엽(문학평론가)
백낙청(문학평론가)
김명인(인하대 교수)
염무웅(영남대 교수)
2005년 8월 19일 세종문화회관 콘퍼런스홀

김명환 바로 종합토론으로 넘어가겠습니다. 오늘 참석 인원이 많지 않아서 오붓한 자리가 되었습니다. 청중, 발제자, 토론자 여러분께서는 발언하실 내용이 있으면 언제든지 손을 들어서 저에게 발언을 신청해주시기 바랍니다. 예. 한정숙 선생님 말씀하시죠.

한정숙 아까 윤해동 선생님께서 제기한 민족주의에 관한 정의 문제를 거론하고 싶습니다. 저는 민족주의를 어떻게 정의하느냐, 또는 민족에 대해서 어떤 입장을 취하느냐에 따라서 민족주의에 대한 태도가 굉장히 달

■ 이 토론은 2005년 8월 19일 민족문학작가회의와 만해사상실천선양회가 주최한 광복 60주년 기념학술쎄미나 '다시 민족문학을 생각한다'의 종합토론으로 『내일을 여는 작가』 2005년 겨울호에 수록된 것이다. 당시 「만해의 시대인식과 오늘의 민족현실」(염무웅), 「20세기 민족문학론의 패러다임에 대한 몇가지 반성」(신승엽), 「다시, 그릴 수 없는 전망을 그리기 위하여」(김정환), 「갈림길에 선 민족문학론」(이병훈), 「해방 60년, 한국의 민족주의와 민족문제의 위상」(김동춘) 발제와 그에 대한 토론 등이 이루어졌다.

라진다고 생각합니다. 사실 민족주의가 굉장히 다양한 내용을 가지고 있고, 구체적인 현실 속에서는 매우 다양한 형태로 나타나기 때문에 민족주의 자체에 대한 본질주의적인 정의를 내리는 것은 좀 바람직하지 않은 것 아니냐 이런 말씀을 드린 적이 있습니다. 그런데 윤해동 선생님께서는 '민족주의는 세속종교다', 그리고 국민국가를 이루는 데에서 민족과 관련된 상징체계를 동원하고 그러한 동원에 의해서 만들어지는 지배집단의 정책이라든지 이념체계라든지 이런 것으로만 규정하시는 것 같아요. 그리고 나머지는 그냥 민족의식이다, 민족적인 정서다, 이렇게 규정을 하고 그런 의미에서 민족주의를 비판한 것 같습니다. 민족주의가 세속종교라고 한다면 이것은 배타적인 것일 수밖에 없다, 저도 그런 의미에서 민족주의는 극복되어야 마땅하다고 생각합니다. 그런데 민족주의의 정의는 그것만이 다는 아닌 것 같습니다. 그리고 민족주의자라고 지금까지 자처해온 많은 사람들이 민족주의를 그런 의미에서 구현하고자 했던 것은 아닌 것 같고요. 민족이라고 하는 것이 있고 그것이 개인의 삶과 개인 주변의 공동체의 삶의 터전이 된다고 생각할 때 그러한 삶의 어떤 집단적인 보장 혹은 더 풍요로운 삶의 보장, 더 나아가서 다른 민족과의 연대와 교류를 가능하게 해주는 어떤 테두리랄까, 그런 단위로서 민족주의를 생각했다면 그런 경우에는 민족주의가 전혀 다른 것이 될 수 있다고 봅니다. 그래서 저는 민족주의 비판자들이 민족주의에 대해 얘기할 때 그것이 정의에 관한 문제가 된다면 이야기가 달라진다고 봅니다. 탈민족주의에서 그렇게("민족주의는 세속종교다") 민족주의를 정의하고 시작한다면 그것은 논의의 밑바탕이 완전히 다르기 때문에 이야기가 어려워지지요.

김명환 윤해동 선생님께서 간단히 답을 해주시죠.

윤해동 저 역시 마찬가지입니다. 민족주의라고 하는 것은 말 그대로 이즘(ism)이고 이데올로기 체계랄 수 있는데, 소박한 민족정서랄지 민족의식이랄지 하는 것을 '주의'라는 표현으로 꼭 사용해야 할 이유가 무엇인지에 대해서는 아주 심각한 의문을 가지고 있습니다.

김명환 사회자가 무슨 발언을 할 수 있는 상황은 아니지만, 아까 김동춘 선생님의 표현을 빌리자면 민족의식·민족정서 같은 것들은 이데올로기나 이즘이 될 수 있는, 아주 휘발성이 강한 쪽으로 가는 것이 현실이 아닌가 생각됩니다. 오늘 토론이 '다시 민족문학을 생각한다'라는 주제로 진행되고 있기 때문에 지금 역사학자·사회학자 선생님들이 말씀해주신 내용을 문학적인 차원에서 '번역'해서 얘기할 수 있는 논의가 좀 필요할 듯합니다.

한정숙 한마디만 더 하겠습니다. 이즘이라는 것이 어떤 배타적인 내용을 갖게 되면 다른 것은 배제한다는 그런 의미도 가지고 있잖아요? 제가 아까 여성주의에 대해 말씀을 드렸는데 여성주의 하면 여성만을 얘기해야 하고 남성과의 공존을 거부하는 것인가? 지금 여성이 사회적으로 (남성에 비해) 더 약한 위치에 있는데 이것을 극복하기 위한 집단적인 노력을 가리켜서도 여성주의운동 이런 얘기를 합니다. 그렇다고 해서 다른 것에 대한 근본적인 거부라든지 본질주의적인 접근이라든지 꼭 그런 것만은 아니거든요. 남성들과도 얼마든지 연대를 할 수 있는 것이죠. 백낙청 선생님께서 저희에게 가르쳐주신 좋은 단어를 빌린다면 '넉넉함' 같은 것은 충분히 가능하다고 생각합니다.

윤해동 신승엽 선생님의 발표를 들으니까 민족문학론을 일종의 국민문학적 변용이라는 식으로 20세기 한국문학을 관통하는 문학담론으로 보셨던데요. 그리고 지금 21세기에 민족문학의 지형 자체가 흔들리고 있다, 이런 취지로 말씀하셨는데, 저는 만약 민족문학이 그러한 역할을 할 수 있는 위치에 있었다면 한국 민족문학이 한국의 민족주의 신념체계 또는 이념체계를 형성하는 데 굉장히 큰 기여를 했던 것이 아닌가 생각합니다. 그렇다면 신승엽 선생님께 질문을 드리고 싶은 것은 20세기 한국문학이 근대문학으로서의 국민문학 또는 변용으로서의 민족문학으로 자리를 잡았다고 한다면, 그리고 민족담론 또는 민족문학이 근본적으로 문제가 되고 있다고 한다면, '민족'만이 아니라 '문학' 자체가 문제가 되고 있는 것이 아닌가? 근대문학으로서 국민문학이 출발했다면, 지금에 와선 문학이 문제가 되는 싯점에 와 있는 것 아닌가 하는 생각이 드는데 오늘 발표에서는 그런 이야기가 나오지 않아서 의문을 가지고 있습니다. 저는 근대 역사학이 일종의 민족형식으로 출발한 탓에 근대 역사학 자체가 심각한 위기에 와 있다고 보기 때문에 이런 질문을 던져봅니다.

신승엽 사실 문학도 문제가 되고 있죠. 대체로 '국문과'라는 이름 아래 한국문학 분과가 하나로 특화된 분과로 형성되고 그 분과 내에서 과거의 어떤 문학전통에 대해서 연구를 하는 과정이 국민문학의 형성이지만, 이제는 국민문학뿐만 아니고 문학 내에서의 민족주의를 벗어나는 중요한 계기가 작용한다고 생각합니다. 그래서 민족주의 담론, 민족문학 담론도 문제가 된다면 곧바로 뒤따라 나오는 것이 문학 자체의 위기라는 말도 있지요. '국문과 연구'라는 분과학문이 더이상 성립할 수 있는가, 이런 차원의 문제제기는 있을 수 있다고 보고 그런 차원은 저 역시 생각하고 있습니다만, 아직까지 구체적으로 뭔가 얘기를 할 만한 내용은 없는 상태입니다.

그리고 문학과 관련해서 이야기를 덧붙인다면, 문학의 경우 민족문학은 어느정도 역사적으로 나름의 민족문학 내지 국민문학이라는 단계를 필연적으로 거칠 수밖에 없는 면이 있다고 생각합니다. 그리고 그 단계를 넘어서서 '세계문학'을 생각하게 될 때는 문학의 영역을 지금의 수준에서 넓혀가야 된다고 생각합니다. 그 대표적인 것으로 영화를 생각하는데, '영화도 넓게 보면 문학이다'라고 봐요. 영화는 애초부터 민족영화 내지 국민영화라는 단계를 거칠 필요가 없는데, 영화의 경우는 거의 동시개봉이 이루어지고 요즘은 인터넷을 통해 훨씬 빨리 전파되고 있지요. 영화는 애초부터 자국민을 대상으로 만들어지는 것이 아니고 전세계 인민을 대상으로 만들어지는 그런 것일 수 있기 때문에 세계문학과 관련된 생각을 하기 위해서는 문학의 범위를 넓혀서 영화를 적극적으로 문학의 영역으로 끌어들여야 한다는 생각을 개인적으로 갖고 있습니다.

김명환 잠깐 제가 한마디 덧붙이자면, 저로선 조금 이해하기 어려운 입장이 아닌가 생각이 듭니다. 영화가 특별히 언어에 의존하지 않기 때문에 세계문학의 차원에 더 쉽게 갈 수 있을 것이라고 말씀하셨지만, 국민문학의 시대가 지나갔다고 해도 언어문학의 위치가 영화와 그렇게 비교되는 것은 어려운 점이 있지 않은가 하는 생각이 듭니다. 사회자로서 월권행위인지도 모르겠습니다.

신승엽 제 말은 세계문학을 구상하기 위해서는 영화를 끌어들이는 게 좀 편하다는 의미예요. 세계문학이 불가능하다 혹은 전혀 의미가 없다는 얘기는 아니지요.

김명환 알겠습니다. 오늘 토론회 중간에 백낙청 선생님이 여러 차례 거론되셨는데 오늘 토론이 진행되는 과정에 대해서 좀 하실 말씀이 있으실 것 같습니다.

백낙청 얘기를 시작하면 길어질 것 같아서 자제하고 있었는데 다른 분들이 말씀 안하시는 가운데 사회자가 기회를 주셨으니 하겠습니다. 오늘 여러분에 걸친 이야기를 들으면서 생각을 많이 했고 공부도 많이 됐는데 일일이 논평하자면 한정이 없을 것 같고요. 아무래도 여러분들이 궁금해하시는 것은 지금 사회자가 말씀하신 대로 그동안의 저의 발언이 오늘 토론에서 여러 번 언급되었는데 현재 입장이 뭐냐, 그런 것이 아니겠습니까? 그걸 조금 요약해서 말씀드릴까 합니다. 먼저 김정환(金正煥) 시인이 문학은 원래 민족문학이든 무슨 문학이든 무슨무슨 하는 수식어를 떼어버리려고 한다, 또 떼어야 된다라는 이야기를 했는데 저는 그 점에 전적으로 동의합니다. 오히려 한 걸음 더 나아가서 문학은 문학이라는 단어 자체도 떼어버리고 벗어던지려고 하는 그런 성향을 지녔다고 생각합니다. 그 점을 우리가 놓치지 않고 민족문학론을 펼치든 무슨 문학론을 펼치든 해야겠지요. 아까 몇 분이 지적하셨듯이 민족문학론이 어디까지나 문학론이 되어야 하는데 구체적인 내용은 부족하더라도 어쨌든 문학은 그런 속성이 있다는 것을 유념하면서 시작해야 할 것 같습니다.

　그러면서도 문학에다 민족이라는 수식어를 붙여서 왜 이야기를 하느냐? 여기에는 세 가지 다른 차원이 있는 것 같습니다. 하나는 사실기술(事實記述)적인, 영어로 말한다면 디스크립티브(descriptive)한 차원이라고 보는데, 사실을 기술한다고 할 때, 다시 말하자면 이론적으로 입장차이가 있더라도 사실 차원의 내용에 대해 일단 동의하고 또 필요해서 사용하는 그런 용어가 되겠죠. 가령 '한국어로 씌어진 문학을 한국문학이라고 하기로 하자', 이렇게 우리가 정의를 하고 나면, 뭐가 좋은 문학이냐 또는 한국문학이 뭐 꼭 한국어로 씌어져야 하나 하는 이론적인 쟁점이 남아 있다 하더라도 누구나 다 현상기술적인 용어로 사용하게 됩니다. 그런데 현상기술적인 또는 사실기술적인 개념으로 왜 민족문학이라는 것을 우리가 쓰게 되느냐? 첫째는 남과 북이 분단되어 있기 때문에 각기 국민국가 비슷한 것을 구상하고 있는데 그 어느 하나에도 국한되지 않는 문학을 우리가 뭔가 통칭할 필요가 있지요, 더 나아가서는 지금은 해외 이산민족의 숫자가 많고 거기서 많은 문학작품이 생성되고 있지 않습니까? 남·북·해외의 문학을 우리 문학으로 통칭하는 하나의 사실기술적인 개념이 필요하다고 봅니다. 물론 이것을 정의할 때에는 우리 민족의 성원이 민족언어로 쓴 것만을 민족문학이라고 할 것인지, 아니면 민족성원이 쓰기만 하면 언어가 달라도 인정할 것인지, 아니면 민족성원이 아니더라도 민족어로만 쓰면 인정할 것인지 이런 범위를 정하는 문제가 남습니다만, 어쨌든 이런 것을 통칭할 필요는 있지 않나 생각합니다. 그런데 이 개념이 앞으로는 하나의 논쟁적 개념으로 발전할 소지도 있습니다. 다시 말해서 현재 그냥 있는 것을 가리킬 뿐만 아니라 이것이 과연 계속 존속할 만한 바람직한 현상인가. 다시 말해서 세계시민으로서 뭐 민족국가의 국한이 없어지는 시대가 오더라도 국민국가의 존재와는 별도로 각자의 민족적 유산이랄까 민족적 정체성과 민족언어를 보존하는 것이 인간으로서 품위있는 삶을 위해서 바람직한 것인가. 이제 이런 것을 가지고 논쟁하는 그런 개념이 될 수도 있는데, 아직 그런 시대가 안 왔기 때문에 지금 이 차원의 민족문학 개념은 하나의 디스크립티브(descriptive)한 개념으로서 사용하는 수밖에는 별로 대안이 없다고 봅니다.

그다음은 이제까지 써온 하나의 '논쟁적 개념'으로서의 민족문학 개념이 있습니다. 1970년대 이래 우리 민족문학 논의에서, 좀더 멀리 올라가면 임화(林和) 이래의 민족문학론에서 쓰인 주된 용법이라고 볼 수 있는데, 이것은 어떻게 보면 우리 특유의 국민문학을 형성하는 과정에서 어째서 국민문학이라는 용어는 부적합하고 민족문학이라는 용어가 필요한가 하는 그런 어떤 역사적인 판단에서 나오는 개념이라고 볼 수 있습니다. 다시 말해서 우리 국민문학 형성기의 처음에는 국권상실로 인해서 우리 고유의 국민국가가 없어졌고 그다음 8·15 이후에는 국민국가가 두 개의 분단국가가 생겼기 때문에, '국민문학'이라는 외국에서 쓰이는 개념을 그대로 쓰다 보면 이것은 일제시대에는 민족을 오히려 부정하고 일본의 국민문학에 복속되는 그런 결과가 되고, 분단시대에는 남한만의 문학 또는 북한만의 문학을 갖고서 그게 우리 민족문학의 전체인 듯이 오히려 분단을 긍정할 수 있기 때문에 국민문학이라는 용어를 안 쓰고 일부러 '민족문학'이라는 단어를 고집한 것인데, 그 내용으로 보면 우리 현실에 맞는 국민문학을 형성하려는 운동에서 하나의 논쟁적인 도구였다고 생각합니다. 이것이 지금도 유효하냐 안하냐, 저 개인으로서는 분단체제란 것이 발전하면서 종래의 논쟁적인 개념의 성격이 훨씬 더 복잡해지고 모호해졌지만 그런 복잡성을 우리가 수용할 수만 있다면 아직은 유효한 면이 있다고 생각하고 있습니다.

세번째는 개념이라기보다는 '구호로서의 민족문학'입니다. 가령 민족문학작가회의 조직에 붙는 것도 일종의 구호인데 이것은 특히 1987년 6월까지 우리가 민족·민주운동이라고 막연하게 정의한 정치운동의 구호의 하나로서 민족문학이 가능했다고 볼 수 있습니다. 그런 거대한 운동을 끌고 가려고 할 때 사실은 민족문학의 세세한 내용에 대해서 동의하지 않은 사람들도 한꺼번에 끌어 모으고, 하나의 깃발 아래 뭉칠 수 있게 하려면 깃발이 필요하고 구호가 필요합니다. 그래서 민족문학에 대한 해석이 다양했고 심지어는 민족문학이라는 개념에 동의하지 않은 사람이 많았음에도 불구하고 '민족문학'의 구호를 중심으로 그렇게 많이 뭉쳐서 세력을 이루었고 민주화투쟁을 했다고 생각합니다. 그런 전선운동에서 하나의 구호로서의 민족문학이 있는데 그것은 단기적인 효과가 있는 대신에 길게 가면 일종의 자승자박이 되고 또 구호를 계속 부르짖는 사람들이 주변화되어 문학의 실력에서 밀려나는 위험이 있다고 생각합니다. 그리고 저는 그때의 그런 구호는 1987년 6월 이후에는 사실은 용도폐기가 되었어야 옳고, 점차 용도폐기가 되어왔다고 봅니다. 지금 민족문학이 그렇게 옛날같이 각광받지 못하는 이유 중 하나는 이제는 구호로서는 사람들이 쓰지도 않고 써봤자 별로 존중을 받지 못하니까 그래서 그런 것이지 이 구호적인 측면이 제외된 다른 차원의 민족문학 개념은 아직도 유효하지 않은가 생각합니다.

그런데 이 민족문학이라는 낱말이 새로 '구호화'될 가능성이 없지 않습니다. 남북교류가 활발해지고 통일문제가 눈앞에 다가오면서 이제는 아까 김동춘 선생님이 말한 통일민족주의의 구호로서의 민족문학이 나올 수가 있죠. 가령 우리가 남북 작가교류를 한다고 할 때, 단순히 하나의 사실기술적인 개념으로서 남과 북의 문학을 조선문학, 한국문학, 이렇게 구별하지 않고 통칭하려고 할 때 민족문학이라는 것이 필요한데, 그것만이 아니고 교류를 활발히하고 교류에 힘을 실어주기 위해서 민족문학이라는 구호가 지금 어느정도는 필요한 단계가 되었습니다. 그 구호를 전적으로 배제할 필요는 없는데 문학에서 구호 사용은 항상 위험이 따르지요. 거기에 따르는 비용을 우리가 반드시 지불하게 된다는 것을 인식하고 적절히 꼭 필요한 정도만 사용하는 것이 좋겠다는 그런 생각입니다. 기회를 주셔서 고맙습니다.

김명환 아까 김정환 시인이 민족문학과 민족문학론을 구별하면서 민족문학론이 제대로 되려면 좋은 작품의 가능성을 낚아채는 그물 같은 역할을 해야 한다고 발제를 하셨는데 저는 이게 귀담아들을 이야기라고 생각했습니다. 여기에 문학평론 또는 문학창작을 하시는 분들이 모이셨는데, 그런 점과 관련해서 우리가 다시 민족문학을 생각해야 할 때 좀더 염두에 두어야 할 것들에 대해서 하실 말씀이 분명히 더 있으실 것 같아요. 김명인 선생님 말씀해주시겠어요?

김명인 백낙청 선생님 말씀을 듣고 나니 좀 맥이 풀리는군요. 세 가지 차원에서 말씀하시기는 했지만 민족문학을 기술적 차원에서 받아들이자는 것이 말씀의 핵심인 것 같은데, 그렇다면 '단위로서의 민족'에 관한 인식을 말한 바 있는 저와 그리 멀지 않은 생각이신 것 같고, 저로서는 더 드릴 말씀이 없군요.

백낙청 내 말을 듣고 김명인 선생이 '맥이 풀렸다'고 하시니 미안해서 그럴 필요는 없을 것 같다는 말씀을 드릴까 합니다.(웃음) 민족문학이란 용어에 대해 세 가지 차원을 얘기했잖아요? 하나가 사실기술적인 차원, 둘째가 논쟁적인 차원, 세번째가 구호로서의 차원인데, 나는 그 세 차원 모두가 지금 남아 있다고 생각하거든요. 김명인 선생이 맥이 풀릴 까닭은 특별히 없다고 보고, 김명인 선생이 주로 상심해하는 것은 김선생이 원하는 작품들이 제대로 생산되지 않고 있다는 거 같아요. 그래서 되풀이가 될지 모르지만 사실기술적인 차원의 내용이 있다는 것은 그 개념에 대해서 누가 이론적으로 동의하지 않더라도 유용한 게 있다는 것이거든요. 그것밖에 없다고 한다면 맥이 풀리겠지만, 사실기술적인 개념으로서는 전혀 대안이 없이 그게 분명히 필요하고, 더 나아가서는 긴 안목으로 문학이라는 것을 성찰할 때는 그 자체가 논쟁적인 가치를 지니게 되리라고 얘기했습니다. 지금도 이미 지니고 있죠. 가령 약자나 강자를 떠나서 인간으로서 제대로 살아가기 위해서는 민족언어라는 것을 보존하고 정신적인 가치를 간직하는 것이 중요하지 않느냐 하는 건데, 지금 우리가 그런 것을 한번 따져볼 필요가 있어요. 단순히 우리가 약소민족이고 지금 여기저기 나가서 우리말을 쓰고 있기 때문에 그것이 필요한 것인지, 아니면 세계가 더 평등하고 상호소통하는 그야말로 세계시민들의 사회가 되더라도 오히려 그때야말로 각자가 자신의 민족적인 유산을 제대로 간직하고 발전시키는 것이 좀더 풍성한 인류문학에 필요한 것인가? 나는 사실 후자라고 생각하거든요. 그렇기 때문에 사실기술적인 개념으로 존재하는 것은 물론이고 이걸 근거로 인류문화에 대한 새로운 비전을 제시할 여지가 있다는 생각을 했습니다.

그다음에 두번째 차원인 논쟁적인 차원에 대해서는 다시 설명하지 않겠습니다만, 한마디로 요약하면 이렇습니다. 우리 현실에 맞는 국민문학을 발전시키자는 논쟁적 개념으로서의 민족문학론이 지금 싯점에서 그 내용을 '분단체제극복을 위한 문학'이라는 것으로 그 내용을 채울 수만 있다면 그것은 여전히 유효하다, 또 그런 관점에 서면 종래의 민족문학론이 너무 편협해서 제외했던 그런 많은 작품이 인식지평 안에 들어올 것이라고 봅니다. 아까 이병훈(李丙勳) 선생이 1990년대 내가 쓴 신경숙의 『외딴방』론에 대해서 좋게 말씀해주셔서 대단히 고마운데 저로서는 사실 그런 거거든요. 기존의 민족문학론에서 잘 안 다루던 그런 문학에 대해서 민족문학이라든가 리얼리즘이라든가 이런 용어를 안 쓰고도 얼마든지 그것을 제대로 높이 평가할 수 있다 하는 취지로 쓴 글이라는 것을 알 수 있으리라고 봅니다.

그리고 지금 민주화운동의 구호로서의 민족문학은 이미 낡은 것이 되었지만 지금 통일민족주의의 구호로서의 민족문학이 새로 대두했는데 통일민족주의에 대해서는 양면이 있다고 봐요. 이걸 반드시 좋게만 볼 것은 아니라는 점에서는 김동춘 선생이나 윤해동 선생이나 저나 다 같은 의견이라고 생각합니다. 그러나 통일민족주의가 다소간이라도 긍정적인 역할을 하는 한 그 구호로서의 민족문학은 유효한 것이고, 그래서 민족문학작가회의도 민족문학이라는 표현을 계속 쓰고 북쪽 문인들과 민족작가대회라는 행사도 가질 필요가 있다고 봅니다. 다만 그 내용을 채워나갈 때 구호라는 것은 그야말로 '독이 묻은 간판'이라는 것을 잊지 말고 잘하자는 것이니까 그것도 역시 김명인 선생한테 그렇게 맥 빠지는 얘기는 아니지 않나 생각합니다.

김명인 하지만 문제는 1990년대 이후 한국문학의 산물들이 과연 이러한 의미에서의 민족문학적 자의식이랄까 하는 것을 지니고 있는가, 아니 자의식의 문제가 아니라 그런 민족문학적 자질을 지니고 있는가 하는 점이라고 할 수 있습니다. 저로서는 1990년대 이후의 한국문학은 거의 대부분 이제 신자유주의 세계화가 만들어낸 탈주체화된 인간상, 시장화된 인간상, 소외된 인간상의 복제물들을 양산해내고 있다는 생각입니다. 이런 상황에서 이렇게 대폭 양보한 민족문학 논의조차도 이른바 '작품의 실상'과는 여전히 유리된 채 진행될 수밖에 없는 것 아닌가 하는 회의를 감출 수 없습니다.

김명환 예. 아직 그 문제는 토론되지 않은 것 같습니다. 가령 1990년대부터 지금까지 우리 문학이 얼마나 활기가 있었으며 그 성격은 무엇이었는가 하는 점은 전혀 얘기가 된 바가 없기 때문에 여기서 다시 토론을 시작할 수는 없는 상황이라고 봅니다. 사회자로서 한말씀 드리자면 '그렇게 활기가 없었을까'라는 생각도 조금 있습니다. 시간이 예정보다 지나고 있는데요, 꼭 발언할 분이 있으시면 한 분만 더 받겠습니다.

염무웅 현재 민족문학작가회의 이사장이라는 직함을 맡고 있는 관계로 민족문학에 대해서 정말 마음에 있는 얘기를 기탄없이 할 수 있는 입장이 못 됩니다,라고 공식적으로 말을 하고 나서 이야기를 좀 하겠습니다.(웃음) 민족문학 이야기나 민족주의가 아직도 우리 현실에서 강력한 유효성이 있다고 주장하든 또 이제는 해독이 더 강하게 되어 있다고 주장하든 어떻게 주장하든 간에 즉각적인 반론이 가능한 상황이라고 생각이 됩니다. 그래서 어떤 책에선가 일본에 있는 강상중(姜尙中) 교수가 민족 또는 민족주의를 이야기할 때 '우리가 전압을 좀 낮추자, 조심스럽게 조용히 하자' 그런 취지로 이야기한 것을 어디선가 읽고 그럴듯하다고 생각했습니다. 민족주의에 대해서 적극적으로 지지하든 혹은 이젠 그 역할이 대강 끝장났다고 이야기하든 여하간 어느 쪽이든 좀 조심스럽게 하는 것이 옳겠다는 그런 생각이 저는 개인적으로 있어요. 그러면서 머리에 남는 생각 중 하나는 오늘 한정숙 선생께서 우리가 분단을 극복하는 운동의 결과 이룩하게 될 통일국가라고 하는 것은 거의 신생국가나 다름없는 것이지, 지금의 남한과 지금의 북한 중 어느 것이 더 정통적이어서 그것을 선택하는 그런 것이 될 수는 없다, 과거 그렇게 하려고 했던 것이 엄청난 고통이라든가 비극을 초래하지 않았는가 하는 취지의 얘기를 하셨는데 원칙적으로 동의합니다. 그것이 또 무슨 이야기를 함축하고 있는지도 충분히 납득을 하죠. 언젠가 태어날 통일국가가 기존의 어떤 모델을 그냥 확대하는 식이 아니라 정말 지금 실존하는 남북의 어떤 것과도 다른 질적으로 비약된 어떤 나라여야 한다는 것이잖아요? 그렇지만 신생국가라는 것이 아무것도 없는 데서 만들어지는 것이 아니라 그동안 수십 년 또는 앞으로 (언제 통일이 될지 모르니까) 백 년이 넘을지도 모르는 분단국가의 결과가 통일국가일 텐데요. 통일이 달성되는 과정에서 7천만 주민들이 그야말로 거듭나는 인간적 비약을 하겠고, 또 그렇게 해야 통일이 되겠지만 그래도 그동안 살아온 관습들이라든가 여러가지 개인적 문제점들을 그대로 가지면서 또 통일국가의 구성원을 이루게 될 텐데 통일되기 전과는 전혀 종류가 다른 딴사람으로 살기를 기대하는 것은 좋겠지만 실제로는 어렵지 않겠습니까? 그러니까 신생국가라는 것이 비유적인 것으로는 적당하고 하나의 다짐과 결의로서는 중요한 것이지만, 그래도 지난날의 식민지시대와 분단국가의 경험이 모두 다 거기에 투영되는 통일국가일 수밖에 없지 않은가 하는 측면도 더해야 하지 않을까 합니다. 그밖에 이런저런 생각이 있지만 이쯤으로 끝내겠습니다.

김명환 고맙습니다. 오늘 '다시 민족문학을 생각한다'라는 주제로 이 자리에 모였는데 뭐랄까 굉장히 생각이 다른 점들도 확인된 것 같구요. 그럼에도 문제의 핵심에 뭐가 있는지 알찬 토론을 통해서 확인이 된 자리였던 것 같습니다. 이 자리를 또 하나의 계기로 해서 우리가 민족문학에 대해서, 또 우리 사회의 과제에 대해서 문학인으로서 정말 합당한 이론과 실천을 만들어나가는 그런 길을 모색할 수 있을 거라고 생각합니다. 오늘 이 자리를 위해서 정말 애써주신 분들, 감사합니다.

8·15 서울축전을 마치고
MBC 라디오 남북한마당

백낙청(6·15공동선언실천 남측준비위 상임대표)
성경환(MBC 아나운서국 국장)
2005년 8월 21일

성경환 안녕하십니까? 남북한마당의 성경환입니다. 지난주는 남과 북, 화합의 자리가 마련되었던 한 주였습니다. 북쪽에서 온 손님들을 모시고 자주·평화·통일을 위한 8·15민족대축전을 성공적으로 치러냈는데요. 남북관계에 있어서도 보다 긍정적인 가능성을 보여준 자리가 아니었나 하는 생각을 해봅니다. 6·15행사부터 8·15민족대축전까지 지난 3개월은 어느 때보다도 남북간의 좋은 성과들로 기억될 의미있는 기간이었습니다.

오늘 남북한마당 시간에는 3개월간의 행사를 맡아오신 백낙청 남측준비위원회 상임대표와 함께 6·15 행사에서 8·15민족대축전까지를 돌아보고 정리하는 시간을 마련했습니다.

■ 이 인터뷰는 MBC 라디오 '남북한마당'(2005년 8월 21일)에 방송된 것이다.

안녕하십니까, 백교수님. 제가 존경하는 리영희(李泳禧) 교수께서 회고록인 『대화』에서 이런 말씀을 하셨습니다. "우리 한국문학에 혁신을 가져온 청년이었다. 그리고 사회적 정의감이 부족할 때 대한민국의 빛이었다." 이렇게 극찬을 하셨습니다. 저는 또 개인적으로…… 지난 어두운 시대에 지식인들의 용기가 필요할 때 선생님의 함자가 항상 있었거든요. 그런 점에서 항상 존경했었는데 오늘 이렇게 모셔서 정말 영광입니다.(웃음)

백낙청 아침부터 좋은 덕담을 해주셔서 감사합니다. 특히 리영희 선생님은 제가 존경하는 분이기 때문에 그런 분이 칭찬을 해주시면 특별히 기분이 좋지요.(웃음)

성경환 6·15평화축전과 남북작가대회, 그리고 8·15민족통일대축전까지 정말 고생이 많으셨습니다. 준비위원회 대표를 맡으시고 부담이 굉장히 컸을 거라고 생각이 됩니다. 5주년 행사, 그리고 8·15행사를 앞두고 가장 역점을 두었던 건 무엇이라고 보십니까?

백낙청 평양에 갈 때는 혹시 거기에 가서 우리 국민정서에 비추어서 받아들이기 어려운 사태가 벌어지지 않을까, 또 그런 기도를 북측에서 하지 않을까, 이런 점이 염려돼서 심적인 부담은 있었지만, 이번에 8·15를 치르고 보니까 역시 남이 준비해준 잔치에 가서 참여하는 것은 그다지 부담되는 일은 아니었다는 걸 새삼 느낍니다. 그리고 6·15 때 그쪽에서 아주 성의있게, 성대하게 준비를 해줬고요. 거기서도 준비 상에 우리 실무자간의 실랑이 같은 것은 있었지만 전체적으로는 북측에서도 남쪽 정서를 많이 배려해준 셈이고, 또 우리는 우리대로 너그럽게 주인측의 입장을 헤아려서 받아들일 건 받아들이고 그래서 아주 원만하게 넘어갔다고 생각이 되고요.

8·15행사는 우리가 치르다 보니까 일손도 딸리죠, 돈도 없죠. 또 북측과 달라서 당국이나 어디에서 방침을 정하면 일사불란하게 움직이는 사회도 아니고. 그래서 실무적인 차원에서 어려움이 굉장히 많았습니다. 그

리고 저는 개인적으로 이 행사를 완전히 대중에게 개방해서 환영할 사람은 다 들어와서 환영하고 일부 반대하는 사람이 있다면 데모를 하는 사람이 있어도 좋겠다고 생각하지만, 아직까지는 그렇게 됐을 때 남북관계가 갑자기 악화될 수도 있고 남북관계에 악재가 될 수도 있어 정부 쪽에서 협조를 해줘서 사실상 대중참여를 어느정도 제한한 점이 있습니다. 그러나 또 그 덕에 북측에서 크게 반발할 사건 없이 잘 넘어갔고, 또 옛날 같으면 태극기만 많이 걸렸어도 반발을 하곤 했는데 이번에는 북측에서도 그런 걸 전혀 문제 삼지 않고 잘 끝났습니다. 다행스럽게 생각합니다.

성경환 예. 그런데 지난 6·15행사 준비중에 북측에서 갑작스럽게 행사 인원을 대폭 축소해달라고 요구하지 않았습니까? 협상과정에서도 어려움이 많았다고 들었는데, 북측에서 이렇게 갑자기 행사인원을 축소해달라고 했을 때 이거 혹시 행사가 무산되는 건 아니냐 하는 염려는 하지 않으셨습니까?

백낙청 원래 6·15라는 상징적인 숫자를 살려서 민간대표단을 615명으로 하기로 했거든요. 그래서 우리가 명단을 다 확정해서…… 이 615명을 선발한다는 것도 보통 어려운 문제가 아닙니다. 서로 가겠다는 사람이 많아서…… 615명을 선발해서 사진하고 신상명세서를 다 보냈는데, 북에서 이걸 100명, 가극 「금강(錦江)」 공연단까지 합쳐서 190명으로 줄여달라는 통보를 해왔습니다. 그랬을 때 정말 딜레마였죠. 그러니까 행사를 안하겠다고 하면 남북관계에 크게 악재가 발생하는 거고, 그걸 받아들인다면 우선 국민여론의 지탄을 받고요, 북에 끌려간다고…… 또 우리 입장에서도 그렇게 끌려가는 행사를 치를 수는 없었던 거죠. 그래서 제가 평양에 가서 그 문제를 가지고 협상을 했는데, 결과적으로 300명 규모로 절충을 했죠. 그래서 이미 정해진 615명을 300명으로 줄이는 문제는 그때 아주 골머리가 아팠지만, 첫째 그래도 다행스러운 것이 그나마 숫자를 좀 늘렸고, 더 중요하게는 북이 일방적으로 통보하고 우리가 그걸 받아들여서 끌려가는 형태가 아니고 대화와 절충을 통해서 합의하는 절차를 복원했다는 그런 의미가 있었다고 봅니다. 결과적으로 우리 남쪽에서 공동대표자회의를 열어 이 문제를 결정했는데, 거기서도 우리 공동대표들께서 제가 평양에서 합의해온 안을 받아들여주셨고, 결과적으로 행사를 무난하게 치를 수 있었습니다.

성경환 지금 말씀하신 것처럼 서로간에 절차를 협의하고 결론을 도출해내는 과정에서 서로 학습효과가 있었겠네요.

백낙청 그렇죠. 처음에 갔을 때는 북에서도 공식적인 입장, 즉 미국이 스텔스 폭격기를 남에 배치하는 과정에서 행사인원을 줄일 수밖에 없다는 입장을 얘기했는데, 그것에 대해서 여러가지로 논리적으로 설득했죠. "설혹 문제점이 있다 하더라도 우리 민간끼리는 서로 합의를 지키고 행사를 제대로 치러야 하지 않느냐?" 하는 얘기를 하니까, 그쪽은 그쪽대로 점점 자기네들 속사정이랄까 그런 것도 털어놓게 되고. 그래서 그것이 서로 대화를 하고 이해가 깊어지게 하는 계기가 되기도 했습니다.

성경환 마음고생도 많고 진통도 많은 끝에 결국 평양에 가게 됐는데, 우리 국민들이 다 뉴스를 통해서 보셨기 때문에 아시겠지만 6·15축전 때 우리 대표단이 평양에 도착하니까 비가 억수같이 왔거든요. 거기다가 그런 진통이 있었고. 그럼에도 불구하고 북측대표, 해외대표, 그리고 평양 시민들의 열렬한 환영을 받으면서 개막 전야제가 있었던 김일성 체육관에 우리가 들어가게 됩니다. 그때 기분은 어떻습니까?

백낙청 예. 우리 민간대표단은 정부대표단보다 조금 앞서서 갔는데, 우리가 도착할 때는 날이 맑았어요. 그런데 행사를 하려다 보니까 비가 막오는 겁니다. 거기다가 행사 진행상에 조금 또 옥신각신하는 게 있어서 예정보다도 더 늦게 출발했는데, 평양 시민들은 그때까지 비를 맞으면서 기다리고 있었죠. 그래서 우리가 비를 맞으면서 행진을 했는데, 그게 고생스럽기는 했지만 그만큼 더 기억에 남습니다. 그리고 평양 시민들이 물론 동원된 군중이라고 해야겠지만 환영열기가 아주 대단했고요. 거기다가 김일성 경기장입니다. 우리 상암 경기장보다 오히려 규모가 큰 경기장인데, 거기에 들어갔을 때 완전히 가득 찬 군중이 열렬히 환영을 하고 또 우리 연설에 대해서도…… 사실은 판에 박힌 연설이라기보다도 남쪽 사람들이 새로운 얘기를 할 때 오히려 많은 박수가 나오고 그래서 아주 감명 깊었습니다.

성경환 그쪽 반응은 그렇게 좋았는데요. 우리도 민간대표들이 사실 각계각층을 아우르는 분들 아닙니까? 그런데 그 행사일정 중에 여러가지 인사들이 있겠지만 우리 대표들의 반응도 일사불란하고 똑같지는 않았을 것 같아요.

백낙청 사실은 제가 상임대표를 맡고 어려운 일 중의 하나는, 남북간의 견해차이도 있지만 우리 남측위원회 내부의 스펙트럼이 워낙 넓다는 점입니다. 그게 우리 강점이기도 하지만 일을 해나가다 보면 어려운 점이 한두 가지가 아닌데, 금강산에서 3월에 처음 결성식을 할 때도 그랬고요. 평양에 갔을 때도 그렇고, 하지만 정작 일을 치르고 나니까 다들 화합이 되고 좋아하셨습니다. 평양에 대해서도 반응들이 아주 좋았습니다.

성경환 그랬습니까? 6·15평화통일대축전 사흘째 되는 날이었습니다. 김영남(金永南) 북한 최고인민회의 상임위원회 위원장이 깜짝 초청을 했었거든요. 그런데 15일 밤에 갑작스럽게 초청 통보가 왔다고 하던데, 그 자리에서 주로 어떤 얘기가 오갔습니까?

백낙청 아시다시피 김영남 상임위원회 위원장은 그쪽에서는 명목상의 국가원수입니다. 그러니까 그분이 우리 대표단 전원은 아니지만 해외와 남측대표단의 20명 정도를 접견했다는 것은 상당한 예우를 했다고 봐야 합니다. 그런데 내용은 별로 깊이있는 건 아니었어요. 만나서 그분이 덕담을 많이 하고, 덕담에 이어서는 주로 저쪽의 공식 노선에 해당하는 얘기를 했어요. 주로 두 가지인데, 하나는 우리 민족끼리의 이념을 중심으로 나가야 된다, 여기에 반대하는 건 이해할 수 없다, 그런 얘기를 강하게 하셨고. 또 하나는 반미, 미국의 간섭에 대해서 반대해야 한다는 얘기를 하고서 별로 토론하고 대화하는 분위기가 아니었습니다. 그런데 그때 제가 남측대표로 가서 그냥 일방적으로 말씀만 듣고 나오는 모양새가 되는 건 바람직하지 않을 것 같아 자원해서 얘기를 했어요. 그래서 우리 민족끼리에 대해서는…… '우리 민족끼리'라는 말은 6·15공동선언에도 나와 있습니다. "나라의 통일 문제를 외국의 간섭 없이 우리 민족끼리 자주적으로 해결해야 한다." 그런 맥락에서는 다 우리가 받아들이고, 특히 그 자리에 간 분들은 다 거기에 헌신하려고 하는 분들인데, 사실은 북에서 이걸 완전히 하나의 구호로 만들어서 우리 남쪽 정서로는 받아들이기 어려운 맥락에도 그걸 사용하는 게 문제거든요.

성경환 해석을 달리하는 거죠.

백낙청 예. 그래서 말은 그렇게 하지 않았지만, 원칙에는 우리가 물론 동의하는데, 이걸 남쪽 사회에서 어떻게 표현하고 실행하는 것이 가장 효과적일지 그건 제가 남쪽에 내려가서 연구해보겠습니다, 이렇게 약간 토를 달았고. 반미에 대해서도 그랬어요. 외국의 세력이 우리 북쪽 동포의 생존을 위협한다거나 또 봉쇄정책을 해서 생활을 곤궁하게 만드는 것은 도저히 용납 못한다, 거기에 대해서 결연하게 대처하겠지만 우리 남쪽에서 북녘 동포들의 삶에 실질적인 도움을 주려면 역시 국제연대도 중요한 것이다, 그래서 국제연대를 하면서 북쪽 동포를 어떻게 도울지 하는 것이 우리의 과제다, 이렇게 말씀을 드렸죠.

성경환 외국을 배타적으로만 상대할 것은 아니라는 거죠? 예. 그런데 민간 쪽의 그렇게 분위기 좋은 만남들이 우리 정부대표단의 성과를 이루어내는 데 큰 몫을 하지 않았나, 이런 생각들을 하게 되거든요.

백낙청 예. 그것은 분명한 사실이라고 봅니다. 지난 6·15까지는 정부 간의 교섭이라는 것이 거의 끊어진 상태였거든요. 그러다가 우리가 3월에 금강산에서 6·15공동위 결성식을 치르고…… 그 과정도 간단치는 않았습니다만, 그걸 치르는 데 성공하고 그다음에 6·15평양축전에 합의하고 나서 당국자간에 교섭이 시작되면서, 거기에 당국자들이 끼어서 가겠다(웃음) 그래서 그런 형식으로 고위급의 접촉이 복원이 된 겁니다. 그래서 6·15 때 드디어는 우리쪽 특사와 저쪽 최고지도자의 면담이 이루어져서 그야말로 큰 성과를 거두었죠.

성경환 그렇죠. 자, 이번에는 며칠 전에 개막한 8·15민족통일대축전 얘기로 넘어가보죠. 8·15행사 준비에서 가장 어려운 게 무엇이었던가요?

백낙청 걱정스러웠던 것은 아까도 말씀드렸지만 우리 사회에서는 얼마든지 용납할 수 있는 정도의 반대시위 같은 것도 북에서는 특히 그것이 최고지도자에 대한 개인적인 모욕이라고 받아들여질 때는 참지 못하거든요. 그건 용납하지 않습니다. 그런데 시위하는 분들은 바로 그걸 알기 때문에 또 그걸 이용하고……(웃음) 그런 것이 걱정됐는데, 다행히 한두 번 시도는 있었습니다만 정부에서 단호하게 대처한 것도 있고, 또 이번에 재향군인회를 비롯해서 보수단체 쪽에서도 많이 협조를 해주셨습니다. 그런 데서 잘 넘어갔고요.

그다음 실무 진행상으로는, 사실 이번에 남녀축구가 들어온 것이 하이라이트였고 전체적으로는 그게 들어와서 참 좋았지만 갑자기 우리는 축구에 맞춰서 프로그램을 바꾸려니까 어려움이 많았죠. 특히 폐막식 같은 것은 본래 북에서도 그렇지만 옥내에서 치릅니다. 그런데 이번에는 여자축구가 있기 때문에 폐막식을 경기장에서 해야 되는데, 8월 16일 평일 날 고양시 경기장에서 폐막식을 어떻게 치릅니까? 평일, 그것도 시간이 오후 5시인데 말이죠. 그래서 사실은 폐막식을 시작할 때 인원이 많지 않아서 제가 상당히 민망했어요. 그런데 사람들이 점점 많이 들어와서…… 물론 거기가 가득 차지는 않았지만 축구 할 때쯤에는 2만 정도는 들어왔고 분위기가 좋았습니다. 그래서 결국은 잘됐죠.

성경환 사실 북쪽 같은 데서는 그런 건 전혀 염려할 필요가 없잖아요. 사실 격세지감이 있습니다. 대구 유니버시아드대회 때인가요? 김대중 전 대통령과 김정일 국방위원장의 악수 사진이 비 맞고 있다고 해서 응원단이랑 북쪽의 참관단들이 해프닝을 벌인 적이 있었는데, 북쪽에서도 남측의 체제를 이해하는 단계에 들어섰다는……

백낙청 그렇죠. 그래서 저는 이해가 많이 됐다고 봅니다. 사실은 작년 6·15공동행사는 인천에서 열렸는데, 저는 관여를 안 했습니다만 그때는 태극기는 물론이고…… 태극기는 없었는데 「태극기를 휘날리며」라는 영화 광고가 있는 걸 보고서 실무자 한 사람이 버스를 세우고 항의를 했다고 그래요. 그때 그보다 높은 층의 사람이 문제삼지 말자고 해서 넘어갔지만, 그럴 정도였습니다. 그런데 이번에는 태극기 판이었잖아요.

성경환 시청 앞에는 완전히 태극기로 다 뒤덮였죠.

백낙청 네. 그런데 다 그러려니 하고 지나갔습니다.

성경환 이번에는 정말 저 개인적으로도 상당히 충격적인 모습이었는데, 뭐냐면 북측대표단이 우리 국립현충원을 찾는 사건입니다. 북쪽 말로 표현하면 사변인데…… 그 참배를 제안했을 때 처음에는 어떤 생각이 드셨습니까?

백낙청 참배 얘기가 오가고 있었다는 걸 제가 전혀 모르지는 않았습니다. 그러나 공표를 정부에서 했는데, 어쨌든 그 얘기를 들었을 때도 그렇고, 또 실제로 참배가 이루어졌을 때 참 세상이 많이 변했구나 하는 생각이 들었고, 또 이 세상이 그사이 많이 변하고도 또 급격하게 계속 변하고 있다는 걸 실감했습니다. 저도 이걸 저쪽 용어대로 하면 참 큰 사변이고…… 이건 아주 획기적인 사건이라고 봅니다. 저는 저쪽의 역사적인 결단이었다고 높이 평가하고 싶습니다.

성경환 참배한 이후에 우리 남쪽의 보수적인 시각에서 보시는 분들은 어떻게 생각할까요?

백낙청 글쎄요. 여기저기 언론에 나온 것을 보면, 한쪽에서는 명백한 사과 없이 참배한 게 무슨 참배냐 하는 얘기도 있고, 참배한 댓가를 나중에 요구하지 않겠느냐 하는 얘기가 있는데, 사과 문제에 대해서는 남과 북이 화해를 하고 전쟁을 안하겠다는 것이 우리의 큰 원칙이라고 한다면 처음부터 서로가 도저히 받아들일 수 없는 요구를 내건다는 건 판을 깨자는 얘기밖에 안된다고 봅니다. 그래서 사과가 꼭 필요하다면 어느 대목에서는 저쪽에서 사과할 날이 있을지 모르겠는데, 어쨌든 저쪽 고위 인사들이 우리 국군 전사들이 묻혀 있는, 우리 영령이 묻혀 있는 거기에 와서 고개 숙이고 묵념했다는 것, 이건 높이 평가해야 한다고 보고요. 전제조건이나 상호조건에 대해서 이건 저쪽에서 아무런 전제조건이 없다는 걸 명백히 했습니다. 그렇게 하면서도 속셈이 있을 수는 있죠. 그러나 그건 속셈이 드러났을 때 그때 가서 대처할 문제이지 지금 저쪽에서 조건없이 참배하겠다고 하는데 그걸 가지고 '너 혹시 맘 속에 무슨 조건이 있는 것 아니냐?' 이렇게 하는 건 상당히 쩨쩨한 태도라고 봐요.

성경환 예. 민간행사임에도 불구하고 사실 정부당국자인 정동영(鄭東泳) 통일부장관에게 언론의 관심이 많았습니다. 그런 점에서 이번 남측대표의 단장님으로서 섭섭한 점은 없었습니까?

백낙청 그런 게 서운하면 이런 일을 못하죠.(웃음)

성경환 농담 삼아서 여쭤봤습니다.

백낙청 그리고 어쨌든 정부대표단이 함께한다는 건 사실 민간운동에서 그전부터 주장하던 바입니다. 민간 따로, 관 따로 하는 것도 좋지만 큰 행사를 할 때는 민관이 함께하자. 그 주장이 금년 6·15 때 처음으로 받아들여진 것이고, 8·15 때 그것이 되풀이되었습니다. 굉장히 의미있는 일이었다고 생각합니다.

성경환 북측대표단의 반응도 궁금하거든요. 진행중이나 또는 돌아가면서 어떤 말들을 남겼습니까?

백낙청 물론 저한테는 그게 인사치례로 한 말인지 모르겠지만 다들 잘 됐다, 좋았다, 고맙다고 했는데, 언론을 상대로도 저쪽에서 공식적으로 '아 주 성공적이었다'고 평가한 것을 보면 북측의 반응도 좋았다고 봅니다.

성경환 6·15행사, 그리고 이번의 8·15행사가 다 민간단체가 구심점이 되어서 치러지지 않았습니까? 그렇다면 민간단체 통일운동의 양적 확대, 그리고 질적인 변화가 예상 가능한데요. 이런 변화가 앞으로 어떻게 전개 될 것 같다고 보시고, 특히 민간교류의 전망은 어떻게 보시는지요?

백낙청 한마디로 얘기하면, 이제는 정말 우리의 통일운동이나 통일사 업이 우리 국민 대중 속에 뿌리를 내릴 시기가 됐다고 봅니다. 그러니까 통일운동은 하는 사람들만 하는 일이 아니고 국민들의 광범위한 지지와 이해 속에서 거의 누구나가 나서서 하는 그런 일로 되어야 한다고 생각합 니다. 그래서 구체적으로 교류의 폭도 넓어져야 하고, 또 틀림없이 넓어질 것입니다. 그것도 중요하고, 또 소위 남남갈등이라고 하는 것은, 어떻게 보면 우리 6·15공동위원회 자체가 남남갈등의 표본 비슷한 면도 있습니 다.(웃음) 그 안에 들어와보니 보수단체라고 하는 분들까지 포함하여 굉장 히 스펙트럼이 넓고 내부의 갈등도 적지 않습니다. 그런데 이번에 그래도 다 화합해서 일을 잘 치러냈으니까 내부적인 단결을 더 공고히하면서 사 실은 더 폭을 넓혀야 한다고 봅니다. 보수단체도 더 많이 들어와야 되고 요. 그런 식으로 그야말로 양적으로도 더 확대되고 질적으로는 정말 6·15 시대에 걸맞게 국민들의 충분한 이해와 대중적인 지지를 받으면서 펼쳐 지는 폭넓고 다채로운 사업이 되어야 한다고 생각합니다.

성경환 선생님께서 이제 본격적으로 통일운동에 나선 것입니까?

백낙청 뭐 통일운동에 끌려와서…… 나섰다고 말해야겠지요.(웃음) 다 만 우리가 종전의 좁은 폭을 가지고 통일운동을 할 때 생각하는 그런 통일 운동가가 필요한 시기라고 하면 제가 적합한 것은 아니고요. 이제 통일운 동 자체가 새로운 시대와 국면에 맞게 넓어져야 한다고 할 때 그런 식의 새로운 유형의 통일운동가라고 할까요? 그런 통일운동가로서는 제 몫을 해야 된다고 생각하고 있습니다. (웃음)

성경환 아 네. 이제 마무리 질문인 것 같은데요. 통일에 대한 개인적인 생각은 어떠시고, 또 앞으로 남북관계는 어떻게 보시는지요? 전망을 좀 해주시죠?

백낙청 이번 행사를 치르면서 많은 사람들이 '이제 통일이 다가오고 있구나, 이루어지고 있구나' 하는 실감을 한편으로 가지면서, 다른 한편으로는 '그렇다고 곧 통일이 되는 건 아니지 않느냐? 또 통일 자체는 언제 될지 모르겠다', 이런 생각을 하는 분도 많은 것으로 압니다. 그런데 저는 우리 한반도의 경우는 통일에 대한 개념을 바꾸어야 한다고 봐요.

우리가 통일이 언제 될 건가? 어떻게 될 건가? 궁금해하고 막막하다는 느낌을 갖는 주된 이유는 통일의 선례로서 독일이나 베트남을 생각하기 때문입니다. 그것이 우리가 아는 얘기이기도 하지요. 물론 그것이 베트남식의 무력통일이 되어서도 안되고, 독일식의 흡수통일도 곤란하다, 이런 데는 많은 사람들이 동의하지만, 여전히 통일 하면 베트남이나 독일처럼 어느 날 갑자기 탁 결정되어서, 혹은 한쪽이 승리를 해서 통일하는 그런 분명한 사건으로 생각을 합니다.

그런데 저는 우리가 독일식도 아니고 베트남식도 아닌 통일을 한다고 하면 그 통일의 모양새, 또는 과정도 전혀 다른 거라고 봐요. 그래서 어떻게 보면 '어물어물' 진행되는 통일, 그래서 점차로 가까워지고 교류가 진행되고 여러가지 새로운 남북공동기구가 생기다 보면 어느 싯점에 가서…… 그러니까 우리가 6·15공동선언에서 합의하기를 북의 낮은 단계의 연방제나 남쪽이 주장하는 연합제가 서로 통하는 바가 있다고 했거든요. 똑같다는 게 아니라 서로 통하는 바가 있다고 했거든요. 그래서 대충 어느 어름에서 하면 서로가 받아들일 수 있다는 합의가 이루어져 있습니다. 그래서 우리가 점점 가까워지다가 어느 단계에 가서 '이만하면 우리가 연합제로 가든 연방제라고 하든 이만큼 하면 된 것 아니냐?' 하고 합의하면 그게 1단계 통일이라고 봐요. 그렇기 때문에 통일이라는 것이 그렇게 요원한 것이 아니고, 우리가 '어물어물'이라고 할까, 아니면 좋게 말해서 차근차근 한걸음씩 가다가 어느 싯점에 가서 이걸 통일이라고 부르자고 합의가 되면 통일이 된다고 보고, 저는 그날이 그렇게 멀리 있다고 보지 않습니다.

성경환 6월, 7월, 8월, 긴 일정이었는데, 그럼에도 불구하고 백교수님 얼굴을 뵈니까 아주 건강하고 빛이 납니다.(웃음) 그리고 보니까 통일에 대해서 낙관적인 전망을 해도 좋지 않을까 하는 생각을 하게 되거든요. 오늘 좋은 말씀 고맙습니다.

백낙청 감사합니다.

성경환 지금까지 6·15공동위원회 남측 상임대표 백낙청 교수님을 모시고 말씀을 나눠봤습니다.

박인규의 집중인터뷰

백낙청(서울대 명예교수, 시민방송 이사장)
박인규(프레시안 대표)
2005년 10월 4일

박인규 백낙청 교수님, 안녕하십니까.

백낙청 네, 안녕하십니까.

박인규 오늘은 시민방송 이사장님 자격으로 모셨지만 교수님 칭호가 편하기 때문에 백교수님이라고 호칭하겠습니다. 제가 3년 전으로 기억하는데 2001년 5월달에 시민방송 막 발기하시고, 제가 그 당시에 경향신문 미디어팀장으로 있으면서 인터뷰한 것이 기억이 납니다. 2002년에 개국하셨는데 3년이 지났습니다. 그래서 다시 이사장 선임되신 것 축하드리고요. 지난 3년간을 평가를 간단하게 하시면요?

백낙청 시민방송 제2기가 무난하게 출범하게 된 것은 축하받을 일이라

■ 이 인터뷰는 KBS 1 라디오 '박인규의 집중인터뷰'(2005년 10월 4~5일)에 방송된 것이다.

고 생각합니다만 개인적으로 축하받을 일인지 의문입니다. 그동안에 하느라고 했지만 참 어려움이 많았고, 아직 수습 안된 일들이 많아서 아마 그거 마저 수습해놓고 나가라고 저를 재선임해놓은 것 같아요. 저도 그것만 수습하고는 나가겠습니다, 그런 토를 달아서 제2기 이사장에 취임하게 됐습니다.

박인규 시민방송이라는 것이 일반청취자들은 잘 모르시는 것 같아요. 제가 알기로는 스카이라이프(Sky Life)라는 위성방송으로 방송이 되고 있고, 일반시민들이 만든 퍼블릭액세스(public access)라고 프로그램을 주로 방송하는 채널로 알려져 있는데 어떤 취지로 만들어졌는지 설명을 좀 해주시죠.

백낙청 지금 말씀하신 퍼블릭액세스라는 것이 미국에서 많이 쓰는 용어인데요. 일반시민들이 만든 프로그램을 방송에 내보낼 수 있는 접근권 이런 뜻이죠. 시청자 제작참여라고 하는데 시민방송은 기본적으로는 그런 퍼블릭액세스를 지향하고 있습니다. 미국식하고 다른 것은 미국에서는 그런 것이 대개 지역단위의 소방송입니다. 그러니까 선착순으로 다 틀어주게 돼 있는데 우리는 전국방송이고요, 디지털위성방송이고 그런 점에서는 세계 최초의 실험입니다. 그런데 우리나라가 아직 일반시민들의 미디어 제작능력이나 인프라가 부족해서 여러가지로 많이 부족한 것이 있고, 또 시민방송·시민참여방송에 대해서 방송계에서도 별로 인식이 없어요. 그런 문제에다가 또 위성으로 나간다는 것이 길게 보면 굉장히 잠재력이 큰 통로이긴 한데 현재로서는 스카이라이프 가입자만이 볼 수 있게 돼 있단 말입니다. 물론 우리가 노력을 해서 경기 남부를 비롯해서 일부지역에서는 케이블로 나가기도 합니다. 하지만 그것은 한정된 숫자이고, 스카이라이프 위주로 나가다 보니깐 스카이라이프의 가입자수가 우선 절대적으로 한정이 돼 있고, 거기다가 스카이라이프라는 것은 퍼블릭액세스용이 아니잖아요. 대개 비싼 돈 내고 자기가 선호하는 그런 것을 보는 시청자들 위주로 돼 있는 방송이기 때문에 그런 점에서 시청자 확보하는 데 어려움이 많죠.

박인규 전문방송인이 아니고 일반시민들이 만든 프로그램을 틀어주는 방송인데 위성방송이라는 점, 일반시민들이 제작할 수 있는 능력이 부족하다는 점 때문에 아직 본궤도에 올랐다고 보기는 어렵다는 말씀이시죠? 이 시민방송을 RTV라고도 부른다는데 여기에 상당히 여러가지 의미가 있다고 하더군요.

백낙청 이 이름은 사실은 메타브랜딩이라고 일류 작명회사인데요, 거기서 무료 용역써비스로 지어준 이름입니다. R이라는 것이 특정한 영어글자의 약자는 아니고, 우리말로는 알맹이를 연상할 수도 있고, 영어로 하면 리얼도 되고 여러가지, 그러니까 연상할 수 있는 건 다 연상하라는 그런 의미로 지어준 겁니다. 그래서 RTV라고 부르죠. 아까 한 얘기에 덧붙이면 우리는 미국식 지역방송 퍼블릭액세스가 아니기 때문에 시민참여라는 개념을 조금 더 넓게 해석해서 온전한 완성품만 틀어주는 것이 아니고, 우리가 시민들을 도와서 공동제작도 하고 공동기획도 하고, 미디어 제작능력이 다소 부족한 시민들도 방송참여 권리가 있지 않나 이런 입장에서 여러가지 공동프로그램도 내보내고 있습니다.

박인규 굉장히 좋은 취지와 여러가지 많은 가능성이 있지만 아직은 그 가능성을 크게 발휘는 못 시켰다고 말하시는 것 같고, 그래서 본궤도에 오를 때까지 하시겠다고 이사장을 다시 맡으셨는데 제2기 이사장 맡으시면서 앞으로 어떤 식으로 이것을 활성화시킬 생각을 하고 계신지요?

백낙청 2기 출범하면서 크게 달라진 점이 하나가, 1기 때도 많은 시민사회단체와 대표적인 이사들이 여기에 모여서 운영위원회를 구성하고 함께 해오긴 했습니다만, 시민운동 중에서 특히 우리 시민방송 입장에서 중요한 것이 미디어운동 하는 분들인데, 미디어운동가들의 참여는 순조롭지가 못했어요. 성립과정에서의 역사하고도 관련이 되는데요. 그랬고 시민운동 내부에서도 RTV에 비판적인 시각을 갖고 2기 출범을 앞두고 외부에서 개혁모임을 만든 분들도 있고 그랬는데, 2기 준비위원회를 구성하면서 그분들 다같이 모였습니다. 그래서 그분들이 함께 의논해서 1기에 대한 평가를 하고, 2기의 방침을 정하고 그러고서 이사장까지 새로 하면 훨씬 더 참신하고 좋았을 텐데 아직 그럴 단계는 아니라고 해서 그쪽에서 합의해서 저를 추대했거든요. 그래서 저는 짐이 되긴 합니다만 모처럼 아름답게 결합을 했는데 이 새로운 체제가 정착할 때까지는 제 역할이 필요하다면 해보겠노라 그렇게 됐던 겁니다.

박인규 지금 백교수님께서는 젊으신 나이에 창비를 창간해서 상당히 권위있는 잡지, 출판사를 만드셨는데 혹시 그런 경험 때문에 맡으신 것 아닙니까?

백낙청 그러니깐 시민방송이라는 것이 보통 방송하고는 전혀 다른 성격 아닙니까? 그래서 방송인이 필요한 것이 아니었거든요. 뭔가 사회 내에 지명도도 있고, 여러 갈래로 시민단체들이 돼 있는데 그런 쪽에서 그래도 어느정도 신임하고 같이 모일 수 있는 그런 인물을 찾다 보니깐 그렇게 됐었죠.

박인규 어떻습니까? 창비 경영하고요?

백낙청 많이 다르죠. 창비는 제가 젊은 나이에 그때도 특별한 경험이 있었던 것은 아니지만 제 분야 아닙니까. 그랬던 것이 다르고, 또 그때는 젊었으니깐 힘들어도 제가 다 했는데 이 경우는 전혀 다르고, 앞으로 성공하느냐 실패하느냐 하는 것은 제가 뭘 많이 하느냐에 달린 것은 아니고요. 여러 사람들이 어떻게 협동해서 잘할 수 있겠는가, 원만하게 나아가도록 조정자 역할을 하는 것이 중요하다고 봅니다.

박인규 아까 말씀하신 것 중에 채널접근이 어렵다는 점, 일반시민들이 제작하기에 환경이 미비하다는 점 말씀하셨는데 재정적인 어려움은 없으십니까?

백낙청 재정적인 어려움도 물론 말할 수 없죠. 방송이라는 것이 아무리 시청자참여방송이라서 일반방송국 같은 재력은 필요없다고 하더라도 어느정도 재정기반이 있어야 하는데 아무것도 없이 출발했으니까요. 어쨌든 스튜디오도 하나 만들었습니다. 이런 모든 것이 돈인데, 초창기에는 모금을 우리가 했고요. 재단도 설립하고 그랬고, 공적 기금의 지원을 받습니다. 방송발전기금을 받는 것이 많은 도움이 되고, 외국의 이런 열린채널·퍼블릭액세스 운동 하는 사람들이 굉장히 부러워합니다. 한국에서는 전국단위로 방송되고, 공적 기금의 지원까지 해준다고 해서 부러워해요. 최근에 와서는 공익성 협찬광고도 얻고 그렇게 해나가고 있는데 이제 너무 어려운 점만 얘기하고, 어려운 점을 염려해주신 것은 고마운데 그렇다고 성과가 없는 것은 아니에요. 프로그램도 아직 안 본 분들이 많아서 그렇지, 실제로 본 분들은 재미있는 게 많다고 합니다. 그리고 독특한 아이디어들이 많아요. 지금 '달리는 대학'이라는 프로그램이 있는데 여러 대학의 방송학과에서 각기 자기네 프로그램을 만들어서 그것을 제공하면 그것을 씨리즈로 내보냅니다. 그런데 이것이 외국에 알려져서 미국에 있는 퍼블릭액세스 채널하고 프로그램 교환을 합니다. 이미 '달리는 대학'은 뉴욕에서 전파를 탔습니다. 또 이주노동자에 대한 프로그램이 있는데 다른 방송국에도 있지만 우리는 이주노동자들 자신이 만든 프로그램을 했어요. 자기네들에 대해 만들어주는 것도 좋지만 역시 외부의 시선이라서 다르더라, 자기네들이 만들겠다고 해서 그리 했고, 최근에는 그 사람들이 자기네 말로 하는 뉴스가 나갑니다. 한국어 자막이 밑에 나가고요. 여러 가지 실험을 많이 하고 있고, 좋은 프로그램을 많이 내보내고 있다는 자랑을 하고 싶습니다.

박인규 앞으로 3년간 맡으실 텐데 이런 방향으로 키워나가겠다, 간단히 말씀해주시죠.

백낙청 임기는 3년인데, 안착되는 대로 그만두겠다고 선언을 해놨으니가 되도록 많이 단축되도록 기원해주십시오.

박인규 백낙청 교수님은 고향이 평북 정주시고요. 큰아버님은 백인제 (白麟濟)씨라고 우리나라 최초의 민간종합병원을 만드신 분이고, 아버님 께서 변호사 하시다가 납북된 것으로 듣고 있습니다. 어렸을 적의 체험이 이후의 삶에 많은 영향을 미치지는 않았는지요?

백낙청 저는 특별히 그런 것을 의식한 것은 아닌데, 지내놓고 보면 많 은 사람들이 그럽니다. 분단문제에 관심을 가졌다거나 이런 것이 역시 실 향민이고 아버지, 큰아버지 다 6·25 때 납북되시고 그런 영향을 받지 않 았냐 이야기하는데 그랬겠죠?

박인규 출생지는 대구로 되어 있지요?

백낙청 그렇습니다. 아버지 고향은 평북 정주인데, 어머니 고향이 대구 예요. 그래서 어머니가 외갓집에 가서 몸을 푸셨고, 살기는 주로 남쪽에서 많이 살았습니다. 해방 전에 고향에서 6개월 정도 살다가 해방 후에 내려 왔습니다.

박인규 아버님은 변호사를 하셨다고 들었는데 혹시 아버님에 대한 기 억이 있으십니까?

백낙청 기억은 물론 있죠. 아버지가 잡혀가신 1950년에 제가 중학교 2 학년이었으니까 기억은 많이 있습니다.

박인규 혹시 아버님으로부터 지적인 영향이라든가 그런 것은 어떻게 생각하십니까?

백낙청 지적인 영향을 받고 하기에는 제가 너무 어렸을 거고요.

박인규 리영희 선생의 『대화』라는 책을 보면 백낙청이라는 사람을 알 게 된 연유를 말씀하시면서 미국유학을 간 젊은이가 군대를 가겠다고 왔 다. 저도 그 신문기사를 본 것 같거든요? 당시에 사실 기자만 되도 군대를 안 가도 됐다는 시대인데 군대를 가신다고 해서 신문에도 나시고 그랬는 데 그 당시에 나름대로 특별한 이유가 있습니까?

백낙청 리영희 선생님이 언론인으로서 자료조사 열심히 하시고 정확하신 분이잖아요. 그런데 저하고 관련된 개인사는 대충 기억나는 대로 말씀하셨고, 이 일은 리선생님과 제가 만나기 전에 일어난 일이기 때문에 잘못 아신 것 같아요. 제가 5·16 군사정권 후에 개혁을 한다 그러고 군대 안 간 사람들 징집하고 그럴 때 그런 혁신에 감동해서 귀국한 것처럼 쓰셨는데, 귀국시기는 4·19 후였고 군대를 가려고 일부러 온 것은 아니고, 어릴 때 가서 미국생활을 하는데 지겹더라고요. 그래서 한국에 왔습니다. 박사과정에 입학이 됐는데 그것도 석사만 마치고 귀국을 했는데 와서 보니깐 군대를 안 가고는 아무 일도 할 수가 없어요. 그래서 군대를 가야겠다고 했는데 그때 마침 4·19 후라서 그때도 군대 안 가던 사람들이 많이 들어가던 때입니다. 그래서 징집영장 나오기를 기다리지 못해서 약간의 줄을 대서 입대를 했어요. 형식상 자원입대가 된 거죠. 그래서 동아일보에도 나고 그런 일이 있었습니다.

박인규 썩 자랑할 만한 일은 아니다라고 들리는데요.

백낙청 특별한 것은 아니었어요.

박인규 『창작과비평』이 내년이면 40주년이 됩니다. 거의 몸의 분신이라고도 할 수 있을 것 같은데. 스스로 창간하고 끌어오신 입장에서 성과 같은 것을 어떻게 평가하고 계십니까?

백낙청 『창작과비평』 잡지는 60년대 시작해서 70년대에 그 시절에는 우리나라에서 엄혹한 시절이고 또 전문지도 없고 할 때라서 상당히 큰 역할을 한 것이 분명하고요. 전두환정권 때 폐간했다가 6월항쟁 이후에 다시 출간했는데 그 후에도 뭐 우리 나름으로 역할을 했다고 자부합니다. 내년이면 40주년을 맞는데 중요한 것은 이 40년이라는 세월이라는 것이 길다면 길지만 외국에 100년도 넘는 잡지들이 있는 것에 비하면 별로 긴 것도 아니니까 다시 한번 쇄신을 해서 젊은 잡지로 살아있고, 생기가 있고 생명력있는 잡지로 다시 한번 출발하는 것이 우리의 과제죠.

박인규 대략 90년대 전후라고 생각이 되는데 창비, 또는 백낙청 교수에 대한 비판이 많이 나오고 그랬는데 이런 비판들에 대해서는 어떻게 생각하십니까?

백낙청 소위 문화권력에는 여러가지 자원이 섞여 있다고 봅니다. 그냥 힘을 가진 것은 다 권력이라고 해서 그것을 배격하는 듯이 하는 경향도 있고, 또 기존의 잡지나 비판하는 것이 새로 등장하는 사람들의 인정투쟁 같은 면이 있는데 그건 뭐 나쁘다고 볼 것은 아니지요. 그런 여러가지 차원이 있는데 다른 사람은 몰라도 창비에 종사하는 우리 동료들은 이런 이야기를 가볍게 들어서는 안된다고 봅니다. 우리가 기반을 마련했고 거기에 따른 힘이 있는데 이것을 잘 활용하고 있느냐, 무형자본을 그동안 축적했는데 이것을 그냥 까먹고 있는 건지, 아니면 이걸 기반으로 더 훌륭한 것을 만들어나가고 있는 건지, 이런 반성을 스스로 해봐야 하는 거고, 그래서 끊임없이 권력이라고 부르든 뭐든 그 힘을 키워나갈 수 있는, 정당한 힘을 키워나갈 수 있도록 자신을 가다듬는 것이 우리로서는 필요한 일이라고 생각합니다.

박인규 과거의 극복, 발전적 계승 이런 것이 지성사회에서 숙제가 될 것 같은데요. 어떻게 보면 후학들이 선대의 지식인들을 싸잡아서 매도하거나 청산하려고 하는 경향도 있는 것 같거든요? 선배 지식인들의 경험과 잘못 이런 것들을 후배들이 제대로 받아들이기 위해서는 어떤 태도가 필요한 건지 좋은 말씀 부탁드립니다.

백낙청 사실은 80년대에도 굉장히 많은 비판을 받았어요. 그때는 충분히 급진적이지 못하다고 해서 비판을 받았고, 90년대에 오면 기류가 바뀌면서 80년대의 아주 급진적인 사람이든 덜 급진적인 사람이든 현실참여에 열심인 그 흐름 전체가 비판의 대상이 되죠. 그런데 논쟁에 관한한 젊은 후배하고 나만큼 논쟁을 많이 한 사람은 없을 겁니다. 책에도 다 나와 있고, 또 나는 논쟁을 상당히 즐기는 편이지요. 그리고 이것은 우리가 발전하기 위해서 남녀노소를 가리지 않고 서로가 허심탄회하게 비판하고 반박하고 토론하는 그런 풍토를 기르는 것이 중요하지 않나 생각합니다.

박인규 지난 40년 동안에도 보여주셨지만 앞으로 우리나라 지식인으로서 많은 기여를 해주시기를 부탁드리겠습니다. 오늘 말씀 감사합니다.

후속 인터뷰(2005년 10월 5일 녹음방송)

박인규 안녕하십니까, 백교수님.

백낙청 안녕하십니까.

박인규 오늘은 약간 현실적인 이야기를 나눠봤으면 합니다. 지난 6월 15일 6·15공동선언 5주년 통일대축전에 남측 상임대표로 북한을 갔다 오셨죠. 듣자 하니깐 처음 다녀오신 것으로 듣고 있습니다.

백낙청 그때가 제일 처음은 아니었고, 열흘 전에 생전 처음으로 평양땅을 밟아봤습니다.

박인규 북한에 가서 처음으로 북한사람과 이야기를 나눠보신 느낌이 어떠셨습니까?

백낙청 6월 초순에 평양을 갔을 때, 기억하시겠지만 6·15축전 행사를 남북이 공동으로 치르기로 합의가 돼 있었고, 615명이라는 상징적인 숫자의 남측대표단 명단에 이미 다 넘어간 후였습니다. 그런데 북에서 한반도 정세가 엄혹하다는 이유로 줄이자고 했어요. 저는 그거 가지고 협상하느라고 다른 데 신경쓸 겨를이 없었고요. 결과를 말씀드리면 300명 정도로 절충이 돼서 치렀는데 협상과정에서 힘들긴 했지만 제가 느낀 것이 한편으로는 북하고 하는 일이 간단치가 않구나 하는 것을 느꼈고, 동시에 그렇다고 아주 가망이 없는 일은 아니고 대화를 하고 설득을 하면 조금씩 진전이 있구나 하는 것을 실감했어요. 그 점 또한 계속 느끼고 있습니다. 그때 6월 초순에 처음 갔고 6월 중순에 축전 다녀왔고, 7월 중순에는 남북작가대회를 다녀왔습니다. 단기간에 세 번 다녀오긴 했습니다만 작년까지는 한번도 평양이란 곳을 못 가봤습니다.

박인규 6월 초에 가실 때만 하더라도 남북관계가 어떻게 될지 몰랐는데, 어쨌거나 정동영 통일부 장관이 김정일 국방위원장을 만나고 나서 6자회담 참가 선언을 했고, 특히 8·15 때 북측대표단이 와서 현충원 참배를 했단 말입니다. 사실은 예전에 총부리를 맞대고 싸운 사람들끼리 인사를 한 건데 굉장한 의미가 있다, 여러가지 관측이 나오고 있는데 일각에서는 북한이 이런 것이 전술적인 변화가 아니냐, 그런 우려도 많이 있거든요? 직접 가서 얘기해보신 느낌은 어떠십니까?

백낙청 제가 만난 사람들 선에서 되는 문제는 아닐 텐데 개인적인 접촉이나 보도를 통해서 종합해서 판단할 때 북에서 무언가 금년 들어서 남북관계도 크게 바꾸고 북미관계도 개선할 때가 됐다는 전략적인 결단을 내린 것으로 생각합니다. 그것이 저절로 된 것은 아니고 작년에는 여러가지 악재가 있었는데 미국이 그사이에 자기들 나름대로 에러가 많았으니까 태도가 좀 바뀐 것도 있고, 남쪽 정부에서도 공을 많이 들였고, 민간에서는 지금 제가 상임대표로 있는 남측준비위원회가 1월 말에 결성이 됐고요. 3월 초에 남북이 만나서 공동기구를 결성했습니다. 그리고 그때 합의한 것인 6월축전을 평양해서 하자는 것이었기 때문에 큰 흐름을 바꿔나가는 노력이 민간 쪽에서 시작된 거였죠. 6월 초순에 협상 갈 때 제가 특히 부담스러웠던 이유가 이런 문제 때문에 차질이 나면 남북간에 악재가 되는 것이고, 저쪽에서 일방적으로 홍보한 대로 따라간다면 그것도 우리 국민감정이 용납하지 않잖아요. 그래서 큰 흐름에 차질이 생길까 염려했었는데 다행히 잘 풀렸고, 6월 10일 한미 정상회담이 성공했고, 6월 중순에 대축전이 성공적으로 열렸고, 7월에 6자회담이 열렸고, 8·15축전이 성공적으로 됐고, 100일 동안 일련의 사건이 남북관계의 큰 흐름을 바꿨다고 봅니다.

박인규 분단문제에 굉장히 관심이 많으신 백교수께서도 올해 6월에야 북한을 처음 방문했다는 말씀을 들으면서 남북교류의 실상이 초보적인 단계라는 생각이 드는데요. 평소에 백교수께서 일상적 통일운동을 하셨기 때문에 이런 말씀을 여쭤보겠습니다. 제가 인터넷 신문을 하고 있기 때문에 어떤 기사가 얼마나 나왔는지 압니다. 솔직히 말해서 남북관계 기사는 엄청난 위기가 아니면 잘 안 봅니다. 또 하나는 제가 작년에 중고등학교 선생님을 상대로 주제넘게 남북관계에 대해서 얘기를 했는데 그때 제가 통일을 얘기할 때가 아니고 남북간의 신뢰와 공존에 관해서 얘기하는 것이 중요하다고 했더니 끝나고 나서 질문이 뭐냐면 당신은 반통일론자냐, 너무 통일운동을 도식적으로 생각하고 있는 것이 아닌가 하는 거였어요. 반면에 일반국민들은 통일이나 분단의 문제를 자기 삶의 문제로 생각하지 않고 있다는 생각이 들거든요. 그런 부분에 대해서는 어떻게 보십니까?

백낙청 최근에 경기도가 주최하는 세계평화축전이라는 것이 있었죠. 그 일부로 도라산역에서 학술강연 씨리즈가 있었는데 마지막회를 제가 했습니다. 통일의 개념을 바꿀 때가 됐다, 이런 얘기를 했는데 지금 많은 국민들, 젊은 세대로 가면 통일은 자기하고 관계가 없는 일로……

박인규 아마 많은 사람들은 통일이 되면 경제적 부담을 질 것이다, 그런 것 같은데요.

백낙청 그 생각도 하고, 별 관계도 없고 관계가 있다면 귀찮은 일로 생각하는 경향이 많은데 그게 한편으로 분단시대가 오래 지속되니까 거기 길들여져서 그런 타성이 생긴 것이 하나 있고, 또다른 한편으로는 우리가 통일에 대한 고정관념을 가지고 오랫동안 살아온 것이 아닌가. 우리가 일제에서 해방되면서 통일된 자주독립국가 이것을 만들기를 모두가 원했고, 사실 그때 외세의 개입이 없었다면 됐겠죠. 그걸 못하다가 보니깐 통일 그러면 그때 못했던 그런 국가를 세우는 것으로 생각하곤 합니다. 그러니까 그게 실감이 안 나잖아요. 그런 통일이 가능할까라는 실감이 안 나고, 둘째로는 만약에 그런 국가가 생겼을 때 나에게 불리해지면 어떻게 하느냐라는 걱정을 하게 됩니다. 점점 통일은 외면하는 경향이 있습니다. 6·15선언이라는 것이 그래서 중요한데 6·15선언이 사실은 통일을 하기는 하지만 너무 급히 하지 말자는 합의거든요. 그래서 통일국가 형태에 대해서는 남쪽에서는 연합제를 얘기하고 있고, 북에서는 연방제를 얘기하고 있는데 연방제 중에서도 아주 낮은 단계 연방제는 연합제와 비슷하다고 합의를 한 겁니다. 그러면서 실질적으로 경제협력을 하고 사회문화교류를 해서 신뢰를 구축해나가자. 이렇게 합의를 한 거거든요. 그게 지난 5년 동안 제대로 잘 안되다가 금년 들어서 그게 자리잡았다고 생각합니다. 그래서 이제부터는 실질적인 교류를 하고 이런 것이 확대되다 보면 저절로 남북간에 접근해서 어느정도 통합이 이뤄질 것이라고 봅니다. 그랬을 때 이만하면 낮은 단계 연방제나 연합제에 오지 않았느냐, 우리 통일됐다고 선포를 해버리자, 이렇게 남북간에 합의하면 그게 통일이라고 생각하면 되는 거예요. 1단계 통일이죠. 외국군을 몰아내고 자주통일 꼭 이래야 되는 것은 아니란 말입니다.

박인규 사회의 각 부분에서 일반사람 차원에서 서로 교류하고 이해하면서 신뢰를 쌓아가는 과정이 필요하다……

백낙청 각자의 위치에서 자기 생활 하고, 내부에서 개혁할 것 하고, 열심히 살면서 실제적인 교류를 증대시켜나가면 통일이 되는 거다, 이렇게 생각하면 통일이 결코 남의 일이 아니고, 어려운 일이 아니게 될 겁니다. 그리고 그 통일이 자기 이해관계에 부합하는 것 아닌가를 실감할 수 있는 거죠.

박인규 예전의 이홍구(李洪九) 통일원장관이 총리 하시면서 그런 말씀을 하시더라고요. 통일이 100이면 분단이 0이라고 생각하는 사람이 많은데, 10% 통일도 있고, 20% 통일도 있다, 그렇게 나가보자 그런 말씀이신 것 같습니다. 그런데 남북관계를 보면 인권문제 같은 북한체제의 결함, 대북송금 같은 그런 남북관계의 떳떳하지 못한 것을 이유를 대서 남북관계 필요없는 것 아니냐, 이렇게 얘기하는 분들도 있거든요?

백낙청 인권에 대해서 관심을 갖는 사람들은 그게 남한이든 북한이든 하나의 보편적인 이슈로 관심을 갖는 것은 당연하다고 봅니다. 그런데 그것을 실제로 어떻게 표현하고 어떻게 추구하는 것이 가장 효과적인가 하는 것은 정황에 따라 다르고 사람마다의 위치에 따라서 달라질 거라고 봐요. 우리 한국사회가 이제는 꽤 다양한 다양성을 포용하는 사회기 때문에 북의 인권문제에 대해서도 여러 다른 방식으로 표현하는 것은 근본적으로 나쁜 것은 아니라고 보고요. 다만 이것을 종합적으로 검토해서 무엇이 가장 북한 인권개선에 도움이 되는 길인가 두고 폭넓은 공감대가 형성됐으면 싶고, 그런 공감을 바탕으로 일정한 역할분담이 가능하리라고 봅니다. 우리 정부만 하더라도 북과 교섭을 하는 통일부 장관이 지금 북에 인권문제를 직접 거론한다고 하는 것은 남북교류 하지 말자는 얘기가 돼버리거든요. 그러나 다른 부서에서는 또다른 방식으로 다룰 수가 있는 거고, 아니면 민간사회에서 제기하는 방법도 있고요. 아무튼 이 문제는 좀 진중하게 생각해야 할 문제인데 불행한 것은 북한 인권문제를 가장 소리높여 외치는 분들은 한국의 인권문제에 관심이 없었던 국내세력이나 미국의 극우세력이란 말이죠. 이런 거는 우리가 넘어서야죠.

박인규 지난 9월 19일 6자회담 공동선언이라는 것이 나와서 11월 초에 회담이 이어지는데, 선언이 애매모호해서 우려가 많거든요? 혹시 남측이나 북측의 정부에 대해서 당부하시고 싶은 말씀 있으십니까?

백낙청 글쎄 제가 정부에 당부한다기보다 합의문이 모호해서 곳곳에 지뢰밭이다라는 비판을 하는데 6자간에 의견이 다르고 특히 북하고 미국은 입장이 다른데 이런 여러 당사자들이 합의문을 낼 때는 모호하지 않고는 합의가 될 수가 없습니다. 그래서 그것을 모호하다고 하는 것은 저는 적절한 비판이 아니라고 보고요. 모호한 선언을 바탕으로 이정표를 만드는 단계인데 우리 정부에 대해서는 나는 적어도 6자회담 관련해서는 한국이 성장했다고 감탄을 했습니다. 앞으로도 그런 노력을 계속해주기를 바라고 역시 중요한 것은 미국과 북이 더 대화를 해서 구체적인 일정표를 만들어내야 될 겁니다.

박인규 저희 프로그램에 김영삼정부 때의 김정남(金正男) 수석이 나오셔서 민주화시대의 우리의 과제는 통합과 전진이다라는 말씀을 하셨는데, 빈부의 양극화 얘기를 하는데 과거의 문제도 양극화가 굉장히 심한 것 같습니다. 대표적인 것이 백교수께서 주식회사 한국의 CEO 박정희 이 부분에 대해서 경제개발을 했지만 지속불가능한 것이기 때문에 지속불가능한 발전의 유공자로 하자고 했더니 여러가지 의견이 나왔고, 대표적인 것이 말하자면 기회주의적이라는 비판이거든요. 또 한편에서는 영웅이라고 하시는 분도 계시고요. 대개 보면 극단적인 부정과 긍정이 왔다갔다 하고 있고, 어떻게 보면 중간적 입장에서 객관적 평가를 시도한 것으로 보이는데 박정희의 경제개발 자체가 잘못됐다는 의견에 대해서는 어떻게 생각하십니까?

백낙청 박정희식의 경제개발이 잘못됐다는 논리에 동의합니다. 또 녹색 환경운동 하는 분들이 강조하는 것은 자본주의적인 발전 자체가 문제가 있고, 인류의 장기적인 지속하고 양립하기 힘든 거라는 거지요. 제가 박정희식 개발을 두고서 지속불가능한 발전이라고 해서 제가 이른바 지속가능한 발전론을 지지하는 것은 아니거든요. 그런 문제를 떠나서 도대체가 지속불가능한 일이었다, 그래서 그런 기본적인 발전관이랄까, 자본주의 세계체제에 대한 본질적인 인식에 있어서 저는 『녹색평론』하고 상당히 가깝다고 생각해요. 그런데 『녹색평론』하고 다른 것은 그쪽에서는 그렇기 때문에 거부하고 이탈하는 그런 노력을 해야 된다는 주장이고, 나는 그런 노력을 부정하는 것은 아니지만 일단은 우리가 이 안에 던져져 있는 이상, 이 안에서 생존하면서 어느정도의 활동력을 발휘해야 하지 않느냐, 그리고 한반도에서 분단이 청산 안된 상태에서 과연 남쪽만이 생태주의적인 삶으로 전환할 수 있겠느냐, 그런 데 대해서 나는 현실적으로 불가능하다고 보기 때문에 그래서 근대에 대한 적응과 극복의 이중과제를 짊어지고 있다는 표현을 쓰는데, 보기에 따라서는 말은 근사하지만 결국은 근대에 투항하는 것을 호도하는 것이 아니냐라고 볼 수가 있는 거죠.

박인규 자본주의 극복이라는 것이 중요한 과제지만 당장 하기는 쉽지 않다?

백낙청 적응과 극복의 노력을 동시에 진행돼야 되는데 그러다 보면 선명성이 떨어지죠. 그런데 선명만 해서 해결이 되면 좋은데 과연 그게 되느냐 하는 데에서 회의를 갖고 있는 거죠.

박인규 이것은 쉽게 풀릴 문제는 아닌 것 같고요. 현실적인 질문을 하겠습니다. 최근 일부 언론보도에서 열린우리당 내에서 차기 총리 후보로 백낙청 교수를 얘기하고 있다, 보도가 있었는데.

백낙청 저는 그것을 인터넷 신문 프레시안에서 읽었는데 다른 데는 별로 안 나온 것 보니깐 프레시안에서 오보를 낸 것이 확실한 것 같습니다.

박인규 직접 제의를 받으신 적은 없으십니까?

백낙청 물론 없죠.

박인규 그런데 김대중정부 시절에도 말씀이 있었고, 예전에 독재정권 시대와 다르게 지식인들의 정치참여에 대해서 여러가지 양론이 많은 것 같습니다. 최근에는 조기숙(趙己淑) 홍보수석에 대해서 말이 많았고요. 지식인들이 현실정치에 참여하는 문제에 대해서는 어떻게 생각하십니까?

백낙청 나는 지식인들이 현실정치참여 그 자체를 반대할 이유는 없다고 봅니다. 개인에 따라서, 사안에 따라서 그 사람의 결정이 적절했느냐는 상황별로 판단할 문제지요. 오히려 나는 우리 지식계의 병폐 중에 하나가 우리가 늘 식민지시대에는 독립운동 해야 되고, 독재정권시대에는 독재정권하고 싸워야 되고 그러다 보니까 어떤 명분을 세워서 원칙론적인 반대를 하는 데만 익숙해지고 국정이나 실물경제의 내용을 알아서 담론을 펼치는 데 약하다고 보거든요. 그런 점을 보완하는 데서 필요한 과정이라고 생각하고요. 좋은 결과도 많이 나오기를 기대를 하는데 다만 내 경우에는 과(科)가 다른 사람을 가지고 이러고 저러고 하는 것은 부질없는 짓이죠.

박인규 혹시 앞으로 그런 제의가 있다고 하더라도 하실 생각은 없으십니까?

백낙청 네, 없습니다.

박인규 안하신다고 해도 많은 사람들이 노무현정부가 들어서면서 먹고살기가 나아지지 않겠는가 했는데 실제로는 어려운 측면도 있고, 정치판을 보면 뭔가 소모적인 싸움을 하고 있다는 느낌도 들고 여러가지 실망감들이 많은데 지금 국내 정치판이 교착과 갈등 상태에 있다고 한다면 그게 누구 책임이라고 봐야 합니까?

백낙청 김대중정부나 노무현정부에서도 경제성장은 지속이 돼왔고요. 물론 성장률이 예전만 못하지만 상당히 높은 수치를 유지하고 있습니다. 그런데도 사람들이 왜 못살게 됐다고 하냐 하면, 예전에 비해서 성장률이 둔화된 것도 있지만 역시 지금 문제는 양극화 현상인 것 같아요. 다만 그거에 대한 책임을 어느 한쪽에만 돌릴 수는 없는 것 같아요. 어떻게 보면 지금 진행되고 있는 세계화의 대세가 그런 것이고, 그게 IMF사태를 계기로 심각하게 닥쳐왔고 한데, 이것을 그냥 거부만 한다고 해서 거부가 되는 것도 아니고, 슬기롭게 헤쳐나가면서 되도록 이런 것을 완화하고 장기적으로 이 대세를 바꾸는 길을 찾아야 할 텐데 우리 얘기가 남북관계로 시작

을 했으니까 이것도 분단체제를 허물어가는 과정하고 연결시켜서 생각해
볼 필요가 있다고 봅니다. 우리가 남쪽 사회만 들여다보면서 양극화 해소
방안을 찾아서는 답이 안 나온다고 봐요. 남북 경제교류를 한다고 해서만
도 답이 나오는 것은 아닙니다. 개성공단이 활성화되면 중소기업 숨통이
트이고, 대기업과 중소기업 사이의 양극화가 조금은 완화되겠죠. 하지만
그 자체가 해결책이 되는 것은 아니고 남북간이 새로운 어떤 균형있는 민
족경제를 건설해가는 과정을 통해서 뭔가 새로운 방식의 발전패러다임을
우리가 찾아낼 때 세계적인 신자유주의 대세에 대한 대안이 나오지 않겠
는가. 우리가 통일과정에서 그런 걸 만들어내면 중국의 발전에도 힌트를
줄 것이고, 다른 세계에도 영향을 줘서 결국은 점점 빈익빈 부익부로 가는
대세를 뒤집는 데 기여하지 않을까 생각합니다.

박인규 우리가 안고 있는 여러가지 문제를 해결하기 위해서 남한만 봐
서는 안되고, 넓은 시야로 접근을 해보자는 이야기였습니다. 워낙 분단문
제에 관심이 많고 하셔서 앞으로 계속 좋은 일 해주시기를 부탁드리겠습
니다. 오늘 말씀 감사합니다.

어깨에 힘 빼고 통일하자

백낙청(6·15공동선언실천 남측준비위 상임대표)
하승창(함께하는시민행동 사무처장)

6·15 5주년을 맞아 남과 북 그리고 해외의 민간단체들이 공동으로 주최했던 행사를 기억하시겠지요. 8·15 때는 통일축구까지 열리기도 했고요. 정부도 적극적으로 참여했고, 6·15행사 때는 정동영 장관이 김정일 위원장을 만나서 중단되었던 남과 북의 대화를 이어가게 되기도 했지요. 그 6·15공동준비위의 상임대표로 역할하셨던 백낙청 교수님은 창비를 통해 문학을 논하면서도 사회과학적 인식을 바탕으로 분단체제론을 설파, 7, 80년대 사회운동에 많은 영향을 끼친 분입니다.

8·15행사를 마무리하고 나서 어느 강연에서 '통일의 개념을 바꾸어야 한다'는 주장을 하신 것을 보고 좀 궁금해졌습니다. 통일 이후의 체제 문제가 아니라 통일 그 자체의 개념을 바꾸어야 한다는 이야기여서 말이죠.

■ 이 인터뷰는 하승창 블로그 http://episode.or.kr/chang (2005년 10월 6일)에 실린 것이다.

더구나 6·15준비위에는 시민단체들도 참여해서 녹색연합의 김제남(金霽南) 처장이 공동집행위원장으로 행사준비를 위해 북한을 오가며 애쓰기도 한 터라 시민운동도 이 문제에 대한 고민을 나누어야 할 필요가 있겠다 하는 생각이 들었습니다. 이 인터뷰는 그를 위한 자료 중의 하나가 되지 않을까 싶습니다.〔하승창〕

시민단체의 참여, 의미는 크지만 아직 온전한 몫을 하지는 못하고 있다

하승창 그동안 남북의 민간차원의 행사는 행사 본래적인 의미가 부각되기보다 늘 이념적인 문제로 비화하는 '사건'들이 더 부각되곤 했는데, 이번 6·15, 8·15 행사는 남북의 화해라는 행사 본래의 취지가 제대로 전달되기도 했고, 정부, 여, 야 모두 참여했다는 점에서 우리 사회가 모두 함께한다는 느낌도 주었습니다. 또 정부는 정부대로 중단되어 있던 남북관계를 개선시키는 성과도 얻었지요. 알게모르게 이번 행사는 남북간의 대립분위기를 전환시키는 데 작지 않은 기여를 한 것으로 생각되는데, 두 큰 행사를 치르시고 나서 어떤 느낌을 갖고 계신지요.

백낙청 곡절도 많았고 세부적인 실수나 차질도 적지 않았지만 크게 봐서 매우 성공적인 행사들이었다고 생각하면서 감사하는 마음입니다. 2000년 6월의 남북정상회담과 공동선언이 우리 역사의 중요한 전환점이었지만 한동안 그 점을 실감하기 어려운 상황이 지속되었더랬지요. 그러다가 올해의 양대 축전을 치러내면서 우리가 '6·15시대'를 살고 있음을 재확인했고 대세가 잡혔다는 자신감을 갖게 되었습니다. 2005년 6월 중순부터 4차 6자회담의 타결에 이르는 9월 중순까지의 약 3개월간은 2000년 6월에 버금가는 획기적인 시기였다고 말할 수 있겠어요.

하승창 시민단체들로 보면 통일단체들과 함께 일을 해본 것은 흔치 않은 경험인데, 지켜보시고 나서 시민단체들의 역할에 대해서는 어떤 평가를 하고 계실까 궁금한데요?

백낙청 통일운동과 직접 관련이 없는 시민단체들이 6·15공동선언 실천작업에 대거 참여한 것은 6·15공동위, 정식 명칭을 말한다면 '6·15공동선언실천을위한남북해외공동행사남측준비위원회'에 합류한 올해가 처음이지요. 나는 지난 1월 31일 남측준비위 결성식에서 상임대표를 맡으면서 처음으로 관여했기 때문에 그에 앞선 준비과정에 대해서는 잘 모르지만, 상당한 논란 끝에 종전의 통일연대–민화협–7대종단의 3자구도를 시민단체들까지 합친 4자구도로 확대하는 방안이 채택된 걸로 압니다.

내가 보기에 이른바 '시민진영'이 아직은 4분의 1 몫을 온전히 해내고 있는 것 같지는 않아요. 몇몇 분이 헌신적으로 일했지만 투입된 인력이 워낙 한정되고, 시민단체들의 인식도 대개는 좋은 일에 품앗이를 해준다는 정도지 자신들이 이 사업의 주체라는 데까지 나간 경우가 드물지 싶어요. 하지만 시민사회단체들이 민간통일운동에 참여하기 시작했다는 사실 자체는 굉장히 큰 의미를 지닌다고 봅니다. 첫째, 통일은 통일운동가들만이 나서서 될 일이 아니고 평범한 시민들이 다 함께 참여해서 만들어가야 된다는 게 내 생각이고, 둘째로 시민단체들이 추구하는 많은 개혁과제들이 분단이라는 변수에 의해 중대한 영향을 받고 있기 때문에 통일사업에 무관심한 시민운동은 그 시야와 영향력이 한정되기 마련이라고 믿는 거지요.

6·15시대, 통일의 개념을 좀 바꿔보자

하승창 통일운동을 본격적인 자기 사업으로 하지 않는 대부분의 시민단체들에게 백선생님이 말씀하시는 6·15시대, 혹은 통일시대란 개념이 현실적으로 어떤 의미가 있는 것인지 선뜻 다가오지 않을 수 있는데, 도라산 강연*에서 말씀하시기는 하셨지만 시민단체 버전(그런데 이런 게 있나 모르겠네요.)으로 설명해주실 수 있는지요?

백낙청 강연에서 '어깨에 힘 빼고 통일하자'는 표현을 썼지요. 그런데 가령 야구에서 투수가 어깨에 힘 빼고 던진다고 해서 공을 슬슬 던지는 건 아니잖아요? 오히려 어깨에 힘을 빼야 강속구도 잘 나오고 커브도 제대로 들어갑니다. 마찬가지로 통일사업을 힘껏 수행하되 일머리를 제대로 알아서 공연한 일에 기를 쓰지 말고 맥락을 정확히 짚어서 해나가자는 거지요.

한반도 통일이 무력으로 해결할 문제라면 모두가 총을 들고 나서든가 적어도 국민총동원 체제로 무력통일을 뒷받침해야 합니다. 반면에 독일식의 급속한 흡수통일이 바람직하거나 가능하다면 그 주역은 아무래도 당국자와 금력을 쥔 계층이 되게 마련이지요. 일반국민은 투표를 통해 그들의 결정을 추인하고, 시민단체들은 통일에 따른 부작용을 치유하고 수습하는 일에나 의미있는 역할을 맡을 거예요.

하지만 한반도식 통일은 그도 저도 아니거든요. 남북간의 실질적인 교류와 통합, 그리고 여기에 수반되는 남북 각자의 내부변화를 통해 점진적으로, 그것도 딱히 어디까지가 '통일 전'이고 어디부터가 '통일'인지 불분명할 만큼 어물어물 진행되는 독특한 과정이 우리식 통일이라면 시민단체들의 몫도 완연히 달라집니다. 시민운동이 그날그날 이루어가는 일들이 통일사업 아닌 것이 없고, 그런 사업들의 축적을 떠나서는 한반도식 통일이 불가능한 거예요. 그래서 나는 수많은 평범한 사람들이 자기 할 일 하면서 편하고 즐거운 마음으로 '어깨에 힘 빼고' 통일사업을 하자고 말해본 겁니다.

다만 시민운동측도, 우리는 통일운동까지 생각할 겨를이 없다, 그런 건

---

* 「6·15시대의 한반도와 동북아평화」, 『한반도식 통일, 현재진행형』의 제1장으로 수록됨 — 편자.

통일운동가들에게 맡겨놓을 수밖에 없다는 식의 사고방식은 넘어서야 합니다. 시민운동을 그만두고 통일운동으로 전환하라는 게 아니에요. 한반도의 현실에서 시민운동이 본래 지닌 통일사업적 차원을 인식하면서 움직이자는 거지요. 그럴 때 기운도 더 나고 한층 정교한 투구(投球)가 가능하지 않겠어요? 시민운동 자체가 한단계 업그레이드되는 거예요.

하승창 시민운동을 그만두고 통일운동을 하라는 것은 아니다, 통일사업적 차원을 인식하면서 움직여야라고 말씀하시는 것은, 말하자면 시민운동이 통일운동과 분리된 다른 운동의 영역이 아니라는 말씀으로도 들립니다. 우선 제 해석이 맞는 것인지 여쭙고 싶고, 그런데 늘 이 지점이 고민이기도 한데, 예컨대 '분단체제'에 근거한 국가권력이 작동하는 기제로서의 국가보안법 철폐운동과 분단체제를 근본적으로 해체하고자 하는 의미를 담고 있는 평화군축운동, 대립과 적대 분위기를 해소하고 화해와 협력의 분위기를 조성하기 위한 남북교류협력운동 등은 쉽게 이해가 되지만 시민운동이 하는 모든 운동에 통일사업적 차원을 담는다는 것이 쉽게 이해되는 것은 아닌 듯합니다. 아무래도 이 점과 관련해서는 좀더 설명을 해주셔야 할 것 같은데요.

백낙청 시민운동이 통일운동과 분리된 다른 영역이 아니라는 말도 기본적으로 맞지만 현싯점에서는 통일운동이 시민운동과 분리된 다른 영역이 아니라는 인식이 더 중요할지 모르겠어요. 아무튼 구체적인 설명을 주문하셨는데 차원이 다른 두 가지 예를 들어보지요.

먼저 통상적인 통일운동과 분명히 거리가 있는 예로, 시민행동에서 하는 예산감시운동 같은 걸 생각해볼 수 있지요. 이것도 다 통일사업의 일부라고 무턱대고 주장하는 건 추상적인 이야기가 되겠지요. 통일부의 남북협력기금 운영이나 국방예산의 감시 등 특별한 경우라면 몰라도요. 그러나 우리가 통일이면 어떤 통일이든 다 좋다는 입장이 아니고 현존 분단체제보다 나은 체제로의 통일을 지향한다면 국민이 예산감시를 열심히 하고 그런 감시가 먹히는 정부를 만드는 훈련이 분단체제극복 작업의 중요한 일부인 게 분명하지요. 가령 '밑 빠진 독' 상의 시상작업도 이런 생각을 하면서 한다면 더 신나지 않겠어요? 나아가, 국가재정의 알뜰운영이 그 자체로서 미덕이긴 하지만 예산에 대한 시민의 주인의식은 나랏돈을 써야 할 데에 어떻게 쓸 것인가에 대한 관심을 포함해야 합니다. 분단국가의 틀을 고수한 채 세출만 아껴서 국가기구의 민주화와 효율성이 얼마나 진행될 수 있을까 하는 문제도 공부하는 시민이 되어야지요.

환경문제 같은 것은 '한반도적 차원'의 중요성이 훨씬 쉽게 떠오르는 경우지요. 물론 환경운동에서는 개인의 일상생활에서 하는 작은 실천도 중요합니다만, 한반도 내지 동북아, 나아가서는 전지구의 차원에서 대응하지 않으면 안되는 문제들이 허다하거든요. 특히 남북의 경제협력이 활성화해서 북녘에서의 개발이 촉진될 경우 그것이 남한식 난개발의 재판이 안되도록 하는 협력체제가 필요하며, 더 중요한 것은 이를 통해 남한사회 자체의 환경의식이 비약하는 결과가 되어야지요. 많은 녹색운동가들이 우리 사회에서 '생태적 전환'의 필요성을 강조하고 있습니다만, 첫째 분단체제를 그대로 둔 채 남한만이 온전한 생태적 전환을 수행한다는 건 불가능하고, 둘째로 좀더 친환경적인 통일사회가 성립한다 하더라도 그것이 인류문명의 생태적 전환을 자동적으로 담보하는 건 아니라는 현실적 인식이 요구된다고 봐요. 세계체제와 분단체제의 성격에 대한 정확한 이해를 근거로 환경운동 전략을 수립하는 것이 중요하고, 그런 운동만이 제대로 위력을 발휘할 수 있을 거예요.

하승창 그런데 6·15시대 혹은 통일시대란 표현을 쓰시는 것은 곧 말씀하신 대로 분단체제의 해체와 동일한 과정이기도 할 텐데, 국내적으로 보면 여전히 국가보안법의 존재처럼 제도적으로도, 또 그에 기초한 정치·사회적 세력들의 발언이 만만치 않게 사회적 의제로 되기도 하는데, 섣불리 분단체제의 해체라고 할 수 있을지, 분단체제에 기초한 정치적 탄압이 있거나 하는 것은 아니라는 점에서 과거와 차이가 있는 것은 분명하지만 말이죠.

백낙청 분단체제의 해체기라는 표현은 분단체제가 단순히 '흔들리는' 정도를 넘어 이제 '허물어지는' 국면으로 접어들었다는 뜻이지 완전히 허물어졌다는 뜻은 아니지요. 국가보안법 철폐 같은 남쪽 내부의 법적·제도적 정비는 분단체제를 해체하고 더 나은 사회를 건설하는 '분단체제극복' 작업의 중요한 일부입니다. 나는 분단체제가 붕괴한다고 해서 자동적으로 더 나은 체제가 성립하는 어떤 역사적 필연성이 있다고는 믿지 않아요. 80년대만 해도 많은 사람들이 자본주의가 붕괴하면 사회주의가 도래하는 '역사의 법칙'을 신봉했지만, 세계 차원에서든 한반도 차원에서든 그런 보장은 없다고 봐요. 분단체제를 허물어가는 과정에서 우리가 무엇을 어떻게 하느냐에 따라 그다음 단계의 역사가 더 나아질 수도 있고 못해질 수도 있는 거지요.

하승창 통일시대라고 하신다면 최소한 남북이 무언가 '통일'되는 '구체적 과정'이 있어야 할 것으로 생각되는데, 현재의 대화와 협력 등을 그렇게 보신다면 사실 6·15선언 이전에 교류와 협력은 시작되었으므로 6·15선언을 하나의 기점으로 보신다면 무언가 다른 근거가 더 있어야 할 것 같은데요.

백낙청 한반도식 통일은 점진적이고 두루뭉술한 과정이기 때문에 어디까지가 '통일준비 작업'이고 어디부터가 '통일과정'인지도 모호할 수밖에 없어요. 6·15 이전의 교류와 협력도 모두 통일과정의 일부를 이루는 것은 틀림없지요. 하지만 6·15선언이 큰 전환점인 것만은 분명하지 않아요? 남북의 정상이 직접 만나서 평화적이고 점진적인 통일에 합의하면서 실천가능한 방안들을 제시했으니까요. 실제로 6·15 이후 남북간 교류협력은 지난 5년간의 온갖 곡절에도 불구하고 내용면에서도 6·15 이전과는 엄청난 차이가 나지요.

문제는 교류협력의 이런 양적인 확대가 더 진전된다고 해서 그게 곧 '통일'은 아니지 않으냐, '통일'과 '통일 이전의 교류협력' 사이의 질적 차이가 더 중요한 게 아니냐는 반론일 겁니다. 그런데 나는 우리가 1945년 해방과 더불어 통일된 국민국가 건설에 실패했기 때문에 '통일'에 대한 일정한 고정관념에 사로잡힌 게 아닌가 하는 생각을 합니다. 그래서 통일의 개념을 좀 바꿔보자고 주장한 겁니다.

통일에 대한 고정관념 벗기

허승창 우리가 가지고 있는 통일에 대한 고정관념을 지적하신 것은 중요해 보입니다. 통일의 개념을 바꾸어 생각해본다면 '통일운동'이라 부르고 있는 운동의 영역과 과제도 확장될 가능성이 있어 보입니다. 당연히 '기존의 통일운동'이 폭이 좁은 느낌을 주게 됩니다. 왜냐면 그간 우리는 통일운동이라 하면 통일의 구체적 방식과 경로와 관련된 운동이나 남과 북의 적대를 극복하기 위한 교류나 협력, 혹은 북한 바로알기 운동 ─ 이 운동은 북의 입장에 기초해서 북한 정부의 주장을 '소개'하고 '홍보'하는 운동이 중요한 운동처럼 되어버린 경우도 있지요 ─ 등으로 인식하고 있다고 할 수 있거든요. 그것이 말씀하신 대로 해방공간에서 남과 북이 '통일된 국민국가'를 건설하지 못한 것이 지금껏 '민족적 과제'로 되어 있다는 점에 기초한 것 같습니다.

그러나 지난 50년 세월이 지나면서 이미 남과 북은 해방공간 당시의 남과 북이 아니라는 '변화'가 있지요. 우리는 종종 통일운동에서는 이 점을 잊고 있는 것 같습니다. 말씀하신 대로 우리가 여전히 해방공간의 못다 푼 숙제를 푸는 통일을 이야기하고 있는 것은 아닌지 돌아보는 것은 중요할 것 같습니다. 그것이 말씀하신 '고정관념'이라면 2005년 오늘 한반도에서 '통일'은 어떤 것일까 하는 문젠데요, 좀더 부연해서 설명해주시면 좋을 것 같습니다.

백낙청 뭐 내 생각을 상당부분 말씀하신 것 같네요. 최근 통일운동 일각에서는 '화해협력세력'과 '자주통일세력'을 구분해서, 양자의 연대를 통해 2005년에 반통일수구세력을 제압한만큼 이제는 자주통일세력의 주도권을 확립해야 한다는 주장도 나왔어요. 나는 그런 구분법이 전혀 근거 없는 건 아니지만 양자가 실제로 융합하는 영역을 제외한 잘못된 발상이며 자칫 통일운동의 외연을 다시 좁혀놓을 위험이 있다고 생각합니다.

물론 우리 사회에는 통일까지 갈 것 없이 화해협력을 통해 분단체제를 적당히 개량하는 데 만족하려는 세력이 있고, 화해협력을 통한 점진적이고 실질적인 통합과정을 건너뛰어서라도 '자주통일'을 달성해야 하고 그럴 수 있다고 믿는 세력도 있습니다. 그러나 '통일'의 개념을 우리식으로 재정립하고 보면 화해협력이 통일로 나가는 건 불가피할뿐더러 그다지 요원한 일도 아니며, 화해협력이 생략된 '자주통일'은 한갓 구호에 그치고 맙니다.

북한 바로알기도 이제는 각자가 자주적으로 할 때가 왔어요. 즉 나는 북에 대해 깡무식이고 알아볼 기회도 없기 때문에 더 잘 아는 사람들의 이야기를 듣고 학습한다는 단계는 이미 지났지요. 지금은 비교적 객관적인 자료도 많고, 북을 직접 방문해서 한정된 구역이나마 돌아볼 기회도 계속 늘어나고 있거든요. 지난 7월 북에 가서 남북작가대회를 마치고 평양을 떠나기 전에 우리측 기자들과 만난 자리에서 이런 이야기를 했어요.

'무엇보다도 작가들의 마음속에 벽 하나가 허물어진 것이 큰 성과라고 본다, 벽이 허물어졌다고 비판을 않게 되었다는 뜻은 아니다, 오히려 직접 다녀간 뒤에 더욱 비판적이 되는 사람들도 적지 않을 것이다, 그러나 벽을 쌓아놓고 저 건너편에서 보지도 않고 비판 또는 비방하는 것과 허물어진 벽 사이로 직접 와본 뒤에 비판하는 것은 전혀 다른 일이다, 진짜 작가라면 이런 비판에 대해 책임을 느끼고 계속 곱씹어보게 마련이며 나아가 저

편을 향해 던진 비판을 스스로에게 적용해보기도 할 것이다'라고요. 이런 것이 다 '주체적인 북한 바로알기'의 일부라고 생각합니다.

하승창 어느새 꽤 됐네, '문득' 통일이 되는 과정 등의 표현을 도라산 강연에서 쓰셨는데, '과정으로서의 통일'이라는 개념으로 설명해주셨지만 궁극적으로 통일은 남북당국자(그 과정에서의 민중 혹은 시민들의 참여가 어떤 식으로든 있겠지만)간의 결정이라는 방식을 취할 가능성이 많을 것이고 그렇다면 그 경로가, 다양한 세력들이 부딪히게 될 것이므로 복잡한 양상을 가질 것이라고 보면 혹 너무 낭만적이고 현실적이지 못한 생각은 아닌지요.

백낙청 매우 중요한 질문인데 세 가지로 나눠서 말씀드리지요.

첫째, 물론 당국의 역할이 중요하다는 걸 인정해야 합니다. 교류협력의 진행과정에서도 그렇지만, '자 이쯤 됐으니 이걸 통일이라고 하자'라고 선포하는 행위는 아무래도 당국이 주도해야겠지요. 바로 그 점이 민중참여=시민참여가 실현되는 정치를 만드는 일상적 개혁작업이 그만큼 더 중요해지는 까닭이기도 하지요.

둘째, 한반도식 통일은 사회 저변에서 실질적인 통합이 어느정도 진행됐을 때 당국이 이를 추인하는 형식이 될 터이므로 당국자들끼리 담합하는 식으로 주도할 수 없다는 겁니다. 강연에서 예멘의 경우를 잠시 언급했는데, 남북 예멘은 남북한처럼 각기 다른 방향으로 고도로 발전한 사회가 아니었기 때문에 그나마 '담합통일'이 일단 성립할 수 있었지요. 그러고도 실질통합이 안되다가 내전을 거쳐서야 통일이 됐는데, 한반도 같은 세계적인 화약고에서는 그런 식의 뒷마무리는 생각할 수 없어요. 하처장 말씀대로 다양한 세력들이 부딪히는 복잡한 양상을 겪어내면서 민간 차원에서 상당수준의 통합을 이루는 것이 선결조건이 되는 겁니다.

셋째, 그럼에도 불구하고 나는 '1단계 통일'이 멀지 않다고 큰소리를 쳤는데, 엄연히 두 개의 정부가 있고 무엇보다 두 개의 군대가 남아 있는 상태에서 설령 '이걸 통일이라고 하자'라고 양측이 합의한다 한들 그게 일종의 말장난에 불과하지 않느냐는 반론이 가능하겠지요. 그러나 남북한의 경우는 원래 별개의 통일된 국민국가로 존재하다가 처음으로 합치겠다는 게 아니고, 오랫동안 하나이던 민족을 억지로 둘로 갈라놓은 것을 다시 합치려는 재통일(reunification)이에요. 그 점이 유럽연합과 다른 점이지요. 1945년 당시 불과 70여 년의 통일된 역사밖에 갖지 못했던 독일과도 다르고요. 한반도의 분단은 아무런 명분 없이 외세에 의해 강요된데다 동족간의 전쟁, 그리고 삼엄한 군사분계선으로 겨우 유지해온 분단이기 때문에, 오히려 잘못 풀어놓으면 대혼란을 야기할 엄청난 상호흡인력이 작용하고 있어요. 이런 판을 잘 관리해서 '남측의 연합제 안과 북측의 낮은 단계 연방제 안' 부근의 어느 지점에 이미 도달했음을 공식 선포해놓으면 2단계, 3단계의 통일이 따라오게 마련입니다. 국가연합의 일반적인 사례와는 전혀 다른 경우지요.

하승창 관련해서 분단체제를 허물기 위한 마음의 공부라는 것도 구체적 목표로 이해되기보다 추상적인 '자세'의 문제로 이해될 수 있을 것 같은데……

백낙청 그게 단순한 오해는 아니고, 개인의 마음공부를 개인들의 환경이나 사회구조 문제로부터 분리시켜 추상화하는 것은 흔히 있는 일이지요. 원래는 사람이 살아가면서 자기 몸을 돌보고 마음을 챙기는 공부는 누구나 해야 하는 일 아니겠어요? 한 걸음 더 나가서, 나는 수많은 평범한 사람들이 달라짐으로써 세상이 달라진다는 생각이야말로 진짜 민중사관(民衆史觀)이라 믿어요. 다만 이걸 '너희들 각자가 성현처럼 되기 전에는 세상을 바꿀 생각을 말아라'는 식으로 교묘하게 변형시켜서 내휘두르는 것이 기득권자들의 상투적인 수법이지요. 실제로는 세상 바꾸는 공부와 자기 마음 챙기는 공부를 갈라놓을 수 없는 겁니다. 그런데 보수주의와 정반대 방향에서 이걸 갈라놓으려 했던 것이 이른바 현실사회주의가 아니었는가 해요. 혁명을 일으켜서 정치권력을 획득한 뒤 사회의 경제제도를 근본적으로 바꿔놓으면 '사회적 존재'인 인간의 의식은 저절로 바뀔 거라는 믿음이 한때 팽배했었지요.

구호보다 실제로

하승창 통일시대를 '만들어'간다는 의미에서 남북의 교류와 통합작업에 각자 힘닿는 만큼 참여해야 한다고 말씀하고 계신데, 특히 민중대참여의 원칙을 말씀하고 계신데, 그렇다면 현재 진행되는 각종 교류와 통합작업에 대해서는 어떤 판단을 갖고 계시고, 민중대참여의 원칙에 대한 이해를 높이기 위해 그 구체적 방안이랄까 하는 것을 생각해보신 것이 있으시다면 말씀해주시죠.

백낙청 구체적인 방안을 말하기보다 민중대참여의 원칙을 강조한 취지를 조금 더 설명해보지요. 1972년의 7·4공동성명에서 합의한 '자주, 평화, 민족대단결'의 3대원칙은 남북 쌍방이 거듭 재확인해왔고 지금도 물론 유효합니다. 그런데 6·15 이전의 시대에는 통일논의와 통일사업의 공간이 한정돼 있었기 때문에 '민족대단결'의 원칙도 폭넓은 지지를 얻기가 어려웠습니다. 그러다 보니 '민족대단결'이 통일운동에 나선 한정된 사람들간의 단결을 위한 구호에 그치는 경향이 생겼어요. 하지만 가령 시민단체들이 빠지고 평범한 시민들이 몰라라 하는 민족대단결운동이 그 이름값을 한다고 할 수 있겠어요? 하기는 '민중대참여'라는 원칙도 얼마든지 구호로 끝나버릴 수가 있어요. 중요한 것은 실제로 수많은 시민 내지 일반민중이 각종 교류와 통합 작업에 관여하게 되는 일인데, 그러자면 분단체제의 문제점에 대한 인식이 더 넓게 퍼져야 하지만 통일에 대한 개념과 통일운동 하는 방식도 바뀔 필요가 있다는 것이지요.

하승창 6·15공동위가 올해 막혀 있던 남북관계의 개선이나 대립적 분위기의 한반도 정세를 완화하는 데 일정한 기여가 있었다고 할 수 있을 것입니다. 현재 6·15공동위는 어떤 상태에 있으며 향후 어떤 계획을 가지고 있는지요? 사실 시민운동단체들과 통일운동단체들의 거리가 노동운동이나 다른 사회운동처럼 가깝다고 할 수는 없는데, 시민운동이 다른 사회운동과도 운동의 과제나 방식, 철학 등 여러 위상에서 차이가 있는 것처럼 마찬가지일 수 있다고 봅니다. 6·15공동위를 겪으시면서 두 운동의 관계에 대해 느끼신 점이나 바라고 있으신 것이 있다면 말씀해주시죠.

백낙청 공동행사로는 을사늑약 100주년(11월 17일)을 기해 무언가 하자고 원칙적인 합의를 해놓은 상태지만 아직 구체적인 계획이 안 섰고요. 또 6·15공동위원회의 전체회의가 3월 4일 결성식 직후에 거행된 이래 2차회의가 열린 바 없는데 그것도 한번 해야 할 겁니다. 다만 지금은 6·15와 8·15의 양대 축전을 성공적으로 치러낸 상황이니만큼 1차회의 때와 달리 충분한 준비를 거쳐서 회의문화 자체에도 일정한 진전을 가져오는 2차회의가 되어야 한다는 생각을 우리 남측에서는 많이들 하고 있지요. 남측준비위 내부의 과제로는 아직도 엉성하다고 할 수밖에 없는 조직의 모양새를 갖춰가면서 '통일운동 연대기구'로서의 진로에 대한 성원간의 공감대를 넓혀나가는 일이 급선무라 생각합니다.

이 과정에서 기존 통일운동단체들과 상당한 거리감을 느껴왔던 시민운동단체들이 6·15공동위의 주요 구성세력의 하나로 들어와 있다는 것이 굉장히 뜻깊다고 생각합니다. 그런데 노동운동을 말씀하셨지만 물론 양대 노총이 통일연대의 일부로 통일운동을 해왔지요. 그러나 노동운동의 지도부, 특히 그중에서 통일지향성이 강한 부분이 아니고 일반 노조원이나 노동대중을 기준으로 말한다면 통일운동단체들과의 관계가 시민운동보다 더 가까웠다고 말하기도 힘들어요. 이제부터 정규직·비정규직 할 것 없이 모든 노동자들에게 '한반도식 통일'이 자기 일이라는 인식을 심어주는 것이 6·15공동위가 해야 할 일 중에 하나라고 봅니다.

단기적으로 시민단체들의 역할은 이 모든 과정에 통일연대-민화협-7대종단-시민사회단체 4자구도의 한 축으로서 적극적으로 참여해주는 일이겠지요. 자신의 시각과 의제를 당당히 주장하면서도 다른 사람들의 주장을 경청해서 조직과 노선의 문제를 해결해나가는 시민운동 특유의 지혜를 발휘해야 할 거예요.

길게 볼 때 나는 '민중대참여의 원칙에 입각한 민족대단결'을 위해 종단과 시민단체들의 참여가 훨씬 활발해지는 것이 긴요하다고 봅니다. 통일연대나 민화협의 역할이 중요하지 않다는 뜻이 아니라, 이제까지 통일운동에 나서지 않은 대중에 대해 엄청난 영향력을 지닌 종단과 시민사회단체들이 어떤 몫을 하느냐에 따라 내가 생각하는 한반도식 통일의 성패가 좌우된다고 믿기 때문이지요.

통일을 위해서도 마음공부가 있어야

하승창 마음공부라는 것이 어쩌면 늘 가장 어려운 공부기도 한데, 특별히 마음공부를 강조하시는 이유를 마무리 말씀 삼아 해주시면 좋겠습니다.

백낙청 마음공부가 어렵다면 어렵지만 '가장 어려운 공부'인지는 모르겠어요. 이것도 너무 어렵게만 생각하면 어깨에 힘이 들어가서 잘 안되지요. 마음공부가 어렵다는 것은 끊임없이 계속해야 하는 공부인데도 일에 빠지다 보면 놓치기 쉽다는 뜻이겠지요. 반면에 마음공부를 끝내고서야 다른 일을 할 수 있는데 끝이 안 보여서 어렵다는 뜻이라면 이건 기득권층의 논리에 또 한번 현혹되는 결과가 되겠지요.

아무튼 누구나 당연히 해야 하는 거라는 원론적인 이야기를 넘어, 특별히 우리식 통일과 관련해서 마음공부를 강조할 만한 까닭이 있다고 봅니다. 이미 했던 말의 되풀이가 되지만, 민중대참여의 원칙에 따른 민족대단결을 실질적으로 진행시키면서 일정한 지점에서 당국자들이 이를 추인하고 공식화하는 것이 한반도식 통일인데, 평범한 시민 한사람 한사람의 도덕성과 실행력이 그만큼 더 중요해질 것이 분명하지요. 마음공부가 어느 정도 된 사람들이 통일사업을 하고 사업의 과정 자체가 공부감이 되지 않고서는 이 전대미문의 과업을 감당할 수 없을 겁니다.

우리는 지금 '통일시대'의 들머리에 있다

백낙청(6·15공동행사준비위 남측 상임대표)
타까사끼 소오지(쯔다주꾸대학 교수)
이순애(와세다대학 강사)
2005년 10월 21일 창비 서교동 사무실

2005년 6월, 평양에서 '6·15공동선언5주년기념민족대축전'이 거행되었다. 한국에서는 정동영 통일부 장관 등 정부대표단과, 백낙청 '6·15공동선언실천을 위한 남·북·해외공동행사준비위원회' 남측 상임대표 등 300명이 참가했다. 그러나 이 행사에 대해서, 특히 한국의 민간통일운동에 대해 일본에서는 거의 보도되지 않았고, 거기까지 이르는 경위에 대해서도 전혀 소개되지 않았다. 때문에 한국내의 통일운동에 대한 오해나 편견이 발생하고 있는 듯하다. 그래서 남측 상임대표인 백낙청씨를 인터뷰하는 것이다. 〔高崎宗司·李順愛〕

■이 인터뷰는 일본 이와나미쇼땡(岩波書店)에서 펴내는 『세까이(世界)』 2006년 1월호에 수록된 것이다. 원제는 「私たちはいま, '統一時代'のとば口にいる —南北關係, 東アジア地域統合, 北の人權問題をめぐって」. 『세까이』지에 실린 일역본에는 서두의 '시민방송' 관련, 뒷부분의 '젊은 세대의 통일의식' 발언 대목 등이 지면 사정으로 생략되었다.

타까사끼 바쁘신 가운데 인터뷰에 응해주셔서 감사합니다. 선생님께서는 2년 전 서울대를 정년퇴임하셨는데, 그 후 어떻게 지내셨는지요?

백낙청 네. 2003년 2월 말에 정년퇴임했습니다. 흔히들 은퇴하면 더 바빠진다고 하는데 저도 비슷한 경우가 아닌가 하는 생각입니다. 물론 실제로 더 바빠진 것은 아니지요. 아무래도 학교에 출근을 안하니까 시간이 전보다 많이 생기기는 합니다. 제가 학교를 그만둘 무렵에 시민방송재단 일로 이미 한창 바빴거든요. 금년 들어서 상임이사가 부임하면서 그쪽 일에 부담을 좀 덜게 됐는데, 금년 초에 6·15공동위원회 일을 맡게 되면서 도로 바빠졌습니다.

타까사끼 선생님께서는 문학평론가로도 활약하셨는데 그동안 그쪽 활동은 어떻게 하고 계셨습니까?

백낙청 사실 문학평론가로서는 대학에서 은퇴하기 전후해서 한동안 거의 휴업했었습니다. 학교 강의를 하면서 시민방송 일을 봐야 했거든요. 시민방송에 대해서는 한국에서조차 모르는 사람이 많으니까 잠깐 설명을 드리죠. 퍼블릭액세스 방송이라고도 하는데 시민들이나 시민단체가 직접 제작한 프로그램을 틀어주는 것이 주목적입니다. 그런데 가령 미국에서는 퍼블릭액세스 텔레비전이라는 게 대부분 소규모의 지역방송인 데 반해 시민방송 RTV는 위성방송으로 나가는 전국적인 방송이기 때문에 아무거나 틀어줄 수도 없고, 또 한국의 실정이 아직은 시민들의 미디어 제작물이 많지 않기 때문에 우리가 시민들과 여러가지 공동기획 또는 공동제작을 하기도 합니다. 한국 초유(初有)의 실험일 뿐 아니라 동아시아는 물론 세계적으로도 유례가 드문 전국규모 시민참여방송의 한국적 모형을 만들어가는 과정이지요. 어쨌든 그 일도 있고 해서 한동안 거의 문학평론을 못하다가 작년(2004년)에 오랜만에 평론을 다시 쓰기 시작했고 앞으로 더 많이 써볼 생각입니다.

통일운동의 선두에서

타까사끼 선생님께서는 금년 남북정상회담 5주년을 기념하는 '6·15공동선언실천을 위한 남·북·해외 공동행사준비위원회'의 남측준비위원회 상임대표로 민간차원의 통일운동에서 선두에 서게 되셨습니다. 우선 6월 14일부터 17일까지 평양에서 '민간통일대축전'이, 그리고 8월 14일부터 17일까지 서울에서 '8·15민족대축전'이 성공리에 거행되었습니다. 남측 준비위원회가 결성된 경위, 선생님께서 상임대표를 맡으신 이유, 일련의 행사가 지니는 의의 등에 대해서 말씀해주시겠습니까?

백낙청 약칭은 '6·15공동위'라고도 하고 남측만 가리킬 때는 '남측준비위'라고도 합니다. 우선 이 기구에 대해 간단히 설명드리지요. 한국의 통일운동, 남북교류운동에서 민간운동의 갈래가 많지 않습니까? 그중 하나가 민화협(민족화해협력범국민협의회)인데 이것은 김대중정부 출범 이후 폭넓은 연대기구를 만들겠다고 정부측이 주도해서 만든 것입니다. 그런데 범민련(조국통일범민족연합)이라든가 한총련(한국대학총학생회연합) 같은 단체들은 그때 제외됐습니다. 지금도 그렇지만 국가보안법상 이적단체로 규정되었기 때문에 포함시킬 수 없었던 거지요. 그러다 보니까 이들뿐만 아니라 재야통일운동을 해온 많은 단체들이 민화협에 안 들어갔어요. 그분들이 중심이 돼서 2000년도에 결성한 것이 통일연대(6·15남북공동선언 실현과 한반도 평화를 위한 통일연대)입니다. 이렇게 민화협과 통일연대라는 두 개의 큰 연대기구가 있고, 거기에 7대 종단이 가세해서 남북공동행사추진본부라는 것을 만들었습니다. 그러니까 불교, 개신교, 천주교, 원불교, 유교, 천도교, 그리고 나머지 하나는 민족종교협의회라고 대종교, 증산교 등 여러 종교가 합쳐서 만든 기구지요. 이렇게 7개의 종단이 합쳐 '온겨레손잡기운동본부'라는 것을 만들었는데, 작년까지는 이 온겨레손잡기운동본부와 민화협, 통일연대의 3자연대로 남북공동행사 추진본부라는 것을 만들어서 여러 행사를 추진했습니다.

그러다가 6·15공동선언 5주년이자 광복 60주년인 금년에는 새로운 국면을 열어보자는 취지로 남·북·해외가 단일기구를 구성하기로 했고, 남쪽에서는 기왕에 추진본부를 구성해온 3자에다가 시민단체들, 그러니까 종전에 통일운동에 직접 가담하지 않았던 NGO들이죠, 환경운동연합이나 녹색연합, 참여연대, 민변(민주화를 위한 변호사모임), 이런 단체들이 새로 가세해서 또 하나의 축을 이루게 됐습니다. 말하자면 4자구도로 확대 개편된 거지요. 이분들이 작년 연말부터 남측준비위 결성을 추진해왔는데 상임대표 할 사람에 대해서 합의를 잘 이루지 못했던 것 같아요. 아시다시피 저는 문필가로서는 통일에 대해 생각도 하고 글도 발표해왔지만 일선 통일운동에 나서지는 않았던 사람이죠. 그리고 지금 말한 4자의 어디에도 확실하게 소속되어 있지 않습니다. 그래서 저도 뜻밖이었고 많은 사람들이 뜻밖의 인선이라고 했는데 궁여지책으로 저를 내세운 것 같기도 합니다.

제가 이 자리를 맡기로 결심한 이유는, 한편으로 제가 그동안에 분단체제의 극복이니 이런 말을 너무 많이 해왔기 때문에 다소 책임을 져야 한다는, 말하자면 저의 업보(業報)라는 생각이 있었고(웃음), 또 하나는 6·15시대를 맞아서 통일사업이 대중화하는 것이 중요한데 그런 점에서는 기존에 통일운동을 열심히 했던 분보다는 나처럼 일선에서 행동을 안하던 사람이 가담하는 것이 의미가 있겠다 하는 생각이었습니다.

타까사끼　선생님께서는 『흔들리는 분단체제』를 내셨는데, 이 책에 대한 평가가 선생님께서 상임대표로 취임 요청을 받은 것과 어떤 관련이 있었습니까?

백낙청　책 내용에 대한 평가가 중요했다고는 생각지 않습니다. 그것보다는 여러 갈래 중에 어느 한쪽에도 깊이 관여하지 않은 것 때문에 반대하는 사람들도 그만큼 적지 않았나 합니다.(웃음)

타까사끼 남측준비위원회가 해온 활동과 그 의의에 대해서 말씀해주시죠.

백낙청 제가 1월 말에 대표가 되고 나서 곧바로 3월 4일에 금강산에서 남·북·해외 3자가 합친 공동기구를 결성했습니다. 나중에 기회가 있으면 더 얘기하겠지만 그때 여러가지로 힘들었어요. 그 후에도 많은 곡절이 있었습니다만, 6·15평양축전이 아주 성공적이었고, 8·15 때는 남쪽에서 했는데, 그때도 남쪽대로 걱정이 많았지만 대체로 무사히 넘어갔고 대단히 성공했다고 여러 사람들이 평가하고 있습니다.

2000년 6월의 남북정상회담과 그때 나온 평양선언이 획기적인 사건이었는데, 그것이 한동안 여러 사정으로 제대로 실천이 안되고 있지 않았습니까? 이것이 지난 6월부터 8월에 이르는 일련의 행사를 계기로 남북 당국자간의 대화가 재개되고, 더 나아가서는 9월달에 6자회담의 공동성명이 나오고 하면서 이제 6·15시대가 제대로 복원이 됐다고 평가하고 있습니다.

지금은 통일시대 겸 분단시대

타까사끼 선생님은 2005년 9월 11일에 거행된 경기도 주최 '세계평화축전'에서 '6·15시대의 한반도와 동북아시아평화'라는 타이틀로 강연하셨는데, 2000년의 강연 '6·15선언 이후의 분단체제 극복작업'에서는 현단계를 "'통일시대' 겸 '분단시대'"라고 정의하셨습니다. '6·15시대'라는 것은 그것과는 다른 것입니까?

백낙청 통일시대라는 말은 사람들이 그냥 막연하게 많이 쓰죠. 그런데 '통일시대 겸 분단시대'라는 6·15 직후의 저의 표현은 역설적으로 들리지만 정확한 표현이라고 생각합니다. 아직까지 분단이 지속되고 있다는 의미에서 분단시대라는 말이 맞는데, 한반도의 통일과정은 독특한 것이기 때문에 통일시대와 분단시대의 구별이 분명치가 않아서 '통일시대 겸 분단시대'라는 표현이 단순한 레토릭 이상의 뜻을 지닐 수 있다고 믿습니다.

6·15시대라는 말이 그것과 배치되는 개념은 물론 아니고요. 2000년 6월이 갖는 획기성에 대한 의식이 조금 강화된 결과라고 보면 되겠지요. 그리고 저 자신이 조금 더 엄밀하게 개념정리를 시도해온 것으로는 '분단체제'라는 개념이 있지요. '분단체제'가 '분단시대'와 동일한 외연을 갖는 것은 아닌데, 남북분단은 1945년부터지만 분단체제라고 일컬음직한 구조가 성립한 것은 한국전쟁을 치르고 휴전이 된 53년(휴전) 이후로 보거든요. 그 '분단체제'의 역사에 대해 저 나름으로 몇 가지 시대구분을 하고 있습니다. 그러니까 1953년 이전이 '분단체제'의 전사(前史)에 해당한다면, 53년부터 군사 쿠데타가 일어나는 61년까지는 '분단체제'가 성립은 되었으나 아직 불안한 초기국면이고, 박정희, 전두환의 군사독재시대에 이르러서야 그 안정기(安定期) 내지 고착기(固着期)를 맞는다고 볼 수 있습니다. 그것이 1987년 6월항쟁을 계기로 동요기(動搖期)에 들어갔다고, 지금 생각하면 그렇습니다. 당시에는 그렇게 확실하게 인식을 못했는데. 그래서 『흔들리는 분단체제』라는 책이 1998년에 나왔습니다만, 그때도 언제부터 흔들렸는가에 대한 얘기는 분명히 안했습니다. 하지만 지금 돌이켜보면 87년에 분단체제를 남쪽에서 지탱하고 있던 군사정권이 무너지면서 분단체제가 흔들리기 시작했다고 보는 것이 정확할 것 같아요. 이것이 6·15를 계기로 더욱 심하게 흔들리게 된 것은 분명한데, 이를 그냥 동요기의 연장으로 볼 것인가, 아니면 6·15를 계기로 분단체제가 아예 해체기(解體期)로 들어선 것인가? 흔들리는 정도가 아니라 무너지는 국면에 들어섰다고 볼 것인가에 대한 의문이 남아 있었는데 금년을 지나면서 저 나름대로 신심(信心)이 생겼습니다. 6·15는 분단체제 해체의 시작이다, 그런 의미에서 6·15시대는 '분단시대 겸 통일시대'지만 동시에 제가 경기도 도라산역(남한 내 경의선 최북단 역)에서 행한 강연에서 말했듯이 '통일시대의 들머리'에

해당한다고 말할 수 있습니다. 1999년의 표현과 2005년의 표현 사이에는 대략 그런 뉘앙스의 차이가 있다고 볼 수 있죠.

6·15시대와 동아시아의 지역통합

타까사끼 한국에서는 독일식 통일도 베트남식 통일도 아닌, '우리식의 통일' 혹은 '한반도식의 통일'이어야 한다고 말씀하셨습니다. 선생님께서는 일찍이 1999년에 김대중정권의 대북화해노선의 정착을 언급하면서 '한반도의 통일과정은 이미 시작되고 있다'고 말씀하신 적이 있습니다. 그것은 '일회성 사건으로서의 통일'이 아니라, '과정으로서의 통일'이라고도 표현하셨습니다. 독일의 경우와는 어떤 차이가 있습니까? 또 '6·15시대'와 동아시아의 지역통합은 어떤 관계가 있다고 생각하십니까?

백낙청 분단체제론이라는 것은, 한반도의 경우에 남과 북의 국가간의 대립이라든가 또는 진영간의 대립, 이런 것을 핵심으로 보지 않고 오히려 분단체제라는 것이 한반도 전체에 걸쳐 있고 그 체제에서 이득을 보는 사람과 그로 인해 억압받는 민중이 남북 양쪽에 다 있다는 식으로 발상을 바꾸자는 문제제기입니다. 그러니까 한반도 차원에서 국가 위주의 발상에서 민중 위주의 발상으로 바꾸는 겁니다.

그런데 동아시아 지역통합 문제에서도 우리가 국가를 위주로 생각하면 답이 안 나온다고 봅니다. 그건 동아시아 국가간의 사이가 나빠서만이 아니라 설혹 사이가 좋아지더라도 유럽과는 달라서 몇 개 안되는 국가들이 크기나 힘에 있어서 워낙 격차가 나기 때문에 연합관계를 형성하기 어렵게 되어 있지요. 가령 중국을 한국이나 몽골, 심지어 일본과 같은 의미로 한 개의 국민국가라고 보기는 힘들지 않습니까? 한때는 '천하(天下)'의 전부는 아니더라도 그중에서 문명화된 전부가 중국 천자(天子)의 영토로 간주되었는데, 이런 제국(帝國)이 근대의 이른바 국가간체제(interstate system)에 편입되면서 두어 나라는 포기하고 또 충분히 국민국가로 독립할 만한 규모와 이질성을 지닌 몇 개 지역은 끌어안은 채 단일 국민국가 행세를 하고 있는 게 현대 중국이에요. 이런 중국과 다른 나라들이 어느정도라도 대등한 연합관계를 구성한다는 것은 매우 힘든 일이지요. 적어도 주민들의 다수결 원칙이 적용되는 민주적 연합은 불가능할 거예요. 게다가 중국을 동아시아 국가라고 부르는 것부터가 무리한 면이 있어요. 지금은 경제발전이 동부의 해안지역에 치중해 있고 외교나 안보 문제도 미국, 일본과 부딪치는 동아시아 지역에서 가장 심각하기 때문에, 특히 우리 한국인들의 입장에서는 중국을 동아시아국가로 보기 쉽지만, 인도나 서아시아, 중앙아시아 사람들이 볼 때는 또 다르게 마련이지요. 그렇기 때문에 유럽연합식의 국가단위 통합은 동아시아에서 현재 불가능할 뿐 아니라 앞으로도 어렵다고 보고, 대신에 남북의 통합이 국가와 국가가 일거에 통일하는 과정이 아니고 제가 도라산강연에서 사용한 또다른 표현처럼 '어물어물' 진행되는 그런 통합이듯이, 동아시아 지역통합도, 물론 기본적으로는 국가간의 협약이 있어서 기반을 만들어줘야 하지만, 느슨한 틀 속에서 가능한 영역부터 실질적인 통합을 어물어물 진행하는 그런 양식이 되어야 한다고 생각합니다.

한국의 탁월한 건축가이자 도시설계자로 김석철(金錫澈)이라는 이가 있는데, 그가 '황해공동체'라는 것을 제안한 바 있습니다. 올해 창비에서 간행한 『희망의 한반도 프로젝트』라는 저서에서 매우 구체적인 구상을 밝히기도 했지요. 황해 일원(一圓)이면 중국, 남북한, 그리고 일본, 우선 이 4개 국가가 들어가는데, 국가 단위로 다 들어가는 것이 아니라 4개국이 국가 차원에서도 어느정도 우호적인 관계를 갖는 가운데 황해를 중심으로 실질적으로 이루어지는 경제교류, 문화교류, 인적 교류, 이런 것의 축적이 형성하는 지역공동체가 중요하다는 겁니다. 그러니까 중국 같으면 중국의 해안지역 중에서 주로 상하이(上海) 이북, 일본 같으면 큐우슈우(九州)

와 세또나이까이(瀨戶內海), 칸사이(關西) 지방까지 들어가겠지요. 한반도
는 워낙 작으니까 다 들어가고요. 아무튼 실질적인 교류와 통합이 성취되
는 것만큼 실재하게 되는 공동체지요. 그것이 딱히 어느 싯점에 성립하는
지도 분명치 않고, 또 일단 성립했다 해도 그 경계선이 어디까지인지 명백
하지가 않습니다. 황해에서 내륙으로 또는 연안을 따라 얼마큼 넓어질지,
또는 다시 좁아질지는 실제로 경제활동이나 문화교류의 영역이 얼마나
퍼지고 위축되느냐에 따라서 결정되니까요. 그러니까 근대적인 국가 개
념보다도 예전의 문명권 개념에 더 부합하죠. 어디부터 어디까지가 기독
교문명이고 어디부터 어디까지가 중화문명이고 이런 것이 모호하지 않았
습니까? 아무튼 동아시아의 지역통합은 기본적으로 그런 식으로 이루어
지는 수밖에 없다고 보는데, 그 진행형태도 제가 생각하는 남북간의 점진
적이고 실질적인 통합의 과정과 비슷하려니와, 실제로 양자가 병행하지
않으면 둘다 현실적으로 이뤄지기가 힘든 그런 양상이라고 생각합니다.

10년 이내에 남북간 국가연합 가능

타까사끼 '통일시대'와 '조선반도식의 통일'에 대해서 계속 말씀해주시
겠습니까?

백낙청 99년의 글에서는 그냥 막연하게 '과정으로서의 통일'이라는 것
을 주장했었지요. 그때는 6·15 이전이고, 6·15를 예측하지도 못한 싯점
에서 막연한 원론적 차원에서 얘기했던 거예요. 그러나 지금은 한반도식
통일이라는 것이 이미 상당정도 진행이 되어서 그 일차적인 완성이 멀지
않았다, 당장 내년이나 후년에 된다는 이야기는 아니지만 그러나 20년, 30
년 뒤의 먼 일도 아니라는 것입니다. 6·15공동선언 제2항에 보면 "남측의
연합제(聯合制) 안과 북측의 낮은 단계의 연방제(聯邦制) 안이 서로 공통성
이 있다고 인정하고 앞으로 이 방향에서 통일을 지향시켜나가기로 하였

다"고 했습니다. 극히 애매모호한 표현입니다만, 한반도식 통일의 기본방향은 베트남식도 아니고 독일식도 아닌 독특한 방식일 것이라는 점만은 확실히 제시한 거지요. 아무튼 그런 방향으로 나가려면 남북간의 경제협력이라든가 사회문화교류, 군사적인 협의 등도 진행이 되어서 남북간에 연합제(내지 '낮은 단계의 연방제')가 무리없이 실현될 수 있는 기반이 마련되어야 하는데, 그동안에는 그것이 과연 가능할까 하는 의문들이 있었습니다. 그러나 금년 여름을 지나면서 그 방향으로 확실히 대세가 형성되었다는 확신을 저뿐 아니라 많은 사람들이 갖게 되었다고 봅니다. 따라서 그 지향점을 연방제라 부를 거냐 연합제라 부를 거냐로 싸울 필요가 없고, 그다음 단계에는 또 무엇을 할 것이냐를 두고 미리 다툴 것도 없이, 실질적으로 교류를 진행시키고 접근하고 통합하다가 적절한 싯점에 남북이 만나서, "자 이만하면 엔간히 진행되지 않았냐? 6·15선언에서 말하던 지점에 대충 온 것 같다, 이제 1차적인 목적달성이 됐다고 선언해버리자" 이렇게 합의하면 나는 그것이 1단계 통일이라고 보는 겁니다.

타까사끼 '제1단계 통일'은 언제쯤 현실로 다가올까요?

백낙청 몇년도라고 할 수는 없지만 이 발상이 우리 주변의 흔한 발상과 어떻게 다른가 하는 점을 설명하는 방식으로 말씀드리죠. 제가 최근(2005년 10월)에 독일에 다녀왔는데, 금년도 프랑크푸르트도서전에서 한국이 주빈국이 됐고 여러 부대행사 중의 하나로 한독(韓獨) 국제학술회의를 했어요. '민주주의, 통일, 그리고 평화'라는 주제를 가지고 독일과 한국의 학자와 지식인, 정치인들이 씸포지엄을 했는데, 저는 그중에 한 쎄션의 사회를 보고 왔습니다만, 거기서 상당수의 한국측 학자들이 내놓은 주장이…… 어떤 이는 통일을 말하는 것은 평화정착에 방해가 되기 때문에 통일논의를 하지 말고 옛날의 동서독을 본받아서 일단 통일은 포기하고 평화정착, 평화공존에 몰두하자고까지 말하더군요. 또 어떤 분은 한국정부의 공식입장에 가까운데, 포용정책을 먼저 추진하고 그다음에 평화정착을 하고 그다음 단계에 가서야 통일을 할 수 있다는 주장을 펼쳤어요. 단계별로 나가자는 점에서는 제 입장과 비슷하게 보일지 모르지만 발상 자체가 좀 달라요. 특히 독일의 선례를 염두에 놓고 이런 주장을 하는 분들이 강조하는 것은, 우리가 독일에 비해서 여건이 매우 나쁘고 교류와 접촉이 시작된 것도 훨씬 늦었고, 그런데도 독일이 갑자기 통일하면서 부작용을 안게 된 사태를 피하기 위해서 더 잘해야 한다는 거예요. 그러니 그게 어느 세월에 된다는 겁니까. 바깥세계 사람들이 50년, 60년 걸려서 한국이 그런 통일을 하기를 기다려줄 것도 아니고요. 동독이 어떻게 됐는지를 북이 아는데 이런 일정에 협조해줄 리도 없는 거고요. 결국은 통일은 어렵다는 이야기를 좀 멋있게 한 것밖에 안되는데, 정작 한반도에서는 남북의 정상(頂上)이 이미 독일과는 전혀 다른 방식으로 나가겠다고 선언했고 실질적으로 그 과정이 진행되고 있단 말이죠.

이렇게 보면 제가 몇년이라고 말은 못하지만 20년, 30년 걸리는 기간은 아니고 머지않아서, 아마 10년 이내에 우리가 남북간에 국가연합을 선포할 수 있는 그런 상황이 온다고 봅니다. 다만 이 국가연합의 형태가 아주 독특할 거예요. 원래 국가연합(confederation 또는 union of states)이 연방(federation)과 다른 것은 개별 정부가 존속하는 가운데 연합기구를 공유하는 거잖아요? 유럽연합이 현재진행형의 국가연합인 셈이고, 그밖에 스칸디나비아 연합이나 베네룩스 3국 같은 유형들도 있죠. 그런데 유럽연합도 아직은 매우 느슨한 연합이지만, 남북간의 국가연합은 어떤 점에서 그것보다 더 느슨해야 합니다. 가령 남북간의 화폐통합이 국가연합의 전제조건이 되어야 한다면 그건 어렵지 싶고, 또 유럽의 경우는 유럽연합 내에서 진작부터 이동의 자유가 있는데 남북한의 경우는 오히려 인구이동의 일정한 통제를 전제해야 연합이 가능하리라고 봐요. 이에 대해, 그것이 국가연합일지는 모르지만 통일은 아니지 않느냐 하는 반론이 이론상으로는 가능합니다. 그런데도 이것을 한반도 특유의 통일방식이라고 내가 주장하는 이유는, 유럽연합은 각각의 국가가 통일된 주권국가로 일단 성립한 상태에서 그 나라들이 합쳐나가는 연합인 데 비해, 남북의 국가연합이 이루어진다면 그것은 오랫동안 한 민족, 한 국가로 살아오던 한반도 주민들이 외세에 의해 강제로 분단되었다가 합쳐가는 과정이기 때문에 작용하는 동력(動力)이 전혀 다르다는 것입니다. 화폐의 통일이나 이동의 자유는 없어도 언어의 통일과 문화적 체질의 통일이 이미 이루어진 상태고, 궁극적으로 통일해야 한다는 원칙에 대한 합의가 전제된 연합인 것입니다.

이것은 심지어 독일의 통일과도 다릅니다. 독일도 물론 두 개의 통일국가가 새로 합친 과정이 아니라 외국에 의해 분단당했던 동서독이 '재통일'한 것이지만, 합쳐야겠다는 내적인 동력이 그렇게 강했다고 볼 수는 없어요. 한반도의 경우는 오히려 이게 위험할 정도로 강한 겁니다. 지금 한반도의 휴전선이 너무도 살벌하다고 말하는데, 그것은 한민족이 독일사람들보다 품성이 더 호전적이어서가 아니라 그런 식으로 살벌하게 갈라놓지 않으면 분단이 유지되지 않을 정도로 애초의 분단이 무리한 것이었고, 그래서 전쟁까지 났던 것이고, 지금도 여전히 비상한 상호인력(相互引力)이 작용하고 있는 것이죠. 그래서 재통합 과정을 잘 관리하지 않으면 파국이 닥칠, 굉장한 폭발성을 갖고 있는 상황입니다.

요컨대 유럽연합은 따로따로 잘 살던 나라들을 합쳐가는 과정으로서의 국가연합이고, 한반도의 국가연합은 억지로 분단되었는데 잘못 통일하다 보면 전쟁이 일어날 수도 있고 굉장한 혼란이 일어날 수도 있는 상황을 관리하는 장치로서의 국가연합이기 때문에 그 성격이 근본적으로 다르다는 겁니다. 또 그렇기 때문에 이런 느슨한 국가연합 수준에만 가더라도 그다음 단계의 통일로 가는 흐름은 돌이킬 수 없게 되는 것입니다. 그런 의미에서 남북연합이라는 것이 아주 느슨한 연합일지라도 한반도의 독특한 현실에서는 이미 '1단계 통일'이라 부를 수 있는 것이고, 그것이 멀지 않았다고 말씀드리는 거지요.

6·15공동행사의 의미

이순애 평양에서의 행사를 준비하시는 과정에 여러 곤란한 상황이 있으셨으리라 짐작됩니다. 그중에서도 '남남대화', 즉 한국 내부의 여러가지 다른 의견을 수렴하는 것이 힘들었다고 말씀하셨던데(『민족화해』 2005년 7·8월호) 어떤 의견차이가 있었는지요? 또 북한이 6월 1일에 갑자기 남쪽 참가자 수의 삭감을 통보해온 것에 대해서 한국에서는 "이렇게 일방적으로 통보하는 북한과 공동행사를 하는 것은 과연 옳은가"라는 식의 회의마저 일부에서는 제기했다고 들었습니다만, 그때는 어떤 분위기였는지요?

백낙청 우선 '남남대화'의 문제부터 말씀드리면, 이건 우리 사회 전체가 당면하고 있는 중요한 현안이지요. 그래서 지금도 우리 조직 내의 중요한 과제로 남아 있습니다만, 제가 처음 상임대표가 되어서 금강산에 갔을 때 정말 심각했습니다. 남·북·해외의 3자기구 결성식을 하기 위해 3월 초에 금강산에 갔는데, 갈 때까지도 사실은 이 기구의 성격에 대한 합의가 이루어지지 않은 상태였습니다. 특히 쟁점이 됐던 것이 해외문제인데, 해외를 남이나 북과 대등한 조직으로 한다는 것 자체도 문제가 있는 발상이지만, 제가 대표가 되었을 때 그것은 이미 합의가 된 상태였기 때문에 그것을 전제로 할 수밖에 없었어요. 아무튼 해외 전체를 망라한 해외측준비위라고 하면 해외의 각 지역은 남이나 북보다 훨씬 다양하니까 그 다양한 갈래들을 어느정도 포용할 수 있는 성격이 되어야 하는데 우리 남측으로서는 그렇지 못하다고 판단해서 문제제기를 했던 거지요. 결국 오전 10시에 하기로 했던 결성식을 저녁 9시가 넘어서야 치르는 진통을 겪었는데, 이 과정에서 무엇보다 힘들었던 것은 결성식을 아예 보류하자는 의견에서부터 한시바삐 결성부터 하고 보자는 의견이 우리 내부에서 거의 반반으로 갈렸던 거예요. 그러다가 북측과 해외측이 일부 양보하기도 하고 제가 이걸 받아들이기로 결심해서 무사히 고비를 넘겼습니다. 그 뒤로 우리 조직 내부로 말씀드린다면 그런 심한 갈등은 다시 없었고, 6·15와 8·15 행사가 잘된 뒤로는 자연히 다들 마음이 넉넉해져서 마찰이 많이 줄었지요. 또 어느정도 갈등이 해소되었기 때문에 이들 행사가 성공한 것이기도 하고요.

북측과는 밀고 당기는 일은 끊임없이 계속됩니다만, 제일 심각하게 문제가 됐던 것은 역시 질문하신 대로 우리가 6·15행사를 앞두고 북측에서 갑자기 참가인원 수를 민간대표 100명에 가극 공연단 90명으로 줄여달라고 통보가 왔던 일입니다. 이때는 남쪽에서 참가할 민간대표 615명의 명단을 5월 말경에 다 넘겨준 뒤였지요. 북측의 이유는 그 무렵 미국이 스텔스 전폭기 수십 대를 남한에 배치했고, 또 부시 대통령이나 체니 부통령이 김정일 국방위원장을 개인적으로 모욕하는 발언을 했었습니다. 북에서 주장하기를 이것은 종전의 적대정책에서 한 걸음 더 나아가서 이제는 북을 공격하는 움직임이 구체적으로 시작됐다, 이런 상황에서 축전 같은 것을 벌일 형편이 못되지만 겨레와의 약속이기 때문에 규모를 축소해서 하기로 했다, 이해하고 협조해달라, 이런 취지였어요. 하지만 우리 남쪽의 입장에서는 이런 식으로 일방적으로 통보한 것을 받아들일 수는 없었지요. 남측준비위 내부에서도 받아들여서는 안된다는 의견이 강했지만, 설혹 우리가 가겠다 했더라도 국민여론의 지탄을 받으면서 갔을 것이기 때문에 축전으로서의 의미가 없어지는 것이었죠. 그래서 제가 직접 평양에 가서 협상한 결과 결국 민간대표단 총 300명으로 절충이 됐습니다. 만족스러운 수효는 아니었지만 대화와 절충을 통해서 합의를 이루어내는 과정을 복원한 셈이니까 그런 점에 의미를 둘 수 있었고, 결과적으로는 6·15 평양행사는 아주 만족스럽게 되었습니다. 당국자들도 함께 가서 중요한 논의를 한 모양이고, 특히 6월 17일에 남측 정동영 특사와 김정일 국방위원장의 면담이 이루어져서 하나의 전환점을 만들었다고 볼 수 있으니까요.

이순애 6월 평양방문 때 김영남(金永南) 최고인민회의 상임위원장과의 만남에 대해 잡지 『말』(2005년 7월호)에서 말씀하신 것이 저는 대단히 인상적이었습니다. 김영남씨가 북측의 입장에 대해서 말씀하시던 중에 '우리 민족끼리'라는 사고방식을 강하게 주장하고, 또 미국의 북한에 대한 '봉쇄와 압살' 움직임을 비판하고 그것과 싸우지 않으면 안된다고 주장했을 때, 백낙청 선생님은 발언 요청이 없었음에도 불구하고, 굳이 그 장소에서 의견을 피력할 필요가 있다고 판단하셨습니다. 그리고 '우리 민족끼리'라는 점에 대해서 "6·15공동선언의 제1항에 있듯이, 외세의 간섭을 받지 않고 우리 민족끼리 자주적으로 통일하지 않으면 안된다는 점에는 이 자리 온 우리 모두가 동의하고 그것을 실현하기 위해서 헌신하고 있지만, 이를 남측 사회에서 어떻게 표현하고 실천할지에 대해서는 우리 남측 사람들이 지혜를 모을 것이다"라고 하셨습니다. 그리고 그것은 "바꿔 말하면 남쪽으로 돌아가서 북측이 정리한 대로 맹목적으로 따르는 방식의 실천은 우리들로서는 하기 어렵다"는 말씀이셨지요. 여기서 '외세'가 거론된 것은 내셔널리즘의 차원이 아니라, 일본 식민통치로부터의 해방이 타율적으로 이뤄진 것이기 때문에 분단의 비극이 발생했다는 것에 대한 역사적 반성이 투영되고 있는 것이지요. 또 '반미'에 대해서도 "굳이 미국이라기보다도 외세가 북쪽 동포를 고립시키고 빈곤에 빠뜨리는 것에 대해서는 결단코 반대하며, 그를 위해서 일차적으로는 민족공조를 강화하지만, 동시에 국제연대도 발전시켜 북쪽 동포에게 실질적인 도움이 되는 방안을 고안할 생각이다"라는 요지의 말씀을 하셨습니다. 여기서 제가 선생님의 말씀을 이렇게 길게 인용한 것은 일본 안에서 "한국의 운동은 북한의 의도에 끌려가고 있다. 민족주의적이다"라는 견해가 여전히 존재하고 있기 때문입니다.

백낙청 그런 생각들이시라면 결코 그렇지 않다는 말씀을 이번 기회를 통해 드리고 싶고요. 이순애님께서 저의 그런 입장을 뒷받침하는 의미에서 김영남 위원장과의 대화를 소개해주신 것도 고맙게 생각합니다.

남측의 통일운동 내부에 강한 민족주의적 흐름이 당연히 있습니다. 그리고 북도 지금은 사실 공산주의나 사회주의보다 민족주의를 앞세우는 경향이기 때문에 그런 점에서 외국에 계시는 분들이 특히 그렇고 국내에서도 남과 북이 민족주의로 똘똘 뭉쳐서 이상한 방향으로 가는 것이 아닌가 염려를 하는 분들이 있습니다. 저는 민족주의자들이나 민족주의를 비판하는 쪽이나 모두 조금씩 시각을 교정(矯正)할 필요가 있지 않은가 봅니다. 다른 지면(『한겨레』 2005년 8월 15일자 강만길 교수와의 대담)에서 그런 얘기를 했는데, 민족주의를 상대화할 필요가 있어요. 상대화한다는 것이 그냥 부정하는 것은 아니거든요. 절대적인 가치를 인정하지 않되 그때그때의 상황과 사안에 따라 적절한 비중을 부여하는 것이지요. 그런 입장에서 보면 민족주의를 절대화하는 쪽도 문제가 있고, 국내의 일부 학자나 많은 외국인들이 민족주의라고 하면 무조건 부정하는 것도 문제가 있다고 생각합니다. 물론 일본의 맥락에서는, 독일도 마찬가지입니다만, 민족주의를 일본식으로, 또는 독일식으로 밀고 나가서 커다란 범죄를 저지른 역사가 있기 때문에 거기에 대해서 반성하는 의미로 민족주의를 부정하는 것은 의미가 있다고 봅니다. 그렇지만 내가 민족주의를 갖고 잘못했기 때문에 모든 사람들이 민족주의 비슷한 것만 해도 잘못할 것이라고 예단(豫斷)하는 것은 또 하나의 오류며 오만이 아닌가 합니다.

북의 민주화, 인권문제에 대하여

이순애 저도 동감입니다. 1970년대 한국의 민주화진영 안에서 '아테네의 봄'에 대한 억압에 의해서 북측의 '프라하의 봄'이 도래할 것이라는 전망을 제시한 것이 있습니다. 북한 체제가 안고 있는 문제점에 대해서는 민주화를 위하여 싸워오신 백낙청 선생님은 누구보다도 잘 알고 계시리라 생각합니다. 그러나 선생님께서는 1999년에 쓰신 글에서 당시 한국에서 전개되고 있던 '북한의 민주화운동'에 대해서 그 '비현실성'을 지적하셨습니다(일역본 『조선반도통일론』; 원문은 「한반도 평화통일을 위한 새 발상」, 『통일시론』 1999년 겨울호). 일본에서도 현재 그와 같은 움직임이 활발하게 전개되고 있는데, 지금도 같은 생각이신지요?

백낙청 제가 주장하는 남북연합 단계, 이것은 저의 독창적인 구상이라기보다는 그전에 김대중 전 대통령을 포함해서 많은 분들이 거론해온 안인데, 남북연합 단계는 이른바 '북한의 민주화'를 전제하고 있는 것은 아닙니다. 제가 분단체제의 극복을 말하면 많은 사람들이 북에서도 민주화운동, 민중의 저항운동이 일어나야 남북의 민중이 연대해서 분단체제를 극복할 것 아니냐, 이렇게 생각하고, 독일사람들도 흔히 하는 질문이 동독에서와 같은 민주화 움직임이 북한에 있느냐는 거였어요. 저는 그런 것을 전제로 통일을 생각한다면 그것은 훨씬 요원한 일이 될 것이다, 설혹 이루어지더라도 훨씬 먼 장래에나 가능할 것이고, 이를 섣불리 앞당기려고 하다가는 오히려 전쟁이 일어날 수도 있고 남북관계의 단절을 가져와서 '1차적 통일'마저 어렵게 만들 거라고 생각합니다. 그래서 지금은 실질적인 교류가 이루어지면서 북쪽 인민들의 생활이 개선되고 인권상황도 어느정도 개선이 된 상태에서 남북연합이라는 1단계 통일을 완성해내고, 그다음 단계에 가서 또 거기에 알맞은 사업을 해야 한다는 생각이지요.

그런데 이것이 그동안 남쪽에서 민주주의나 인권을 위해서 싸운 사람들로서 모순된 태도가 아니냐는 질문을 많이 받습니다. 물론 남쪽의 인권문제에만 관심이 있고 북의 인권문제에 대해서는 관심이 없다면 그건 당연히 모순이고 비판받아 마땅합니다. 그러나 북에 대해서 자기 나름으로 인권 차원의 진지한 관심…… 사실 요즘은 인권이라는 말이 너무 정치화되어 있기 때문에 가령 유엔인권고등판무관(人權高等辦務官)을 지낸 매리 로빈슨(Mary Robinson) 전 아일랜드 대통령 같은 분은 제1회 도라산강연(2005. 7)을 하면서 인간안보(human security)라는 말을 쓰더군요. 어쨌든 북쪽 인민의 인간안보에 대해 진지한 관심을 가지면서 그것의 실현을 위해서 어떤 전략이 더 적합한가를 고민하는 것은 과거 남쪽의 인권운동을 해온 사람으로서 전혀 모순된 태도는 아니라고 봅니다. 그것이 현명한 판단이냐 아니냐에 대해서는 논란의 여지가 있겠지만요. 게다가 남쪽에서 인권운동을 한 사람들이라고 해서 모두 똑같은 처신을 할 필요도 없다고 봅니다. 오히려 각자 처한 위치에 따라서 다소간의 역할분담을 하는 것도 필요하다고 봐요. 가령 우리 정부를 예로 들어서 말한다면 남북교섭을 직접 담당하고 있는 통일부장관이 북의 인권문제를 거론하고 나온다는 것은 북의 대화상대로서의 자격을 포기하겠다는 얘기밖에 안되지 않습니까? 그러나 정부 내의 다른 부서에서는 또 다르게 대응할 수 있는 것이고, 마찬가지로 시민사회에서도 동일한 관심을 가진 사람끼리도 맡은 일에 따라 대응이 다를 수 있는 것이죠. 실제로 남쪽 내부에서 시민운동을 하는 분들이 이 문제에 대해 상당히 고민을 하고 있습니다. 특히 여성운동 하는 분들은 북녘 여성들의 인권문제, 평등권문제에 대해 언제까지 우리가 침묵할 것이냐 하는 얘기를 많이 하는데, 그 경우도 남북간의 여성교류를 직접 하는 분들은 아무래도 그런 문제를 정면으로 제기하기가 난처하지요. 그러나 한국 여성운동이 이 문제를 본격적으로 거론해야 한다는 주장을 남쪽 내부에서 개인적으로 하는 것은 가능하고 실제로 그런 얘기들을 하고 있습니다.

일본인 납치사건에 대하여

이순애 『세까이』 10월호에서 이종원(李鍾元) 씨가 3월에 있었던 노무현

정권의 대일정책 전환 표명은 "북한문제에서 이미 일본과는 협의할 수 없다는 것이 아닐까 하는 생각이 근저에 있다"고 해설한 바 있습니다. 북한에 대한 일본의 정책이 강경노선으로 치닫는 것에 대한 비판이라는 것입니다. 사실 이것은 정권뿐만 아니라 한국의 운동권 내의 논의이기도 합니다만, 노무현정권은 일본에 대해 '강경'한 태도로 돌아서고 있는데, 여기에 왠지 설득력의 부족을 느끼게 하는 점이 있습니다. 코이즈미(小泉)정권은 최근 정권 내에 존재하는 강경한 의견의 수용을 자제하고 있습니다. 또 일본인 납치문제에 대해서 일본 국내에서는 우파뿐만 아니라 이른바 '진보파' 사람들도 심각하게 받아들이고, 한국의 '진보파'와도 미묘한 차이를 부분적으로 드러내고 있다고 생각합니다. 전후 일본의 '진보파'가 북한에 대해서 전혀 비판하지 않았던 것은 아닙니다만, 대개 호의적이었습니다. 일본사회도 우호적이라고는 말할 수 없습니다만 적어도 반공, 반북한이라는 식의 분위기는 없었습니다. 그런데 납치문제가 일어난 것입니다. 일본인 납치문제에 대해서 한국사람들은 어떻게 느끼고 있는지요?

백낙청 코이즈미가 최근에 야스꾸니〔靖國神社〕에 또 가서 지금 한국이나 중국에서 감정이 안 좋습니다. 그러나 지적하신 대로 적어도 북한과의 관계에 있어서는 코이즈미씨가 가장 반동적인 것은 아니죠. 오히려 두 번씩이나 평양을 방문했고, 임기중에 조일국교(朝日國交) 교섭을 진전시키려는 의욕을 보입니다. 그러다 보니까 자연히 납치문제에 있어서도 비교적 온건한 태도를 취하고 있는데, 그런 면이 한국국민들에게는 전달이 잘 안되고 있는 게 사실이지요.

글쎄요, 내게는 코이즈미라는 사람이 약간 수수께끼인데……(웃음) 잘 몰라서 더이상 말하기 어렵군요. 납치문제에 대해서는 확실히 일본사회에서 느끼는 것과 한국사회에서 느끼는 것이 온도차가 심합니다. 그중 하나는 지금 지적하신 대로 북에 대한 인식의 차이도 있겠지요. 한국에서는 많은 사람들이 북이 그런 사회인 걸 몰랐냐 하는 식의 반응도 있거든요.

그러나 더 중요한 것은 일본에 대한 인식이나 감정의 차이지요. 납치로 말하면 왕년의 일본 군국주의가 먼저인데다 훨씬 대규모로 하지 않았냐, 그렇게 많은 사람을 징용이다 정신대다 해서 끌고 가고 '위안부'라는 성노예(性奴隸)로 만들어놓고 이제 와서 그 정도의 납치사태를 갖고 그 법석을 떠냐는 거예요. 이건 한국 대중들의 실감을 설명하기 위해서 하는 말이고 그게 온당한 반응이라고 제가 주장하려는 건 아닙니다. 규모에 있어서는 과거 일본의 제국주의가 저지른 일에 비교가 안되지만 이건 무슨 전쟁중이나 식민지통치기간도 아니고, 그야말로 '마른하늘에 날벼락'으로 너무나 뜬금없이 터진 일이거든요. 이런 청천벽력 같은 사건을 놓고 일본사회가 충격을 받고 분노하는 것은 우리 한국인들도 더 깊이 이해하고 피해가족들의 슬픔을 동정해야 옳다고 생각합니다.

사실은 저 자신도 '납치자 가족'이에요. 한국전쟁 도중에 우리 아버지가 북측 당국에 연행되었는데 오랫동안 생사조차 몰랐습니다. 그러다가 2000년 6월 김대중 대통령의 방북 때 집의 형님이 수행단에 포함이 됐어요. 그래서 북쪽에 가족이 있는가를 정보당국에서 알아봐줬는데 돌아가셨다는 사실만 확인이 됐습니다. 사망 시기나 정황은 알 수 없다고 했어요. 저는 시기조차 확인이 안될 정도면 전쟁중 혼란기에 일찍 돌아가셨을 가능성이 많다고 추정을 합니다. 아무튼 저 자신은 납치가족의 아픔을 실감하는 편인데, 다만 직접 당한 가족의 경우와 그것을 지켜보는 일반국민의 경우가 좀 다른 것 같아요. 가족의 입장에서는 그게 전쟁시기에 일어났든 평화시기에 일어났든 고통스럽기는 마찬가지지요. 하지만 일반국민의 경우는 전시의 혼란기에 일어났다면 그런가 보다 하고 넘기기 십상인데 평화로운 시기에, 특히 일본같이 2차대전 종전 이후로는 한국전쟁이든 베트남전쟁이든 '강 건너 불'로만 알고 평화롭게 지내온 사회에서 이런 일이 터지고 실제로 납치였다는 사실이 밝혀지니까 그 충격이 이루 말할 수 없는 거지요. 그런 건 우리가 이해를 해야 한다고 믿습니다.

다른 한편 이런 비교를 생각해보셨는지요? 미국사회가 9·11테러의 충격으로 크게 변했다고 하는데, 일본의 납치문제도 비슷한 면이 있는 것 같아요. 9·11에 대해서도 다른 나라 사람들은 온도의 차이가 컸거든요. 특히 제3세계 사람들은 폭력에 의한 무고한 양민의 희생이라는 것이 일상적으로 당하는 사건이고, 많은 경우에 미국과 관련된 폭력을 체험했던 사람들이라, 자기네들 죽은 것만 그렇게 대단하냐 이렇게 반응하는 사람들도 많았지요. 하지만 실제로 당한 사람이나 가족들의 입장에서는 있을 수 없는 일 아니겠어요? 미국이 아무리 잘못한 게 많다 해도 그 사람들이 그런 식으로 당한 게 옳다고 말해서는 곤란하지요. 그런 점에서는 사실 9·11테러가 났을 때 양쪽이 서로 인간적인 공감을 넓힐 수 있는 계기였다고 봅니다. 미국 바깥에 있는 사람들은 미국인들이 당한 충격과 슬픔에 공감하고, 미국사람들은 자신의 아픔을 통해서 자기들이 그동안 모르고 지냈던 미국 바깥 사람들의 실정을 이해할 좋은 계기였는데, 미국 내에 그런 사람들이 없는 것은 아니지만 극소수에 불과했고, 실제로는 오히려 미국인들의 고통과 희생만 대단하고 다른 사람들의 그것은 아무렇지도 않게 여기는 일방주의가 더욱 강화됐단 말입니다.

그런데 일본사회가 납치문제를 계기로 바로 그런 현상이 벌어지지 않았는가, 그 점에서 9·11테러 이후의 미국과 어떤 유사성을 발견할 수 있지 않는가, 이 점을 물어보고 싶습니다. 그래서 저는 한편으로는 일본국민들이 평화롭게 살다가 이런 꼴을 당하고 분노하는 것이 당연하다 싶으면서도 그 분노의 수위(水位)나 방향을 볼 때는 9·11테러에 대한 미국인의 반응을 연상하게 되기도 합니다. 후지따 쇼오조오(藤田省三) 선생이 일본 사회를 두고 '안락에의 전체주의'라는 표현을 쓴 바 있는데, 그동안 일본 사회의 평화로움이 진정한 평화라기보다 이런 '안락에의 전체주의'에 해당하는 평화였기 때문에 더욱 극단적인 반응이 나오지 않는가 하는 점도 되새겨봤으면 합니다.

이순애 변호사이시던 백낙청 선생님의 아버님께서는 북한에 연행되어 돌아가셨는데, 자식으로서 북한에 대한 증오심은 없으신지요?

백낙청 제가 충분히 효자가 못돼서 그런지(웃음) 그것으로 인해 북의 정권을 증오한다거나 그런 것은 없고, 역시 이 모든 것이 분단시대의 비극의 일부라는 생각을 오래전부터 해왔지요.

타까사끼 납치문제를 해결하기 위해서 북한에 대해 경제제재를 하라는 주장에 대해서는 어떻게 생각하십니까?

백낙청 글쎄요, 경제제재를 해봤자 북측 인민을 상대로 분풀이는 될지 모르지만 납치문제 해결에 무슨 도움이 되겠습니까. 역효과만 나기 쉽지요. 정작 북측 정권에 부담이 되는 것은 이미 시행중인 미국측의 봉쇄조처들이지, 일본이 조금 더 조인다고 정권이 무너질 리도 없고요. 지난번 4차 6자회담의 공동성명대로 관련국가들의 관계가 정상화되고 그 일환으로 조일수교(朝日修交)를 추진하는 것이 최선의 해결책이 아닌가 해요. 말이 난 김에 한 가지 덧붙인다면, 남북관계의 진전이 일본사회가 납치문제 등 여러 문제에 대해 이성적인 자세를 찾는 데에도 적지 않은 영향을 준다고 봅니다. 실제로 이번 6자회담에 한국측이 적극적으로 개입해서 원론적인 합의나마 이끌어내는 데 기여하지 않았다면, 납치문제에 대한 일본 내의 반응은 또 한번 극단적인 열풍에 휘말렸을 것이거든요.

타까사끼 그런데 선생님께서는 북한에 언제, 몇 차례나 다녀오셨는지요?

백낙청 금강산에는 작년에 두 번 간 일이 있습니다. 작년 10월에 가고 12월에 갔는데, 12월에는 창비사에서 제정한 만해문학상을 북의 작가 홍석중(洪錫中)씨에게 주게 돼서 그 시상식을 하러 갔지요. 금강산을 빼면 금년 6월 초순에 평양에 간 것이 처음입니다. 그때 평양에 가서 인원문제를 조정했고, 그다음에 6월 중순에 대축전을 치르러 다시 갔고, 7월에 한 번 더 갔죠.

벽을 허문 남북작가대회

타까사끼 7월에 가신 것은 남북작가대회에 출석하기 위해서였지요. 남북 작가의 만남은 어떠했습니까?

백낙청 남쪽에서 100명 정도의 문인들이 갔습니다. 그리고 그 구성을 보면 민족문학작가회의 회원뿐 아니라 아주 다양했어요. 그런 식으로 다양한 남쪽 문인들이 100명씩이나 갔다는 것은 매우 의미가 깊지요. 작가 한사람 한사람의 마음속에 변화가 일어나면 그것을 다른 사람에게 글로써 전달하는 것이 작가의 본업이거든요.

마음속의 변화라는 것이 모두가 친북적으로 바뀐다는 뜻이 아닙니다. 실제로 갔다 와서는 북에 대해 아주 비판적인 글을 쓴 사람도 많아요. 북에서 떠나기 전에 같이 갔던 남측 기자들과 회견하면서 그런 얘기를 했는데, 어쨌든 작가들이 마음속의 벽을 하나 허물었다는 것이 큰 의미가 있다고 했어요. 벽을 허문다는 것이 곧 비판을 안한다는 뜻은 아니다, 오히려 벽을 허물고 그 너머로 가봤기 때문에 더 신랄한 비판이 나올 수도 있는데, 그러나 벽을 쌓아놓고 보지도 않은 채 비판만 하는 것과는 질적으로 다른 것이다, 왜냐하면 자기가 본 것에 대해 비판할 경우 만약에 그가 진정한 작가라면 그 비판의 타당성에 대해서 계속 생각을 할 것이고, 또 남들에게 했던 비판을 자신에게 돌려서 할 줄도 아는 사람일 테니까, 길게 볼 때 남북간의 진정한 접근에 기여할 것이다라는 취지였습니다.

평양에서 거행된 작가대회 자체는 다분히 고정된 틀에 박힌 성격이었지요. 미리 합의한 연설을 하고 박수치고 그런 식이었는데, 그래도 남북이 함께 '6·15민족작가협회'라는 것을 결성키로 하고 기관지를 함께 발행한다는 등의 합의사항은 앞으로 실행이 되면 의미가 크겠지요. 더 중요한 것은 만찬장이라든가 백두산 같은 데서 남북 작가들 사이에 개인적인 만남과 어울림이 어느정도 있었다는 점, 백두산 정상에서 새벽에 해돋이를 보면서 행사를 할 때 날씨가 꿈같이 좋아서 모두들 감격했던 일, 그런 것이 참으로 의미가 있었습니다.

타까사끼 자유로운 대화가 가능했나요?

백낙청 아주 자유롭지는 못했어요. 백두산이나 묘향산 갈 때는 대회에 참석했던 북측 작가 중 일부만 같이 갔습니다. 같이 가서도 대개는 식사를 각기 다른 시간에 했고요. 그렇기는 하지만 오며가며 얘기를 나누고 사귈 기회가 꽤 있었습니다.

이순애 남북작가대회는 한국에서의 제안이었나요?

백낙청 원래 89년에 남북작가회담이라는 것을 남의 민족문학작가회의가 제안해서 판문점에서 만나기로 조선작가동맹측과 합의하고, 남쪽에서는 고은(高銀) 선생을 단장으로 5명의 대표가 가려다가 전부 붙잡혀가서 고선생은 그것 때문에 감옥살이도 했지요. 저나 신경림(申庚林), 현기영(玄基榮), 김진경(金津經) 등 나머지 네 사람은 경찰서에서 조사받고 나와서 해외여행이 금지되는 그런 일이 있었습니다. 북에서는 그때 못한 회담을 하고 싶어했는데, 남쪽에서는 이제 와서 그런 회담을 해서 무슨 큰 의미가 있겠느냐, 오히려 수많은 작가들이 모여서 함께 여행도 하고 축제 비슷하게 하자고 제안했지요. 그래서 원래는 작년 8월에 하기로 되어 있었어요. 그런데 작년에 남쪽 당국이 김일성 주석 10주기 조문(弔問)을 허락하지 않고 탈북자들의 대규모 입국사태가 벌어지고 그리는 바람에 남북관계가 경색이 되면서 무기연기됐던 겁니다. 그러다가 이번의 6·15공동행사를 마친 뒤 가장 먼저 이루어진 대규모 행사죠. 6·15와 8·15 사이에 있었던 최대의 뜻깊은 행사이기도 했다고 생각합니다.

타까사끼 북측 참가자는 어떤 사람들이었나요?

백낙청 작가대회장(場)에는 북쪽 작가들이 100명 이상이 왔을 거예요. 그러나 백두산이나 묘향산에는 20여 명 정도가 함께 간 것 같은데, 그중 상당수는 '보장 성원(保障成員)'이라고도 하는 지원인력이었죠.

젊은 세대의 통일에 대한 의식

타까사끼 한국에서는 북한에 대해 이질감을 느끼고 있는 젊은이가 늘고 있다고 들었습니다. 젊은 세대에 대해서 어떻게 보고 계신지요?

백낙청 남쪽의 젊은 세대가 지금 말씀하신 대로, 각자 생각이 다르겠지만 여론조사를 한다거나 해보면 통일에 대해서 무관심한 사람, 오히려 통일이 되면 세금을 더 내고 불편해지지 않을까 해서 부담스러워하는 그런 사람들이 상당히 많은 걸로 나오는 것이 사실입니다. 옛날에 무조건 통일하자던 것과는 차이가 있는데, 그건 몇 가지 차원에서 볼 수 있겠습니다. 하나는 우리가 흔히 인간의 의식이 사회적 존재에 의해서 규정된다고 하지 않습니까? 그 정확한 의미를 어떻게 보든간에, 분단시대가 오래 지속되면서 분단체제 속에서 자라난 젊은이들이 그 체제에 길들여지는 것은 쉽게 짐작할 수 있는 일이지요. 분단체제에 길들여진다는 것이 분단이 좋다고 적극적으로 주장하는 것이 아니라 자기가 분단 속에서 살고 있다는 사실을 잊어버리는 거예요. 인위적으로 조성된 사회환경을 자연스러운 것으로 받아들이는 겁니다. 그런데 지금 분단체제가 우리가 원하든 원하지 않든 흔들리고 무너져가기 때문에 이제는 '사회적 존재'가 바뀌게 되어 있어요. 남북간의 접촉도 늘어나게 되고요. 그래서 북을 좋아하든 싫어하든, 통일을 원하든 원하지 않든, 분단 속에서 살고 있다는 의식을 당연히 갖게 마련입니다. 그런 면에서 변화가 오고 있으며 이런 의식상의 변화를 더욱 촉진하도록 노력해야지요.

다른 하나는 민주주의문제와 관련이 되는데, 젊은이들이 통일문제에 무관심한 이유 중의 하나는 실제로 통일과정에 끼어들 기회가 별로 없었기 때문이에요. 말하자면 정부나 사회지도층에서 '통일은 우리가 할 테니까 너희는 세금이나 더 내라' 이렇게 나올 적에 '난 세금 내기 싫어' 하는 것은 너무나 당연한 것 아니겠어요? 가령 국가보안법 같은 것이, 이것을 반통일법이라고 흔히들 말합니다만 더 정확히 말하면 통일 자체를 부정하기보다 통일과정에서 일반시민을 배제하기 위한 법률이지요. 그러니까 정부당국이나 자본가들은 국가보안법이 있건 없건 자기 식으로 대북접촉을 하고 교류사업을 추진하면서, 너희들은 우리 허가 없이는 끼어들지 말라고 하는 법이 국가보안법인 거예요. 그래놓고서 '통일은 우리한테 맡겨두고 돈이나 더 내라' 하니까 '그건 싫다' 하는 것이 당연한 반응인 거죠.

또 한 가지는 통일운동 쪽의 책임도 있다고 봐요. 제가 주장하는 대로 실질적인 통합이 '어물어물' 진행되다가 어느 싯점에서 국가연합을 선포할 수만 있어도 그것이 통일이라고 규정한다면, 그런 통일과정에는 누구나 자기가 처한 위치에서 자기 일을 하면서 참여할 수 있고 또 그래야 합니다. 그런데 지금까지의 통일운동은 특별히 용감하고 헌신적인 사람들만이 전개하는 극렬한 반정부투쟁이라거나 반미투쟁이라고 인식된 면이 있다 보니까, 그런 통일은 나와는 관계없는 것이다, 또는 어떤 사람들은 그런 투사들을 존경하지만 나는 용기가 없어서 못하겠다고 하고, 또 어떤 사람들은 저게 무슨 시대착오적인 얘기냐, 저런 건 필요없고 오히려 평화정착에 역행한다라고 반감을 갖는 사람도 있어요. 그래서 우리가 통일의 개념부터 좀 바꾸고, 또 바뀐 개념에 따라서 통일운동의 방식도 바꾸어가면, 지금 남북의 접촉과 왕래가 늘어나면서 분단에 대한 인식을 안하려야 안할 수 없는 상황과 맞물려서 젊은 세대의 의식에도 변화가 오리라고 확신하고 있습니다.

지금 남북관계는 조정국면

타까사끼 앞으로의 예정에 대해서 들려주십시오.

백낙청 6·15공동위원회는 지금 6·15와 8·15라는 두 개의 큰 행사를 치렀고, 6자회담이 완전성공은 아니지만 어쨌든 일차적인 합의를 도출했기 때문에 올해 큰 성과를 거두었노라고 자부할 만합니다. 그런데 이런 비유가 어떨는지 모르겠습니다만, 주식시장에서는 가파른 상승세를 한참 타고 나서 이른바 조정국면이라는 게 있지 않습니까? 6·15공동위도 지금은 일종의 조정국면을 맞은 것 같습니다. 남쪽은 남쪽대로 우리 내부의 조직정비를 하고, 또 앞으로 이 기구가 어떤 방향으로 나갈 것인가를 토의해서 합의된 노선을 찾아야 할 것 같고요. 지금 북측에서는 전체회의를 하자, 1차 회의를 금강산 결성식 때 하고는 회의라는 걸 못했거든요, 행사만 했고. 그래서 회의를 하자고 하는데, 그 문제는 우리 내부의 의견을 조정해봐야 되겠습니다만, 아무튼 한동안은 조직의 기본체질을 강화하는 데 주력해야 하지 않을까 싶습니다.

타까사끼·이순애 오랜 시간 동안 유익한 말씀 정말 고맙습니다.

북 인권 정략적 압박은 주민생존권 위협

백낙청(6·15민족공동위원회 남측 상임대표)
김진호(『경향신문』 기자)
2005년 12월 15일

김진호 지난 3월 남측 공준위(6·15공동선언실천을 위한 남북한해외공동행사
남측준비위원회) 상임대표를 맡으시면서 분주한 한해를 보내셨습니다. 우선
공준위가 최근 '6·15공동선언실천 민족공동위원회'로 재발족한 데 대한
의미를 짚어주시죠.

백낙청 한마디로 올해는 6·15 정신을 재확인하고 실천을 위한 기운을
제대로 모은 해라고 생각합니다. 공준위가 구성돼서 민간 공동행사를 했
고, 거기에 당국이 참여하면서 당국간에 중요한 대화와 합의가 이뤄져서
뜻깊게 생각합니다. 위원회 명칭이 공동행사준비위여서 행사만 하는 위
원회로 보일까봐 이번(2005년 12월 9~10일)에 선양(瀋陽)서 만났을 때 명칭을

■이 인터뷰는 『경향신문』 2005년 12월 23일자에 실린 것이다.

바꾸기로 합의했습니다.

'남 정부 배제' 과거 이야기

김진호 6·15 5주년을 보냈는데 성과도 있었지만 남북간 시각차가 엄존하는 것도 사실입니다. 북측은 민간교류를 통일전선 전략의 도구로 활용하려 한다는 지적도 있습니다.

백낙청 남측 정부를 배제하는 통일전선전략은 과거 이야기입니다. 6·15 이전 방침이죠. 6·15 때 이미 국군 최고사령관이 북측 의장대를 사열하지 않았습니까. 그것만 봐도 남측정부 배제전략은 끝났습니다. 다만, 남북간 시각차는 분명히 있습니다. 북에서는 반미 입장 등 우리 민간이 남측 정부보다 북측 입장에 동조해주기를 바랄 때가 많지요. 하지만 우리는 그때그때 주체적으로 판단해서 정부와 협조할 것은 협조하고 비판할 것은 비판하고 있습니다.

김진호 공준위는 1990년 결성된 범민련과 달리 진보와 보수를 아우르고 있습니다. 남측 통일운동진영 내부의 통일 문제는 없었습니까.

백낙청 남측 내부에서 온갖 의견이 나오는 것이 문제지만, 우리의 강점이기도 합니다. 온갖 이야기를 끄집어내서 토론하고 결정하면 그게 힘이 됩니다. 전선적인 재야통일운동을 해오신 분들이 '통일연대' 중심으로 연합돼 있고, 김대중정부 때 만든 민화협은 남남대화를 통해 통일사업을 합니다. 그다음에 7대 종단이 참여하는데 종단은 대체로 통일운동에 보수적이지만 그래도 한발을 들여놓고 있기 때문에 우리가 대중성을 확보하는데 중요한 몫입니다. 올해 남측위원회가 결성되면서 새로 가담한 측은 시민진영입니다. 통일운동에 직접 관여하지 않던 환경단체와 민변, YMCA, 여성단체 등입니다. 이렇게 다양한 연합세력이다 보니 하나의 조직으로 끌고 가기 힘들지만 의미있는 발전이라고 생각합니다.

김진호 해외측은 지난 3월 공준위 출범 당시 막판 진통 끝에 재미 문동환(文東煥) 목사와 곽동의(郭東儀) 한통련 고문의 공동위원장 체제로 탄생했습니다. 해외는 여전히 남북 분단사의 주변부로 남아 있는 것 같았습니다.

백낙청 해외측은 시간이 촉박하기도 했지만 과거에 통일운동을 주도하던 분들이 서둘러 자기네들 중심으로 조직을 급조한 감이 없지 않았습니다. 남측이 문제삼아서 공동위원장을 모시는 것으로 일단 타협을 했지만 그것으로 문제가 해결된 건 아닙니다. 앞으로 재미한인회나 일본민단 등으로 조직을 더 확대해야 합니다. 과거에 통일에 반대한 분들도 있지만 6·15에 찬동한다면 다 들어와야 합니다.

평화무드 '찬물' 자제해야

김진호 최근 서울에서 북한인권대회가 있었지만 남북관계의 특수성과 일반성이 충돌하는 게 인권문제인 것 같습니다. 인권문제는 누가 주체가 돼서 풀어가야 한다고 보십니까.

백낙청 저는 이번 북한인권대회를 보편성과 특수성의 차원에서 접근할 문제는 아니라고 봅니다. 주동이 된 미국의 신보수주의자들이 오히려 북한인권을 특수성의 차원에서 접근하고 있지, 가령 남측에서 민주화운동을 할 때 보편적인 인권 차원에서 관심을 보여준 사람들이 아니거든요. 또 미국이 이라크를 비롯한 세계 곳곳은 물론 심지어 자기나라 안에서도 인권유린이 전에 없이 커졌지 않습니까. 그런 사람들이 인권을 들고 나오니까 북에서는 정권전복을 위한 음모로 받아들이는 거죠. 그 해석이 100% 정확하지는 않을지라도 최근 정세 흐름을 볼 때 핵문제가 지난번 6자회담에서 가닥이 잡히니까 인권문제, 위조지폐문제를 계속 들고 나와서 한반도의 평화기운에 찬물을 끼얹으려는 움직임의 일부로 볼 소지가 많습니다.

우리가 진짜 인권문제를 이야기하려면 북의 인권문제, 남쪽의 국가보안법 같은 인권문제, 또 미국이 저지르고 있는 인권유린 문제를 한번 좌우가 모여서 오순도순 얘기해봤으면 좋겠다는 생각입니다. 북한인권대회 공동위원장을 맡았던 이인호(李仁浩) 교수도 북의 인권문제는 사상이나 표현의 자유 이전에 생존권의 문제가 제일 크다고 했던데, 그렇다면 지금 북쪽 주민의 생존권에 대해 가장 큰 위협을 주는 건 누군가, 이것도 검토해봐야 합니다. 모든 책임이 미국에만 있다고는 안하지만 미국의 경제봉쇄 정책, 또 여차하면 공격할 수 있다는 위협적인 자세야말로 실질적으로 인민들의 생활개선에 큰 지장을 주는 거 아니겠습니까. 인권이라는 말이 너무 정치화돼 있어요.

그래서 유엔 인권고등판무관을 지낸 매리 로빈슨 여사가 한국에 와서 강연하면서 '인간안보'(human security)라는 표현을 썼습니다. 인간안보라면 그야말로 생존권을 포함하는 넓은 의미의 인권인데요. 북측 주민들의 인간안보를 증진시키는 최선의 방법이 뭘까. 아무래도 가장 중요한 것은 한편으로는 긴급구호가 필요할 때 해주는 것이고, 동시에 한반도문제를 평화적으로 해결해서 사람들의 생활을 개선하게 해주는 것이 아닐까해요. 그 과정에서 사람에 따라서 협의의 인권문제를 더 강력하게 말하는 사람이 있다면 그건 좋다고 봅니다. 하지만 보편적인 인권에 대해서는 실질적인 관심을 안 보인 국내외의 특정세력이 지금 평화와 화해협력 체제를 만들어가려는 한국 땅에 와서 북한인권만 들먹이는 이런 대회가 정말 도움이 되겠는가, 저는 동의하지 않습니다.

김진호 지난 9월 북핵 6자회담에서 한반도 평화체제 논의를 당사국간 갖기로 했지만 전혀 진척이 없습니다. 민간교류가 활성화돼서 그 효과가 다른 부문으로 옮겨지는 스필오버(spill-over) 현상이 가장 바람직하지만 현실은 그렇지 못합니다.

백낙청 6·15공동선언에는 사실 평화체제가 빠져 있습니다. 일부에서 그걸 비판도 하지만 그때는 빠질 수밖에 없었다고 봅니다. 한반도 평화체제나 동북아 평화체제는 두 정상이 해결할 수 있는 문제가 아니거든요. 미국이 반드시 껴야 하고 주변국가가 들어가야 하는데 5년간 핵위기를 포함한 온갖 위기를 겪고 드디어 그 원칙이 선언된 것이 올해입니다. 원칙선언에서 더 나아가 소위 로드맵을 만들고 실천해가려면 또 몇 해 걸리겠지요. 하지만 그 방향으로 가긴 갈 것이라고 봅니다.

내년엔 남쪽서 6·15 행사

김진호 내년에는 어떤 활동 복안을 갖고 계십니까.

백낙청 아직 확실한 합의는 없지만 내년엔 남쪽에서 6·15행사를 치를 가능성이 높습니다. 그것을 계기로 화해와 협력, 통일 기운을 더 확산시키는 게 1차적인 과제입니다. 저는 남북 통일과정에서 뭐니뭐니 해도 남측 국민들의 지지를 받는 게 가장 중요하다고 생각합니다. 과거의 통일운동이 통일사업의 공간을 마련하기 위해 돌파하고 싸우는 운동이었다면 지금은 남북 당국 스스로가 공간을 상당정도 열어주고 있지 않습니까. 국제적으로도 풀려가는 과정이니까 가급적 많은 국민들을 참여시키는 쪽으로 가야 한다고 봅니다. 민족대단결을 말로만 부르짖을 게 아니라 정말로 민족의 다수가 참여하는 통일과정이 돼야 한다고 생각합니다.

분단현실 망각한 양극화 논의는 공허

6·15시대의 한반도 어디로 가나

백낙청(서울대 명예교수)
서동만(상지대 교수)
박인규(프레시안 대표)
2006년 2월 16일 프레시안 회의실

박인규 우선 오늘 좌담의 취지를 설명해야 할 것 같다. 지난해 가을 백낙청 선생을 모시고 라디오 인터뷰를 한 적이 있다. 인터뷰에 들어가기에 앞서 백선생께서 불쑥 "『프레시안』은 남북관계에 별 관심이 없잖아"라는 말씀을 던지셨다. 아차 싶었다. 솔직히 고백하자면 한반도를 둘러싼 국제정세가 중요하다고 하면서도 남북관계를 심도있게 다루지 못한 것은 사실이었다. 굳이 변명을 하자면 북한문제나 남북관계에 대한 일반독자들의 관심이 그다지 높지 않다는 것도 작용했다. 아무래도 기사 클릭 수를 무시할 수 없다 보니 국내정치 등 일반독자들의 관심사를 우선 따라가게 되는 경향이 있었다.

■ 이 좌담은 『프레시안』 2006년 2월 20일자에 실린 것이다.

어찌 됐건 『프레시안』의 고문이기도 한 백선생의 지적 이후 우리도 남북문제를 좀더 심도있게 다뤄야겠다는 고민을 하게 됐다. 그런데 올초가 되면서 일단의 북한전문가들이 『프레시안』을 중심으로 북한정세, 남북관계 등을 집중적으로 다뤄보자는 논의가 시작됐다. 30명의 북한전문가들이 김정일시대의 북한은 어떤 변화를 겪고 있는지를 집중분석하는 씨리즈, 서동만 교수를 비롯한 소수의 정예전문가들이 팀을 이뤄 매주 북한정세의 변화와 남북관계 흐름의 맥을 짚어주는 주간브리핑을 계획하고 있다. 3월 중 시작될 예정이다.

그래서 이번 대담은 그 총론 격으로 지난 2000년 6·15남북정상회담 이후 한반도에서는 어떤 변화가 일어났으며, 이 변화를 좀더 긍정적으로 이끌기 위해 우리는 무엇을 해야 하는가를 모색하자는 취지에서 마련됐다. 전반부에서는 6·15 이후 한반도 정세의 변화와 통일운동의 방향에 대해, 후반부에서는 한반도를 둘러싼 국제정세에 관해 얘기하는 순서로 진행하도록 하겠다.

우선 남북정상회담 이후 5년 반이 넘어 이제 6주년을 넉 달가량 남겨두고 있다. 그동안 남북관계를 비롯해 한반도에서는 어떤 변화가 있었나?

머잖아 '1단계 통일' 선포할 날 올 것

백낙청 변화의 구체적인 내용은 서동만 교수가 얘기하는 게 적절할 것 같다. 나는 대신 '분단시대 겸 통일시대'라는 표현을 쓰게 된 동기와 취지를 말하겠다. 우리가 분단시대에서 통일시대로 넘어가는 과정에서 6·15 공동선언은 하나의 전환점이었고, 그 방향으로 가고 있다는 것은 어느정도 상식이다. 내가 '분단시대 겸 통일시대'라는 어쩌면 자가당착적인 표현을 쓴 것은 첫째, 한반도식 통일의 경우 분단과 통일의 차이가 다른 나라의 통일과정처럼 분명치 않다는 것을 강조하기 위해서다.

둘째, 그런 식으로 통일의 개념을 바꿔보면 통일과정이 실제로 많이 진행돼가고 있고 얼마 안 가서는 1단계 통일을 선포할 수 있는 시기가 올 거라는 점을 강조하기 위해서다. 물론 둘다 이론상으로도 문제삼을 여지가 있는 발상이고, 실제 정세판단에서도 정확한 근거가 있느냐는 점에서 논란의 여지가 있다고 본다. 오늘 서동만 교수 만난 김에 그런 점검도 받고 좋은 기회라 생각한다.

박인규 서동만 교수가 『창작과비평』 2006년 봄호에 쓴 「6·15시대의 남북관계와 한반도 발전구상」이란 글을 읽어봤다. 6·15 이후 한반도에서 일어나고 있는 변화와 이에 대한 대응을 아주 밀도있게 분석한 글이었다. 연필로 한자 한자 꾹꾹 눌러썼다는 느낌이었다. 서교수는 지난 5년여의 궤적을 어떻게 보고 있나.

서동만 남북관계가 이전과는 상당히 다르다. 이미 노태우(盧泰愚) 대통령 시절부터 북방정책을 표방하고 1989년부터 교류협력이 본격 시작됐다. 남북기본합의서와 한반도비핵화공동선언은 그에 대한 성과인 셈이었다. 물론 기본합의서의 경우 사문화까지는 아니지만, 남북관계가 그대로 진전되지는 않았다. 김영삼정부 시절에는 상당한 정체가 있었지만 김대중정부 들어서 대북정책이 전환됐다. 그리고 민주화의 진전, 특히 정권교체가 있다 보니 북도 남의 정당성을 인정하지 않을 도리가 없었다. 이제는 대등한 상대로 남을 대할 수밖에 없었다. 종래의 통일전선식 대남관계가 통할 수 없게 됐다. 남의 민주화가 진전됐고, 정부가 국민적인 지지와 정당성을 확보했다는 게 상당히 중요한 변화라 본다. 그에 맞춰 정상회담이 실현된 거다.

중요한 것은 상호 체제의 인정이었다. 대한민국 대통령과 조선민주주의인민공화국 국방위원장이라는 최고지도자가 대등하게 만났다는 것은 상징적이었다. 종래에는 당국과 민간이 나뉜 한국과, 그것이 일치된 북조선간의 엇갈린 만남이었는데 이제는 대등한 관계가 됐다. 이제는 부문간,

단위간 대등한 만남이 가능해졌다. 노무현정부 들어서 약간의 소강사태
가 있었지만 회복이 돼서 작년에 6·15 평양행사를 계기로 민간과 당국이
함께하는 모임이 이뤄진 건 획기적인 변화였다. 무엇보다 민간행사에 당
국 대표단이 참여해 김정일-정동영 회담이 실현됐다는 것은 의미있었다.
김대중정부 시절에도 정부가 민간과는 거리를 뒀는데 이제는 대등하게
만날 수 있었던 게 6·15정상회담이 있었기 때문에 가능했다.

수많은 역풍과 위험 속에 전진해온 남북관계

박인규 그동안에는 남북관계가 진전이 되다가도 핵문제, 북미갈등이
불거져서 중단된 적이 많다. 남북기본합의서 그러했고 작년 9·19공동성
명 후의 상황도 그랬다. 하지만 서교수의 지적은 민주화의 진전과 함께 남
북관계 개선의 안정성이 한층 높아졌다는 말처럼 들리는데……

서동만 일단은 진전되고 긍정적인 측면만 말했다. 백선생이 『흔들리는
분단체제』를 통해 전진과 역풍을 포함한 총체적 접근을 시도했기 때문에
백선생께서 짚어주시는 게 나을 것 같다.

백낙청 강압적인 방식으로 유지됐던 분단사회의 질서가 남북관계의 개
선으로 흔들리니까 혼란도 더 생기고, 기득권세력들은 필사적으로 반대
하면서 자칫하면 후퇴할 위험이 있다. 후퇴까지는 안하더라도 일단 혼란
스러우니까 우리가 피부로 느끼기에는 남북관계가 좋아지면서 살기는 혼
란스러웠고 심지어는 민주주의가 후퇴했다는 말까지 나온다. 그러나 크
게 보면 혼란을 포함하고도 진전됐다는 서교수 진단이 맞다고 본다.

남북기본합의서 전에 7·4남북공동성명이 있었다. 당시의 정황을 보면
남이 북에 밀린 결과가 아닌가 한다. '닉슨(Nixon) 쇼크'로 중국과 미국의
관계가 가까워지면서 반공 일변도의 박정희정권이 자신감을 잃은 것도
있고, 한편으로는 유신을 하기 위해서 국민들에게 뭔가 던져주는 게 있어

야 한다는 계산이 있어 실제 합의에서 북의 주장을 많이 받아들였다. 공동성명의 내용 자체는 타당했지만 어쨌든 북에 밀렸고, 박정권은 북에 밀리더라도 10월유신을 해서 자기식으로 나갈 계산으로 양보를 했던 것 같다.

남북기본합의서는 반대로 북이 밀린 경우다. 냉전이 종식돼 사회주의권이 무너졌고, 중국과 소련이 남과 수교하자 경제난과 외교적 고립이 겹쳤기 때문이었는데 7·4 때 박정희가 유신이라는 '뒷수'를 보고 있었듯이 기본합의서 이후 북은 핵개발에 착수했다.

하지만 6·15공동선언에서는 어느 한 편이 밀리거나 우위에 있지 않았다. 남은 남대로 민주화라는 발전을 하면서도 IMF 위기 때문에 흡수통일이 단기간에 불가능하다는 공감대가 있었고, 북은 북대로 위기감을 느끼면서도 남에서 북을 붕괴시키지는 않을 거라는 안도의 마음이 있었다. 그런 상황 자체가 훨씬 생명이 있는 합의를 이끌어낼 수 있었다. 그래서 6·15는 훨씬 더 실감있게 살아 있다.

한편 지난해 9·19공동성명에서 밀린 쪽은 미국이다. 그래서 끝내자마자 '뒷수'를 들고 나온 건데 그렇다 해도 9·19성명이 사문화되지는 않을 것이다.

서동만 남북관계의 지체와 역풍을 힘의 관계로 설명하셨는데, 주요 합의에 이어 나와야 할 조치들이 뒤따르지 않아 발생한 문제점들이 있었다는 점도 지적해야 한다. 남북기본합의서 당시에는 유엔 동시가입과 한·소 및 한·중 수교가 있었기 때문에 북·미, 북·일 정상화가 이어져야 했으나 그게 이뤄지지 못해 지금까지 핵문제가 남아 있는 것으로 볼 수밖에 없다. 6·15공동선언은 어느정도 균형이 있었지만 김정일 국방위원장의 답방에 차질도 있었고 전력제공 문제 같은 게 풀리지 않고 지금에 이르고 있다. 이처럼 당면했던 과제가 해결되지 못하면서 생기는 문제점에 따른 지체가 있었다.

백낙청 서교수가 『창작과비평』 최신호에서도 지금과 비슷한 얘기를 했는데 유념할 점이다. 그런데 남북기본합의서 뒤에 북·미, 북·일 정상화가 있었어야 한다는 건 일종의 당위론이다. 미국과 일본이 70년대에 중국과 러시아에게 남북을 상호 인정하자고 말해놓고 정작 중국과 러시아가 남쪽을 인정했을 때 미국과 일본은 북을 인정하지 않았기 때문에 명분상 비판할 수는 있지만, 냉전에서 미국이 승리하면서 힘의 균형이 무너진 상황에서 예전에 했던 말을 지켜야 할 필요도 의사도 없게 되었다. 그러니까 실제로 교차승인이 이뤄졌을 수도 있는데 안돼서 위기가 심화됐다고 말할 수는 없을 것이다.

1994년에 김일성(金日成) 주석과 김영삼(金泳三) 대통령의 정상회담이 예정대로 열렸다면 남북관계가 더 일찍 풀렸을 수는 있다. 그러나 서교수의 논법을 적용하면, 그 후속조치가 뒤따르지 않아 더 위태로운 역풍이 불수도 있었을 것이다. 정상회담 자체가 순조롭지 않았을 수도 있고, 혹 성공적이었다 하더라도 김영삼정권으로서는 도저히 감당할 수 없는 뭔가를 안고 돌아왔을 경우 오히려 더 위태로웠을 수도 있는 것이다.

절차적 문제점을 안고 조지 부시가 대통령이 된 것도 또 하나의 악운이었던 셈이다. 클린턴(Clinton) 대통령의 방북이 성사됐다면 확실히 한반도 상황이 좋아졌을 거다. 하지만 그러지 못했다고 해서 치명적이지는 않았다. 미국이 북한을 치지 못했고, 남북관계도 안 깨졌고, 6·15선언이 조금씩 진전해와서 2005년의 성과가 있었던 것이다. 부시 같은 사람과 몇년간 맞서면서 이만큼 이룩한 게 그것대로 값진 것이다. 2006년에는 무슨 일이 일어날지 조마조마하지만 대세는 그대로 가는 게 아닌가 생각한다.

미국이 제네바기본합의를 할 때만 해도, 북이 5년 이상 못 간다는 가정을 가졌다는 얘기가 있다. 그렇게 불성실한 합의를 하고, 때로는 그 합의를 거부하고, 때로는 '악의 축'이라고 큰소리를 치면서도 결국은 9·19공동성명에 합의했다. 물론 미국은 지금 다시 딴소리를 하고 있지만 9·19성명 자체를 뒤집겠다는 말은 안한다. 내놓고 뒤집을 힘도 없다. 이처럼 미국의 방해, 그때그때 닥쳤던 역풍과 위험요소를 안고도 큰 틀에서는 전진해왔다.

서동만 물론 당시 북·미, 북·일 수교가 안됐다고 해서 한·소, 한·중 수교가 없었던 편이 좋았다고 할 수는 없다. 한쪽이나마 냉전이 종식됐으니 그 자체도 역사의 진전이다. 1차 북핵위기와 지금의 차이는 중국의 역할이 커졌다는 것이다. 그게 반드시 긍정적이지는 않지만, 북·미 양자끼리만 할 때보다 어떤 면에서 균형이 생겼다. 물론 게임이 복잡해지긴 했지만 크게 봐서 역사의 진전이었다.

통일의 개념을 바꾸고 평화의 개념을 확장해야

박인규 남북간 평화와 통일에 관해 얘기해보도록 하자. 나를 포함해 많은 사람들은 남북간의 교류·협력 확대가 우선이고 이를 통한 평화정착, 그리고 마지막으로 통일이 되는 단계적 접근을 상정하고 있다. 또 평화와 통일은 서로 배치되는 것이라고 생각하는 사람들도 적지 않다.

언젠가 교사들을 상대로 남북관계에 대한 강연을 한 적이 있는데, 통일을 너무 앞세우면 불안한 면이 있으니 평화정착을 먼저 하고 통일을 하는 2단계의 과정이 필요하다고 했더니 많은 교사들이 '그럼 통일하지 말자는 거냐'고 따졌다. 평화정착을 강조하는 것은 분단고착이라는 논리였다.

그런데 백선생께서는 이미 통일이 진행중이라고 말하고 있다. 통일이 진행중이라는 의미는 무엇인가.

백낙청 그 교사들은 통일의지가 강한 사람들이었던 모양이다. 아마 다른 그룹에 가서 그렇게 말했으면 당연한 이야기로 받아들이면서 심지어는 평화만 정착되면 통일은 안해도 되지 않느냐고 질문했을지 모른다. 또 일부 진보적 사회과학자들처럼 통일은 오히려 평화정착에 저해되니까 평화만 얘기하고 통일은 말하지 말자고 했을지도 모른다. 둘다 극단적인 얘기다. 평화와 통일을 배타적으로 나누는 것은 그 둘의 개념을 좁게, 고정시켜서 보기 때문이다. 전쟁위협이 심각한 상황에서는 '전쟁이 아닌 상태'라는 초보적이고 좁은 개념의 평화라도 절실한 것이고, 1945년에 건설하려다가 좌절된 단일형 국민국가의 건설을 통일이라고 한다면 그런 통일요구가 오히려 평화에 도움이 되지 않는다는 말이 성립 가능하다.

그러나 지금은 통일의 개념도 바꾸고 평화의 개념도 확장해야 할 단계다. 군사적 요소뿐만 아니라 남북간의 경제불균형같이 평화를 위협하는 요소가 굉장히 많은데, 그걸 긴 안목으로 통일과 연계해 풀어나가면서 평화를 정착시켜나가야 한다. 또 그렇게 평화를 구축해가는 작업은 일회성 통일이 아닌 과정으로서의 통일을 이뤄가는 것과 합치된다. 그렇게 한반도의 복잡한 과정에 맞춰서 평화와 통일을 얘기해야 한다.

그러나 자주통일을 주장하는 인사들 중 상당수는 분단체제의 구체적 작동방식에 대한 인식이 부족해 통일을 무작정 주장하는 것이 오히려 분단체제를 굳혀주는 측면이 있다는 걸 잘 모르고 있다. 다른 한편으로는 분단체제가 오래 지속되면서 거기에 길들여진 진보적 인사나 사회과학자들이 진보적 어젠다를 내놓으면서 분단이라는 현실을 망각하는 경우도 있는데 그 역시 타파해야 할 것이다.

서동만 백선생께서는 『흔들리는 분단체제』에서 동서독 통일과정을 비판적으로 정리하면서 '과정으로서의 통일'이라는 개념을 제시했다. 단계로서의 평화, 즉 평화가 정착된 후에 통일로 간다는 것은 정부의 공식적인 정책이자 남북관계를 연구하는 사람들의 통념이다. 그 모델은 동서독의 통일 과정이었다. 동서독은 장기적인 교류가 있고 나서 1989년 갑자기 통일을 했는데, 평화적인 방식이었고 서독이 동독을 흡수한 거니까 한반도도 그 정도로 하면 좋지 않겠느냐는 인식이 생겼던 것이다.

그러나 독일도 결과적으로 보면 '평화=통일'이었다. 1972년 동서독 기본조약과 75년 헬싱키 회의를 통해 제도로서의 평화는 정착됐고, 89년의 냉전종식으로 평화정착이 도달점에 왔다. 동서독 어느 쪽도 통일에 대해서는 일절 언급하지 않았고, 교류·협력이 진전되는 동안 의식하지 못했지만 결과적으로 그 자체가 통일이었던 셈이다. 그런 측면에서 동서독 통일을 재구성해봐야 한다.

백낙청 세계적 명성을 지닌 서독의 진보적 지식인들도 독일식 통일로 가는 독일식 평화정착 과정을 모르고 살았던 거다. 통일이 너무 급히 됐다느니, 국가연합제를 거쳐야 했다느니 뒤늦게 말하고 있지만 독일의 현실에서는 공허한 뒷북치기에 불과하다. 반면 우리 현실에서는 독일식 통일도, 베트남식 통일도 불가능하다. 그런데 앞서 말했던 통일지상주의나 선(先)평화론에 비하면 우리 정부가 내놓은 '화해협력–평화정착–통일'의 3단계가 오히려 합리적인 것처럼 들리지만, 이것 역시 한반도식 통일의 구체적 진행과는 동떨어진 발상이다. 실제로 최근 『프레시안』 기사를 보더라도 한미 군사당국자들이 '통일 단계'를 흡수통일로 규정하는 씨나리오에 합의한 적이 있다. 그건 6·15선언에 명백히 위배될 뿐 아니라 현실에도 맞지 않다.

서동만 물론 독일통일 과정에서 배워야 할 건 있다. 제도화로서 평화체제의 수립 단계는 상당히 중요하다. 군사적 신뢰구축과 군비통제는 중요한 단계다. '과정으로서의 통일'이라는 개념에 맞춰 '과정으로서의 평화'랄까 하는 식으로의 개념확장도 필요하다. 이제는 단계로서의 평화까지 포함해 과정으로서의 평화가 필요하지 않을까 싶다. 6·15선언에서 평화에 대한 합의가 없었다는 비판도 있었지만, 교류협력의 증진 자체가 평화의 진전이다. 개성공단, 금강산 관광, 철도 연결을 통해 사실상의 평화지대가 형성됐다. 평화라는 개념을 넓히자는 것은 바로 그 이유다.

백낙청 6·15공동선언에서 평화가 빠진 걸 폄하할 필요는 없다. 한반도 평화는 미국을 빼고 얘기할 수 없다. 미국 대통령이 참여한 3자회담도 아니었는데, 남북 정상이 만나 평화선언을 했다면 힘도 없는 친구들이 헛소리 한다고 생각했을 것이다. 9·19공동성명은 당장 평화체제를 만들지는 못했지만 5년의 세월을 거쳐 드디어 평화선언을 끌어냈다고 볼 수 있다.

서동만 어떤 식으로건 한반도에서 변화가 일어난다면 남북이 주도적이고 협력적으로 해결해야 한다. 그런데 남북관계를 국제법적으로만 해석하면 국가간의 관계 그 이상도 이하도 아니다. 또 우리의 통일방안인 남북연합이라는 게 국가간 관계를 전제하고 있다. 그렇게 보면 사실 한국과 미국의 동맹이 우선이다. 미국사람들은 '남북도, 한미도, 북미도 국가간 관계인데 한미동맹이 먼저가 아니냐'고 생각한다. 이 생각이 북한에 대한 인식과 정책에서 굉장히 중요한 차이를 낳는 형식적인 측면이다.

따라서 '개념계획 5029'나 『프레시안』이 보도한 한미간의 합의에서 나오는 '한반도 유사시' 혹은 '북한 급변사태' 같은 상황이 터지면 한미동맹이 우선해야 한다는 말이 나올 수밖에 없다. 동북공정 같은 게 나오면서 중국이 북에 개입하려 할 때도 마찬가지다.

이런 상황을 감안하면 6·15공동선언 제2항에서 통일방안의 공통점을 확인했던 의미는 크다. 흡수통일이 아닌 방식으로, 한반도문제를 남북 주도로, 그리고 남북의 협력을 통해서, 혹은 좁게 말해 남의 주도로 푸는 데 필요한 중요한 근거가 된다. 미국을 향해 '남북관계는 단순한 국가관계가 아니라 민족간의 관계다'라고 얘기할 수 있는 구체적인 근거기 때문이다.

백낙청 나라와 나라 사이의 관계가 아니라 통일을 지향하는 과정에서의 잠정적인 특수관계라는 말은 남북기본합의서에도 나온다. 그것이 표현을 달리해서 6·15공동선언에 나타난 것이다. 그 원칙을 확고하게 붙들고 있지 않으면 한미동맹이 우위라는 논리에 밀릴 수밖에 없다. 한미동맹을 지혜롭게 관리하는 것은 찬성하지만, 남북도 국가간 관계고 한미도 국가간 관계인데, 동맹을 맺은 관계가 앞서지 않느냐는 논리는 곤란하다. 한미동맹은 대등한 동맹도 아니다.

DJ '1단계 통일로 가자'는 말의 의미

박인규 선평화·후통일이 아니라 1단계 통일이 진행중이고 평화와 통일이 같이 가고 있다고 했는데, 그 1단계 통일 혹은 1단계 평화가 됐다고 말할 수 있는 징표라면 뭐가 있을까.

백낙청 1단계 통일의 형태에 대해 명백하고 구체적으로 명시하지는 않았지만, 6·15공동선언 제2항은 1단계 통일이 어떤 형식이어야 하는지에 대한 대체적인 방향을 제시했다. 또 제4항에서 민족경제의 균형적 발전과 여러 분야에서의 사회문화 교류를 통해 상호신뢰를 구축해나갈 것을 다짐함으로써 실행과정의 큰 그림을 그렸다. 4항의 이행이 진전되어 정부간 교류뿐만 아니라 각 분야에서 상설기구도 생기고, 어떤 분야에서는 공동사무소도 운영하는 과정이 축적되면서 통일의 형태가 잡혀갈 것이다.

물론 핵문제 해결, 북미관계 개선 등 국제적인 상황도 달라져야겠지만, 그런 상황을 이끌어가다가 적당한 싯점에서 남북정상회담을 한번 더하든지 해서 '어, 통일이 꽤 됐네, 통일이라고 불러도 되지 않겠냐, 그렇게 선포해버리자'라고 합의하면 1단계 통일이 이뤄진다는 게 내 구상이다. 정부 당국만의 결단으로 남북연합기구를 갑자기 만드는 게 아니고 그간의 축적을 추인하며 약간의 뒷마무리를 하는 정도의 기구설립으로 가능하리라는 것이다.

김대중 전 대통령이 지난해 말에 했던 두 번의 연설에서 1단계 통일로 가야 한다고 말했다. 김대통령은 옛날부터 3단계 통일론을 주장해왔는데, 대통령이 되기 전에는 색깔론 때문에 그 1단계인 남북연합은 통일이 아니라는 점을 강조했다. 6·15공동선언 이후에도 남북연합 그 자체가 1단계 통일이라는 표현은 쓰지 않았지 싶다. 따라서 지난해의 연설은 이제 뭔가 적극적으로 나온 것 같다는 인상을 받아 고무적이었다.

민간의 입장에서 강조하고 싶은 것은 국제적인 여건이 성숙됐을 때 남북 정부가 선언을 하는 것도 중요하지만, 우리 시민사회 각계각층에서 이미 남북간의 네트워크가 형성이 돼서 남북연합이나 '낮은 단계 연방제' 정도는 선포해도 별로 문제될 게 없다고 말할 수 있는 여건을 성숙시키는 게 더 중요하다고 생각한다.

서동만 임동원(林東源) 전 장관이 '사실상의 통일'이란 말을 꺼낸 적이 있다. 제도적으로는 통일이 아니지만 남북이 경제협력도 활발히하고 상호 왕래에 큰 불편이 없다면 사실상의 통일로 들어선 게 아니냐는 것이었다.

백낙청 임동원 전 장관은 근래에도 '실질적인 통일'이라는 표현을 썼다. 그런데 남북연합은 상식적으로 생각하는 실질적인 통합에는 못 미치는 점이 많을 거라고 본다. 가령 남북 주민의 자유왕래는 남북연합이 생긴다고 해서 이동의 자유가 전면적으로 주어지기는 어려울 것이다. 유럽연합의 현 수준은 물론이고 한참 전 수준에도 못 미칠 것이다. 남북연합의 중요한 기능 중 하나는 이동의 자유를 확대하면서도 폭발적으로 늘지 않도록 관리하는 걸 텐데, 그런 걸 통일이라고 할 수 있겠느냐는 얘기가 나올 수 있다.

그에 대해 두 가지 얘기를 하고 싶다. 첫째, 그걸 통일이라고 말하는 것은 시민사회, 민간 수준의 상당한 통합이 축적됐음을 전제로 한다. 둘째, 그런 식의 느슨한 연합, 어떻게 보면 국가연합 중에서도 낮은 단계의 국가연합을 통일이라고 보는 게 이론상 타당하냐는 문제는 한반도의 분단과 통일 과정의 특수성을 감안해 생각해야지 연합은 어떻고 연방은 어떻다는 교과서적인 정의를 가지고 결정할 수는 없다. 유럽연합은 이미 만들어진 각각의 국민국가가 새로 연합을 만든 것이었다. 그러나 한반도는 국민국가를 만들어야 할 때에 외세가 개입해 억지로 갈라놓았다. 남북 양쪽에 통일을 열망하는 사람들이 있고 소위 이질화의 진전에도 불구하고 언어라든지 여러가지 면에서 유럽과 비교할 수 없는 토대가 있다. 그걸 바탕으로 재결합하는 것이기 때문에 조금만 물꼬를 터놔도, 오히려 너무 빨리 통일이 되어 불상사가 터질 것을 걱정하는 정도로 상호 인력(引力)이 크고 인화성(引火性)이 강하다. 따라서 우리의 경우 통일을 촉진하는 동시에 통일과정을 관리하는 장치가 국가연합이다. 이것은 유럽연합이나 스칸디나비아 연합 등과는 전혀 다른 맥락이다.

"양극화, 분단 전제로 해결책 찾아야"

박인규 통일운동이라 하면 열혈투사들이 하는 것이라는 인식이 많다. 백선생이 상임대표로 있는 6·15민족공동위원회에 시민단체가 지난해에 들어가면서 하나로 모아지긴 했지만, 아직도 통일운동은 부문운동이라는 생각이 많아 보인다. 백선생이 창비 신년사에서 '남한의 개혁작업도 분단체제극복과 맞물리지 않으면 성과가 없다'고 얘기했는데, 통일운동과 이른바 다른 부문 운동들은 어떻게 맞물려서 가야 할까.

백낙청 6·15위원회 상임대표 입장에서 아주 현실적인 고민거리다. 또 어떤 면에서는 그런 현실적인 고민을 세상에 들고 나와 떠들 수 없는 입장이기도 하다. 그 문제는 오히려 서동만 교수가 거리를 두고 보면서 고언도 해주고 그러면 어떨까 싶은데……

서동만 작년 6·15행사 이전까지는 민족화해협력범국민협의회(민화협), 종교단체, 통일연대의 3자연대 축으로 통일운동이 만들어져왔다. 자주통일론은 통일연대의 노선이고 화해협력통일론이 민화협의 노선이다. 종교단체는 화해협력에 가까우면서 시민운동적인 면도 포함되어 있어 여러 운동의 매개자 역할을 했다.

그러다가 작년 6·15행사부터 시민운동진영이 참가하기 시작해 이른바 4자연대로 가게 됐다. 시민운동의 참여가 상당히 중요한 역할을 하게 된 것이다. 시민운동은 그동안 사실 국내문제에만 집중해왔고 남북관계와는 거리를 둬왔다. 그런 면에서 국내개혁을 중심에 두는 단체가 통일운동에 결합한 것은 상당히 중요한 측면이 있다.

내부개혁을 우선하는 시민운동-화해협력통일과 자주통일-시민운동의 세 가지 노선이 기본적으로는 같이 가고, 어떻게 구심력을 유지하며 가는가가 상당히 중요한 과제다. 동시에 개혁과제와 통일운동을 어떻게 결합시킬 것인가도 매우 중요하다.

그런 면에서는 사회적 양극화 해소라는 한국사회의 중요한 과제도 통일문제와 떨어질 수 없는 측면이 있다. 양극화 해소는 복지확충의 문제인데, 결국은 평화와 남북화해협력을 어떻게 내부개혁과 결합시키냐는 문제다. 이 둘이 서로 떨어지거나 균열이 생기면 치명적인 상황이 될 수 있다. 백선생도 누누이 강조했듯이, 국내 정치지형의 측면에서 볼 때도 상당히 주요한 고리가 되지 않을까 싶다.

사회적 양극화는 특히 IMF 이후 경제개방에 최근 한미FTA 체결까지 겹치면서 상당히 심각한 문제가 됐다. 예산의 측면에서 단기적으로 보면 대북지원이 양극화 해결과 상충되는 방향으로 갈 위험성과 우려가 있다. 그 우려를 해소하는 길은 결국 통일운동의 대오를 잘 꾸리고, 어떻게 저변을 확대시킬 것인가의 과제와 맞물리는 것이 아닌가 싶다.

백낙청 나는 양극화문제든 복지문제든, 분단사회라는 것을 전제하고 답을 모색해야 한다고 본다. 남북이 현재 전진적인 통합과정에 들어서 있는 사회라는 것을 전제하고 그 맥락에서 얘기해야 한다. 그 맥락을 떼어놓고 복지가 중요하다느니, 또는 노무현정권이 왜 양극화를 못 막느냐고 얘기해봤자 그건 일반론일 뿐 적절한 비판은 못된다.

정주영(鄭周永) 회장이 소떼 몰고 갔을 때, 노동운동 내에서도 찬반이 엇갈렸다. 반대하는 사람들의 주장에는 노동조합을 탄압하고 노동자를 착취한 돈으로 생색낸다는 도덕적 규탄도 있었지만, 남북관계가 좋아져서 북의 값싼 노동력을 쓸 수 있게 되면 남쪽 노동자가 골탕 먹는 것 아니냐는 논리도 있었다.

　전자의 경우는 다분히 정서적인 반발인데, 정주영 회장을 북에 못 가도록 하는 방식이 아니라 남쪽 내에서 노조탄압 못하게 하고 사회정의를 실현하도록 하는 방식으로 해결해야 할 문제였다. 더 중요한 것은 두번째 문제제기다. 그런데 그건 이 세상에 남북한밖에 없을 때나 통하는 논법이다. 개성공단이 없더라도 남한의 기업들은 비싼 임금을 피해 중국이나 동남아로 진출한다. 지금 개성공단의 노동력은 남쪽 노동력과 경쟁하는 것이 아니라 중국이나 동남아 노동력과 경쟁하고 있다. 그런 면에서 보면, 남북노동력을 결합하는 것을 지혜롭게 이용하면 남쪽 기업의 수익성뿐 아니라 국민복지에도 도움이 될 수 있다. 서교수 말대로 평화와 복지를 연동해서 구상할 필요가 있다.

서동만　과거의 우리의 발전방식은 '저복지 고성장'이자 '냉전형 개발독재체제'였다. 사실 우리나라가 OECD 가입국으로 세계 10위 규모의 무역대국인데, 이 정도 수준의 양적 규모를 가진 국가임에도 불구하고 세계 최빈국 수준의 복지를 가진 것은 분단이 아니면 설명이 안되는 면이 있다. 결국 복지문제도 분단의 해소 내지는 평화와 같이 갈 수밖에 없는 것이다. 실제 북의 위협이 지속되는 상황에서는, 정치지형상으로는 말할 것도 없고, 안보비용 등의 문제로 복지를 확충할 수 있는 여건이 마련되기 상당히 어렵다. 역사적으로도, 구조적으로도, 정치지형상으로도 복지와 평화는 같이 갈 수밖에 없다. 단기적으로는 예산의 문제가 있고, 우리도 못사는데 왜 북에 투자하느냐고 할 수 있지만 그것은 단견이다. 그 두 가지가 같이 갈 수 밖에 없는 것은 필연이다.

　또 남쪽 내의 사회적 불균형 문제뿐 아니라 남북간 불균형도 너무 커졌다. 이제 평화 개념은 구조적 평화 개념으로 확장되어야 하고 남북간 불균형의 해결도 절박한 과제다. 북한이 중국의 동북 4성이 되는 우려도 있지만, 북중간 경제협력 강화에는 중국의 동북 3성과 북쪽의 경제격차가 심각하게 벌어지는 것에 대한 중국의 우려가 작용한 면이 크다. 물론 북을 중국에 의존적으로 만든다는 전략이 있을 수는 있지만, 우선은 그런 문제라고 보인다. 그런 면에서도 남북간 불균형도 더이상 방치할 수 없다. 군사적인 위협보다 남북간 불균형의 해소가 평화를 보장하는 데 훨씬 중요한 문제가 될 수 있다.

박인규 몇년 전에 『파이낸셜 타임스』에서 남한 사람들은 북한의 핵폭탄 보유보다 경제붕괴를 더 걱정한다는 내용의 기사가 난 적이 있다. 그 기사를 번역해서 올렸더니 엄청나게 많은 사람들이 읽더라.

서동만 당장 주식을 가진 사람들은 심각하게 느낄 수밖에 없다.

박인규 그렇지만 경제난이 곧 안보위협이다는 생각은 아직 많이 퍼져 있지는 않은 것 같다.

백낙청 아직은 경제난 자체가 안보위협이라는 생각이 많이 퍼져 있는 것 같지는 않다. 그런데 미국이 지나치게 북에 압박을 가할 때, 그것이 북에만 해로운 것이 아니라 우리 경제에도 마이너스 된다는 생각은 많이 퍼져 있는 것 같다.

예컨대 부시 대통령의 '악의 축' 발언도 광범위한 반발을 일으켰다. 부시 대통령의 발언 자체가 과해서 그런 점도 있지만, 미국이 과한 발언을 한 것은 처음도 아니고 국내에서 그보다 과한 발언들도 많다. 그런데 6·15 이후 사회적 분위기가 달라진 때문이기도 하지만, 기업가들을 포함해서 다분히 보수적인 사람들도 북한경제가 붕괴돼서 우리 주식시장 폭락하고 한국경제에 끼칠 영향을 걱정했던 것이다. 과거에는 안보와 경제를 위해 한미동맹이 필요하다고 했는데, '악의 축' 발언이 나오니까 미국이 바로 우리의 안보와 경제를 위협할 수 있겠다 하는 생각이 들게 되었다. 그렇다 보니 반미감정이 급진적인 소수뿐 아니라 상당히 넓은 국민적 공감대를 얻게 됐다.

서동만 미국 내 금융자본의 이해관계는 군수산업 자본의 이해관계와 다르다는 분석이 있다. 따라서 미국 내에서도 이해관계가 상충되는 측면이 있는 것 같다. 복합적으로 봐야 한다.

남북 경협 주체의 확대

박인규 통일운동 얘기로 돌아가보자. 작년 6·15행사와 8·15행사는 민관이 같이했다는 면에서 중요했다고 본다. 통일사업에서 민관이 같이 진행한 것은 통일운동이 남한 전체 차원으로 확대되고 있다고도 볼 수 있는데, 그런 면에서 대기업·정부·민간의 역할분담이 있어야 할 것 같다.

백낙청 분담은 이미 어느정도 이뤄지고 있다. 앞으로는 전체 활동량을 늘이면서 역할조정을 어떻게 정교하게 하느냐의 문제가 남은 것이 아닐까.

서동만 경제협력이 본격적인 개발단계로 가고 있는데, 거기에 맞춰 중국이 북에 투자를 본격화하고 있다. 이럴 때 남쪽의 역할이 상당히 중요하다. 정부가 작년 9·19합의 직후 6대 동력사업을 중심으로 우리 정부가 상당히 많은 준비를 했는데 북미관계가 악화되면서 다시 중단됐다. 노무현 대통령도 올해 연두 기자회견에서 그에 대한 언급을 일절 못했다. 결국 정부는 북핵문제를 의식할 수밖에 없고, 정권 말기라는 부담과 국내 여론의 문제도 있다.

대기업의 역할이 중요한데, 대기업도 정주영 회장이 들어갈 당시에 비해 상황이 많이 바뀌었다. 순수 국내기업이 없다. 외자 비중이 20~30%이고, 세계적인 기업일수록 더욱 그렇다. 삼성도 순수 국내기업 아니다. 또 대기업은 외국 자본이 관여하고 있는 의사결정 과정은 물론이고 당장 주가를 생각해야 하기 때문에 북핵문제를 의식하지 않을 수 없다.

따라서 다른 차원의 민간측 역할이 상당히 중요하다. 또 민간은 아니지만 지방자치체가 정부가 못하는 부분을 채워주는 것도 상당히 중요하다. 그런데 지방자치정부가 본격적 개발협력 프로그램을 할 수 있을지는 회의적이다. 특히 인프라 건설에는 막대한 자금이 들어간다.

결국 정부도 아니고 대기업도 아닌 주체를 어떻게든 생각해내야 한다. 공익성을 가진 민간재단일 수도 있고, 공기업일 수도 있다. 공기업은 정부와도 직결되므로 한계는 있겠지만 주요한 역할을 할 수 있을 것이다. 개성공단 진출에서 보듯이 중소기업의 역할도 중요하다. 물론 수익성 보장을 위해 북의 정책변화도 전제돼야 하지만, 정부 보장 하에 공익성을 갖는 새로운 주체가 펀드를 한다거나 하는 식으로 추진할 수 있다. 국제 컨소시엄까지 확대시켜나갈 수도 있을 것이다.

'북핵올인'으로 2개월 늦은 위폐 대응… '대연정' 몰입의 폐해

박인규 지금까지 주로 한반도 내의 문제에 대해 얘기해왔는데, 좀 다른 얘기를 해보자. 9·19 이후 북핵문제가 진전이 안되고 있는데, 이같은 상황에서 남북관계의 진전은 한계가 있지 않나 싶다. 더욱이 미국이 위폐문제 등을 제기하고 있는데, 한국이 꾀할 수 있는 돌파구가 있을까.

서동만 결과적인 얘기지만 달리 뾰족한 수가 없었다. 사실 9·19성명 전후로 위폐문제를 제기할 움직임이 이미 있었다. 9·19성명이 역사적이고 의미있는 것이었지만, 이후 우리 정부가 상황을 안이하게 인식했던 측면이 있다.

7월에 6자회담이 재개되기 직전까지도 북핵문제에 대한 비관적인 분위기가 있었다. 9·19합의는 극적인 타결이었지, 준비된 것이 아니었다. 그래서 거꾸로 합의가 갖는 의미를 살려야 하는 과정이었음에도 불구하고 상황인식이 안이했다. 어쩔 수 없는 면도 있다. 나도 방송에서 해설하다 보면 되는 방향으로 하라고 하지 안되는 쪽을 얘기하기는 힘들다. 꼭 초치는 것 같아서 잘되는 방향으로만 얘기했다.

결과적인 얘기지만 미국의 의도는 처음부터 양면적이었다. 합의가 나온 직후에 힐 대표가 폐막 연설에서 마약, 인권 얘기를 다 해버렸다. 심지어 당시 이미 위폐문제까지 꺼냈다는 얘기도 있다. 그 발언을 두고 합의에서 밀린 미국 대표의 국내정치용 플레이로 해석했지만 결과적으로 보건대 강온양면적인 것이었다. 이미 강경론의 입김이 들어가고 있었던 것이다. 그 후 강경 페이스로 돌아왔다. 결국 9·19성명의 모멘텀을 살리지 못했다. 우리 정부는 위폐문제와 관련해 두 달 정도 대응이 늦었다. 우리가 복합적인 대응을 했어야 했다. 앞으로도 그런 식의 대응이 필요한 것 아닌가 싶다.

박인규 말씀 들어보니 우리 정부가 순진했다는 얘긴데.

서동만 그런 면도 있지만, 당시 미국은 한미동맹 재조정 문제, 전략적 유연성과 한미FTA 등 종합적인 전략을 가지고 북핵문제를 적절히 활용하고 있었던 것으로 보인다. 그런데 우리는 북핵문제에만 올인하면서 다른 사안들도 포함해서 복합적인 대응이 부족했다는 생각이 든다. 물론 결과적인 얘기지만.

백낙청 해설하다 보면 되도록 좋은 쪽으로 한다고 서교수가 얘기했는데, 사실 비판적인 지식인 중에서는 요즘은 그게 오히려 드문 성향이다. 대개는 안 좋게 얘기해야 지식인으로서 체면이 선다고 생각한다.

내용을 잘 모르면서도 줄기차게 희망적인 얘기를 해온 건 바로 나다. 나는 세세한 것은 모르지만 내가 느끼는 큰 흐름에 대해서는 지금도, 물론 안이하게 대응한 면을 반성은 해야 하지만, 사태가 좀 꼬이고 있다고 너무 어둡게만 볼 필요는 없다고 말하고 싶다.

9·19성명에서 미국이 밀렸다고 했지만, 모든 국가는 합의된 문서 내용에서 밀릴 때는 다른 수를 염두에 두게 마련인데 하물며 미국이 다른 생각 없이 밀렸을 리는 없다. 문건 자체에서는 미국이 밀렸지만, 즉시 '뒷수'를 들고 나오지 않나. 미국 입장에서는 그것이 일종의 꽃놀이패라고 생각했을 수 있다. 북이 경수로 주장도 접고 '행동 대 행동'에 대한 요구도 완

화하면서 굽히고 들어오든가, 아니면 속수무책으로 회담에도 못 나오고 고립돼서 정권이 위태로워지고 부시 대통령이 지금도 바라는 정권교체가 이뤄지든가, 둘 중의 하나를 내다보며 즐길 생각이었는지 모른다.

그렇지만 북에는 중국 카드가 남아 있었다. 김정일 위원장이 중국에 달려가서 경제개혁의 의지를 과시하면서 중국의 도움으로 버티겠다고 나온 것이다. 남쪽으로서는 답답한 현상이다. 중국이 도와줘서 북이 붕괴되지 않는 것은 남으로서도 다행이지만, 핵문제가 해결되어 한반도 경제문제도 북이 좋아하는 표현으로 '우리 민족끼리' 풀어가야 하는데 중국의 영향력이 점점 커지고 여러 이권을 중국이 선점해버리게 되면 남북의 통합 과정에 손상이 올 수도 있다.

사실 그런 상황은 미국 입장에서도 별로 유리한 게 아닌데, 미국은 어찌 보면 꽃놀이패 하는 재미에 취해서 당장에는 생각을 덜 할 수도 있다고 본다. 그러나 역시 미국인들도 바보는 아니니까 다시 이런 면을 착안해서 어떤 새로운, 명쾌하지는 않고 다소 구질구질한 진전이 있을 가능성이 높다고 본다.

우리 정부의 대응이 안이했던 점은 많았다. 가령 8·15행사가 성사되고 9·19성명 나온 것이 노무현정권으로서도 상당히 큰 성과인데 그것을 제대로 활용해서 여론을 잡아 다음 단계로 밀고 나가지 못하고 대통령이 '대연정' 얘기에만 몰두했다. 또 미국이 제기하는 문제의 심각성을 충분히 인식하고 미리 대응하지 못한 면도 있다.

민간측에서 보더라도 '이제는 수구 반통일 세력은 완전히 눌렀다'는 지나친 낙관으로 '이제는 자주통일론자와 화해협력론자의 결전의 시기다'는 얘기마저 나왔다. 이것은 이론상으로도 자주통일과 화해협력이 얽혀서 같이 간다는 점을 외면한 오류이면서, 동시에 정세판단에서도 지나친 낙관주의였다. 이참에 미군을 아예 내보내자는 등의 안이한 판단에서 오히려 수구세력이 단합하고 기세를 올리게 된 측면이 없지 않다. 그럴수록 민간에서 더 창의적으로 접근해야 한다. 정주영 회장 때와 같이 대기업이 움직이기 힘든 여건이라면, 나는 그것이 주주의 국적보다 가령 삼성전자 같으면 시장이 미국 또는 미국의 영향권에 있고 그 상품이 미국정부의 통제에 약한 탓이 더 크다고 보지만, 서교수 말대로 대기업 이외의 다른 주체도 발견해야 한다.

서동만 우리 정부가 북핵문제로 지나치게 위축돼 있었다. 전략적 유연성이나 한미FTA 등 최근 한미관계와 관련한 일련의 상황들이 노무현정권의 지지층뿐 아니라 국민들에 대한 '신뢰'의 측면에서 자칫하면 '신뢰의 위기'로까지 갈 수 있다. 보수 언론은 정부내 온건자주파와 강경자주파의 대결이라 말하고 있는데, 사실 정부 안의 의견대립은 있을 수 있다. 이라크 파병 때도 그런 의견차이가 있었다. 다만 대국민 '신뢰의 문제'인데, 1차적으로 지지층의 신뢰 문제가 생겨 정체성의 혼란으로 이어질 수 있다. 지금은 선거 직전이라는 상황에서 잠잠해 보이지만 문제가 될 여지가 있다. 이 부분은 상당히 어려운 과제다. 하지만 꼭 극복해야 할 문제이기도 하다.

"신뢰의 위기"

박인규 노무현정부의 역량보다 태도의 문제라는 것인가.

서동만 둘다다. 국민의 신뢰는 역량문제와 떨어질 수 없다. 이라크 파병만 하더라도 국민들이 그 사정은 충분히 이해하고 있었다고 본다. 물론 사정을 이해하더라도 반대할 수는 있지만 말이다. 용산기지 이전이나 전략적 유연성 협상이 어려운 협상이라는 건 국민들도 다 안다. 실제 매우 힘든 협상 아닌가. 이라크 파병 때처럼 솔직히 얘기하는 게 나았다. 반대 여론도 협상력으로 활용하는 것이 외교협상의 교과서적인 지혜 아닌가. 노무현 대통령이 자주국방·동북아균형자론 등의 얘기를 꺼낸 게 구체적인 협상과정과 연결되지 않았기 때문에 거꾸로 헷갈리게 됐고 그에 따른 신뢰성의 문제가 나온 것이다.

박인규 레토릭과 실제가 따로 갔다는 얘기인가.

서동만 따로 갔다기보다는, 지향점과의 연관성 문제다. 지향점을 가진다고 다 성취될 수는 물론 없다. 자주국방이나 동북아균형자론이나 얼마나 중요한 지향인가. 그런데 구체적 협상 과정에 대한 설명을 통해 국민의 이해를 구하는 방식으로 가지 않았다는 지적이다.

백낙청 정권담당자가 비전을 제시하면서 국민설득을 잘 못한 '태도의 문제'도 있고 협상과정에 대한 장악력의 문제도 있다. 외교부든 국방부든 그 협상을 담당하는 실무팀의 능력 문제가 있는데 그나마 대통령의 지휘가 안 먹히는 사태까지 겹친다면 국민의 불신은 증폭될 수밖에 없다. 또 노무현(盧武鉉) 대통령이 김대중(金大中) 전 대통령에 비해 충분한 준비나 훈련이 없었던 것은 자타가 인정하는 면이다. 남북관계에서는 정권 초기에 그런 미숙성이 특히 두드러지다가 후에 많이 안정됐다고 본다.

전략적 유연성 문제는 사실 김대중정권 때부터 논의돼온 것이다. 또 냉정히 생각하면 어차피 주한미군이 한국사람들을 위해 주둔하는 것이 아닌 마당에, 미국이 세계적인 군사전략을 바꾼 상황에서 주한미군의 활동 방식을 바꾸겠다는 것을 한국이 반대한다고 미국이 안하겠는가. 불행하지만, 그것이 현실이다.

결국 노무현 대통령의 2005년 '공사(空土) 발언'은 속은 시원했지만, 아무런 밑받침이 없는 발언이었다. 사실 그 순간에도 다른 무엇인가가 이미 진행되고 있었던 것이 얼마 전 『프레시안』 보도로도 드러났다. 자주국방이라든가 자주외교가 목표라면 막연한 그림이 아니라 구체적인 내용으로 국민을 설득해야 한다. 그것이 어느 수준의 목표이고 얼마나 장기적인 목표인지, 그것을 이루기 위한 중간단계는 무엇이고 이를 위해 우리가 참고 견뎌야 할 것은 무엇인지가 포함된 마스터플랜이 필요하다. 한편으로는 너무 큰 꿈을 제시하면서, 또 한편으로는 그날그날 일처리에 급급하다가 오히려 보수적이고 친미적인 관료들에게 끌려간 점도 많다.

사실 북핵문제 해결을 위해 미국에 어느정도 협조를 해줘야만 되는 상황에서 파병이나 전략적 유연성 문제에서 불가피한 측면이 있었다. 그런데 미국이 우리가 남북관계 개선을 위한 협조를 위해 일정한 댓가를 지불할 용의가 있다는 점을 너무 잘 알아버리면 미국의 요구는 점점 더 커질 것이다. 따라서 버틸 때는 버텨주고 싸워야 할 때는 싸워야 한다.

박인규 신뢰의 문제나 일관성 문제를 제기하셨는데, 노무현정권이 변화의 가능성은 있나.

서동만 관료장악 문제를 말했는데, 외교안보 의사결정 기구와 구성원의 문제가 크다. 국가안전보장회의(NSC)가 만들어진 건 결국 그것 때문이다. 외교부, 국방부, 국정원 등 국가안보기구는 상대적으로 볼 때 매우 거대한 기구다. 그 기구를 대통령이 혼자 통제하기는 굉장히 어렵다. 김대중정부부터 NSC가 조정기능을 해왔는데, 김대중정부 시절에는 호남관료들의 맥이 있었고, 그것이 일정부분 김대중 대통령의 노선이자 정책을 지지하는 라인 역할을 했다. 호남에 기반한 것이 그런 역할을 가능하도록 했던 것인데, 노무현정권은 그런 지지 라인 역할이 확보가 안되고 있다.

여전히 한반도 냉전체제가 유지되고 있는 과도기인 셈인데, 국방과 외교라는 거대한 기구를 장악하고 통솔하기에는 역부족이었다. 역시 NSC의 구성과 같은 문제가 작용한 것이지만 말이다. 능력의 문제에 그런 면이 있고, 법적인 근거가 미비한 것도 사실이다. 법적 규정을 고치면서 좀더 충실화하는 방향으로 갔어야 했는데 안보정책실이란 제도로 회귀했다. 조정기능이 사실상 없어진 것 아닌가 하는 문제제기가 전문가들 사이에서 나오고 있다.

DJ 방북, 정부가 얼마나 힘 실어주느냐가 성패 좌우

박인규 경남대 북한대학원의 구갑우(具甲宇) 교수가 최근 『교수신문』에서 백선생의 분단체제론에 대해 이의를 제기했다.

세 가지인데 첫째, 북한의 사회성격에 대한 분석이 배제돼 있다, 둘째 우리에게 미국이란 무엇인가, 즉 미국과 어느 정도 관계를 유지하면서 살아가야 하는가에 대한 반성이 동아시아론과 함께 진행돼야 하는데 이 부분에 대한 근본적 성찰이 없다, 셋째 민주화 이후의 한국을 '87년 체제'로 개념화하면 계급격차 심화 등의 현실적 문제가 자칫 제도적 미비에 의한 것으로 치부되고, 나아가 제도적 개선으로 고쳐질 수 있다는 환상을 낳을 수 있다고 비판했다.

마침 미국 얘기도 나오고 했으니 구교수의 비판에 대해 백선생께서도 할 말이 있을 것 같다.

백낙청 구갑우 교수의 글은 나의 분단체제론에 촛점을 두었다기보다 분단체제론을 포함한 '창비 사회과학담론' 전반을 겨냥한 것이고 40주년을 맞은 창비에 대한 비판을 담은 글인데, 나는 먼저 구교수의 글이 애정을 지닌 비판이라는 점이 고맙고 첫째, 둘째, 셋째 하는 식으로 비판의 요점을 명시해준 점이 생산적인 토론을 가능케 한다고 본다. 다만 미국문제와 관련된 그의 두번째 비판은 내가 보기에 설득력이 약한 것 같다. 그가 말하는 '한미동맹에 대한 정면돌파'가 무엇인지는 모르겠으나, 세계체제 속의 미국의 역할이나 한반도정책, 동아시아정책 등에 대한 분석과 비판은 창비가 그 분야의 전문지가 아닌 점을 감안하면 창비 나름의 몫을 해왔고 창비의 동(북)아시아 담론에서 중요한 위치를 차지한다고 믿는다.

분단체제론에서 북한의 사회성격에 대한 분석이 배제돼 있다는 비판도 수긍하기 어렵다. 북한학자도 사회과학자도 아닌 입장에서 내가 구체적인 분석을 수행하지 못한 것은 사실이지만, 북한사회에 대해 우리 사회과학계에서는 만나보지 못한 성격규정을 시도한 것이 분단체제론이라는 생각이고 그 문제를 둘러싸고 손호철(孫浩哲) 교수와 논쟁도 있었다.

87년체제론에 대해서는 사실 나 자신도 여러가지 의문을 갖고 있는데 그만큼 '창비 담론'으로서는 정착이 덜 된 논의다. 구교수는 '분단체제론–동아시아론–87년체제론의 삼각 담론'을 창비 사회과학 담론의 기본 골격으로 파악하고 있지만 나 자신은 분단체제론과 '근대적응/근대극복의 이중과제'론이 두 기둥이고 여기서 출발해서 여러가지 구체화 시도가 벌어진다고 인식하고 있다. 87년체제론은 그러한 확산노력 중 최근의 시도랄 수 있는데, 이 논의를 진행해온 사회과학도들이 분단체제론에 대한 인식이 부족해서 가령 구교수가 언급한 53년체제, 97년체제, 2000년체제 등과의 연관을 규명하는 데 미흡했고, '이중과제'의 맥락 속에 자리매김하려는 노력도 부족했다는 게 나 자신의 판단이다. 내 나름으로 머릿속에 그리는 그림이 있지만 여기서 길게 말할 계제는 아닐 것이다. 어쨌든 구교수의 지적대로 '보수와 진보 양측에서 공격을 받을 소지가 있고 한국사회를 벌집 쑤셔놓은 듯한 상태로 만들 수 있는 의제'를 비켜가지 않으면서 슬기롭게 싸워나가는 것이 창비를 포함한 우리 지식인사회 전체의 임무라는 점에 동의한다.

박인규 김대중 전 대통령이 4월에 방북한다고 하는데, 그것이 작은 돌파구가 될 수 있을까.

백낙청 서교수도 예측하기를 망설이는데 나야 더욱 그렇지 않겠나(웃음). 다만 철도로 간다면 그 자체가 이벤트가 되어 다른 큰 성과가 없더라도 국민정서에 미치는 영향이 클 것은 분명하다. 또 하나는 철도방문을 북에서 동의한다고 하면 그것 자체가 김대통령이 왔을 때 뭔가 선물을 안겨주겠다는 의사표시 아닐까 지켜보고 있다.

서동만 대담 제목이 6·15시대인데, 6·15시대의 의미를 재확인하고, 남북관계가 새로운 단계로 진입하는 것의 마무리로서의 상징적인 의미도 있다고 본다. 김 전 대통령 개인으로서는 막혀 있는 북미관계를 타개하거나 남북관계를 한단계 더 진전시키고자 하는 의욕은 있을 것이다. 그러나 그 문제는 결국 정부가 얼마나 힘을 실어서 보내는가와 같은 정부의 몫이다.

철도의 경우는 벌써 5년이나 끌었다. 이제 와서 재개한다는 것이 쑥스럽기도 하고 구실이 필요한데 김 전 대통령의 방북은 그 좋은 구실이 되어줄 수 있다. 시기에 대해 야당이 문제제기를 하고 있지만, 정상회담도 6·15공동선언에서 합의되고 아직 이행이 안된 한 가지인데, 이 문제가 김 전 대통령의 방북으로 풀릴 가능성도 조심스럽게 점쳐볼 수 있다. 물론 북이 의지가 있어야 한다는 전제가 있지만, 북에서 의지가 있다면 정상회담을 성사시키는 데 김 전 대통령만큼 적임자는 없다. 물론 이런 것들은 예측이고, 방북을 해봐야 알 수 있지만.

김 전 대통령의 경우 가장 힘 있었던 대통령 시절에는 정작 통일논의를 잘 얘기하지 못했다.(웃음) 자신의 3단계 통일론을 재임시절 한마디도 하지 못했다가 요즘 적극적으로 발언하고 있다. 다소 늦었지만 통일방안 합의와 관련해 최소한 '트랙 2'로 싱크탱크간 교류나 민간학술회의라도 북으로부터 뭘 얻어오면 좋겠다고 생각한다. 벌써 야당에서 미리 넘겨짚고 통일논의를 비판하는데 민간에서 하면 야당에서 반대하기도 어렵다. 김 전 대통령이 방북으로 트랙 2 정도는 끌어내서 통일논의를 지속해갈 수 있었으면 하는 바람이다.

"경협에 대한 국민 공감이 미국 압력에 버티는 힘"

박인규 마지막으로 경협문제를 얘기해보자. 많은 사람들이 관심을 가진 부분이기도 하고, 한반도를 둘러싼 국제외교전에서 그나마 한국의 레버리지를 발휘할 수 있는 부분이 남북경협이라고 말한다. 경협과 관련해 남한 정부가 할 수 있는 역할이 어디까지일까.

서동만 교류협력기금 확대가 우선 가장 큰 성과다. 그만큼 지원활동이라든가 교류협력사업이 활성화되기 때문이다. 그런데 경협사업과 관련해서는, 정부가 작년 9·19합의 이후 노무현 대통령의 직접 지시로 경협방안을 집대성해서 만들었는데, 지금 다소 위축된 상황이다. 경협은 남북관계의 최대 과제이자 시대적 과제다. 김대중정권 시절에는 전력 지원이 큰 문제였는데, 지금은 인프라 건설을 포함해 개발프로젝트의 단계로 가야 할 싯점이다. 어떤 식으로든 타개할 수 있는 방안을 찾아야 한다. 정부가 안되면 정부가 보증을 서고 민간이 역할을 하는 방안으로라도 물꼬를 터야 하는 것이 아닌가 싶다.

박인규 얘기를 듣고 보니, 처음에는 어느정도 진전이 있는 것 같았는데 그러면서도 주변을 둘러보면 답답한 것도 많이 있다는 생각이 든다. 특히 정부의 역할 면에서 노무현정부가 최근 어디로 가고 있는지 잘 모르겠다. 마무리로, 올해 6·15행사 준비상황을 좀 얘기해달라.

백낙청 아직 확정은 안됐지만 6·15공동선언 6돌 기념공동행사는 광주에서 하게 될 가능성이 높다. 작년 6·15행사는 우선 물꼬를 트는 것 자체가 큰 의미였고, 8·15행사 때는 통일축구가 있어서 대중동원을 잘했다. 통일집회에 온 사람과 축구 보러 온 사람들이 어울려 즐기면서 통일의 의지도 확인하는 분위기가 참 좋았다. 올해는 월드컵으로 인해 축구는 어렵고, 어떻게 6·15행사를 대중적으로 확산하는 계기로 만들까 고민하고 있다. 대중적 확산에 대해 내부에서도 물론 개념이 좀 다르다. 기존의 통일운동을 대중에게 더 알리고 통일의식을 전파한다는 것을 위주로 생각하는 분들도 있고, 그런 통일운동에 냉담하던 국민들을 새로운 방식으로 사로잡고 감동을 주어야 한다고 점을 강조하는 분들도 있다.

경협확대 등 지금까지 서교수 얘기를 고려하면 사실 후자 쪽에 좀더 신경을 써야 하지 않을까 싶다. 다수 국민들이 공감하도록 확산되어야 하고,

그래야 경협을 뒷받침해주기도 편해지고, 정부가 미국의 압력에 맞서 버티기도 편해진다. 그런 여건을 만드는 것이 중요하지 않나 싶은데 구체적 방안은 고민중이다.

박인규 6·15공동위원회 상임대표이신데, 임기는 어떻게 되나.

백낙청 우리 조직이 규약도 없이 출범했다. 결성식에서 상임대표로 선출됐는데, 임기가 언제까지인지조차 정해지지 않았었다. 지난 15일 공동대표자 회의에서 규약이 통과돼, 임원 임기는 2년으로 하고 결성식 때 선임된 임원은 자동적으로 유임하면서 임기 기산일자를 조직이 처음 결성된 작년 1월 31일자로 하기로 했다. 그러니 내 임기는 내년 1월 31일까지인 셈이다.

박인규 올해 통일행사는 어떤 것인가.

백낙청 올해 6·15는 남쪽에서 같이 하기로 했고, 8·15는 북에서 같이 했으면 하는데 북측은 8·15는 따로 하고 다른 계기에 같이 하는 것을 생각해보자는 얘기도 나왔다. 유동적이다. 북에서 올해 아리랑 축전을 다시 한다고 하는데, 그 축전에 남쪽 대중이 참여하고 관람하는 방식을 작년과 같이 할지도 협의해봐야 안다.

작년에 열린 민족작가대회에서 '6·15선언실천 민족문학인협회'를 상설기구로 만들기로 했다. 그를 위한 조직위원회가 남북 양쪽에 구성돼 실무접촉중인데, 잘되면 올봄에 결성이 될 것이다. 그렇게 되면 또 하나의 상설 남북공동기구가 생긴다는 점에서 의미가 크다. 동시에 문학인이라는 특수한 인종들이 만나게 되니 남북간 실질적 통합을 위한 수많은 네트워크 중 특별한 의미를 지니는 하나가 될 것으로 보인다.

서동만 북한전문가나 남북관계 연구자들은 통일운동이나 남북관계가 진전되고 있기 때문에 그에 맞춰서 움직일 필요성이 커졌다. 이제는 북을 직접 보고 접촉하면서 북조선 얘기를 해야 하지 않나. 지금까지는 막혀 있어 면피가 됐지만 이제 그게 안 통한다. 그래서 교류협력과 통일운동 면에서 발을 담그면서 현장감 있는 연구 활동을 해야겠다.

박인규 긴 시간 좋은 말씀 감사하다.

무엇이 한국문학의 보람인가

문학평론가 백낙청과의 대화

백낙청(문학평론가, 계간 『창작과비평』 편집인)
황종연(문학평론가, 계간 『문학동네』 편집위원)
2005년 12월 23일 창비 심학산방

『창작과비평』(이하 『창비』)이 2006년 봄호로 창간 40주년을 맞았다. 지난 40년 동안 넓게는 한국사회의 공론 영역의 발전에, 좁게는 문학저널리즘의 발전에 『창비』가 지대한 공헌을 해왔다는 것은 누구나 인정하는 사실이다. 문학만 놓고 보더라도 지난 40년 동안 한국 작가 및 비평가 들 사이에 존재하는 민족적 양심은 바로 『창비』를 통해, 또는 『창비』 덕분에 진지하고 강력한 목소리를 얻었다. 민족문학이라 불리는 그 문학적 입장을 둘러싼 논란이야 어찌되었든 『창비』는 문학을 한국사회의 창조적인 활동 영역으로 유지시키고 발전시키는 데 주도적인 역할을 해왔다. 이러한 『창비』의 공적은 문예지 발행이 창조, 실천, 운동 등의 아우라를 잃어버린, 문

■ 이 인터뷰는 『창작과비평』 2006년 봄호에 수록된 것이다.

오른쪽 황종연, 오른쪽 백낙청

학저널리즘이 전반적으로 혼미한 형세를 보이고 있는 최근의 사정에 비추어보면 한층 빛난다. 창간 40주년을 맞아『창비』가 시작하는 '도전인터뷰' 첫회에 이 잡지의 편집인이기도 한 문학평론가 백낙청을 만난 자리에서 나는 문예지로서『창비』의 역할을 계속 이어나갈 방법이랄까 원칙이랄까 하는 게 무엇인가를 우선 듣고 싶었다.〔황종연, 이하 대화 이외의 부분은 황종연의 글〕

백낙청 40년의 세월이 잡지로서는 길다면 길고 짧다면 짧지요.『창비』는 창간 40주년을 맞아서 인생을 기준으로 불혹의 나이라고 하기보다, 잡지의 수명은 개인의 수명보다 훨씬 길 수 있다는 전제 아래 이제부터 정말 젊어지는 것이 사명이라고 생각하고 있습니다.(웃음) 그런데 요즘 문예지뿐 아니라 진지한 태도로 담론을 하는 잡지들이 다 힘든 풍토 아니에요?『창비』는 어떻게 보면 이중으로 불리하다는 생각이 들어요. 문학계간지들이 다들 어려움에 부닥쳐 있지만 그래도 황교수가 관여하시는『문학동네』처럼, 말하자면 문학에 '올인'하는 잡지가 확실하게 독자층을 잡기가 낫지 않나 싶어요. 지금『창비』는 절반이 문학지이고 절반이 정론지를 지향하는데, 우리나라에서 일반독자를 대상으로 한 정론지가 설 자리는 점점 좁아지는 것 같아요. 상업화되거나 아니면 전문분야별로 세분화되거나…… 그러나 지난 한해 동안 우리 내부에서 여러 토론을 한 끝에『창비』는 죽으나 사나 현 체재로 가자, 문학지 겸 정론지의 모양새를 유지하자고 했어요. 다만 담론개발을 좀더 현장감있고 시의성있게 해나가고, 문학지 면도 우리 문학현장에 한층 밀착해서 만들어보자는 각오를 했죠. 어쨌든 문예지로서의 역할을 고수하고 발전시켜야겠다고 생각하는 것은『창비』가 40년간 문예지로서 인정을 받아왔기 때문이기도 하지만, 개인적으로 나는 사실 꽤 완고한 문학주의자거든요.(웃음) 문학주의자라는 말이 꼭 적당한 표현은 아니에요. 문학과 이른바 문학 이외의 것이라는 것 사이에 분명한 경계선이 있어서 그 경계선 이쪽의 문학만 한다는 의미의 문학주의자는 아니고, 문학을 제대로 하다 보면 문학 이외의 것으로 저절로 연결이 되어나가는데 그러기 위해서도 문학을 문학 자체로 제대로 해야 한다는 신념을 가지고 있다는 점에서는 문학주의자라고 할 수 있죠.

자신이 실은 문학주의자라는 그의 말이 내겐 그리 이상하게 들리지 않는다. 문학주의가 문학을 그 이외의 활동과 분리시켜 생각하고 숭상하는 태도를 가리키는 말이 아니라 문학 고유의 역할과 권능에 대한 신뢰를 가리키는 말이라고 한다면 세상에는 여러 유형의 문학주의가 있을 수 있지 않을까. 1990년에 나온『민족문학의 새 단계』로부터 계산하면 16년 만에 새로 묶여 나오는 백낙청의 평론집『통일시대 한국문학의 보람』원고를 읽으면서 내가 가장 깊은 인상을 받은 것은, 분단체제극복을 비롯한 지구시대 한반도 주민의 과제와 관련하여 문학의 주도적 역할 또는 문학 본연의 임무를 반복해서 강조한 발언들에서다. 현재 우리 문단이나 학계는 문학의 탈신비화라고 부를 만한 사태 이후를 살고 있어서, 문학의 주도성 주장이 일각에서는 엘리뜨주의나 아니면 기타 수상쩍은 반동주의로 비칠 소지가 많기 때문에, 그런 발언은 예사롭게 들리지 않는다. 그는 문학을 탈신비화하고 변방화하는 구미의 이론에 어느 누구 못지않게 밝을 텐데도 오히려 문학을 창조적인 사업의 중심에 놓고 있다.

백낙청 문학의 탈신비화라고 말한 그런 큰 흐름이 있는 게 사실이에요. 세계적으로 그런 대세가 있고, 또 그것이 국내에 들어와서 대학의 문학학과 안에서도 그런 흐름이 점점 커가고 있는데요. 아까 내가 문학주의를 두 가지로 구별했는데, 전자의 경우 그야말로 문학을 문학 이외의 것으로부터 완전히 절연시켜서 신비화하는 그런 문학주의니까 이런 식의 문학주의를 비판하고 문학을 '탈신비화'하는 노력은 그런대로 의미가 있다고 봅니다. 그런데 다른 의미의 문학주의, 문학을 통해 문학 이외의 것과 만나기 위해서라도 문학을 문학으로서 제대로 해야 한다는 의미의 문학중시 사상마저 부정하는 '탈신비화'에는 동의하지 않습니다.

몇 가지 글에서도 썼습니다만, 나의 이론적 입장을 한마디로 요약하면 예술의 진리가 과학의 진리보다 오히려 한급 높은 진리라는 거예요. 따라서 이론에 대해서도 그것이 순전히 이론작업인 한에서는 창조적인 작품을 수용하는 비평작업보다 한급 떨어진다는 것이지요. 이렇게 내 나름으로 문학을 공부하고 문학이론이라든가 예술이론, 또 문학을 해체하고 비판하는 이론에 대해 공부해서 도달한 입장이 하나 있고요. 또 하나는 문학에 대한 신념이라는 것은 동시대 모국어의 문학에 대한 신념 없이는 강력해지기가 힘든 법인데, 일종의 신상발언이 되겠지만, 한국문학과 나의 관계는 원래 그렇게 자연스럽거나 밀착된 관계는 아니에요. 젊어서 외국에 가서 공부를 했고, 또 전공분야가 서양문학이고, 거기다가 문학에 전념할 수 없는 생활을 많이 해왔어요. 말하자면 한국문학의 현장에서 떠나갈 사유가 나이가 들수록 많아진 셈입니다. 그런데 역설적으로 바로 그런 처지였기 때문에 그렇게 한국문학의 창조적 활기를 거듭거듭 확인함으로써만 한국문학의 현장을 아주 떠나지 않는 게 가능했지요. 현장에서 좀 멀어져 있다가도 어느 순간에 작가들의 작품을 다시 챙겨 읽다 보면 내가 결코 저버릴 수 없는 창조적인 현장이 여기 있구나 하는 느낌을 갖곤 했어요. 최근에도 훌륭한 시집을 여러 권 만났고, 박민규(朴玟奎)나 김연수(金衍洙), 김애란(金愛爛) 같은 신예 소설가들의 작품집을 읽으면서 많은 자극을 받고 있습니다. 김연수의 『나는 유령작가입니다』는 아직 절반쯤밖에 못 읽은 처지라 중편 「다시 한달을 가서 설산을 넘으면」이 흥미진진한 역작이라는 언급 정도로 넘어가렵니다만, 박민규나 김애란에 대해서는 나중에 기회가 닿으면 더 이야기해도 좋겠습니다.

민족문학론과 분단체제론은 문학에 어떤 도움을 주는가

한국문학에 대한 백낙청의 관심은 두말할 것 없이 민족문학론으로 요약된다. 그의 민족문학은 어떤 확고한 신념의 표현임은 분명하지만 개념적으로 유연한 용어이다. 수십 년에 걸쳐 이어지고 있는 그의 민족문학론은 그때그때 시대적 상황에 빠르게 대응하면서 그 외연을 변경시켜가는 특징을 가지고 있는 것으로 보인다. 이번 평론집에도 시대적 과제에 대응하여 민족문학의 개념을 조정하려고 노력한 자취가 뚜렷하게 드러나 있다. 그는 민족문학이라는 용어가 과연 여전히 유효한가 하는, 종래에 민족문학을 지지하던 사람들 사이에조차 퍼져 있는 의문에 응답하여 '분단체제극복에 기여하는 문학'이라는 의미에서, 작금의 전지구화 상황에서는 민족어 또는 지역어에 근거한 문학 옹호가 중요하다는 이유에서, 그리고 그밖의 여러 이유에서 민족문학이라는 용어가 쓸모있다고 말하고 있다.

'분단체제극복을 위한 문학'은, "남북분단이나 민족분열, 외세개입 등의 문제와 표면상 별 관련이 없는 소재를 다루더라도, 분단체제가 지배하는 오늘의 현실에 대해 새로운 깨우침을 주고 창조적 대응을 일깨우는 작품이면 되는 것"이라는 백낙청의 구절에 따르건대, 문학에 대한, 이를테면 이데올로기적 통제를 추구하는 것은 결코 아니다. 그런데 내가 관찰한 바로는 지난 십수 년간 작가들은, 특히 젊은 세대의 작가들은 "오늘의 현실"을 "분단체제"와의 연관보다는 그와는 다른 다수의 연관 속에서 인식하고 탐구하는 방향으로 작품세계를 전개해왔다. 민족통일 같은 공적 대의에 봉사하기보다는 개인의 체험적 진실에 충실하려는 경향을 보였고, 민족문제보다 젠더문제, 환경문제, 세대문제 등에 더욱 깊은 관심을 기울였다. 민족현실과의 싸움이나 한민족공동체의 비전이 문학적 성취를 촉진한다는 신념은 작가들 사이에서 크게 약화되었다.

백낙청 몇 가지 오해가 있는 것 같군요. 하나는 분단체제의 개념에 관한 것이고, 다른 하나는 평론의 성격에 대한 것, 그리고 세번째로 한민족공동체 얘기가 있어요. 먼저, 그냥 분단극복이 아니고 분단체제의 극복이라고 할 때는 우리가 단순히 통일만 하자는 게 아니라 지금 남과 북의 분단이 일정한 체제의 성격을 갖고 자리를 잡았는데 이 체제를 허물면서 이를 넘어서는, 분단체제보다 나은 체제를 만들자는 얘기거든요. 그런 의미에서 통일이라는 민족문제를 해결하기만 하면 되는 것이 아니라 그 과정에서 민주주의의 문제, 젠더문제, 환경문제, 이런 것들이 물론 완전히 해결은 안되지만 지금보다는 한 차원 높은 단계로 진전이 되고 해결에 다가가는 그런 식으로 분단을 철폐해가는 것을 분단체제의 극복이라고 하지요. 그렇기 때문에 민족현실에만 치중하는 것이 옳으냐는 질문은 단순한 '분단극복' 문학에는 해당될지 몰라도 '분단체제극복' 문학에는 해당이 안되지요.

다음으로, 설혹 그렇다 하더라도 자꾸 그런 식의 주문을 작가에게 하는 것이 도움이 되느냐는 문제인데, 우리가 평론을 할 때 일종의 화법으로 작가가 이랬어야 한다든지 하는 표현을 쓰긴 해요. 하지만 나는 기본적으로 평론은 한 독자의 입장에서 동료 독자들과 대화하는 것이고, 거기에 작가도 독자의 한 사람으로서 끼어들어와도 좋고 안 들어와도 그만이라고 봐요. 그래서 작가나 작품에 대해서 이런저런 주문을 하는 것이 당장에 그 사람보고 그런 식으로 창작을 하라고 압력을 가하는 것이 아니고, 작품을 수용하는 독자들의 태도, 독자들의 의식, 문학 하는 풍토, 이것을 좀더 건강하게 발전시키기 위해서 자신의 독서경험을 개진하는 하나의 화법이라고 보거든요. 그래서 분단체제극복이건 뭐건 아무리 훌륭한 주제라 하더라도 그 주제의식을 작가에게 강요해서는 좋은 작품이 나오기 힘들다는 점에는 동의하지만, 우리 시대에 무엇이 중요한 문제이고 우리가 문학을 읽으면서도 그런 문제를 의식하면서 읽는 것이 좋은가에 대해서 토론이 활발해지는 것은 문학풍토의 발전에 도움이 될 수 있다는 그런 차원에서 얘기하는 것이고요.

한민족공동체 문제는 적어도 내가 쓰는 용어로는, '통일 한반도 공동체'와는 다른 개념입니다. 한민족이라는 것은 에스닉(ethnic)한 개념이지요. 종족 개념으로서의 한민족은 한반도 주민의 전부도 아니지만 한반도에 국한되지도 않아요. 지금은 굉장히 많은 수가 한반도 바깥에 살고 있거든요. 여러 나라에 그 나라의 국적을 가진 사람도 있고 영주권을 가진 사람도 있지만, 그런 다양한 생활 속에서 한민족으로서의 아이덴티티를 유지할 것인가 말 것인가, 유지한다면 어떻게 발전시킬 것인가, 다른 곳에 있는 동족들과는 어떤 유대관계를 가질 것인가? 이런 문제가 발생하는 거죠. 요즘 쓰는 용어로 하면 트랜스내셔널(trans-national)한 문제인데 그것이 내셔널(national)한 문제와 이율배반 관계에 있는 것이 아니고 한반도에서의 통일이라는 민족문제, 범박하게 말해 내셔널한 문제와 연계되어 있고, 그런 내셔널한 문제를 안고 있는 한반도 내의 한민족을 포용하는 트랜스내셔널 네트워크의 문제예요. 통일문제가 한민족만의 문제가 아니듯이, 한민족공동체는 한반도만의 문제가 아닌 겁니다. 그 두 가지 차원을 혼동하지 말아야지요.

포스트모더니즘에 대한 평가는 공정한가

90년대 이후 백낙청의 민족문학론에는 세계화 또는 지구화 상황에 대한 언급이 많다. 특히 "전지구적 자본이 주도하는 세계의 '포스트모던 문화'"가 민족문학과 세계문학 양쪽 모두에 중대한 위협이라는 점이 강조되고 있다. 전지구화 과정에서 일어난 트랜스내셔널한 문화유통이 문학으로부터 민족적·지역적 독자성을 앗아가고 사이비 국제주의를 만연시킬 위험이 있다는 것은 정확한 진단이다. 하지만 포스트모던 문화에 대한 그의 비판은 반드시 공정한 것은 아닐지도 모른다. 포스트모더니즘은 문학·철학·미술·건축 등 어느 분야에 촛점을 맞춰 보느냐에 따라 우리에게 가지는 의미가 달라질 수 있고, 특히 포스트모던 철학이 포함하는 서구 근대의 자기비판은 서구의 헤게모니적 지배 하에 근대를 구성한 우리 자신의 비판과 극복에 유효하지 않은가 하는 생각이 든다. 백낙청 자신이 탈근대의 과제를 상정하고 있는만큼 포스트모던 문화에 공감하는 부분이 있지 않을까?

백낙청 물론이지요. 포스트모더니즘에 대해 내가 때로는 아주 단호하게 언급한 적도 있지만, 또 어떤 때는, 프레드릭 제임슨과 대담하면서는 모더니즘 이후의 리얼리즘, 말하자면 모더니즘의 세례를 거친 리얼리즘이라는 뜻으로 포스트모던한 리얼리즘(post-Modern realism)이라는 표현을 쓴 적도 있지요(『창작과비평』 1990년 봄호, 285~86면). 포스트모던이라고 일컬어지는 사조나 흐름을 내가 깡그리 비판하거나 배격하는 것은 아니에요. 다만 포스트모던이라는 용어에 대해 비판적으로 보는 이유가 있습니다.

하나는 어떤 사상이 근대를 극복하려는 지향성을 가졌다는 뜻으로 포스트모던이라고 하는 것은 좋은데, 그렇지 않고 마치 모던의 시대 즉 근대는 끝나고 포스트모던 즉 근대이후의 시기가 이미 도래한 것처럼 얘기하는 것은 현대자본주의사회, 근대세계의 실상을 왜곡하고 호도하는 행태라고 봐요. 나 자신이 '근대적응과 근대극복의 이중과제'를 말하고 있는데, 실은 근대극복이라는 것이 바로 포스트모던을 지향하는 것 아닙니까? 다만 지금이야말로 모던이 만개한 그런 시기라는 인식을 흐린다는 점에서 포스트모던이라는 표현에 대해서 못마땅하게 생각할 때가 있고요.

다른 하나는 한국에서 모더니즘과 포스트모더니즘을 구별하기가 상당히 어렵습니다. 보기에 따라서는 외국에서도 양자의 구별이 그렇게 분명한 것은 아니에요. 그래서 내가 포스트모더니즘이라는 것이 본질상 모더니즘의 연장에 불과하다고 주장했는데, 모더니즘은 무조건 나쁘다는 전제라면 그게 포스트모더니즘에 대한 '단호한' 욕이 되겠지만, 모더니즘에도 좋은 것이 있고 우리가 배울 것도 있다는 가정 하에 받아들인다면 포스트모더니즘론자들이 스스로 주장하는 새로움을 평가절하하는 효과는 있더라도 모더니즘과 포스트모더니즘을 깡그리 부정하는 발언은 아니지요.

포스트모더니즘의 근대비판에 유용한 측면이 있다는 데는 나도 동감해요. 다만 지식인들 중에 자기가 근대를 비판하면 마치 근대가 극복된 것처럼 착각하는 경우가 있어요. 포스트모던이라는 것이 근대를 극복하려는 지향을 담은 담론이나 모색이라면 좋은데 실제로는 근대나 근대주의의 폐해를 지적하고 그걸 '해체'한 것으로 극복이 다 됐다고 착각하고 '근대이후'가 도래했다고 생각하는 것에 대해서 나는 반론하고 싶은 거죠.

백낙청의 이론에서 근대 비판 또는 극복을 올바르게 수행하는 문학양식에 대한 명칭은 모더니즘이나 포스트모더니즘이 아니라 리얼리즘이다. 그의 이론에서 리얼리즘은 민족문학이 세계문학과 공유하고 있는 부분이며 예술적 진리가 표출되는 탁월한 방식이다. 그의 리얼리즘론은 지난 수십 년간 한국문학을 한편으로는 사회적으로 무책임한 예술기법의 유희로부터, 다른 한편으로는 교조적인 정치이데올로기들의 지배로부터 구해내는 데 많은 공헌을 했다. 그가 말하는 리얼리즘은 전형성, 객관성, 당파성 같은 재래의 미학적 기준을 참조하면서도 그것을 넘어서고 '문학 본연의 변증법'이라는 일반론적 가정, '지공무사(至公無私)' 같은 도덕적 기율을 포함한다. 내가 소견이 좁은 까닭일까, 그렇게 포괄적이고 원융자재(圓融自在)한 리얼리즘론은 이해하기가 쉽지 않다. 거기서 내가 느끼곤 하는 불만의 하나는 리얼리즘이 시대를 초월하여 불변의 예술적 이상 또는 당위로 존재하는 듯하다는 점이다. 리얼리즘은 특수한 시대와 문화에서 유래한 특수한 문학관습이라는 관점에서 역사화하여 이해하는 편이 옳지 않을까, 리얼리즘 특유의 문학적 관습에 일어난 변화에 대한 관찰을 통해 그 한계와 가능성을 얘기하는 편이 옳지 않을까. 이렇게 생각하는 사람은 아마도 나 하나만이 아닐 것이다.

백낙청 사실 리얼리즘 이야기가 나오면 나도 골치 아파요.(웃음) 내가 말하는 리얼리즘이 사실주의와 다르다는 설명만 해도 매번 되풀이하려면 성가신데, 사실주의가 아닌 리얼리즘을 주장하는 많은 동료들 얘기하고도 또 좀 다르다고 설명하려면 얼마나 길고 복잡해져요? 황교수 말씀대로 차라리 "특수한 시대와 문화에서 유래한 특수한 문학관습"으로 정리해버리는 게 편하겠다는 생각도 들어요. 그러니까 19세기 한때 서구에서 성행했던 문예사조로서의 사실주의(寫實主義)로 이해하고 잊어버리는 거지요. 하지만 사실주의와 모더니즘과 포스트모더니즘이 각기 다른 방식으로 소홀히하는 문학에서의 원만한 현실인식과 현실대응 문제마저 잊어버릴 수는 없는 거지요. 부담이 따르고 부작용이 따르더라도 이런 문제제기를 할 무슨 용어가 필요하다고 봅니다. 그런 점에서 '리얼리즘'도 '민족문학'과 마찬가지로 엄밀한 분석적 개념이라기보다 논쟁적 개념이에요. 논쟁의 주된 축을 사실주의 대 모더니즘, 또는 모더니즘 대 포스트모더니즘으로 설정하는 풍조에 맞서서, 그렇게 편하게만 가는 것이 문학의 큰길은 아니라고 일깨워주는 하나의 방편이지요. 그래서 이번 평론집에서도 리얼리즘 논의가 이런저런 변주를 겪으면서 계속 나오는데, 다만 나는 루카치처럼 리얼리즘을 주창하기보다 리얼리즘을 화두로 붙들고 궁굴리다가 때로는 놓아버리기도 하는 사람으로 이해해주시면 고맙겠어요.

고은 시의 평가를 둘러싼 긴장된 논쟁

이번 평론집에 실린 작가론, 작품론 중에서 단연 눈길을 끄는 것은 고은 시인에 관한 것들이다. 고은에 대한 논평이 다른 어느 작가, 시인에 대한 논평보다도 빈번할 뿐만 아니라 자상하다. 최근 우연한 계기로 고은의 『만인보』와 그밖의 시집들을 다시 읽다가 시인의 대가다운 호방한 수사력에 놀라는 한편으로 동어반복을 비롯한 매너리즘 증세에 실망한 적이 있는 나로서는 백낙청의 고은 평가가 다소 후하지 않나 하는 인상을 받았다. 내가 그의 고은론에 대해 불만을 표시하자 그는 내 '만인보론'(「민주화 이후의 정치와 문학: 고은 『만인보』의 민중·민족주의 비판」, 『문학동네』 2004년 겨울호)에 이의를 제기했고, 이어 민주주의의 문제를 둘러싸고 잠시 긴장된 문답이 진행됐다.

백낙청 2004년이었나요, '만인보론'을 쓰신 것이? 민중-민족주의라는 표현을 쓰셨던데, 민중주의나 민족주의에 대해서 이런저런 경계할 바가 있다는 지적은 나도 동의할 수 있어요. 그런데 우선 고은 시에 접근하는 방법이, 오히려 황교수야말로 관념이나 이념을 앞세우는 것 같더군요.(웃음) 지금 말씀하신 대로 어떤 대목이 동어반복이고 어떤 시편이 태작이며 어떤 게 수작인지를 자상하게 비평해줬더라면 더 좋았을 텐데…… 초기 『만인보』를 주로 다루셨던데, 시인이 유년시절에 알던 시골사람들을 주요 대상으로 삼은 시들이다 보니, 우리 민족과 농촌민중 전래의 공동체적 삶을 예찬한다거나 또 배경이 일제시대기 때문에 민족의식을 강조하는 점도 있게 마련인데, 거기서 이건 민중·민족주의적인 시다라는 결론을 도출하고, 그다음에 민중·민족주의에는 이러저러한 위험이 있다고 지적하면서, 그 틀을 다시 고은 시 전체에 적용해서 재단하는 것이 아닌가 하는 느낌을 받았어요. 작품비평의 방법 차원에서는 그런 문제점을 느꼈고요.

논의 내용으로 보면, 민중·민족주의라고 하지만 사실은 민중과 민족이 다른 개념 아닙니까? 그런데 이것이 결합될 때는 그 안에 묘한 긴장이 생겨서, 민중개념에 의해 민족개념이 해체되는 면도 있고 민족에 의해 추상적인 민중개념이 해체되는 면이 있거든요. 그런데 그냥 문제점이 있는 두 개의 개념이 합쳐져서 곱절로 문제가 많아졌다고 단순화한 것이 아닌가요?(웃음) 그리고 그것과 반대되는 개념으로는 '현대 민주주의의 이상'을 말했는데, 나는 현대 민주주의가 뭐냐 하는 것이야말로 우리가 따져봐야 할 문제라고 봐요. 지배세력들이 물론 민중이라는 개념도 이용했고, 민족이라는 개념도 이용했고, 국가와 국민이라는 개념도 이용했지만, 동시에 '민주주의'니 '개인의 문화'니 하는 것들이야말로 현대 지배세력의 용어라고 봐요.

황종연 그런가요?

백낙청 아니, 부시(George W. Bush)가 민주주의와 자유를 앞세워서 이라크 같은 데서 하는 짓을 보세요. 그러니까 그야말로 역지사지(易地思之)해서 황교수가 민중이나 민족 개념에 들이대는 칼날이 사실은 황교수의 현대 민주주의라든가 개인의 자유라는 개념에도 돌아올 수 있는 것이 아닌가, 검토 안된 이데올로기적인 개념을 황교수 자신도 쓰고 있는 것이 아닌가 하는 것을 한번 생각해보셨으면 싶어요.(웃음)

황종연 어떻게 보면 자유 같은 민주주의의 부속 개념을 검토하자는 것이 제 글의 취지이기도 합니다. 누구나 민주주의를 얘기하지만 그 중요한 이데올로기적 기반이 한국문화에는 갖추어지지 않은 것이 아닌가, 일제시대에서 군부독재에 이르는 현대사의 특성 때문에 민주주의를 공고히하는 데 불가결한 가치나 신념 같은 것이 정착되지 못한 것이 아닐까 생각하고 있습니다.

백낙청 그것이 무어라고 생각하세요?

황종연 여러가지가 있겠지만, 그중에서도 자유주의가 중요하다고 생각합니다. 민주주의의 기반이 되는 이데올로기 가운데 상대적으로 한국 전통문화에 취약한 것이기도 하고 현대사를 통해 충분히 발전되지 못한 것이기도 하고요. 자유주의적 가치 중에서 자유, 개인의 자기결정의 자유라는 의미에서의 자유는 민주주의에서 기본적인 것이라고 믿습니다.

백낙청 자기결정의 자유를 지니는 주체는 가령 어떤 겁니까? 서양 전통에서 보면, 특히 서양 자유주의 전통에서 보면 단자적인 개인이거든요. 그런 개인이 인권, 자기결정권 등을 소유하는 주체로 설정되는데, 포스트모던을 얘기하는 분이 그런 것을 무비판적으로 받아들이면 안되잖아요?

황종연 19세기적인 자유주의는 민주주의의 기본이라는 이유에서 강조한 것이고요. 87년 민주화 이후 민주주의를 생각하면서 제가 가장 강조하고 싶었던 것은 개인의 아이덴티티가 복합적 성질을 가지고 있다는 것, 자기 개인의 의지로 결정되는 것이 아니라 자기가 속해 있는 계급, 세대, 성별……

백낙청 민족!(웃음)

황종연 네. 민족…… 빠뜨리지 않겠습니다.(웃음) 그런 여러 집합적 아이덴티티들이 교차하는 지점에 개인의 자아가 성립하고 그런 맥락에서 민주주의의 주체인 민중 역시 복합적 아이덴티티의 관점에서 다시 생각할 필요가 있다는 것이 제가 하려던 주장이었습니다. 19세기적 의미의 자유주의 선언은 아닙니다. 그리고 그 글은 처음부터 『만인보』 작품론을 목표로 한 것이 아니었습니다. 과거 민주화투쟁 속에서 성장한 민중·민족주의적 민중상을 찾아내고 그것을 현대 민주주의의 관점에서 재고하려는 목적에서 그 시집을 읽었습니다. 예단을 하고 도식을 세워 접근한 면이 있다는 것은 인정합니다. 그런데 민중상의 강점과 약점이 『만인보』에 드러나 있다는 것은 제겐 명백했습니다. 민주화 이후 민주주의의 새로운 과제에 비추어 과거에 만들어진 유력한 민중 표상을 반성하고자 한다면 당연히 『만인보』를 표본으로 삼아야 한다고 지금도 생각합니다.

백낙청 내가 볼 때 80년대에 유행하던 민중담론에 대한 황교수의 정당한 비판의식과 반발이 초기 『만인보』에 담겨 있는 공동체적 정서랄까 이런 것을 확대해석하는 쪽으로 간 것 같아요. 그렇게 된 데는 크게 두 가지 요인이 있다고 봅니다. 하나는 우리 역사 속에서 민족의 독립이나 자주 같은 것이 가졌던 절실성에 대한 인식이 좀 불충분한 것 같고, 다른 한편으로는 현대민주주의라는 새로운 우상에 대한 일종의 맹신이 가세한 것 아닌가 하는 거지요.

황종연 분단체제극복을 말씀하시지만 무엇을 위해 극복하려고 하느냐가 중요한 문제가 아닌가요? 민족자주의식도 중요하고 공동체의식도 중요하지만 그것으로 분단체제 이후의 바람직한 사회를 생각할 수는 없지 않을까요? 선생님 말씀대로 민족주의는 분단체제극복운동에 유용한 에너지를 공급하고 있음에 틀림없습니다. 하지만 민족주의는 분단체제 이후 한반도사회 또는 한민족공동체의 모델이 되기 어렵다고 생각합니다. 현대민주주의를 새로운 우상이라고 하시면 분단체체극복운동을 통해 만들고자 하는 사회는 어떤 사회인지 여쭙지 않을 수 없습니다.

백낙청 만들고자 하는 사회의 중요한 특징 중 하나는 민주주의죠. 그 점은 물론 나도 황교수와 같은 생각이에요. 그러나 무얼 가지고 민주주의라고 하느냐, 이걸 한번 제대로 따져보자는 거예요. 나는 소위 현대민주주의라는 것, 근대적인 민주주의, 그것을 그대로 적용하려고 하는 것은 그야말로 포스트모던의 정당한 요구에 어긋나는 것이고, 또 분단체제의 극복이 단지 통일만 하자는 것이 아니라 통일과정에서 우리가 정말 새롭고 더 나은 사회, 민주주의도 더 차원높은 민주주의를 이룩하는 일이라고 할 때, 민주주의 개념도 그 과정에서 재검토되고 쇄신될 필요가 있다고 주장하는 것입니다.

황종연 저는 정치철학은 잘 알지 못합니다만, 『만인보』의 민중상을 검토하면서 느낀 것은 민족 같은 한 아이덴티티가 민중개념을 점유하는 것은 정치적으로 옳지 않다는 것입니다. 한 아이덴티티가 민중을 대표한다고 자처하면 당연히 다른 아이덴티티에 대한 억압이나 배제가 뒤따르게 되고 그러면 특정 아이덴티티의 정치적 이해관계에 따라 민중을 통제하는 결과가 됩니다. 이것은 민중이 스스로 통치한다는 의미의 민주주의와 거리가 멉니다. 우리의 역사나 현실과 괴리된 관념적인 얘기라고 하실까봐 두렵습니다만 현존하는 아이덴티티의 다수성을 충분히 인정하는 정치체제의 모색이 민주 정치와 문화에 관건이 된다고 생각합니다. 통일 이후의 한반도사회나 한민족공동체를 생각해봐도 그렇습니다. 서로 다른 정치체제 아래서, 서로 다른 문화 속에서 살아온 사람들이 공생하려면 다원주의에 대한 고려가 필요하지 않겠습니까.

민족공동체와 다원성의 문제를 논하다

백낙청 분단체제를 극복한 통일사회를 한반도에 건설하는 일과 전세계적인 다국적 한민족공동체의 설계와는 별개의 개념이라고 했는데, 어느 경우가 되건 다원성 또는 다양성 개념이 들어갑니다. 우선 통일 한반도의 국가형태가 굳이 단일형 국민국가일 필요가 없다는 생각이고, 또 그것은 다민족사회일 수밖에 없다고 봐요. 어차피 남한이 그렇게 되어가고 있잖아요? 통일을 하다가 폭삭 망한다면 몰라도 우리가 경제적으로 나아진다면 이주노동자들이 더 들어오는 사회가 될 것 아닙니까? 그들에 대해서 더 관용적인 사회가 되어야 할 텐데 그러다 보면 다민족사회가 되고, 오랫동안 갈라졌던 남북이 큰 무리 없이 합치려면 다민족적인 복합국가 형태가……

황종연 다원주의라는 말은 안 쓰시네요.(웃음)

백낙청 '다원주의'에 대해서는 따로 얘기합시다. 아무튼 한반도사회는 그렇게 다민족화할 것이고, 다음에 범세계적인 멀티내셔널 내지 트랜스내셔널한 한민족공동체의 존재를 얘기하는 것은 인류사회의 다양성 내지는 다원성을 위해서 이런 종류의 에스닉 커뮤니티(ethnic community), 민족공동체도 필요하다는 인식이거든요. 그런 의미에서 다원성, 다양성을 나는 절대적으로 지지합니다. 그런데 다원주의라는 말을 너무 쉽게 쓰는 데 대해 내가 약간 경계심을 갖는 것은, 이것도 이데올로기적인 개념이거든요. 지금 이 세계의 획일화 경향이라는 것은 다원주의를 능히 수용하는 획일화예요. 옛날식으로, 식민지를 만들어서 가령 프랑스가 프랑스의 이상을 그대로 주민들에게 가르치고 불어교육을 강제하고 그런 식의 지배가 아니고, 지금은 문화적인 다원성을 최대한으로 수용하는데 다만 끊임없는 자본축적에 부합되는 한에서만 수용되고 그렇지 않으면 탈락시키는 체제입니다. 그래서 나는 흔히 다원주의를 내걸고 이런 의미의 자본의 획일화나 전일적 지배에 영합하는 사이비 다원화가 아니라 진정한 다원화를 주장하는 입장에서, 다원주의라는 말을 그다지 즐겨 쓰지를 않지요.

황종연 민족공동체라는 관념은 우리가 처한 현실을 정의하고 실천을 모색하게 하는 효과가 있지만 동시에 우리의 현실을 잘못 알게 하는 역효과도 있지 않나 하는 생각도 듭니다. 이렇게 말씀드리면 어떨까요? 지금 남한은 분단된 한반도 남쪽의 불완전한 국민국가이기도 하지만 써브엠파이어(sub-empire)라고 할까요? 하위제국이라고 할까요? 그런 성격을 가지고 있습니다. 대략 88년 올림픽 이후 한국은 과거 외세에 수탈을 당한 불행한 경험을 내세워 자기 권리를 주장하기 곤란한 국가가 됐습니다. 자본축적에 성공한 부유한 동아시아 국가 중 하나가 됐고, 해외투자가 활발한 나라가 됐고, 이어 아시아 이주노동자들의 종착지가 됐죠. 이 한국의 하위제국적 현실은 최근 소설에서도 주요 소재가 되고 있어요. 박범신(朴範信)의 『나마스테』는 트랜스내셔널한 시각에서 노동자의 고난과 투쟁을 다룬 작품이고, 천운영(千雲寧)의 『잘 가라, 서커스』는 국경을 넘어선 노동이민을 배경으로 조선족 여자의 운명을 얘기한 것이고요. 분단체제론은 민족공동체의 이념을 강조한 나머지 하위제국의 현실 같은, 자본주의체제 아래 변화하는 한국의 현실을 혹시 경시하게 만들지는 않을까요?

백낙청 외세에 의해 분단된 약소민족, 이런 식의 관념에 사로잡혀 있으면 대한민국이 그동안 얼마나 커졌고 나쁜 짓을 할 능력도 얼마나 대단해졌는가에 대한 인식이 흐려질 수 있다는 것이죠? 동감이에요. 하지만 분단체제론은 그런 식의 약소민족론은 아니에요.(웃음) 다만 아류제국주의 비슷한 국가로 성장한 현실도 우리가 분단체제론의 시각에서 인식하고 해명할 필요가 있다고 봅니다. 분단이 어떤 면에서 경제성장에 유리하게 작용했는가? 그러면서도 그 경제성장이 왜곡되고, 바로 얼마 전까지 남의 식민지 생활을 하던 사람들이 아무런 의식도 없이 해외에 나가 부당한 착취를 하고 어글리 코리안 노릇을 하는 이 작태는 분단과 과연 무관한 것인가? 그런 것을 따져봐야 한다는 것이지요. 한국이 제국주의의 길로 나서더라도 상당히 저급하고 한정된 수준의 하위제국주의 이상으로 가기 힘든 것은 나라가 작아서만이 아니라 남한 자본주의가 지닌 태생적인 한계와도 관계가 있다고 보거든요.

그리고 분단체제론은 한국 자본주의의 문제를 간과하지 않아요. 왜냐하면 분단체제론은 같은 민족끼리만 모여 살자는 민족주의적 통일론이 아니고, 자본주의 세계체제의 기본적인 문제들이 한반도에서 작동하는 양상을 고찰할 때 분단이라는 요소를 빼고 볼 수 없다는 얘기거든요. 분단이 기본모순이고 자본주의의 문제들은 부차적이라는 얘기가 전혀 아니지요. 그렇기 때문에 박범신이나 천운영, 또는 김재영(金在英) 같은 우리 작가들이 뒤늦게나마 이주노동자 문제에 눈을 돌려서 작품을 쓰고 있다는 것은 한국문학의 활력을 반영하는 것이고 분단체제극복에 크게 이바지하는 길이라고 봐요.

북녘에 대한 남녘의 책임을 되새겨야 할 때

그런데 더 중요한 것은, 지금 현실적으로 거의 불가능하지만, 북녘 주민의 실상을 분단체제론적인 관점에서 인식하고 그려내는 작업이라고 봅니다. 동포가 저렇게 못사는데 불쌍하다든가, 저게 다 미국 때문이니까 미국을 쫓아내자든가 이런 단순논리에 입각한 문학이 분단체제극복에 기여하는 문학이 아니란 말이에요. 물론 동포니까 통일하자, 동포니까 도와주자는 그런 면을 배제하자는 것은 아닙니다. 한반도 주민의 대부분이 동족인 것도 사실이고 동족으로 보면 이런저런 감정과 사고가 자연발생적으로 생기는 것도 사실인데, 기본적으로는 동포도 동포인 거지만 같은 분단체제 아래 살고 있다는 동류의식과 그에 따른 책임의식이 더 중요하다는 거지요. 지금 북측에 사는 주민들에 대해서 깊은 책임감을 느끼는 사람들은 주로 동포애 아니면 추상수준이 훨씬 높은 인류애의 차원에서 접근하고 있어요. 물론 동포애도 중요하고 보편적인 인류애도 중요하지만, 남과 북이라는 매우 다른 사회체제 속에 살지만 실은 동일한 분단체제 속에서 살고 있고 그렇기 때문에 동일한 체제 아래 살고 있는 만큼의 연대책임이 있다는 관점으로 접근하는 경우는 그다지 많지 않다고 봅니다. 그런데 나는 그것이 우리 작가들이나 일반시민들이 수행해야 할 중요한 인식의 전진이라고 봐요. 지난 2005년 7월에 남쪽의 작가들이 대규모로 북녘에 가서 북쪽 작가들을 만나기도 했는데, 이렇게 왕래하다 보면 자연히 그런 인식을 하는 작가들이 많이 나오리라고 봐요. 우선은 다녀와서 동포라는 것을 실감하면서 혹은 감격해하고 혹은 슬퍼하는 사람들이 있는가 하면, 또 어떤 사람들은 북쪽 사회의 문제점에 대해서 훨씬 냉정하게 비판하기도 했어요. 나는 동포의식도 좋고 냉정한 비판도 다 좋은데, 비판할 걸 비판하더라도 나와는 상관없는 전혀 다른 남들을 보듯 하지 말고 나도 연루되어 있고 나도 그 속에 살고 있는 동일한 분단체제의 다른 한구석, 내가 사는 곳과 판이하지만 크게 보아 같은 판국의 다른 한구석을 이루는 사회가 이런저런 문제점이 있다는 인식이 전제되어야 한다는 거예요. 그럴 경우 내가 살고 있는 이쪽에 그런 문제가 없다고 해서 이게 남의 얘기인가? 저쪽의 그런 현실이 남쪽에서 벌어지는 남쪽 나름의 문제들과 맞물려 있는 것은 아닌가? 내가 이 분단체제 속에서 살면서 어느새 거기 길들여져 남쪽 사회가 옹근 전부라고 생각하고, 분단체제극복이라는 과제를 외면한 채 세계화의 흐름에 편승해서 잘살아보려는 타성과 지금 우리가 북에 대해 개탄하는 현실이 과연 무관한 것인가? 이런 식의 고민을 좀더 하자는 거예요.

남한사람들에게 동일한 분단체제 아래 살고 있는 만큼의 연대책임이 있다는 말은 그에게서 처음 듣는 발언이 아니었음에도, 그리고 그의 발언이 준비된 웅변이 전혀 아니었음에도 감동적이었다. 지난해 7월 남한 민족문학작가단의 일원으로 북한을 방문하는 행운을 얻은 나는 그가 말한 '감격파'와 '비판파' 양쪽 사이를 줏대없이 오가긴 했어도 나의 삶이 그들의 삶과 '연루'되어 있다는 생각은 좀처럼 하지 못했다. 남쪽 사람들이 연대책임을 느껴야 한다는 그의 발언은 문득, 아프리카의 어린아이들이 굶어죽고 있는 것은 프랑스인의 책임이라고 힘주어 말한 생전의 싸르트르를 떠올리게 한다. 백낙청이 요구한 '고민'은 지성적 분별의 문제라기보다는 도덕적 용기의 문제이다. 그것은 좁은 삶의 지평 안에 개인 자신을 가둠으로써 누리는 편안함, 확실함, 온전함의 환상을 버리고 개인의 자기부정과 자기희생의 고통이 따르는 윤리의 세계로 나아가는 문제이다. 그가 '지공무사'라는 말로 가리키는 것 중 하나도 어쩌면 이것일지 모른다. 한 개인이 일상적 경험의 범위를 벗어나는 '연루'의식, '연대'감정을 가지기란 보통 일은 아니다. 그러나 문학의 동서고금이 알려주는 것은 그러한 도덕적 용기 없이 위대한 문학적 업적은 이루어지지 않는다는 것이다.

위대한 업적이라는 말을 하니 백낙청이 꼼꼼한 작품읽기를 강조하고 엄정한 작품평가를 강조하는 비평가라는 사실이 새삼 떠오른다. 새 평론집 중 「비평과 비평가에 관한 단상」(이하 「단상」)을 비롯한 여러 글에서 그가 말하고 있는 비평, 그리고 황석영의 『손님』론을 비롯한 작품론에서 백낙청이 하고 있는 비평은 그의 아랫세대 평론가들이 같은 이름으로 하고 있는 것과 많이 다르다. 그의 비평은 창작 다음에 오는 지위를 겸허하게 받아들이며 철학적 사유와 비평적 사유의 혼동을 경계하고 작품의 우열을 가리는 안목을 무엇보다 중시한다. 이것은 생각해보면 저널리즘의 요구와 맞아떨어지는, 대학 중심의 문학연구에서는 잊혀져버린 비평의 주요 요건이다. 저널리즘 비평가는 보통독자들과 소통이 가능한 언어로 작품에 대해 논평하고 보통독자들에게 공정하게 보이는 기준으로 작품을 평가할 의무가 있다. 하지만 한국사회는, 백낙청도 지적하듯이, 그런 의미에서의 훌륭한 비평가를 낳기에 그리 유리하지 않다. 빈곤한 문학유산, 허약한 문학저널리즘, 가난한 보통문화(common culture), 그리고 그밖의 여러 이유에서 보통독자의 문학교양을 대표한다고 누구나 공감하고 동의할 만한 비평의 대가가 출현하기 어렵다. 좋은 작품과 좋지 않은 작품을 가리는 비평가 개인의 기준은 오히려 독단적인 것으로 보이기 십상이다.

비평가는 누구이며 무엇을 해야 하는가

백낙청 독단적이라는 말을 점점 더 많이 듣게 되겠지만 그럴수록 최대한으로 공정한 평가를 하려는 노력은 더 필요한 것 아니겠어요? 아랫세대의 비평가와 다르다는 말을 하셨지만 젊은 세대 중에서도 가령 황교수 같은 이는 그래도 나와 비평관이 꽤 통하는 사람 같은데……(웃음) 몇년 전에 『비루한 것의 카니발』이라는 평론집을 내셨잖아요? 그 머릿글에서도 '문학작품 자체, 문학 자체'를 강조했고 "문학비평의 본분이 문학작품에 의해 이루어진 발견을 알아보고 명명하는 것"이라고 했는데 내 생각과 비슷하다고 공감을 했어요. 다만 거기에 토를 달자면, 나는 문학행위의 두 축을 작가와 비평가로 설정하기보다, 작가와 독자 즉 문학작품을 만들어내는 사람과 작품을 읽고 수용하는 사람, 이것이 기본축이라고 보는 입장이에요. 「단상」에도 썼지만, 비평가는 기본적으로 독자의 한사람으로서 발언하지만 그것을 표현하는 언어를 발견해서 쓰는 한은 넓은 의미의 창작자가 되는 거죠. 어떻게 보면 양다리 걸친 존재인데 기본적으로는 독자 쪽이죠. 일반독자가 모르는 어떤 '객관적 잣대'를 가졌다든가 특별한 이론을 알아서 적용하는 전문가가 아니란 말이지요. 나보고 이론비평을 한다고 말하는 이들도 많지만, 사실 나는 일반독자의 작품읽기와 무관한 이론을 끌어다가 작품에 대해 '썰을 푸는' 식의 요즘 유행하는 비평은 딱 질색이에요. 그런데 내가 지금 문학의 양대축의 하나가 비평가라기보다 독자라는 점을 강조하는 이유는, 비평가의 평가행위라는 것이 평범한 독자도 작품을 읽다 보면 자연스럽게 하게 되는 가치판단과 본질적으로 다르지 않다는 점을 말하려는 겁니다. 지금 내가 읽는 이 작품이 좋다 나쁘다, 어느 것보다 더 좋다거나 덜 좋다, 또 같은 작품에서도 이 대목이 더 좋다 하는 판단을 본능적으로 하면서 읽는 것이 독서경험이거든요. 인간의 자연적인 심리현상이에요. 누구나 할 수밖에 없는 가치판단인데, 이것을 남보다 더 많은 훈련, 물론 독서훈련이지만 독서뿐 아니라 여러가지 개인적인 수련, 마음공부와 지식공부를 겸한 수련을 통해 그때그때 일어나는 판단이 조금이라도 더 타당하고 동료독자들에게 설득력이 있게 하고자 노력해서 일정한 수준에 도달한 독자가 비평가인 거지요. 그러니까 비평가가 말하는 객관적인 기준이라는 것은 자연과학에서와 같은 외부적인 기준이 아니죠. 어떤 고정된 잣대가 있는 것이 아니고, 누구나 마음속에 우러나오는 내재적인 가치판단을 개인의 수련과 다른 독자들하고 소통하는 훈련을 통해 순화하고 설득력을 넓혀가는 그런 의미에서의 객관성이지요. 이 대목에서 '문학주의자'로서의 내 본색이 드러나는 건지 모르겠는데(웃음), 나는 비평가가 추구하는 그런 어정쩡한 객관성이야말로 진짜 높은 차원의 객관성이고 과학에서 말하는 객관성이라는 것은 사실 여기서 어떤 일면을 추상해내서 그런 수련이 없는 사람도 아무데나 적용할 수 있게 만든 인위적 잣대라고 보고 있어요.

문학에 관한 백낙청의 글을 읽다 보면 '문학의 성취' '최량의 작품' '최고의 경지' 같은 말이나 바로 그 작품, 그 성취, 그 경지를 알아보기 위한 마음의 수련을 강조하는 말을 가끔 만나게 된다. 최고의 작품을 알아보는 훈련된 마음이라는 그 비평가상을 보면 내가 그의 전공을 지나치게 의식한 탓인지 몰라도 영문학비평의 한 전통, 매슈 아놀드(Matthew Arnold)에서 F. R. 리비스(Leavis)에 이르는 비평전통이 생각난다. 백낙청이 '비전문적인 전문성'이라는, 음미할 만한 역설을 택해 지칭하는 비평의 특성, 그것을 전형적으로 보여주는 것도 내 소견으로는 그 비평전통이다. 이 전통 속에 있는 비평가들은 고대 및 현대의 출중한 작품들의 핵심을, 이른바 정전을 확인하는 일을 무엇보다 중요하게 여기며, 그 정전을 기준으로 엄격하게 평가적인 비평을 추구한다. 엄정한 평가의 의무를 강조하는 백낙청의 생각은 그런 정전중심주의와 통하는 면이 있을지도 모르겠다.

백낙청 영문학에서 보면 아놀드나 T. S. 엘리어트(Eliot)나 F. R. 리비스 모두 시를 시로 대하지 다른 무엇으로 대하지 말자는 점에서 일치하고 하나의 전통을 이루고 있어요. 요즘은 많이 약화된 전통이지요. 영문학도로서, 그리고 한사람의 문학도로서 내가 이 낡은 전통에 집착하는 사람인 건 분명합니다. 하지만 정전을 규범화해서 고정시키는 경향과는 분명히 구별해야 해요. 아놀드도 그렇고 엘리어트도 그렇고 리비스도 그렇고, 당대의 새로운 감수성을 갖고 종래의 문학지도를 새로 그려낸 사람들이거든요. 기존의 정전체계를 파괴한 사람들이죠. 그중에 아놀드는 낭만주의 세대가 이룩한 전환을 계승하고 정리했다는 점에서 혁신성이 덜한 편이지만요. 그런데 요즘들 말하는 정전파괴는 이게 막가기 시작하면 고전적이라거나 위대한 작품과 그렇지 않은 작품이 애당초 차이가 없다는 논리로까지 발전하는데, 그런 게 아니라 이제까지 고전으로 알려져온 이러저러한 작품에 대해서는 승복하지 않고 오히려 이러이러한 작품이 좋은 작품이다 하고 내세우며 고전의 반열에 올려놓고자 노력한 사람들이 아놀드며 리비스지요. 이건 비평가의 기본임무라고 봅니다. 자기가 좋다고 믿는 작품, 훌륭하다고 생각하는 작품이 인정을 받고, 그것도 되도록 많은 사람들로부터 오래오래 인정받기를 바라서, 관권이나 금력을 동원해서가 아니라 자신의 비평활동을 통해서 그런 인정을 얻어내고자 하는 것은 비평가라면 당연한 태도라는 거지요. 이미 고전으로 인정된 몇몇 작품만 모시는 답답한 정통주의랄까 정전주의와 혼동할 필요는 없다고 봐요.

백낙청이 읽은 김애란과 박민규

인터뷰가 기성 정전체계에 구애되지 않은 비평활동이라는 문제에까지
미친만큼 동시대 문학작품에 관한 이야기, 특히 민족문학이나 리얼리즘
의 전통적 기준으로 보면 논란이 많을지 모를, 그러나 흥미롭게도 『창비』
와 인연이 깊은 신인작가의 작품에 관한 이야기를 청하는 것으로 질문을
끝내고 싶었다. 그 신인작가는 그가 최근 문학현장에 대한 관심을 가지도
록 자극을 주었다고 말한 작가 중 두 사람, 김애란과 박민규이다.

백낙청 소설집 『달려라, 아비』에서 받은 인상을 요약하면, 김애란의 감
수성이 참신하고 상상력이 풍부하고 어떨 때는 기발한데다 화법이 다양
해서 그렇지, 실제로 서사문법은 오히려 고전적이랄 수 있겠다는 거였어
요. 흔히 말하는 사실주의적인 규율이라는 면에서도, 그게 꼭 필요한 것은
아니고 박민규 같은 작가는 그것을 과감하게 파괴하지만, 김애란의 경우
는 그 점에서도 특별히 이탈적이랄 수 없어요. 그러니까 작중 화자나 주인
공이 기발한 상상을 한다고 해서 그 소설 자체가 판타지 소설이나 탈사실
주의가 되는 건 아니잖아요? 표제작 「달려라, 아비」에서 화자가 어머니 뱃
속에서 이런저런 경험을 했노라고 말하는 건 하나의 화법이고, 오히려 사
실주의 규율에 분명히 위배되는 작품으로는 데뷔작 「노크하지 않는 집」을
꼽겠어요. 뒷부분에 가면 주인공이 이 사람 저 사람의 방에 몰래 들어가보
는데 방에 대한 묘사가 한 자도 안 틀리게 똑같이 나오지요. 그 집에서의
생활이 얼마나 획일화된 익명성의 세계인지를 부각시키는 수법이겠지요.
하지만 그러다 보니까 잠시 들여다본 방에 대한 묘사로는 안 어울리는 표
현들이 나와요. 서랍 중 한 칸은 '언제나' 어떻다느니, 휴대폰 충전기가
'항상' 충전돼 있다느니 하는 식이지요. 자기 방과 똑같은 방들이라는 점

을 이런 양식화된 표현으로 제시하는데, 내가 보기에 이것은 첫 작품의 미숙성이라 해야 할지 아무튼 작위적인 냄새가 나는 대목이고요. 그밖의 작품들은 모두 기발한 상상과 표현 들로 넘치지만, 우리가 평론을 할 때 김애란의 서사문법이 다분히 전통적임에도 불구하고 그의 작품이 갖는 새로움이 어디서 연유하며 어떻게 달성되는가를 따져서 그렇지 않은 동시대 또는 동년배 작가들과 구별해주는 것이 더 중요하지 않을까 싶더군요.

내가 보기에 김애란 소설에서 받게 되는 발랄한 인상은 유머감각과 무관하지 않은 것 같다. 유머감각은 물론 김애란 특유의 자질이 아니지만 김애란의 경우 비범한 수준이다. 아버지를 다룬 작품들을 보면 특히 그렇다. 이른바 대서사라는 것이 퇴장한 이후 한국소설은 오이디푸스 씨나리오 또는 가족 로망스를 모델로 삼아 많은 이야기를 만들어냈고 거기에서 나온 아버지 이야기는 대체로 권력 또는 권위와의 싸움을 둘러싼 엄숙함이나 비장함 같은 것을 가지고 있었다. 아들의 입장에서 하는 이야기든 딸의 입장에서 하는 이야기든. 반면에 김애란 소설은 오이디푸스 씨나리오의 유혹에 아랑곳하지 않고 아버지를 희극적으로 이야기한다. 예컨대 「그녀가 잠 못 드는 이유가 있다」에 등장하는 아버지는 딸의 자취방에 묵고 있는 무능한 아버지라는 점에서 신경숙의 초기작 「어떤 실종」에 나오는 아버지와 비슷한데 신경숙 작품에서 느껴지는 바와 같은, 뭐랄까 처연한 엘레지의 분위기를 전혀 풍기지 않는다. 오히려 동화 속의 인물처럼 순진하고 왜소하게 그려져 있다. 그런 동화적 명랑성의 한 극치가 달리는 아버지에게 썬글라스를 끼워주는 감각이나 딸의 출생을 가져온 육체적 결합을 해변의 불꽃놀이로 치환하는 감각에 들어 있다. 백낙청의 올바른 지적대로 김애란 소설은 다분히 고전적인 서사문법을 가지고 있으면서 또한 뭔가 생소한 도덕적 감각을 가지고 있는 것 같다.

백낙청 박민규의 경우는 사실주의적인 규율을 대대적으로, 그리고 의식적으로 파괴하는 작가인데, 그러나 흔히 말하는 환상소설과는 다르다고 봅니다. 환상소설이라고 하면 우리에게 익숙한 현실의 법칙이 통하지 않는 세계를 설정하면서도 그 세계 나름의 법칙을 갖고 움직이는 환상적인 사건과 행동 들이 벌어지는데 박민규의 소설은 그게 아니잖아요. 그때그때 생각나는 대로 이런 황당한 얘기를 했다가 저런 황당한 얘기를 했다가 자기 멋대로거든요. 그것은 환상세계를 구축하기 위한 노력이라기보다 현실에 발을 딛고 현실에 대해 발언하는 하나의 레토릭(rhetoric)이라고 봐요. 가령 「코리언 스텐더즈」 같은 작품은 외계인이 등장하지만 알레고리적 수법을 쓴 리얼리즘 소설, 심지어 '농촌문학'이라고까지 부를 만한 그런 소설이에요. 「갑을고시원 체류기」는 비유가 현란해서 그렇지 사실주의에서 이탈했다고 볼 필요조차 없는 작품이고요. 물론 카스테라, 너구리, 기린, 대왕오징어 등등이 말하자면 모두 '환상'에 해당하지만, 그 환상적 요인이 각기 활용되는 방식이 다르고 작중의 기능이 다른 점을 좀 자상하게 규명할 필요가 있다는 생각이에요. 그런 요소 외에도 박민규의 어법과 문장에 대해서 검토해볼 여지가 많다고 봅니다. 내 경험으로는 박민규의 소설을 대충대충 읽기로 치면 즐겁고 부담없이 넘어가지만 일단 내용에 관심이 끌려서 완전히 흡수하면서 읽으려면 굉장히 힘들어요. 고도의 집중력을 요하는 작품들이거든요. 그렇게 되는 이유 중의 하나는 그가 쓰는 비유가 그냥 하나의 기발한 비유로 끝나는 것이 아니고 어떤 비유가 하나 등장하면 그걸 계속 변형시키면서 우려먹거든요. 계속 발전하는 비유들이 꼬리에 꼬리를 물고 이어지면서 작품의 짜임새를 확보해주지요. 사실 이건 시인이 쓰는 기법이에요. 시라는 것이 아무래도 지면의 분량에 비해 노동강도가 높은 독서행위를 요하지 않습니까? 그래서 박민규의 경우도 그런 언어적 표현의 연쇄를 통해서 작품이 짜임새를 갖게 되는데, 그런 것을 따라가려면 노동강도가 상당히 높죠.(웃음)

박민규 소설처럼 사실주의의 기율을 고의로 저버린 작품을 흥미와 애정을 가지고 읽고 있는, 더욱이 거기서 시적 기법을 발견하는 백낙청의 독법이 내겐 조금 신기하기까지 했다. 비평가로서 그의 감각이 내가 평소 짐작하던 것 이상으로 유연하고 활달하다는 것을 인정하지 않을 수 없었다. 박민규 소설에 대해서는 그가 나보다 훨씬 호감을 가지고 있는 것 같았다. 박민규 소설은, 특히 단편은 양식상으로 보면 한마디로 우화가 아닐까? 어떤 현실의 그럴듯한 가상을 만들어야 한다는 압력에서 자유로운, 그러면서 재미와 교훈을 주려고 재치를 발휘한 이야기가 그의 단편의 특징 아닐까? 어떤 경우 박민규 단편은 내게 대중소비사회의 이솝우화처럼 보인다. 하지만 백낙청에게 박민규 소설은 그 이상의 어떤 것이다.

백낙청 재미라는 것은 좀 너무 막연한 얘기 같군요. 이런 재미를 달성하는 여러가지 기법이 있겠는데 그중의 하나가 지금 말한 것과 같은 언어의 시적인 사용에 따른 재미일 테고, 그다음에 교훈이라는 말을 쓰셨는데…… 박민규가 들으면 '조까라, 마이싱이다' 할지도 모르겠어요(웃음)(박민규 「조까라, 마이싱이다」, 『대산문화』 2004년 여름). 무슨 정리된 교훈이 있는 것이 아니고 온갖 어설픈 교훈이 난무하는 세계에 대한 반감, 특히 카스테라 그러면 '가게에서 파는 거잖아?', 대왕오징어 그러면 '사실 그건 15미터짜리고 150미터는 실수였다'고 하면서 오징어들이 보기에도 한심한 짓거리를 하며 사는 인간들, 이런 데 대한 거부감과 그것을 거부함으로써 지구가 발하는 개복치의 산란(産卵)과 같은 빛을 발견하는 것 — 이런 것들을 교훈이라 부를 수야 있겠지만 '교훈'이라는 표현이 적절할지는 모르겠군요. 이솝우화의 우화적인 기법과는 많이 다르지 않나요? 나는 아무래도 시적이라는 표현이 더 적당하다고 봐요. 좋은 시에서와 같은 굉장한 언어의 에너지가 있어요. 그 에너지가 환상을 낳기도 하고 그걸 통해 현실에 대한 일깨움을 주기도 하고…… 이런 경험 자체가 교훈이라면 교훈이지만, 이 솝우화는 줄거리를 요약해보면 그 교훈이 뭔지 추출이 되는데, 박민규 소설은 요약하기가 참 어려워요. 사실적인 이야기든 또는 우화적인 이야기든 이야기 위주의 구성이 아니기 때문이지요. 사실 박민규의 소설은 중간에 덮었다가 다시 읽으려고 하면 힘들어요. 처음부터 다시 읽어야 해요. 이것도 시의 특성과 통하지요. 그의 장편『삼미 슈퍼스타즈의 마지막 팬클럽』에도 이런 기법이 살아 있지요. 이번에 『카스테라』를 읽으면서 훌륭한 작가임을 재확인했고 내 나름으로 '한국문학의 보람'을 느꼈지요.

『창비』가 창간 40주년을 맞이한 싯점에 백낙청으로부터 '한국문학의 보람'이라는 말을 듣는 것은 유쾌하고도 고무적인 일이었다. 그는 『창비』가 문예지와 정론지를 겸하는 데서 오는 제약을 말하지만 그 겸업은 내가 보기에는 문예지로서 『창비』의 약점이라기보다는 오히려 강점이다. 문학은 그 외부를 향해 열려 있지 않으면 문학다운 문학으로 존속하지 못한다. 문학은 그 외부와 관계를 맺으려는 노력을 통해 낡은 규범과 관습으로부터 탈피하고 생동하는 인간현실에 가까이 다가간다. 그와 인터뷰를 하는 동안 자본주의 세계체제 하에서 한반도의 평화와 통일을 생각하는 지혜로운 실천가, 쟁점이 놓여 있는 대화적 맥락을 확실하게 장악하고 정연하게 주장을 펼쳐가는 노련한 논쟁가, 그리고 작품기법에 자상한 관심을 기울이고 작품평가의 공정성을 추구하는 정격(正格) 비평가를 만났다. 40년의 유례없는 역사를 이룩한 『창비』의 지면이 앞으로도 다른 모든 문예지의 거울이 되리라 믿는다.

한국사회 변화를 논하다

권영빈의 세상 담론

백낙청(『창작과비평』 편집인)
정운찬(서울대 총장)
권영빈(중앙일보 발행인)
2006년 3월 1일 권영빈 발행인 사무실

지식사회 새 흐름

권영빈 한때 친정권이면 보수, 반정권이면 민주화 진보세력으로 불리던 적이 있었다. 최근 뉴라이트·뉴레프트 등 새로운 흐름이 등장하면서 우리 지식사회도 비로소 기존 논쟁방식에서 탈피해 제3의 대안을 모색하기 시작한 것으로 보인다. 어떻게 평가하는가.

정운찬 뉴라이트·뉴레프트의 등장을 이념논쟁의 새 시작이라 말할 수는 없다. 우리나라 지식인들이 과거 어떤 형태로든 제 이름에 값하는 좌우 이념논쟁을 해본 적이 있는지부터 따져봐야 한다. 좌측 이념은 지하에 갇

■ 이 좌담은 『중앙일보』 2006년 3월 6~7일자에 실린 것이다.

왼쪽부터 정운찬, 백낙청, 권영빈

혀 공식적 논쟁의 마당에 떳떳이 나설 수 없었다. 우익 이념 또한 권력의 절대적 보호 하에 온실 속 화초처럼 한껏 게을렀다.

이제 우리나라에도 뉴라이트·뉴레프트를 표방하는 지식인들이 등장하면서 비로소 건설적 이론대결을 기대할 수 있게 됐다는 생각이 든다. 하지만 '새롭다'는 형용사가 제값을 인정받으려면, 무엇보다 몇 가지 철학적 근본원리에서부터 복잡다단한 현실문제에 대한 모든 처방이 연역적으로 일사불란하게 추론된다는 생각을 버려야 한다. 좌우 스펙트럼에 세상사가 모조리 포괄돼 자리매김돼 있다는 생각은 형이상학적 독선이다.

백낙청 뉴라이트란 자기네가 붙인 이름이지만 뉴레프트는 내가 알기론 자칭하는 집단이 없다. 일부 언론이 뉴라이트만 띄우기 미안해 그런 이름을 지어 붙인 것이 아닌가 싶다. 어쨌거나 뉴라이트의 등장은 발전적이라 본다. 우리나라 우익세력은 그간 시민운동 차원에서 이념논쟁을 할 필요가 없었다. 여차하면 빨갱이로 몰아 잡아넣고 국가권력이며 경제력으로 자기 목적을 달성했다. 담론세계에서도 유력 신문만 장악하면 대항세력이 거의 없었다. 그러던 이들이 시민운동에 나서겠다니 확실히 발전이다. 소위 진보를 자처하는 이들에게 자극과 반성의 기회를 준 점, 진보도 진보해야 한다는 일깨움을 준 것 또한 긍정적이다.

하지만 제대로 된 이념논쟁이나 담론개발의 출발이라 보기에는 미흡하다. 뉴라이트 담론의 내용을 보면 극우와 크게 다를 것이 없다. 좌파뿐 아니라 중도·중도우파까지도 맘에 안 들면 친북좌파로 몰아버리지 않나. 친북좌파라는 용어 자체가 분석을 요하는 거다. 반북좌파 세력도 상당히 강력하다. 친북 겸 친미를 자칭하는 사람도 적지 않다. 그런 것들을 나름대로 구분해 분석하고 비판할 수 있어야 한다.

권영빈 진보와 보수 양 극단의 소수세력을 제외하고 나면, 의외로 우리나라의 이념적 스펙트럼이 그렇게까지 양극화돼 있지 않다는 생각을 한다. 물론 북한, 한·미 관계, 성장과 분배의 문제 등 각 사안에 따라 나름의 생각이 있고, 그를 조합하다 보면 얼마간 자신의 위치를 가늠해볼 수 있겠다. 그렇더라도 언론이나 일부 세력이 이념문제를 지나치게 강조하고 있다는 느낌이 든다. 사실 현실의 문제를 이념논쟁으로 풀 수 있는 게 얼마 없지 않은가. 최근 발간된 『해방전후사의 재인식』(『재인식』)으로 인해 『해방전후사의 인식』(『해전사』)도 재조명을 받고 있는데, 구식 보수와 구식 진보, 신식 보수와 신식 진보 사이에 큰 차이가 없다는 생각이 들기도 한다.

백낙청 언론이 이념문제를 지나치게 부각하고 있다는 사회자 말씀에 동의한다. 어쨌거나 양쪽 극단을 떠나 그 중간에 되도록이면 폭넓은 스펙트럼을 지닌 세력을 조성할 필요가 있다.

『해전사』가 나온 지 벌써 사반세기가 지났으니 새로 나온 『재인식』은 학문적으로 뭐 하나라도 더 있어야 하는 것이 당연하다. 『재인식』을 아직 안 읽어서 구체적인 이야기는 못하지만 앞으로 5년, 10년 뒤에 이 책이 『해전사』만한 역사적 공로를 인정받을지는 학계의 논의에 맡겨두고 언론에선 좀 내버려두는 것이 낫다는 생각이다.

정운찬 우리나라뿐 아니라 외국도 이념 스펙트럼은 별로 넓지 않다. 미국의 민주당과 공화당만 봐도 별 차이가 없다. 뉴라이트·뉴레프트는 각기 과거에 대한 불만과 반성에서 나온 것이다. 라이트 쪽에서는 정권을 다시 잡아야지 해서 뉴라이트로 가고, 레프트 쪽은 지금 식으로 해선 변혁이 어렵겠다 해서 뉴레프트가 나온 것 아닌가.

세금문제건 부동산 정책이건, 레프트니 라이트니 하는 걸로 환원시킬 것이 아니라 각각의 사실 파악과 분석을 통해 처방을 내놓아야 한다. 전문가들이 어떤 관찰·분석·처방을 내놓으면 바로 '레프트적이다' '라이트적이다' 하고 나오니 활동에 상당한 부담을 느낄 수밖에 없다.

한국 교육의 문제

권영빈 독재정권 하에서 오래 고생하다 보니, 일반인도 부지불식간 두 이념 중 하나를 선택해 생각하는 것에 익숙해졌다. 황우석 사태를 겪으면서 과학과 아무 상관없는 사람들까지 어느 한쪽 편에 섰던 것 역시 비슷한 맥락이 아닌가 싶다.

정운찬 먼저 서울대의 일원이자 학교를 대표하는 사람으로서 구성원 중 한 명이 큰 물의를 일으킨 것에 대해 심심한 사과 말씀부터 드려야겠다. 이번 사태의 가장 큰 원인은 윤리의식 부재다. 오늘날 거대과학의 기획은 교수들로 하여금 돈에서 자유로울 수 있는 여유를 앗아가버렸다. 그러다 보니 연구 이외의 통상 '정치적인 일'에 연루되지 않을 수 없는데, 이때 자칫 제사보다 젯밥에 눈이 어두워질 수 있다. 황교수에게 젯밥은 성공과 승리의 영광이었을 것이다. 윤리문제에서 세계적 기준에 못 미치면서 선진국 대접을 기대하는 건 어리석은 일이다.

백낙청 이 문제가 자연과학계에 한정된 것이 아니라는 자성의 말씀을 인문학도로서 드리고 싶다. 우리 교육제도가 조장하는 성과주의·실적주의에 따른 병폐가 교수사회 전체에 만연돼 있다. 사실 교수들이 당연시하는 부정행위들이 많다. 황교수 사건보다 스케일이 작다 뿐이지 부정에 대한 무감각은 덜하지 않다. 한국학술진흥재단에 잡지를 등재하거나 대학을 평가할 때 '실적 부풀리기'가 벌어지는 것으로 알고 있다. 교수사회의 성찰과 제도적 개선이 절실하다.

권영빈 교육문제는 국민이 가장 큰 관심을 갖고 있는 사안이다. 정총장께서는 고교 비평준화 소신을 여러 번 밝히기도 했다.

정운찬 교육에선 평등과 수월성의 어느 것도 버릴 수 없다. 원칙을 말하자면 출발단계에선 평등한 교육기회를 주되, 그 성과는 수월성을 기준으로 평가해야 한다.

나는 계층간 이동을 위해 평준화를 반대한다. 지금처럼 18살에 한번 평가받는 것으로 미래가 결정돼서는 안된다. 고교입시가 있다면 좀 어려운 가정에서도 전면적 지원을 통해 소위 명문대 진학률이 높은 고교에 입학할 수 있다. 그런 지원을 고교 3학년 때까지 이어가려면 너무 큰 부담이 돼 부자들에게만 유리하다.

백낙청 나는 수월성이란 말보다는 본래 우리말에 있는 탁월성이란 용어를 쓰고 싶다. 탁월성을 추구하는 것이 교육목표인 것은 맞다. 문제는 뭐가 진짜 탁월함이냐는 것이다. 지금은 그저 시험 잘 봐 좋은 점수 받는 것이 탁월함이다. 대학교육은 흔히 하는 말로 '계급장 떼고' 그냥 한 사람의 인간으로서 논의하는 능력도 키워줘야 한다. 그것이 바로 인문교육인데, 서울대가 비판받는 이유 중 하나가 계급장은 확실히 붙여서 내보내면서 그거 떼고 얘기하는 훈련은 덜 시키기 때문 아닌가 한다. 아울러 패자부활전이 있는 사회여야 한다는 점에 동의한다. 다만 현싯점에서 최선의 방법이 평준화 해체인지는 잘 모르겠다. 오히려 18세도 못된 15세나 12세 때 미래가 결정돼버릴 수도 있지 않나.

권영빈 교육과 관련해선 두 가지 허위의식이 존재하는 듯하다. 하나는 모든 사람이 똑같은 획일적 교육을 받아야 한다는 것, 또 하나는 엄연히 있는 사교육을 무조건 없애야 한다, 그렇게 만들겠다는 정책적 약속이다. 이 두 가지 허위의식이 교묘히 작용하면서 우리 교육정책까지 기묘하게 변화시켜왔다.

백낙청 가정환경 등 여러 면에서 불평등하게 태어나니 교육이라도 평등하게 받자는 바람은 당연하다. 문제는 그런 소망을 어떻게 하면 지혜롭게 현실화할 수 있을까에 대한 고민 없이, 모든 것을 억지로 획일화하며 탁월성의 추구 자체를 적대시하는 풍토다. 교육 내용을 다양화해 평등·불평등을 따질 여지를 없애는 게 중요하다.

정운찬 외국이라 해서 과외가 없는 것이 아니다. 사교육이 심한 것은 바람직하지 않지만 사교육 없애기에 촛점을 맞춘 정책은 성공할 수 없다. 또 무슨 정책 하나가 잘못됐다 해서 (사교육이) 더 늘 수도 없다. 이미 포화상태에 이르렀기 때문이다. 교육문제는 몇 가지 묘수로 일거에 해결할 수 없다. 정공법은 많은 투자로 교육여건을 개선하는 것, 학교운영을 투명하게 하고 사회로부터 적절한 평가를 받도록 하는 것이다.

민주화·남북관계

권영빈 올해로 민주화 정권 13년째를 맞고 있다. 김영삼·김대중·노무현 정권 모두 나름의 역할과 성과가 있었지만 국민적 지지기반은 취약했다. 정치적 지지에는 간접적인 것과 직접적인 것이 있다고 했다. 대부분의 혁명·쿠데타는 직접적 지지는 높으나 간접적 지지는 낮다. 그만큼 국민 일반으로부터 폭넓은 지지를 받지 못했다는 뜻이다. 역사학자 하워드 웨슬러는 당나라가 중국 역사상 가장 번성할 수 있었던 원인을 간접적 지지 확산에 성공한 때문이라고 분석한 바 있다. 당 태종 이세민(李世民)이 집권 후 5대에 걸쳐 천하를 사적 영역이 아닌 공적 영역, 가문·계파가 아닌 천하위공(天下爲公, 천하는 모든 사람의 것이란 뜻)의 통합 정치에 힘쓴 덕분이었다. 노무현정권이 통합적 국민지지 창출에 실패한 것은 계파 또는 코드 인사, 분열과 갈등 조성의 정치 프로그램 때문이라는 비판도 있다.

백낙청 흔히 민주화의 기점은 1987년 6월항쟁으로 잡는데 민주화 정권을 말할 때는 93년 문민정부로부터 계산하곤 한다. 이는 한국 민주화과정의 복잡성을 단적으로 말해준다. 그런데 김영삼정권도 3당합당을 통해 노태우정권의 후계자로 들어섰고, 김대중 대통령 역시 김종필(金鍾泌)씨와 손잡음으로써 정권교체를 이룩했다. 노무현 대통령은 그런 부담 없이 출발했으나 맹렬한 직접적 지지와 매우 취약한 간접적 지지 속에 출범해 개혁을 명쾌하게 이뤄가지 못하고 있다.

분단체제 아래서 명쾌한 민주화란 원천적으로 불가능하다. 우리 사회의 민주화라는 것이 참 구질구질하게 진행되게 마련이다. 굳어진 분단체제를 조금씩 흔들며 허무는 작업과 병행될 수밖에 없기 때문이다. 그래도 개혁과 남북화해가 꾸준히 이뤄져오지 않았나. 진보세력 중에도 민주주의가 오히려 후퇴했다고 비판하는 이들이 있지만 그건 분단현실을 망각한 데서 오는 일종의 착시현상이다.

정운찬 우리나라의 40년 경제성장을 압축성장이라고 하는데, 나는 최근 10여 년간의 민주화야말로 '압축 민주화'라 말하고 싶다. 진정 성숙한 민주화란 외형적인 정치적 민주화뿐 아니라 삶의 여러 문제를 민주적 제도를 통해 논하는 것인데 그런 면에서는 아직 부족한 점이 많다. 정부의 조정능력이 미흡한 것도 문제다. 각 이해관계 집단뿐 아니라 정부도 역지사지(易地思之, 입장을 바꿔 생각한다는 뜻)의 관습이랄까 전통을 확고히 해야 성숙한 민주주의를 달성할 수 있을 것이다.

백낙청 정부가 제대로 힘을 발휘하기 위해서라도 중도세력의 폭을 최대한 넓혀야 한다. 하지만 중도세력에도 나름의 이념·목표가 있어야 한다. 남북관계의 변화와 연계해 우리 사회를 개혁하는 것이 당면과제임에 합의한다면 서로 진보다, 보수다 하며 격하게 대립하는 일도 줄어들 것으로 생각한다. 한반도식 통일과 개혁을 함께해 분단체제보다 나은 사회를 만들어보자는 거다. 이것이 기계적 중간노선과 구별되는 '변혁적 중도주의'다.

정운찬 북한경제를 발전시키려면 협력할 수밖에 없다. 우리의 자본과 기술, 저쪽의 우수한 노동력이 합쳐져 성과를 낼 수 있는 정책을 세웠으면 좋겠다. (협상과정에서) 기술적 문제가 있다면 북한 인권과 한·미동맹에 대한 것일 터이다. 하지만 편하게 대화하기 위해 해야 할 얘기를 한없이 뒤로 미루는 식의 태도는 안이한 것이다. 인권문제를 전면에 내세우는 건 곤란하나 현실적 문제이니 눈감을 수 없다. 한·미동맹 또한 현재로선 지속할 수밖에 없다. 대화속도를 늦춘다고 통로가 아주 막혀버리는 것은 아니니 우리 뜻을 관철시킬 부분이 있으면 그렇게 해야 한다.

권영빈 민족공조와 한·미동맹, 남북협력과 북한 인권문제 제기는 서로 충돌하는 것인가.

백낙청 원칙적으로 상충한다고는 생각하지 않는다. 한·미동맹의 존속에 대해선 북측도 사실상 인정하고 있다. 남북관계를 위해서도 한·미관계를 잘 관리해야 한다. 인권문제는 북한에서 한·미동맹보다 훨씬 민감하게 반응하는 사안이다. 하지만 이 역시 반드시 상충할 필요는 없다. 남북관계를 해치지 않으면서 북에도 도움되는 제기방식이, 연구하다 보면 나올 것이다. 현재 진보진영은 북의 인권에 대한 토론 자체를 기피하는 경향이 있다. 다른 쪽에서는 국내 인권문제에 대해선 얼굴 한번 내밀지 않던 이들이 미국 보수강경파와 함께 북 인권이 어떠니 하며 떠들곤 한다. 총부리 내리는 것에 최우선 순위를 두면서 적절한 역할분담을 통해 슬기롭게 진행해야 한다.

권영빈 중앙일보는 몇해 전 예산의 1%를 북에 지원할 것을 제안한 바 있다. 그런데 북핵문제가 제기되면서 경제적 지원을 하기 힘든 상황이 전개됐다. 어떻게 풀어야 하는가. 백낙청 편집인은 6·15공동선언실천 민족공동위원회 남측대표로 일본의 잡지와 인터뷰하며 '10년 이내에 느슨한 형태의 국가연합이 이뤄질 것'이란 표현을 쓴 적이 있다. 현실적 가능성이 있는가.

백낙청 지난해 나온 '9·19 6자회담 공동성명'에 북·미관계 및 동북아 전체 문제를 어떻게 풀어가야 한다는 내용이 다 들어 있다고 본다. 2000년 6·15선언에서 빠진 부분, 즉 평화문제를 보완한 획기적 성과다. 이대로만 가면 남북이 느슨한 연방제랄까 연합제를 만드는 데 실질적 장애는 없다. 얼마나 빨리 진행되느냐의 문제일 뿐이다. 10년이란 말을 한 건, 그렇게 안되면 북쪽뿐 아니라 한국도 망할 것이기 때문이다. 중국이 눈부시게 발전하고 세계화 바람이 휘몰아치는 지금, 10년 이내에 1단계 통일에라도 이르지 못하면 남한이나 북한이나 참 어려워진다. 대한민국은 잘되고 북조선만 망하는 상황이란 있을 수 없다고 본다.

양극화 해결책

권영빈 정운찬 총장께선 한국경제학회 회장이기도 하다. 양극화문제에 대해 어떤 생각을 갖고 있나. 혹 정부가 이 문제를 유난히 강조하는 배경에 어떤 정치적 의도가 있는 것은 아닐까.

정운찬 정부에 특정한 의도가 있는지는 잘 모르겠다. 경제현상은 이렇게 보면 이렇고, 저렇게 보면 저런 측면이 많다. 어떤 이들은 양극화를 심각하게 보지 않는다. 그러나 나는 양극화가 최근 심화됐다고 본다. 양극화 현상이 뚜렷하건 그렇지 않건, 그런 조짐이라도 보인다면 원인을 찾아 해법을 내놓아야 한다.

사실 지금의 양극화 상황엔 불가항력적인 원인이 있다. 국제통화기금

(IMF)의 구제금융을 받으면서 우리나라가 국제사회에 한 약속이 적자생존과 투명성 확보다. 적자생존이란 사람 차원에서 보면 바로 구조조정, 즉 해고다. 실제로 대량해고가 일어났고 수많은 사람의 소득원이 없어지면서 중산층이 붕괴하는 현상이 나타났다.

또다른 원인은 정책적 문제다. 지난 정부부터 지금까지 부동산과 관련한 온탕-냉탕 정책이 번갈아 튀어나오면서 그로 인한 부의 축적이 많이 일어났다. 당연히 부자가 더 큰 부자가 되는 현상이 나타났다.

그렇다면 해결책은 무엇인가. 소극적으로야 지금 정책이 아주 나쁜 게 아니라면 일관성있게 밀고 나가는 것이 수다. 적극적으로는 결국 사람들에게 일자리를 줘야 하는데, 그러려면 경제가 원활하게 움직여야 한다. IMF 구제금융 후 몇년간은 나도 구조조정이 먼저라 그랬다. 하지만 지금은 정부가 이른바 케인즈적 경기부양책을 쓸 때가 됐다고 생각한다. 정부는 경기에 흔들리지 않고 구조조정을 했다고 자랑한다. 별걸 다 자랑한다. 케인즈도 비가 오면 우산을 쓰고 햇볕이 비치면 양산을 쓰는 거라 했다. 그때그때 필요한 정책을 써야 하지 않나.

권영빈 경기부양책을 좀더 구체적으로 설명한다면 뭐가 있겠나.

정운찬 국제적으로 개방된 사회에서 금융정책은 큰 영향을 발휘하지 못한다. 유용한 수단이 될 수 없는만큼 재정정책을 써 경기를 진작시키는 것이 필요하다. 감세나 정부가 돈을 쓰는 것이 방법인데, 일시적 감세는 큰 효과가 없다. 그래서 나는 국채를 발행해 재원을 조달하고 그것을 정부가 쓸 것을 권고한다. 우리나라는 지금 국채시장 규모가 너무 작아 국채발행이 금융시장을 확대시키는 데도 도움이 될 수 있다.

백낙청 양극화는 세계적 현상인데 IMF 사태를 겪은 한국에 양극화가 없다면 기적이 아니겠나. 대북 경제협력도 양극화의 한 해결책이 될 수 있다고 본다. 북한에 대한 인도적 또는 동포적 지원 차원을 떠나 실제 우리 경제에 보탬이 되는 사업으로 펼쳐가는 방법을 더 고민해봤으면 한다.

가령 개성공단만 해도 아직 규모는 작지만 우리 중소기업에 실질적 도움이 되고 있다. 일자리 창출 차원에서도 개성공단은 남쪽 노동자의 일자리를 뺏는 게 아니라 중국이나 동남아로 갈 중소기업을 남쪽에 남겨두는 효과를 낸다. 이렇게 경제적으로 상생하는 프로그램을 개발할 수 있다면 우리 경제에 도움이 되면서 무조건 퍼주기라는 비판도 피할 수 있을 것이다.

정운찬 양극화 현상이 심하건 심하지 않건, 제일 못사는 하위 10% 사람들에 대해선 정부가 최저생활을 보장해줘야 한다. 이를 위해 현금을 준다 해도 할 수 없다. 그게 다 구매력으로 연결돼 경기에 도움이 될 수도 있지 않겠는가.

분단현실 망각하는 진보담론

백낙청(서울대 명예교수)
안철흥(『시사저널』기자)
2006년 5월 4일

안철흥 최장집(崔章集) 교수를 실명 비판한 대목이 화제가 되고 있다.

백낙청 그만큼 최장집 교수가 한국 사회과학계에서 비중 있으며, 중요한 발언을 해온 학자이기 때문일 것이다. 최교수가 그동안 많은 발언을 했지만, 그에 비해 논란이 별로 없었다. 분단현실을 망각하고 진보담론을 펼치는 분이 담론지형에서 큰 권위를 누리고 있어서 이를 비판했다. 물론 약간의 논란을 일으켜보고자 하는 생각도 있었다.

안철흥 최교수 주장 중에서 무엇이 문제인가.

백낙청 최교수 비판은 상당부분 서로 생각을 공유하고 있기 때문에 가능했다. 한국 민주주의가 실질적 내용에서 미흡하다는 점에서 서로 의견

■ 이 인터뷰는 백낙청 저서 『한반도식 통일, 현재진행형』 출간(2006. 5. 1) 직후에 이루어진 것으로, 『시사저널』 2006년 5월 16일자에 「분단현실 망각하고 진보담론 펼쳐 최장집 교수 비판」이라는 제목으로 실린 것이다.

이 같다. 통일지상주의나 민족주의 일변도의 통일 주장이 위험하다는 점도 동의한다. 그런데 최교수는 문제를 너무 단순화시켰다. 분단현실에서 살고 있다는 점을 과소평가한다. 그래서 분단체제와 그 상위체제인 세계체제에 물어야 할 책임마저 현 집권세력에게 돌린다. 원론 차원에서는 좋은 말을 하지만, 구체적인 대안은 제시하지 못한다. 이는 (학자로서) 무책임한 것이다.

안철흥 일부에서 최장집 교수에 대한 실명비판을 진보진영 내 NL과 PD의 노선투쟁으로 보는 시각도 있다.

백낙청 사안의 중요성에 비해 사회과학계 내부의 토론이 없는 것 같아서, 논의가 활성화되기를 바라는 마음에서 한 것이다. 진보진영으로 한정해서 노선투쟁이라는 시각으로 보지 않았으면 좋겠다. 예전(1980년대)에 제자들이 찾아와 '선생님은 뭐냐'고 물었을 때, '난 NL이지, 내셔널 리터러처(민족문학)를 하니까'라고 답한 적이 있다. 난 독립적인 지식인이다.

안철흥 현정부에 대해 어떻게 평가하나.

백낙청 남북관계만큼은 일관성과 적극성을 확보하면서 꾸준한 진전을 이룩했다고 본다. 경제문제에서도 일부 진보세력이 비난하듯, 신자유주의 일변도의 개편을 추구하고 있는 것은 아니라고 본다. 다만 한미 자유무역협정(FTA) 문제를 군사작전하듯 속전속결로 처리하려는 것은 우려스럽다. 한미 자유무역협정을 무조건 반대하는 것은 아니지만, 지금처럼 밀어붙여서는 한국경제도 크게 훼손되고, 미국에 대한 의존도가 높아지면서 남북통합을 추진할 동력도 크게 떨어질 수밖에 없다. 노무현정권은 이전에도 신중하게 처리해야 할 일임에도 겁없이 달려들었다가 실패한 적이 많았다. 한미 자유무역협정 역시 지금 좋은 내용으로 협상되고 있다고 생각하지 못하겠다. 무모한 계획을 철회하라고 충고하고 싶다.

안철흥 독도문제에 관한 노무현 대통령의 특별담화를 어떻게 들었나.

백낙청 어려운 문제다. 식민지역사 청산 차원에서 일본이 당연히 우리의 영유권을 인정해야 한다는 노무현 대통령의 문제의식은 옳다고 본다. 그러나 무조건 일본을 규탄하고 대화 폭을 줄이는 것이 바람직한가에 대해서는 회의적이다.

안철흥 최근에 펴낸 『한반도식 통일, 현재진행형』(창비)에서 통일에 대한 새로운 관점을 제시했다. '통일은 현재진행형'이라는 말은 어떤 의미인가?

백낙청 통일개념 자체를 바꿔보자는 것이다. 베트남식 무력통일이나 독일식 흡수통일이 아닌 한반도식 통일이 있다면 어떤 형태일까. 한반도의 주민들이 현재의 분단체제보다 나은 체제에서 살게 되는 과정이 바로 통일작업의 핵심이다. 이렇게 본다면 2000년 6·15선언 이후 남북관계가 진전되는 현실이야말로 이미 통일이 진행중임을 말해준다. 정권이 바뀌더라도 분단체제를 지속시키는 것이 이미 불가능해졌다. 어느정도 난관은 있겠지만, 분단체제 해체 작업 중에 평화체제도 구축되고, 또 어느 순간 남북연합 같은 방식이 제시될 것이다. 이런 방식이 불가피하고 바람직하다고 본다.

안철흥 안병직(安秉直) 교수는 '통일은 현재진행형'이라는 백교수의 말이 '문학가의 감성'일 뿐이라고 평했다. 안교수는 뉴라이트재단 기관지 『시대정신』을 통해 『창작과비평』과 사상전을 벌이겠다고도 말했다.

백낙청 언론보도를 보면 아직까지는 비판을 하겠다는 의지만 표명한 상태인 것 같다. 아직 그분이 나와 창비에 대해 이론적으로나 학문적으로 검토하고 비판했다는 소식을 접하지 못했다. 비판이 제기되면 검토해서 답할 필요가 있으면 답하겠다. 최장집 교수나 안병직 교수만이 아니다. 나는 문학평론가이고, 문학평론은 원래 실명으로 비판하는 작업이다. 조명이 안되었을 뿐이지, 이번 책에서도 동북아시대위원회 이수훈(李洙勳) 위원장이나 이삼성(李三星) 교수 등 여러 사람을 실명으로 언급했다. 나는 옛날부터 남녀노소 가리지 않고 논쟁을 많이 했다. 체력이 허락하는 한 앞으로도 그렇게 살아가려고 한다.

안철흥 안병직 교수는 『시대정신』 창간호에서 '교과서에 나타난 한국 근현대사 개혁 방향'이라는 특집을 준비 중이다. 거기에 담길 역사관은 얼마 전 출간된 『해방 전후사의 재인식』의 문제의식과 비슷할 것이다. 혹시 책을 읽어보았나.

백낙청 읽지는 않았다. 하지만 주변에서 들으니, 편집한 분들의 견해와 참여한 필진의 의견이 일치하지 않았다고 한다. 물론 『해방전후사의 인식』에도 문제점이 있다. 4반세기가 된 책이고, 문제의식도 단순했다. 하지만 시대적 맥락에서 보면 우리 지성사의 중요한 업적이라고 생각한다. 『해방전후사의 재인식』이 그에 필적할 자취를 남길지 지켜보겠다.

안철흥 안교수는 '국제주의적 시각으로 한국 근현대사를 재해석하고, 역사의 흐름을 바로잡는 일'이 뉴라이트재단의 목표라고 했다. 현정부의 과거사 청산 움직임이 보수세력들을 자극시킨 측면이 크지 않나?

백낙청 오랜 독재시대를 거치며 우리의 과거사가 왜곡되었다는 것은 누구나 인정하는 것 아닌가. 지금이라도 진상을 규명하고 바로잡자는 것은 너무 당연한 명제다. 물론 얼마나 제대로 하느냐, 그리고 주도하고 실행하는 이들이 이 과업에 알맞은 식견과 세계관을 가지고 있느냐 하는 것을 살펴 판단하는 것이 중요하다. 하지만 과거사 청산 자체를 부정하는 지식인들의 논리는 이해하기 어렵다.

'우리의 교육지표' 사건을 말한다

백낙청 서울대 명예교수

■ 오늘 2006년 5월 1일, 백낙청 선생님 모시고 이야기 듣도록 하겠습니다. 선생님 간단한 개인 신상을 말씀해주시지요. 성함하고 생년월일 정도만 말씀해주시면 되거든요.

백낙청 지금 얘기하는 백낙청이구요. 생년월일은 1938년 1월 10일입니다. 지금은 서울대학교에서 은퇴해서 명예교수로 있고 6·15민족공동위원회 남측대표, 재단법인 시민방송 이사장, 계간 『창작과비평』 편집인, 이런 일을 하고 있습니다. 교육지표 사건 당시 나는 서울대학교에서 해직된

■ 이 인터뷰는 『'우리의 교육지표' 사건 구술자료 채록사업 결과보고서』(2006. 5. 30)에 실린 내용을 약간 손본 것으로, 전남대 사회학과 최정기 교수가 6명의 조사단을 구성하여 2006년 2월 20일부터 5월 30일까지 관련자들을 인터뷰했다(인터뷰어 양나윤). 1978년 6월 27일 송기숙, 명노근 등 전남대 교수 11명이 「우리의 교육지표」를 발표하여 11명 전원이 해직되고, 송기숙 교수는 구속된 바 있다. 각주는 앞의 보고서에 실린 것임.

상태였어요.

■ 해직된 상황을 먼저 말씀해주셨는데요. 먼저 서울대에 부임하셔가지고 당시의 유신체제, 60년대 말부터 시작해가지고 교육환경이 굉장히 열악했고, 군권위주의 체제 하에서 저희는 그 시대를 경험하지 않았기 때문에 당시의 교육환경이 어땠는지 간단하게 말씀해주시면 좋겠습니다.

백낙청 뭐 유신체제 아래서 대학에 대한 통제가 아주 엄혹하고 그랬다는 것은 지금 새삼 얘기할 필요가 없고, 사회 전체에서 78년이면 긴급조치 9호가 발동돼 있을 때고 교육지표 사건도 긴급조치 9호로 다스렸잖아요. 75년 5월에 긴급조치 9호가 발동이 됐는데, 원래 긴급하게 나온 조치라고 그러면 짧은 기간 동안 긴급하게 조치를 하고 끝내야 되는데, (웃으면서) 박정희 대통령 죽을 때까지 계속했단 말이에요. 그런 상황이었고요. 긴급조치라는 게 법리적으로 얼마나 우스운 조친가 하는 거를 단적으로 말하면, 긴급조치에서 어떠어떠한 사항을 금지하는데, 가령 유신헌법을 부정한다든가 사실을 왜곡한다든가 이런 걸 금지해놨는데, 누가 금지조치에 걸렸다는 사실을 언급만 해도 그것도 또 긴급조치에 걸려요. 그러니까 뭐 정말로 웃기는 조치였지. 그런 상황이었고. 뭐 그러니까 당시의 전반적인 교육상황에 대해서 길게 얘기할 것은 없구요. 교육지표 사건이라는 게 구체적으로는 서울에서 준비해서 광주로 가게 됐지마는 그 계기를 마련해준 것은 사실은 송기숙(宋基淑) 교숩니다. 송기숙 교수가 그때까지는 가령 여기 문단에 운동이라든가, 또는 뭐 전반적인 반유신, 광주에서도 반유신 활동에 적극적으로 나서는 분이 아니었잖아요?

■ 예, 그랬죠.

백낙청 문단쪽 움직임에 대해서는 그분이 언제 동조하고 동참을 했지만 광주에 계시니까 적극적으로 나설 일이 없었고, 광주 운동권에서도 그렇게 나선 분이 아닌 걸로 아는데, 교육지표 사건 나기 몇 달 전인지 모르겠어요. 한번은 서울 오셔가지고 나하고 만났는데, 그전에 전남대학교 내에서 학생들이 교수들한테 정면으로 반발하고 대든 일이 있었다고 그래요. 교수들 뭐하고 있냐, 하는 식으로. 그러면서 "야, 이제는 정말 가만있어가지고는 학교 안에서 얘들한테 먼저 돌팔매질을 맞게 됐다" 그런 얘기를 했어요. 비슷한 분위기는 서울에서도 있었지만 그때 아마 전남대가, 광주지역의 정서가 훨씬 더 격양돼 있었던 것 같아요. 그런 분위기를 송기숙 교수가 제일 먼저 몸으로 느끼고 서울 와서 우리들한테 그 얘기를 하시고 뭔가 그 문제에 대해서 대응을 해야 되겠다 하는 얘기를 하신 거예요. 그때 나는 서울에서 해직교수협의회라는 게 있었는데, 해직교수협의회의 회장이 돌아가신 성내운(成來運) 교수고 부회장이 두 사람 있었는데, 한 분이 문동환(文東煥) 박사, 지금 미국 가서 계시지만 또 한 사람이 나였어요. 그러니까 송기숙 교수한테 그 얘기를 듣고 내가 이제 해직교수들 모인 자리에서 그런 얘길 전달하고 뭔가 전남대학의 교수들도 동참하는 움직임을 해보자 하는 얘기를 했어요. 그래서 자연스럽게 얘기를 하다 보니까 긴급조치 아래에서 정면으로 정부를 비판한다든가 하는 것은 불가능하고 국민교육헌장 같은 것을, 일제시대 교육칙어 비슷한 것을 만들어서 전 국민과 학생들에게 강요하는 이런 작태에 대해서 좀 문제제기를 해보자. 사실 뭐 그건 유신헌법을 직접 비판하는 것도 아니고 정권을 규탄하는 것도, 직접 비난하는 것도 아니고 하니까 물론 정부에서 어떤 식의 보복을 하긴 하겠지만 그래도 해볼 만한 것 아닌가 하는 생각에서 한 거예요. 나중에 결과적으로 그걸 긴급조치에 걸어가지고 무슨 사실왜곡 그런 식으로 했는데, 사실왜곡이라는 게 국민교육헌장에 없는 사실을 가지고 얘기했으면 그게 사실왜곡이지만 그게 말이 안되는 얘기거든요. 그런데도 억지로 밀어붙여가지고 다 유죄판결 때리고 송기숙 교수는 감옥살이까지 하시게 됐지요. 발단은 그렇게 된 것입니다.

　■ 선생님, 그러면 송기숙 선생님과 이렇게 만난 것은 창비, 선생님이 창비 편집위원으로 오랫동안 활동하시면서 그렇게 만나게 되신 건가요?

백낙청 그때 아마 창비 사무실에서 만났을 것 같아요. 송기숙 교수하고 정확히 어디서 얘기했는지 기억이 안 나는데, 그게 78년 초나 뭐 그 무렵이었을 텐데, 하여간 창비가 그 무렵이면 여기저기 셋방살이 전전할 때니까 정확히 사옥이 어디였는지 모르겠지마는 그때 아마 창비로 찾아왔었지 싶고. 또 창비에는 나뿐만 아니라 염무웅(廉武雄) 선생도 계셨는데, 염무웅 선생도 해직교수였거든요. 자연히 우리 동료 문인들하고 얘기하면서 교육의 문제도 뭐 자연스럽게 얘기하게 된 거죠.

■ 서울에서 준비단계에 있을 때 그 해직교수협의회 쪽하고 같이 논의가 많이 된 건가요?

백낙청 그랬죠. 해직교수협의회에서 논의를 해서, 여의도에 성내운 회장님 아파트가 있었는데 거기서 의논해서 초안을 잡자고 모였어요. 그래서 거기서 의논을 했는데, 글이라는 게 여러 사람이 모여서 공동집필이라는 게 사실 잘 되지가 않잖아요. 그래서 의논을 하다가 결국은 나보고 그날 나온 얘기들 이것저것 참작해서 쓰라고 해서 내가 초안을 만들었죠.

■ 예. 선생님이 초안을, 그걸 누가 썼는지 안 밝히다가 몇년 전에 —

백낙청 몇년 전에 그것을 송기숙 선생이 밝히셨죠.

■ 예. 그러셨죠.

백낙청 그래서 결국 초안을 내가 썼는데, 그땐 문동환, 성내운 선생, 또 누가 계셨는지, 한두 분 더 계셨어요. 그런데 결국은 내가 맡아서 썼지.

■ 선생님, 혹시 기억이 나실지, 그게 아마 몇 월 정도 될까요? 이게 광주로 내려온 것은 5월 말에서 6월 초에 다른 교수님들한테 서명을 제안하는 식의 —

백낙청 5월 말 6월 초 그렇죠.

■ 예. 그러면 서울에서 언제부터 준비가 됐을까요?

백낙청 준비는 한 5월, 5월 들어설 거예요. 아니 그러니까 의논을 시작한 것은 언젠지 모르겠지만 초안 잡은 것은 5월 들어서 잡았고. 그러고서 서울에서 서명을 좀 받으려고 움직여서 몇 분은 응낙을 받았지. 그러니까 고대 강만길(姜萬吉) 교수, 이화대학에 이효재(李効再) 교수, 그리고 서울 대학교에서는 (한참 생각하다가) 안병직 교수하고 내가 얘기를 했을 거야. (웃으면서) 근데 안병직 교수가 내가 해직당했는데 자기는 현직으로 있는 그런 부담감이 있기 때문에 거절은 못하고, 뭐 강압 비슷하게 했는데, 자기 혼자만 하는 것은 그렇고 변형윤(邊衡尹) 교수라든가 이런 분들 같이 해야지 되겠다, 뭐 그건 당연한 얘기죠. 그래야 이게 힘이 받는 거지, 영향력을 갖게 되는 거니까. 하여간 서울에서 몇 분은 확보되어 있어요. 그리고 젊은 교수들, 그 당시로서는 전임강사이던 임형택(林熒澤) 교수 같은 그런 이도 할 용의가 있었는데, 나중에 크게 됐으면 그런 분들도 했을지는 모르지마는 몇 명 안되는데 괜히 그런 사람 끌어들여 가지고 희생시킬 필요는 없었던 거고. 그러다가 변형윤 교수를 내가 만났는데, 변형윤 선생은 아주 솔직한 분이거든요. 그 양반이 까놓고 이야기하는 게 지금 서울대학교 분위기를 당신이 몰라서 그렇지 여기 서울대학교 교수가 여러 사람 가담한다는 건 이건 전혀 현실성이 없는 얘기다, 현직 교수가. "캠퍼스가 얼마나 삼엄하고 살벌한지 아느냐" 하면서 어렵다는 얘기를 하시더라구요, 깨놓고. 그래서 그런저런 얘기를 듣고 성내운 교수하고 나중에 다시 상의를 했는데. 그 무렵에 그런 걸 진행하면서 송기숙 교수한테는 바로 전달이 돼가지고 송선생은 전남대학교에서 작업을 계속하셨고 서명을 어느정도 받았다는 소식을 받았고 그런데 막판에, 그게 6월 그러니까 지금 다시 생각해보면은 초안 잡은 것도 5월 한 중순쯤은 됐던 것 같고 그렇게 긴 시간을 두고 하진 않았어요. 길게 끌면 노출될 위험도 있고, 그래서 5월 말부터 서울서도 움직이기 시작했고 광주에도 그때 이미 곧바로 서울서 움직이면서 보냈고. 오히려 서울에서 이 작업이 지지부진해서 시간을 좀 끌다가 나중에 성내운 교수하고 의논을 해서 그것 참 광주 분들한텐 못할 일이지만 서울서 뭐 드문드문 몇 사람 나와가지고 스타일 구기는 것보다는 아예 광주에서 하는 걸로 하는 게 오히려 더 효과가 좋겠다, 이런 판단을 내렸는데 성내운 선생님은 뭐라 할까, 과단성이 높으신 분이에요. 한번 결정하고 나서 그날로 아예 서울에서 발표해버리고, 그때는 발표한다는 게 외신에 발표하는 거였지. 국내신문은 안 실어주니까. 외신 기자한테 이걸 딱 자료를 줘놓고 그 길로 광주에 내려가서 광주 교수님들 모아놓고 기정사실화해서 딱 발표해버리고 그러곤 당신은 은신해버리신 거예요. 그러니까 어떻게 보면 광주 교수님들 입장에서는 서울놈들한테 당하신 거지. 그런 것을 생각하면 참 죄송하기 짝이 없는 일인데, 일은 그렇게 됐어요.

■ 그게 맨 처음 전국 단위로 해보려고 했던 거잖아요?

백낙청 그렇죠. 그러니까 서울서 좀 잘되면, 서울에서 이만큼 됐고 광주에서는 그렇게 해가지고 하니까 다른 데서도 해라, 다른 데서는 전남대학에서만큼 많이 안되더라도 뭐 한두 명씩만 해도 전국으로 되는 거니까 그런 구상이었는데, 서울에서부터 이게 우리가 예상했던 것보다 훨씬 어렵다는 게 드러났고. 아마 그런 사이에 광주 쪽에는 이효재 선생하고 강만길 선생 정도는 이미 하기로 했다는 게 전달이 됐던 모양이에요. 누가 전달했는지 나는 모르겠는데, 전달이 돼가지고, 나중에 광주 교수들이 전원 연행이 돼가지고 그 얘기가 나온 모양이야. 그래서 서울에서도 강만길 선생하고 이효재 선생하고는 연행됐어요. 그런데 이분들은 하겠다고 동의는 하셨지만 문건에 싸인하거나 그런 건 아니었고, 서울에서 발표한 것도 아니고 실제로 나온 명단에도 없고, 그러니까 뭐 조사만 받고 나오셨지요. 광주에서는 송기숙 교수가 다 뒤집어쓰신 거지, 성내운 교수하고 둘이. 그리고 성교수님이 은신을 하신 게 꼭 뭐 당신이 안전해지기 위해서라기보다는 서울에 있는 사람들 보호하기 위해서 그러신 것도 있어요. 나나 문동환 박사나 다 소위 모의에 가담했던 사람에 대해서, 들어가서 조사를 받게 되면 어떻게 될지 모르니까, 아예 숨어버리신 거지.

■ 그러면 준비단계에서는 서울하고 광주만 이렇게 준비가 된 건가요?

아니면 다른 지역은 전혀—

백낙청 다른 지역은 내 기억으로는 없던 것 같아요. 다른 지역은 서울에서 확보가 되면 좀 시도를 할 생각이었는데, 아마 그 단계까지 안 갔을 거예요.

■ 그러면 이 사건의 발단은 송기숙 선생님이 그런 걸 느끼시고 제안을 하셨다는—

백낙청 그렇죠. 그러니까 교육현장을 문제삼자 하는 논의는 서울에서 시작했지마는 그것에 대한 일종의 간접적인 원인제공을 하신 것도 송기숙 교수고, 그다음에 이게 돌고 돌아서 전남대 사건으로 됐을 때, 다 그 주동자로 뒤집어쓴 것도 송기숙 교수고. 어느 모로 보나 송기숙 교수가 주범이지 뭐.(웃음)

■ 그때 그래서 고생도 많이 하셨다고 하던데요.

백낙청 고생 많이 하셨지요. 나는 특히 송교수한테…… 나는 그때 뭐 완전히 보호가 됐으니까 당국에서도 저놈이 무슨 역할을 했겠지 하는 생각을 했는지 모르지만, 뭐 드러나는 게 아무것도 없으니까. 그리고 집필은 성내운 교수가 하셨다고 그랬고, 그리고는 송교수하고 사이에서 모든 것이 다 결정된 것처럼 진술이 돼 있으니까 난 보호를 받았는데. 그때 송교수가 1심, 2심 재판 받는 동안에 재판 날이면 한번도 안 빠지고 광주에 갔어요.

■ 좀 궁금한 게 아까 몇 분이 모이셔 가지고 초안도 작성하고, 논의과정이 있었다고 말씀하셨는데, 성명서 작성뿐만 아니라 이 작업을 어떻게 진행하자, 그래서 몇 분이 모아지면 어떤 식으로 진행하자, 이런 논의도 하게 될 것 같은데?

백낙청 어떤 식으로 한다는?

■ 그러니까 각 지역에서 서울에서 이렇게 선생님들 할 수 있는 사람들을 같이 동조를 구하자는 식으로 어떻게 누가 해보고, 누가 해보고, 이런

논의나 그다음에 모아지면 어느 시기에 어떤 방식으로 이걸 할 것인가?

백낙청 그니까 방식은요, 그때는 외신에 발표하는 것 이외에는 다른 방법이 없었죠. 그래서 그렇게 할 작정이었고 외신에 발표를 하게 하고 물론 복사해가지고 운동권, 활동가 사이에서 돌려보고 학생들에게 전달해주는 그런 방법은 있겠죠. 시기나 이런 것은 진행상황을 봐서 하기로 했다가 중간에 확 방향이 바뀌어버린 거죠.

■ 근데 서울에서 몇 분 안되고 어려운 상황이니까 같이하기 힘든 상황이니까 전남대만 하자, 이게 효과가 클 거다 이렇게 말씀하셨는데, 제가 광주에 계신 다른 선생님들 만나뵀는데 하시는 말씀이 전국 단위로 한다고 하니까 우리도 이렇게 했다, 같이하면, 몇 명이라도 더 많으면 나을 것 같았다, 이렇게도 말씀하시거든요.

백낙청 그건 사실이죠. 그분들이 처음부터 전남대만 한다고 했으면 안 하실 분들도 하시게 되었고, 전남대만 했기 때문에 더 가혹한 탄압을 받았다고 볼 수 있지요. 성내운 교수도 그때 굉장히 죄책감을 느끼고 계셨는데, 성내운 교수님은 어떤 면에서 갚으셨지 그걸. 나중에 당신도 결국은 잡혀 들어갔으니까, 잡혀 들어가셨고. 결국 그게 인연이 돼서 훗날 광주대학에 가서 봉사를 하셨고. 나는 그런 것도 없었으니까 전남대학교 교수님들한테 항상 미안하죠.

■ 아니 근데 선생님들 말씀 많이 들어보면요. 그동안에 항상 문제다, 문제다 생각했던 분들이 성명서를 보시고 아 그거야, 해야지 이렇게 말씀하셨다가 다 그런 식으로 동조를 하셨고.

백낙청 아, 성명서 내용을 보면은 그런 온당한 애기들이죠, 온건한 애기들이야. 그리고 오죽 할 말이 없었으면 거기서 긴급조치에 무슨 사실왜곡 그 조항을 적용했겠어요. 정부비방이라는 것도 갖다대기 어려웠으니까. 사실왜곡이라는 게 국민교육헌장에 대해서 우리들이 의견을 표시한 건데 사실왜곡이라는 것은 당치 않은 겁니다. 국민교육헌장에 이러이러한 말이 있는데 다른 말이 있는 것처럼 얘기했으면 사실왜곡인데, 그쪽의 주장은 국민교육헌장이 정말 구구절절이 옳은 말씀인데 마치 옳은 말이 아니라는 듯이 사실을 왜곡했다, (웃으면서) 이런 식이니까 그건 도저히 말이 안되는 얘기였지.

■ 오늘 선생님 만나뵙고 제가 새롭게 잘못 알고 있었던 것 같은데, 저는 광주지역 그게 외신에 발표되면서 전남대 열한 분 교수들 다 연행되시고 서울에서도 그전에 이효재 선생님이 먼저 연행됐다고,

백낙청 그게 먼저, 아니 먼저 연행됐을 것 같지는 않아요. 왜냐면은 서울에서 먼저 됐다고 하면 그게 누설이 돼가지고 그렇게 됐을 거고. 그분들이 그분들은 이 전모를 모르는 분들이지마는 사전에 누설이 되어서 그분들을 조사했다면, 그 양반들은 뭔가 있다는 것을 알고 있었던 분들인데 그걸 사전에 탐지해서 이분들을 잡아갔다면, 발표를 미리 막기 위해서 훨씬 강도높은 수사를 했을 거고, 광주에서 움직임이 있다는 얘길 들었으면 광주에서도 조사해서 그걸 막았을 거고 그랬을 텐데, 그게 아니고 이미 기정사실화된 상태에서 진상을 조사하려고 해봤는데 광주에서는 서울에서도 움직인다 하는 진술을 받아가지고 서울을 조사했더니 뭔가 얘기가 돌다 말았단 거를 확인하고 그냥 그걸로 끝낸 게 아닌가. 내가 추리할 때는 그렇고, 정확한 기억은 없지마는 그랬을 것 같아요.

■ 그러면 제가 지금 들어보니까 굉장히 서울에서는 성내운 선생님 중심으로, 성내운 선생님이 거의 모든 작업을 외곽에서 두드러지게 먼저 이렇게 이름을 내걸고 모든 일이 터졌을 때, 성내운 선생님한테 정리가 되도록 조심스럽게 한 것 같거든요.

백낙청 그랬죠. 성내운 선생님이 회장으로서 나한테 일을 시키시면서 당신이 다 떠맡기로 하신 거죠.

■ 선생님, 저는 선생님 만나뵙기 전에 특히나 해직교수협의회 활동 차원에서 78년 4월에요. 동료교수들한테 전하는 글인가? 이런 것도 하시고

활동도 있고, 해직교수협의회 활동도 있었잖아요.

백낙청 동료교수들한테 전하는 글이라는 것은 교육지표 사건 이후지?

■ 4월로 알고 있는데, 78년 4월.

백낙청 아 새 학기를 맞으면선가?

■ 제가 알기로는 78년 4월에.

백낙청 79년 4월 아니에요? 새 학기를 맞으면서 뭐 동료교수들에게 내놓은. 해직교수협의회에서 문건을 꼭 하나만 낸 건 아닌데, 새 학기를 맞으면서 동료교수들에게 보내는 글이라는 것을 낸 적이 있어요. 그건 79년도 새 학기일 거예요. 4월인지는 기억이 안 나는데.* 그건 기독교회관에서 내가 읽었는데, 그때는 성내운 교수는 도피중이시거나 아니면 구속된 상태고 문동환 박사, 문동환 부회장님께서 YH사건으로 구속이 된 상태였어요. 그러니까 내 앞에 바람막이가 다 없어진 상태였지. 그래서 나도 각오를 하고 그걸 내보냈는데, 그래서 기독교회관에서 발표를 했는데 그리고 잡혀갔지 물론. 관악서에 들어가서 한 경찰서에 있던 걸로는 꽤 오래 있었어요. 한 열흘 있었어요. 있었는데, 그 문건을 내가 쓰기는 했지마는 걸기가 어렵게 돼 있어, 문건이. 걸릴 일이 없어, 내용이. 그니까 자기들 기분 나쁜 거지. 물론 기분 나빠도 기분 나쁜 것 가지고 잡아넣으면 그만이지마는 그쪽에서야 나까지 잡아넣을 때는 서울대학교 학생들 반응이라든가 이런 것도 고려했을 거고 그리고 워낙에 그때는 걸릴 것도 없고. 그래서 한 열흘 동안 있으면서 관악경찰서에서는 처음부터 이거는 사건 만들기 곤란하다, 관악경찰서라는 데는 서울대학교를 관장하는 데니까 거기서는 되도록 이게 커지지 않기를 바라지. 그때 시경에서 직접 조사단이 와가지고, 나와가지고 조사를 받았어요. 거기서도 뭐 한 열흘 만에 풀려나왔지.

---

* 구술자는 인터뷰 당시에는 정확한 시기가 기억나지 않았으나, 이후 1학기가 아닌 2학기(9월) 초였음을 확인하여 밝혀왔음.

■ 교수재임용제도 되면서 탈락되면서 해직된 교수님들이 계시잖아요. 제가 생각하기에는 지역 내에서는 몇 분 안되지만 서울 내에서는 그런 교수협의회도 만드시고 그런 운동들, 지식인 운동들이 있었을 것 같아요. 그런 기반이 있었기 때문에 송기숙 선생님이 느끼시긴 하셨지만 이게 서울 분들하고 그런 기반과 연결이 되면서 교육지표 사건이 가능하지 않았나라는 생각이 들기 때문에 지금 선생님한테 —

백낙청 그러니까 그때 전국적으로 많이 뭘 하는 쪽으로 갔다 하더라도 결국 서울하고 광주밖에 없었던 것 같아요. 주축은 그거예요. 서울은 처음부터 사람이 많이 모여 있는데다가, 말한 대로 해직교수협의회도 구성돼서. 광주는 그때 5월 광주 이전이지만 분위기나 이게 다른 지역하고 완전히 달랐고. 그래서 결국은 광주하고 서울이 손잡고 의논을 했는데, 그게 서울의 지도부랄까 나까지 포함된 서울의 지도부에서 전략적 판단을 내리면서 광주의 희생이 일방적으로 커진 거죠. 나 자신은 내가 해직된 거는 재임용탈락이 아니고 74년 12월에 민주회복국민선언 때문에 파면이 됐고. 76년 초에 해직교수들이 많이 생기잖아요. 그러고서도 한참 지내다가 78년 가서야 해직교수협의회가 생겼지 싶어. 77년인가?

■ 76년 정도?

백낙청 76년이 재임용탈락자가 많이 생겼는데 —

■ 예. 76년에 교수재임용.

백낙청 그때 해직자가 많이 생겼는데.

■ 77년에 아마 생겼을 것 —

백낙청 77년쯤, 응 아마 한참 지나서 해직교수협의회가 결성이 돼요. 그리고 나는 해직교수협의회 활동도 있었지만 우선 창비 계간지와 출판이쪽에 관여하고 있었고 그러다가 77년이지 리영희(李泳禧) 선생 사건 나는 게, 『8억인과의 대화』. 『8억인과의 대화』로 77년에 들어가서 조사받고 나왔다가 나중에 기소가 돼가지고 재판과정이 쭉 진행이 돼서 79년 초에 대법원 확정판결을 받았는데, 리영희 선생님은 2년 징역 받으셔서 광주에서 복역을 하시고 나는 그때 1년 징역에 집행유예 2년인가 받아서. 그래서 78년에 교육지표 사건 때는 아마 저 1심은 끝나고, 1심 끝나고 2심이 진행되거나, 아니면 2심 끝나고 대법원에 갔거나 재판과정이었어요. 그리고 79년 관악서에 갔을 때는 집행유예가 확정된 뒤였기 때문에 만약에 긴급조치 사건이 되어서 유죄판결 받았으면 집행유예가 취소되는—

■ 선생님, 그러면 성명서에 서명한 명단이나 성명서 내용을 외신 신문에, 그때 『아사히신문』에 낸 걸로 아는데 그거를 결정한 거는 성내운 선생님이?

백낙청 예, 성내운 선생님이.

■ 같이 이렇게 논의해서 결정을 한 거는 아니었나요?

백낙청 아 『아사히신문』에 발표하자는 거?

■ 예.

백낙청 아 그건 처음부터 그렇게 돼 있었고.

■ 그럼 전남대 선생님들만 이렇게 해버리자—

백낙청 전남대 선생님들만 그렇게 하자는 거는 나하고 성내운 선생님, 둘이 결정한 것이지. 그러니까 내가 서울에서의 진행상황에 대해서 성선생님께 자세히 보고를 드리고, 이게 지금 어려울 것 같다, 서울서 제대로 모양을 갖춰서 하기는 어려울 것 같다. 그냥 이대로 발표하는 방법이 있고, 몇 사람 안되지만 발표하는 방법이 있고, 아니면 없었던 것으로 하는 방법이 있고, 아니면 광주만 따로 떼어가지고 하는 방법이 있다. 이대로 발표하는 것은 굉장히 스타일 구기고 희생을 그냥 확대하는 거 아니에요. 몇 사람 안되면 또 저기서 깔보고 전부 다 그렇게 되니까, 그게 있고. 없었던 걸로 하면 이게 새지가 않으면 좋지마는 저 정도로 그래도 벌려놨다 하면 뭐 아무 이득 없이 당하기만 할 가능성이 높고. 그러니까 성내운 선생이 세번째로 그렇게 합시다, 나하고 그렇게 합의를 해서 성선생이 결행을 하신 거지. 그 양반이 뭐 그런 그 추진력이나 결행력은 대단하신 분이니까.

■ 그럼 이후에 어떻게 될 건지를 약간 어느 정도는 생각,

백낙청 나는 성선생님이 광주 내려가신 건 알았지마는 그 후에 어떻게 하신 건 몰랐어요. 그러니까 나하고의 합의사항은, 나한테 그분이 말씀하신 거는 당신이 잡혀 들어가더라도 당신이 모두 책임을 지겠다, 이렇게 말씀하셨기 때문에 광주에 가서 통보하고 그다음에 그냥 연행이 되실 거를 각오하고 계시구나 이렇게만 생각했는데, 나중에 들어보니까 광주에 가서 전남대학교 선생님들 만나서 얘기하고 그리고 그 길로 어디로 가버리셨다는데, 나중에 도피중에 그분을 두어 번 만났어요, 서울 시내 여기저기서. 두어 번 만났을 때도 그때 그런 말씀을 하셨는데, 그런 경우에 아주 안 잡혀야지, 잡히면은 뭐 성교수님을 고문까지 안했을지는 모르지마는 이것저것 터지기 쉽잖아요. 그런 걸 고려하신 것 같아. 꼭 뭐 개인의 안위만 생각해서 그러신 건 아닌 것 같고.

■ 선생님, 그러면 광주소식은 어떻게, 6월 27일 날 교육지표 사건이 외신에 보도되면서 열한 분 교수가 연행되고 이런 소식은 어떻게 들으셨어요?

백낙청 광주에서, 그 문건 나오고 연행됐다는 거는 아마 외신에 금방 났을 거예요. 났고 그때 어떻게 됐는지 잘 모르지만 내가 곧바로 내려갔지. 송교수 연행되고 나서 갔더니 송교수 댁에 전대 학생들도 이미 많이 와 있고 그래서 내가 윤한봉(尹漢琫)씨를 처음 만난 게 그 자리에서, 그 집에서 그때였는데, 그때 윤한봉씨가 전대 학생이었어.

■ 그래서 선생님 광주 내려가셔서 당시의 상황이나 이런 거 좀 말씀해주시면—

백낙청 그러니까 그때 가가지고 사모님께도 위로를 좀 해드리고 싶었지만 그게 뭐 위로가 되겠어요. 사모님은 송교수 자신이 운동권 활동을 하면서 그런 데에 시달려보신 분도 아니고 착실하게 주부로 많은 애들 기르

면서 사신 분이니까 굉장히 충격이 크셨는데, 그랬고. 그 자리에서 그냥 여러 사람 만나가지고 이런저런 의논도 했지마는 당장에 뭐 뾰족한 대응이 나온 것은 아니고, 서울 와가지고 변호인단 만들고 하는 데는 내가 좀 노력을 했죠. 그래서 홍성우(洪性宇) 변호사, 그다음에 그때 으레 동원되는 인권변호사 몇 사람들하고 광주에 홍남순(洪南淳) 변호사님하고 이기홍(李基洪) 변호사죠. 그분들하고 같이 변호인단 구성해가지고 변호했어요. 그때 재판 한번도 안 빼고 방청을 했는데, (웃으면서) 기억에 남는 것 중에 하나는 홍변호사님, 홍남순 변호사님 변론을 하시는 스타일이 참 구수하다고 그럴까, 판사가 뭐라고 뭐라 제지를 하면 일단 '그러게요잉' 그러면서 (웃으면서) 수긍하는 척하시고서는 또 당신 하시던 말 계속하시고 그랬어요. 또 내가 들은 얘기, 직접 현장에서 들은 얘기는 아니고 나중에 들으니까 판사가 그런 식으로 나온 데 대해서, 홍변호사님이 나중에 판사를 만나가지고 서울서 온 양반들이 당신보고서 참 싸가지 없다고 그럽디다, 그러셔서 판사가 찔끔했단 말을 들었어요.

■ 재판과정에 송기숙 선생님 그런 자료는 봤거든요. 마지막 진술이라든지 이런 자료는 봤는데, 분위기는 어땠나요?

백낙청 그러니까 송기숙 교수가 완전 초짜였거든. 그런데 재판과정을 통해서 송선생님은 아주 멋있는 투사로 우뚝 섰지. 당당했고, 나중에 진술도 그랬고. 그니까 고생의 구렁텅이를 몰아놓고서 이렇게 말하는 것은 뭣하지마는 송선생 인생에서는 송선생님이 그걸 계기로 해서 인물이 커지셨다고 봐, 나는. 정말 많은 사람들에게 감동을 주셨고 전남대 학생들의 분위기나 이런 데 감화를 주신 것은 대단했을 거야.

■ 당시에 송기숙 선생님, 다른 선생님들도 말씀하시는데 문학가로서 창비나 이쪽에 비판적인 의식을 가지고 계시다가 그때 당시에 그래서 다른 선생님들도 약간 그런 것은 알았지만, 비판적인 시각이나 이런 것은 알았지만, 어느 날 갑자기 오셔가지고 성명서 내밀고 이런 거 하자고, 그런

사람 아니었는데, 그런 말씀 많이 하시더라구요. 그러면서 송기숙 선생님이 저희 전남대에서는 굉장히 중요하신 선생님을 특히나 당시 학생들한테 굉장히 많은 영향을 미치셨거든요. 그래서 이 사건이 중요하다고 저도 인터뷰나 이런 과정을 겪다 보니까 그런 것 같아요. 특히 선생님들과 학생들 간의 그런 분위기를 만들어내고 이런 것이 중요했던 것 같고 그러거든요. 그러면 서울에서도 이효재 선생님도 연행되고 그러니까 약간에 그 사건 관련해서 긴장도 생기고 그랬을 것 같은데, 서울의 분위기는 어땠나요?

백낙청 서울에서는 그때 이효재 선생 연행되시고 그런 걸 많은 사람들은 몰랐을 거예요. 그때 그런 소식이 뭐 신문에 나는 것도 아니고. 그러다가 곧 나오셨기 때문에 그것 자체로서 뭐 긴장했다기보다 이 내막을 좀 알고 있던 사람들, 그러니까 서울에서 같이하기로 했다가 당신들도 하려고 그랬는데, 성내운 선생님이 빼주신 사람들이라든가 아니면 자기가 머뭇거려가지고 안했던 사람들은 다소간의 부담감을 다 느꼈을 거예요. 그런 점에서는 서울에서 빠지긴 했지마는 전남대학 교수들의 희생에 대해서 자기들도 책임이 있다, 그걸 그냥 헛되게 해서는 안될 것이라는 생각을 많이 했을 겁니다.

■ 그니까 서울 쪽 이야기를 들어봐야 된다고 했을 때는 이게 맨 처음에 서울에서 어떤 식으로 구상이 됐을까, 그다음에 주요하게 하신 분들이 어떤 분들이고 어떤 식으로 진행을 하셨을까 이게 가장 주요했거든요.

백낙청 지금 그 얘기를 증언해주실 분이 별로 많지가 않아요. 성내운 선생 돌아가셨지, 문동환 박사는 지금 미국 가 계시고, 이우정(李愚貞) 선생님도 거기 관여하셨는데 돌아가셨고, 이문영(李文永) 선생님도 한두 번은 참여하셨는데 한번 만나보세요. 그런데 깊이 관여는 안하셨어. 저기 여의도 시범아파트였던 걸로 아는데, 성내운 교수님 댁이. 거기에 이문영 선생님이 계셨는지 안 계셨는지 지금 내가 기억이 없어. 이문영 선생님은 아직 생존해 계시니까, 이문영 선생님이 있고. 그다음에 서울에서 누가 있나?

■ 저희는 NCC 70년대 민주화운동사 그걸 보니까 언제 안병직 선생님하고 이효재 선생님하고 성내운 선생님하고 조금이라도 기록이 되신 분들이 이분들이라서 이게 지금 어떻게 된 건가, 이거 실제로 성명서 초안은 백낙청 선생님이 작성을—

백낙청 그러니까 안병직 선생은, 그 양반은 추진 주체는 아니고 말하자면 교섭대상자로 기억이 있고 당시에 학내 분위기라든가 그런 데에 대해서는 현직에서, 현장에 있었으니까 더 잘 알 거야.

■ 그러면 해직교수협의회 회장님하고 부회장님 두 분하고 이렇게 핵심적으로 추진주체라고 말할 수 있는 건가요?

백낙청 그러니까 그걸 초안하게 의견을 모아서 초안을 하자고 모인 자리에는 그 세 사람 이외에도 있었어요. 이우정 선생님이 계셨던 것 같기도 하고 이문영 선생님이 계셨는지 내가 기억은 없어. 하여간 한두 분이 계셨는데, 좀 넓게 잡으면은 거기에 모였던 사람들이 언제 처음 모의를 한 주동자들이고, 그다음에는 성선생님하고 나하고 둘이서 맡아가지고 했지. 염무웅 선생은 늘 나하고 많은 일을 같이 한 분이고.

■ 선생님, 그러면 광주지역 같은 경우는 송기숙 선생님이 그 일이 터지기 전에 내려오셔서 학생들한테도 이야기를 하셨다고 하더라고요. 그러니까 이게 터지면 운동의 효과나 이런 게 있어야 되니까, 단체도 마찬가지고, 알고 거기에 대처를 해야 되잖아요. 서울에서는 이 운동을 준비할 때도 해직교수협의회에서 중심이 돼서 교수님들만 한 건지 아니면 다른 데 혹시라도—

백낙청 아니 그니까 이게 외신에 발표하고 그럴 때는 학생운동 하는 사람들이나 그런 데 다 줘요, 자료를. 근데 서울서는 그 단계까지 안 간 거지. 뭐 NCC 인권위원회라든가, 학생운동 등 그쪽에 다 자료가 가게 되는데 서울서는 그 단계까지 안 간 거고.

■ 교육지표 선언을 준비할 때도 교수님들만 이렇게 하시려고,

백낙청 그랬지. 그러니까 교육현장에 있는 현직 교수의 입장에서 교육현장이라는 게 이게 좀 일방적이고 문제가 있지 않냐, 하는 그런 온건한 내용이지만 그 당시 상황에서는 고 정도라도 한 것 자체가 유신독재에 대한 반대의사를 표시하게 되니까 그런 방법을 택했던 거죠.

■ 그러면 아까 말씀하신 대로,

백낙청 나중에 저, 안진오(安晉吾) 교수님 만나봤나?

■ 안진오 교수님 지금 몸이 많이 안 좋으셔 가지고──

백낙청 안진오 선생님 같은 분은 그분이 철학을 하셨고 그러니까 국민교육헌장에 대해서 본격적인 비판을 한다고 그러면 그럼 당연히 당신의 몫이 아니겠는가, 나중에 그런 말씀도 하셨다고 그래요. 그런데 이거는 그런 학문적인 검토라기보다는 당시는 민주화투쟁의 일환으로 한 거니까.

■ 그니까 국민교육헌장의 어떤 기본적인 비판의식적인 것을 목표로 하면서 교육민주화──

백낙청 교육민주화, 사회민주화, 정치의 민주화까지 다 이렇게 되게 돼 있는 거니까 정부에서 그걸 자신들에 대한 도전으로 받아들인 것은 옳은 거지. 다만, 그걸 재판으로 할 때는 그래도 법률상으로 좀 말이 돼야 되는데 그건 뭐 완전히 어거지였고.

■ 선생님, 그러면 교육지표 관련해서 저희가 교수님들 말고 혹시나 저희가 참고로 만나뵐 분이나 이런 분들은 없을까요?

백낙청 누가 있을까?

■ 혹시 이 사건을 미리 좀 옆에서 알고 있었다든지 아니면 조금 도와줬다든지 이런 것은 전혀 없이 이렇게 교수님들만 준비하셨나요?

백낙청 글쎄, 그게. 가령 성내운 교수님이 『아사히신문』 기자에게 줄 때는 선생님이 직접 갖다주거나 그랬지는 않았을 거란 말이에요. 누군가 전달한 사람이 있을 텐데. 그런데 지금 누군지 기억이 잘 안 나네. 동아투

위 쪽에 누가 됐을 수도 있고. 그러니까 그때 해직교수협의회 그러면 우군이 많았잖아요. 말하자면 문단 같으면 자유실천문인협의회가 있고, 언론계는 동아, 조선투위 있고, 또 학생들 단체 있고, 기독교 단체들도 그렇고, 정의구현사제단…… 언론 쪽은 투위 쪽에서 거들었을 가능성이 있는데, 나는 잘 모르겠어요.

■ 저도 그런 지형이 있어서—

백낙청 마지막 순간에 집행을 한 것은 성선생님이었으니까.

■ 저도 그게 궁금했거든요. 서울 쪽에 그런 지형이 있기 때문에 이게 그 내부에, 어떤 그걸 결의해서 한 것은 아니지만 약간의 그런 흐름 속에서 나오지 않았을까, 생각을 해보면서 드린 질문이었거든요. 선생님 시간이, 바쁘신데 마지막으로 한 말씀만, 교육지표에 대해서 어떤 잔상을 가지고 계시는지, 그 사건을 정리해주시는 말씀 한마디만 해주시고 정리했으면 좋겠거든요.

백낙청 그니까 광주지역이 우리 민주화운동의 핵심세력으로 떠오른 것은 5·18 이후인데, 그전에도 광주전남 지역의 민주화에 대한 열기가 강했거든요. 그러나 이게 결집되는 계기가 없었는데, 그런 것을 마련한 것이 교육지표 사건이 아니겠는가. 그래서 우리가 5월 광주, 광주의 5월민주항쟁을 그냥 그게 많은 사람들의 희생이고 불행이라는 차원에서만 보면 어떤 의미에서는 교육지표 사건이 더 큰 불행을 준비하는 하나의 예비단계였다고 볼 수 있지만, 그런 희생에도 불구하고 이게 참 역사적으로 큰 의미 있는 사건이고 길게 봐서, 크게 봐서 민중의 승리였다 하는 관점에서 본다면 그런 승리를 준비하는 데 교육지표 사건이 중요한 하나의 단계가 됐다고 볼 수 있죠. 전대 교수님들한테는 내가 개인적으로 늘 미안한 생각입니다. 그런데 송기숙 선생한테는 그렇게 미안하지 않아요. 왜냐면 워낙 친하기도 하지만 자기가 먼저 뭐든 하자고 얘기했고, 그래서 우리가 만들어 줬다가 자기가 뒤집어썼지만 그걸 통해서 오늘의 송기숙이 가능해지고 했으니까 뭐 크게 미안하지는 않지만, 다른 교수님들한테는 미안한 생각인데, 지금 생각해도 그분들의 그런 희생이 결코 헛된 것은 아니었다고 믿습니다.

■ 감사합니다, 선생님.

문학에서 통일로

백낙청(서울대 명예교수, 『창작과비평』 편집인)
김용락(『사람의 문학』 편집인)
2006년 5월 8일 서울 힐튼호텔 커피숍

김용락　선생님, 최근에 펴내신 『통일시대 한국문학의 보람』(창비 2006. 1)과 『한반도식 통일, 현재진행형』(창비 2006. 5)을 잘 읽었습니다. 꼼꼼하게 열심히 다 읽고 인터뷰를 해야 하는데 그러지 못해 죄송합니다. 이렇게 시간을 내주셔서 고맙습니다.

백낙청　질문지 안 만들어 왔어요?

김용락　본격적인 질문지는 아니고 메모지 정도 만들어 왔습니다. 우선 가벼운 것부터 좀 여쭙겠습니다. 선생님 약력을 보면 1938년생인데 대구에서 출생하셨더라고요. 대구 봉덕동에서 출생하셨는데, 대구에서 생활하는 저희들에게는 이런 사실조차 자랑스럽습니다. 대구가 외가이던데

■ 이 인터뷰는 『사람의 문학』 2006년 여름호에 「문학에서 통일로, 통일운동의 대가 백낙청 교수」라는 제목으로 수록된 것이다.

대구에서 성장한 이야기를 조금 해주시죠.

대구에서의 어린 시절

백낙청 대구에서 태어난 것은 그때 우리가 대구에 살아서가 아니고 어머니가 친정에서 몸을 푸셨어요. 외갓집에서 태어난 것이고, 대구에서 생활한 것은 1·4후퇴 때 대구 피난 가서 봉덕동 바로 그 집 사랑채에 살았지요. 50년 연말께 서울서 대구에 내려갔을 겁니다. 트럭을 얻어 타고 내려갔는데 여러 식구가 그때부터 53년 9·28수복 이후에 서울에 올라올 때까지, 9·28 후에도 한동안은 도강증이 없으면 서울에 올 수 없었는데 그게 철폐되고 서울에 왔으니까 어쨌든 53년 말께 같아요.

만 3년 정도 대구에 살면서 학교를, 서울서 피난 온 학교들을 합친 연합중학, 연합고등학교를 다녔어요. 서울에 있는 학교들이 대개 본교는 부산으로 가고, 대구에서는 소속은 각기 자기 학교에 둔 채 수업을 연합중학에서 같이 받은 거지. 연합중학교를 졸업하고, 연합고등학교를 들어갔다가 고등학교 2학년 때 서울 본교로 되돌아왔지. 대구에 살기는 3년이지만 외갓집이 있으니까 대구는 어릴 때부터 왔다 갔다 했지만 나중에 우리 외가가 이민을 가버렸어요. 외숙이 독자이신데, 그분이 이민을 가버리니까 대구 갈 일이 거의 없어진 거지.

김용락 이 이야기하기 전에 오늘이 어버이 날인데 꽃은 받으셨어요?

백낙청 어버이날 우리 아들, 작은아들이 결혼했고 큰아들은 결혼을 안 했는데 작은아들 내외가 꽃바구니를 갖고 왔더군.

김용락 자제분은 2남 1녀시죠?

백낙청 큰애가 딸이고, 아들 중에 작은놈이 먼저 장가갔어요.

김용락 손자는 보셨어요?

백낙청 외손자만 봤어요.

김용락 따님은 백영경 교수죠. 백교수가 번역한 책을 본 것 같아요. 서양사를 공부한 것 같더군요.

백낙청 교수는 아니고, 처음에는 서양사 공부를 하다가 문화인류학으로 바꿨어요.

김용락 아들은요?

백낙청 아들은 경영학을 했어요.

김용락 큰아들이요?

백낙청 지금 명지대학교 설계원에 있는데 설계사는 아니고 도시설계의 비즈니스 쪽을 하는 거지. 작은아들은 은행에 다녀요.

김용락 아드님들은 공부를 잘하는 아들입니까?

백낙청 공부를 뭐 잘하고 못하고보다 둘다 학자가 될 생각은 없으니까.(웃음)

김용락 따님만 가업을 잇는 셈이네요. 선생님 좀 서운하시겠습니다.

백낙청 아니 서운할 건 없어요. 각자 저 좋은 대로 하는 거지. 작은아들은 은행에 다니는데 그게 재미없다고 다시 공부를 할까 한대요.

김용락 제가 왜 이런 질문을 드리느냐 하면 오늘이 5월 8일인데, 저 같은 경우는 시골서 나고 지방에서 대학을 다녔는데 『창작과비평』과 인연이 닿으면서 세상에 대해 눈도 많이 뜨고, 미력이지만 지금 이 정도라도 된 것은 창비 덕이라고 생각하는 거예요. 그래서 정신적으로 창비가 거의 어버이 같은 존재죠. 선생님 경우도 그렇고 염무웅(廉武雄) 선생님도 그렇지요. 오늘이 마침 어버이날이고 하니 감사의 뜻을 드리고(모두 웃음), 정말 너무 감사하고 영광으로 생각합니다.

제가 듣기로는 선생님이 연합중학 다니실 때 아르바이트도 하고, 양담배도 팔았다는데 그게 사실입니까?

백낙청 그건 처음 내려가서 학교 들어가기 전에, 54년 겨울에 처음 대구 가서 ―

김용락 아니 50년 겨울이겠죠.

백낙청 맞아, 50년 겨울이지. 그때 한 반년 이것저것 했어요. 신문 파는 일도 잠깐 했고, 송죽극장 앞에서 담배 등속을 팔기도 했고, 미 8군 있었잖아, 거기에 취직해서 사환 노릇도 하고⋯⋯ 그러다가 연합중학이 생기면서 학교로 돌아갔는데, 내가 경기중학 2학년 올라가자마자 6·25가 났거든. 그래서 거기서 학업을 중단하고 대구에 왔는데 남들은 대구에 있는 학교에 편입해서 한 학기를 다니기도 했는데 나는 안했단 말이야. 그러다가 2학년 2학기에 연합중학을 들어가려니까 2학년 1학기를 못했기 때문에 2학년에 안 받아주려고 그래. 그래서 그때 부정비리를 조금 저질렀지. 그때 대구 모 중학교의 수료증을 확보해서(웃음) 그래서 유급을 안하고 무사히 2학년 2학기에 들어갔지.

김용락 재미있네요. 그런데 보니까 선친이 경북도청에 근무한 것도 같고, 어머니도 부유한 것 같은데 어떻게 아르바이트를 하신 겁니까?

백낙청 그러니까 6·25 때 그해 7월에 아버지가 북측 당국에 연행되어서 9·28 후퇴할 때 끌려가셨고, 6·25 때 우리는 반동가족이니까 집에서 다 쫓겨나고 재산도 다 압수당하고⋯⋯

김용락 지주여서 그런 거죠?

백낙청 아니, 집안이 고향에선 지주였지만 그쪽에서 토지개혁이 이미 끝난 뒤였고 우리 아버지나 큰아버지는 전부터 서울에 정착하고 계셨는데, 아버지는 변호사를 하셨고 말하자면 부르주아 집안이었지. 선친은 사실 정치나 관계에 직접 나서지는 않으셨지만 백병원을 만드신 큰아버님은 재산가일 뿐 아니라 5·10선거에 입후보하신 일도 있어요. 어쨌든 형제분이 동시에 '납치인사'가 되셨지.

그러니 1·4후퇴 때 대구에 내려갔을 때는 아버지도 안 계신데다가 재산도 없어진 상태였고, 외가가 대구에서 꽤 잘사는 집안이어서 그 덕분에 우리도 큰 가옥의 사랑채에 들어가 살고 같이 내려간 사람들도 별채에 살게 해주고 했지만 각자가 벌어야 할 시절이어서 나도 나섰던 거지요.

대구, 여러모로 활기가 떨어진 도시 같아요

김용락 하나만 더 여쭙죠, 선생님. 요즘 대구에 대한 인상은 어떻습니까? 흔히 정치적으로 보수적이고 대구 하면 문제가 많은 도시처럼 이야기되는데.

백낙청 대구하고 연고가 깊은 사람으로서는 답답하지요. 꼭 정치적으로 보수화됐다는 것보다도 여러모로 활기가 떨어진 도시 같아요. 사실은 예전에도, 대구에서 박정희, 전두환, 노태우 대통령 셋이 나오고 그것도 박정희는 엄청나게 오랫동안 했는데, 오랫동안 정권 수뇌부를 배출한 도시지만 대구시민이 덕본 게 그렇게 많지 않았지요. 대구의 토호층이 청와대와 직통 연고를 가지고 편하게 살았고 돈을 많이 벌었지만 그 사람들 돈을 벌면 다 서울로 가고, 큰 회사 차리면 본사는 서울에 두고, 대구는 사실 크게 덕본 게 없단 말이에요. 섬유산업 하나 얻었다가 그것도 불황에 빠지고 어렵게 된 것이지요.

그러면서도 이상하게 대구사람들은 과거의 정권하고 자기를 동일시하는 경향이 생겨서 정권이 타지역으로 간 뒤에 몹시 박탈감을 느끼는 것 같아요. 게다가 박정희 대통령이 대구 출신인데다 원래 자기가 좌익도 하고 해서 대구를 중심으로 영남 일대의 혁신세력에 대해서는 철저히 파악하고 그걸 제거하려고 적극적으로 움직였잖아요. 대표적인 게 인혁당 사건인데 그것도 대구사회의 진보적인 기상을 끊는 데 굉장히 기여를 했다고 봐요. 이런저런 것이 합쳐져서 지금은 굉장히 침체돼 있고, 그러면서도 대다수 시민들은 원인이나 이런 것을 제대로 밝히지 못하고 덮어놓고 정권에 대한 반감, 변화에 대한 거부감 이런 걸로 가득 차 있는 것 같은 점이 참 답답한 느낌이죠.

김용락 선생님 연세가 꽤 되시는데요. 건강은 어떻게 관리하세요?

백낙청 건강 뭐 그냥 그럭저럭 버티고 있지요. 주말에는 등산 팀이 있어서 근교에 짤막하게 산행을 하는 정도고, 평소에 특별히 운동은 안해요. 되도록 많이 걸으려 하고……

김용락 선생님의 종교는 무엇입니까? 선생님의 어떤 글을 보니까 원불교에 아주 밝으신 것 같던데요. 그리고 사모님이 원불교도이신 것 같던데요.

백낙청 집사람은 상당히 열성적인 원불교 교도인데 나는 글쎄 뭐랄까, 원불교·불교 안 가리고 친불교라고 할까, 허허허. 그렇다고 어느 종단에 소속한 일은 없어요.

김용락 제가 잘못 기억하는지 몰라도 선생님의 글을 불교적 입장에서 해명한 그런 평론을 본 거 같은데.

백낙청 강원대 서준섭(徐俊燮) 교수가 『문학사상』에 썼더군요.

김용락 실제로 불교가 선생님 문학에 어떤 영향을 미쳤습니까?

백낙청 불교 경전이나 원불교 교전 같은 거 읽으면서 여러가지 배움을 얻었는데 서준섭 교수는 그걸 조금 과장한 것 같아요. 큰 깨달음을 경험했다 하는 식으로…… 아무튼 내가 불교의 영향을 많이 받은 건 사실이라고 생각해요.

김용락 그러면 서준섭 교수의 주장이 틀린 겁니까?

백낙청 아니 뭐, 그러니까 만해 스님하고 비교해서 이렇게저렇게 이야기했던데…… 만해라는 분은 실제로 출가해서 수도를 하다가 어느 순간에 도를 깨치고 하셨지만, 나는 그런 돈오(頓悟)의 순간이 있었다거나 한 건 아니고, 굳이 말한다면 지금도 점오점수(漸悟漸修) 과정을 밟아가는 중이지요.

김용락 사실 제가 만해도 모르고 선생님도 잘 모르긴 하지만, 또 시대 상황이나 각자의 역할이 있지만 만해보다도 선생님이 더 큰 인물이 아닐까 생각하는데 선생님은 어떻게 생각하세요.

백낙청 그건 가당찮은 말이에요.

김용락 임헌영(任軒永) 선생은 지난 호 대담(『사람의 문학』 2006년 봄호)에서 선생님을 세계적인 비평가라고 높게 평가하시던데요.

백낙청 거기 보니까 세계적인 비평가 많던데 뭐.(웃음)

김용락 6월 14일부터 17일까진가 광주에서 '6·15 남북공동선언' 6주년 기념행사를 하지 않습니까? 선생님이 남쪽 대표이시지요. 이번에 광주에서 하는데 언론보도를 보니까 북측에서 비행기를 타고 광주로 곧바로 오는가 봐요. 요즘 그 일 때문에 바쁘실 텐데, 이번 행사의 의미에 대해 말씀해주시죠.

광주에서 열리는 6·15남북공동행사

백낙청 6·15행사를 우리가 남북공동으로 그간 해온 대로 민간 주도로 열지만 작년부터 남북당국자들도 참석하고 있어요. 지난해가 6·15 다섯돌이라 특별한 경우여서 처음으로 그랬는데, 올해도 지난해에 이어 그런 방식의 대회를 이어간다는 게 참 의미가 있다고 봐요. 올해도 당국자 대표단이 올 겁니다. 그다음에 이번 행사를 지역에서, 그것도 광주지역에서 한다는 것이 의미가 큽니다. 그러니까 서울에서 하지 않고 지역에서 한다는 것이 의미가 있고 또 광주라는 게 특별한 의미가 있다는 것이죠.

광주에서 남북공동행사를 하자는 이야기는 전부터 있었어요. 그런데 한편으로 생각하면 광주는 민주화운동의 성지로 일컬어지는만큼 광주에서 민족공동행사를 하는 게 너무도 당연하고 역사적인 의의가 크지요. 그러나 다른 한편으론 바로 그렇기 때문에 더 부담이 되는 면도 없지 않아 있습니다.

아직도 우리 지역주의가 그대로 살아있는 상황에서는 광주서 남북공동행사를 하는 게 전국적인 의미를 갖는 데 부담이 될 수도 있어요. 그런 부담 때문에 뒤늦게야 열리는 면도 있는데, 광주가 지닌 독특한 의미를 살리면서 이것을 전국화하는 계기로 만들어야 하는 과제를 안고 행사를 벌이는 거지요. 그런 문제를 두고 광주지역의 여러분들하고도 협의를 진행중이에요. 실무적인 행사준비를 위해서도 지역의 역할이 필수적이지만 광주 안에서도 그동안 광주전남지역본부를 운영해온 분들만 아니라 광주 시민사회를 폭넓게 참여시키고 또 그것을 통해서 전국적으로 호응을 받을 수 있는 행사를 만들도록 의논하는 중입니다.

김용락 그러면 요즘 이 일로 많이 바쁘시겠네요. 대표니까 그날 행사에 무슨 발제 같은 것도 하시는지요?

백낙청 발제라기보다 개회사나 기타 연설을 하게 돼 있는데, 이런 건 큰 문제가 안돼요. 대개 공식 집회에서의 발언이라는 것은 남북간에 미리 합의해서 하게 돼 있거든요. 그게 무슨 개인의 독창적인 생각으로 해야 한다는 그런 부담은 없어요. 정책 파트에서 기조를 잡아주면 내가 가필을 좀 하는 거지. 그것보다는, 방금 얘기했듯이 우리 내부에서 충분한 협의를 거쳐서 어떻게 원만한 행사를 만들어나가느냐 하는 의견조정이 바쁘고, 그걸 위해서 우리가 지금 행사위원회를 따로 꾸립니다. 그러니까 6·15 남측위원회가 주도를 하지만 남측위원회의 중앙과 광주전남지역 본부만이 하는 게 아니라 광주지역에서 지역본부에 참여 안하던 분들까지도 참여하는 그런 대회를 만들어가는 중이에요. 대부분의 일은 실무진이 다 합니다. 그래도 행사추진위원회의 구성을 전후해서 광주에 아무래도 몇 번 다녀와야 되고 대회가 임박하면 내려가서 붙박이로 있어야 되고……

김용락 저는 사실 문학보다 『한반도식 통일, 현재진행형』을 읽고 공부도 많이 되고, 관심도 많은 편이어서 이쪽을 많이 여쭙고 싶은데……

6·15공동선언을 한 지 올해가 6주년이고 현재 선생님께서 남측대표 아니십니까? 그런데 2000년 6·15공동선언 내용이나 그 과정이 다소 애매하

고 두루뭉술하다는 그 부분을 선생님께서는 높게 평가하고, 그런 두루뭉술함이 분단체제에 적합하다고 평가하고 있습니다. 그리고 다른 글에서도 계속 통일도 그런 식으로 보시는데, 혹시 선생님이 6·15공동선언문 작성에 어떤 정보를 주었다든가 아니면 직접 참가하거나 하시지는 않았는지요.

백낙청 그런 건 일절 없어요. 선언문 작성과정에 대해서는, 김대중 대통령을 보좌해서 직접 작업한 사람이 임동원 전 장관인데, 그분한테서 내가 과정에 대한 얘기를 직접 들은 바는 있죠. 선언문 초안을 잡으면서 북측하고 여러가지 실랑이도 하고 했다는 등의 이야기를 들은 건 있지만 관여한 일은 전혀 없었죠.

김용락 그러면 다시 이야기를 앞부분으로 되돌려서 하나만 더 여쭤보겠습니다. 선생님은 영문학 전공 아니십니까. 국내서 고등학교 졸업하고 바로 미국 가서 공부를 하셨는데, 일반적으로 50년대 말이나 60년대 그 무렵은 수재들은 법대나 상대에 가거나 하지 않습니까. 그래서 변호사를 한다거나 사업가가 된다거나 하던데 선생님은 왜 어떻게 영문학을 하게 되셨는지요?

백낙청 우리 집에서도, 그때 이미 아버지가 안 계셨으니까, 어머니는 내가 법대 아니면 의대 가기를 바라셨죠. 그런데 처음부터 문과였으니까 의대는 포기하셨고 법대 같은 데를 가주기를 원하셨는데, 나는 고등학교 시절부터 그럴 생각이 전혀 없었어요. 꼭 문학을 해야 한다는 생각은 아니었지만 어쨌든 법대 가거나 그런 생각은 없었죠. 그러다가 미국 가서, 미국 대학은 첨부터 과를 정해놓고 들어가지는 않잖아요. 그렇게 다니다가 결국은 학교에서는 영문학하고 독문학하고 반반씩 했고 대학원 가서는 영문학을 하게 됐는데…… 미국에 혼자 가 있으니까 우리 어머니 통제권에서 벗어나 있었던 거죠.

훈련된 독자로서 다른 독자들하고 대화하는 사람이 평론가

김용락 문학이 좀 체질에 맞았는가 보죠?

백낙청 우리는 전통적으로 문·사·철이잖아요. 그래서 처음에는 그쪽으로 두루 관심을 가졌는데 미국 대학에서 철학과라는 것은 분석철학이라든지 영미철학 계통이라서 문·사·철 할 때의 철학적인 것이랑 거리가 멀어서 흥미를 못 느꼈고 역사도 마찬가지였어요. 실증 위주인데다 어떤 면에서는 외국 사람들이 따라가기가 문학보다 더 어려운 것이었어요. 역사학과에도 관심이 가지 않고……

그래서 결국 문학을 하게 되었는데, 어릴 때부터 내가 문학책을 많이 읽고 좋아는 했지만은 우리 집안이 변호사니 의사니 이런 집안이니까, 문학 하는 사람들을 별로 대단하게 안 봤거든요. 내 자신이 문학을 하리라는 생각은 안하고 그냥 문학을 좋아했더랬어요. 선친께서 출판사를 하셨기 때문에 그때에 출판사의 편집장이 계용묵(桂鎔默) 선생이셨고 우리 집안이 평안도라서 평안도나 이북 출신의 문인들이 많이 모였습니다. 그때 보면 뭐 대개 꾀죄죄하고 우리 집안의 분위기로는 내가 저렇게 되고 싶은 모델은 아니었죠.

그런데 결국은 문학도가 되었고…… 그 후로 문학 말고 이것저것 건드리기는 했지만 나 스스로 생각할 때 문학작품을 제대로 읽고 인간 대 인간으로 문학에 대해 대중과 회화하고 하는 이런 작업이 굉장히 중요한 작업이라는 신념을 갖게 됐고, 지금도 갖고 있어요. 그래서 문학평론이란 것도 요즘은 풍조가 일반 독자가 모르는 특별한 지식이나 독법을 갖고서 이걸 풀어내고 하는 그런 거라고 생각하는데, 나는 그게 아니고 평범한 독자로서 다른 독자들하고 대화하고 회화하는 사람이 평론가라고 믿어요. 다만 남의 아까운 시간을 뺏는 그런 엉터리 독자가 아니고 읽는 훈련과 자기가 읽은 경험에 대해 말하는 훈련이 상당해서 그 사람의 이야기를 들어줄 만한 가치가 있는 그런 수준에 오른 독자가 평론가다, 이런 생각이에요.

김용락 『통일시대 한국문학의 보람』 뒷부분에 이야기가 나오는데 「비평과 비평가에 관한 단상」이란 글이 있지 않습니까. 거기에 보면 이런 이야기가 나오는데요. 거기에는 공정성도 요구되고 공정성에 요구되는 문학관의 어떤 투철함이나 판단기준에 확고함을 지켜야 한다는 이런 주장이 있습니다. 요즘 좀 듣기 힘들어진 당파성의 문제, 이런 게 있어야 한다는 이야기를 하고 계시거든요. 비평가로서 분명한 입장 같은 게 있어야 된다, 이런 식으로 저는 받아들였는데요.

그것과 관련돼서 약간 논쟁적일 수가 있는데, 선생님이 7, 80년대 민족문학을 주도해오시다가 90년대 중반 넘어서면서 소위 말하는 진영개념을 해체하고, 기존의 창비나 민족문학의 입장에서 보면 뜻밖이다 싶은, 가령 신경숙(申京淑)·배수아(裴琇亞)·김기택(金基澤)과 같은 분들을 수용하지 않았습니까. 저도 신경숙의 『외딴방』 같은 경우는 좋게 읽기는 했지만 전체적인 부분에 대해서 선생님의 그런 비평태도에 대해 의아하게 생각하고 있습니다. 그리고 그것 못지않게 현실적으로는 2000년대 들어와서 선생님께서 어떤 중요한 역할을 하시는 창작과비평사에서 '창비시선' 같은 것을 낼 때도 기존의 7, 80년대 창비의 정체성하고는 도대체 맞지 않다고 생각되는 그런 젊은 시인들의 시집을 많이 냈거든요. (백낙청 웃음)

80년대 주로 열심히 활동했던 저희들…… 이를테면 민족문학 실천가들이죠. 요즘 민족문학 하던 사람들의 처지가 어렵게 된 게 기존의 보수적이고 우파적인 잡지는 그대로 자기 사람들을 수용하고 있는 데 반해, 창비라든가 기타 몇몇 진보적이거나 투쟁적인 잡지는 갑자기 노선이 그렇게 되면서 저쪽(우파)하고 신세대 문인들을 수용하니까 전통적인 민족문학·민중문학 하던 사람들은 지면도 없어지고 설자리도 없어지고 아주 난처한 처지가 되었습니다. 그래서 일부는 아주 분노하기도 하고 일부는 허탈감도 있고 한데, 혹시 선생님께서는 이런 사실을 알고 계십니까?

백낙청 어느정도 짐작은 하고 있죠.(웃음) 아마 지방으로 가면 더 심할 겁니다. 그런데 우선 출판사 창비는 조금 차원이 다른 문제예요. 왜냐하면 그건 장사니까…… 단행본 출판은 내가 관여를 거의 안하지만, 장사라고 해서 창비가 단행본 출판을 순전히 장삿속으로만 한다고는 생각하지 않아요. 지금 경영을 맡은 고세현(高世鉉) 사장이나 편집주간을 지낸 최원식(崔元植) 교수나 현재 맡고 있는 백영서(白永瑞) 교수나 다 상업성과 창비 나름의 방향성과 품위, 그런 것을 조화시키려고 고민하는 사람들이지 상업주의 일변도로 나가는 건 아닌데, 그러나 단행본 출판의 경우는 계간지보다는 조금 더 사업성에 비중을 둔다, 이렇게 봐야 될 거 같아요. 그건 뭐 이해를 해줘야 될 문제라고 생각합니다.

계간지라든가 나 개인의 평론, 진영개념 해체, 또 그에 따른 특정작가들에 대한 평가, 이런 여러가지 문제가 제기됐는데, 이것도 조금 구별해서 봐야 할 거 같습니다. 하나는 문학에서 인물중심의 평가, 인물이 어떤 활동을 하느냐 하는 걸 중심으로 문학적 '진영'을 구별하는 것은 운동이 긴박한 상황에서 실천활동의 한 방편으로 하는 것이지, 사실 문학 본연의 성격과는 안 맞거든요. 문학이라는 것은 똑같은 작가라도 어떤 작품에서는 정말 제대로 우리가 훌륭한 민족문학에서 요구하는 바를 담기도 하고 또 다른 작품을 쓸 때는 못하기도 하고 하지 않아요? 그러면 어느 작가가 아무리 민족문학운동을 열심히 한다 하더라도 정말 공정한 비평을 하는 사람은, 하나는 제대로 된 문학이다 또 하나는 아니다 이런 평가도 하고 비판도 하고 그렇게 해야 되거든요. 그러니까 애초에 인물중심의 진영개념은 문학 본연의 성격과는 안 맞는 것이다, 이것은 실천운동이 절박한 상황에서 편의상 택하는 하나의 방편이다, 따라서 실천운동이 아주 절박하던 반독재운동의 시기가 지나면 당연히 문학 본연의 자세에 조금 더 충실해야 되고 그런 식으로 진영을 가지고 나누는 습성에서는 탈피해야 한다, 이렇게 봐야 할 거 같아요.

원론 차원에서는 그렇게 정리할 수 있겠고, 그다음에 특정작가들에 대한 나의 평가 문제인데, 배수아에 대한 평론은 최근에 쓴 거지만 신경숙, 김기택 등을 90년대 초중반에 거론하며 높이 평가한 게 사실이에요. 그런데 신경숙에 대해서는 『외딴방』이 좋은 작품이라는 건 김형도 인정하고 있는데 내가 가장 높게 평가한 게 바로 『외딴방』이거든요. 『외딴방』론을 보면 다른 작품들에 대한 이런저런 비교평가가 끼여 있어요. 『외딴방』에 대한 높은 평가가 『외딴방』만 못한 신경숙의 작품에 대한 엄정한 비판을 명시적으로든 암시적으로든 함축하고 있는 거지요.

그리고 우리가 신경숙에 대해 어떤 진영개념에 사로잡히지 않고 또는 좀 고지식한 사실주의라든가 전통적인 기법을 민족문학과 동일시하지 않고 『외딴방』이라든가 그의 다른 우수한 작품들을 읽는다면, 이건 배수아의 작품과도 또 달라요. 이것이야말로 수준높은 리얼리즘 작품이라고 보는 것이 마땅할 거예요. 이것을 아니라고, 왜 백아무개가 이때까지 리얼리즘 운운하던 사람이 『외딴방』을 높이 평가했느냐 하고 반발한다면 그건 백아무개 글뿐 아니라 리얼리즘에 대해서도 이해가 부족한 사람이죠. 배수아의 경우는 크게 봐서 모더니즘 계열에 속하는 작품인데 그런 계열의 작품 중에서도 나은 게 있고 못한 게 있고 또 리얼리즘적인 요소를 많이 내장하고 있는 작품이 있고 그러지 못한 작품이 있어요. 그런데 내가 배수아를 우리 문학에서 드문 '진성 모더니스트'라고 했을 때에는 내 언어에 익숙한 사람들이라면 한편으로 이게 상당한 칭찬이고 다른 한편으로는 그러나 최고급의 작품으로 인정하기는 어렵다 하는, 그런 말로 알아들을 거라고 봐요.

김용락 이 이야기는 이 정도로 하지요, 앞으로 중요한 이야기를 많이 해야 하는데…… 아무래도 책은 독자들이 읽는 것이고 저희 『사람의 문학』은 1500권 찍습니다. 그래서 500권은 문예진흥원(현 한국문학예술위원회)

우수 잡지로 선정되었기 때문에 전국 도서관에 넣고, 1000권 정도는 독자들이 나눠도 보고 팔기도 하는데, 아무래도 이 독자들은 배수아 이야기 같은 거는 오래 안 듣고 싶어하지요.

아까 전에 비평가 이야기할 때 비평가가 독자인데, 단지 훈련되고 키워진 것이지 남의 시간을 아깝게 하지 않는, 그러니까 비평가를 그런 정도로 이해를 할 수 있겠는데…… 선생님이 생각하시는 좋은 비평가, 모름지기 좋은 비평가는 최소한 이런 정도는 되어야 한다는 게 있습니까?

백낙청 이런 정도 되어야 한다는 게 무슨 뜻이에요?

김용락 가령 지난 호에 임헌영 선생님 같은 경우는 문학만 얘기하는 것이 아니라 사회 전반적인 걸 같이 해야 된다는 식의 발언을 하셨거든요.

문학을 제대로 하면 다른 것들과도 연결되기 마련

백낙청 다른 자리에서 나도 비슷한 얘기를 했는데, 다만 문학이 다른 것들과 제대로 연결되기 위해서도 문학을 문학으로서 제대로 해야 한다는 점도 동시에 강조했지요. 문학을 다른 것의 수단으로 삼아서는 안된다는 것인데, 동시에 문학을 문학으로 제대로 하다 보면 다른 온갖 것하고 곧바로 연결이 되기 마련입니다. 이 대목은 임헌영 선생 이야기하고 통할 수 있겠죠.

김용락 혹시 선생님께서 괜찮은 비평가라고 생각하는 비평가는 누구입니까?

백낙청 작고한 비평가 중에서는 음…… 나는 임화(林和)나 김동석(金東錫) 같은 이들이 훌륭한 비평가였다고 보고요. 그리고 최재서(崔載瑞) 같은 이가 고약한 친일문인이 되긴 했지만 나름대로 실력을 갖춘 비평가였는데, 임화나 김동석만큼 즐겨 읽을 수 있는 평론가는 아니라고 봐요. 우리 시대로 더 내려오면 김수영(金洙暎) 시인 같은 분이 전문 비평가는 아니지만 탁월한 평론을 남겼지요.

김용락 그렇군요.

백낙청 동시대에 오면 어느 한 사람이 훌륭하다기보다는 그냥 선배나 후배들 중에서 좋은 글들을 부지런히 찾아 읽으려고 노력은 하는데 제대로 읽진 못하는 셈이지요. 아무래도 함께 일해온 염무웅 선생이나 최원식 선생의 작업 중에서 의미있는 글들이 많았다는 생각을 하고 있어요. 팔이 안으로 굽는 건가, 하하.

김용락 선생님, 『통일시대 한국문학의 보람』에서 보니까 사람들이 민족문학을 폐기해야 하니 마니, 위기니 어쩌니 말이 많지만 그래도 선생님께서는 젊은 비평가들의 입장을 논박하시면서 민족문학은 여전하다고 주장하고 있던데 민족문학을 계속 이끌고 가야 된다고 보십니까?

백낙청 글쎄, 그렇게 간단하고 확실하게 정리하기는 좀 애매하고……애당초 민족문학에 관심이 없던 사람은 굳이 말할 필요가 없고, 가령 신승엽(辛承燁)처럼 옛날에 민족문학을 하다가 지금에 와서는 본인은 폐기란 말은 안 쓰지만은 실질적으로 폐기론인데, 그 친구가 이런 식의 용도는 인정해요. 민족문학 많이 얘기해야지 민족문학의 한계를 엮어가지고 문학에 대해서 더 나은 다른 것을 생각하게 하는 계기가 된다 하는 식인데, 그런 거야 뭐 민족문학이 아니라 아무리 틀린 이론이라도 다 그런 면은 있잖아요. 누가 엉뚱한 소리 하면 그걸 보면서 반성의 계기로 삼고 하는 것…… 그건 실질적인 폐기론이라고 보는 거예요. 나는 그런 입장을 취하지 않죠.

그리고 또 한편에서는 민족문학이라는 개념이나 민족문학 논의가 자유로운 창작활동을 구속하니까 이런 것을 풀어줘야 된다는 주장을 하지요. 어떤 작가는 내게 그런 말도 했어요. 아, 풀어줄 거면 확 풀어주지 왜 꼬투리를 남기려고 그럽니까라고요. 거기에 대한 내 대답은, 너무 편하게만 살려고 하지 말아라, 찜찜하더라도 그런 것을 의식하고 사는 게 창작하는 데 오히려 도움이 될 수도 있고, 여하튼 그건 평론가가 동료 독자들을 상대로 하는 얘긴데 그런 소리조차 안 들리는 환경에서 편하게만 생활하는 게 꼭 좋은 것은 아니라는 거지요.

김용락 민족문학이 90년대 중반부터 부상한 여성문제, 생태·환경문제들을 어떻게 안고 가야 한다고 생각하십니까?

백낙청 민족문학을 민족주의문학으로 이해하는 방식으로는 안되지요. 생태문제, 성차별문제 이런 것은 민족주의적 문학의 틀 안에서는 개인적으로 어떤 사람이 민족주의를 하면서도 여성에 대한 배려를 한다든가 생태에 대한 관심을 갖는다든가 하는 것은 가능하지만, 그 틀 자체는 생태나 여성주의를 제대로 포용하기 어려운 겁니다. 그래서 민족문학이 민족주의문학이 아니고 한반도의 특수한 상황에서 분단체제극복에 기여하는 문학이라고 틀을 넓혔을 때에 그런 체제를 극복하자면, 더 나은 한반도사회를 건설하려고 한다면, 성차별문제도 풀어나가고 생태문제에 대해서도 근본적인 사고의 전환을 해야 된다는 문제의식이 민족문학의 유기적인 일부가 될 수 있는 거지요.

김용락 시간이 많이 됐지만 조금만 더 하죠. 언론에 한창 보도되던데…… 『한겨레』를 이렇게 스크랩도 해왔는데, 생각했던 거보다는 선생님께서 최장집(崔章集) 교수를 아주 강하게 비판하신 걸로 저는 읽었습니다.

백낙청 기왕에 비판을 할 때는 내가 거침없이 해요. 그런데 사실은 최교수가 그동안 한반도 평화문제라든가 통일문제에 대해서 발언한 것은 가령 『한겨레』 기사에 정리된 것보다 훨씬 더 극단적이고 단정적인 이야기가 많았던 것도 사실이에요. 내가 그런 대목을 짚어서 인용하면서 반박을 한 거니까, 나만 극단적으로 반응했다고 말하기는 어렵지요.

김용락 『한반도식 통일, 현재진행형』을 읽어보면 알겠지만, 최교수가 참여정부 비판이 지나친 면이 있다, 분단체제라는 기본적인 체제 탓도 있다는 선생님의 견해에 대체적으로 동감이 가는데 혹시 이런 건 없겠습니까? 2천년대에 들어서면서 우리 사회에 본격적으로 양극화문제가 대두되는데 자칫 선생님의 주장과 같은 논리는 지나치게 참여정부에 면죄부를 주는 그런 측면은 없겠습니까?

백낙청 노동참여의 중요성에 대한 최장집 교수의 주장에는 기본적으로 동조해요. 다만 최교수의 분석과 처방에 일방적인 면이 있다는 거지요. 교수가 구체적인 처방을 내놓을 의무는 없지만 처방이 가능한 분석틀을 제시할 책임은 있다고 봐요. 그런데 그냥 옳은 말만 해요. 분단문제에 대한 고려가 없는 분석이기 때문이지요. 양극화가 참여정부의 실정 때문이라는 주장도 물론 타당한 면이 많지만 사안의 복합성을 충분히 감안한 것 같지 않다는 거예요.

사실 양극화는 자본주의의 일반적인 문제잖아요. 게다가 우리 사회의 양극화가 급속히 진행된 것은 IMF사태 직후이고 IMF의 직접적인 원인은 YS정권에서 일어난 일인데 그것을 김대중정권이 IMF가 강요한 신자유주의 방식을 대폭 수용하면서 수습한 거잖아요. 김대중정권으로서도 불가피한 면이 있었다고 봐요. IMF 금융위기 이후로 우리 사회에서 더 본격적으로 진행된 양극화과정이 노무현정권에 와서 심화된 건 사실이에요. 거기에는 정권이 복지를 주장하고 분배를 강조하면서도 갈팡질팡해가지고, 무능하고 제대로 대처하지 못해서 악화시킨 면도 있고 하니까 거기에 대해 비판할 것은 비판해야 하지만 그렇다고 너무 단순하게 봐서는 곤란하지 않나 하는 생각이에요.

김용락 그런 논리는 책에 있으니까, 책을 보면 도움이 될 것 같습니다. 참여정부가 지역의 불균형 문제, 지역을 균형적으로 개발하는 문제를 의제로 설정했는데 의제설정 자체는 좋지만 준비가 안돼 있고 철저하지 못했다는 말이 있지 않습니까? 지역문제에 대해서는 선생님께서 거의 언급이 없었던 걸로 압니다. 가령 한국사회에서 여타 문제들은 분단체제로 수렴되고 분단체제 때문에 악화되기도 한다는 주장을 펼치셨는데, 이 지역문제에 대해서는 어떻게 생각하십니까?

분단체제극복을 위해서는 지역을 살리는 게 핵심

백낙청 지역문제에 대해서 내가 실제로 공부도 부족하고 발언도 많이 안한 건 사실이에요. 그러나 분단체제를 제대로 극복한다고 할 때 지역을 살리는 일이 아주 핵심적이라고 생각하고, 이런 얘기는 어디서 하지 않았나 싶은데⋯⋯

가령 통일이 어떻게 되느냐 하는 문제하고 지금과 같은 서울중심의 1극체제가 어떻게 변화하느냐는 문제가 긴밀하게 연결되어 있다는 거지요. 우리가 흔히 말하는 흡수통일을 한다면 그때는 전 한반도가 서울 하나만의 중심을 갖는 그런 사회가 될 것이고, 그게 아니라 남과 북이 협상으로 통일을 하더라도 민중의 활발한 참여가 없이 당국자들끼리의 담합으로 통일이 된다면 서울과 평양 두 곳만 있고 나머지 지방이 죽기는 마찬가지일 것이다, 그러나 우리가 정말 바람직한 통일을 한다고 할 때면 통일과정을 통해서 남과 북이 모두가 더 다극화된 사회로 바뀌어야 되는데, 그러자면 그 연습을 지금부터 시작해야지 통일된 후에 만들면 된다고 미뤄둘 문제는 아니다라는 거예요.

기본적인 생각은 그러한데, 지금 정부가 하는 식의 균형발전은 내가 보기에 개념에도 문제가 있고 실행방법에도 문제가 있다고 봅니다. 개념에 문제가 있다는 것은 균형이라는 이름으로 전 국토가 똑같이 대등하게 발전하자고 한다면 그건 불가능한 일이죠. 어느 나라에서나 불가능해요. 중요한 것은 지방 혹은 지역권이 몇 개의 자립적인 능력을 갖는 지역경제권으로 성립하면서 그 지역의 중심도시나 도시들의 연합이 서울에 모든 것을 흡수당하고 뺏기지 않는 그런 중심을 이루어야 합니다. 이건 현재 정부가 사용하는 또 하나의 표현인 '자립형 지역화'에도 맞는 개념이지요.

그런데 정부가 자립형 지역화를 내세울 때도 그 방법을 보면 역시 지방이 워낙 못사니까 이것저것 나눠주는 식이란 말이에요. 그런 식으론 안된단 말이죠. 지역이 서울하고 대등하게 되는 것이 중요한 게 아니라 그 지역 나름의 특수성을 살리면서 독자적으로 세계적인 경쟁력을 갖는 게 중요한 것이고, 그러자면 처음에는 지역간에 다소의 불균형을 감수하더라도 한두 군데서 기적을 일으켜야 돼요. 유럽 같으면 이딸리아의 소도시들이 무슨 관광지로서만 세계적으로 유명한 것이 아니라 그들 소도시가 자기 나름대로 어떤 산업을 가지고 세계적인 명성을 떨치고 있는데, 인구 몇만의 도시 중에 그런 도시가 많아요. 우리나라도 뭔가 지방에 그런 세계적으로 내세울 수 있는 산업과 문화적 특성을 동시에 갖춘 그런 것을 만들어내는 것이 중요하지 기존의 틀에 맞춰서 있는 부(富)를 그냥 나눠줘봤자 그건 해결책이 안된다는 거지요.

　지역문제 중 새만금문제는 내가 구체적인 관심을 기울인 편인데, 생태계 보전이라는 차원에서도 중요한 과제지만 나는 그 핵심을 현상보존이라는 차원에 두지 않고, 환경도 둑을 완전히 막아버리는 사태에 비하면 훨씬 더 잘 보전하면서 동시에 그것이 대한민국 내부에서 얼마나 전라북도가 다른 지역을 따라잡느냐 그런 차원이 아니고, 이건 김석철(金錫澈) 교수가 주장한 안이지만 새만금의 안바다를 살려서 '바다도시'를 건설하는 것이 황해지역에 형성중인 새로운 경제권의 하나의 허브로 나갈 수 있는 방안이라 보고 그의 구상을 지지했던 겁니다. 그런데 이제까지는 환경운동가들로부터는 또 하나의 개발주의라는 비판을 받았고, 전라북도나 새만금 간척사업 추진자로부터는 그 사업을 흔들려는, 그런 황당한 주장을 내세워 새만금사업을 흔들려 한다는 비난을 받아왔지요. 그러나 이제 둑이 다 막히고 갯벌이 죽어들기 시작한 마당에는 지금이라도 그런 대안에 합의해가지고 갯벌을 되살릴 수 있는 대로 되살리면서 전라북도 도민들의 개발욕구, 발전욕구를 충족시켜줌은 물론이고, 실제로는 그런 차원이 아니고 한반도에 서울이나 수도권이 아닌 새로운 지역중심이 전라북도와 금강 일대에 형성될 수 있는 계기로 삼아야 할 거예요.

사실은 새로운 중심형성의 과제가 절박한 또 하나의 지역이 대구라고 봐요. 사실 대구 근처에는 세계적인 경쟁력을 가진 산업 클러스터가 이미 있잖아요. 구미의 전자공업, 포항의 제철, 울산의 현대자동차라든가 조선산업, 이런 것들은 세계 어디에 내놓아도 뒤떨어지지 않은 제조업의 일류 쎈터들이란 말이에요. 그러한 산업 클러스터가 자리잡은 지역의 역사적이고 문화적인 중심이 대구인데 사실은 대구가 그 역할을 못하고 있어요.

세계적인 그런 업체들이 본사를 아예 서울에 두든가 아니면 본사가 울산이나 어디에 있다 하더라도 실제로 서울사무실이 본사 역할을 하는 거지 대구는 아무것도 아니에요. 그런데 이게 단순한 산업 클러스터가 아니라, 그런 엄청난 산업능력을 기반으로 하나의 지역경제권이랄까 영남문화권을 형성하려면 역시 대구가 중심적인 역할을 해야 한단 말이에요. 인재도 배출할뿐더러 배출된 인재를 이 지역에 배치하고, 금융 같은 것도 오히려 이곳에 확실한 지역금융의 중심이 자리잡고, 비행장도 말이지, 비행장도 지금 대구공항이란 게 별볼일 없는 공항인데 사실은 외국에서 기업가들이 와도 지금은 서울 왔다가 울산이나 포항을 둘러보지 누가 대구에 오느냐 말이야. 대구에 본사가 많이 있어가지고, 관련된 산업의 외국 지사도 대구에 있어서 미국이나 일본이나 중국에서 올 때 서울을 안 들르고 대구공항으로 오는 일도 있어야지 대구도 살고 대구공항도 사는 거란 말에요. 서울하고 대구 간에 지금 KTX까지 생겼는데 얼마나 사람들이 비행기를 타겠어요. 제주도 다니는 사람 말고는 비행기 탈 일이 별로 없어진 상황이거든.

공항 이야기는 하나의 예일 뿐이고 아무튼 그런 식의 발상전환을 해야 할 것 같아요. 단순한 산업 클러스터가 아니라 대구가 그 중심역할을 하는 지역경제, 지역문화권이 형성돼야 한다는 거예요. 솔직히 나는 대구가 외가지만 박정희정권 때는 정권에 반대하다 보니까 대구하고 친밀감을 못 느꼈는데, 지금은 대구를 중심으로 영남 쪽에 자립형 지역권이 형성되는 것이 나라를 위해서도 좋은 일이지만 내 나름으로 대구에 대해 갖고 있는 애정 때문에도 앞으로 더 관심을 가질 생각이에요. 거기에 대해 내가 뭐 크게 발언할 전문적인 식견은 없지만, 창비를 포함한 여러 집단에서 더 많은 관심을 갖고 연구도 하고 발언도 해야 된다는 생각이지요.

김용락 예, 조금 전에 하신 말씀은 정말 좋은 것 같은데 지방선거 끝나고 난 뒤에 제가 대구 시장한테 이야기할 테니 대구에 와서 강연 한번 하시죠.

백낙청 허허, 내가 강연할 사안은 아니고, 김석철 교수 같은 사람을 불러서 들어보면, 그가 새만금뿐 아니라 한반도의 공간전략 전반에 대해 많은 연구를 하고 책도 쓴 사람이고, 실제로 대구시나 대구경북개발원과 접촉도 있었던 걸로 알아요. 이런 말을 해도 되는지 모르겠지만, 접촉을 해봤는데 반응이 불만스러웠던 것 같아요. 인천 같으면 시장이 직접 나서가지고 세계적인 기업을 유치하려고 하고 이딸리아까지 김석철 교수 모시고 가겠다고 나서고 뭐 이랬는데……

그런 면에서도 대구의 침체가 느껴지는데 옛날 같으면 대구가 인천하고 비교할 때 거의 모든 면에서 훨씬 수준이 높았어요. 그런데 지금은 인구 면에서도 인천이 앞질러버렸지만 인천은 수도권인데다 허브공항도 있고 경제특구도 있고 하다 보니까 고급스러운 교섭을 하는 인력도 어느정도는, 적어도 해당 분야에는 배치되어 있는데 대구는 그냥 뭐 대구 안에서 자기들끼리 하다가 안되면 정권을 뺏겨서 그렇다고 남의 탓이나 하고, 그래도 특정 정당에만 있으면 당선되는 데는 별 문제가 없고, 이러니까 지금 이렇게 가라앉아 있는 것 아닐까 싶어서……

김용락 답답하죠. 선생님, 그러면 이 이야기가 나온 김에 한두 가지만 더 여쭙도록 하죠. 저희들은 지역에서 문학활동을 하니까 지역문학에 대해서 이야기를 하고, 또 지역문학에 대해서 개념정의를 시도하기도 하는데, 서울에서 문학을 하거나 지역에서 문학을 하거나 문학 본질적인 측면에서 과연 지역문학이라는 개념이 생길 수 있는지에 대해서도 잘 모르겠습니다만, 실제로 저희들은 지역에서 문학활동을 하면 약간의 소외감이라고 할까 이런 걸 실감하거든요. 거기다가 매체도 없고 유통도 그렇고 사람도 서울에 다 몰려 있으니까 고급이론 같은 것을 접할 기회가 잘 없거든요. 이런 게 지역문학의 현실인데, 지역문학에 대해서 어떻게 생각하십니까. 지역에서 활동하시는 분들한테 약간의 덕담 비슷한 이야기를 해주시죠.

백낙청 우리 문학의 역사를 보면 사실 훌륭한 작가의 대다수가 지역에서 태어나서 성장을 했고 나중에 서울에 와서 중앙문단에서 활약을 하더라도 지역에서 태어나서 그쪽에서 자란 경험이나 이게 바탕이 돼서 독특한 문학을 해왔지요. 또 어떤 분은 끝까지 지역을 지킨 분도 있고요. 대표적인 예가 부산의 김정한(金廷漢) 선생이나 이주홍(李周洪) 선생 같은 분들이지요. 그들은 중앙문단에서 충분히 인정을 받으면서도 지역을 지킨 작가들인데, 아마 지금은 그런 분의 숫자가 확실히 줄어들었을 거예요. 이것은 장기적으로 볼 때 우리 문학의 건강성을 위해 결코 바람직한 현상이 아니지요. 지역에서 태어나서 자라고 한 사람이 나중에 서울 와서도 활동을 하고 지역을 지키면서도 활동을 할 수가 있고, 그런 사람들이 대다수가 되고 서울에서 태어나서 서울에서 활동한 사람들이 오히려 소수가 돼야지 제대로 된 건강한 문학이 되는 것인데…… 그런 상태를 어떻게 되살릴까 하는 것은 그렇게 간단한 문제가 아닙니다. 이것은 지역문학에 대한 지원 차원에서 해결될 수 있는 문제는 아니고, 물론 지역문학에 지원금이 나가는 것 자체는 좋은 일이지만, 아까 말했듯이 기본적으로는 지역에 경제적으로 자립이 가능한 지역경제권과 문화권이 성립된 경우에만이 가능해진다고 봐요. 물론 그런 것을 실현하기 위해서라도 그때까지 그 지역을 지키고 지역문학의 전통성을 이어가는 노력이 없으면 그때 가서 뭘 해보려고 그래도 해볼 거리가 없겠지요.

지금 참 여러가지 답답하고 외롭고 그렇지만 그래도 지역에서 끈질기게 명맥을 이어가는 분들의 역할이 역사적으로도 대단히 중요하다 생각합니다. 해결책을 추구하는 과정에서는, 아까 문학을 하는 사람이 문학만을 하지 않고 다른 것도 해야 되지 않느냐 하는 얘기로 돌아가는데, 특히 지역문제 해결책을 강구하는 과정에서는 지역의 문인들이 그냥 내가 시를 좀더 잘 쓰면 되겠다든가 아니면 내가 쓰는 시나 소설을 중앙에서 조금 더 인정을 해주고 정부에서 지원을 더 해주면 좋겠다든가 하는 차원에 머물지 말고, 지역을 살리는 복합적인 방안에 대해서 그것을 자기 일로 생각하고 또 그게 내 문학의 일부라 생각하고 나아가 이것이 지역문제만이 아닌 시대적 과제이고 범한반도적 과제라는 인식을 갖고 더 적극적으로 참여를 해야 된다고 봅니다. 지역경제를 살리기 위해서 자립형 지역화를 이룩하려는 방안, 한반도의 공간을 새롭게 설계하는 작업, 이런 거에는 무관심하면서 그냥 지역문학만 안 살아난다고 한탄만 하고 있어서는 해결책이 안 나오겠죠.

지역문제에 참여하는 것이 지역문학 살리는 길

김용락 가령 『통일시대 한국문학의 보람』이나 『한반도식 통일, 현재진행형』은 저희 같은 지식인들이나 이쪽 분야에 관심이 있는 사람들이 읽었을 때에는 큰 공부도 되고, 분단체제론이라는 선생님의 이론 자체가 아주 탁월하구나 하는 호응도 가고 하겠지만, 이런 것들이 일반 서민들한테는 어떻게 받아들여질까, 이게 너무 어렵지 않을까, 실질적으로 하루하루 먹고사는 게 바쁜데 너무 공허한 소리가 아닐까 하는 반발이 있을 수도 있거든요. 이런 부분에 대해서는 어떻게 생각하시는지요.

백낙청 모든 사람이 모든 책을 다 쉽게 읽어야 되는 건 아니잖아요. 어떤 책은 좀 어렵게 읽을 필요도 있는 것이고…… 가령 문학평론집 같으면 기본적으로 문학평론이라는 게 문학작품을 읽은 사람들이 작품을 두고 회화하는 개념이기 때문에, 물론 그 회화는 작품을 안 읽은 사람도 재미있게 들을 수 있도록 얘기를 하는 게 재주지만, 아무튼 해당 작품을 읽은 사람들에게만큼 재미있을 수는 없는 거 아닙니까. 그러다 보면 독자가 한정되게 돼 있어요. 그래서 평론집이 많이 안 팔리는 것은 문학평론을 너무 어렵게 쓰고 잘 못 써서 그럴 수도 있겠지만 기본적으로는 평론이 소설이나 시와 같은 대중성을 가질 수 없다고 봐요.

그에 비하면 최근의 내 책 두 권 중에서는 『한반도식 통일, 현재진행형』은 어느정도 대중성이 있다고 자부합니다. 대중강연의 강연록이라든가 인터넷에 쓴 글도 포함돼 있고, 그렇기 때문에 책의 각 장마다 난이도가 다르긴 하지만 대체적으로 그래도 꽤 많은 독자가 접근할 수 있다고 생각하니까, 김형이 미리부터 어렵다 어렵다고 편견을 심어줘서 판매에 지장을 주지 말았으면 좋겠어.(웃음) 게다가 내 논지가 말이에요, 논지가 그런 겁니다. 기존의 통일운동이 먹고살기 바쁜 일반 서민들이 관심을 갖기는 어려운 방식으로 진행되었는데, 먹고살기가 어려운데 통일 통일 하는 게 나와 무슨 관련이 있는 일이냐, 설혹 관계가 있다 하더라도 뭐 투옥을 각오한 그런 열혈투사들이나 하는 것 아니겠냐, 이런 인상을 많이 심어줬어요. 그런데 우리가 추구하는 한반도식 통일이 일거에 완전한 자주통일을 쟁취하는 그런 통일이 아니고, 이게 베트남식이나 독일식 아니면 당국자간의 담합에 의한 예멘식의 그런 통일이 아니고 연합제나 낮은 단계의 연방제를 향해서 어물어물 진행되는 특유의 과정이라고 한다면, 평범한 대중도 누구나 자기가 처한 상황에서 자기가 참여할 만큼 참여할 수 있는 그런 과정이 된단 말이에요. 그러한 설명을 내가 얼마나 알기 쉽게 했는지 모르겠지만, 논지 자체가 다수 대중이 어깨에 힘 빼고 참여하면 된다라는 것이니까 이런 논지가 되도록 널리 전파될 수 있도록 좀 성원해주기 바랍니다.

김용락 선생님 말씀을 좀더 듣고 싶기는 하지만 시간이 오래돼서 여기서 마쳐야 할 것 같습니다. 오랜 시간 너무 감사합니다.

공식 인터뷰를 마치고 호텔을 빠져나와 남대문시장 입구 건너편 작은 식당에서 점심을 먹었다. 애초 백낙청 선생과의 대담이라서 대구에서 『사람의 문학』 편집위원들이 대거 참석하고 싶어했다. 그런데 시간이 월요일 낮이라서 다들 직장 때문에 어쩔 수 없이 포기하면서 매우 아쉬워했다. 선생의 육성을 가까이서 들을 수 있는 쉽지 않은 기회였는데……

호텔 앞 비탈길을 내려오면서 그리고 식당에서 선생께 몇 가지를 더 여쭈었다.

김용락 선생님, 왜 국내 대학 가령 서울대 같은 데를 진학하지 않고 곧바로 미국 대학을 가셨는지요? 특별한 이유가 있었습니까?

백낙청 특별한 이유라든가 뭐 그런 게 있었던 것은 아니고, 미국 『헤럴드 트리뷴』 신문에서 고등학생 국제영어 토론대회를 열어 미국에서 3개월 간 몇 군데서 미국의 고등학교 생활을 경험하고 마지막으로 유엔 총회장에서 대회를 했는데 거기에 뽑혀서 미국을 갔지요. 그래서 3개월 여를 보내고 귀국했을 때는 국내 입시가 끝난 뒤였어요. 그러니 국내 대학을 갈 수 없는 거지. 물론 미국 갈 때 그런 사실을 다 알고 갔지요. 그리고 당시 우리 동기 중 2/3 정도가 미국 대학으로 진학했거든.

김용락 당시 대부분의 유학생이 고국에서의 병역을 기피했는데, 선생님은 자진해서 병역을 마치기 위해서 입국했다고 해서 신문에 크게 났다는데 사실입니까?

백낙청 그 당시 신문에는 났지요. 리영희 선생이 쓰신 『대화』 읽어봤어요? 몇 군데 오류가 있어요. 거기 보면 내가 박정희 군사정권이 입영기피자를 강제로 잡아다 입대시키자 감동받고 자발적으로 귀국해서 입대했다고 썼던데 사실은 그렇지 않아요. 감동받은 게 아니고……

그리고 토론대회에 춘원(春園) 이광수(李光洙)의 딸인 이정화(李廷華)씨가 1회고, 나는 4회였지. 그리고 그 책에 나온 이정화씨 이야기도 사실과 달라요.

김용락 리영희 선생님은 그 책에서 선생님에 대해서 높게 평가하고 있던데요. 나이는 어리지만 지적으로나 사상적으로 자기보다 선배라고……

백낙청 과찬인데, 그렇게 생각해주시는 건 고마운 일이지요.

6·15광주축전을
'5월의 전국화' 계기로

백낙청(6·15공동선언실천 남측준비위 상임대표)
설정환(『주먹밥』 편집위원)

설정환 계간 『창작과비평』의 편집인으로서 창간 40주년을 맞은 것을 축하드립니다. 『창작과비평』이 그동안 한국사회 지식인들에게 많은 역할을 해왔다고 볼 수 있는데요, 특히 선생님께서는 영문학자이며 문학평론가로서 민족문제를 시종일관 천착해오신 것으로 알고 있습니다. 특별한 배경이 있는지요.

백낙청 창간 40주년을 맞아 여러분들로부터 과분한 찬사를 받았습니다. 기쁘면서도 동시에 숙연해지는 마음입니다. 40년의 역사에 안주하지 않고 앞으로 잘하는 게 더 중요하겠지요.

제가 민족문제에 몰두한 것은 특별한 배경이 있다기보다, 어린 시절에

■ 이 인터뷰는 『주먹밥』 2006년 여름호에 「어깨에 힘을 빼고 할 수 있는 통일작업이 필요」라는 제목으로 수록된 것이다.

해방과 분단 그리고 전쟁을 경험한 우리 세대는 중고등학생 시절에 대다수가 일단 민족주의적 성향을 띠고 있었다고 봐요. 4·19를 젊은 시절에 겪기도 했고요. 그러나 내 경우 『창작과비평』을 창간하던 1960년대 중반만 해도 분단, 외세, 군사독재 등에 대해 다분히 관념적으로 염려하는 수준이었는데, 잡지를 하면서 좋은 선배와 벗들을 만나고 더러 탄압도 받으면서 의식이나 실천에서 차츰 구체성을 더해왔다고 생각합니다. 요즘은 민족문제도 단순한 민족문제가 아니라 세계체제 전체의 문제이면서 분단체제극복을 위한 다각적인 노력을 요구하는 문제로 대하고자 노력하고 있습니다.

6·15민족공동행사 광주 개최의 의미

설정환 6·15공동선언실천 민족공동위원회 남측 상임대표로서 활동하고 계신데요, 올해는 광주에서 열리게 되었습니다. 광주에서 열리게 된 배경이 무엇인가요.

백낙청 6·15민족공동행사가 광주에서 열리게 되었는데, 사실 다른 도시에 비해 남북공동행사를 갖는 일이 늦은 감이 있습니다. 부산, 대구, 인천, 제주 등지에서 아시안게임과 유니버시아드 경기 등 이러저러한 계기로 민족공동행사를 치렀었지요. 그중 인천만이 6·15 축전이었고 나머지는 마침 그들 도시에서 그럴 만한 행사가 열렸기 때문이기도 하지만, 광주가 늦게 선택된 또다른 이유가 있는지도 모르겠습니다.

김남주(金南柱) 시인이 '광주'는 고유명사가 아니라 보통명사라고 말한 적이 있는데, 바로 그 이유로 남과 북의 공동행사를 먼저 치르기가 부담이 되는 면이 있었을 거예요. 북측에서 온 손님들이 부산과 대구를 들르지 않고 광주만을 먼저 찾는다면, 광주와 5·18은 또다시 '지역'이라는 협애한 틀 속에 갇히게 될 우려가 없지 않았던 거지요.

솔직히 오월은 여전히 '전국화'가 되지 못했습니다. 오월과 관련된 사람들이 들으면 섭섭하겠지만 그게 현실입니다. 오월의 내용과 형식은 '세계성'을 충분히 갖추었고 이미 그 점을 아시아 지역과 전세계로부터 상당히 인정받고 있지만, 거꾸로 한국 내에서의 '전국화'라는 면에서는 미흡합니다. 한국사회에 여전히 온존하는 지역주의가 가장 큰 이유일 테고, 오월의 계승에 직접 나선 분들이 충분히 단합하며 개방적인 자세를 보여주지 못한 사례도 지적할 수 있을 것입니다.

그러나 이제는 광주에서 남북해외 공동행사가 열린다는 것 자체를 갖고 뭐라고 그럴 상황은 지나갔습니다. 그동안 광주 시민 여러분께서 인내하고 기다려주신 덕택입니다. 다만 행사의 내용과 진행방식도 광주의 전국화와 세계화를 진전시키는 방향으로 가도록 모두가 힘을 합치고 마음을 모아야 하리라 생각합니다.

설정환 선생님께서 생각하고 계시는 한반도식 통일 ― '어물어물 진행되는 통일'에 대해서도 소상한 말씀을 듣고 싶습니다.

백낙청 6·15공동선언은 한반도의 통일이 베트남식도 독일식도 아니고 우리 고유의 방식으로 가야 한다고 남북의 정상이 합의한 문헌입니다. 특히 그 제2항에서 남측의 연합제와 북측의 낮은 단계 연방제가 '서로 공통점이 있다고 인정하고 앞으로 이 방향에서 통일을 지향'해나간다고 두루뭉술하게 합의함으로써 이산가족상봉 등 인도적 문제, 경제협력과 사회문화교류를 통한 신뢰구축, 각종 당국자 대화 등의 후속 실천이 가능하게 만들었습니다. 그래서 나는 이런 실질적인 통합과정이 다양한 형태로 진행되다가 그 성과가 어느정도 축적됐을 때, '어, 이만하면 통일이 꽤 됐네. 6·15선언에서 합의한 남북연합이든 낮은 단계의 연방이든 이쯤에서 선포해버리세'라고 하면 그게 바로 1단계 통일이라고 주장한 바 있지요. 한반도식 통일은 그런 식으로 어물어물 진행되는 것이고 그 1차적 완성이 그다지 멀지 않았다는 것이 나의 소신입니다.

설정환 선생님께서 6·15 남측위 결성 1주년을 기념하는 자리에서 밝히셨듯이, 국민대중을 통일운동의 대상이 아니라 주체로 끌어들여야 한다고 강조하셨고, 민족대단결·민중대참여를 역설하셨는데 그 구체적인 방안에 대해서는 어떤 구상을 갖고 계십니까? 아울러 평화통일의 길에 보수와 진보가 따로 없다는 말씀에 대한 설명도 함께 해주시면 고맙겠습니다.

어깨에 힘 빼고 통일작업에 노력해야

백낙청 마치 통일이 남의 일인 양 생각하는 분위기가 널리 퍼져 있는 것이 사실입니다. 한반도의 현상황은 '흔들리는 분단체제'의 단계를 지나 '분단체제가 무너지고 통일이 이루어지고 있는 시대'에 접어들었는데도 말이지요. 쟁쟁한 지식인들이 개혁에 대해 논의하는 과정에서 분단문제, 통일문제는 전혀 도외시하는 경우도 허다합니다. 크게 보면 분단이 너무 오래 지속되고 일종의 체제로 굳어진 결과로 일반국민이건 지식인들이건 모두 분단현실에 길들여져서 자신이 분단체제 속에 살고 있다는 사실마저 잊어버리고 지낼 때가 많은 거지요. 동시에 국민들이나 통일을 외쳐대는 지식인과 활동가들이 똑같이 통일의 개념과 통일작업의 방식에 대해 어떤 고정관념에 사로잡혀 있는 현상도 무시할 수 없습니다. 그러다 보니 다수의 일반시민들은 통일운동을 비현실적인 목표를 향한 투쟁으로만 보는 경우가 많고 자신과는 상관없는 '그들만의 전유물'로 생각하기도 합니다. 대중이 아직도 냉전의식에 사로잡혀서 잘못 아는 점에 대해서는 계몽을 물론 해야겠지만, 기본적으로 누구나 '어깨에 힘 빼고' 할 수 있는 통일작업을 위해 함께 공부하며 함께 쇄신해나간다는 자세가 필요하지요. 어리석은 국민들에게 나의 선진적인 인식을 주입시키기만 하면 통일운동이 된다는 자세, 그런 의미에서 국민대중을 운동의 '대상'으로 국한하는 자세를 버려야 한다는 점을 강조했던 거지요.

남북문제를 둘러싼 남쪽사회 내부의 갈등을 흔히 남남갈등이라고 부릅니다. 그러나 이게 딱히 교과서적인 '진보/보수'의 기준으로 갈라지지 않아요. 이른바 진보진영 안에도 북측 정권과 자본주의 남한의 합작에 의한 통일을 거부하는 것이 진짜 진보라고 주장하는 이들이 있는가 하면, 흔히 '보수'로 지목되는 기업가들 중에도 남북접근에 전향적인 자세를 가진 이들이 많습니다. 나는 오로지 자주통일노선에 얼마나 부합하느냐를 '진보'의 기준으로 삼는 것이나, 분단이 안된 사회를 표본 삼아 '보수 대 진보'를 판별하는 것이 둘다 분단한국의 특이하고 복잡한 현실에 너무나 단순한 잣대를 들이대는 일이라고 믿습니다.

이른바 남남갈등도 나는 해악으로만 보지는 않습니다. 갈등을 노출시켜 이성적으로 토론해서 최소한의 조화와 균형을 이룰 수 있다면 오히려 힘이 되지요. 우리 남측위원회의 경우만 해도 6·15를 정면으로 부정하는 수구세력을 빼고는 보수적 또는 중도적인 단체와 인사들 그리고 여러 다른 의미의 진보세력이 참여하고 있습니다. 크게 봐서 4자구도를 이루고 있는데, 전선적인 재야 통일운동을 해오신 분들의 연합체인 '통일연대'가 있고, 김대중정부 때 만든 민화협(민족화해협력범국민협의회)은 남남대화를 통한 통일사업에 역점을 두는 연대기구입니다. 그다음에 7대 종단이 6·15공동선언 이후부터 참여해왔고 작년 초에 남측위원회가 결성되면서 새로 가담한 시민진영이 있습니다. 통일운동에 직접 관여하지 않던 환경단체들이나 민변(민주사회를 위한 변호사모임), YMCA, 여성단체 등입니다. 물론 이들 4자 내부에도 또 상당한 견해차가 있지요. 그러다 보니 하나의 조직으로 끌고 가는 일이 힘들기 마련이고 조직의 규모에 걸맞은 실력을 전혀 발휘하지 못하고 있지만, 첫째 이렇게 함께 모여 민족공동행사를 치러내고 있다는 것이 큰 의미가 있고, 동시에 조직 내의 상호토론과 상호이해의 수준이 점차 높아가고 있다고 생각합니다.

설정환 6·15남북공동선언 이후 남측 청소년들의 '통일에 대한 생각'에도 변화가 오지 않았을까요. 자라나는 청소년들에게 통일교육은 어떤 차원에서 전개되어야 한다고 보시는지요.

백낙청 과거의 통일교육은 주로 '도덕' 교과서에서 남과 북을 선악으로 구분하는 이분법적 교육이었습니다. 그러나 민주화운동을 통해, 특히 햇볕정책이 성안된 김대중정권 이래 우리 사회는 선악의 이분법을 많이 극복했습니다. 이제 청소년들에게는 분단체제의 유지가 아닌 극복, 평화체제의 구축, 다양성과 차이의 인정 들을 주제로 교육의 커리큘럼이 바뀌어야 한다고 보며, 그동안 점점 늘어온 민간의 통일교육 활동이 더욱 활발해져야 할 겁니다.

설정환 민감한 문제입니다만 그래도 짚지 않을 수가 없는 것이 북한 인권문제인 것 같습니다. 보수측의 문제제기는 다분히 모종의 의도가 문제인 것으로 보이고 반면에 진보측은 적극적인 견해를 밝히지 않고 있는 상황입니다. 선생님께서는 이 문제를 어떻게 생각하시는지요.

북한의 인권문제 어떻게 봐야 하나

백낙청 작년 12월 서울에서 열린 북한인권대회 공동위원장을 맡았던 이인호(李仁浩) 교수도 북의 인권문제는 사상이나 표현의 자유 이전에 생존권의 문제가 제일 크다고 했던데, 그렇다면 지금 북쪽 주민의 생존권에 대해 가장 큰 도움을 준 건 누구며 위협을 주는 건 누군가도 검토해봐야 합니다. 도움을 준 것은 동맹관계에 있는 중국을 빼면 뭐니뭐니 해도 우리 남측 정부와 국민들이고, 위협하는 것은 내가 모든 책임이 미국에 있다고는 안하지만 미국의 경제봉쇄정책, 또 여차하면 공격할 수 있다는 위압적인 자세야말로 인민들의 생활개선에 큰 지장을 주는 거 아니겠습니까.

작년 말 경향신문과의 송년대담에서 했던 말을 되풀이하게 됩니다만, 인권이라는 말이 너무 정치화돼 있어요. 그래서 유엔 인권고등판무관을 지난 매리 로빈슨 여사가 한국에 와서 강연하면서 '인간안보'(human security)라는 표현을 썼습니다. 인간안보라면 그야말로 생존권을 포함하는 넓은 의미의 인권인데요. 북측 주민들의 인간안보를 증진시키는 최선의 방법이 뭘까. 아무래도 가장 중요한 것은 한편으로는 긴급구호가 필요할 때 해주는 것이고 동시에 한반도문제를 평화적으로 해결해서 사람들의 생활을 개선하게 해주는 것이 아닐까 해요. 그 과정에서 사람에 따라서 협의의 인권문제를 더 강력하게 말하는 사람이 있다면 그건 좋다고 봅니다. 하지만 보편적인 인권에 대해서는 실질적인 관심을 안 보인 국내외의 특정세력이 지금 평화와 화해협력 체제를 만들어가려는 한국 땅에 와서 북한인권만 들먹이는 행위가 정말 도움이 되겠는가에 대해 나는 동의하지 않습니다. 그러나 우리가 인권문제를 제대로 이야기하기 위해 북의 인권문제, 남쪽의 국가보안법 같은 인권문제, 또 미국이 저지르고 있는 인권유린 문제를 한번 좌우가 모여서 오순도순 얘기해보는 자리를 갖는 것은 바람직하다는 생각입니다.

설정환 끝으로 6·15통일대축전 광주 개최와 관련해 광주시민들께 한 말씀 해주실 것을 부탁드립니다.

백낙청 광주 개최의 배경과 광주행사에 대한 기대를 이미 말씀드렸으니까 간단히 한마디만 덧붙이지요. 80년대 민주화운동을 할 때 가끔 '오월에서 통일로!' '광주에서 평양으로!'라는 구호를 본 적이 있습니다. 1980년 광주항쟁의 주체였던 광주시민들이 선진적인 인식을 그대로 드러낸 구호가 아니었나 생각합니다. 약간 늦은 감이 없지 않지만, 그러한 광주에서 6·15축전이 열리게 되어서 개인적으로도 감회가 적지 않습니다. '역시 광주답다'라는 말을 듣는 6·15축전이 되었으면 좋겠습니다. 주먹밥을 나눠먹던 시절의 정신으로 돌아가 모두가 화합하며 참여하는 행사가 되었으면 하고, 광주가 대한민국 전체와 더불어 평양과 소통하고 세계와 소통하는 길목이 되기를 기원합니다.

백낙청·공지영의 통일이야기
광주MBC TV 6·15 특별기획

백낙청(서울대 명예교수)
공지영(소설가)

공지영 안녕하세요. 선생님과 이렇게 단 둘이 앉아 있어보는 건 처음인 것 같아요. 너무 좋습니다.(웃음) 선생님, 저는 오늘 사회자로 불려나오긴 했습니다만, 사실 아는 게 별로 없습니다. 저 같은 사람들이 잘 알 수 있도록 좋은 말씀 많이 해주세요.

백낙청 그건 겸손의 말씀이시고 우리 서로 자유롭게 얘기합시다.

공지영 우리나라는 6월에 역사적인 일이 많이 일어난 것 같아요. 가깝게 6·25 한국전쟁이 있었고요, 6·10항쟁, 얼마 전에 6·15선언까지. 6월의 의미를 한번만 짚어주시죠.

백낙청 우리가 6월 하면 연상되는 세 가지 사건을 다 짚어주셨는데, 사

■ 이 대담은 광주MBC TV(2006년 6월 9일)에 방송된 것이다.

실 그게 서로 관계가 있죠. 그렇잖아요? 6·25 한국전쟁은 정말 우리 민족의 큰 비극이자 참화였고, 그것 때문에 남북분단이 더욱 일종의 체제 비슷한 것으로 굳어져왔는데, 1987년 6월항쟁이 분단체제를 흔들어놓는 데 결정적인 역할을 했다고 보거든요. 왜냐하면 분단이 이루어짐으로써 독재니 비자주적인 체제가 자리잡고 있다가 남쪽에서 독재정권이 무너졌으니까. 그래서 그때부터 분단체제에 변화가 오기 시작해서 2000년 6월 15일에 남북 정상이 합의하면서 새로운 시대를 열었으니까, 정말 6·25, 6·10, 6·15, 다 의미있는 사건이고 인과관계도 추적해볼 수 있죠.

공지영 맞아요. 독재정권도 결국 분단체제 하에서 가능했던 거니까. 또 그것이 깨지니까 우리가 사실 이렇게 교류의 물꼬를 틀 수 있었던 것 같고요. 선생님, 지난주에 6·15통일축전 행사위원회 출범식이 있었죠? 이제 며칠만 있으면 남과 북이 만나는 것 같은데 민간교류들이 요즘 꽤 많죠? 요즘 주변에 보면 웬만하면 금강산이나 개성 정도는 한번씩 갔다 오던데 어느 정도로 진행되고 있나요?

백낙청 2005년 한 해 동안에 북을 다녀온 사람, 금강산 관광객 빼고 8만 몇천 명인데, 그것이 휴전 이후로 2004년까지 다녀온 사람들의 총수와 맞먹는다고 그래요. 그러니까 엄청난 수로 늘어난 거죠.

공지영 저도 요즘 생각하기에, 우리가 금강산 가는 정도는 검문이 복잡하고 귀찮더라도 맘대로 할 수 있고, 그쪽에서도 오고, 편지나 TV를 보고, 물건도 면세로 서로 한 민족이라는 프리미엄을 얹어서 사고, 그리고 양쪽에서 통치만 하고 거주·이전도 이민 식으로 하고 그러면 그것도 일종의 통일 아닌가요?

평화적·점진적 통일과정으로서의 남북연합

백낙청 가령 유럽연합이 지금 통일은 아니지만 상당히 느슨한 단계의 국가연합의 형태를 취하면서도 사람들이 이사해서 정착하는 자유는 없지만 이동은 여권 없이 맘대로 하잖아요? 그래서 그 정도 되면 좋겠다고 생각하는 사람들이 많은데, 물론 그 정도 되면 좋지만 나는 그것이 우리 한반도 실정에는 안 맞는다고 봐요. 왜냐하면 유럽의 나라들은 각기 주권국가로 확립되어서 질서가 있고, 여러가지 협력체제의 바탕이 있는 가운데서 순차적으로 점차 가까워져가는 과정이고요. 한반도는 오랫동안 통일국가로 살다가 남들이 억지로 갈라놨고, 그러다가 전쟁까지 했고, 지금도 철조망 쳐놓고 지뢰 묻어놓고 하지 않으면 분단이 유지되지 않을 정도로 폭발적인 상황이에요. 그렇기 때문에 가령 6·15공동선언에서 얘기한 남북연합 같은 걸 만들더라도 거주·이전의 자유 같은 건 상당히 제한될 수밖에 없다고 봅니다. 또 화폐통합 같은 것도 나는 그 단계에서는 실현되기 어렵다고 봐요. 더 나아가서 연방제 같은 걸 할 때라면 몰라도. 그러면 "그것이 무슨 1단계 통일이냐? 1단계라는 수식어를 붙이더라도 그건 통일도 아니고 긴장이 조금 완화된 정도가 아니겠느냐"라고 반문할지 모르지만, 남북연합이란 유럽연합과는 전혀 달라요. 방금 얘기했듯이 유럽처럼 완성된 주권국가가 점점 통합으로 나아가는 게 아니고 남북이 억지로 분단되었다가 다시 통일되는 과정인데, 우리가 잘못 관리하면 전쟁이 날수도 있는 굉장히 위험한 상황에서 이 과정을 잘 관리하는 장치거든요. 통일을 하기는 하는데 평화적으로 점진적으로 하는 장치로서의 남북연합이니까. 유럽연합의 기준에도 오히려 미달하는 제약이 따르더라도 역사적의미는 전혀 다르다고 봐요. 우리가 너무 유럽연합이나 외국의 선례에 빠져서 저 정도 하면 되지 않겠느냐 기대하는 것은 나는 접근법이 조금 잘못됐다는 생각이에요.

공지영 삼촌이 거기 계시고 고모도 거기 계시고, 정서나 말이 통할 때 1단계만 가도 유럽연합이 지금 삐거덕거리는 것과는 비교할 수 없을 정도로 높은 통일적 씨너지 효과가 나올 수 있지 않을까요?

백낙청 남북간에 아무리 이질화가 진행되었다고 하지만 같은 언어에다가 많은 문화적인 걸 공유하고 있고, 어쨌든 우리가 억울하게 분단을 당했으니까 통일을 해야겠다는 원칙에는 합의가 되어 있거든요. 언제 어떻게 통일하느냐 하는 의견차이가 있는 것뿐이고. 그런 차원에서는 유럽연합과는 전혀 다르고 심지어는 독일과도 달라요. 독일도 통일국가였다가 2차대전 이후에 분단이 되긴 했지만…… 첫째는 독일이 처음으로 통일된 게 비스마르크 시대 아닙니까? 그게 우리로 치면 대원군 때에요.

공지영 아, 그런가요?

백낙청 네. 대원군 때 처음 통일된 나라입니다. 그러니까 통일의 뿌리가 깊지 않죠. 또 하나는 물론 외국에 의해서 분단을 강요당했지만 자기들이 지은 죄가 있잖아요. 그러니까 할 말이 없었던 겁니다. 그래서 동독의 지식인이나 서독의 진보적인 지식인들은 통일할 생각을 안 했었죠. 우리와는 전혀 다른 상황입니다. 그래서 우리는 그런 외국의 기준에 비하면 상당히 교류의 수준이 낮은 것 같아도 어느정도만 축적이 되면 1단계 통일이라고 불러도 무방할 힘을 지녔다고 봐요.

공지영 뮌헨이 있는 바이에른 주만 해도 오스트리아로 갈까 독일로 갈까 투표하고 망설였다고 할 정도로 독일 자체를 이질적인 국가라고 봤기 때문에 우리와는 굉장히 다르죠. 우리가 통일할 때 제주도가 일본으로 갈까 우리로 올까 투표하지는 않을 거니까요. 그런 점에서 우리가 베트남과 비슷할 수 있지 않을까요?

백낙청 독일과 견주어볼 때 베트남과 더 비슷한 점이 있죠. 그렇지만 우리 실정에서 전혀 안 맞는 게 베트남은 무력통일을 이루었잖아요. 우리는 벌써 6·25전쟁이 휴전하면서부터 무력통일이 불가능하다는 것이 객관적으로 확립이 됐고, 그게 국민적인 인식으로 퍼지는 데는 시간이 걸렸지만. 가령 6·15공동선언도 그렇고, 그전의 7·4공동성명이나 남북기본합의서를 보면 '평화통일'이라는 게 제일 큰 원칙으로 되어 있습니다. 6·15공동선언에도 전문이 '조국의 평화적 통일을 염원하는 온 겨레의 숭고한 뜻에 따라……'라고 시작하는데, 그 점에서 베트남과는 전혀 안 맞는 사회이고, 독일은 평화적으로 통일한 건 맞지만 우리와는 여러가지로 다르고요. 지금 남쪽이 북쪽을 그렇게 일방적으로 병합할 실력도 없고, 또 그런다고 가만있을 북도 아니죠.(웃음) 오히려 전쟁이 일어날 위험이 더 많죠.

사실은 독일이나 베트남에 비해서 덜 알려져 있는데 예멘이 남북으로 갈려 있었어요. 거기는 남예멘이 사회주의이고 북예멘이 자본주의였는데, 예멘이 통일을 선포한 것이 독일 통일보다 좀 빠릅니다. 90년 5월인가 그럴 거예요. 그런데 통일이 어떻게 됐냐면 그것도 평화적으로 됐고 자주적으로 됐어요. 독일과는 다른 것이 처음에는 일방적인 흡수가 아니고 남북 당국이 협상을 해서 당국자간에 일종의 나눠먹기식 통일을 한 거예요. 너는 대통령을 하고 나는 부통령을 하고, 또 국무총리를 남에서 내는 대신에 내각의 과반수는 북에서 하고, 이런 식으로 했어요. 그리고 군대는 각기 그냥 가지고 있고. 일단 그렇게 해서 통일은 이뤘는데 몇년 지나면서 삐거덕거리기 시작해서, 북이 국력이 우세하고 처음부터 대통령을 차지하고 우세한 지위에 있으니까 나중에는 남을 점점 더…… 대등통일 약속의 정신은 어쨌든 위배했을 거예요. 그러니까 남에서 이탈해서 전쟁이 났죠. 그래서 몇천 명이 죽고 결국 북쪽이 승리해서 통일이 됐는데, 우리 한반도의 경우는 첫째 그런 식의 담합을 할 수가 없잖아요. 특히 우리 남쪽은 그동안에 민주화가 됐기 때문에 대통령이건 누구건 자기가 혼자 가서 나눠먹기를 할 수 없게 되어 있어요. 또 하나는 만에 하나 그런 것이 이루어졌다가 삐거덕거리기 시작하면 이건 5천 명 죽고 끝날 일이 아니잖아요. 이건 완전히 한국전쟁 재판이 날 판이고 하니까 그런 면에서는 예멘식도 안 통합니다. 다만 일단 서로를 존중하면서 협상해나간다는 점에서는 예멘에서 본받을 점이 있지요. 거기에 우리는 무엇을 덧붙여야 하냐면 '중간단계'예요. 예멘은 국가연합이라든가 연방 단계가 없이 일거에 —

노태우정권의 3당합당 같은 그런 거예요. 갑자기 하나의 당으로 만들면서 누구는 총재 하고 누구는 대표 하고 그런 식으로 하는 그런 3당합당식이 아니고 우리는 연합제 또는 낮은 단계의 연방제라는 단계를 두고서 하나하나 차근차근 하는 안전장치를 마련해야 되겠고요. 또 하나는 당국자들 간의 담합이 아니라, 나는 시민참여형 통일이라는 말도 쓰는데, 많은 국민들이 이 과정에 참여해서 기반을 축적해가면서 그 축적된 정도를 당국자들이 반영해서 협상하는 식으로 가야 한다고 생각합니다.

공지영 사실 부시가 예전에 이라크를 공격하기 전에 북한에 대해 '악의 축'이라는 발언을 했고, 아직도 한국사회의 극보수론자들이 많은 힘과 권력을 휘두르는 상황에서, 어떻게 보면 물밑에서의 민간교류들이 그런 것들을 넘을 수 있는 유일한 길이 아닌가 하는 생각도 들거든요.

백낙청 사실 부시가 그 뒤에 '악의 축'이라는 발언은 거둬들인 셈인데, 내 생각에는 그 사람의 본심은 여전히 그런 것 아닌가 싶어요. 북의 지도자는 나쁜 놈이고 어떻게 해서든 전복시켜야겠다는 생각을 가지고 있는 것 같은데, 선제공격을 한다든가 그것을 못하게 하는 큰 힘을 꼭 민간만이 발휘할 수 있는 것은 아니겠지요. 하지만 우리가 민간교류를 하고 국민 일반이 북을 좋아하든 안하든, 당장에 통일을 하자는 생각이든 아니든 간에 어쨌든 우리가 뭘 잘해보려고 하는데 미국이 저런 식으로 와서 훼방을 놓고, 심지어는 북을 공격하겠다고까지 했는데, 전쟁이 나면 사람이 북에서만 죽는 건 아니잖아요. 우리도 죽잖아요. 저래서는 안된다는 국민적 인식과 정서가 널리 퍼졌을 때 미국도 함부로 움직이지 못할 거예요. 사실 '악의 축' 발언을 했다가 부시가 공식적인 태도를 바꾼 데에는 우리 남쪽 사회에서 나간 비판이 상당히 작용했다고 봐요. 그러고 나서 얼마 안 있다가 여기에 왔잖아요. 올 때는 말이 바뀌었죠.

공지영 선생님께서는 거의 유일하게 문단에서 일찍부터 앞장서서 통일에 대한 논의를 하셨고, 제가 어렸을 때 선생님 책을 보면서 통일을 왜 해야 하는지 알고 자란 세댄데요. 이번에 늦봄통일상을 수상하셨어요. 선생님 기분이 어떠셨어요?

백낙청 늦봄 문익환(文益煥) 목사님은 나도 존경할 뿐 아니라 참 여러 사람한테 사랑을 받는 분이었어요. 문자 그대로 경애의 대상, 존경도 하고 사랑도 하는 대상이었기 때문에 그분의 이름이 달린 상을 받은 건 참 영광스럽죠. 그리고 역대 수상자들을 보더라도 돌아가신 윤이상(尹伊桑) 선생님이랑 김대중(金大中) 전 대통령도 받으셨고, 작년에 고은(高銀) 선생이 받으셨고. 그런 점에서도 영광스러운데, 솔직한 심경이 통보를 받았을 때 나는 심사위원들이 좀 오버하신다……(웃음)

공지영 왜요?

백낙청 너무 서둘러 앞서 가신다는 생각이 들었어요. 왜냐하면 6·15공동위원회 활동도 수상이유가 됐던데, 내가 그걸 맡아서 겨우 1년 했고 임기가 1년 가까이 남았으니 임기라도 대과 없이 마치고 나갈 때 상을 주시는 게 모양도 좋지 않을까 싶었는데 어쨌든 주신다니까 고맙게……

공지영 선생님, 아직도 젊다고 생각하신 것 아니에요?

백낙청 뭐 그동안 받으신 분들에 비하면 젊기도 하죠.(웃음)

공지영 여러가지 이해관계가 보통 복잡한 게 아닌데, 아주 다양한 계층들이 모여서 어쨌든 하나를 이루고자 나아가는 길에서, 선생님이 생각하시는 통일의 단계들을 한번 저희들이 들어볼 수 있을까요?

한반도식 통일의 1단계

백낙청 '어느 날 문득 통일이 됐네, 우리 통일을 했다고 선포해버리자' 라고 말할 수 있을 때쯤에 정상회담을 한 번 더 해서 그걸 남북연합이라고 부르든 낮은 단계의 연방이라고 부르든 그런 상설기구를 만들어버리는 거죠. 그런데 그 상설기구가 어느 날 갑자기 생긴 게 아니라 거기까지 가기 전에 수많은 민관의 연합기구들이 만들어져 있는 거고요. 6·15공동위원회도 말하자면 그런 거고, 경제협력추진위원회도 사실은 그런 거죠. 그리고 '겨레말 큰사전 남북공동편찬사업회'가 있는데, 공동사무소까지 짓기로 했잖아요? 이런 것들이 많이 축적되고 그것을 근거로 연합제를 하면 그것이 한반도식 통일의 1단계라고 보고 있어요.

공지영 그게 1단계예요? 그러면 2단계는 뭐예요?

백낙청 1단계라는 건 사실은 정치교과서에 의하면 통일이라고 볼 수 없고 국가연합에 불과한 것이지만, 한반도의 독특한 역사적 맥락에서는 그것만 해도 통일이고요. 그게 왜 1단계냐면, 그렇게 되고 나면 주변정세라든가 또는 남북 내부의 정세에 의해서 상황이 역행할 가능성이 거의 없어지기 때문입니다. 그런 면에서 통일로 가는 흐름이 확고하게 잡히는 겁니다. 또 통일로 가다가 잘못하면 폭발할, 사고가 날 위험이 있는데, 그 사고를 관리할 장치를 양쪽이 만드는 거죠. 남북의 정부가 따로 있지만 둘이 협의하는 장치가 만들어져 있어서, 뭐는 하고 뭐는 안한다는 것을 지금보다는 훨씬 더 세밀하고 확고하게 합의해놓을 거란 말이죠.

그다음 단계는 아무래도 1개의 연방정부 아래에 두 개의 지방정부가 남북에 있는 단계가 되어야 하지 않을까 싶은데, 연방제라는 것도 천차만별이거든요. 그야말로 우리는 한반도형, 맞춤형 연방제를 만드는 겁니다. 그리고 그건 그때 가서 만드는 거지, 지금부터 2단계가 어때야 하고 마지막 단계가 이것이 되어야 하느니 저게 되어야 하느니 싸울 필요가 없는 거예요.

공지영 6·15공동선언에 통일을 어떤 식으로 할 것인지 미리 정하지 말자고 한 게 이런 취지인 거죠?

백낙청 예. 거기서는 딱 그렇게 표현은 안했지만 굉장히 두루뭉실하게 표현했어요. 남쪽의 연합제 안과 북측의 낮은 단계의 연방제 안이 서로 공통성이 있다고 인정해서 앞으로 그 방향으로 통일을 지향해나가기로 했다……

공지영 굉장히 좋은 말이기는 한 것 같은데……(웃음)

백낙청 둘이 똑같다는 얘기도 아니고 그냥 비슷하다는 얘기고, 대충 그 방향으로 나아가겠다는 거니까. 두루뭉술해서 뭐냐는 사람도 있지만 그게 우리 실정에 딱 맞는 표현이에요. 그리고 지금 싯점에서 연방제냐 연합제냐 해서 다툴 필요가 뭐 있냐는 거죠. 대충 공통점을 찾아서 가면 되는 거고. 그렇게 정해놨기 때문에 그 문제로 싸울 필요가 없어졌지요. 그다음에 공동선언 제4항에 보면 경제협력, 사회문화 각 분야에서 교류를 해서 상호신뢰를 구축한다는 게 있거든요. 그런데 교류나 협력 얘기가 옛날부터 나왔지만 항상 근본적인 문제, 통일을 어떤 형태로 할 것이냐를 가지고 싸우느라 진전을 못 봤는데, 6·15공동선언에서 그 얘기는 그만하고 실질적인 교류를 통해 상호신뢰를 구축하자, 이렇게 되니까 이후에 새로운 교류가 얼마나 많이 늘어났습니까?

공지영 맞아요. 선생님이 아까 말씀하셨듯이 2005년에만 8만여 명에요?

백낙청 정확한 숫자는 모르겠지만 8만 몇천 명이라고 하던데……

공지영 지금은 분단시대지만 통일시대라는 선생님 말씀이 너무 낙관적인 것이 아닌가 생각했는데, 지금 선생님 말씀을 듣다 보니까 왠지 저 같은 사람은 심지어 희망도 생겨나는 것 같아요.

백낙청 국민들이 희망을 가져야 합니다. 그렇지 않으면 통일이 전혀 안되거나 되더라도 남의 힘으로 되는 거지 우리 힘으로는 안되거든요. 우리가 우리 힘으로 통일을 하려면 우리가 자신감과 희망을 가져야 하는데, 근거없이 무턱대고 희망을 가지라고 해서 되는 건 아니고요. 통일이 너무 막연하다, 요원하다, 겁난다고 생각하던 게 잘못되었구나, 일상적인 시민으로서의 활동과 얼마든지 직결될 수 있고, 실제로 내가 어떻게 활동하느냐에 따라서 통일의 내용이 달라질 수 있는 거구나, 이렇게 생각하면 더 편안하고 적극적으로 생활할 수 있는 거죠. 또 그럴 때 이전 어디에도 없던 시민참여형 통일이 한반도에서 탄생하는 거죠.

공지영 통일의 개념을 우리가 새로 정립한다는 게 중요한 것 같아요. 저도 깊이 생각해본 적이 별로 없지만, 통일이라는 것을 연상할 때 막연히 두어 가지 생각이 떠오르거든요. 하나는 베트콩이 마지막에 사이공을 점령하면서 헬리콥터가 올라가는 아비규환의 순간이고, 또 하나는 브란덴부르크 문이 무너지던 순간이고요. 모두 다 일종의 폭력적이고 격심한 것들로 이런 것들이 우리에게 두려움을 안겨주었는데, 선생님께서 통일의 개념을 다시 정해 이렇게 차근차근 생각하자고 하니까 저로서는 희망이 생기고 우리 나름의 통일, 우리가 여태까지 본 폭력적인 통일이 아니라 정말 합리적이고 이성적인 통일이라는 것이 굉장히 기대도 됩니다.

백낙청 한반도에서처럼 이렇게 어물어물 진행되는 게 불만스러울 수도 있겠지만, 어쨌든 한반도식 통일이라는 건 내가 표현했듯이 어물어물 진행될 수밖에 없고, 오히려 그게 창조적인 면이라고 할 수 있죠.

공지영 네. 세계 어느 나라에도 전례가 없기 때문에 오히려 저는 선생님께서 말씀하신 대로 시민사회의 힘들이 많이 필요하고 연구도 필요할 것 같아요. 선생님, 이번에 광주에서 만나시죠? 아니, 어떻게 만나는 장소가 광주가 됐어요? 서울이나 평양도 아니고 광주……

광주에서 열리는 6·15 공동행사

백낙청 2004년 6·15축전을 인천에서 했습니다. 그때는 우리 6·15공동위원회는 결성되기 전이었고, 나 자신이 거기에는 참여하지 않았지만 인천에서 했을 때 다음번에 남쪽 어느 지역에서 공동행사를 하게 되면 광주에서 하자는 것이 분명하게 합의되지는 않았지만 공감대가 형성되어 있었다고 해요. 그런데 작년 8·15 때는 광복 60주년과 맞물려서 아주 특별한 행사를 하다 보니까 지역에 가는 것보다는 서울에서 하는 것이 좋겠다고 했고, 금년에는 우리가 6·15를 하게 됐는데 우리 남쪽에서는 일단 광주로 가는 게 순리라고 봤고, 북에서 그 제안을 아주 흔쾌히 받아들였죠.

공지영 네. 그럼 이번 광주행사 개최의 주요 목표는 뭐가 되나요?

백낙청 행사를 무난히 잘 치르면서 그 과정에서 만나고 서로 소통하는 게 중요한데, 광주에서 한다는 게 아무래도 특별한 의미도 있고 특별한 부담도 있죠. 의미라고 한다면 광주가 어쨌든 우리 한국사회의 민주화 과정에서 상징적인 곳 아닙니까? 아까 6·10항쟁이 분단체제를 흔드는 데 얼마나 중요했는가도 얘기했는데, 그 6월항쟁의 밑거름이 된 것이 5·18민주항쟁이었거든요. 5·18이 있었기 때문에 그때 한번 분출했다가 다시 잠복해서 말하자면 저류로 흐르던 것이 87년 6월에 전국적으로 터져나온 것이란 말입니다. 그래서 그런 광주에서 행사를 한다는 게 참 역사적 의미가 있는 거죠.

반면에 부담이 있다면 5·18 이후로 정권 측에서, 그리고 기득권세력이 광주항쟁이 민주항쟁이 아니라 지역민들의 자기들 지역정치인 김대중씨에 대한 뭐다 하는 식으로 자꾸 지역화하고 고립화시켜왔는데…… 6월항쟁 같은 것은 전국적으로 터졌고 그 6월항쟁 이후 광주 시민들의 명예회복이 많이 됐죠. 망월동에 국립묘지도 생기고요. 한데 이런 일들이 진행되기는 했지만, 여전히 광주에서 뭘 한다고 하면 자꾸 그건 그네들끼리 하는 거다, 또는 운동권끼리 하는 거다 하는 고정관념이 국민들간에 있어요. 특히 타지역의 국민들간에.

공지영 저는 지금 선생님 말씀을 듣다 보니까 1980년 광주의 소식이 '유언비어'로 전해지거나 일부 통제된 언론으로 보도될 때 일부 남파 간첩들이 몇몇 고정간첩과 더불어서 난동을 부린다고 그랬죠. 그리고 실제로 전옥주씨였나요? 그 여성에게 간첩 누명을 씌웠던 걸 생각하면 이번에 북측에서 공식적으로 방문하는 사람들이 그 자리에 선다는 것이 저로서는 굉장히 감회가 새로워요. 정말로 시대의 변화와 민주화의 진전을 확인할 수 있다는 생각이 들었습니다.

올해 광주에서 남북 공동행사가 치러지고 나면 김대중 전 대통령이 방북을 하게 돼죠? 이번에 경의선 가지고도 말이 많았는데 김대중 전 대통령의 방북과 경의선 문제에 대해서 말씀 좀 해주시죠.

백낙청 김대중 전 대통령이 방북할 때에 철도로 하고 싶다는 의지를 상당히 강력하게 표명을 하셨죠. 그리고 지난 5월 25일에 시험 개통이 된다고 해서 나도 가기로 되어 있었어요. 6·15공동위원회 대표로 축사까지 하게 되어 있었는데, 그걸 북에서 일방적으로 취소했기 때문에…… 이번 6월 하순에 김 전 대통령이 방북할 때 육로로 가는 것까지는 합의가 됐지만 철도를 이용할 수 있을지는 말하기 어렵습니다.

그런데 철도 문제는…… 사실 그게 열린다는 게 참 중요하고 엄청난 의미를 갖는 것 아니겠어요? 우리가 흔히 민족의 혈맥을 잇는다는 얘기를 하는데, 그렇게 되면 단순히 우리 한반도 내에서만 끝나는 게 아니고 '철의 씰크로드'라고 해서 거기까지 쭉 연결되는 거잖아요. 개통이 미루어진 것 자체가 참 아쉬운 일인데다가 북쪽에서 세부일정까지 다 합의해놓고 일방적으로 하루 전에 취소 통보한 것은 참 불행한 일이고, 이제는 북이 그러지 말아야 할 것 같아요. 그런데 북의 그런 처사를 내가 옹호할 생각은 없지만, 북쪽이 개통취소의 이유로 들고 나온 것 중의 하나가 서해상의 북방한계선 문제예요. 그러니까 지난번 군사회담에서 북쪽이 그걸 협의하자고 했는데 우리가 다음에 국방부장관 회담이라도 하게 되면 다른 것과 함께 하자고 했거든요.

공지영 선생님, 뭘 협의하는 거예요?

백낙청 북방한계선이라고, NLL이라고 하잖아요. 그런데 사실 이 문제에 대해서는 우리 정부나 언론이 국민들에게 진실을 충분히 얘기해주지 않고 있어요. 왜냐하면 많은 사람들이 북방한계선이 곧 휴전선이라고 생각해요. 휴전회담에서 쌍방이 합의한 군사분계선이라고 생각하는데 그게 아니거든요. 그 시절에 휴전할 때는 북쪽의 공군력이나 해군력이 완전히 궤멸된 상태였으니까 바다로는 진남포건 어디건 우리 남쪽에서 맘대로 다닐 때였죠.

북에서 문제삼은 북방한계선

공지영 NLL은, 지도상에 이렇게 백령도가 있으면 이렇게……

백낙청 그렇죠. 그런데 북방한계선이 만약 휴전선이면 북에서 못 넘어온다는 남방한계선이 있을 것 아니에요? 그런데 북방한계선이라는 건 뭐냐면……

공지영 아, 이름이 공식적으로 북방한계선이에요? 우리만 북방한계선이라고 그렇게 부르는 게 아니고요?

백낙청 우리가 남쪽에 앉아서 그걸 왜 북방한계선이라고 부르느냐? 우리가 맘놓고 동해, 서해안을 넘나드는데 이 선 이상은 안 간다고, 특히 당시 미군의 입장에서는 한국군이 괜히 그 선을 넘어가서 말썽 일으키지 말라고 일방적으로 그어놓은 겁니다. 당시에 육지가 아닌 섬들은 완전히 우리가 장악했잖아요.

공지영 아, 그래서 그렇게 높이 올라가 있는 거군요.

백낙청 그래서 그 앞으로 해서 그어놓은 건데, 일반적으로 영해는 서로 간에…… 남북은 물론 완전한 국가와 국가 간의 관계는 아니지만 국가와 국가 간에 통용되는 국제적인 관례에 의해서 선을 긋는다면 어떻게 하는 게 맞는지는 정확히 모르겠지만, 지금 북방한계선처럼 일방적으로 그 집 코앞에까지 긋게 되어 있지는 않을 거예요. 그러니까 북에서 그걸 문제삼는 건 당연한 거고요. 남북 기본합의서를 작성할 때 그게 논의가 됐는데, 기본합의서에는 약간 상충되는 조항이 있어요. 하나는 남과 북이 기존의 휴전선과 이미 각자가 관할하고 있는 구역을 존중한다, 그러니까 일단 북방한계선을 존중한다는 게 있고, 동시에 서해상의 경계선 문제는 계속 협의한다고 되어 있어요. 그런데 우리는 협의를 안했거든요. 지금 당국에서 이 문제를 북과 협의한다고 하면 우리 국민들이 잘 모르기 때문에 영해를 내준다고 반발하는데, 그건 영토가 아니고 협의대상인 건 분명합니다. 다만 협의를 해서 일방적으로 저쪽 요구를 들어줄 필요는 없는 거예요. 서로 협의하는 건데…… 나는 개인적으로 그렇게 생각해요. 북에서 개성공단도 내주고 금강산도 내주고 그랬으니까, 이 경우에도 우리가 북에 대해서 명분만 세워주면 북이 자기들 선 안에 들어와야 된다고 생각하는 영역을 상당 부분 내줄 수 있다고 봐요. 그 대신 체면을 세워줘야죠. 다시 협의해서 새로 선을 긋는다 하면 그것은 지금 북이 요구하는 대로 그어지지 않을 거라고 생각되고요.

사실 더 중요한 건 그런 걸 합의해놓지 않았기 때문에 그 사이에 해전이 두 번 일어나 저쪽 사람도 죽고 우리 해군도 죽지 않았습니까? 젊은이들이 희생됐죠. 또 하나 심각한 문제는 황금어장인 그 일대에 중국 배들이 와서 맘 놓고 어로를 하는데, 남북간에 서로 대치하고 있으니까 이걸 단속하지 못하는 거예요. 우리는 저쪽에 가서 감시단속 못하고, 저쪽은 우리 쪽에 와서 단속 못하고. 그래서 합동단속반을 만들어야 하는데…… 그래서 이건 우리 정부가 풀어나가야 할 과제이고, 그걸 풀려면 정부뿐 아니라 언론이 국민들의 잘못된 인식을 바로잡아줘야 한다고 생각합니다.

공지영 저도 몰랐어요.

백낙청 기본 사실에 대해서 정확한 걸 전달해줘야 한다고 봐요.

공지영 여태까지 감정적인 대응에 대한 것만 들어봐서…… 사실 냉정한 사실에 기초해야 그다음에 해결책이 나올 텐데, 저도 선생님한테서 처음 알게 됐어요. 도대체 우리가 통일에 대해서 얼마나 잘못된 걸 알고 있는지, 갑자기 제 자신이 부끄럽기도 하고 걱정스럽기도 하다는 생각이 드는데요. 선생님, 정부의 통일의 틀이 노무현정부 임기가 다 끝나가면서 앞으로는 불투명한 상황이고, 한미FTA 즉 자유무역협정도 있고 한미군사동맹의 형태도 격변의 시기에 와 있는 것 같은데요. 이런 맥락에서 우리 시민운동이나 선생님같이 이론을 내놓으셔야 하는 분들의 자세나 앞으로의 방향은 어떠해야 할까요?

통일과 남한사회 개혁은 서로 맞물려 있어

백낙청 한미FTA에 대해서는 제가 짧은 글을 쓰면서 제목을 '한미FTA 협상, 일단 끌고 볼 일이다'라고 했는데, 그렇게 표현한 것은 우선 끌면서 협상을 잘해보고 안되면 깨든지 해야지 지금 식으로 저렇게 끌려가는 것은 경제적으로도 엄청난 부담이 되고 또 그렇게 되면 남북의 실질적인 통합을 하기 위해서 우리 정부나 국민이 전략적인 선택을 하기가 점점 더 어려워질 거라고 보기 때문입니다. 전략적 유연성 문제는 이것과 통하는 면도 있고 조금 다른 면도 있어요. 우선 다른 면 한 가지를 말씀드리면 전략적 유연성 문제는 미국이 세계전략의 일환으로 처음부터 하도 강하게 요구를 하며 우리의 팔을 비틀고 나오는 바람에 우리 정부도 어떻게 보면 끌려간 건데, FTA는 지금 정부에서 자기들이 먼저 하자고 했다고 자랑하고 있단 말이에요. 그러니까 진짜 황당한 거죠. 이라크 파병이니 전략적 유연성 문제는 할 수 없이 우리가 끌려갔다고 하지만 FTA는 자기가 앞장서서 하겠다고 했다니까 이게 참…… 어떻게 보면 다행이라면 다행이죠. 왜냐하면 일시적으로 무슨 착각을 해서 한 거니까 착각에서 벗어나서 방향전환을 할 가능성이 있다고 보면 다행이지만 이건 참 어이가 없는 일이에요.

공지영 FTA 때문에 뉴욕에 가서 시위도 하고 그래서 마음이 안 좋은데요. 아까도 제가 말씀드렸지만, 그렇다면 우리들은 어떤 운동, 어떤 것들에 참여를 할 수 있나요? 그런 것들을 들을 때마다 참 무기력하게 느껴져요. 도대체 우리가 할 수 있는 일이 뭘까 하는 생각이 들거든요.

백낙청 통일이라든가 남쪽사회 개혁이라는 문제를 별개로 보지 않고 맞물려 있다고 보면, 한미FTA만 하더라도 정부가 저렇게 무모하게 추진하는 걸 반대하고 비판하고 국민을 계몽하고 하는 것 자체가 남북통합에도 간접적으로 기여하는 일이 되고, 우리 사회가 외국에 더 종속되는 것을 막는 길이기도 하고요. 그러면서 국민들의 시민적 교양을 높이는 길이기도 하고, 민주주의를 실질적으로 심화하는 길이기도 하고요. 바둑을 잘 두는 사람은 하나의 수를 놔도 그게 여러가지 효과를 동시에 내도록 하잖아요?(웃음) 수비도 되고 공격도 하고 포석도 되고 여러가지를 하듯이, 사실은 우리가 특별한 고수가 아니더라도 한 수 둘 때마다 다목적 효과를 낼 수 있는 행복한 위치에 있다고 봐요. 그러니까 너무 무기력증에 시달릴 필요가 없어요.(웃음) 내가 뭐 하나만 잘하면 남북분단 해소에도 도움이 되고 남쪽사회 개혁에도 도움이 되고, 또 더 크게 보면 전체 세계의 시민사회랄까 이런 것이 한 걸음 전진하는 계기도 되는 거니까.

공지영 사실 얼핏 보면 분단이 우리와 아무런 상관도 없는 것같이 느껴지지만, 지금 선생님과 제가 앉아 있는 것, 이런 것도 그로부터 자유로울 수 없는 것이 현실인데 너무 자주 잊고 사는 것 같아요. 우리는 '나는 정치에는 별로 관심 없어' 이런 안이한 말로 현실을 잊고 사는데, 그런 의미에서 이번에 광주에서 열리는 6·15 행사가 그런 무관심, 무기력에서 우리를 벗어나게 해줬으면 좋겠는데요. 선생님, 구체적인 행사 일정 좀 알려주세요.

백낙청 14일 오전에 북측대표단이 도착합니다. 비행기로 평양에서 광주로 직접 옵니다. 도착해서 오후에 우선 망월동 묘지를 참배하고 그날 저녁에 광주 경기장에서 개막식을 하게 되어 있어요. 개막식에서 특기할 만한 사항은 김대중 전 대통령이 잠시라도 나와서 축하 연설을 해주시기로 했어요.

공지영 네. 기차 타고 오시죠?(웃음)

백낙청 네. 기차 타고 오십니다.(웃음) 15일에는 6·15공동선언 발표 기념대회를 하고 기념공연도 있고 그럽니다. 그리고 16일에는 폐막식을 해야 되고요. 목포에 가서 또 공연을 하기로 되어 있어요. 엄밀히 말하면 광주·전남 지역이에요. 광주에서 대부분의 행사를 하지만 목포까지 가기로 했어요. 그리고 17일에 떠납니다.

공지영 북한 대표단은 광주 방문이 지금이 처음인가요?

백낙청 그동안에 6·15기념행사는 물론이고 여러 민족공동행사들이 있었잖아요. 가령 유니버시아드대회 응원이라든가 공동 참여, 아시안게임, 이런 것들이 여기저기서 열렸죠. 대구와 부산에서요. 그리고 인천에서는 6·15행사가 있었고, 제주도에서도 행사가 있었지만, 광주에 북측대표단이 오는 건 이번이 처음입니다.

공지영 선생님 얘기를 오늘 들으면서 저는 배운 게 너무 많고 생각도 희망적이고 낙관적으로 변했어요. 80년 민주화항쟁을 생각해보면 그 자체는 비극이었지만 결국 그 씨앗이 터진 아픔을 갖고 우리가 민주화를 이루어냈듯이, 이번 광주 6·15행사가 그 자체로는 힘들겠지만 통일의 씨앗이 되는 좋은 행사가 되기를 꼭 바라겠습니다. 오늘 나와주셔서 매우 감사하고요. 저도 너무나 많은 공부를 했습니다. 선생님, 감사합니다.

백낙청 네. 오늘 즐거웠어요.

『한반도식 통일, 현재진행형』을 말하다

백낙청(서울대 명예교수)

김호기(연세대 사회학과 교수)

왕상한(진행 | 서강대 법학과 교수)

왕상한 안녕하십니까? 왕상한입니다. 'TV, 책을 말하다'가 오늘 소개해 드릴 책은 백낙청 교수가 쓴『한반도식 통일, 현재진행형』입니다. 백교수는 그동안 우리 민족과 남북문제에 대해 깊이있는 통찰을 계속해온 원로 학자죠. 6·15남북공동선언 6주년과 김대중 전 대통령의 방북을 앞둔 지금 백교수가 얘기한 한반도식 통일에 대해서 세간의 이목이 집중되고 있습니다. 오늘 이 책과 함께하겠습니다.

먼저 오늘 나오신 분들부터 소개해드리겠습니다. 연세대학교 사회학과 김호기 교수 나오셨습니다. 그리고 이 책의 저자이시죠, 백낙청 교수 나오셨습니다. 백교수님께서는 오랜 기간 동안 통일문제에 대한 논의를 이끌어오셨습니다. 제가 1998년도로 기억하는데요.『흔들리는 분단체제』

■ 이 토론은 KBS 1TV 'TV, 책을 말하다'(2006년 6월 19일)에 방송된 것이다.

『한반도식 통일, 현재진행형』을 말하다 **349**

라는 책이 나왔고, 그때 남한은 외환위기로 그리고 북한은 식량난으로 참 어려움을 겪던 시기였습니다. 그리고 8년이 지났는데, 또다시 우리나라의 통일에 대한 책을 내셨거든요. 이유가 뭘까요? 새로운 통일담론이 필요하다고 보셨습니까?

백낙청 네. 그 책을 낸 이후로 저 나름으로 생각을 발전시키고 또 우리 한반도 현실의 진전에 대해서 관심을 가지고 지켜봤습니다. 그렇다고 이 책을 한꺼번에 써낸 것은 아니고요. 그동안에 그때그때 글을 쓰면서 되도록 일관된 생각을 발전시키려고 노력하다가 작년 한 해를 지나면서, 그전 책의 제목이 '흔들리는 분단체제'인데, 이제는 그런 우리 분단체제가 흔들리는 정도가 아니라 해체되는 단계에 들어섰다, 그리고 한반도의 독특한 통일과정이 현재진행형이다 하는 신념을 저 나름으로 굳히게 됐습니다. 그래서 올해 들어 그동안 발표한 걸 묶어 제 생각을 한번 세상에 펴내보고 여러분들의 반응을 들어보고 싶었습니다.

김호기 인문학자임에도 불구하고 어떻게 보면 사회학적인 주제에 가까운 분단과 통일에 대해서 백교수님께서는 1, 2년이 아니라 지난 10여 년 동안 꾸준히 연구해오셨고 이것이 사회학자들에게 큰 귀감이 되는 것 같습니다. 우리가 통일이나 분단에 대한 것을 생각하게 되면 감상적인 접근들을 먼저 떠올리게 되는데, 백선생님은 분단체제라는 개념을 포함해서 과학적으로 접근하고 있다는 점입니다. 두번째로는 현재 우리의 분단상황이 남한사회, 북한사회에 미치는 영향, 그리고 향후 전망, 이런 것들을 우리 사회뿐 아니라 동아시아, 나아가서는 세계사의 흐름 속에서 검토하고 있다는 점이 의의일 것 같고요. 세번째로는 우리 사회의 중요한 과제라고 할 수 있는 통일이 베트남이나 독일이나 예멘과는 다르다는 한국적 특수성을 강조하고 있다는 점이 제게는 대단히 인상적이었습니다.

왕상한 그러면 본격적으로 책에 대한 내용을 여쭤보도록 하겠습니다. 교수님께서는 책에서 통일에 대한 개념을 바꿔야 한다고 말씀하고 계시는데요. 교수님께서 생각하시는 통일, 그 개념은 무엇인지요?

한반도식 통일의 개념과 그 과정

백낙청 글쎄요. 저희는 6·25전쟁을 어린 나이에지만 직접 겪은 세대 아닙니까? 저는 태어나기를 식민지시대에 태어났고요. 사실 일제에서 해 방되었을 때 우리 국민 대다수가 원한 것은 통일된 단일형 국민국가 아닙 니까? 다른 모든 나라가 그러듯이…… 그런데 지금도 은연중에 그런 식의 국민국가를 일거에 회복하는 것이 통일이다 하는 생각이 우리 머릿속에 있습니다. 그런데 현실을 보면 그것이 그렇게 쉽게 가능한 것도 아니고 요. 또 기왕에 그토록 오래 갈라져서 살아왔고 여러가지 복잡한 문제가 얽 혀 있는데 억지로 그렇게 통일하는 것이 바람직한 거냐 하는 것도 여러 사 람들이 의문을 갖는 사항이거든요. 그래서 꼭 그런 식으로 통일하는 것만 이 통일이라고 고집할 게 아니라 지금 이 갈라져 있는 상태를 점점 완화해 나가면서 가능한 방식으로 한 단계 한 단계 통합해나가는 것이 한반도 특 유의 통일과정이라고 생각해요. 그리고 제1단계에 대해서는 6·15공동선 언에서 이미 남북 정상이 합의를 한 바가 있습니다.

한반도만의 특유의 통일은 무엇일까? 백낙청 교수는 서독에 의한 흡수통일 이나 무력에 의한 베트남의 통일, 당국자들에 의한 나눠먹기식 예멘 통일과는 다른 독자적인 형태라고 말한다. 백낙청 교수는 책에서 남북연합의 형태를 제 안한다. 남북한이 서로의 차이를 인정하며 시민이 주도하는 열린 형태의 통일 을 먼저 이루어야 한다는 것이다. 이미 현재진행형이라는 한반도식 통일, 저자 는 6·15공동선언이 그런 통일의 들머리였다고 말한다. 양측의 대표는 강대국 에 구속되지 않고 남북간에 합의점을 찾아가는 자주적인 통일을 지향할 것을 협의했다. 6·15공동선언 이후 진행되고 있는 남북교류와 공동 추진 작업은 남북연합의 1단계 통일이 이미 진행되고 있다는 주장을 뒷받침한다. 한반도식 통일의 현주소와 미래, 그 모습을 짚어본다.

김호기 그동안 우리 사회에서는 제가 보기에는 두 종류의 통일론이 있었던 것 같습니다. 하나는 다분히 민족주의에 기반한, 감상적이고 정서적인 통일지상론, 통일이 최상의 가치라고 보는 하나의 흐름이 있었고요. 또 하나는 통일의 당위성은 인정하면서도, 사실상 제가 보기에는 정말 이분들이 통일에 관심이 있을까 싶은, 어떤 점에서는 정치적 수사로서의 통일론, 반통일의 통일론이라고 할 수 있는 그런 흐름도 있었던 것 같습니다. 이런 두 가지 흐름과 대비해볼 때 백선생님이 3부작에서 일관되게 주장하고 있는 통일론은, 굳이 이름을 붙이자면 백선생님 책에도 나와 있는 개념입니다만 '과정으로서의 통일론'이지 않나 하는 생각이 듭니다. 우리가 주목해봐야 될 것은 우리와 유사한 위치에 놓였던 국가들의 앞선 경험들입니다. 베트남의 경우에는 무력에 의해 통일을 했고요. 독일의 경우에는 흡수통일에 가까운 강제적 성격이 두드러집니다. 반면에 백선생님께서도 책에서 지적하고 계십니다만 예멘에서는 담합적인 통일이 이루어졌는데, 이런 것과 비교해볼 때 우리만의 특수성을 저는 주목해봐야 한다는 생각을 갖고 있습니다.

왕상한 교수님께서는 이번에 발표하신 책에서 한반도식 통일이 '도둑처럼 오는 통일'이라고 표현하셨거든요. '도둑처럼 오는 통일'이라는 표현은 언뜻 듣기에는 그렇게 썩 좋은 표현 같지 않은데요. 이렇게 표현하시게 된 이유가 있는지요?

백낙청 '도둑같이 온다'는 것은 아시겠지만 기독교 성서에 나오는 말이죠. 사람의 아들이라는 예수님이 자신이 재림하실 때는 도둑같이 올 테니까 깨어 있으라고 하신 건데 '도둑같이'라는 게 두 가지 의미로 해석할 수 있어요. 사실은 우리 8·15해방이 어떤 의미에서는 '도둑같이' 왔는데 그때 우리 동포의 많은 사람들이 깨어 있지 못하고 잠들어 있었습니다. 그래서 그 후에 전쟁을 치르고 불행을 겪었습니다. 그런데 통일이 도둑같이 온다고 할 때는 저는 그런 의미로 오는 게 아니라…… 그러니까 다들 모르고 있는데 어느 날 갑자기 통일이 되는 그런 통일이 되는게 아니고…… 사실 그건 불행한 통일이 되는 거죠. 그런 게 아니라 조금 아까도 설명했듯이 이게 통일인지 아닌지도 모를 정도로 어물어물 진행되다가 어느 날 문득 '야, 이거 통일된 거 아니냐? 우리 일단 통일됐다고 합의하자' 그러면 그것이 1단계 통일이라는 겁니다. 그런 의미로 도둑같이 온다는 표현을 써본 거죠.

왕상한 교수님께서 지금 '1단계 통일'이라는 표현을 쓰셨거든요. 그러면 2단계, 3단계 통일도 있을까요?

1단계 통일로서의 남북연합

백낙청 예. 아무래도 1단계가 국가연합이나 낮은 단계의 연방제라고 한다면 2단계에 가면 좀더 통합의 수준이 높은 단계가 되야겠죠. 그런데 김호기 교수께서 '과정으로서의 통일'이라는 표현을 쓰셨는데…… 저 자신도 그 표현을 썼고요. 거기에 한마디 덧붙인다면 이 과정은 종착점이 정해지지 않은 과정입니다. 그런 점에서는 개방적인 과정이죠. 또 실제로 저는 이것을 달리 표현해서 '시민참여형 통일'이다. 이렇게 표현해봤습니다. 그것이 사실은 예멘과의 결정적인 차이죠. 사실 베트남은 무력통일이니까 우리에게는 전혀 해당이 안되는 선례이고, 독일식 통일도 우리에게는 상당히 안 맞는다는 합의가 이루어졌습니다.

그런데 예멘의 경우는 많이 알려지지는 않았지만 사실 남북간에 협상을 해서, 타협을 해서 통일을 한 거거든요. 그런데 그 과정이 김교수가 말씀하신 것처럼 복잡했죠. 나중에 무력충돌을 했다가 다시 완전통일이 이루어졌지만, 기본적으로는 결국 당국자들간의 담합, 거래에 의한 통일이 었습니다. 네가 대통령 하고 나는 부통령 하고 총리는 누가 하고, 이런 식으로 나눠먹기식 통일을 했는데, 우리는 남북간의 대화를 통해서 접근한다는 점에서는 비슷하지만 그 과정에 시민들이 얼마나 참여하고 어떻게 하는가에 따라서, 2단계, 3단계의 목표가 뭐가 되는가를 그때 가서 정하는 겁니다. 한반도의 주민들이 정하는 거죠. 그런 점에서 열린 과정이다, 이렇게 말씀드릴 수 있죠.

김호기 한 가지만 덧붙여서 간단히 말씀드리고 싶은 것은, 우리가 지금 통일의 과정에 있다는 구체적 사례의 하나로서 저는 2년 전에 있었던 송두율(宋斗律) 교수 사건을 들고 싶습니다. 그게 2004년 9월, 10월에 있었던 사건인데요. 저로서는 상당히 당혹스러웠던 것이 한쪽에서는 송두율 교수에 대한 이념적인 논란들이 뜨거웠던 반면, 다른 한쪽에서는 북한 평양에 있는 정주영기념체육관에서 정주영씨를 기리기 위한 남북한 친선 농구대회가 열렸다는 점이었습니다. 사회학자로서 저는 대단한 아이러니를 느꼈습니다. 한쪽에서는 냉전의 유산을 둘러싸고 이념적 논란이 벌어지고 있는 반면, 다른 한편에서는 통일의 기운이 무르익고 있었습니다. 저는 이런 것들이 백선생님이 전달하려고 하신 과정으로서의 통일, 일견 보면 모순된 과정이지만 점차 우리 사회가 그 방향으로 나아가고 있다는 메씨지이지 않을까 하는 생각을 가지고 있습니다.

백낙청 남북연합만 형성이 되면 1단계 통일이다라고 제가 주장할 때에 거기에 두 가지 반론이 가능합니다. 하나는 현실적인 반론으로서 설령 그렇다 치더라도 요즘 세상 돌아가는 꼴로 봐서 그게 어디 쉽게 되겠냐는 상황판단이 있을 수 있고, 또 하나는 이론상의 문제인데요. 우리가 아는 상식으로는 국가연합이라는 건 독립성을 갖는 두 국가가 주권을 가지면서 연합하는 거니까 이건 통일로 보지 않습니다. 교과서에는 그게 통일로 되지 않아요. 느슨한 단계라도 연방제 형태가 되어서 하나의 중앙정부가 있을 때, 그 안에 남한 정부, 북한 정부가 상당한 자율권을 행사하더라도 그렇게 됐을 때 비로소 통일이라고 하는 것이 상식인데, 그렇지 않고 남북연합제만 해놓고 통일이라고 하는 걸 보고 '말장난 하는 게 아니냐?' 나쁘게 말하면 '사기 치는 것 아니냐?' 이렇게 말할 수도 있겠지요. 그러나 저는 이것도 한반도의 특이한 상황에 비추어서 판단할 문제라고 보는데요. 가령 유럽 같으면 지금 국가연합을 하고 있는 셈이죠. 꽤 느슨한 국가연합이지만 많은 나라가 단일 화폐를 사용하고 있고 주민들의 이동이 자유롭습니다. 거주는 못하더라도 이동은, 여행은 자유롭게 하는데, 남북연합이 됐을 때 과연 그 정도 수준이라도 될까 하면 저는 오히려 그보다 통제가 많은 연합일 것 같아요. 그러면 현재의 유럽연합을 가지고도 통일국가라고 부르지 않는데 어째서 남북연합, 그런 느슨한 연합을 가지고 통일이라고 부르느냐? 그것은 유럽의 통합과정과 한반도의 재통합과정의 역사적 성격이 전혀 다르기 때문에 그렇습니다. 우리는 하나의 민족으로, 또 오랫동안 하나의 중앙정부 아래서 수백 년…… 수천 년까지는 아닙니다만 천년이 넘도록 살아오던 민족이 외세에 의해서 억지로 분단이 됐단 말이죠. 그래서 통일을 하려다가 전쟁도 하고…… 그래서 지금도 한반도 중간에 철조망이 쳐지고 지뢰가 묻혀 있지 않으면 언제 통일한다고 터질지 모르는 폭발적인 상황입니다. 이런데 어떻게 남과 북을 슬기롭게 접근시켜서 큰 사고 안 치고 통일하느냐? 이 목표는 이미 합의된 상태에서 그것을 이루려면, 그리로 나가는 과정에서 국가연합을 하는 거란 말이죠. 그러니까 이 국가연합의 성격이 유럽연합 같은 것과는 전혀 다른 겁니다. 그래서 국가연합만 이루더라도, 우리가 이미 합의하고 있는 통일을 향해서 결정적인 한 걸음을 내디뎠고, 뿐만 아니라 이 과정이 너무 폭발적이서 불행한 일이 일어나지 않도록 하는 장치를 마련하는 꼴이 되기 때문에, 저는 학술적·이론적으로도 그것을 1단계 통일이라고 부를 수 있다고 생각합니다.

왕상한 네. 물론 최근에 있었던 사건들이나 내용을 보면 우리의 통일에 대한 꿈을 더 크게 만드는 건 사실입니다. 하지만 다르게 생각해보면 과연 북한이 통일을 향한 과정을 순탄하게, 또 평화적으로 이끌어갈 수 있는 파트너인가 하는 생각을 들게 하는 일련의 사건들도 있고요. 또 달리 생각해보면 정말로 우리가 지금과 같은 남북관계를 계속해서 유지해나갈 수 있을 것인지 우려되는 부분도 있는 게 사실입니다.

백낙청 남북관계는 현싯점에서…… 작년에 여러가지로 잘 풀린 데 비하면 지금 다시 저조한 상태로 들어섰다고 볼 수 있습니다. 김대중 전 대통령께서 방북하시게 되는데 그런 것이 또 하나의 계기가 되어서 어떻게 변화가 올지 모르겠습니다만, 지금 우려하시는 여러가지 사태가 벌어지고 있는 것은 사실이죠. 그러나 남북관계를 보면…… 제가 '어물어물'이라는 표현을 썼는데 또다른 표현을 하나 쓰면 이게 '구질구질'하게 진행됩니다. 그래서 쌈빡하게 해결되기를 기대하시면 안되고…… 문제는 북에도 있고 남에도 있는데, 한반도식 통일은 독일과 다를 수밖에 없다고 말하는 것이 바로 이 문제가 하도 복잡하게 얽혀 있기 때문이므로 우선 남북연합이라는 장치, 통일이 너무 빨리 되지도 않고 그렇다고 아예 안되지도 않고 어느정도 순탄하게 진행되어갈 수 있는 장치를 만들어내야 됩니다. 제가 보기에는 북에서 그래도 조심스럽게 그 방향으로 가고 있고…… 가는 과정에서 내부반발도 있을 테고, 또 거기로 가는 과정에 대해 미국이 어느정도 보장을 해줘야 하는데 그것을 안해주려고 하기 때문에 오는 차질도 있고요. 그런 문제점들이 있지만 1단계 남북연합제로 가면서 점차적으로 개방하고 개혁하는 것 이외에는 북에도 다른 선택이 없고요. 또 남쪽 입장에서도 그 이외에 다른 선택이 없다고 봅니다. 그러니까 확 빨리 하려고 해도 되지 않고, 그렇다고 통일 그만두고 우리끼리 각자 잘 살아보자 해도 잘 살아지지가 않는 그런 상황이라고 판단합니다.

왕상한 교수님 말씀처럼 '어물어물'이 됐든 '구질구질'이 됐든 또는 '얼렁뚱땅'이 됐든 순탄하지 않을 것 같은 건 사실인데, 이런 가능성은 없을

지 모르겠습니다. 가령 어느 날 갑자기 북한 체제가 붕괴가 되었을 때 그것이 우리의 통일을 위한 과정에 어떤 영향을 줄 것인지, 또 무엇을 어떻게 대비해야 할 것인지에 대한 부분인데요.

어느 날 갑자기 북한의 붕괴 가능할까

백낙청 북한의 붕괴 가능성에 대해서는 사실…… 세상일이라는 걸 장담할 수 있는 사람이 누가 있겠습니까? 가능하죠. 다만 소련이나 동구 사회주의 국가가 붕괴했기 때문에 여기도 붕괴한다는 건 전 생각하기 어렵다고 봅니다. 그 나라들은 독일을 빼면 전부 분단국이 아닌 일단 통일된 국가들이었고, 독일의 경우는 분단되어 있다고 하지만 우리처럼 서로 전쟁을 한 후 엄청난 무력을 가지고 휴전선에서 대치하고 있는 상태가 아니었기 때문에 붕괴되더라도…… 그걸 또 꼭 문자 그대로 붕괴라고 볼지도 의문이죠. 왜냐하면 독일사회가 변한 거고 동독 주민들이 투표를 통해서 선택을 한 거니까 어떻게 보면 붕괴라기보다는 더 질서정연한 변화였다고 볼 수 있는데요.

저는 북의 경우 엄청난 파국이 아니고 질서정연한 붕괴는 불가능하다고 보고요. 또 만의 하나 그런 비상사태가 생긴다면, 우리는 독일에 대한 선입견 때문에 우리가 가서 수습을 하고 통일을 해야 할 텐데 그러려면 돈도 많이 모아놓고 준비를 열심히 해야 되겠다고 생각하는 경우가 있어요.(웃음) 그러나 가령 북에서 무슨 비상사태가 났을 때 남쪽이 제일 먼저 들어갈 수 있는 권리가 있는 건 아니거든요. 미국은 미국대로 생각이 있을 거고, 중국은 중국대로 생각이 있을 거고. 국제법상으로 본다면 지금 중국과 북측은 동맹상태이기 때문에 비상사태가 났을 때 북에서 동맹국을 불러들인다면 중국은 합법적으로 들어갈 수 있는 위치에 있고 또 가장 많은 병력을 가지고 있어요. 남쪽에서 휴전선을 넘어서 들어간다? 이건 우선

너무나 위험한 발상이 아닐 수 없다고 생각합니다.(웃음)

김호기 예. 그 점에 있어서 저는 좀더 적극적인 대비가 필요하다는 생각을 합니다. 우리 사회에서 우려스러운 것 중의 하나가 남북관계로부터 비롯되는, 우리가 흔히 남남갈등이라고 얘기하는데, 북한사회를 어떻게 볼 것인가에 따른 우리 사회의 이념적·사회적 갈등이 존재해왔고 현재 존재하고 있다는 점입니다. 그런데 저는 이런 남남갈등 같은 것들을 꼭 부정적으로만 볼 필요는 없다는 생각이 듭니다. 왜냐하면 그만큼 통일의 방법, 통일의 전략에 대한 풍부한 논의, 사회적 합의, 공론화, 이런 걸 이끌어낼 수 있는 계기로서도 볼 수 있기 때문입니다. 『한반도식 통일, 현재진행형』을 통독하면서 받았던 느낌인데, 우리가 적어도 통일문제에 관해서는 조급한 인식보다는 때로는 한 걸음 물러서서 한반도문제 전체를 성찰하는 다소 좀 여유있는 시각이 필요하지 않나 하는 생각입니다. 북이 어느 날 갑자기, 동구 사회주의가 붕괴하듯 붕괴할 가능성은 있겠지만, 그렇다고 해서 자고 일어나보니까 그 다음날 갑자기 붕괴하는, 이런 가능성은 없다고 봅니다. 바로 그런 것을 위해서라도 통일에 대한 우리의 담론을 더더욱 활발하게 논의하고 숙의하고 정교화시켜야 할 필요가 있다고 생각합니다.

왕상한 교수님께서 말씀하신 한반도식 통일의 키워드는 분단체제라고 생각합니다. 1994년의 저서도 그러하셨고요. 또 98년의 저서에서도, 이번에 발표한 저서에서도 분단체제라는 말이 나오고 있는데요. 언뜻 들어보면 상당히 쉬운 말인데, 또 언뜻 생각해보면 상당히 어렵게도 들리는 그런 말입니다. 분단체제, 어떻게 정의할 수 있겠습니까?

백낙청 네. 그게 쉬운 말이면 안되죠.(일동 웃음) 왜냐하면 우리가 분단을 그냥 멋있게 말하기 위해서, 기분 내기 위해서 체제라는 말을 쓴다면 모를까…… 제가 분단체제를 얘기한 취지를 말씀드리면, 남북의 분단이 장기화되면서 남북을 아울러서 이것이 일종의 체제가 됐다는 겁니다. 그래서 어느정도 내화된, 우리 내부의 것이 된 면이 있어서 그 구조를 제대로 인식하고 넘어서려면 남북의 각각 다른 면을 보면서도 둘을 한꺼번에 볼 수 있는 능력이 필요하다는 게 그 취지의 하나고요. 또 하나는 분단체제라는 것이 한반도에만 덩그러니 따로 있는 것이 아니라, 역시 세계체제라고 할까 세계 전체가 돌아가는 과정에서 작동하는 힘이 한반도를 중심으로 나타나는 하나의 현상이다, 이렇게 봅니다.

세계체제의 작동과정으로서의 분단체제

왕상한 교수님께서 쓰신 책의 내용을 잠깐 인용해보도록 하겠습니다. 97쪽인데요. "군사독재정권의 타도에서부터 지역주의 타파, 인권신장, 부패추방, 언론개혁, 환경보호, 성차별 철폐, 빈부격차 축소 등등을 위한 수많은 싸움들이 모두 '제대로 된 통일'의 필수적 요건이다"라고 적고 있는데요. 다른 내용은 다 공감을 할 수 있는 내용들인데, 그중에서 성차별이라든가 환경문제가 통일과 어떤 연관이 있을지가 궁금해지거든요.

백낙청 거기에서 제가 '제대로 된 통일'이라고 표현하지 않았습니까? 그것은 아무렇게라도 통일만 하면 된다는 통일지상주의가 아니고 우리가 지금 분단체제 속에서 살고 있는데 이 체제가 우리 삶의 여러가지 질곡이 되고 있기 때문에 이걸 넘어서서 분단체제보다 나은 체제로 통일을 하자는 의미거든요. 그런 취지에 비춰본다면 성차별문제도 개선되어야 할 거고, 환경문제도 당연히 개선되어야 할 건데요. 그런데 이게 분단과 무슨 관계가 있느냐? 성차별이건 환경문제건 인권문제건 세계 도처에서 발견되는 문제인데 다만 한국사회에서는 그런 것이 드러날 때 분단과도 연관되어서 문제가 가중되는 면을 우리가 놓치지 말아야 한다는 거죠. 가령 성차별문제 같은 경우도, 세계적으로 남녀차별을 재는 여러가지 척도가 있지 않습니까? 여성들의 사회진출 정도라든가…… 보육시설을 제대로 안

해줬을 때 가장 고통받는 게 여성이거든요. 육아를 도맡아야 하니까……
이런 것을 생각해보면 사실은 남한사회의 경제력이나 문화수준, 교육수
준에 비해서 세계적으로 등수가 엄청 떨어집니다. 그러면 이게 왜 그랬을
까? 역시 남북대결 구도 속에서 전통적인 남녀 성차별주의 같은 것이 더
힘을 얻고, 그것이 더 깨지기가 힘들지 않느냐? 북측 사람들은 북에는 여
성문제가 없다고 주장합니다만, 북의 경우도…… 동독을 포함해서 대개
사회주의 국가는 남녀차별이 많이 타파됐는데, 북이 이들에 비해 떨어지
는 것이 역시 분단과 무관하지 않다고 생각합니다. 환경문제도 마찬가지
입니다. 환경문제는 어느 나라나 다 있는 겁니다만, 우리처럼 이렇게 심각
한 것은 남북이 서로 대립하면서 군사주의 문화가 자리잡고 또 개발 가지
고 서로 경쟁을 하니까 물질주의적이고, 그러다 보니까 자연히 환경적인
가치가 뒤로 밀리는 것이 아닌가, 이렇게 볼 수 있습니다.

김호기 세계화라는 것이 최근의 현상이 아니라 지난 20세기에 들어와
서 계속 지속된 과정이라고 본다면, 사실상 오늘날 어느 국가건 어느 사회
건 안과 밖을 나누기란 아주 어렵다는 생각입니다. 그런 맥락에서 볼 때
지금 우리 사회가 동심원 중 가장 안쪽에 있는 것이라면, 그 동심원들의
가장 바깥에는 세계사회가 있을 겁니다. 문제는 우리 사회와 세계사회의
상호작용 속에 분단이라는 현실이 미치는 일정한 영향들이 있다고 저는
생각합니다. 이걸 잡아내기 위해서 백선생님이 분단체제라는 말을 고안
해내신 걸로 알고 있습니다. 달리 말씀드리면 분단체제라는 것은 세계사
회가 우리 사회에 미치는 영향력의 프리즘이라 할 수 있는 역할을 하는데,
저는 그 역도 성립가능하다고, 우리 사회가 세계사회에 영향을 미칠 때도
분단체제가 하나의 프리즘이 된다고 생각합니다.

구체적인 몇 가지 예를 들어보겠습니다. 부시의 대외정책이 사실 오늘
날 전세계에 영향을 미치고 있습니다. 그런데 우리 사회의 경우는 분단이
됐기 때문에 부시의 대외정책으로부터 세계 다른 국가들보다도 더 예민

하고 직접적인 영향을 많이 받게 되는 듯합니다. 또 저는 금융자본의 세계화에서 볼 수 있는, 이른바 초국적 자본의 투자에 있어서도 현재 남북한이 분단의 적지 않은 영향을 받는다고 생각합니다. 뿐만 아니라 지금 우리 사회를 뜨겁게 달구고 있는 논란 중 하나인 평택 대추리 문제만 해도 이것이 분단과 연관된 전략적 유연성이라든지 주한미군 재배치 문제, 이런 것과 사실 직접적으로 연관되어 있다고 볼 수 있죠.

그리고 나아가서 우리들의 의식, 이걸 분단의식이라고 이름지을 수 있는 것인지 모르겠습니다만, 이 역시 이러한 분단체제로부터 큰 영향을 받고 있습니다. 한 가지만 말씀드리지만 사회주의나 사회민주주의란 개념이 여전히 우리 사회에는 적잖이 낯섭니다. 이것은 다름아닌 분단에서 비롯된 우리 사회의 특수성이라는 생각을 가지고 있습니다. 이런 점에서 볼 때 분단체제라는 개념은 사회과학을 전공하는 저로서도 나름대로 의미가 결코 작지 않은 것으로 평가할 수 있을 것 같습니다.

왕상한 교수님께 이런 질문을 드려보죠. 모 대학 입시에 출제된 문제였는데요. 북한에 우리 정부가 많은 경제지원을 하고 있지 않습니까? 하지만 동시에 우리나라에도 노숙자라든지 실업자와 같이 어려움을 겪고 있는 분들이 많습니다. 이런 상황에서 북한에 대한 지원이 과연 타당한지 그 이유를 설명하라는 문제가 모 대학 입시에 나왔는데요. 교수님이라면 그 문제를 어떻게 푸시겠습니까?

백낙청 저는 우선 한국경제의 안정을 위해서는 한반도의 군사적 안정과 정치적 안정이 절대적으로 필요하다고 봅니다. 우리 경제가 너무 많이, 지나치게 개방되어서 국제적으로 신인도가 조금만 떨어진다고 하면 주식시장에서 외국투자가들이 돈 끌어내가고 신용등급이 저하되고 이런 문제가 생기지 않습니까? 또 지금 비교적 안정되어 있다고 합니다만 많은 사람들이 코리아 디스카운트라는 말을 씁니다. 다시 말해서 우리 대기업들의 자산가치가 외국에서 저평가되어 있다는 거예요. 왜 그 가치를 디스카운트해버리느냐? 한국기업이기 때문에, 언제 무슨 일이 생길지 모르는 한반도에 속해 있는 기업이기 때문에 값을 제대로 안 쳐준다는 겁니다. 그러저러한 면을 보더라도 한반도의 안정이 한국경제에 절대적으로 필요하다는 건 의심할 여지가 없다고 보고요. 그 안정을 유지하는 수단의 하나로 경제지원이라든가 이런 것이 당연히 있어야 한다고 봅니다.

구체적으로 노동자들이 북한 노동자들과 경쟁해서 여기에 직장이 없어지는 것 아닌가 하는 우려는 세상에 남한과 북한만 있을 때는 그게 통하는 얘기입니다만 지금은 그렇지 않거든요. 가령 북한 개성공단의 노동자들과 경쟁하는 사람들은 우리 남쪽의 노동자들이 아닙니다. 임금격차가 너무 커서 도저히 비교가 안되고요. 이건 중국이나 동남아 노동자들과의 경쟁이에요. 개성공단에 못 가면 그 기업들이 우리 남쪽에 남아 있는 게 아니라 방글라데시에 가고 버마에 가고 어디에고 가게 되어 있습니다. 거기에 안 가고 개성에 가는 거니까 그렇게 되면 이거야말로 북에도 도움이 되고 우리 중소기업들은 저 멀리 말도 안 통하는 데 가서 관리비 많이 쓰는 것보다 좋고 물류비도 절약되고 그야말로 상생의 길이죠. 그러니까 사실을 놓고 실사구시적으로 봐야지 그런 이념을 가지고 북한 노동자를 착취함으로써 남한 노동자가 더 못살게 된다, 이렇게 볼 일은 아니라고 생각합니다.

왕상한 교수님께서는 지금 실사구시라는 말을 하셨는데요. 그렇지만 또 교수님 책을 보면 '곳곳에서 자본주의 경제체제가 길어야 30년'이라고 하는 사람들의 말을 인용하는 표현이 있거든요. 교수님께서 보시기에 자본주의 경제체제가 지금 쇠락의 길로 들어섰다고 보시는 건가요?

백낙청 네. 저는 그렇게 보고 있습니다. 지금 미국 경제가 쇠퇴하고 있고 경쟁력이 떨어지고 군사력이나 정치력 가지고 버티고 있다는 것은 세계가 다 공유하는 바이고요. 미국이 엄청난 재정적자에 시달리고 제조업은 경쟁력이 떨어지고 있고…… 그렇다고 내일 당장 망한다는 얘기는 아닙니다만 쇠퇴하는 건 분명합니다. 그런데 자본주의 세계경제가 전체적으로 건강할 때는 하나의 패권국이 쇠퇴할 때 후속 타자가 드러나서, 또는 몇 개 후보가 나와서, 가령 독일과 미국이 영국 뒤를 이어서 나타나서 둘이 전쟁을 해서 미국이 이긴다든가 해서 패권국가의 승계가 이루어지는데 지금은 그런 것도 보이지 않습니다. 그리고 미국 스스로가 앞장서서 세계경제 질서를 교란시키고 있고요. 그런 점에서 저는 이제까지 우리가 알아온 자본주의 세계경제의 수명은 멀지 않았다고 보는데요. 다만 소위 정통 사회주의라든가 맑스·레닌주의를 주장하는 분들은 자본주의가 일정한 모순이 축적되면 망하면서 그걸 통해서 사회주의 사회가 오게 되는 역사의 법칙이 있다고 했는데, 저는 그런 역사의 법칙이 있는 것 같지는 않아요. 자본주의 사회가 경제질서가 교란돼서 언젠가는 무너지면서 더 나쁜 사회, 더 억압적인 사회가 올 수도 있는 거고, 우리가 하기에 따라서는 더 사람이 살 만한 체제를 만들 수도 있다고 생각합니다. 그리고 그게 20년인지 30년인지 그런 얘기를 제가 점쟁이도 아니면서 하는 건 허황되다는 소리밖에 듣지 못할 거고, 다만 월러스틴(Wallerstein)이라는 학자가 때로는 30년도 얘기하고, 때로는 40년, 50년 얘기도 하는데 저는 대체적으로 그 얘기는 맞다고 보며, 부시 같은 사람이 나와서 스스로 미국의 국익을 손상시키는 저런 일을 하는 것도 우연이 아니라 일종의 말기현상이 아닌가 보고 있습니다.

김호기 보는 시각에 따라 다를 수 있는 것 같은데요. 백교수님이 말씀하신, 30년 안팎에 남지 않았다고 하는 것은 30년 뒤에 자본주의가 갑자기 붕괴한다는 게 아니라 자본주의가 새로운 이행의 시대로 들어간다는 걸로 저는 이해를 했습니다. 이제까지는 팍스 아메리카라고 하는, 미국 주도의 단일한 헤게모니가 이루어져왔다면 이제부터는 여러 개의 국가들이 경쟁하는 체제로 변화하는 그런 이행의 시대로 가고 있다는 의미로 우리가 이해할 수 있을 것 같습니다.

왕상한 오늘날 미국이 취하고 있는 정책노선과 그것이 결국 한반도의 분단체제에 미치는 영향에 대해서 조금 더 분석해볼 필요가 있을 것 같습니다.

백낙청 미국이 대단히 중요한 역할을 하고 있고, 또 지금은 여러모로 부정적인 작용을 하는 것이 사실입니다만, 분단체제를 말하는 취지는 분단이라는 게 원래 만들 때는 외세가 강요해서 만들었을지 모르지만 오랜 세월을 거치면서 이게 일종의 체제가 되어서 우리도 다 거기에 연루되어 있다는 것이기 때문에, 통일과정이 지지부진한 이 모든 것이 미국만의 책임이다, 미국만 몰아내면 해결된다, 이런 생각은 맞지 않다고 봅니다. 그건 단순한 생각이고요. 미국이 우리의 통일과정을 지연시키고 또 힘들게 만들 수는 있을지언정 이미 시작된 현재진행형의 한반도식 통일을 저지할 힘은 없다고 봅니다.

'어깨에 힘 빼고 통일하자'의 참뜻

왕상한 네. 또 한 가지는 교수님께서 지혜로운 민중의 역할을 강조하고 계시는데요. 통일작업에 임하는 우리의 자세와 사업방식도 바뀌어야 한다고 말씀하시지 않았습니까? 또 재미있는 내용을 보면, "각자가 처한 삶의 현장에서 어깨에 힘을 빼라", 이렇게 말씀하셨는데요. 어깨에 힘이 많이 들어가 있다고 보시는 거죠?

백낙청 제가 '어깨에 힘 빼고 통일하자'는 표현을 썼죠. 그런데 운동선수들한테 그런 말을 많이 하죠? 투수가 공을 던지는데 어깨에 힘이 너무 들어갔다든가 또는 권투선수가 주먹을 날리는데 어깨에 힘이 들어갔다. 어깨에 힘 빼고 던지라는 게 살살 던지라는 얘기는 아니거든요. 어깨에 힘을 빼고 던져야 강속구도 더 세게 들어가고 커브도 더 정교하게 들어가고 그런 거거든요. 그러니까 쓸데없이 헛힘 쓰지 말고 일의 성격을 정확하게 파악해서, 가령 투수면 공 던지는 법을 제대로 알아서 던질 때 제대로 던지자는 뜻입니다.

우리는 통일운동이라면 정말 전투적이고 헌신적인, 그런 열렬한 통일운동가만 할 수 있는 걸로 생각합니다. 또 그런 분들이 오랫동안 고생하면서 많은 기여를 하신 것도 사실입니다만, 어떤 타성으로 그분들끼리만 모여서 계속 통일운동을 해요. 그러면서 민중들보고 '나와라. 우리한테 와라', 이렇게 민중을 계몽하고 설득은 하지만, 오히려 지금 단계는 경제협력, 사회·문화교류, 이런 각계각층의 교류와 협력과 접촉이 늘어난 가운데 실질적인 통합이 진행되는 것이고, 또 여기에 직접 나서지 않는 일반시민들도 통일운동이란 내가 형편이 될 때는 나서고 안될 때는 그냥 지켜보면서 지지해주고, 이렇게 편하게 할 수 있는 일이구나 하는 인식을 갖게 하는 게 중요하다고 봐요. 그렇게 해야지 이 과정이 제대로 힘을 받게 된다고 생각했기 때문에 '어깨에 힘 뺍시다'라는 얘기를 한 겁니다.

왕상한 교수님 운동 좋아하십니까?(웃음)

백낙청 제가 중학교 들어갔을 때가 6·25전쟁 전인데 그때는 소년야구라는 걸 했어요. 연식 야구…… 제가 소년 야구부에……(웃음)

왕상한 아, 그러셨군요. 타선은 몇 번이셨습니까?(웃음)

백낙청 그런데 한번도 시합을 못하고 6·25전쟁이 일어났습니다.(웃음)

왕상한 그런 분단의 비극이 또 있으셨군요. 요즘 젊은 세대들을 보면…… 물론 많은 분들이 우리의 통일을 간절히 원하는 건 사실인 것 같습니다. 하지만 일부 젊은 층들을 보면서, 비용도 많이 들 수 있고 또 혼란도 많이 예상되는데 '그냥 이렇게 살면 안될까?' 하는 분들이 있는 것도 사실이고요. 또 통일을 원하는 분 가운데에서도 막상 통일비용의 분담 문제가 제기된다면 '나는 돈 낼 용의가 없다'라고 말씀하시는 분들도 있을 겁니다. 이와같은 혼란 내지는 어떤……

백낙청 혼란이라고 할 수도 있고, 어떻게 보면 당연한 일인데요. 저는 여기에 두 가지 이유가 있다고 봅니다. 하나는 방금 말씀드린 대로 통일에 대한 고정관념이 있고, 또 그 고정관념을 바로 통일운동 하는 분들이 굳혀주는 부분이 있기 때문에 이걸 깨야 한다고 봅니다. 어깨에 힘을 빼고, 그야말로 한반도에는 한반도식 통일이 있고, 이건 진행중이며 누구나 자기 일로 할 수 있는 것이다 하는 것을 일깨워주는 일이 필요하고요. 또 하나는 우리 객관적인 삶의 조건이랄까 그런 문제인데, 분단이 하도 오래 가니까 분단이라는 인위적인 작용에 의해서 만들어진 내 생활이 자연스러운 걸로 알게 돼요. 그래서 분단을 잊어버리고 삽니다. 그런데 이 객관적인 삶의 조건은 지금 급속도로 변하고 있다고 봅니다. 금강산도 가고 개성도 가고 북에서 사람들이 오고 그러니까……

내 얘기를 하나 하면, 외손자가 하나 있는데, 금년에 초등학교에 들어갔습니다만 초등학교에 들어가기 전에 제 어머니를 따라서 금강산을 다녀왔어요. 금강산을 다녀오면서 애 머릿속에 확실하게 입력이 된 것이 있어요. 뭐냐면, 남한이 있고 북한이 있는데 이게 같은 나라인 것 같기도 하고 아닌 것도 같다, 상당히 헷갈리는 상황이 있다는 것이 애의 경우는 초등학교에 입학하기 이전에 이미 입력이 되어 있습니다. 그전 세대는 어릴 때부터 분단이라는 걸 잊어버리고, 그렇지 않으면 남쪽을 위협하는 무슨 괴물들이 있나 보다 생각하던 세월이 있었죠. 지금부터는 뭔지 모르는데 굉장히 헷갈리는 상황 속에 우리가 살고 있다는 인식을 점점 더 많은 사람들이 공유하게 될 거라고 봅니다. 거듭 강조하는 겁니다만, 통일하지 않고 그냥 이렇게 편하게 살면 되지 않냐고 말한다는데, 그나마 우리 사회에서 아주 소수의 사람들만이 편한 것이지 다수의 사람들은 결코 삶이 편하지 않고요. 또 편하다고 하는 사람도 조금만 통찰한다면 사실은 분단으로 인해서 우리 삶이 굉장히 왜곡되어 있다는 사실을 알 수 있다고 생각합니다.

통일의 걸림돌은 남북한 주민들의 힘으로 해결해야

왕상한　오늘 이 자리에 백교수님 팬들이 상당히 많이 나오셨습니다. 교수님께, 혹은 이 책에 대해서 질문하실 분들이 있으면 해주시기 바랍니다.

방청객1(조영재·학생)　교수님께서 말씀하신 한반도식 통일이 진행되는데 가장 큰 걸림돌이 무엇이라고 생각하시는지, 그리고 그 해법은 무엇인지 궁금합니다.

백낙청　글쎄요. 걸림돌이 한두 가지겠습니까? 혹시 염두에 두신 게 있어요? 미국문제라든가……

방청객1　네. 북미관계도 그렇고……

백낙청　북미관계가 지금 크게 걸림돌이 되어 있는 건 사실이죠. 이제까지는 핵문제였는데 지금부터는 양상이 좀 달라졌습니다. 핵문제에 대해서는 작년 6자회담에서 9·19공동성명을 내면서 일단 큰 그림을 제시했습니다. 해법이 나왔습니다. 이제는 흔히 말하는 로드맵이라는 것, 이행하는 일정표를 제시하는 일이 남았는데, 그 대목에 가서 미국에서 핵문제와 직접적인 관련이 없는 마약문제, 인권문제, 위조지폐 문제를 제기하고 있죠. 이건 핵문제와 달라서 소위 불법활동에 관한 문제입니다. 핵문제라면 어느 나라가 핵을 가졌다고 그 나라에 미국이 쳐들어갈 권리가 있느냐? 그리고 누구는 핵을 가졌는데 왜 가만 놔두느냐? 이렇게 항변을 할 수가 있는데, 미국이 불법적인 활동에 대해서 규제하겠다고 하면 사실 하지 말라고 할 수는 없죠. 증거가 뭐가 있느냐? 또 증거가 있다면 어떻게 하는 것이 가장 효과적이냐? 또 이것이 한반도문제의 전체적인 해결을 위태롭게 하지 않는 선에서 하는 길은 없겠느냐? 다만 이렇게 문제를 제기해야 하는데, 그래서 훨씬 어려워진 건 사실입니다만, 그래봤자 시간이 좀 지연되는 것이지 결정적인 장애는 안된다고 봅니다. 왜냐하면 미국으로서도 시간을 끌어서 북이 무너져주면 좋은데 그렇지 않고 점점 더 중국에 가까워지면 좋을 게 없거든요. 그리고 북한문제를 풀지 않으면 미국이 다른 데서 활동하는 데 운신의 폭이 많이 제한됩니다. 이란 문제라든가 이런 데…… 그렇기 때문에 저는 변화가 또 오리라 보고, 무엇보다 중요한 것은 우리 남북에서 어떻게 하느냐입니다. 또 남북 당국도 중요하지만 우리 남북의 주민들, 특히 우리 남쪽의 시민들, 이만한 활동공간과 자유를 확보한 남쪽의 시민들이 얼마나 적극적으로 참여해서 이 과정을 진전시키느냐 하는 게 중요하다고 봅니다.

방청객2(박운양·통일 서포터즈 동호회) 우리가 통일을 앞두고서 어떻게 보면 서양을 대표하는 미국의 문화와 동양을 대표하는 중국의 문화가 우리나라에서 교차하고 있다고 생각하거든요. 그리고 이 엄청난 에너지를 우리가 통일을 통해서 승화시키면 인류사회에 대안을 제시할 수 있는 엄청난 모델을 만들어낼 수도 있을 거라고 생각하는데요. 아까 자본주의 체제가 30년, 40년 뒤에 어떻게 될 것인가 하는 말씀을 하셨는데, 이 세계자본주의체제의 모순을 극복할 수 있는 새로운 문명이랄까 새로운 모델이랄까, 그런 것을 어디에서 찾을 수 있을지 말씀해주시죠.

백낙청 거기에 대해서 제가 무슨 해답을 드리려고 하면 주제넘은 짓이 될 것이고. 지금 질문하신 취지에는 적극 공감합니다. 서양문명이라는 게 자본주의 문명이 전부가 아니고 많은 유산이 있는 것이고, 우리 동아시아는 동아시아대로 문명이 있는 것이지요. 지금 그런 것이 한반도뿐만 아니라 여기저기에서 만나고 있는데, 한반도가 통일과정을 우리 주민들, 일반 시민들의 적극적인 참여 속에서 성공적으로 진행한다면 여기서 나오는 엄청난 창의성과 활력이 새로운 인류문명을 건설하는 데도 결정적인 보탬이 되리라고 저는 봅니다. 인류가 지금보다는 더 환경친화적이고, 남녀가 서로 더 존중하면서 조화롭게 살아가고, 또 재화의 분배가 더 균등해지는 그런 새로운 문명을 건설하는 과정에서 통일 한반도가 아주 보람있는,

중대한 공헌을 하는 것을 그리고 있습니다.

왕상한 오늘 귀한 말씀 고맙습니다. 마지막으로 정리 말씀 부탁드릴까요? 김교수님……

김호기 저는 통일의 문제가 다른 나라의 사례와는 좀 다른, 우리의 특수성을 반영하고 있다는 인식이 중요하다는 생각입니다. 우리의 경우는 외세에 의해서 분단되었고, 그리고 다른 국가들과는 달리 오랜 통일국가의 역사적 경험들을 가지고 있습니다. 그만큼 통일에 대한 국민들의 열망은 대단히 크다고 생각합니다. 통일한국은 사실 우리 세대가 다음 세대에게 물려줄 시대사적 과제라는 생각을 가지고 있는데요. 전지구적인 흐름이나 변화를 보면 현재가 통일한국을 이룰 수 있는 최적기라 저는 생각합니다. 때에 따라서 국민 모두 통일에 대해서 더욱 적극적인 관심을 갖기를 기대하고 싶습니다.

백낙청 방금 말씀하신 중에…… 가령 독일은 통일된 것이 우리 역사로 치면 대원군 시대입니다. 그러니까 통일민족으로서 살아온 경험이 우리와는 비교가 안되죠. 그런 우리 민족이 억지로 분단을 당하고, 그러다가 내전을 치르고 나니까 지금 문제가 참 풀기 어렵게 꼬여 있습니다만…… 그렇게 어려운 상황에 처해 있습니다만, 20세기를 통해서 식민지시대를 거치고 독재를 거치면서 많은 댓가를 치렀으니까, 21세기는 그 고생한 보람을 찾는 시기가 되어야 하고, 또 저는 그렇게 되리라고 믿습니다.

왕상한 네. 말씀 고맙습니다. 도둑같이 찾아오는 통일. 어느 날 갑자기 찾아온 해방과 달리 한반도식 통일은 개개인이 주체가 되어서 점진적으로 이루어져야 한다고 저자는 말하고 있습니다. 6·15남북공동선언 6주년을 맞고 있습니다. 각자의 위치에서 한반도식 통일은 어떻게 진행되어야 하는지 함께 고민하는 시간이 되었으면 좋겠습니다. 지금 이 시각까지 시청해주신 여러분 다시 한번 감사의 말씀을 드립니다. 고맙습니다. 안녕히 계십시오.

통일 노력 없는 평화 주장은 공허

백낙청(서울대 명예교수)
김진호(『경향신문』 기자)
2006년 6월 12일 KTX 열차

백낙청 서울대 명예교수는 12일 오전 서둘러 서울 용산역에서 KTX 열차에 올랐다. 광주에서 6·15남북공동선언 6주년 기념 민족통일대축전 행사가 열리기 때문이다. 요즘 그는 6·15민족통일대축전 남측위원회 상임대표로서 남북화해를 위한 사업에 적극 나서고 있다. 통일담론을 주도해온 그로서는 당연한 과업으로 보인다. 그에게는 남과 북, 해외동포들이 만나는 이 행사만큼 중요한 것이 없다. 그를 만나기 위해 기자는 KTX 열차에 동승해 통일, 한반도 평화문제뿐 아니라, 한·미 자유무역협정(FTA) 등 현안에 대해 물었다.

대화가 무르익어갈 즈음 열차는 유월의 햇살 아래 녹색이 만개한 김제

■ 이 인터뷰는 『경향신문』 2006년 6월 13일자에 실린 것이다.

평야를 가로질러가고 있었다. 드디어 광주역. 그는 곧장 망월동으로 향했다. 전남도청이 떠나버린 광주 금남로에는 민족통일대축전 맞이 현수막이 뒤덮고 있었다.〔김진호〕

김진호 2000년 6·15공동선언 이후 남북간 공동행사를 여러 번 치르셨지만 북행 비행기 대신에 남행 열차는 처음 타시는 것 같습니다.

백낙청 광주에서 하자는 데 남측 내부에서 쉽게 공감대가 형성됐습니다. 아무래도 광주가 민주화운동이나 통일운동에서 특별한 곳이어서 그런 곳에서 민족공동행사가 열린다는 데 큰 의미가 있고요.

김진호 방북을 앞둔 김대중 전 대통령께 개막식 특별연설을 부탁하셨는데요.

백낙청 6·15행사가 마침 광주에서 열리고, 또 광주에서 노벨평화상 수상자회의가 열리기 때문에 김 전 대통령께서 어차피 광주에 오시거든요. 그분 건강상으로는 하루 앞당겨 오시는 게 상당히 부담이 되는 게 사실입니다. 그래도 개막식에 나와서 대중 앞에서 한 말씀 하시는 게 광주시민을 위해서도, 행사에 참석하는 전세계 동포를 위해서도 의미가 있다고 생각해서 부탁드렸습니다. 방북에 대해서는 구체적인 협상결과를 기대하기보다 남쪽의 누군가가 북의 최고지도자와 격의 없이 대화하는 것이라면 김 전 대통령이 적임이 아닐까 생각합니다. 대등한 위치에서 상호신뢰가 이미 구축된 상태에서 대화를 한다면 다른 누가 가는 것보다 의미가 있는 것 같습니다.

김진호 4년 전 월드컵에 가려서 효순·미선양의 안타까운 죽음이 뒤늦게 여론의 관심을 받았는데 올해도 월드컵 열기에 6·15 광주행사의 의미가 빛바래는 것은 아닌가 하는 우려가 있습니다. 월드컵 축구 중계방송을 보시는 편입니까.

백낙청 더러 방송을 봅니다. 뭐 날밤 새워서 볼 정도는 아니고요. 월드컵과 겹쳐 아무래도 행사가 국민들의 관심을 끄는 데는 불리한 게 틀림없습니다. 우리 언론에서 월드컵 부각시키는 것을 보면, 나도 물론 대한민국 팀의 승리를 기원하지만 우리 언론이 해도 너무한다는 생각이 들어요.

김진호 이번에 오는 안경호 6·15 북측위원장은 지난 10일 조국평화통일위 서기국장 자격으로 "한나라당이 집권하면 6·15가 날아가고, 평양~서울로 가는 길과 금강산 관광길이 막힐 것이며, 개성공업지구 건설도 정면 중단될 것"이라고 경고했습니다. 내정간섭은 물론이고 '서울 불바다' 발언을 연상시키는 대목도 있었습니다.

백낙청 첫째는 상호체제 존중의 원칙에 어긋납니다. 한나라당도 남측체제의 일부이고 한나라당 의원 가운데 남측위원회에서 활약하는 분들도 있는데 그런 점에서 맞지 않고, 또 현실적으로 이런 건 역효과밖에 날 게 없잖아요. 이번에 그런 발언이 국민들에게 널리 알려지면 한나라당에 유리하면 유리했지 정부·여당에 유리할 게 하나도 없잖아요. 남쪽 실정에 대해서 북측의 일꾼들이 이해를 갖게 되기를 바랍니다.

김진호 한나라당이 싹쓸이 승리를 거둔 5·31 지방선거를 계기로 한국사회가 보수화되는 뚜렷한 징표가 아닌가 하는 우려가 나오고 있습니다. 통일운동 차원에서 이번 선거가 중장기적으로 어떠한 영향을 미칠 것으로 전망하십니까.

백낙청 한나라당이 압승을 하기는 했지만 북측에서 걱정한 것처럼 쟁점이 6·15정신은 아니었습니다. 한나라당이 내세우는 무능하고 오만한 정권에 대한 심판이었는데 실제로 얼마나 무능하고 얼마나 오만하냐를 떠나서 국민들이 큰 틀에서 맞다고 판단을 내린 거고요. 통일운동을 하는 사람들 입장에서도 꼭 남의 일로만 생각할 건 아닙니다. 우리가 그동안 해온 통일운동이나 통일사업이 과연 얼마나 민심을 의식하고 존중하면서 해왔는가, 이런 걸 한번 반성할 때라고 봅니다.

김진호 백대표께선 또 진보진영 내 '반미자주통일 대 남한내 노동해방' '진보세력 대 개혁세력' 등의 이분법을 지적하시면서 진보개혁세력의 여러 갈래가 스스로를 쇄신하면서 새롭게 결합하거나 연대하는 곱셈의 이치를 찾아보자고 제안하셨는데요.

백낙청 흔히 이 정권이 뺄셈의 정치를 해왔다는 말들을 하는데, 이번 선거결과는 뺄셈 정도가 아니라 나눗셈까지 한 게 아닌가 하는 생각이 듭니다. 열린우리당, 민노당, 민주당 표를 합쳐도 한나라당 표를 못 따르잖아요. 그러니까 지금 이 싯점에서 단순히 덧셈해서는 소위 개혁세력에게 해법이 없다, 새로운 곱셈의 정치를 해서 늘리는 방법을 찾아야 한다는 이런 뜻입니다. 소위 자주파와 평등파, 이런 경우에 덧셈해봐도 사람들이 얼마나 돼요. 덧셈하자고 해도 말만 그렇지 실제 융합이 안됩니다. 나는 그런 급진적인 진보세력과 온건한 개혁세력이 다 합칠 수 있는 새로운 원리를 찾아내야 한다는 생각입니다. 그걸 '변혁적 중도주의'라는 표현을 썼잖아요. 좀더 중도적이고 실용적인 노선을 택하는데 그 목표를 분단체제극복에 두는 거고, 우리 시대에는 어쨌든 한반도에서 분단체제극복이 최대의 변혁과제라는 뜻에서 변혁적 중도주의입니다. 그런 인식을 공유하면서 합쳐야 한다고 본 것이지요.

김진호 최근 최장집 교수의 선(先)평화론을 실명 비판하신 것도 같은 맥락에서 볼 수 있겠습니까. 최장집 교수의 새 책 『민주주의의 민주화』에서 편집자는 백대표의 비판에 대해 '평화를 곧 남북한의 통일로 환원하는 접근에 비판적이다. 한반도 평화의 핵심은 남북의 합침이 아니라 공존하는 데 있다'면서 최교수의 강한 현실주의적 관점을 대변했는데요.

백낙청 나는 뭐 그런 논리가 최교수에게서 나오든, 편집자에게서 나오든, 그냥 나와 의견이 다를 때는 내 의견을 말하는 거죠. 최교수가 나에게 답변을 해달라는 그런 게 아니죠. 한마디 덧붙이자면 나는 책이 나오자마자 서명해서 최교수한테 보냈고, 최교수는 잘 받았다고 정중하게 편지 보내왔어요. 평화를 통일문제로 환원하는 접근에는 나도 비판적이에요. 그런데 실제로 한반도에서 평화를 구축하려면 통일문제로 환원시켜도 안되고, 그렇다고 통일문제를 배제해도 안된다는 게 내 주장이거든요. 사안이 복잡한데 왜 '평화냐, 통일이냐' 양분법으로 가느냐, 그게 내가 하고 싶은 말이에요. 남측이 제안한 연합제안과 북측의 연방제안의 단계를 낮춰서 낮은 단계의 연방제와는 비슷한 점이 많으니까 대충 그 방향으로 가자, 그 뒤에 뭘 할 거냐를 다투지 말고. 또 이런 단계를 생략하고 통일로 가자는 말도 하지 말자. 그렇게 합의한 게 아닙니까. 그런 원칙을 이행하면서 평화를 구축해야 구체적인 성과를 보는 거지, 평화가 중요하니까 통일 너무 부르짖어서 평화를 위협하지 말자고 하는 건 그냥 공자 말씀이에요. 그걸 누가 틀렸다고 합니까. 틀리진 않았지만 옳은 말씀 하는 걸로 끝나는 거죠.

김진호 비판의 강도가 강했다는 지적도 일부 있었는데요.

백낙청 모르겠어요. 최장집 교수도 아주 장기적으로 아주 먼 장래에 어떤 통일을 구상하고 있는지 그런 거는 뭐 분명하게 드러낸 바가 없으니까 잘 모르겠는데…… 지금 단계에선 급격한 통일론이든, 단계적 통일론이든 통일론하는 건 평화에 위협된다고 생각하는 것 같고, 그 문제에 대해서 최교수가, 내가 책에 인용하고 있지만 상당히 단정적인 발언을 많이 했습니다. 내 비판이 과하지 않냐고 하는데 내가 인용한 대목들을 보면 최교수도 상당히 과한 얘기를 했다는 게 분명할 거예요.

김진호 최근 사회적 발언 빈도가 부쩍 잦아지셨는데…… 올해 초 창비 40돌을 맞아 '운동성 회복'과 학계의 토론 활성화를 위한 실명 비판을 강조하셨던 맥락에서 읽힙니다. 앞으로도 실명비판을 계속 하실 생각이신지요.

백낙청 현싯점에서 뭐 다음번에 누굴 비판하겠다는 건 없고요.(웃음) 최장집 교수가 워낙 유명인사이다 보니까 내가 최교수를 비판했다고 언론에 각광을 받아서 그렇지 나는 평생 실명비판을 하면서 살아온 사람입니다. 또 후배들에게 실명비판을 무수히 많이 당한 사람이기도 하고요. 아쉬운 것은 사회과학도들이 자기들끼리도 정작 중요한 논쟁은 좀 덜 하는 거 같고요. 또 나에 대해서는 대접을 해주는 건지 뭔지 모르겠지만, 어떻게 보면 사회과학도의 완장을 안 찬 사람이 지껄이니까 취급을 안하는 거 같기고 하고요. 그래서 앞으로도 계기가 되면 논쟁도 하고 실명비판도 할 생각입니다. 물론 체력에 한계도 있고, 또 난 뭐 여러 사람에게 비판을 받아온 사람인데…… 일일이 다 답할 수는 없잖아요. 내 나름대로 취사선택을 하긴 해야죠.

김진호 아무래도 통일운동의 현실에 몸을 담고 계시니까 전통적인 '정권과의 거리두기' 입장이 바뀐 게 아닌가 하는 시각도 있는데요.

백낙청 글쎄요. 첫째는 남측위원회 대표 자리를 맡고 있다 보면 현실적으로 여러가지 말을 아끼게 되는 점이 있습니다. 남측 정부에 대해서도, 북측 정부에 대해서도 그렇고요. 그러나 정부와 거리를 두고 내가 독립적인 지식인으로서 활동한다는 원칙에는 전혀 변함이 없다는 생각입니다.

나의 문학비평과 불교, 로런스, 원불교
평론가 백낙청과의 대담

백낙청(서울대 명예교수·6·15 공동선언실천 남측위 상임대표)
서준섭(평론가·강원대 국어교육과 교수)
2006년 6월 12일 대산문화재단 사무실

서준섭 문학비평가로서 사회활동을 겸하고 계신, 선생님의 퇴임 후 현재 사회활동의 직함과 그 사회활동 경험이 글쓰기에 미친 영향이 있다면 어떤 것인지 궁금합니다.

백낙청 현재의 사회활동 중에서 비중이 큰 두 가지만 말한다면, 작년부터 '6·15공동선언실천 남측위원회 상임대표'로 일하고 있고, 현재 이 일에 가장 많은 시간을 할애하고 있습니다. 그보다 앞서 재단법인 시민방송 이사장을 맡아 지금에 이르고 있는데, 시민방송 RTV는 한국 최초의 시민참여 방송입니다. 퍼블릭액세스 방송이라고도 하지요. 초창기에는 많이 바빴지만, 근년에는 상임이사가 업무를 총괄하고 있어서 사정이 나아졌

■ 이 대담은 대산문화재단 홈페이지(www.daesan.or.kr)의 대산문화 웹진에 「불교, 로런스, 원불교는 내 문학비평의 오랜 화두」라는 제목으로 실린 것이다. 대담 요약본은 『대산문화』 2006년 가을호(제21호)에 수록되었다.

지요.

사회활동을 하다 보니 문학평론가로서, 우선 작품을 읽는 일에서부터 절대적 시간이 부족합니다. 그러나 다른 한편으로는, 나보다 더 능력이 있는 사람이 이런 사회활동을 하면서 문학활동도 동시에 감당할 수 있다면, 양자를 겸하는 것도 보람있는 일일 거라는 생각을 하지요.

서준섭 서울대 퇴임 당시의 신문 인터뷰 기사에서 선생님께서 '이제 굴레를 벗은 자유로운 몸이 되었으니, 앞으로는 읽고 싶은 책을 마음대로 읽고 문학평론과 학문에 전념하고 싶다'고 말씀하셨던 일이 기억납니다.

백낙청 그 무렵이 사실은 시민방송 초창기라 아주 바빴던 때이고, 당시 문학평론은 휴업상태였지요. 재작년부터 다시 평론을 쓰기 시작했습니다. 그러다가 작년에 6·15공동선언실천 남측위원회 상임대표를 맡게 되어 다시 사정이 어려워졌는데, 그러나 문학활동을 완전히 손놓지 않으려 굳게 다짐하고 있습니다.

서준섭 저는 선생님이 누구보다도 인간을 깊이 이해하는 문학평론가이시고, 또 오랫동안 분단체제극복 문제에 깊은 관심을 기울여오신 분이라, 선생님이 상임대표직을 맡으셨다는 보도를 접하고 적임자를 제대로 찾았구나 생각했습니다. 정부 쪽에 눈밝은 분이 있구나 그렇게 생각했지요.

백낙청 정부하고는 관계가 없습니다. 순수한 민간단체지요. 6·15공동선언실천 남측위원회는 민화협, 7대 종단, 통일연대, 시민사회단체 등, 여러 민간단체의 연합기구입니다. 여러 단체의 연합이다 보니 상임대표 선출에 합의를 보지 못했고, 궁여지책으로 나 같은 사람을 불러내서 뜻밖에 그 일을 맡게 되었지요. 실천과 유리되지 않은 학문활동을 주장해온 나에게 이 일은 '업보구나' 그렇게 생각하고 있습니다.(웃음)

서준섭 최근 선생님께서 앞장서서 치러낸 '광주대회'에 대한 소식은 신문, 방송보도와 인터넷신문 『프레시안』의 인터뷰 기사(6월 23일자)를 통해 알고 있습니다만, 그 행사가 개최된 후 최근에 북한에서 미사일을 발사하는 사건이 일어나 국내외의 관심이 집중되고 있습니다. 남북 화해협력을 위해 일해오신 선생님의 이번 사건에 대한 고견을 듣고 싶습니다.

북의 미사일 사태, 시민참여 통일운동으로 지혜롭게 풀어야

백낙청 오늘은 문학 이야기를 하고 싶고, 그래서 이 사태에 대한 자세한 이야기는 사양하겠지만, 단계적 평화통일운동, 시민이 참여하는 통일운동의 입장에서 보면, 북한의 이번 행동이 일단 우리에게 불리한 정세를 조성한 것이 사실입니다. 한편 국제적 파워게임 차원에서 보면 그것이 백 퍼센트 무모한 행위였는지는 앞으로 좀더 시간을 두고 봐야겠지요. 그런데 민간통일운동 차원, 시민참여형 분단극복운동에서 보면, 우리가 꼭 정권과 맞설 필요도 없지만, 남과 북 어느 정권이건 우리 입맛에 맞게 행동해줄 것을 기대해서도 곤란합니다. 유리할 때도 있고 불리할 때도 있는 것이지요. 그래서 열심히 노력해서 주체적으로 풀어나가야 하겠지요. 어쨌든 그렇게 하지 않으면 한반도에 희망이 없다고 봅니다. 미사일 쏘니까 일부 보수세력이 신바람이 나서 기존의 화해협력 노력을 규탄하기까지 하는데, 그래서 어떤 대안이 있느냐 하면 대안이 없어요. 이번 사건은 북의 존재를 잊고 남에서만 잘살고 싶어도 그렇게 되지 않는다는 걸 다시 한번 보여주었습니다. 남북, 북미 대결 상태에서는 그것이 우리의 경제에도 많은 지장을 줄 수 있음을 다시 한번 보여준 사건이지요. 시민들이 참여하는 민간통일운동이 적극 개입해서 한반도의 문제들을 풀어가야 한다는 입장에서는 이런 사태로 일희일비(一喜一悲)할 필요가 없다고 봅니다.

다차원적 멀티플한 글쓰기와 '일이관지(一以貫之)'

서준섭 선생님은 최근 『통일시대 한국문학의 보람』과 『한반도식 통일,

현재진행형』등 두 권의 평론집을 거의 동시에 내셨는데, 오랜만에 대하는 선생님의 역저라 독자들의 관심이 뜨겁습니다. 저는 선생님께서 그 역저들을 친히 보내주셔서 아주 감사한 마음으로 감명깊게 읽었습니다. 선생님의 책을 읽고 선생님의 지구화시대의 민족문학, 한반도식 통일, 한반도의 미래에 대한 구상 등 다방면에 걸친 관심과 여러 주제에 대한 선생님 특유의 도저한 사유를 다시 확인할 수 있었습니다. 제 독후감은 '백낙청 선생님껜 뭔가 특별한 것이 있다', 선생님의 글들은 다차원적·다전망적인 새 지평을 연 것이고, 선생님은 결코 단순하지 않은 '멀티플한 주제를 다루면서도 모든 주제를 명쾌하게 통찰하는 특별한 능력을 지닌 비평가'라는 것이었습니다. 오랜 저술활동에서 특히 이번 두 권의 평론집이 지니는 의미는 무엇인지요?

백낙청 찬사가 지나치신데 아무튼 고맙습니다.(웃음) 단조로움보다 멀티플이 좋겠지만, 더 중요한 것은 『논어』에서 말하는 '일이관지(一以貫之)'겠지요. 내가 문학평론, 사회비평, 영문학연구 등에 걸쳐 다양한 주제를 다루어왔는데, 비평가와 독자들이 거기서 어떤 일관성을 발견해준다면 반가운 일입니다. 최근 리영희(李泳禧) 교수의 심산상(心山賞) 수상식에서 성균관대학교 임형택(林熒澤) 교수가 축사를 겸해 리선생님 저술에 대해 평가하면서 동아시아에서의 '시문(詩文)'의 전통에서 문(文) 즉 딱히 소설이 아닌 산문들이 차지하는 중요성을 이야기하더군요. 요즘은 문학에서 소설 이외의 산문이라 하면 주로 수필을 말하지만 리영희 선생의 산문이야말로 전통적 의미의 문에 속하며 현대문학에서도 이런 산문의 중요성을 재인식할 필요가 있다는 주장이었어요. 임교수의 이야기에 나도 공감했고, 최근에 낸 두 권의 내 저서를 각각 문학, 비문학으로 구분해볼 수도 있겠으나, 임교수 식으로 모두 '문, 문장'에 속하는 것으로 보아준다면 좋겠다는 생각을 했지요.

불교, 깨달음, 그리고 글쓰기

서준섭 선생님의 '문'을 읽어보면 문이되 시적이고, 또 자의식의 무게 같은 게 거의 나타나고 있지 않습니다. 그 독특한 문체는 선생님의 독특한 사유와 관계 깊다고 생각합니다. 저는 선생님의 그 독특한 문체와 사유가 선생님의 불교에 대한 오랜 관심과 수행과 깨달음, 즉 '깨달음의 대명사'로서의 불교적 사유(禪, 道, 진리 등)와 깊은 관련을 맺고 있으며, 선생님의 책을 읽는 독자들이 우선 그 점을 이해해야 할 것이라고 생각하고 있습니다. 저의 그런 생각을 근래에 글로 써서 발표해보았는데(『문학사상』 2006년 3월호), 최근 선생님과 김용락(金龍洛) 시인과의 대담(『사람의 문학』 2006년 여름호)을 보니 선생님께서 여러모로 부족한 그 소론을 보신 것 같아 영광입니다. 선생님의 글쓰기에 불교적 선, 깨달음, 현묘한 기틀(玄機) 이런 것이 기본 바탕이 되고 있다는 제 글의 요지에 혹시 잘못된 점은 없는지 여쭈어보고 싶었습니다.

백낙청 불교의 진리가 큰 진리라면, 누구든 자기 식으로 진리공부를 하다 보면 어느 날 저절로 드러나는 것이겠지요. 꼭 경전 읽고 참선하고 그러지 않아도 말이지요. 불교에서에도 '선외선(禪外禪)'의 경지, '무시선 무처선(無時禪 無處禪)'의 경지를 말하지 않습니까. 내 경우 불교와의 직접적인 관계는 1960년대부터 경전을 틈틈이 읽어왔고, 70년대에는 원불교 교전을 접하게 되었습니다. 영문학 작가로서는 로런스(D. H. Lawrence)를 주로 연구했는데, 철학자로서는 하이데거(Heidegger)를 읽으면서 로런스와의 어떤 유사성을 보았고. 그 문제를 박사논문에서 다루어보기도 했는데 두 사람 모두 불교나 동양사상과의 친연성이 있지요.

서준섭 선생님의 모든 사유를 불교 하나로 환원하는 것은 바람직하지 않지만, 저는 선생님의 글쓰기는 오랜 수행과 사유에 바탕을 둔 '큰 깨달음'의 경지가 있다고 보고 있습니다. 불가에서 이 말을 하는 것은 물론 문제가 있지만, 그렇다고 그 경지를 달리 표현할 언어를 찾기 힘듭니다. 최근의 글들도 그런 경지에서 씌어진 것이라고 그렇게 읽었습니다. 그 경지는 지해(知解), 알음알이를 넘어선 사물에 대한 깊은 통찰력과 투시법('방법으로서의 직관')으로 나타나며, 이것은 인간의 모든 잠재력의 극대화이겠지요. '초인'과 같은 경지로서 그런 경지는 옛 선인들의 글에서도 볼 수 있는 것인데, 선생님의 글을 읽으며, 그걸 다시 발견할 수 있어서 즐거웠습니다.

'알음알이 비평'과 상식적 비평

백낙청 좋은 글쓰기가 지식만으로 안된다는 것은 공감할 수 있는 이야기입니다. 특히 문학비평이 알음알이만으로 안된다는 것은 상식이지요. 그런데 요즘 비평을 보면, 비평을 일반 독자가 모르는 작품에 숨겨진 인식을 독자에게 일러주는 것이라고 생각하고 작품을 분석, 해체해서 자기 식으로 재구성하는 그런 식의 문학비평이 많아요. 하지만 조금 낮은 차원의 알음알이냐 높은 차원의 알음알이냐의 차이가 있을 뿐, 이런 비평은 모두 '알음알이의 차원'에 머무는 비평이라 할 수 있지요.

내가 좋아하는 비평은 오히려 너무 상식적이거나 직관적인 차원에 머문다는 말을 들을 수도 있는 비평, 그러나 상식적이되 알음알이 차원을 넘어 깨달음과 감동을 인간에게 선사하는 그런 비평이지요. 문학비평가가 일반독자와 질적으로 다른 점은 없습니다. 다만 훌륭한 비평가라면 평균독자보다는 더 많이 읽고 많이 느끼고 생각하며 작품을 통해 깨달은 바가 있으며 이걸 글로 전달하는 훈련을 많이 한 사람이겠지요, 누구나 공감할 내용이면서 읽어보면 뭔가 새로운 감동이 있는 그런 비평이 좋은 비평이라 봅니다. 영문학에서 내가 특별히 관심을 가져온 리비스(F. R. Leavis)의 비평이 그런 성격이고, 전업 비평가는 아니지만 로런스도 그런 평론을 많이 썼지요. 실은 꼭 문학만이 아니라 사회생활이나 인생 전반에서, 알음알이는 하나의 방편이지 그 자체가 목적이 아니잖아요. 내가 '예술의 진리가 과학의 진리보다 한차원 높다'고 하는 것도 그런 의미에서 하는 이야기입니다. 알음알이 차원의 얕은 예술이나 올바른 행동 등을 통해 드러나는 진리보다 낮은 차원이라는 거지요.

예술, 진리, 문학비평

서준섭 '예술의 진리가 과학적 진리보다 한차원 높'고, 진리가 문학작품을 통해 드러난다는 선생님의 말씀에서, 우선 '진리가 있다'는 전제는 이해가 됩니다. 그런데 예술적 차원의 진리가 과학적 차원의 진리가 한차원 높다는 의미는, 진리라는 어떤 의미에서 보면 추상적 경험이 예술작품에서는 형상화되어 드러나지만 과학에서는 그렇지 않다는 의미인지요?

백낙청 아니, 진리라는 추상적인 경험이 미리 있고 그것을 예술이 나중에 형상화한다는 것은 전혀 불교적이지 않은 발상이겠지요. 예술의 형상화작업에서 진리가 비로소 드러나며 이룩되기도 한다고 생각해야 맞는데, 모든 작품이 다 그렇다는 건 아니에요. 예술이나 문학의 이름을 걸고도 그런 차원에 못 미치는 작품이 너무나 많지요. 그리고 이런 경우 사실 평범한 생활인들 앞에서 부끄러운 행위가 될지 모르겠습니다. 최근의 일 하나를 통해 이야기해보지요. 나에 대한 개인적 관심은 많지만 문학비평과는 별 관계없이 사는, 어느 사업 하는 이에게 내 문학평론집을 보냈더니 이런 답장이 왔어요. '처음에는 이런 이야기를 하면서 먹고사는 세상도 있구나' 하고 신기하게 생각하면서 읽었지만, 계속 읽다 보니 재미도 있더라는 거예요. 우리들이 한다는 문학의 상당부분은, 사실 힘들게 일하며 먹고사는 사람에게는 미안한 짓일 때가 많아요. 그러나 진짜 예술이란 그렇지 않다고 생각합니다. 진짜 예술은 딱히 쉽게 읽히는 작품이 아니더라도, 힘들게 벌어먹는 사람에게도 도움이 된다고 믿어요. 원불교 『대종경(大宗經)』에 법을 내는 일이나 법을 받들어 전하는 일이나 그 법을 반가이 받드는 일의 공덕이 같다는 말씀이 나오는데 문학에서도 그렇다고 봅니다. 작품을 창작하는 사람이나 그것을 알아보고 평하는 사람이나 작품을 받아들여 즐기는 사람이나, 모두 창조적인 사업에 동참하는 것입니다. 진리를 드러내는 사업에 동참하는 것이지요. 이 일이 그다지 어려운 것도 아닙니다. 너무 어렵게 만들어서 사람들이 즐기지 못하게 하는 것은 비평가의 도리가 아니지요.

서준섭 문학비평에 대한 선생님의 평소 생각을 말씀해주셨으면 합니다.

백낙청 편안한 마음으로 내가 읽은 작품 경험을 다른 독자와 공유하고 대화하는 것이라고 봐요. 평론가가 어떤 작품을 과학적으로 규정하는 것은 불가능하지요. 또 가능하다 한들 그래서 어쨌다는 거예요? 작품을 즐겨 읽고 즐겁게 이야기하는 것이 문학비평의 본분이지요. 물론 좋은 문학의 입지를 세우기 위해 더러 힘겨운 싸움도 하고 어려운 이야기도 합니다만.

'로런스, 하이데거는 내 문학적 사유의 오랜 화두'

서준섭 최근의 평론집을 포함하여 선생님의 저술들을 읽는 독자로서 선생님의 글쓰기의 바탕이 되는 선생님의 사유의 세계에 대해 여쭈어보고 싶습니다. 선생님의 사유에서 불교가 특히 중요하다고 생각되지만, 선생님께서 언급하신 하이데거, 로런스, 원불교 등도 선생님의 글쓰기에서 중요한 동력이 되고 있는 것 같아 이에 대해 좀더 자세히 여쭈어보고 싶습니다. 우선 로런스에 대한 것인데, 『통일시대 한국문학의 보람』 '서문'에서 로런스에 대한 저술 계획을 잠깐 언급하고 계신데, 선생님의 평론 「로런스와 재현 및 (가상)현실 문제」는 이번 평론집에서 빠졌더군요. 로런스가 선생님의 문학적 사유에서 어떤 의미를 지니고 있는지요?

백낙청 로런스에 대해 쓴 평론 몇 편은 로런스 연구서에 넣으려고 이번 평론집에 포함하지 않았지요. 그동안 로런스에 대해 쓴 글이 책 한 권 분량이야 되지만, 전체 구도에서 빠진 대목을 보충하고 기존에 발표한 글도 다시 쓰려다 보니 시간이 지체되고 있습니다. 올 하반기에 집중 작업을 해서 내년에는 간행해야겠다고 생각중입니다.

로런스를 '성문학의 대가'라고 잘못 알고, 점잖은 사람이 왜 그런 걸 연구하느냐고 의아해하는 이들도 있지만(웃음), 내가 이때까지 그를 붙들고 있는 건 내 나름의 이유가 있어요. 영문학 전공자로서 전공서적 하나 낸다는 것 이상의 의미 말이지요. 로런스는 근대문명에 대한 근본적인 질문을 던진 작가지요. 소설에서뿐만이 아니라 그가 남긴 여러 산문에도 그의 사유가 잘 드러나는데, 근대를 '존재망각이 극에 달한 시대'로 본 하이데거의 근대에 대한 발상과도 상통하는 점이 있습니다. 하이데거는 근대를 넘어서자면 서구 형이상학을 발본적으로 넘어서는 새로운 사유가 있어야 한다고 보았는데 로런스의 인식이나 사상적 탐구도 그런 궤적을 보여주지요.

불교적 사유가 근대를 태동시킨 사유가 아니기 때문에 그것만으로 온전한 근대극복을 이룰 수 없지만, 거기에는 근대를 넘어서고 돌파하는 뭔가가 있다고 봅니다. 그게 내 화두지요. 그런 점에서 한국인이자 동아시아인인 나의 문학적 작업에서 불교와 원불교, 로런스와 하이데거는 내 마음속에서 긴밀하게 서로 이어져 있어요.

서준섭 로런스와 불교와의 관계가 어떻게 되는지요?

백낙청 로런스는 불교도인 친구와 함께 스리랑카 불교 성지에도 갔던 사람입니다. 하지만 그가 안 불교는 우리가 흔히 소승불교라 일컫는 남방불교였어요. 그의 글에는 불교에 대한 비판적 발언이 더러 나오는데 주로 그런 불교를 염두에 둔 비판이지요. 기독교 전통을 극복해야 한다면서도 불교는 대안이 아니라고 보았는데, 비판의 취지는 오히려 그가 몰랐던 북방불교 즉 대승불교나 유·불·선 전통의 융합을 꾀한 원불교에 근접한 면이 있습니다.

하이데거는 그에게 공부하러온 일본 제자들을 통해 일본의 선불교에 관심을 갖게 되었고, 서구의 근대적 사유를 극복하기 위해서는 서구적 사유와 '동아시아적 사유'가 만나야 한다고 주장한 바 있습니다. 특히 노장(老莊)사상에 관심이 많았지요. 로런스는 하이데거만큼 해박하지 않았지만 서양의 형이상학 극복의 필요성을 자각, 추구했고 그의 사유와 불교, 원불교의 사유 사이에는 상당한 친화성이 있다고 나는 생각합니다.

'정신개벽' 요구하는 원불교에서 많이 배워

서준섭 선생님의 『분단체제 변혁의 공부길』에는 원불교 중앙훈련원에서 한 강연이, 『흔들리는 분단체제』에는 '송정산(宋鼎山)의 건국론'에 대한 글이 각각 수록되어 있고, 최근 저서에도 '개벽'이라는 용어가 사용되고 있습니다. 원불교는 박중빈(朴重彬) 대종사가 창시한 종교인데, 이를 조선조 말기 사상사적 맥락에서 보면, 최제우(崔濟愚)의 동학(『용담유사』), 강증산(姜甑山)의 중산교 그다음에 이어지는 사상이자 종교라고 할 수 있을 것 같습니다. 제 나름의 읽기 방식으로 보면, 불교, 하이데거의 경우처럼 원불교도 선생님 책에서 잠시 언급하고 지나가는 것처럼 보이지만, 사실은 중요한 의미를 지니는 화두의 하나가 아닐까 생각됩니다. 원불교에 대한 관심의 동기와 선생님의 사유에서 원불교가 차지하는 의미에 대해 자세히 말씀해주셨으면 합니다.

백낙청 개인적으로는 장모님이 일찍부터 원불교 교도였던 관계로 집사람이 70년대부터 교당에 나가기 시작했는데, 그런 인연으로 원불교 교전을 대하게 되었지요. 집사람은 지금 평신도로서는 교단의 꽤 중요한 위치에 있어요. 『정전(正典)』과 『대종경』으로 구성된 원불교 교전 가운데 『대종경』은 처음부터 재미있게 읽었지만, 『정전』의 깊은 맛은 훗날 우연히 영역 작업에 참여하면서 깨달은 것 같습니다.

교전의 영역본이 전에도 있었으나 90년대 중반에 새 번역작업을 하게 되어 나는 처음에 자문위원으로 참여했는데, 그때 내가 미국 UCLA에서 중국과 한국의 불교를 강의하는 로버트 버스웰(Robert Buswell) 교수를 소개해서 그도 자문위원으로 함께 참여했지요. 그는 원래 송광사에서 출가, 구산(九山) 스님 상좌로 있다가 미국 불교학계의 중진이 된 사람입니다. 시작은 그렇게 했는데 버스웰 교수와 나 모두 발목이 잡혀서(웃음) 교전번역에 직접 나서게 되었지요. 결국 버스웰 교수의 한국출신 부인까지 참여하고 그밖에 교단측 인사들도 참여한 영역위원회가 구성되어 최근에 번역을 다 마쳤습니다. 2000년도에 영어 『정전』만 따로 나온 적이 있지만, 전체 교전의 새 영역본이 곧 간행됩니다. 자문위원 시절까지 합하면 10년이 걸린 사업이지요.

사상사적 맥락에서 볼 때, 창시자 박중빈 선생 스스로 인정했듯 원불교는 동학과 증산교에 맥을 댄 종교인데, 유·불·선 전통을 두루 계승하되 특히 불법(佛法)을 주체로 삼았다는 점이 동학이나 증산교와 다른 점이지요. 게다가 동학, 증산교보다 늦게 출발하면서 서양의 기독교와 과학문명을 많이 수용하기도 했고요. 그런데 단순히 후발 종교여서가 아니라 불법을 주로 삼았다는 점이 중요한데, 불교가 아닌 유교나 도교에 기본 바탕을 두었더라면 서양의 과학문명이나 그리스도교적 요소를 수용하기가 훨씬 어려웠을 것이라 생각합니다.

원불교는 '물질이 개벽되니 정신을 개벽하자'는 개교표어를 내걸었는데, 전통적 불교와의 차이가 바로 이렇게 현시국을 물질개벽의 시대로 진단하면서, 이런 시국인식에 상응하는 깨달음을 요구하고 있다는 점인 것 같아요. 물질개벽이란 맑스가 말한 자본주의시대의 현실이라는 것이 나의 해석입니다. 맑스가 '모든 단단한 것이 연기처럼 사라진다'고 말했던 것, 그게 바로 '물질개벽'이 아니겠습니까. 그런데 그 표어를 교당마다 걸어놓고 있지만, '물질개벽에 상응하는 정신개벽'이라는 창시자의 가르침을 후세의 교도들이 얼마나 충실하게 연마, 이행하고 있는지는 바깥에서 볼 때, 의심스러울 적이 있는 게 사실이에요.

서준섭 선생님의 독특한 해석 말씀을 듣고 보니 '전통불교의 현실주의'가 바로 원불교가 아닌가라고, 그렇게 이해됩니다.

선생님의 이번 저서를 읽으면서도 느꼈지만, 오늘 직접 여러 말씀을 듣다 보니 선생님은 동서와 고금을 자유롭게 오가는 멀티플하면서도 다차원적인, 다방면의 큰 사유가이자, 동서와 고금, 전통과 현대에 두루 해박하신 평론가라는 생각을 다시 하게 됩니다.

지식의 빈(貧)에 머무는 안빈낙도(安貧樂道)

백낙청 내가 그처럼 해박하다는 이야기는 과장이며 오해입니다. 나도 한때는 이것저것 두루 공부해보려는 야심에 찬 적이 있고, 서양과 동양의 진짜 해박한 학자들을 대하면서 스스로 좌절감 같은 것을 느낀 적도 있어요. 나 자신은 워낙 바탕이 시원찮았는데다 잡지 일이라든가 그밖에 이런저런 사회활동으로 쫓기다 보니 지식축적에 한계가 많았거든요. 그래서 좌절감도 많이 느끼다가, 『대종경』 인도품(人道品)에서 '안빈낙도(安貧樂道)'를 설한 대목을 읽고 '내 지식이 부족하다고 안달할 필요가 없겠구나' 하는 깨우침을 얻었어요.

전통적으로 안빈낙도라고 하면 물질적인 가난에 괴로워하지 않고, 말하자면 나물 먹고 물 마시고 팔을 베고 누웠어도 대장부 살림살이 이만하면 족하다는 태도를 말한 것이지만, 『대종경』에서는 "무릇, 가난이라 하는 것은 무엇이나 부족한 것을 이름이니, 얼굴이 부족하면 얼굴 가난이요, 학식이 부족하면 학식 가난이요, 재산이 부족하면 재산 가난인바……"라고 '빈'의 개념을 넓혔더군요. 나의 지식 가난에 대해 안빈낙도하자 하는 생각을 했고 그렇게 살아가고자 노력하고 있습니다. 나를 대단한 석학으로 보는 사람이 왕왕 있는 걸 알지만, 첫째 사실이 그렇지 않고, 또 지식인으로서 가능한 한 해박해지려는 노력은 중요하지만 대단한 석학이 되지 못했다고 주눅들 것은 아니며, 알음알이의 많고 적음이 제일 중요한 것도 아니다, 그렇게 생각하고 있습니다.

서준섭 오늘날 선생님처럼 우리 시대의 난제를 앞에 놓고, 지속적으로 넓고 깊게 종합적으로 사유하는 분도 많지 않은 것 같습니다. 요즘 학문은 너무 전문화되다 보니 인간에 대한 종합적 사유가 실종되어가고 있는 것 같습니다. 선생님의 리얼리즘론은 '지공무사'라는 용어가 사용되고 있어 독특합니다. 선생님의 리얼리즘론은 단순한 문학이론이 아니라 진리론이기도 하지요. 그런 점에서 이 '지공무사'를 그 맥락에 따라 때때로 선불교적인 지공무사(至空無私)로 읽어도 되지 않을까 생각해본 적도 있습니다. 그렇게 보아도 되는지요?

'지공무사(至公無私)'는 여전히 유효

백낙청 아시다시피 내가 말한 것은 '공변될 공'자의 '지공무사(至公無私)'지요. 아무튼 이런 용어를 사용한 몇 가지 이유가 있는데, 우선 현실반영을 리얼리즘의 절대적 기준으로 삼는 것이 원론적으로도 타당하지 않다는 생각이고, 예술에서 진리의 경지에 도달하는 것이 가장 중요하다고 생각하기 때문이며, 이렇게 진리의 경지에 달한 예술에서 현실반영이 어떤 식으로든 일어나지만 그 양상은 장르마다 다르다는 점을 따로 규명할 필요가 있기 때문입니다. 그래서 현실의 반영 또는 재현보다 '지공무사'

를 우선시한 거지요. 이 말은 영문학의 비평전통에서 말하는 '사심없음'(disinterestedness)이라든가 '몰개성성'(impersonality)과도 통합니다. 말하자면 독특한 의미의 객관성인데, 과학자들처럼 대상과 인위적인 거리를 두는 그런 객관성이 아니라, 일을 하면서 또는 현장에서 운동을 하면서 구현되는, 참여와 객관성을 결합하기 위한 용어로서 '지공무사'를 말한 것입니다. 그런데 '지극히 공변되다'는 '지공(至公)'이 아니라, '빌 공'자를 함부로 쓰다가는 불가에서 얻어맞기 십상 아니겠어요?

서준섭 요즘 사회분위기는 '지공무사'라기보다 그 반대로 '지사무공(至私無公)'이 아닌가 할 정도로 사(私)를 앞세우는 풍조가 강한 것 같고, 젊은 세대의 작품들을 읽어보아도 그런 생각이 듭니다. 그런 점에서 오늘날 선생님의 지공무사론은 문제점이 있지 않을까요?

백낙청 젊은 세대에 그런 경향이 없지 않지만 그들 나름으로 지공무사로 나갈 가능성은 열려 있다고 봐야겠지요. 앞 세대가 부르짖던 '공(公)'이 과연 지극히 공변된 '공'이었는지 아니면 조금 넓게 잡은 '사(私)'를 '공'으로 인식했던 것인지, 그런 문제도 있고요. 만약 그랬다면 젊은이들이 '사'를 앞세워 '공'을 버린다기보다 잘못된 '공', 공이 아닌 것을 공으로 치장해서 도모하는 빙공영사(憑公營私)의 관행을 일단 깨뜨리는 면도 있거든요. 물론 본래 의미의 지공무사는 여전히 목표로 남아야 하지만요.

또한 '사'를 앞세울 바에는 한번 철저히, 서교수 표현대로 '지사(至私)'의 경지까지 한번 가보는 것도 의미가 있다고 봐요. 불교에서 '자리이타(自利利他)'를 말하며 자신과 남을 동시에 위할 줄 아는 사람을 최고로 치지만, 어떤 경전에서는 그다음 등급으로 남만 위하고 자신을 위할 줄 모르는 사람보다 자신만 위하고 남을 위할 줄 모르는 사람을 꼽는다고 들었습니다. 자기를 제대로 위하다 보면 남을 위하는 것도 중요하다는 걸 배우게 되는데 그 반대의 경우 즉 남만 위하다 보면 끝까지 자기를 위하는 공부를 못하기 쉽다는 거예요. 그래서 제대로 '사'를 챙기다 보면 '이타'를 하고 결국 '지공무사'의 경지를 향해 진급할 가능성이 있다고 봐요. 요즘 젊은 이들 중에는 물론 처음부터 공심이 남다른 친구들도 적지 않지만, 나머지 사람들의 태도 역시 처음에 불만스럽더라도, 그들 또한 '지공무사'가 실제로 자신에게 이로운 것임을 자연스럽게 알게 되리라는 희망을 갖고 있습니다.

지식이나 이론은 유행 떠나 그 타당성이 중요해

서준섭 선생님의 분단체제론은 세계체제론과 서로 긴밀한 관련을 맺고 있습니다. 그 세계체제론은 특히 이매뉴얼 월러스틴(Immanuel Wallerstein)의 견해에서 많은 아이디어를 얻고 있는 것으로 보이는데, 현재 '월러스틴의 세계체제론'에 대한 국제 학계의 의견은 어떻습니까?

백낙청 월러스틴의 세계체제론이 미국 주류 사회과학계에서 아직도 크게 인정받고 있는 견해는 아니라고 생각됩니다. 월러스틴 자신은 물론 유명한 학자요 중요한 사회학자로 인정받고 있지요. 그러나 그의 이론을 수용해서 적용하는 학자들은 소수로 보아야 할 겁니다.

얼마 전에 일본에 갔었는데, 함께 갔던 한국 교수 하나가 일본의 젊은 학자에게 세계체제론에 대해 이야기했더니, '그 이론은 일본에서는 이미 유행이 지난 것인데 한국에서는 아직도 중요하냐'는 식으로 나오더래요. 그 이야기를 듣고, 일본의 학계 역시 여전히 서양 학계의 유행을 타고 있구나, 그렇게 생각했지요. 어떤 이론이 정말 타당하고 수긍할 만한 것이라면 유행 여부를 떠나 그것을 나의 필요에 맞게 활용하는 게 중요하지 않겠어요?

서준섭 최근의 두 저서를 포함하여 선생님의 저서들을 읽으면서 선생님의 독특한 사유와 글쓰기는 둘이 아니라고 생각하면서 지금까지 책을 읽으며 제 나름대로 궁금했던 것들을 여쭈어보았습니다. '근대적응과 근대극복'의 이중과제라는 화두를 스스로 던지고 이를 오늘날까지 사유해오신 선생님의 글쓰기는, '진리탐구와 방편찾기'의 이중과제 수행의 과정이기도 하며, 최근의 저서들은 그 사유의 도정에서 얻은 한국비평의 귀중한 결실이 아닐까 그렇게 생각합니다. 여러가지 번거로운 질문에 일일이 친절히 가르쳐주셔서 감사합니다. 혹시 덧붙이고 싶은 말씀이 있다면 독자들을 위해 한 말씀 해주셨으면 합니다.

움직이는 '동아시아적 사유'

백낙청 뭐 이미 너무 많이 말했잖아요. 도리어 오늘 서교수가 나의 문학적 사유에 대해 해주신 말씀이 내 책을 읽는 독자들에게도 도움이 되리라 생각합니다.

서준섭 오늘 말씀을 듣고 보니, 선생님의 진면목은 그 사유에 있지 않을까, 글 뒤에서 작동하는 그 사유, 동아시아적 사유의 세계를 제대로 보아야 선생님의 저술들을 어느정도 제대로 이해하게 되는 게 아닐까, 그런 생각이 듭니다. 선생님의 사유와 글쓰기는 이루어진 것과 이루어지지 않은 그 경계선에서 부단히 움직이고 있는, '움직이는 지평선' 같은 느낌이 듭니다. 선생님의 문학비평은 선생님 특유의 남다른 통찰력과 혜안(慧眼)의 산물로서, 한국문학과 비평에 전에 없던 새로운 영역을 창조해온 창조적 비평으로서, 이제 그것은 선생님 개인의 차원을 넘어서 한국문학의 공동의 자산이 되었다고 생각하고 있습니다. 저는 최근 저서들을 혼란한 우리 사회와 문학계에 던지는 '하나의 나침반'이자, 원로 비평가가 들려주는 '즐거운 소식'으로 읽었습니다. 앞으로도 한국문학과 후학들을 위해 많은 가르침을 주시고 좋은 책 더 많이 내셨으면 합니다. 오랜 시간 감사합니다.

이번 인터뷰에서 선생은 『대산문화』 독자를 위해 모처럼 자신의 오랜

문학적 사유와 화두들의 그 드넓은 세계에 대해 털어놓았다. 대개 처음으로 듣는 얘기들이라 인터뷰는 내내 즐거운 시간이었다. 선생의 목소리는 시종 부드러우면서도 명쾌하였고, 사유에 막힘이 없었다. '사유의 대가'라는 느낌이었고, 나는 그 움직이는 드넓은 사유, 그것이 백선생의 진면목이 아닐까 하고 생각했다. 귀중한 인터뷰 기회를 마련해준 대산문화재단에 감사드린다.〔서준섭〕

6·15민족통일축전과 남북관계의 현안

백낙청(6·15공동선언실천 남측위 상임대표)
여정민(프레시안 기자)
2006년 6월 22일

여정민　지난 6월 14일부터 나흘간 광주에서 6·15 남북공동선언 발표 6
돌 기념 민족통일대축전이 열렸다. 여러 면에서 의미와 한계가 지적되고
있다. 2004년 인천에서 치러진 6·15를 제외하고 처음으로 지역에서 치러
진 남북공동행사였다는 의미는 있지만 한편에서는 남북관계가 관성화되
고 있다는 비판도 있다. 남측위원회의 상임대표로서 이번 광주축전을 평
가한다면?

■ 이 인터뷰는 『프레시안』 2006년 6월 23일자에 「노무현정부의 대북정책, 일관성 부족이 문제」
라는 제목으로 실린 것이다.

통일운동의 지역으로의 확산

백낙청 우선 내가 남측위의 상임대표로 축전을 치르긴 했지만 남측위원회 차원의 평가는 아직 끝나지 않았다. 따라서 오늘 인터뷰에서 하는 얘기는 나의 개인적인 의견임을 밝혀둔다. 다른 주제에 관해서도 마찬가지다.

올해 민족통일대축전은 열리기 전부터 여러 정세가 별로 좋지 못했다. 그럼에도 불구하고 남북공동행사의 흐름을 이어갔다는 것은 그 자체로 큰 성과라고 본다. 또 2004년 6·15행사의 경우 인천은 사실상 수도권이라는 점에서 올해 광주라는 지역에서 축전을 치른 것은 여러가지로 의미가 크다. 지역으로의 확산이라는 의미도 있으며 그 지역이 다름아닌 광주·전남이라는 상징적 의미를 가진 곳이었다. 또 지역에서 행사를 준비하는 데 따른 여러 현실적 어려움에도 불구하고 대외적으로도 별 무리 없이 원만하게 잘 치러졌고 내부에서도 걱정했던 것에 비하면 손발이 잘 맞았다고 본다.

물론 이번 축전을 통해 여러가지 문제점이 드러나기도 했다. 그러나 이런 문제점이 부각되는 것 자체가 하나의 진전이다. 오랫동안 분단체제 속에서 살아오면서 익숙해지다 보니 분단으로 인한 문제점들을 잊어버리고 살고 있지만 분단체제의 제어력이 약화되면서 그 체제에 억눌려 노출이 안되고 잠복돼 있던 것이 여기저기서 터져나올 수밖에 없다. 따라서 문제점이 드러나는 것이 꼭 나쁜 일만은 아니며 자연스러운 현상이자 오히려 발전이라고 볼 수 있다.

여정민 지난해 6·15 때는 북한의 6자회담 복귀를 만들어냈고, 8·15행사 때에도 북측대표단이 국립현충원을 참배하면서 큰 의의가 있었다. 그에 비해 올해 6·15는 밋밋했다는 평가가 일각에서 나온다.

백낙청 맞는 말이다. 올해 6·15민족통일대축전은 지난해와 같은 획기적인 성과도 나오지 않았고 오히려 잠복했던 문제들이 드러났다. 물론 언론의 주목을 받지 못했던 데는 월드컵 기간이었다는 점과 행사가 지역에서 치러졌다는 환경적 요인도 분명히 있었다. 우리 언론의 속성상 서울 바깥에서 벌어지는 일에 대해 무조건 할인해서 보는 경향도 있지 않느냐. 또거의 같은 기간에 같은 지역인 광주에서 노벨평화상 수상자 정상회의도 열렸다. 이런저런 조건적인 문제들이 있었는데 그런 것을 다 감안하더라도 작년 6·15나 8·15에 비할 만한 획기적인 성과가 없었던 것은 사실이다.

축전이 열리기 전인 지난 8일 인터넷 통일기자단모임과의 간담회에서 "획기적인 것은 당국에서 나와야 한다"고 말한 바 있다. 결국 이번에 획기적인 성과가 나오지 못한 것은 당국 차원에서 의지가 남북 모두 별로 없었던 탓으로 판단된다. 우선 북측에서도 당국자 대표단 구성을 보면 인사들의 비중이 작년보다 무게가 낮아졌다. 이것은 북측의 마음을 읽을 수 있는 부분이다. 물론 북측이 그런 방침을 세우기까지는 남측의 태도도 작용했을 것이고 미국과의 관계라는 변수도 있었다.

안경호 위원장의 '돌출발언', 동의하기 어려워

여정민 더욱이 축전에 앞서 안경호(安京浩) 북측위원장의 발언이 주목을 많이 받았다. 17일 공항에서 출발하기 직전에 성명을 발표하면서 또 한마디 남기고 갔던 것에 대해서도 말들이 많다. 남측위 차원에서도 유감표명까지 하지 않았나?

백낙청 안경호 위원장이 정확히 무슨 의도로 그런 언동을 취했는지에 대해서는 좀더 분석이 필요하다. 속단할 문제는 아닌 것이다. 다만 이것이 안경호라는 개인의 돌발적인 행동으로 볼 수는 없고 북측 당국의 방침과도 관련이 있다고 봐야 한다. 지난 10일 안경호 위원장이 평양에서 "한나라당이 집권하면 남북관계는 파탄 나고 한반도는 미국이 일으키는 전쟁의 불바다가 될 것"이라고 말했다.

이 발언에 대해 우선 내 생각은 안위원장과 다르다는 점을 분명히 말하지만, 동시에 국민들이 오해하고 있는 부분을 하나 해명해야 할 것 같다. 안위원장의 발언을 놓고 일부 언론에서는 과거의 소위 '서울 불바다 발언'과 연결시켜 협박을 했다고 보도했다. 그러나 그것은 차원이 다른 문제다. 당시는 북측이 남측에게 '당신들이 이렇게 나오면 우리가 서울을 불바다로 만들겠다'고 협박한 발언이었지만 이번 발언은 '한반도 상황이 잘못되면 미국이 일으키는 전쟁의 불길에 남북이 모두 피해를 볼 것'이라는 의미의 발언이었다. 북측만이 아니라 남측에게도 해롭다는 얘기인 것이다.

사실 이같은 얘기는 남측에서도 나오는 얘기임에도 불구하고 안위원장이 지나치게 강하게 말했다는 데 첫번째 문제가 있고, 둘째는 발언 싯점이 문제였으며, 셋째로는 한나라당이라는 특정 정당을 거론했다는 것이 결정적으로 문제였다고 본다.

광주에서 안위원장에게도 여러 차례 강조를 했지만 우선 그 판단에는 동의하기가 힘들다. 한나라당이 집권한다고 해서 6·15공동선언이 날아가지는 않는다. 북측에서는 지난 5·31 지방선거 결과를 보고 위기의식을 느꼈는지 모르겠지만 5·31 지방선거는 6·15 정신에 대한 심판이 아니었다. 한나라당도 '친북·좌파' 정권이라는 얘기보다는 이 정권이 무능하고 오만하다는 데 촛점을 맞춰서 공격을 했다. 한나라당도 '표 장사'를 하려면 '친북·좌파'보다는 다른 이슈가 유리하다는 것을 알고 있었고 또 그만큼 우리 사회는 변했다.

또 그런 우려가 있다고 하더라도 특정 정당을 거론하는 것은 남측 국민들의 반발만 살 뿐이며 굳이 어느 정당에 제일 도움이 되느냐를 따져보면 한나라당에 제일 도움이 되는 발언이라는 점을 안위원장에게 얘기했다. 이같은 내 얘기를 듣는 안위원장의 태도는 일관적이지는 않았다. 어떤 때에는 경청하면서 약간의 해명성 발언을 하다가도 또 갑자기 강성으로 돌아서기도 했다.

여러 상황이 안 좋은 가운데 행사기간 중에 북측위원회의 대변인 담화가 나왔다. 안위원장은 15일에 나왔다고 했는데 우리는 16일에 평양 조선중앙통신에 뜬 것을 봤다. 담화 내용은 해외측 인사들 5명이 입국불허된 것을 가지고 남측 당국을 강력하게 비난하는 것이었다. '파쇼 공안 당국'이라는 표현까지 쓰면서 아주 강하게 비난했는데 이는 한나라당에 대한 앞의 발언과 직접적으로 연관된 것은 아니었지만 일련의 같은 흐름으로 볼 수 있다. 해외인사의 입국이 불허된 것에 대해 북측이 비판하는 것이야 당연히 예상이 가능한 일이지만 민관이 함께 한참 행사를 잘 치르고 있는 상황에서, 또는 16일이라면 공식 행사를 잘 마치고 난 싯점에서 나온 것이 문제였다. 안위원장이 폐막사에서 대회를 성공적으로 치른 것에 대해 남측위와 이종석(李鍾奭) 통일부 장관을 비롯한 남측 당국에 감사를 표시하기도 했는데 평양에서 그런 담화가 나왔다.

이같은 행동은 그 내용을 떠나서 서로의 신뢰에 금이 가게 하는 것이다. 공동위원장회의라든가 이종석 장관과 안위원장과의 행사장에서의 만남 등 서로의 대화 기회가 많았는데도 아무 말이 없다가 그렇게 느닷없이 담화문을 내는 것은 매우 실망스럽다는 점을 강조했다. 또 내용면에서도 남북 민관 공동행사의 당사자 중 하나인 남측 당국에 대해 그렇게까지 표현하는 것은 도가 지나치다고 지적했다. 북측의 해명은 그 문제는 북측위와 남측 당국 간의 문제이지 남측위를 비판한 것은 아니었다고 했지만, 나는 남북 위원장간의 신뢰를 중요시해야 한다는 점을 강조했다.

그런 상황에서 공항에서 떠나기 전에 출발성명도 나왔다. 사실 남북간에는 일정이나 문건은 모두 사전에 합의하게 돼 있다. 그런데 출발성명은 미리 언급도 없었고 내용에 대한 협의도 물론 없었다. 그래서 이런 행동은 도가 지나치다 싶어서 남측위에서 사후에 유감을 표시한 것이다. 정부에서는 훨씬 더 격앙된 반응을 보였다. 개인의 무리한 행동이라는 차원으로 해석해서 앞으로 안위원장의 입국을 불허하는 문제까지 검토하고 있다는 이야기가 언론에 보도됐다. 나는 정부의 이런 반응을 '그만큼 화가 났다'는 표현으로 받아들이고 있다. 실제로 안위원장이 북측위의 위원장으로 있는 한 그 사람에 대해 입국을 불허한다든가 하는 행동은 졸렬한 대응이 될 것이다. 정부가 많이 화났음을 표현한 것이라고 받아들이고자 한다.

여정민 백대표의 설득에 대한 안위원장의 반응은 어땠나?

백낙청 일관된 반응이 아니라고 앞서도 말했는데 상당히 경청하는 모습일 때도 많았다. 그러나 안위원장은 노련한 사람이어서 설혹 수긍을 했더라도 내가 인용할 만한 명확한 언질을 주는 분은 아니다.

여정민 앞서 안위원장의 소위 '돌출발언'이 개인의 문제라기보다는 북측 당국의 입장의 표현이라고 했는데 그렇다면 그 발언 속에 담긴 북측의 메씨지는 무엇일까?

백낙청 거듭 말하지만 그 부분은 좀더 분석이 필요하다. 남측위 내부에서는 안위원장의 발언이나 북측의 태도에 대해 서운해하는 사람도 적지 않은데, 나로서는 남측에서 통일운동을 하는 사람들이 민간운동에 대한 북측의 기본자세랄까, 북의 국가전략 속에서 민간통일운동이 차지하는 위치에 대해 좀 냉정해질 필요가 있다는 점을 지적하고 싶다. 이는 한반도의 평화체제 구축을 원하는 북측 당국의 진정성을 의심하는 것과는 다른 차원의 문제다.

한반도의 평화체제 구축에 있어 북측이 최우선 순위로 놓고 있는 것은 북미관계이고, 그것은 그 나름으로 현실적 타당성이 있는 인식이기도 하다. 남북관계는 그다음이라고 봐야 한다. 그중에서도 민간통일운동은 또 한 차원 낮은 종속변수다. 이런 큰 틀 안에서 필요하다면 남측 민간운동으로서는 이해하기 힘든 언동이 얼마든지 나올 수 있다는 것을 인식할 필요가 있다. 너무 서운해할 필요도 없고, 반대로 우리의 운동을 고무하는 발언이 나왔다고 너무 심취할 일도 아니다.

큰 강물이 흐를 때는 양 기슭에서 풍랑이 생기기 마련

여정민 이번 축전을 두고 참가자의 폭이 너무 좁다는 의견이 있다. 소위 통일운동세력만의 축전이 아니냐는 비판이 그것이다. 소위 '반북' 단체들까지 포괄해야 한다는 의견도 나온다.

백낙청 민족통일대축전은 남측위에 가입해 활동하는 단체가 중심이 된다. 남측위에 가입한 단체 중에 6·15 자체를 부정하는 반북단체는 없고 그 사람들이 들어올 리도 없지만, 상대적으로 보수적인 단체들은 분명히 있다. 가령 대한상이군경회의 윤재철(尹在喆) 전 회장은 이번 축전의 공동대회장의 한 분이었다. 이분은 한국전쟁 때 참전했다가 부상을 당해서 지금도 휠체어를 타고 다니시는데 휠체어를 타고 대회장과 기념만찬에 나오셨다. 또 김화중(金化中) 전 보건복지부 장관도 공동대회장이었는데, 이분은 대체로 보수성향으로 분류되는 여성단체협의회의 회장이시다. 박강수(朴康壽) 바르게살기운동본부 대표도 공동대회장이셨고, 그밖에 우리가 명예대회장으로 모신 윤공희(尹恭熙) 대주교 같은 분은 보수·진보 가릴 것 없이 존경받는 종교계의 원로이자 광주 지역사회의 큰 어른이시며, 조계종 총무원장 지관(智冠) 스님은 우리 남측위원회 명예대표로서 당연히 명예대회장이 되셨다.

언론이 별로 보도를 안해줘서 그렇지 이처럼 보수 및 중도 인사들이 다수 포진해 있다. 그러나 참가의 폭을 넓혀야 한다는 비판에 대해 남측위 차원의 노력이 더 필요하다는 것이 개인적인 생각이고 상임대표로서 더 노력할 대목이라고 본다.

남측위원회는 크게 네 개의 축으로 이뤄져 있다. 통일연대와 민족화해협력범국민협의회(민화협), 7대 종단, 그리고 시민사회단체다. 통일연대는 그간 재야에서 통일운동을 해왔던 분들이 주가 돼 있고 민화협은 남남대화에 주력하면서 남북화해도 추진하는 단체인데 보수성향의 단체를 많이 포괄하고 있다. 자유총연맹도 민화협에 들어가 있어 명목상으로는 남측위 가입단체 중 하나다. 보수세력을 끌어들이는 데 민화협이 적극적인 역할을 해줄 수 있으리라 기대하고 있다. 또 7대 종단의 경우도 현재 다소 제한돼 있는 참여의 폭을 넓히면 자연스럽게 남측위의 폭도 넓어질 것이다. 시민사회단체는 진보성향으로 분류되는 단체들이 많지만 그 진보성이란 우리 사회 내부의 실질적인 개혁과제를 잣대로 평가되는 진보성이어서 통일에 관해서는 통일연대와 달리 중도적인 입장으로 분류되는 분들도 많다.

여정민 일부 언론들은 민족통일대축전에 대해 "반미·친북 구호가 난무했다"거나 "국민의 세금 들여 치른 행사 기간 동안 북측 인사들은 막말만 했다"는 등으로 보도했다. 이에 대해 남측위가 의도적으로 과장되고 왜곡된 보도가 나와 유감이라고 입장을 밝히기도 했다.

백낙청 이처럼 큰 규모의 행사를 하다 보면 돌출행동은 나오기 마련이다. 또 본대회장에서는 안 나올 발언이 부문상봉에 가면 나오기도 한다. 그러나 전체적인 비중을 따져보면 그렇게 큰 부분이 결코 아니다. 다른 한편으로는 그런 발언이나 현수막 같은 것이 보수언론에 의해 즉각 활용되는 것을 알면서도 자제력을 발휘하지 못하는 사람들이 좀 답답하기도 하다.

지난 2001년 8·15 때도 강정구(姜楨求) 교수의 '만경대 사건'이 크게 터져 문제가 된 바 있다. 사실 공동행사가 치러질 때마다 트집거리를 잡으려 하거나 분위기를 처음부터 몰아가는 흐름은 늘 있어왔다. 지난해 6·15나 8·15 때도 마찬가지였다. 그런데 6·15 때는 김정일 국방위원장과 정동영 당시 통일부 장관의 면담이 워낙 큰 이슈가 되면서 가려졌고, 8·15 행사 때는 남북 축구경기에 왜 태극기를 들고 대한민국 응원을 못하냐는 것으로 한때 시끄러웠는데 북측대표단의 현충원 참배로 그런 얘기들이 묻혀 버렸다. 올해는 그런 목소리들을 묻어줄 수 있는 큰 사건이 없었던데다가 오히려 북측에서 이런저런 불씨를 계속 제공하기조차 했다. 물론 이런 보도들이 대세에 큰 지장을 주는 것은 아니다.

보수언론들의 왜곡보도와는 별도로 국민들이 가지고 있는 정당한 우려는 남측위가 겸허하게 받아들이고 시정해나가야 한다. 다만 이같은 문제가 노출되더라도 남북의 화해와 협력 그리고 점진적인 통합이라는 대세가 있기 때문에 오히려 이런 일이 거듭되면서 자제력도 생기고 면역력도 생기리라고 기대한다. 큰 강물이 흐를 때는 좌우 양 기슭에서 풍랑이 생기기 마련이다. 국민들이 넉넉한 마음으로 강물의 큰 흐름을 지켜봐주시라는 말씀을 드리고 싶다.

일관성이 부족한 노무현정부의 대북정책

여정민 큰 사건이 나오지 못해 그런 부분들이 부각됐다는 것은 결국 인터뷰 초반에 잠깐 언급된 이번 행사에 대한 당국의 의지 부분으로 돌아가게 된다. 남측 당국이 올해 행사에 대해 별다른 의지가 없었다면 이는 결국 노무현정부의 대북정책의 문제로 환원될 수 있다. 노무현정부의 대북정책을 어떻게 보는가?

백낙청 김대중정부의 햇볕정책을 계승·발전시키겠다는 노무현정부의 진정성은 인정할 만하다. 그러나 김대중 전 대통령과 달리 노무현 대통령은 통일문제에 대한 오랜 준비나 천착이 없는 상태에서 출발해서 정권 초반에 대북송금 특검이라는 결정적인 실수를 저질렀다. 그 일로 남북의 상호신뢰에 금이 갔으며 이후 한반도문제의 주도권이 우리 손에서 미국 쪽으로 많이 넘어갔다. 그 후유증을 우리가 아직도 앓고 있는 면이 있다. 이런 초기의 실책을 만회하려고 정부가 그 후 여러 노력을 한 것은 사실이지만 일관성이 부족하고 상황을 장악하는 능력이 부족하다는 한계를 자주 실감하게 된다.

여정민 현정부의 대북정책이 일관성이 부족하다는 얘기를 좀더 구체적으로 한다면?

백낙청 노무현 대통령이 얼마 전 몽골에서 북측에 과감한 지원을 해주겠다고 밝혔다. 이 발언은 북측에서 호응을 해오면 지원을 획기적으로 늘리겠다는 얘기였다. 그런데 북측에서 원하는 것이 꼭 경제지원만인지는 잘 살펴봐야 한다. 물론 북측에서는 경제지원을 확대해주기를 열렬히 희망하지만 소위 근본문제라는 것을 중시한다. 국가보안법이나 서해의 북방한계선(NLL) 문제와 같은 것이 그것이다.

이 점은 최근에 김근식(金根植) 교수도 프레시안의 '한반도 브리핑' 코너에서 지적했던데, 그런 문제들에 대해 충분히 대비도 없이 말이 너무 앞서서는 곤란해질 수 있다. 남측에서야 '북측과 다른 문제가 잘 해결되면 주려고 했는데 잘 안돼서 못 준다'고 말할지 모르지만 북측에서 볼 때는 오히려 남측에서 정말 뭔가 잘될 수 있는 조건을 만들어주리라 기대했는데 그게 아니라고 판단했을 수 있다. 여러 면에서 충분히 준비하고 사전에 어느정도 여러 조건들을 다져놓은 상태에서 그런 극적인 발언이 나와야 하는데 그러지 못한 것 같다.

북방한계선 문제를 국민들에게 정확히 알려야

여정민 여러가지로 현재 남북관계가 어렵다는 것이 전문가들의 기본적인 평가인 듯하다. 결국 근본문제가 해결되지 않으면 풀리지 않는 문제들이 많아 보인다. 북측이 요구하는 근본문제들을 어떻게 풀어가야 할까?

백낙청 일단 북측이 근본문제에 접근하는 방식에 대해서는 나대로 불만이 많다. 가령 북방한계선(NLL) 문제를 제기하기 위해서 철도 시험운행을 하루 앞두고 취소하는 것은 문제해결에 전혀 도움이 되지 않는다. NLL 은 남측 정부가 마음대로 할 수 있는 것이 아니다. 국회와 언론, 여론이 이 문제에 대해 이해하고 합의하는 분위기가 돼야 하는데 북에서 그런 방식 으로 나오면 오히려 해결이 지연된다.

그러나 내용상으로 들어가면 북측의 주장도 우리가 쉽게 외면할 수 없 는 것들이다. 가령 국가보안법은 진작 철폐됐어야 하는 법이다. 그에 대 한 보완조치는 정치권에서 지혜를 발휘하면 해결될 수 있는 문제임에도 아직까지 안되고 있다. 이와 관련해 북의 조선노동당도 규약을 안 고쳤는 데 왜 우리만 해야 하느냐는 목소리도 있다. 그러나 북측의 적화통일론은 이미 완전히 사문화됐다고 봐야 한다. 반면에 국가보안법은 상당정도는 사문화됐다고는 하지만 엄연히 그 실효를 발휘하고 있다. 그럼에도 불구 하고 벌써 26년째 당대회도 안 열리고 있는 조선노동당 규약에 얽매여 국 가보안법을 폐지하지 못한다는 것은 어찌 보면 오히려 그것이야말로 북 한을 너무 존중하는 '친북' 아닌가.

NLL의 경우 무엇보다 기본적인 사실관계를 정부와 언론이 국민들에게 정확하게 전달하지 않고 있는 데 심각한 문제가 있다. 국민들은 NLL이 휴 전선의 일부로 생각하고 있다. 그래서 그 문제를 협상한다고 하면 '우리 영토를 내주겠다는 것이냐'고 반발하는 것이다. 그러나 아는 사람들은 다 아는 사실이지만 NLL은 휴전선이 아니다. 휴전협정 과정에서 북측과 합 의해 그은 군사분계선이 아니라 유엔군 사령부에서 일방적으로 그어놓은 것인데, 당시 북측의 해군력이나 공군력은 완전히 괴멸돼 있어 바다에서 는 청진이고 남포고 우리 군이 마음만 먹으면 아무 데나 드나들 수 있는 형국이었다. 그래서 휴전과 함께 유엔군 사령부가 금을 그으면서 '여기까 지가 북방으로 올라갈 수 있는 한계'라고 정해놓은 것이다. 이름이 '남방 한계선'이 아니라 '북방한계선'인 것만 봐도 알 수 있다. 특히 북진통일을 계속 주장하던 이승만정부더러 올라가지 말라고 한 것이다.

법률적으로도 그렇고, 그 뒤 남북기본합의서 체결 때 이 문제가 논의됐는데 당시에도 모호하게 처리됐다. 평화협정 체결 때까지는 휴전협정으로 인한 군사분계선과 각자가 관할해온 영역을 서로 다 존중하겠다고 했으니 NLL을 임시적으로 인정하기로 한 것이다. 그러나 바로 이어 서해상의 경계선 문제는 계속 협의하겠다고 약속했다.

해석하기에 따라서 계속 협의하겠다고 약속했는데 그 약속이 안 지켜지니 상호존중 합의도 무효라고 볼 수 있다. 이것이 북의 주장인 것이다. 반면 남측은 협의를 아주 안하겠다는 것은 아니니 그때까지는 서로 존중하기로 한 약속을 지켜야 한다며 15년을 끌어왔다.

무엇보다 이런 사실관계를 정부와 언론이 제대로 전달해야 한다. 특히 이 문제를 담당하는 기자들이 정확한 사실을 모른다면 기자로서 무자격자이고 알면서도 얘기하지 않는다면 직무유기다.

사실을 사실대로 국민들이 인식한 다음에 어떻게 할 것인지에 대한 국민적 논의가 이뤄져야 한다. 대화가 시작되면 남측에 상당히 유리한 선을 그을 수 있으리라고 확신한다. 북이 개성공단, 금강산도 다 내줬는데 바다에서 어로구역을 양보 안하겠는가. 더욱이나 공동어로는 남북 어민 모두의 이익을 위해서도 필요하고 어쩌다 충돌이 벌어져 생때같은 젊은 목숨을 잃는 것을 막기 위해서도 중요하다. 이 외에도 중국인들의 불법어로를 막기 위해서도 서해상에서의 남북공조체제가 조속히 마련돼야 한다.

'DJ 방북'은 소중한 카드, 아껴두는 것이 맞다

여정민 축전 기간 중에 일본과 미국발로 북한이 발사체를 쏘려 한다는 보도가 나온 이후 긴장이 고조되고 있다. 이종석 장관은 북한이 미사일을 쏜다면 쌀이나 비료와 같은 무상지원을 중단할 수도 있다고 밝혔다. 또 6월 27일로 예정됐던 김 전 대통령의 방북도 연기되면서 남북관계에 악재가 되고 있다는 지적이 있다.

백낙청 미사일이든 인공위성이든 그에 대한 북측의 계획을 나 같은 사람이 알 수 있겠는가. 한마디로 발사를 안했으면 좋겠다는 생각이다. 발사를 할 때는 물론 북측도 나름대로 계산이 있을 것이다. 미국이라는 나라는 워낙 누군가 무리한 짓을 해야 움직이는 면도 있으니까 그런 계산을 할지도 모르겠다.

그러나 북측이 얻는 것보다는 잃는 것이 더 많을 것 같다. 당장 남북관계에도 영향을 줄 텐데 그것은 단순히 쌀이나 비료 지원이 몇 달 늦어지는 문제가 아니다. 남측 국민들의 정서가 한번 틀어지고 나면 회복하는 데 시간이 오래 걸리고 그사이에 한반도문제에 대한 우리 민족의 주도권은 그만큼 축소되게 마련이다. 또 일본의 극우세력에도 힘을 실어줄 테고 미국의 미사일 방어체제(MD) 장사에도 보태주는 결과가 될 것이다.

김 전 대통령의 방북 연기는 최근의 상황 속에서 불가피한 것 아닐까. 미뤄진 건 아쉽지만 그의 방북은 남북관계에서 우리가 갖고 있는 아주 소중한 카드인데 함부로 써서는 안된다. 아껴두는 것이 맞다고 본다.

8·15공동행사 질적 진화 이뤄야

여정민 올해 8·15남북공동행사는 북측에서 하기로 합의한 것으로 알고 있다. 이같은 공동행사가 남북관계 발전에 기여할 수 있도록 만들게 하기 위해 어떤 고민을 하고 있는지?

백낙청 이번 8·15행사는 새로운 도전이라고 본다. 정세에 따라서는 행사의 맥을 잇는 것 자체가 새로운 과제가 될 수도 있지만 여건이 나아지면 나아지는 대로 또다른 도전에 직면할 것이다. 공동위 결성 이후 이제까지 다섯 번의 행사가 다 특색이 있었다. 이번 6·15축전이 지난해에 비해 밋밋했다는 의견도 있지만 올해는 5주년, 60주년 등 '꺾어지는 해'가 아닌데도 지난해의 행사들의 맥을 이으면서 광주, 목포로까지 확산시켰고 어떤 의미에서는 이제까지 하던 행사의 마무리의 성격이 있었다. 이제는 '똑같은 연설과 똑같은 노래 부르는 것은 더이상 의미가 없지 않느냐'는 생각도 하게 됐다. 그것도 발전이다. 물론 이번 대회의 연설이나 공연들이 종전과 똑같은 것도 아니었다. 구체적으로 진전한 면에 대해서는 서동만(徐東晚) 교수가 인터넷 『창비주간논평』에서 잘 지적했는데 『프레시안』에 전재되기도 했더라. 아무튼 이제 한단계 질적으로 진화를 이뤄내는 일이 남았다. 8·15 공동행사에서 그런 진화를 이뤄낼지는 미지수지만 우리에게 하나의 도전으로 남아 있다.

여정민 상임대표 임기가 올해 겨울이면 끝이 난다. 남은 6개월의 활동 계획을 듣고 싶다.

백낙청 상임대표가 될 때 '나는 큰 욕심 안 내겠다'고 공언한 바 있다. 우선 하나는 내가 대표로 있는 한은 남측위원회를 잘 유지하도록 하고 싶다고 했다. 남측위는 네 개의 축으로 이루어진 연립기구인데다 그 넷이 모두 단일기구가 아니다. 굉장히 복잡하고 의견차이도 많을 수밖에 없다. 따라서 이런 조직이 깨지지 않고 가능하면 발전하도록 하는 것이 대표로서의 첫째 목표였다.

또 당시는 우리 기구의 이름도 남북해외공동행사 준비위원회였는데, 나로서는 공동행사를 잘 치르는 것으로 만족하겠다고 했다. 물론 행사준비만 하는 위원회가 돼서는 안되지만 일차적으로 행사를 원만하게 잘 치르는 것을 목표로 하고 더 큰 욕심은 안 내기로 한 것이다. 돌이켜보면 작년 3월에 결성식을 하고 6·15와 8·15를 대축전을 치른 뒤 12월에 심양에서 열린 회의, 그리고 올해의 광주축전까지 대과 없이 치러냈다고 본다. 그 점에서는 지금 그만둬도 크게 욕먹을 일은 없다고 자부한다.

조직발전의 면에서 보면 현재 상태에 대해 남측위 내부의 여러 다른 세력이 여러 다른 종류의 불만을 갖고 있는 것이 사실이지만 지난해 3월 금강산에 가서 남북해외 공동위 결성식을 하느냐 마느냐로 다투던 때에 비하면 장족의 발전을 했다. 그러나 아직 갈 길이 먼데 나는 이 대목이 나의 남은 역할 중에 제일 중요한 것이라 생각한다. 즉 남측위의 내부단합과 역량강화 문제다. 북측에서 보면 민간통일운동이 부차적인 변수의 또 부차적인 변수일지 모르지만 남측에서는 그렇지 않다. 시민사회가 어느정도 자리를 잡은 현실에서 국민적인 폭넓은 지지를 받는 통일운동 연대기구의 존재 여부는 우리 사회의 진로를 많은 부분 좌우하리라 본다. 따라서 남측위의 역량을 키우고 영향력을 확대해야 하는 것이 1단계 통일로 가는 과정에서 시민참여를 극대화하고 나아가 북에서도 민간영역의 위상을 높여줄 수 있는 길이 될 것이다.

여정민 상임대표의 연임은 안되는가.

백낙청 규약상 연임이 가능하지만 나는 본업이 책 보고 글 쓰고 자유롭게 발언하는 것이다. 상임대표로 있으면서도 그간의 버릇이 있어서 개인적인 발언을 비교적 자유롭게 하는 편이지만 제약도 많거니와 무엇보다 공부 없이 발언할 위험이 점점 커지는 것 같다. 하루빨리 내 본업에 복귀해야겠다고 생각하고 있다.

여정민 긴 시간 좋은 말씀 감사하다.

북녘의 큰물피해와
8·15축전 무산을 보며

백낙청(6·15 공동선언실천 남측위 상임대표)
김치관(『통일뉴스』 기자)

북한의 수해 피해, 8·15통일축전 취소

김치관 평양에서 열릴 예정이던 8·15통일대축전과 아리랑공연이 북측의 큰물피해로 말미암아 취소됐습니다. 무산 경과와 이에 대한 입장을 밝혀주십시오.

백낙청 8·15민족대회 취소 통보는 8월 1일 아침 이른 시간에 온 걸로 기억합니다. 아리랑 취소 얘기는 하루 전에 있었고요. 북측의 큰물피해 상황으로 보아 두 달씩 다수 인원이 동원되는 아리랑이 불가능하다는 건 대충 짐작이 갔고 그래도 8·15축전만은 했으면 했는데 통보가 왔죠.

■ 이 인터뷰는 『통일뉴스』 2006년 8월 10일자에 「우선 북 수재민 돕기에 최선 다해야」라는 제목으로 실린 것이다.

대단히 실망스럽고 아쉽기는 한데, 팩스에 북의 큰물피해가 대단하다는 점을 분명히 밝혔고 실제로 그 점을 의심할 여지가 없다고 봅니다. 그리고 이런 상황에서 축전을 벌이는 것이 여러모로 고려되는 사정이라고 덧붙였던데 이 말은 '물리적으로 강행한다면 대회 자체를 못할 건 없지만 이런 상황에서 이게 어울리겠는가'라는 뜻 아니겠어요. 납득이 가는 얘기입니다. 소규모의 회의라면 몰라도 축전 형식은 어울리지 않는다는 취지를 우리는 충분히 수긍했고 아쉽지만은 그대로 받아들였습니다. 또 추후의 일을 실무접촉을 통해 협의하자는 말이 있었기 때문에 우리가 8월 11일에 실무접촉을 하자고 제안했고 북도 즉각 이에 동의하는 회신을 보냈습니다.

따라서 지금 우리로서는 차후 남북관계를 어떻게 해나갈까 천천히 생각하는 가운데 우선 북의 수재민 돕기에 최선을 다하는 것이 좋겠다고 생각해 지난 8월 3일 공동대표회의를 열어 그렇게 하기로 통과시킨 겁니다.

김치관 현재 북한의 큰물피해 수준에 대해 파악된 정보가 있습니까. 또 6·15남측위 차원에서 어느 정도 지원을 해야 한다고 보십니까?

북의 피해상황 알리고 수재민 적극 도와야

백낙청 피해상황에 대해 별도의 정보를 갖고 있는 것은 없습니다. 언론에 제일 많이 인용되고 있는 『좋은 벗들』 소식지에 따르면 이재민 숫자는 130만 이상으로 추정되며 사망자가 1만 명까지 갈 수 있다는 상당히 충격적인 보도가 나왔습니다. 그리고 피해가 심한 지역에 대한 구체적인 정보가 실려 있습니다. 그밖에 일본의 『조선신보』를 통해 나온 소식들도 있는데 규모가 덜하지만 피해가 엄청나다는 점에는 일치하는 것 같아요.

우리 정부당국도 나름대로 상당한 정보를 갖고 있는 것으로 압니다. 나는 당국이 이를 더 공개해 국민들에게 피해규모가 얼마나 큰지 알리는 게 옳다고 봅니다. 북이 얼마나 큰 피해를 입었는지 알아야 국민들도 북을 돕는다는 것은 정치문제를 넘은 긴급한 인도적 조치가 필요한 사안이라는 점에 공감할 수 있을 테니까요.

이번에 강우량만 보면 북측이 남측보다 적었다고 그래요. 다만 집중호우가 많았다는 소식이 전해지고 있습니다. 상식적으로 짐작할 때 산림녹화 등 취약한 부분들이 많아 재해에 대한 방비가 취약하겠지요.

더 큰 문제는 일단 수해가 발생했을 때 복구능력이 떨어진다는 것이죠. 도로망도 그렇고 장비도 그렇고 무엇보다 기름이 없기 때문에 장비가 있어도 돌리지 못하는 경우가 많겠지요. 남쪽에서 그토록 물난리를 겪었지만 인명피해가 아마 100명 안팎인 것으로 압니다. 100명만 아니라 1000명만 해도 굉장한 사태인데 1만 명이라면 참혹한 상황이라고 봐야 합니다. 더군다나 질병이 돌고 후유증이 발생하면 이는 동포로서, 아니 동포가 아닌 가까운 곳에 사는 인간으로서도 눈뜨고 볼 수 없는 일입니다. 당연히 지원해야 하는 일입니다.

우리 남측위원회가 구상한 구호방식은 좀 독특합니다. '남북수해피해 복구 특별위원회'를 만들었는데 그 조직 자체로도 성격이 특이한 조직입니다. 6·15남측위원회가 주도하지만 남측위원회뿐만 아니라 대북지원에 나서는 단체 중 뜻을 같이하는 분들과 함께하면서 우리 남측위는 오히려 조정하고 연결하는 역할을 많이 하게 됩니다. 조직상으로도 하나의 독특한 실험이라고 볼 수 있습니다. 지금 김상근(金祥根) 목사님이 특별위원회 위원장을 맡아 유관단체들과 협의를 진행하고 있는 것으로 압니다.

남북 수해피해를 동시에 구호하자는 것도 특이한 부분입니다. 여기에 대해서는 대표자회의에서도 양론이 있었어요. 남쪽 수해지원은 이미 여러 군데에서 많이 하고 있기 때문에 북녘 수해구호에 전념해야 하지 않겠냐는 주장도 있었습니다.

그러나 실제로는 우리가 모금하는 것 대부분이 북녘에 가게 되리라고 봅니다. 남북을 같이 지원하되 지정기탁을 받기로 했기 때문입니다. 돈을 내는 분이 돈을 북에만 써달라고 하면 북에만 쓰고 남에만 써달라고 하면 남에만 쓰고 이런저런 지시가 없으면 5:5로 나누기로 했는데, 대부분의 모금이 전문적인 대북지원단체들을 통해 이루어지고 또 그들의 실적으로 명시될 것이기 때문에 그런 돈은 거의 자동적으로 북에 대한 지정기탁이 되는 거지요.

남측위도 1차 긴급모금을 1억원 정도 해서 북에 조속히 전달하려고 합니다. 그런데 남북 수재민을 동시에 지원하자고 주장한 배경은, 장맛비와 폭우가 군사분계선에 구애받지 않고 남북을 오르내리며 골고루 큰물피해를 일으켰듯이 우리도 남북을 가리지 말고 수재민을 돕는다는 원칙을 세우는 것이 중요하지 않은가, 또 설혹 몇 푼 안되는 돈일지라도 내는 사람이 나는 이 돈을 남북 수재민에게 똑같이 나누어주었으면 좋겠다는 뜻을 가졌을 경우 그런 분들에게도 선택권을 주어야 하지 않겠는가라는 취지에서 집행부가 이런 방안을 마련했고 대표자회의에서 받아들여진 것입니다.

참배 논란, '상호주의' 견지에서 이해해야

김치관 일부에서는 북측이 일련의 민족공동행사를 취소한 것은 최근 경색된 북미·남북관계 때문이라고 해석하는 경향도 있습니다. 행사가 열렸다면 남북 당국의 참가는 가능했을 것으로 보는지요?

백낙청 실무회담에서 북측은 당국이 참여할 방침을 분명히했고 남측 당국의 참여도 희망했습니다. 일부 언론에 우리 정부측은 참여 안할 것 같다는 말이 보도돼서 사실 그 점이 좀 염려가 됐어요. 지금 대화 채널이 거의 다 끊긴 상태에서 남아 있는 좋은 기회인데 이것마저 당국이 끊어서 되겠는가 싶었습니다. 그래서 제가 이 문제로 통일부 장관을 일부러 만났는데, 만나본 결과 정부 내에서 불참 의견이 있었지만 통일부 측에서는 그 문제를 상황을 지켜보며 결정하자고 열어둔 상태였고, 몇 가지 고려사항이 있지만 전향적인 자세로 임하고 있다는 인상을 받았었습니다.

김치관 한국사회의 보수화가 우려되는 수준에 처해 있습니다. 특히 보수언론의 영향으로 최근 한국노총·민주노총 대표단의 북 혁명열사릉 참배에 대한 논란도 번져가고 있는데 이를 어떻게 보십니까?

백낙청 제약이 상당히 많다고 봅니다. 우리가 일관된 자세로 끈질기게 나가면서도 지혜롭게 대응해야 한다고 봅니다. 예전 정부가 민간통일운동을 적대적으로 대하고 거기에 언론까지 통제했을 때는 당장의 여론이 어떻든 돌파하는 것이 의미있었지만 지금은 그렇게 돌파 일변도로 나갈 시기는 아니라고 봅니다. 훨씬 더 지혜로운 대응이 필요할 때입니다.

또 혁명열사릉 참배 문제는 아직까지 정부가 그것을 허가하지 않은 상황에서 거기 간 분들이 잘했나 못했나를 내가 판단하기보다, 설혹 갔기로서니 일부 신문에서처럼 그렇게 난리를 칠 일인가 묻고 싶어요. 그런 식으로 따지자면 북측 사람들은 가난한 나라의 봉급 받고 여비 써가면서 남쪽의 국립현충원까지 방문한 건데 그건 어느새 다 잊었는지. 상호주의를 제일 강조하는 사람들이 이런 대목에 가서는 상호주의가 싹 없어지니 좀 우습지요.

김치관 입국제한 문제와 참관지제한 문제가 민간통일운동에서 걸림돌이 되고 있습니다. 이에 대한 견해는 어떠십니까?

백낙청 참관지문제는 우리 정부가 전향적으로 풀어야 한다고 생각합니다. 북도 이 문제를 우리 정부에 압박하는 모양새를 취하면 풀기가 더 어려워집니다. 물론 북에서도 이를 알리라고 봅니다. 그러나 만약 북측이 정말 참관지 승인을 유도하려는 목적으로 남측 정부를 압박했다면 이는 현명한 방법이 아니라고 봅니다.

입국불허 문제는 당연히 축전기간에는 북측 인사에 준하는 신변안전을 해외에서 오시는 분들에게도 제공해야 한다고 믿는데, 그게 또 정부 입장에서 본다면 남측의 법률체계상 동일한 경우가 아니어서 문제가 발생했지요. 북에서 오는 사람들에게 신변안전보장 각서를 교환하고 왕래하는 경우와 해외의 인사, 특히 북측 공민이 아니고 대한민국 국적이나 외국 국적을 가진 분들이 들어오는 경우는 법적으로 전혀 다릅니다.

그런데 작년에는 북측 국적을 가진 해외인사에 한해서는 문제가 있어도 예외적으로 허용했지요. 일본에서 입국신청을 한 분들에게 대사관이 일단 허가를 했다가 사무착오로 그랬다고 뒤늦게 거둬들이려는 것을 그러면 안된다고 항의도 하고 설득도 하고 해서 두 분이 들어오시게 되고 유럽에서 오려던 분은 입국신청을 자진해서 포기하신 건데, 금년에는 보수단체 측에서 나름대로 준비를 해서 대법원의 판결문에도 나와 있는 특정인을 고발하는 등 정부로서도 움직이기 힘든 법적 조치를 취했단 말이에요.

정부 나름의 애로가 있었다는 점도 이해를 합니다. 그러나 작년에 허용됐던 분마저 금년에 안됐기 때문에 문제가 더 시끄러워진 거지요. 정부에 항의도 했지만 어쨌든 남측위원회로서는 해외측이나 북측에 대해 면목이 없어진 일이고, 공동위원장회의에서도 내가 정식으로 미안하고 면목없다고 말했어요.

9·19공동성명은 결국 지켜질 것

김치관 지난해 9·19공동성명이 채택돼 한반도 비핵화 흐름을 타고 있는 것 아닌가 기대가 높았지만 대북압박이 진행되면서 북한이 심각하게 반발하는 정세가 진행되고 있습니다. 이 사안을 대해 6·15남측위는 어떻게 진단하고 있습니까?

백낙청 내 개인적 의견을 말씀드리는 게 좋겠어요. 나는 미국이 사실

9·19공동성명에 동의하고 싶지 않았는데 이라크 전쟁도 잘 풀리지 않아 끝까지 버틸 힘도 없고 중국이나 한국도 강하게 미국을 압박했기 때문에 마지못해 동의했다고 봅니다. 어쨌든 그 성명이 나왔다는 것 자체는 획기적인 일이에요. 어찌 보면 6·15공동선언에서 빠져 있던 중요한 사안인 평화체제구축이 드디어 5년 만에 보완된 사건이라고 봅니다. 한반도 평화문제의 경우 미국이 빠진 상태에서 두 정상이 동의해봐야 소용없기 때문에 6·15공동선언에서 빠졌던 것이죠.

각고의 노력 끝에 5년 만에 탄생한 9·19공동성명의 이행과정에서 여러가지 난관이 있으리라는 건 예상했지만 미국이 그렇게 곧바로 다른 카드를 들고 나오리라는 건 솔직히 예상하지 못했습니다.

김치관 리영희(李泳禧) 선생은 9·19공동성명이 발표된 뒤 미국은 100년간 국제조약을 지켜본 적 없다고 일성했습니다만.

백낙청 미국에 대해 경각심을 가져야 한다는 점에서는 리영희 선생 말씀이 맞습니다. 그러나 미국이 자신들이 지키고 싶지 않은 국제조약을 마지못해 지킨 사례도 많습니다. 궁극적으로는 9·19공동성명도 지켜지리라고 봅니다. 어쨌든 9·19공동성명이 진전되지 못한 1차적 책임은 미국이 9·19성명을 이행할 의지가 없다는 데 있다고 나는 해석합니다.

아울러 남측의 정부나 민간단체들이 최선을 다해 대응했는가도 스스로 점검해볼 일입니다. 북의 대응방식에 있어서도 가령 김대중 전 대통령은 그래도 북이 6자회담에 나와 입장을 당당히 개진하면 5:1 내지 4:2로 미국이 몰리게 되는데 북이 안 나오고 버티면 나오라고 촉구하는 당사자가 5자가 되고 결국은 5:1로 북이 불리해진다는 의견을 피력했습니다. 이 주장에 대해 우리가 진지하게 검토해야 한다고 생각합니다.

김치관 북 미사일 시험발사가 미치는 영향이 큽니다. 북한이 왜 미사일을 쐈다고 보시는지요.

백낙청 북이 미사일을 쏜 것은 대미협상을 촉진하기 위한 의도였다고 많은 관측자들이 분석하고 있고 북에서도 그런 암시를 많이 했다고 봅니다. 나 역시 북이 미사일 시험발사로 북미관계를 풀기 위한 강수를 띄운 것이지 6자회담을 깨겠다든가 남쪽에 안보위협을 가하겠다는 의도로 시험발사를 했다고 보지는 않습니다.

그런데 지금까지 진행과정을 보면 미사일 발사가 북미관계를 풀거나 북측의 국제적인 입지를 강화하는 데 효과적인 방법은 아니었다고 봅니다. 오히려 불리하게 나타나고 있는데 물론 궁극적으로 어떻게 될지는 두고 볼 일입니다.

북이 1998년 대포동 1호를 쏘고 난 다음에 결국 99년에 북미간 합의가 이뤄졌고 2000년 6·15선언 이후 클린턴정부하고 거의 타결이 될 뻔한 선례가 있긴 합니다. 하지만 지금 전개되는 상황은 그런 바람직한 선례가 되풀이될 수 있을지 의심스러운 게 사실이에요. 9·11 이후의 미국은 이전의 미국하고 다르고 또 중국의 태도도 예전하고는 다르지 않습니까.

김치관 중국 입장을 짚어보겠습니다. 최근 들어 중국이 실리적인 입장을 갖고 북한을 대하고 있다는 경계의 목소리가 나오고 있는데 이를 어떻게 보십니까?

백낙청 중국이 대북관계에서 실리적인 태도를 취한 것은 오래전부터 있었던 일입니다. 가령 92년에 한·중 수교가 이뤄졌는데 원래는 한·중 수교라는 것이 교차승인을 전제로 한 것 아니었어요? 그런데 일본이나 미국이 북을 승인하지 않은 상태에서 중국이 한국하고만 수교를 했을 때 이미 혈맹관계를 아주 버린 것은 아니지만 실리가 더 중요하다는 판단을 한 거지요. 따라서 중국의 실리외교는 오래된 기조이지 갑작스레 대두한 것은 아니라고 봐요.

다만 중국은 북 정권이 붕괴한다든가 미국이 주도하는 한반도 통일이 이뤄지면 자신들의 실리에 위배된다고 보고 있습니다. 따라서 단순한 동맹관계 의리에 의존하는 것보다 확실한 데가 있죠.

우리의 역량에 따라 미국도 끌려올 것

김치관 북미간 긴장구도로 접어들면서 남북관계 전망에 촛점이 모아지고 있습니다. 하지만 19차 남북장관급 회담에서 보여지듯 남북관계는 냉각기로 접어들고 있습니다. 이 대목은 어떻게 보시는지요?

백낙청 북미관계가 안 풀리면 아무것도 할 수 없지 않냐는 패배주의가 사회 일각에 있는데 사실은 그렇지 않다고 봅니다. 미국이 압도적인 힘을 갖고 있지만 전능한 국가는 아니고 특히 한반도에서는 우리 어떻게 하느냐에 따라 미국도 어느정도 끌려오게 돼 있다고 믿어요.

9·19성명이 그런 예이고, 6·15공동선언을 보더라도 클린턴정부가 추인을 한 것이지 처음부터 그런 형태로 하라고 미국이 권장한 것은 아니지 않습니까? 미사일사태에도 불구하고 그야말로 남북 당국이 우리민족끼리 좀더 협조해서 잘할 수 있는 여지가 있다고 봅니다.

하지만 남측에서 볼 때 북은 말로만 우리 민족끼리 하면서 멋대로 자기들 할 일은 다 하고 우리 정부를 난처하게 만드는 온갖 일들 다 하면서 우리 민족끼리가 말이 되냐는 생각을 가질 수도 있죠. 정부도 야당이나 보수 세력의 압력에 굴한 면도 있지만, 속된 말로 좀 삐친 게 있는 것 같아요. 다른 한편으론 북측에서 볼 때 자신들은 미국을 상대로 전략적 선택을 했는데 그랬다고 해서 좀 섭섭하다는 정도가 아니라 그렇게 강하게 반발할 수 있느냐, 이런 식으로 서로 삐친 것 아니겠어요.

다른 건 몰라도 쌀과 비료의 인도적 지원을 6자회담 재개와 연계시킨 것은 현명한 처사가 아니라고 봐요. 우리 사정상 제때 못 줄 수는 있다, 우리가 쌀 몇십만 톤을 주겠다고 했지만 당신네가 이렇게 나와 국내가 난리인데 지금 보낼 수 있겠냐 하면서 지원을 유예하는 것은 정부로서도 어느정도 불가피한 면이 있을 거예요. 하지만 정부도 대북지원 문제를 남북관계만 아니라 북미관계에 직결된 정치적 결정에 결부시켜놓으면 현실적으로 마음대로 풀 수 없게 됩니다. 명분상 인도주의적 지원을 국제정치적인 사태에 결부시킨다는 비판에 직면한다는 점에서 현명하지 못했다고 판단하고 있습니다.

정부에서도 딱히 6자회담 복귀를 전제로 한 것은 아니고 뭔가 출구가 보여야지 우리도 지원할 수 있지 않겠는가 하는 정도로 가능성을 열어놓은 걸로 압니다. 그러던 차에 마침 큰물피해가 났고 이때 남측 정부가 먼저 나서 북을 돕겠다고 하면 좀 멋쩍을 것이고 북도 자존심이 있는데 피해가 크니까 도와달라고 말하기 어려울 테니 민간지원활동에 정부가 참여하는 매칭펀드식의 길을 찾아나선 것이죠. 이를 작동시키고 난 뒤 정부가 직접 도와줄 수 있는 길을 찾아나서는 것이 지금으로서는 최선의 방법이라고 봅니다.

매칭펀드는 민간지원 대 정부지원 비율을 5:5로 한다는 관례가 있지만 종전보다 더 많은 비율로 줄 방침을 고려중인 것으로 압니다. 지금 한나라당조차 인도적 지원을 해야 한다고 하는데 우리 정부가 미사일문제가 안 풀려 못하겠다고 하는 것은 말이 안됩니다. 정부가 그렇게 무리하게 나가리라고는 생각하지 않습니다.

6·15북측위와의 마찰 '이젠 후일담'

김치관 악화된 북미간 정세 속에서 6·15축전이 열렸습니다. 행사는 무난히 치러졌지만 내부적인 갈등, 남측 언론의 보도태도도 상당히 부정적이었습니다. 이런 내부적 갈등의 중심에 서 계셨는데 직접 겪으시니 어떠셨습니까? 또 안경호 위원장의 인상은 어땠는지요?

백낙청 전에 받았던 인상에 큰 변함은 없어요. 사실 그분은 민간대표단이지만 노동당의 간부입니다. 북측은 우리가 말하는 민간의 독자성이라는 게 있는 건 아니거든요. 현재 북측은 국가전략의 최우선을 북미관계에 두고 있습니다. 그다음 하나의 변수로서 남북관계가 있는 것이지요. 그 남북관계의 틀 안에 남북 민간교류라는 또 하나의 변수가 있는 것입니다.

따라서 국가전략상 미사일을 쏜다는 방침이 정해지면 안경호 위원장은 당연히 거기에 충실하게 움직인다고 봐야지요. 광주축전 과정에서 실은 여러가지 얘기를 많이 했어요. 한나라당이 집권하면 6·15도 날아간다는 그의 문제발언에 대해서도 제가 많이 설득했습니다.

첫째, 남한사회가 그렇게 만만한 사회는 아니라서 한나라당이 집권해 설혹 사태가 어려워진다 하더라도 6·15가 그렇게 쉽게 날아가지는 않는다는 점을 강조했고 둘째, '한나라당 집권을 원하지 않는다면 그럴수록 한나라당을 도와주는 말은 하지 마시라. 북에서 한나라당을 찍어서 공격하면 어느 선거에든 한나라당이 유리해질 뿐이다'라고요. 나는 안경호 위원장이 그 말을 못 알아들을 분은 아니라고 생각합니다. 하지만 마지막 출발성명에서 안경호 위원장은 기존 얘기를 되풀이하고 가지 않았어요? 더구나 아무런 사전협의도 없는 상태로 말이에요.

남북이 성명서를 발표할 때는 늘 미리 문건을 협의했는데 전혀 이런 과정을 거치지 않고 출발성명을 발표했다는 것은 신뢰를 형성하는 데 지장을 줍니다. 서로 저쪽이 갑자기 무슨 소리를 할지 모른다는 불안감을 가지면 일이 어려워지기 때문이죠. 남북관계는 너무 절차가 복잡해 불편하긴 하지만 그런 것 없어도 안심할 수 있는 단계에 도달하려면 서로 약속을 준수해야 합니다.

그때는 다른 건 몰라도 이 문제를 단단히 짚어야겠다고 생각했는데 지금은 이 문제를 얘기하는 것이 일종의 후일담이 되어버렸습니다. 친척이나 이웃집에 물난리가 났는데 거기 가서 당신 지난번 우리집 잔치에 왔을 때 행동에 문제가 많았어 하고 말하는 꼴이 되잖아요.

후일담을 하는 김에 한 가지 에피소드를 덧붙이지요. 그날 안경호 위원장의 출발성명은 상당히 강경했는데, 현장에 있던 이들은 직접 목격한 일이지만 안위원장이 그 성명을 읽고 나서 끝에 한마디 덧붙인 게 있어요.

'끝으로 한마디 덧붙일 것이 있다. 그동안에 남측 백낙청 위원장하고 많은 얘기를 나누면서 이해를 깊이 하게 됐다'라고요. 저 양반이 저쪽 방침대로 밀고 가면서 나에 대한 개인적인 배려는 하는구나 느꼈고 동시에 개인적 배려와는 별도로 조직이 결정하면 어김없이 집행하는 분이라는 걸 느꼈지요. 헤어지면서 나도 '이해가 깊어지셨다니까 기대하겠습니다. 건강하십시오. 안녕히 가십시오'라고 짧게 인사했습니다.

김치관 6·15축전 과정에서 해외측 인사의 입국불허 문제가 번졌습니다. 앞으로도 발생할 여지가 있는 문제입니다. 해외측위원회의 역할과 지위, 공동위원장 제도의 실효성에 대해 어떻게 전망하고 계십니까?

백낙청 불허자 문제는 해외측의 문제이기보다는 남측 당국과의 관계 문제입니다. 작년 8·15행사 당시 남측에 들어왔던 6·15해외측위원회 박용 국장만이라도 광주축전 때 들어올 수 있게 하려고 6·15남측위원회도 애를 많이 썼습니다. 내가 알기로는 통일부도 노력을 했던 것 같아요. 원칙적으로는 우리 정부가 잘못했다는 생각이지만.

해외의 동포들이 남과 북을 막론하고 고국에 맘놓고 드나들지 못하는 현실은 분단의 비극 중 하나입니다. 이것이 남쪽에만 있는 문제라거나 우리 남측에서 조금만 더 애썼으면 쉽게 돌파할 수 있었던 문제로 몰아갈 일은 아니고, 더군다나 일부 해외위원회가 이 문제로 남측위원회를 공개적으로 비판한 것은 부적절했다고 생각합니다.

해외공동위원장 문제에 대해 내가 남측위원장이 아니라면 할 얘기가 없진 않지만 남측위원회 상임대표가 해외측위원회 문제에 대해 이러쿵저러쿵하는 것은 바람직하지 않다고 봅니다. 공동위원장 제도에 대해서는 해외의 경우 단일위원장보다 공동위원장을 둔 게 잘된 거라고 봐요. 남북을 통틀어 단일위원장을 둘 수 없고 남측위원장, 북측위원장 있어야 하듯이 해외는 어떻게 보면 더 많은 공동위원장이 있어야 할지도 몰라요. 훨씬 더 다양한 집단이니까. 그러나 충분한 토론과 준비가 없이 갑자기 제도가 만들어지고 갑자기 인선이 되고 그러다 보니까 운영의 문제점이 발생하고 그러는데, 일차적으로는 해외에서 자체적으로 해결해나갈 문제입니다.

김치관 6·15해외측위원장이 남북해외공동위원장 회의에 참가하지 않은 적이 있다고 들었습니다.

백낙청 공식회의에 빠진 적은 없고 남북 위원장의 회동이 따로 열린 적이 있는데 그것은 이렇게 된 겁니다. 작년 심양에서 처음으로 규약을 채택하고 공동위원장 제도를 만들었는데 네 사람이 같은 테이블 앉아 식사하는 도중 해외측위원회의 문동환(文東煥) 위원장께서 '4인의 공동위원장회의는 꼭 필요할 때만 하고 웬만하면 남북공동위원장께서 협의해 진행하시죠'라고 제안했습니다. 그러자 6·15북측위의 안경호 위원장도 '그러면 중요한 사안일 때는 공동위원장 회의를 정식으로 열고 아니면 우리 남북이 만나 얘기한 뒤 그 결과를 알려드리면 어떻겠느냐'고 호응했습니다. 그래서 내가 '좋겠습니다'고 했고 해외측위원회의 곽동의(郭東儀) 위원장님도 좋다고 하신 겁니다.

그 후에 공동위원장단 회의가 정식으로 열리려면 아무래도 6·15 때까지 기다려야 하니까, 8·15행사를 공동으로 하느냐 마느냐는 문제도 있고 해서 실무접촉 과정에서 안경호 위원장과의 회동을 제의했고 북에서 동의해서 지난 4월 27일 개성에서 만난 겁니다. 해외에도 다 알려드렸어요. 그러자 곽동의 위원장께서 해외도 참여해야겠다고 뒤늦게 요구를 해왔는데 처음에 해외측위원회 이름으로 요청이 왔지만 알아보니까 문동환 위원장은 모르고 계시다가 남북이 양해한다면 당신은 못 오지만 곽위원장은 동석할 수 있지 않겠냐는 입장을 전해오셨어요. 그러나 남측은 남북공동위원장 회동을 전제로 남북이 실무협의를 해왔고 이것은 다른 두 분이 심양에서 양해했던 사안인데 이제 와서 갑자기 바꿀 수 없다고 해서 원래 계획대로 진행한 겁니다.

김치관 6·15민족문학인협회를 결성하는 과정에서도 해외측의 지위를 어떻게 할 것이냐 논란이 있었고 앞으로도 이와 비슷한 논란이 있을 것이라 봅니다.

백낙청 문인들의 경우는 조금 성격이 다르죠. 문인들은 우선 6·15민족문학인협회의 남측협회와 북측협회를 만든 뒤 해외의 준비 정도가 갖춰지는 대로 해외협회를 결합하는 방식을 취했습니다. 지난달 말 금강산에서 6·15민족문학인협회를 만들고 거기에 남측협회, 북측협회를 우선 만들기로 했었는데, 이 행사 역시 연기되고 말았지만 방법으로서는 그것도 좋은 방법이었다고 봅니다. 해외측 동포는 수백만이 되지만 실제로 모국어로 문학활동을 하는 분들은 많지 않고 사는 곳마다 처지도 너무 다릅니다. 그분들이 단일조직을 만들어서 처음부터 3자구도로 참여하겠다는 것이 무리지요.

우리가 6·15시대에서 6·15의 이름을 달고 이런저런 기구를 만들어나가는 것은 6·15공동선언에서 얘기한 남측의 연합제안과 북측의 낮은 단계의 연방제안 사이에 서로 공통점이 있다는 방향으로 통일을 지향해나가는 과정에서 민간차원에서도 이를 준비하는 여러가지 기구를 만드는 작업의 일부거든요. 그렇다면 6·15민족문학인협회도 기본적으로 남측위원회와 북측위원회의 연합 내지는 낮은 단계의 연방을 지향하면서 해외측이 도와주는 방식으로 가는 것도 의미가 있다고 봅니다. 상당히 괜찮은 방식이 아닌가 해요.

세력간 접점 찾아야 6·15남측위가 발전

김치관 백낙청 선생 하면 떠오르는 게 『창작과비평』입니다. 더구나 최근에는 저서도 두 권이나 내면서 왕성한 활동을 해왔는데 어떻게 보면 너무 오랫동안 독재하시는 것 아닙니까?

백낙청 내가 직접 관여하는 것은 계간 『창작과비평』인데, 독잰지 아닌지 모르지만 오래 하고 있는 건 사실입니다. 책 두 권을 거의 동시에 내다 보니까 왕성하다는 인상을 주는지 모르겠지만 문학평론집 『통일시대 한국문학의 보람』은 16년 만에 나왔고 통일문제를 다룬 『한반도식 통일, 현재진행형』은 『흔들리는 분단체제』 이후 8년 만에 나왔으니 이것보다는 더 왕성해야 되지 않겠어요?

김치관 시대정신이 좀 취약해진 것이 아닌가 하는 우려가 나오고 있습니다. 21세기를 살아가는 지식인의 역할은 무엇이라고 보십니까?

백낙청 우리 같은 구세대 입장에서 볼 때 요즘 젊은 세대의 인식이나 행태가 마음에 안 드는 것도 많죠. 하지만 요즘 젊은이들 못쓰겠다는 얘기는 아마 선사시대에도 있지 않았을까 싶은데.(웃음)

지금 전세계적으로 자본주의가 진행할수록 향락풍조, 소비풍조가 만연하고 건전한 사회의식은 쇠퇴하는 것이 하나의 큰 흐름이겠지요. 다른 한편으로는 시대의식을 얘기할 때 70년대, 80년대, 또는 6·15선언이 나오기 전인 90년대 이래로 변화한 한국사회에 부응하는 사상과 노선을 제공하지 않은 채 옛날식 시대정신, 시대의식을 그대로 내놓으면서 젊은이들이 안 따라온다고 나무라는 것도 문제라고 봅니다.

김치관 6·15남측위 내부가 아직은 응집력이 강하다고만 볼 수 없는 상황이며 특히 일부에서는 민화협이 주도해나가는 너무 친정부적 성향을 갖고 있는 것이 아니냐는 비판도 있습니다.

백낙청 아직은 응집력이 강하다고만 볼 수 없는 상황이라고 말씀하신 것은 아주 점잖게 얘기하신 거고요. 나쁘게 말하면 지리멸렬에 가까울 정도로 조직으로서 기본이 안돼 있는 점이 많다고 봅니다. 상임대표로서 이렇게 말하는 것은 제 얼굴에 침 뱉는 격이지만 아무튼 이런 현실을 냉정하게 인정하고 출발해야 할 거예요. 물론 그런 현실에 안주한다면 큰일이지만, 뻔히 아닌 걸 놓고 무리한 요구를 하다가 서로를 탓하는 일은 없어야 된다는 거지요.

6·15남측위원회는 출범 당시의 4자연대 형태를 띠고 있었습니다. 그 4자를 구성하는 각자도 단일기구가 아니죠. 그런 4자가 느슨하게 연대하고 있는 조직이 6·15남측위원회인데 이를 실무적으로 장악할 강력할 실무진도 없습니다. 조직의 발전단계로 본다면 아주 원시적인 단계라고 할 수 있죠.

너무 민화협이 독주하고 있다고 염려하는 분들도 있고 또다른 한쪽에서는 통일연대가 장악한다는 염려도 하시지만 내가 대표로서 한 가지 말씀드릴 수 있는 것은 이 조직 내 민화협이건 통일연대건 어느 한 세력도 전체를 좌지우지하지는 못한다는 겁니다. 그렇게 안되도록 내 나름으로 늘 유념하고 있기도 하지만, 장기적으로도 어느 한 세력이 나머지를 압도하기보다 여러 세력간의 접점을 되도록 빨리 찾아내고 만들어내는 인사와 집단들이 주도력을 갖게 되리라 믿습니다. 그래야만 이 조직이 살게 될 것이고요.

정부와의 관계라는 것도 관점에 따라서 달라요. 6·15 이전 시대부터 진행되어온 전선적인 통일운동의 관점에서 보면 정부하고는 그야말로 최소한의 필요한 협조 이외의 것은 꺼리는 경향이지요. 그리고 원칙에 조금이라도 어긋날 때는 가차없이 투쟁하고 돌파해야 한다는 정서가 강합니다. 그러나 민화협 같은 경우는, 햇볕정책을 추진한 정권이지만 어쨌든 정부가 주도해서 만든 단체이고 그 목표가 남북교류만이 아니라 남측의 보수단체까지도 아우르는 남남대화를 목표로 했기 때문에 되도록 보수단체까지 껴안으려고 하고 정부와도 좋은 관계를 유지하려고 하죠. 나는 이것도 6·15시대에 중요한 통일사업이라고 봅니다. 다만 정부와의 마찰을 일으키는 일에 대해 지나치게 기피하는 경향이 있는 것은 사실이지요.

김치관 6·15남측위원회가 너무 운영위원회 중심으로 운영되고 있다는 불만도 있으며 정세에 대해 강력한 발언을 해야 한다는 의견도 있습니다. 또, 6·15공동선언발표일 기념일제정도 강력하게 추진해야 하지 않냐는 불만도 있는데 어떻게 보십니까?

백낙청 6·15공동위원회가 아까 말씀드렸듯이 조직단계가 아주 초보적인 단계이기 때문에 현실적으로 어떤 사안에 대해서 기민하게 대응하기가 참 어렵습니다. 일단 한계로 인정하고 이를 어떻게 극복해나가야 할 것인가를 함께 연구해야 한다고 생각합니다.

그런데 현안에 태도표명을 하는 그런 문제에 대해서도 내부에서 그 의미에 대해 의견이 많이 갈려요. 전선체 운동을 주장하는 분들 입장에서는 이제까지 해온 전선식 운동을 더 광범위한 조직을 가지고 더 강력하게 하는 것, 물론 특정 운동단체가 하듯이 사사건건 논평하거나 대응하자는 건 아니지만 굵직한 사안에 대해선 기본적으로 그런 자세로 임해야 한다는 입장이지요. 그에 비해 종단이나 민화협을 포함한 상당수 사람들이 6·15 운동이 전선체 운동이라야 하느냐는 점에 의문을 제기하고 있습니다. 그리고 우리의 입장표명은 꼭 필요할 때 해야지 효력도 더 나고 남들이 주목해줄 테니까 일단은 자제하고 싶어하지요. 6·15남측위원회는 정말 중요한 발언을 했을 때 대중들의 호응을 받을 수 있는, 전통적인 의미의 전선체와는 다른 조직으로 먼저 발전하고 자리를 잡는 일이 우선이라고 주장하기도 합니다.

나는 우선 이 문제를 두고 우리가 규약에도 있는 정책위원회 같은 단위를 빨리 구성해서 심도있는 토론을 해보려고 해요. 그런데 정책위원회 구성 자체도 간단한 일이 아니라서 가령 정책위원장을 누구로 하냐는 합의가 이제까지 거의 불가능했습니다. 그래서 지난번 운영위원회에서는 궁여지책으로 정책위원장을 확정하지 않은 채 위원들을 먼저 선임하는 편법에 합의했고 지금 구체적인 인선을 남겨놓고 있습니다. 조직 내의 다양한 의견을 반영하면서도 자기 정파의 주장이라고 할까 이런 것만 되풀이

하지 않고 서로 대화하면서 의견을 좁혀나갈 수 있는 분들, 그런 분들을 모아서 남측위원회의 진로에 대해 또 6·15민족공동위원회 전체적인 성격이나 방향에 대해 심도있는 토론을 해서 그 결과를 운영위에 보고하고 중요한 결정이 필요하다면 공동대표회의에도 상정하고 그럴까 합니다.

김치관 6·15선언발표일 기념일제정운동이 강력하게 추진되지 못한 이유는 무엇입니까?

백낙청 6·15기념일 제정 원칙은 남북해외가 다 동의하는 것입니다. 사실은 이종석 장관이 18차 남북장관급 회담을 진행하기 위해 처음으로 평양에 가기 직전 일종의 선물로 가져가고 싶어하기도 했지요. 그래서 부처 간 협의를 했는데 좀 심하게 말하면 통일부가 턱도 없이 깨졌다고 그래요. 정부는 아무래도 이것은 국회에서 풀어줘야 한다는 생각을 갖고 있는 것 같아요. 남측위원회에서도 청원운동을 할 생각은 있는데, 배기선(裴基善) 의원의 말에 따르면 국회에서도 쉽게 되지는 않을 거고 민간이 들어와 해결하면 좋기는 한데, 너무 서두르다 보면 반대데모가 나고 그러면 국회의원들이 움직이는 데 악영향을 준다. 그러니 좀 순하게 움직이는 게 일을 관철하는 데는 유리하다는 취지였다고 이해합니다.

나는 그 문제를 두고 내부에서 역할분담을 해서 적극적으로 추진할 단체에서는 적극적으로 추진하고 조용한 설득에 능한 이들은 설득에 나서고 그랬으면 좋겠어요. 가령 민화협 같으면 너무 강력하게 추진하는 게 자체 내에서 문제를 일으킬 수도 있지만, 실은 민화협이 전혀 적극적으로 나서지도 않았는데 보수단체들이 민화협 사무실에 몰려와서 데모하고 난리치고 그랬단 말이죠. 그러니까 이 문제도 우리끼리 서로 세정(細情)을 살펴가며 협동할 일이지, 이걸 가지고 서로 너는 왜 설치냐, 너는 왜 안 나서냐, 비난해가면서 감정 상할 일은 아니라고 봐요.

김치관 6·15남측위원회를 이끄는 운영위원회의 의사결정 구조가 민주적이지 못하다는 뉘앙스의 지적도 나오고 있는데 어떻게 보십니까?

백낙청 공동대표회의가 최고 의결기구이긴 하지만 공동대표가 70명이 넘는 숫자일 거예요. 또 전국적으로 분포가 돼 있고 하니까 자주 할 수 없는 회의죠. 그러니 당연히 운영에 관한 실질적인 결정은 운영위원회에서 하도록 되어 있는데 운영위원회 자체도 민주적이지 못하다고 생각하는 분들도 계시긴 하겠지만 나는 운영위가 민주적인 과정이 부족한 게 문제는 아니라고 봐요. 오히려 기본이 덜 된 조직을 민주적으로 끌고 가느라 상임대표도 고생깨나 하지요.(웃음)

김치관 지역과 부문이 일상적인 불만을 토로하는데요?

백낙청 부문의 경우 중앙과의 구분이 모호합니다. 부문의 중요한 단체들이 통일연대와 민화협, 시민사회단체 등 중앙의 4자구도를 이루는 연대기구의 일부를 이루기도 하거든요. 지역 쪽에서는 늘 지역참여를 확대해야 한다는 주장하고 계신데 원칙적으로 타당한 주장이라고 생각합니다. 그런데 지금 운영위원회에 지역본부 대표가 여섯 분 참여하는 것을 당장에 얼마나 늘리느냐가 결정적인 문제는 아니라고 봐요. 운영위원회에서는 표결로 뭘 처리하는 것도 아니고, 지역의 중요한 분이 올라와 발언을 하시면 발언의 내용이나 사안에 따라서는 한두 분만 발언해도 전체 분위기를 바꿔갈 수 있습니다.

종전에 지역에서 가장 큰 불만은 공동행사의 대표단 인원배정 문제였습니다. 그러나 이것도 지금은 전국 집행위원장이 다 모여서 합니다. 수적으로는 지역 집행위원장들이 오히려 다수를 차지하죠. 그래서 지역과의 관계는 단순히 그런 숫자의 문제는 아니고, 한편으로는 서울을 중심으로 활동하는 분들이 지금 한국사회에서 다른 모든 분야가 그렇듯 지역의 중요성에 대한 인식이 부족한 게 사실입니다. 그런 의식을 더 갖는 방향으로 우리가 사안마다 부딪히며 풀어가는 것이 중요하다고 봅니다.

동시에 지역은 지역대로 그 지역 내부에서의 대표성을 높이는 일이 중요합니다. 지역본부에 몇십 개 혹은 몇백 개 단체가 망라돼 있다고 해서 그분들이 다 활발하게 참여하고 지역본부가 지역사회에서 대표성을 인정받는 것은 아니거든요. 이번 광주행사 때만 해도 우리가 광주전남지역본부와 합의해서 기존의 지역본부 조직만이 아니고 특별한 행사위원회를 조직해서 폭을 넓히지 않았습니까? 이게 꼭 민족공동행사를 주최할 때만 그럴 것이 아니라 모든 지역이 나름대로의 노력을 계속하고, 이렇게 중앙과 지역에서 다 노력할 필요가 있다고 봅니다.

북 민간운동에 대한 일방적 기대는 금물

김치관 북한의 미사일 발사에 대해서 미국과 일본이 강력한 유엔결의안을 추진했고 일본은 심지어 선제공격설도 나왔는데 이에 반해 이스라엘의 레바논 침공에 대해선 결의안을 반대하는 일이 일어나고 있습니다. 어제오늘의 일이 아니겠지만 한반도에서 형평성이 적용되지 않는다는 것은 식자층은 모두 알 일입니다. 이에 대한 6·15남측위의 생각은 어떠합니까?

백낙청 어제오늘 일이 아니라고 했는데 참으로 맞는 말이고 바로 거기에 문제가 있어요. 언제까지 이러고 살 거냐는 문제가 있고, 어차피 당장의 현실은 그런데 맞는 말만 한다고 해법이 안 나온다는 문제도 있지요.

형평성에 어긋난다는 것도 부드럽게 표현한 것이지, 엄밀히 말하면 미국이 이라크에서 하는 어떤 행위라든가 이스라엘이 레바논에서 민간인을 무차별 폭격하는 행위는 국제법상으로도 전쟁범죄에 해당합니다. 반면에 북이 미사일 시험발사를 한 것은 이것이 현명한 조치냐 아니냐, 동북아의 평화에 도움이 되느냐 안되느냐 이런 차원에서는 얼마든지 문제제기를 할 수 있지만 그걸 국제법상의 위법행위라 할 수는 없는 것 아닙니까. 그런데도 북에 대해서는 비록 수정되고 완화된 결의안이지만 유엔 안보리가 비난결의안을 통과시켰고, 레바논에서 이스라엘은 시험발사가 아니라 부녀자와 아이들한테도 실제 미사일과 폭탄을 쏟아붓고 있고 세계가 비난의 목소리를 높이는데 유엔에서 규탄을 하려 해도 미국이 막고 있어요.

소위 배웠다는 사람들도 이런 사실을 그리 심각하게 받아들이는 이가 다수라고 생각되지는 않습니다. 그만큼 우리 언론에서도 편향된 보도가 강하고 오랫동안 잘못된 교육 때문에 미국이, 이스라엘이 레바논에서 하는 것을 잘했다고 말하진 않지만 그럴 수도 있다고 생각하고 북에서 뭘 하면 펄펄 뛰고 그런 사례가 너무도 많아요. 이런 일을 시정하는 데 남측위원회가 중요한 몫을 해야 한다고 생각하지만 불행히도 현재로서는 6·15 남측위원회가 그런 데 대해 무슨 성명을 냈다고 국민들한테 그다지 큰 효과를 낼 것 같긴 않고, 우리의 영향력을 키울 효과적인 방법을 강구하는 것이 급선무가 아닌가 합니다.

김치관 그동안 첨예한 일선에서 북측을 상대로 일을 해온 소회를 말씀해주십시오.

백낙청 작년 1월 말에 갑자기 상임대표로 선임되기까지는 통일운동의 활동가로 나서지 않았어요. 상임대표가 되리라고 예상도 못했었고요. 어쨌든 지난 1년 반 동안 나로서는 엄청 공부를 많이 했고 수많은 분들의 보살핌과 도움을 받았습니다. 큰 보람을 느낍니다. 항상 그런 것은 아니지만 지금 단계에서는 나처럼 특별한 조직기반도 없고 강력한 장악력을 행사하지도 못하는 사람 나름의 몫도 있다는 생각을 하지요. 그러나 독립된 개인으로서 책 보고 생각하고 이런저런 글을 발표하는 게 내 본분이며 내가 제일 잘하는 일이라고 믿습니다. 그래서 그런 본분에 더 충실할 수 있는 날이 빨리 오길 기대하고 있습니다.

김치관 한반도의 소용돌이 속에 직접 뛰어든 소감은 어떠십니까?

백낙청 남북관계에서 민간교류나 민간통일운동에 대해 회의적인 분들, 보수적인 수구세력 말고 양식이 있는 지식인들 중에서도 북에는 독자적인 민간사회라든가 민간운동이 없지 않느냐는 회의적인 얘기를 자주 합니다. 앞서 말했듯이 남북의 민간접촉이라는 게 북의 관점에서는 종속적인 위치에 있는 게 사실이지만 남측에서는 상당한 독자성을 가지고 있기 때문에 북측 당국으로서도 민간교류를 경시할 수는 없는 면이 있지요. 대신에 현실을 무시한 지나친 기대를 했다가 북이 우리 남쪽 기준에 맞는 민간운동이 아니라고 민간교류 자체를 외면한다든가, 또는 우리 남측 운동의 사정을 살펴서 도와주리라는 일방적인 기대를 했다가 너무 실망하고 허탈해한다든가 할 필요는 없다고 봅니다.

한반도의 통일이라는 것이 어느 날 갑자기 정부 당국자들끼리 만나서 선포하는 것일 수가 없고 결국은 수많은 사람과 사람 간의 만남을 통해 그 바탕이 마련됐을 때 남북연합이든 낮은 단계의 연방제든 당국이 나서서 선포하는 일이 가능해질 것입니다. 따라서 사람과 사람 사이의 그런 만남이 이어지게 해주는 많은 공동기구들이 생겨야 한다고 생각합니다. 그런 점에서 6·15민족공동위원회가 설립됐다는 것이 여러가지 한계에도 불구하고 그것조차 없던 시절에 비하면 한 걸음 나아간 것이지요. 지금 이런저런 시련과 불협화음도 있지만 이 기구를 유지 발전시키면서 북측 및 해외 측과의 접촉을 계속하는 것이 중요한 일이라고 생각합니다.

김치관 개천절 행사를 6·15남측위에서 추진하게 됩니까, 아니면 기존대로 민족진영에서 추진하게 됩니까?

백낙청 민족본부에서는 당연히 추진할 것입니다. 그러나 그 수준을 넘어서 어느 선까지 갈지는 아직 정해진 게 없어요. 다만 남측 사회의 성격상 개천절 행사가 가령 8·15나 6·15 행사 같은 전체적인 공동행사가 되기는 어렵죠. 우선 종교계 내부의 사정이 있고 종교계에 국한되지 않는 다른 반대도 있을 수 있기 때문에 가능하면 이번에 8·15도 취소됐으니 개천절 행사는 좀더 규모있게 치를 수 있으면 좋겠다는 생각은 하고 있죠.

김치관 지금 시기에 늦봄 문익환 목사님 같은 새로운 상상력에 근거한 강력한 추진력이 필요하다는 지적이 있을 법한데 어떻게 생각하십니까?

백낙청 개인적으로 늦봄 문익환 목사님의 용기와 헌신성을 못 따라가는 걸 잘 아니까 괜히 그분과 맞먹으려는 생각은 안해요. 또 하나, 시대현실의 차이도 있다고 봅니다. 그 시대는 문목사님처럼 정면으로 돌파하는 그런 행동이 의미가 컸던 시대고, 지금도 돌파작업이 전혀 불필요하다는 건 아니지만, 운동의 주된 흐름은 많은 국민들을 끌어들이고 정부당국과의 관계도, 우선 법 제도나 운영방식 자체가 그때와 다르지 않습니까. 물론 국가보안법은 여전히 남아 있지만 교류협력에 관한 법률에 이어 작년에 남북관계발전법도 통과되었기 때문에 정부측과 대결만이 아닌 다양한 방식으로 시민참여, 민중참여의 폭을 넓혀가는 것이 주가 되는 상황이라고 판단합니다. 돌파는 문제를 해결해가는 과정에서 꼭 그럴 필요가 발생했을 때 하는 작업이 아니겠는가 하는 생각이지요.

북한의 핵실험을 어떻게 볼 것인가

백낙청(6·15공동선언실천 남측위 상임대표)
박인규(프레시안 대표)
2006년 10월 19일

한반도식 통일은 현재 진행중

박인규 안녕하십니까? 작년 이맘때 한번 모셨는데 다시 모시게 됐습니다. 백교수께서는 최근에 한반도의 통일은 이미 현재진행형이다라는 말씀을 하셨고, 지난봄에는 같은 이름의 책 『한반도식 통일, 현재진행형』을 내시기도 했습니다. 하지만 최근 북한이 핵실험을 하고 국내에서는 대북포용정책 때문에 북한이 핵무장을 했다는 얘기도 나오고 있고, 심지어는 김정일 체제를 차제에 종식시켜야 되는 게 아니냐는 극단적인 주장도 나오고 있습니다. 이런 현실을 보면서 아직도 한반도식 통일이 현재진행형

■ 이 인터뷰는 KBS 1 라디오 '박인규의 집중인터뷰'(2006년 10월 19일)에 방송된 것이다.

이라고 생각할 수 있을까요? 어떻게 생각하십니까?

백낙청 우선 결론부터 말씀드리면 그렇다는 것. 한반도식 통일은 여전히 진행중입니다. 다만 전쟁이 터져서 우리 민족이 공멸하고 한반도가 핵 방사능에 오염된 지대가 되고 나면 그때는 누가 어떤 식으로 통일하든 사실 별 의미가 없어지는 건데, 그런 파국이 오지 않는다는 전제로 볼 때 한 반도식 통일 이외에 다른 대안이 없고요. 그것은 지금 진행중이라고 말씀드리겠는데 청취자 여러분 중에는 제가 한반도식 통일이라고 할 때 어떤 걸 뜻하는지 모르시는 분도 있을 테니까 간략히 설명을 드리겠습니다. 한반도가 통일을 하는 데 베트남처럼 무력통일을 해서도 안되고 독일식으로 통일하는 것이 가능하지도 않거니와, 설혹 가능하더라도 대한민국이 이런 걸 감당할 능력이 없다는 점도 사람들이 다 알고 있고, 그외에 예멘식 통일이 있습니다. 이건 사실 당국자간에 대화와 협상을 통해서 일종의 담합하는 통일을 했는데 삐걱거리다가 무력충돌도 있었고 결국은 대화로 시작해서 무력통일로 끝난 것인데, 한반도에서는 그런 식의 담합도 불가능하지만 담합이 깨져서 그런 식의 무력충돌이 일어나면 예멘 정도로 몇천 명 죽고 끝날 문제가 아니거든요. 그래서 한반도식 통일이라는 건 베트남식도, 독일식도, 예멘식도 아니고 한반도식으로 평화적으로 점진적으로 진행되는데 6·15공동선언에서 합의한 대로 1차적인 단계로 국가연합, 남북연합 비슷한 느슨한 연합 단계를 거치는 게 한반도식입니다. 그런 식의 통일을 하다 보면, 더군다나 우리 한국처럼 시민사회가 활성화돼 있고 민중의 힘이 많이 축적돼 있는 상황에서는 시민참여의 폭이 넓어지게 됩니다. 평화통일을 한다고 해도 독일식으로 그냥 갑자기 하면 일반시민들이 어떻게 해볼 여지가 없지 않습니까. 그러나 점진적이고 단계적으로 간다면 시민참여의 폭이 그만큼 넓어지는 거고, 그만큼 통일된 사회의 질이 높아지는 거죠. 그래서 한반도식 통일을 제가 주장하는데 그런 관점에서 보면 최근 사태는 한편으론 그런 시민참여의 폭이 확실히 좁아진 건 사실이죠. 위기와 긴장이 고조되니까. 그러나 또다른 측면에서 보면 첫째는 우리가 그동안 분단체제 속에 살고 있고 남한만이, 마치 북한이라는 쪽이 존재하지 않는 듯, 우리만 선진화된다든가 평화국가를 건설한다든가 이런 환상에 많이 젖어 있었는데, 그렇지 않다, 우리가 분단이라는 엄혹한 상황 속에 있고 이걸 슬기롭게 극복해야만 선진화도 되고 경제발전도 되고 평화도 가능하다는 것을 일깨워줬기 때문에 이걸 계기로 시민의식이 한층 더 성숙해서 저는 종국에는 시민참여형 통일을 달성할 수 있으리라 믿고 있습니다.

박인규 북한을 고려하지 않은 남한만의 선진화나 민주화는 불가능하다는 말씀이신데, 그렇지만 이번에 북한이 핵실험을 하고 나서 국내에서 여러가지로 나오는 목소리를 봐서는 남북관계가 나빠지는데 한반도식 통일이 계속 진행될 수 있겠는가 하는 걱정이랄까요, 비관론도 들립니다.

백낙청 말씀드렸듯이 일시적으로는 남북관계가 어려워졌을 뿐 아니라 시민참여의 폭이 많이 제약되는 형국입니다. 그런데 우리가 한반도식 통일이 그야말로 순풍에 돛단 듯 순항중이라고 말하면 틀린 얘기가 되겠지만 우여곡절을 겪으면서 진행돼왔고 또 이번 위기를 넘어서 계속 진행돼야 될 것이다라고 한다면 저는 사실 맞는 얘기라고 봐요. 또 그렇지 않다고 할 때 어떻게 하겠다는 건지 한번 생각해볼 필요가 있죠. 전쟁이 아니라면 다른 길이 없다고 봅니다. 얼마나 이 과정이 오래 걸리느냐, 또 그사이 얼마나 많은 민중이 고통을 겪고 희생을 치러야 하느냐, 그래서 결과적으로 어떤 수준의 통일사회를 이룩할 수 있느냐 이런 문제가 남아 있는 거죠. 그렇지 않고 지금 분단상태를 평화롭게 관리하면서 우리 남쪽만 오붓하게 잘사는 길은 없다고 봅니다. 냉전시대에는 대결상태를 유지하면서 관리가 가능했는데 이제는 그것도 안되고요. 그래서 저는 변수는 역시 이런 과정을 겪으면서 남쪽의 민중이 얼마나 시민적인 성숙을 할 수 있느냐라고 봅니다.

박인규 문제는 북한 핵문제인데, 대화와 협상에 의해서 이 문제를 평화적으로 풀어야 한다는 데는 누구도 반대하지 않을 것 같습니다. 사실 우리나라 정부에서도 미국과 함께 포괄적 접근방안이라고 뭔가 6자회담을 성사시키기 위해 노력하던 중인데 어떻게 보면 굉장히 성급하다고 생각될 정도로 북한이 핵실험을 강행해버렸어요. 그 결과가 상당히 엄혹한 현실로 나타나고 있는데, 물론 북한을 안다는 분들은 자위를 위한 것이다라고 얘기하고 있는데, 상당히 남북관계도 악화되고 국제적으로 고립되고 있는데 북한이 핵실험을 강행한 이유는 뭐라고 보고 계십니까?

북한 핵실험을 어떻게 볼 것인가

백낙청 우선 북쪽에서 내세우는 두 가지 이유랄까 명분이 있고, 북측에서 얘기를 안하는…… 북측에서 고려를 않기 때문에 이런 사태가 벌어지는 제3의 요인이 있다고 생각합니다. 그걸 나눠서 말씀드리면 첫째 북쪽에서는 미국이 공격하겠다고 위협을 하니까 억지력을 확보하기 위해서, 자체방어를 위해서 한다, 이게 명분이죠. 그런데 미국이 공격할 수 있다는 전제는 사실 북측 입장에서 보면 그냥 피해망상증이라고 볼 수는 없죠. 오랜 역사와 뿌리가 있는 거니까. 그런 맥락에서 북에서도 강력한 억지력을 가져야겠고 핵무기가 필요하다는 판단이 군사적으로는 일리있다고 생각합니다. 그런데 다른 나라가 핵보유를 할 때와 북이 할 때 내세우는 명분이 다른 게, 다른 나라의 경우는 자기네 나라가 핵이 필요하니까 가져야겠다고 하고 끝나지 않습니까. 그런데 북에서는, 우리는 여전히 비핵화를 원칙으로 삼고 있고 핵무기를 갖는 건 말하자면 핵무기를 더 효과적으로 포기할 수 있게 하기 위한 수단이라고 말합니다. 그것도 말이 안되는 건 아닌데 핵을 협상수단으로 확보했다고 할 때 첫째는 과연 협상수단으로 성공하느냐 하는 문제가 있습니다. 이건 지켜볼 문제인데 북측으로서는 협상수단으로 핵무기를 만들었는데 미국이 협상을 안하고 가지려면 가지라고 하면서 오히려 종전부터 해오던 제재와 압박만 더 강화하면 결국 긴장을 오히려 더 높이는 결과가 되고 이러다가 자칫하면 미국과 북한 어느 쪽도 원치 않는 전쟁이 터질 우발사태도 벌어질 수 있고요. 그렇기 때문에 협상수단으로서 과연 현명한 선택을 했느냐 하는 건 의심의 여지가 있고, 사실 저는 많이 우려를 합니다. 그리고 수단으로 말한다면 북측이 남측 국민들, 민심의 지지를 얻고 주변국들의 지지를 얻는 것이 사실 최대의 억지력인데 저는 좀 불행한 선택이라고 생각합니다.

그리고 북이 내세우는 명분에 들어 있지는 않은데 중요한 또 하나의 측면은 아까 말씀드린 대로 시민참여형 통일이 우리가 나아가야 할 지향점이라고 볼 때 거기에 유리하냐 불리하냐 하는 것인데, 북측에서는 그것이 고려의 대상이 안됐다는 게 문제인 것 같습니다. 이건 북측뿐 아니라 미국에서도 고려하지 않고, 심지어는 우리 정부도 사실 시민참여형 통일에 대해서 그렇게 지극한 관심을 갖지는 않습니다. 정부당국으로서는 당연한 거죠. 그러나 우리 시민의 입장에서 볼 때는 이것으로 인해서 시민참여운동의 폭이 좁아지고, 또 시민운동이 주가 되는 통일운동이라는 것은 전 세계 사람들이 인정할 수 있는 평화운동이어야 되는데 그런 평화운동을 곤혹스럽게 한다는 건 불행한 사태다……

박인규 북한이 핵실험을 하고 나서 국내에서는 DJ정부 이후 8년 동안의 대북포용정책…… 보수파에서는 이른바 퍼주기라고 말하는데 그게 북한의 핵개발을 도운 게 아니냐고 하는 주장이 있습니다. 그런가 하면, 아니다, 부시행정부가 북한과 협상하기보다는 압박만 해서 그렇게 된 거라는 말도 하는데, 어느 쪽이 보다 진실에 가깝다고 생각하십니까?

백낙청 대북포용정책…… 사실 정부의 공식명칭은 화해협력정책인데 요즘 와서 갑자기 포용정책이란 말로 거의 통일되다시피 했습니다. 어쨌든 그 정책의 '기조'와 '운영방식'을 우리가 구별해서 생각해야 될 것 같습니다. 저는, 운영방식에 대해서는 여러가지 문제제기를 할 수가 있는데 기조는 확실히 견지해야 된다는 생각이고요. 사실 지금 포용정책이 실패해서 북한이 핵개발을 했다고 일부에서 얘기합니다만 현실을 냉정히 보면 한국의 화해협력정책 자체만으로는 북이 핵을 만들게 할 수도 없고, 만드는 걸 막을 수도 없습니다. 이건 역시 미국과의 관계가 중요한데, 한국이 햇볕정책을 취하고 미국의 클린턴정부가 포용정책을 할 때는 사실 일이 참 순조롭게 풀리고 있었습니다. 그러다가 부시행정부가 들어와서 클린턴 정책을 취소하고 대북압박정책으로 가면서 일이 꼬여서 오늘날 이렇게 됐습니다. 그렇기 때문에 이것은 포용정책의 실패라기보다는 부시의 대북압박정책이 실패한 거라고 봐야 될 것 같고. 이 점에 대해서는 사실 『뉴욕타임즈』나 『워싱턴포스트』 등 미국의 주류언론도 그런 논조를 취하고 있는데 유독 한국에서만 햇볕정책이나 화해협력정책에 뒤집어씌우고 있는 건 좀 이상한 현상이죠.

박인규 부시행정부의 대북압박정책에 대해서 일부 진보진영에서는 궁극적으로는 김정일정권을 무너뜨리기 위한 거다, 실제로 체니 부통령 같은 사람은 악의 축과는 협상하지 않는다, 파멸시킨다는 말까지 했으니까요. 미국의 목표는 북한체제의 붕괴라는 시각들이 있는데 또 한편에서는, 아니다 한국을 미국의 영향권 안에 묶어두려는 시도가 아니냐, '성동격서(聲東擊西)'라는 말도 하는데 어떻게 보십니까?

미국의 대북압박정책

백낙청 서동만 교수가 최근에 '성동격서'라는 표현을 썼더군요. 동쪽에서 소리를 지르면서 공격은 서쪽에 한다, 다시 말해 대북압박을 하는 더 큰 목적은 남에 대해서 압박을 가해서 우리가 좀더 자주적인 노선을 취하거나 한미동맹관계를 좀더 대등하게 만들려는 노력을 견제하는 효과를 거두고 있지 않느냐는 건데 상당히 예리한 지적이라고 보고, 나 자신도 비슷한 얘기를 했더랬습니다. 요즘 미국책임론이 나오니까 어디 신문에 보니 미국대사가 한국에서 미국책임론 여론이 몇십 프로 된다고 상당히 서운한 감정을 표시했던데, 물론 이것을 미국만의 책임이라고 말한다면 섭섭해 마땅하고, 또는 미국이 처음부터 북으로 하여금 핵을 만들게 해서 남한을 견제하겠다든가 하는 일종의 음모를 추진해왔다고 그런다면 서운해 마땅하죠. 그러나 그게 아니고, 사실 우왕좌왕하다가 여기까지 왔는데 그렇게 우왕좌왕해온 주된 이유는 북을 무너뜨리면 좋고 못 무너뜨려도 그 결과로 일본의 우경화도 촉진하고 특히 한국같이, 한국이 사실 미국 입장에서 굉장히 중요한 나라거든요, 경제대국이고, 이런 나라를 자기 예하에 꽉 묶어두는 데 재미를 봐서 여기까지 왔다는 얘기라면 상당히 설득력 있는 얘기예요. 따라서 우리가 앞으로 미국을 비판할 때도 북한이 우리 동족인데 치지 말아라 하는 것만이 아니고 우리와 미국 간에 좀더 대등하고 건강한 관계를 만들려고 하는데 당신들이 한반도에서 이렇게 긴장을 조성하고 긴장완화를 가로막아서 못살게 굴고 힘들게 만들 거냐, 이런 식으로 남한의 독자적인, 주체적 관점에서 미국을 비판해야 우리 국민들에게 더 설득력을 가질 거라고 봅니다. 무조건적인 북한옹호가 아니라 대한민국의 국익을 생각한 미국비판이 되는 거죠.

박인규 하긴, 최근 언론보도를 보니까 여당의 상당히 고위정책담당자께서 한국 안보를 위해서는 한미FTA도 빨리 성사시켜야 된다는 말씀을 하신 걸 보니 상당히 일리있는 지적인 것 같습니다.

지금부터는 북한 핵실험 이후 남북관계를 도대체 어떻게 끌고 가는 게 좋을지 여쭤보겠습니다. 일단 북한 핵실험의 1차적인 결과는 화해협력정책 또는 대북정책을 포용해왔던 정부라든가 이른바 진보적 인사들이 상당히 수세에 몰리는 결과를 낳은 것 같습니다. 그런 남북관계만 중시하다가 한미관계를 해치면 안된다, 또는 한미관계보다는 남북관계가 중요하다, 말하자면 두 가지 관계가 서로 상당히 대립되는 것처럼 얘길 하는데 남북관계도 발전시키면서 한미관계도 좀더 바람직한 방향으로 발전시킬 수 있는 방안은 없는 겁니까?

남북관계·한미관계, 어떻게 풀어갈까

백낙청 당연히 있다고 생각합니다. 중요한 것은 우리가 좌든 우든, 진보든 보수든 분단시대의 낡은 흑백논리를 깨고, 낡은 언어를 극복하고 새로운 개념과 언어를 개발하려는 노력이 필요하다고 봅니다. 가령 한미관계를 중시한다는 분들이 대개는 무조건 남북관계개선과는 반대되는 것으로 생각합니다. 그런가 하면 또 남북관계를 중시하는 분들 중 상당수가 흑백논리에 사로잡혀서 반미를 해야만 남북관계와 민족공조가 된다고 생각하는데 저는 그게 다 6·15 이전 시대의 낡은 틀에 사로잡힌 현상이라고 생각합니다.

박인규 사실 많은 전문가들이, 결국 북한 핵문제를 풀려면 협상을 해야된다, 지금은 제재를 하지만, 이렇게 얘기하는데, 한국 정부는 제재와 관련해서 나름대로 수위조절 문제 때문에 여러가지로 어려운 지경이거든요. 우리 정부가 북한 핵실험 문제에 제대로 대응하면서도 남북관계를 해치지 않는 방안이 있을 수 있을까요?

백낙청 아까도 말씀드렸듯이 화해협력정책의 기조와 운영방식은 구별해야 한다고 봅니다. 운영방식에서 그동안 미비하거나 잘못된 점이 있으면 당연히 반성하고 고쳐야 하는데, 다만 기조는 확고히 유지해야지요. 가령 UN에서 제재결의안이 나왔는데 모호한 구절을 어떻게 해석하느냐, 또는 명백한 구절이라도 실천방안을 어떻게 하느냐는 우리 정부가 알아서 할 일이지, 이걸 미국이 내정간섭 하는 식으로 개성공단은 되는데 금강산은 안된다는 식으로 감 놔라 배 놔라 하는 것은 우리가 확고히 배격해야 됩니다. 이건 좌와 우가 있을 수가 없어요. 자존심있는 국민이라면 누구나 그렇게 해야 되는 것이고. 그러면서도 현실정책에서는 항상 강경과 온건 대응이라는 것을 배합을 하게 마련이에요. 당연한 건데 다만 지금 우리 국민들이, 정부가 강온배합을 슬기롭게 잘해줄 거라는 신뢰가 없는 것 같아요. 그건 정부의 책임도 있고요. 그런 점이 지금 문제로 남아 있다고 생각합니다.

박인규 6·15실천상임위를 이끌고 계신데요, 북한이 핵실험을 하면서 대북교류와 협력을 하는 민간단체들이 참 고민이 많을 것 같습니다. 북한이 핵실험을 했는데도 없는 것처럼 할 수도 없고, 그렇다고 전면적으로 끊는 게 현명한 것 같지는 않고. 어떻게 해야 할까요?

백낙청 경제협력이라든가 대북지원 같은 실질적인 민간교류를 하는 단체들은 아마 우리 6·15남측위원회보다 고민이 적을 거예요. 왜냐하면 그건 당연히 계속돼야 되는 거니까. 열심히 하면 되는 건데, 우리 남측위원회에서는 그런 식의 민간교류를 포함해서 한층 차원이 높은 노선을 정립하는 책임이 있으니까 좀더 어려운 문제에 부닥쳐 있습니다. 그런데 저는 이번 어려움을 계기로 많은 내부 토론이 있었고 의견일치를 잘 못 보고 있습니다만 이걸 계기로 우리 6·15남측위원회에서도 모든 문제를 근본부터 다시 생각하면서…… 가령 지금 6·15남측위원회가 이런 어려운 국면에서도 국민들보다 그래도 한 발이라도 앞서 나가면서 뭘 개척해야 한다는 원칙은 견지해야 하는데, 이제는 옛날과 달라서 한 발이냐 두 발이냐가 중요한 게 아니라 앞이 어디냐, 어디로 가야 하느냐, 방향 자체를 슬기롭게 설정하는 것이 더욱 중요하기 때문에 이번 계기로 그런 것을 우리가 좀더 인식하게 된다면 이것도 하나의 전화위복의 계기가 될 겁니다.

박인규 많은 전문가들이 이번 북한 핵실험의 가장 큰 피해자는 중국과 한국이라고 합니다. 평화적인 협상을 위한 노력을 굉장히 열심히 했는데 그 입지를 굉장히 좁혀버렸다는 얘기를 하거든요. 심지어는 그렇게 6·15

정신 하면서도 사실상 6·15정신에 어긋난 게 아니냐 하는데, 이제는 북한에 대해서도 우리가 말을 해야 될 것 같아요. 제대로 이 문제를 슬기롭게 풀려면 당신네들이 이렇게 했으면 좋겠다. 마지막으로 북한에 대해서 하실 말씀 있으시면 해주시죠.

백낙청 북에 대해서 제가 오늘도 어느정도 할 말을 했다고 보고요, 다만 북에 대해서 말한다는 것도 너무 우리가 일률적으로 정할 게 아니라 사람마다 시민참여형통일의 진행과정에서 자기의 처지와 맡은 일에 따라서 적절하게 역할분담을 하는 게 중요하다고 봅니다. 그리고 같은 사람이라도 때와 장소에 맞춰서 슬기롭게 발언해야 되고요. 그래서 제 경우에도 개인으로 말할 때하고 6·15공동위원회 남측대표로서 말할 때가 다른데요, 오늘은 제가 물론 개인으로 말씀드렸습니다. 또 공동위원회 남측대표의 자격으로 말하더라도 가령 제가 북에 가서 북쪽 사람들과 비공개 대화를 한다면 더 분명하게 말할 게 많이 있습니다.

박인규 이제 남북관계는 정부만의 문제가 아닌 것 같습니다. 시민들도 많은 관심을 가져야 될 것 같습니다. 오늘 순서 여기서 마치도록 하겠습니다.

한반도식 통일과 북의 핵실험

백낙청(서울대 명예교수·6·15공동선언실천 남측위원회 상임대표)
박경순(진보운동연구소 상임연구원)
이대훈(참여연대 평화군축센터 실행위원장)
2006년 11월 23일 한국일보 본관 12층 강당

강연문(백낙청)

여러분 반갑습니다. 평일 오후에 그것도 날씨가 이렇게 청명한데 여기까지 와주신 여러분의 성의가 대단하다고 생각합니다. 오늘 이 자리는 방금 소개한 대로 '프레시안' 창간 5주년을 기념하는 강연씨리즈 중 하나입니다. 그 마지막 회를 '프레시안'과 6·15공동선언실천 남측위원회 정책위가 공동으로 주최하게 됐습니다. 하지만 오늘 드릴 말씀은 어디까지나 제 개인적인 의견이라는 것을 미리 말씀드립니다.

■ 이 강연 전문과 토론은 『프레시안』 2006년 11월 27일자에 실린 것이다. 2006년 11월 23일 『프레시안』 창간 5주년 기념 백낙청 교수의 특별강연이 있었고, 이 강연을 중심으로 토론이 이루어졌다. 같은 내용이 다른 강연자들의 강연 및 토론문과 함께 『여럿이 함께』(프레시안북 2007)에 재수록되었다.

6·15남측위의 선배님들을 비롯한 여러분께서 와 계십니다. 사정들은 잘 아실 텐데, 만일 오늘 제가 남측위 내부에서 합의된 공식적인 입장만을 갖고 말한다면 재미가 없을 것이고, '프레시안' 창간기념 행사의 흥행에도 실패할 것 같습니다. 저 개인의 의견을 말해서 얼마나 더 재미있어질는지는 모르겠습니다만, 아무튼 개인 의견인데 다만 그동안 남측위 상임대표로서 2년 가까이 지내온 경험과 여러가지 고민이 반영된 내용이 될 것입니다.

북핵실험으로 새 국면, 그러나 '한반도식 통일' 멈출 수 없다

결론부터 말씀드리자면, 10월 9일 북의 핵실험으로 6·15시대가 새로운 국면에 들어섰다는 것, 그러나 '한반도식 통일'은 여전히 진행중이고 앞으로 민간의 몫이 점점 중요해질 것이라는 점입니다.

핵실험 이후 6·15시대가 완전히 끝났다는 이야기도 보수언론에서 많이 나오고 있습니다. 보수층뿐 아니고 6·15공동선언의 실천활동에 함께해온 분들, 남북의 화해를 주장해온 분들 가운데서도 6·15시대가 흔들리고 있다는 표현이 나오곤 합니다. 저는 6·15시대라는 것이 본질상 애초부터 흔들거리면서 진행되어온 것이고 앞으로도 그럴 것이라 생각합니다. 요즘 좀 많이 흔들리긴 합니다만, 6·15시대는 여전히 진행중이라는 말입니다.

한편 통일운동 일각에선 "북의 핵실험이 그다지 새로운 것은 아니다. 북측이 핵보유를 선언한 것은 작년(2005년) 2월이고 핵실험으로 인해 바짝 긴장했었지만 6자회담도 재개되고 하니까 핵문제로 너무 떠들 것은 없다. 원래 하던 대로 통일운동을 하면 된다"는 주장도 있습니다. 그런 주장에 대해 어느 일면은 맞다고 생각합니다. 그러나 핵실험으로 벌어진 이 새로운 국면을 너무 가볍게 보는 태도 또한 옳지 않다고 봅니다. 객관적 환경에 중대한 변화가 일어난 것은 분명합니다. 이제는 이 상황을 제대로 점검해서 자세를 가다듬을 싯점입니다.

한마디로 핵실험이 일깨워준 것은 우리에게는 통일도, 분단도 정말로 장난이 아니라는 것입니다. 누가 통일을 장난이라고 했느냐고 묻는다면 할 말이 없겠습니다만, 통일운동이든 분단 속에 사는 생활에 대해서든 타성에 젖어서 좀 너무 쉽게 넘어온 면이 있는 게 사실입니다. 그 점에 대해선 북의 핵실험이 우리의 정신을 번쩍 차리게 해줬다고 말할 수 있겠죠. 제가 드리고 싶은 말씀은, 역설적이지만 핵실험으로 인해 남녘 민간운동의 몫이 더 커질 것이라는 점입니다. 요즘 흔히 선진화를 말합니다만, 우리가 민간운동의 그러한 증대될 몫을 제대로 감당해내기만 한다면, 그래서 '한반도식 통일'을 성공적으로 수행하고 나면 그야말로 비로소 멋진 한반도 선진사회가 건설될 것이라는 점을 말씀드리고자 합니다.

'한반도식 통일'이란 시민이 참여하는 점진적 통일

먼저, 제가 '한반도식 통일'이란 말을 내세웠는데, 도대체 어떤 것을 말하는 것인가부터 말씀드리겠습니다. 물론 한반도 통일은 다른 지역의 통일과 다른 상황에서 진행되게 마련이지만 군이 이것을 '한반도식'이라고 이름을 붙일 때에는 우리 한반도에서 진행되는 통일은 그동안 우리가 보아온 다른 분단국의 통일과 근본적으로 다른 특징이 있을 것이라는 가정을 담고 있습니다. 우선 몇 가지 선례와 비교해보면 그 차이가 쉽게 발견됩니다. 가장 두드러진 예는 베트남과의 차이입니다. 베트남에서는 무력으로 통일을 했습니다. 하지만 우리는 한국전쟁 이후 남에서든 북에서든 "다시는 전쟁이 있어서는 안된다, 평화적인 통일을 해야 한다"는 점에 국민적 합의가 이뤄진 지 오래입니다. 물론 정부가 공인하는 합의가 되는 데에는 시간이 걸렸죠. 옛날에는 평화통일 말하면 잡혀갔습니다. 북진통일을 이야기해야 했습니다. 하지만 그 시기에도 대중은 전쟁을 원하지 않았고, 지금은 남북한 그리고 국제사회 모두가 평화통일의 원칙을 받아들이고 있습니다. 베트남식 통일에도 장·단점이 있겠습니다만 그런 것을 떠나서 우리가 그런 무력통일을 하지 않는다는 것은 분명합니다.

다음, 독일의 통일이 있습니다. 평화적 통일이었다는 점, 그리고 강대국과의 절충이 필요하긴 했지만 어쨌든 독일사람들에 의해 이뤄진 자주적 통일이었다는 특징이 있습니다. 그런 점에선 우리가 바라는 평화통일, 자주통일의 원칙에는 부합된다고 할 수 있습니다. 그러나 아시다시피 처음에는 동독 내에서 시민들의 자발적인 움직임으로 통일의 계기가 생겼으나, 서독정부가 개입하면서 인위적으로 통일과정을 촉진시키고, 동서 화폐의 단일화라든가 이런 작용을 해서 결국은 동독이 서독에, 기존의 독일연방공화국에 개별 주(州)로 편입되는 일방적 흡수통일로 귀결됐습니다.

한반도에서는 우선 북측에서 이것을 절대로 받아들이지 않기 때문에 이를 시도하다가는 전쟁이 날 위험성이 있습니다. 또 독일이 통일 이후 엄청난 후유증을 겪었습니다. 대한민국은 경제력을 봐도 서독에 비해 훨씬 약해서 이를 감당할 수 없습니다. 햇볕정책이 나온 이후에는 독일식 통일은 하지 않는다는 것이 국가의 정책이고 남북간의 합의입니다.

예멘의 통일은 다른 사례에 비해 덜 알려졌지만 역시 크게 보면 평화적 통일이었죠. 물론 나중에 전투가 있었습니다만, 남북 예멘 정부당국이 대등하게 협상해서 타결했습니다. 얼핏 한반도의 통일에 어울리는 모델처럼 생각될 수 있습니다. 그러나 사실 예멘의 경우는 당국자들간의 나눠먹기식 담합이었습니다. 한쪽에서 대통령을 하면 다른 쪽은 부통령, 한쪽에서 국무총리를 하면 다른 쪽이 국무위원을 조금 더 차지하는 식으로 담합해서 통일했습니다. 나중에 이 담합이 깨지다보니 양쪽이 충돌해서 결국 북예멘이 남예멘을 군사적으로 압도해 통일했습니다. 그 과정에서 몇천 명이 희생됐습니다. 그런데 한반도에서 그런 일이 있으면 몇천 명의 희생으로 끝날 수 없습니다. 게다가 우리 실정에서는 당국자들이 국민을 제쳐두고 밀실에서 마치 3당합당 하듯 통일하는 것은 불가능합니다.

독일식도, 베트남식도, 예멘식도 다 한반도식 통일의 방식은 아닙니다. 그렇다면 '이런저런 것은 아니다'라는 방식이 아니라, 그 내용을 적극적으로 말하면 뭘까요?

저는 베트남과 독일과 예멘의 통일 그 어느 것에도 없던 한반도 통일의 특징을 들라고 한다면 남북정상이 6·15공동선언을 통해 점진적 통일방안에 대한 일정한 합의를 도출했던 데 있다고 생각합니다. 6·15공동선언의 핵심은 "남측의 연합제 안과 북측의 낮은 단계의 연방제 안이 서로 공통성이 있다고 인정하고 앞으로 이 방향에서 통일을 지향해나가기로 하였다"는 제2항입니다. 상당히 모호한 합의이기는 하지만 한 가지 분명한 점은, 베트남에도 없었고 독일에도 예멘에도 없었던 통일의 점진적 중간단계, 국가연합이든 낮은 단계의 연방제든 중간단계를 거쳐간다는 점을 명시한 것입니다.

예멘의 경우를 보더라도 남북의 합의로 통일됐지만 갑자기 단일국가가 됐고 그러면서도 군대는 따로 갖고 있었습니다. 싸움이 날 수밖에 없는 상황이었죠. 남북 예멘도 6·15선언이 제시한 방식을 따라 국가연합으로 출발했다면 훨씬 원만한 과정을 겪지 않았을까 상상해봅니다. 어쨌든 제2항을 통해 "중간단계를 두고 점진적으로 통일해나가겠다, 그다음에 어떻게 할지는 모호한 상태로 남겨두자"고 합의했기 때문에 전부터 추진해오던 인도주의 사업, 경제협력, 사회문화교류 등이 비로소 힘을 얻게 돼서 6·15 이전 시대에 비해 남북교류 사업이 엄청나게 늘어난 것입니다.

그런데 지금 말씀드린 단계적이란 점은 말하자면 통일과정의 형식상의 특징에 해당합니다. 그렇다면 내용상의 어떤 특징이 생길 것인가라고 할 때 저는 그것을 시민참여형 통일 혹은 민중주도형 통일의 가능성이라고 봅니다. 물론 이 가능성을 얼마나 현실화하는가는 다분히 한반도 주민과 한민족 성원들이 어떻게 하느냐에 달렸습니다. 이에 대해서는 뒤에서 다시 이야기하겠습니다.

북핵실험에 관한 네 가지 명제

이제 북의 핵실험에 대한 저의 생각을 말씀드리려고 합니다. 국내의 여론은 비판과 비난이 압도적입니다. 여론을 맹신할 필요는 없지만, 이런 여론을 너무 가볍게 보는 것은 민중주도, 시민참여 통일운동의 자세는 아니라고 봅니다. 논리적으로도 그렇습니다. "북의 핵실험이 이미 기정사실이고, 6자회담도 재개됐는데 군이 핵실험 갖고 이러쿵저러쿵 따져서 남북관계를 더 어렵게 만들 필요가 있느냐"는 주장도 있습니다. 또 "핵실험을 한 것은 북측이지만, 사태의 책임은 미국에 더 있다. 이것을 따져야지 북측을 비판해서 무엇 하는가" 하는 주장도 있습니다. 그러나 논리적으로 따지더라도 북의 핵실험이 불행한 사태니까, 이러한 불행을 불러온 미국에 책임을 따져야 한다는 논리가 성립합니다. 핵실험이 잘된 일이라고 하면 미국의 책임을 굳이 논할 필요도 없어지는 거지요.

민주노동당 대표단이 방북할 때 많은 내부 진통을 겪은 끝에 '강한 유감'을 표명하는 선에서 정리가 됐습니다. 지금 우리는 방북하면서 공식적인 입장을 정리하는 자리도 아니고, 이렇게 우리끼리 모여서 핵실험 이후 사태를 의논하고 성찰하는 시간입니다. 따라서 유감의 강도를 정하는 일보다 북의 핵실험이 유감스럽다면 어떤 견지에서, 왜 유감스러운가를 밝히는 일이 더 중요하다고 생각합니다.

제가 지난달 말께 일본에 가서 국제씸포지엄에 참여했습니다. 원고를 미리 달라고 하기에 북측이 핵실험을 하기 전에 원고를 써줬습니다. 그 직후에 북이 핵실험을 하겠다는 발표가 나왔고 10월 9일에 실험이 있었습니다. 그래서 10월 28일 씸포지엄 당일에 가서 핵실험에 대한 저의 태도를 원고에 없던 네 가지 명제로 정리해서 발표했습니다.

그 내용이 활자화돼서 『역사비평』 겨울호에 실리게 됐습니다만, 겨울호가 서점에 나오려면 다음주 초가 되어야 한다고 합니다. 당시 정리한 네 가지 명제를 일단 인용하는 것으로 논의의 출발점을 삼겠습니다.

첫째, 군사적인 관점에서 볼 때 그동안 미국의 대북압박정책이 계속되어왔고 선제공격의 위협마저 없지 않았던 상황에서 '군사적 억지력 확보'를 위한 핵무장이라는 북측의 주장에 일리가 있다고 본다. 따라서 이런 사태가 오게 된 데 대한 미국측의 책임문제를 빼놓은 채 북측만 일방적으로 비난하는 것은 공정한 태도가 아니다. 더구나 북의 행위에 대한 책임추궁을 재일동포들에게 돌려, 무고한 청소년들에게까지 박해를 가하는 일부의 행태에 대해서는 일본국민들이 깊이 반성할 필요가 있을 것이다.

둘째, 단순한 군사적 억지력을 위해서가 아니라 궁극적인 한반도 비핵화를 목표로 외교적 협상력을 강화하는 수단으로 핵무기를 보유한다는 것이 기존의 다른 핵보유국들이 내걸었던 명분과 구별되는 특징인데, 이번의 핵실험이 북측이 바라는 협상 카드로서 얼마나 유효할지는 지켜볼 문제이며, 설혹 협상이 재개되더라도 이 싯점에서 그런 선택을 하는 것이 최선이었는지는 두고두고 논란의 대상으로 남을 것이다. 외교에는 상대가 있기 때문이기도 하지만, 외교의 궁극적 목표가 북측 사회가 안고 있는 온갖 문제들의 해결에 있는만큼 핵실험으로 인해 문제가 악화되는 면을 함께 고려하는 종합적인 정치적 판단이 필요하기 때문이다. (이 점은 북측이 6자회담 복귀를 선언해서 협상재개가 예상되는 현상황에서도 마찬가지다.)

셋째, 나 자신을 포함해서 남쪽의 민간운동이 강조해온 '시민참여형' 통일운동의 관점에서는 북의 핵실험이 매우 불행한 사태가 아닐 수 없다. 일반시민들과 함께 이룩해가는 통일과정을 중시할 때, 핵실험으로 인해 많은 남쪽 국민들이 6·15공동선언의 정당성과 유효성에 의문을 갖게 된 상황은 비록 일시적일지언정 중대한 타격이다. 그뿐 아니라 보편적 대의를 중시하는 시민운동의 경우, 예컨대 반전반핵의 원칙이 생명인 평화운동이라든가 남한에서 핵발전소의 건립마저 반대해온 환경운동이 북의 핵실험에 대한 분명한 입장표명 없이 남북교류를 지속할 수는 없게 되었다. 실제로 6·15공동선언실천운동에 참여해온 몇몇 단체가 강력한 비판을 공개적으로 표명하기도 했다.

넷째, 그럼에도 불구하고 한반도에서의 시민참여형 통일과정은 진행 중이라는 것이 나의 판단이다. 다른 대안이 없음은 본론에서 더 설명할 참이지만, 핵실험의 충격으로 남쪽 내부의 담론지형이 재정비되고 있는 것도 하나의 희망적인 사태전개다. 당장에는 반6·15담론이 크게 위세를 떨치고 있기는 하다. 그러나 결국은 그것이 대안 없는 담론이라는 점이 시간이 흐를수록 분명해지게 마련이며, 낡은 통일지상주의와 반미 일변도 단순논리의 국민설득력이 떨어진 것도 하나의 전진이라고 본다. 게다가 그동안 한반도의 분단현실과 북의 존재를 제쳐둔 채 남한만의 선진화 또는 진보와 변혁을 주창해온 담론들 또한 그 공허함이 드러났다. 시민참여형 통일이 제대로 진행할 또 하나의 계기가 주어진 것이다.(「한반도의 시민참여형 통일과 전지구적 한민족 네트워크」 『역사비평』 2006년 겨울호 27~29면. 일본어 번역본은 계간 『環』 28호(2007년 겨울)에 '韓(朝鮮)半島式統一とはなにか'라는 제목으로 수록됨〔인용문은 259~60면〕.)

첫번째 명제에서 "일리가 있다"고 한 것은 물론 전면적 긍정은 아닙니다. 그러나 미국은 1994년 북미 제네바합의를 통해 여러가지를 약속했고, 그중 하나가 정치학자들이 말하는 소극적인 안전보장입니다. 핵보유국인 미국이 핵이 없는 북에 대해서 핵공격을 시도하지는 않는다는 약속이었습니다. 그런데 제네바합의를 먼저 파기한 것은 미국이었습니다. 뒤이어 부시가 '악의 축' 운운하면서 말하자면 소극적인 안전보장 약속도 철회했습니다. 미국이 필요하면 언제든지 쳐들어갈 수 있다는 것이 이른바 부시 독트린입니다. 그런 점에 비추어 본다면 군사적 관점에서 북이 "우리가 핵을 가져야만 국가와 체제의 안전을 보장할 수 있겠다"고 하는 것을 터무니없다고 할 수는 없을 것입니다.

다만 안전보장이라고 할 때 군부에서 원하는 100% 보장이란 것은 불가능하다는 점이 있습니다. 어느 선까지 최대한 안전보장을 도모하면서 어느정도는 리스크를 부담하면서 가야 합니다. 만일 북측이 핵무장을 하지 않았더라면 과연 미국이 북한에 쳐들어갔겠느냐 하는 문제에도 논란의 여지가 남습니다. 그러나 어쨌든 핵실험을 한 주체는 북측이지만, "안전보장을 해주면 핵을 포기한다"는 거듭된 북측의 주장을 묵살했던 미국의 책임을 묻지 않고 북측만 비판하는 것은 공정치 못합니다.

과거와 달라진 미국의 '북한 카드'

그런데 미국의 책임을 따질 때 북측에서는 거론하지 않는 점이 하나 있습니다. 미국이 북에 대해 압박을 가할 때 과연 미국의 유일한 정책목표가 실제로 북에 쳐들어가겠다고 하는 것이었나 하는 점입니다. 큰 희생 없이 북한에 쳐들어갈 수 있으면 부시 같은 사람은 그렇게 하겠지만, 오로지 북에 대한 침공만을 위해서 정책목표를 세웠다가 북측의 미사일이나 핵무기에 막혀 좌절했다고 하는 것은 미국을 너무 만만히 보는 것입니다. 미국 같은 나라는 언제나 여러 차원의 여러 수를 동시에 노리게 마련입니다.

저는 미국이 북측에 압박을 가한 것은 북에 대한 압박 그 자체의 효과도 있지만, 긴장을 조성해 자기들의 군사적 이익과 일본의 우경화 등 여러 전략적 목적을 동시에 노렸던 것이라고 생각합니다. 무엇보다도 우리 한국이 그나마 한미동맹의 관계를 재조정하고, 좀더 건강하고 자주적인 관계로 나아가겠다고 하는 움직임을 견제하는 효과가 있는 것입니다.

옛날 미국이나 주변국가가 '북한 카드'라는 것을 우리와의 외교관계에서 행사했는데, 남북이 대결하는 상태에서 "남쪽이 말을 안 들으니 북한에 잘해주겠다"고 해서 남한을 꼼짝 못하게 하는 것이었습니다. 요즘 미국의 경우는 '북한 카드'의 성격이 바뀌었습니다. "북한에 압박을 가해 한국이 끌려오게 만든다"는 전략입니다. 그러니까 한국에서는 "이라크 파병을 해주면 미국이 한반도문제 해결에 조금 더 건설적으로 나오지 않을까, 전략적 유연성을 들어주면 우리를 봐줄까"라는 식으로 계속 끌려들어갑니다. 이런 점에서 미국의 대 한반도 정책은 실패가 아니라 상당히 재미를 보아왔다고 할 것입니다. 남쪽에서 통일운동을 하는 사람들은 이 점에 주목하는 것이 중요합니다. 그러지 않으면 미국과 북측의 군사 독트린이 설정한 논의구도를 그대로 받아들이게 됩니다. 그 구도를 전제로 "미국의 잘못이냐, 북한의 잘못이냐"를 따지게 될 때, 미국의 잘못을 말하면 말할수록 다수 국민들 사이에 "저 사람들은 북한이 무조건 잘했다고 옹호하는 친북세력이구나"라는 인상을 주게 마련인 것입니다. 아무튼 북의 핵실험에 대한 책임이 북측에만 있는 것이 아니라고 할 때 대북제재조치도 한반도 비핵화를 달성하기 위한 대화와 협상의 수단으로서만 정당화될 수 있다고 봅니다. "다른 누구도 잘못하지 않았고, 북한만 잘못을 했으니 응징을 해야겠다"는 식의 제재에는 동의할 수 없는 것입니다.

응징의 방법으로 북에 쳐들어가든가 폭격하는 것은 미국도 안하겠다는 것이니까 논외로 하겠습니다. 다른 방식으로 이른바 PSI가 있습니다. 최근 우리 주변에서 보면 잘 알지 못하는 영어를 약자로 써서 본질을 흐리게 만드는 경향이 많은데, PSI도 마찬가지입니다. 풀어 써도 아리송합니다. '대량살상무기 확산방지구상' 뭐 이런 정도로 번역이 되는데, 쉬운 말로 바꾸면 "북녘을 드나드는 선박은 선적이 어디든 상관없이 공해상에서라도 아무 때나 검색하고, 필요하면 나포하겠다"는 것 아닙니까? 그러면서 우리더러 같이하자는 것입니다. 그외에도 하자는 게 많습니다만, 핵심은 한반도 주변의 바다에서 북측 선박을 검색하는 데 한국 해군이나 해안경비대가 같이하자는 겁니다. 이것은 유엔결의안에도 없는 이야기입니다. 우리로서는 함께할 이유가 없습니다. 우선, 너무 위험한 짓입니다. 꼭 그 배를 검색하다가 그 배하고 교전이 일어난다든가 거기서 충돌이 벌어지지 않더라도 위험합니다. 서해교전이라는 것이 두 차례 있었는데, 제3, 제4의 서해교전이 있을 수 있습니다. 그것은 북방한계선(NLL)이라는 것이 휴전선이 아니기 때문인데, 자세한 사실관계를 말하자면 이야기가 길어지니까 일단 넘어가도록 하겠습니다.

PSI의 취지는 북측이 핵물질을 배에 싣고 다른 나라에 가져가는 것을 막겠다는 것인데, 그렇다면 한반도 주변에서 한국이 막지 않아도 얼마든지 할 수 있는 일이지요. 한반도 주변만 항해하는 배라면 러시아, 일본, 중국 아니면 한국에 오는 배입니다. 북측이 핵물질을 싣고 그중 어디로 가겠습니까? 일본이나 중국, 러시아, 한국에 핵물질을 왜 갖다 주겠습니까? 만약에 가져간다면 먼 바다를 지나 딴 나라로 갈 테니 미국이 먼 바다에서 잡으면 되는 거예요. 우리 정부가 참여하지 않기로 했는데 대단히 잘한 일입니다. 미국 입장에서 떨떠름하긴 하겠지만 이것 갖고는 아직 정면으로 시비를 못 걸고 있습니다.

셋째, 개성공단과 금강산관광을 포함한 경협을 중단한다는 것은 특정 외국, 까놓고 말하면 미국이지요, 미국과 국내 수구세력의 압력에 굴복한 자해행위가 될 것입니다. 넷째로 인도적 지원이 일시적으로 축소되는 건 불가피하더라도 이를 '제재수단'으로 삼아서는 안됩니다. 북의 핵실험 이후 여론이 나빠서 민간에서 모금이 잘 안될 수는 있습니다. 그러나 인도적 사업의 중단을 제재수단으로 명시한다는 것은 명분과 실리를 다 잃는 일입니다. 다만 현실적으로 미국과 일본의 원안을 대폭 완화해서 유엔 안전보장이사회가 만장일치로 통과시킨 1718호 결의안(북한에 대해 핵관련물질과 기술의 이전을 금지하자는 것이 골자다)은 우리 정부가 엄격히 해석해서 준수하는 것이 필요하리라고 봅니다.

핵실험은 대미 협상과 북 내부문제 해결을 위한 최선의 선택인가?

두번째 테제로 넘어가겠습니다. 북측의 핵실험은 다른 나라의 핵실험과 다른 특징이 있습니다. 다른 나라들이 핵실험을 할 때는 국방을 위해, 또는 국가의 위신을 위해 핵무기를 갖기로 하고 실험을 했습니다. 북측에서는 "궁극적인 비핵화를 실현하기 위한 수단으로 핵을 보유하겠다"고 나오는 것이 아주 특이한 면입니다. "말이 그렇다는 거지 실제로 포기하겠느냐"라고 하는 시각도 있지만 두고 볼 일이고, 하여튼 북측에서 내세운 명분은 궁극적 비핵화를 위한 협상력을 높이고자 핵을 만들었다는 것입니다. 그리고 10월 말 북측이 6자회담 재개에 동의하고 부시가 한국전쟁 종전선언의 가능성을 내비치는 상황에서는, 일정한 협상력을 발휘했다고 판단할 만합니다.

그렇기는 하지만 미국의 태도가 이만큼 변한 데 있어 북의 핵실험과 미국 중간선거에서의 민주당의 압승 가운데 어느 것이 더 큰 영향력을 발휘했는가 하는 것은 좀더 분석해봐야 할 일이지요. 가령 핵실험을 하지 않은 상태에서도 미국의 민주당은 북미대화를 촉구했었는데, 북이 핵실험을 안했다고 해서 미국이 끝내 협상을 거부했을 것인가에 대해서도 논란의 여지는 남습니다. 더 중요한 것은 실제로 6자회담이 재개됐을 때 협상이 얼마나 진행되느냐 하는 것입니다. 이것이야말로 더욱 미지수입니다. 미국의 부시나 백악관 대변인의 유화적 발언이 더러 있었으나 9·19공동성명에는 '말 대 말, 행동 대 행동'의 원칙을 명시하고 있습니다. 서로가 하나씩 주고받으며 핵폐기를 진행하고 그 과정에서 구체적 조치를, 말하자면 매칭(matching)해나간다는 것입니다. 아직 이것을 얼마나 성의있게 하겠다는 건지 확인된 바가 없습니다.

북측의 경우도 그렇습니다. 협상능력의 확보를 위해 핵무기를 만들었다는 것을 거짓말이라고 볼 필요는 없으나 일단 핵을 가진 이상 상황은 달라진 거죠. "이젠 핵폐기보다는 핵군축이다, 군축이라면 우리가 가진 핵무기 얼마를 줄일 테니 미국도 얼마 줄여야 한다"고 나올 수도 있는 것이죠. 재일 총련의 기관지 『조선신보』는 "구태여 말한다면 현시기 지역에 형성된 국제관계의 구도는 '4 대 2'다. 동북아시아의 리해당사자들 가운데 조, 미, 중, 로의 4개국이 핵보유국이란 것이야말로 엄연한 사실이다"라고 보도한 바 있습니다. 이정철(李貞澈) 교수는 지난 11월 17일 세교포럼에서 "향후 북한은 4+2 회담의 틀을 주장할 것으로 보인다"고 전망하기도 했지요.

만일 북측이 핵폐기가 아니라 핵보유 지속을 전제로 핵군축을 하겠다고 나온다면 쉽게 타결되지 않을 것이고, 그렇다면 타결을 위한 협상력이란 면에서는 핵실험의 약효를 제대로 발휘하지 못한 것이라고 봐야겠지요. 미국에 대폭 양보를 강요할 만큼 북핵이 미국에 무서운 존재도 아니라고 봅니다. 처음 북측에서 핵보유 이야기가 나왔을 때 온건파라고 하는 콜린 파월(Colin Powell) 당시 국무장관도 "북한이 두세 개의 핵폭탄을 가져봤자 두세 개 핵폭탄을 가진 것뿐이다"라고 말한 적이 있습니다. 아프지도 가렵지도 않다는 뜻이지요. 더구나 군사적 안전을 넘어 경제회생과 인민의 생활향상이 국가의 궁극적 목표라 할 때 핵무기 보유가 최선의 선택이었는지는 쉽게 판정할 수 있는 문제가 아닐 것 같습니다. 핵 카드를 통해 북미관계가 쉽게 타결돼 북녘 인민의 생활이 획기적으로 개선된다면 이건 북측이 원래 노렸던 목적을 달성한 것이 되겠지만, 타결에 시간이 한참 걸린다면 그동안 고생할 인민들의 문제 등을 따져봐야 한다는 차원이 있습니다.

핵실험이 남측 시민참여에 미친 영향

이제까지 첫번째와 두번째 테제는 주로 국가전략의 차원에서 말씀드린 것인데, 세번째와 네번째 명제는 시민위주의 관점에서 하는 이야기가 되겠습니다. 시민참여형 통일을 추진하려면 시민위주·민중위주의 관점을 오히려 앞세워야 합니다. 물론 이것이 국가전략 차원을 도외시하는 관념적 민중주의가 돼서는 안되지만요.

시민참여형 통일은 일반시민들을 6·15공동선언실천에 최대한으로 동참시킴으로써 성취되는 것이니만큼 남북의 교류·협력에 대한 국민들의 지지를 크게 떨어뜨리고 6·15공동선언의 폐기마저 주장하는 냉전세력의 목소리를 키워준 사태는 불행이 아닐 수 없습니다. 이때 국민들의 냉담이나 비난이 냉전세력, 수구·보수 언론에 오도된 탓일 뿐이라는 태도는 사태의 심각성을 간과한 것이라고 봅니다. 그것은 6·15 이전 시대의 타성을 보여주는 면도 있습니다. 6·15공동선언이 한반도식 통일의 윤곽을 제시했고 시민참여형 통일의 가능성을 열어주었는데, 자주평화통일의 원칙과 민간통일운동의 공간 확보를 위해 투쟁해야 했던 과거의 태도를 아직도 답습하는 면이 있지 않은가 하는 것입니다.

북의 핵실험이 시간이 지나면 흐지부지될 일시적인 불행이 아닌 것은 지속적인 시민운동, 민중운동을 가능케 해주는 원칙의 문제가 걸려 있기 때문입니다. 예컨대 '반전평화'는 북측도 강조하는 원칙이지만, 세계적으로 평화운동은 핵무기 반대를 최대의 과제로 삼아왔습니다. 반전운동에서 '반핵'을 빼고, 그 '반핵'을 '반김반핵' 진영에 넘겨주는 것은 평화운동의 자기부정이자 통일운동의 패배를 자초하는 길이 됩니다. 환경운동의 경우도 핵발전소 건설마저 반대해온 입장에서 핵무기 개발과 국토 내에서의 핵폭발을 용인하면서까지 대북협력을 추진하기는 어려워집니다.

그뿐 아니라 핵무장 상태가 성립해서 관리되는 분단상황은 극소수의 정책결정자와 전문가에게 권력이 집중되고 시민참여의 폭이 크게 제약되는 상황이 되게 마련입니다. 불행 중 다행인 것은 이미 상당기간 흔들리며 해체기에 들어선 분단체제는 북의 핵보유 이후에도 안정적인 관리가 불가능하다는 사실입니다. 최악의 사태는 재개된 6자회담이 결렬되어 북측이 추가 핵실험을 하고 국제사회의 제재가 강화되는 등 악순환이 지속되는 상황입니다. 이는 한반도의 통일과정을 훨씬 험난하고 위태로운 과정으로 만들지만 분단체제를 안정시키지는 못할 것입니다. 반대로 6자회담이 비교적 순항해 9·19공동성명의 이행과정으로 들어간다면 한반도식 통일과 분단체제극복이 가속화될 것입니다. 이것이 우리가 가장 바라는 바이지만 쉽게 될 것이라는 안이한 태도로 임해서는 안될 것입니다.

이도저도 아니고 지루한 협상이 계속되는 경우도 가능합니다. 이제껏 미국과 북은 서로 시간이 자기편이라고 주장해왔습니다. 저는 만일 이런 지루한 교착이 계속된다면 상황에 대한 각 국가들의 통제력이 점점 약화되고, 동아시아 전반에 대한 미국의 통제력도 약화될 것이라고 봅니다. 이 경우, 시간은 결코 북한의 편도, 미국의 편도 아니게 됩니다. 두 정부 모두 현지 주민이나 동아시아 지역에 대한 통제력과 영향력이 줄어드는 사태가 예상됩니다. 북측의 핵군축 주장과 미국의 '핵물질 확산억지' 방침이 맞아떨어져 북의 핵보유를 명시적 또는 암묵적으로 시인하는 '4 대 2' 협상구도가 마련되더라도 결과는 마찬가지일 것입니다. 저 자신 핵보유국들끼리의 4자회담은 어렵다고 봅니다. '4 대 2' 구도에서는 일본이 빠지게 되는데 미일관계에서 미국이 그렇게 할 수는 없다고 봅니다. 그렇게 하는 순간 일본이 핵무장을 할 텐데, 미국이 일본의 우경화는 지지해도 핵무장은 원하지 않을 것이기 때문입니다. 중국은 중국대로 6자회담 구도를 깨지 않으려 할 것입니다. 아무튼 핵폐기가 전제되지 않은 조건에서 미국이 북측이 원하는 만큼의 지원과 보상을 할 수가 없을 겁니다. 그러다 보면 교착상태가 계속될 텐데, 불안정 요소는 점점 커지고, 불안정해진 분단체제가 다시 안정되는 일은 없으리라는 것이 제 생각입니다.

남한시민은 한반도문제 해결의 '제7의 당사자'

여기서 네번째 테제로 넘어갑니다. 결국 전쟁이 일어나지 않는 이상 한반도식 통일을 막을 길은 없으며, 그 통일이 얼마나 고비용의 과정, 비싼 비용을 치르는 과정이 될 것인가 하는 것만이 문제입니다. 이때의 비용은 군사비를 포함한 금전상의 지출만이 아닙니다. 북녘의 민중이 한번 겪었고 어쩌면 벌써 다시 겪고 있을지도 모르는 '고난의 행군'도 포함되는 것이고, 남쪽에서 일어나는 온갖 후진적이고 병리적인 현상도 심화될 것입니다. 또 한반도경제권과 동아시아 지역협력체제의 지연에서 오는 '기회비용'도 포함하는 것입니다.

이 비용을 줄이는 데 6자회담의 당사국들이 모두 나름의 역할이 있을 것이지만, 저는 '제7의 당사자'로서 남한시민의 존재를 강조하고 싶습니다. 노무현 정부가 한반도문제에 대한 3대원칙을 세우면서 한반도에서 한국의 '주도적 역할'을 명시했습니다. 이 주도적 역할이란 것은 그 취지는 좋은데 두 가지 문제가 있습니다. '주도적 역할'이란 영어로 '액티브 롤'(active role) 즉 능동적 역할이라는 뜻인데, 문자 그대로 '주도'하는 것과는 거리가 좀 있지요. 가령 핵문제는 우리가 주도할 수 있는 문제가 아닌데 마치 이것도 미국을 제쳐놓고 우리가 주도하겠다는 말처럼 들립니다. 그러니 북에서 핵을 만들자 보수 쪽으로부터 "너희들이 주도한다더니 어떻게 된 거냐, 북핵의 책임이 포용정책에 있지 않느냐"고 공격당하게 되는 것입니다.

또 하나의 문제는 한국의 능동적 역할을 제대로 하려면 정부뿐 아니라 민간의 능동성이 극대화되어야 한다는 점인데 여기에 대한 정부의 인식이 부족했습니다. '제7의 당사자'라고 하는 것은 제8, 제9의 당사자도 있을 수 있다는 뜻입니다. 그러나 아직은 가령 국가차원에서 유럽연합이라든가, 민간차원에서 북측의 시민사회를 거론하기에는 이르다고 봐야겠지요. 북측 민간사회의 경우, 가령 남한의 기업이나 시민사회에 필적할 실력과 정부당국으로부터의 독자성을 갖춘 별도의 주체가 안 보입니다. 현재로서는 6개국을 제외하고 또 하나의 중요한 당사자가 있다면 바로 남쪽의 민간사회입니다. 문제는 우리 자신도 '제7의 당사자'라고 말할 수 있는 수준에 와 있느냐 하는 것이겠습니다.

이런 '당사자'로 성립하려면 기존의 통일운동가들뿐 아니라 한반도식 통일의 독특한 형식에 따라 '어깨에 힘 빼고' 자기의 일상에 충실하면서도 한반도식 통일과정에 참여하는 일반시민이 많아야 합니다. 또 시민사회라고 할 때는 흔히 경제계를 빼고 이야기하는데, 기업 전부는 아니라 하더라도 이미 고(故) 정주영(鄭周永) 회장 같은 사람이 역할을 한 것처럼 기업들도 포함되어야 할 것입니다. 이렇게 광범위하게 포괄된 주체들이 시민참여형 통일의 비전을 얼마나 공유하며 그 실현을 위한 창의적 행동을 얼마나 개발하느냐가 관건이 될 것입니다.

일사불란한 행동을 하자는 것은 아닙니다. 그것은 허황된 생각이고 그런 게 필요하지도 않습니다. 한반도식의 통일은 일사불란한 것이 아닙니다. 각자 나아가는 것이지만, 큰 뜻을 공유하면서 가는 것입니다. 이러한 민간사회라면 6개국에 더해 '제7의 당사자'로 불릴 수 있는 자격이 생기리라고 봅니다. 이를 위해서는 관성적인 통일운동이나 교류·협력사업을 통해 분단이 극복되리라거나, 아니면 분단을 그대로 둔 채 대한민국만이 평화와 번영을 누리고 민주주의의 심화 등 '선진화'를 달성할 수 있다는 환상을 접는 것이 급선무입니다. 북의 핵실험이 이러한 담론쇄신의 계기가 되었다는 점도 불행 중 다행일 것입니다.

접근을 통한 변화 — 내 마음속의 '분단괴물'까지 퇴치해야

이제 '접근을 통한 변화'라는 명제를 좀더 적극적으로 재해석할 필요가 있다고 봅니다. 이 말은 원래 구 서독사람들이 동방정책을 펼치며 통일이 아니라 평화공존의 구호로서 내걸었던 것입니다. 결과적으론 접근을 통해 동독이 변화했고, 또 통일이 됐습니다. 이 과정의 문제는 아까 말했듯이 급격하고 일방적인 흡수였다는 점입니다. 접근을 통해 변한다면 너도 나도 변하는 것이 진정한 변화인데 독일의 경우 서독은 별로 안 변했습니다. 구 서독 민주주의와 현재 독일 민주주의를 비교하면 오히려 후퇴한 측면이 있습니다. 서독은 별로 안 변했는데 동독만 급격히 변화했습니다. 그래서 흡수통일이란 것입니다. 그런 것이라면 당연히 북에서 받아들일 리가 없습니다.

남한에서도 그런 용어를 쓰면서 내용상으론 북의 변화만을 생각하는 사람들이 적지 않습니다. 따라서 북측이 최소한의 변화만 하면서 접근을 통해 경제적 실리를 챙기는 일에 치중하겠다고 나오는 것은 당연합니다. 적어도 한반도문제 해결에 있어 남측 민간사회가 '제7의 당사자'가 되고자 한다면 남북의 접근을 통해 분단체제 속에서 일그러진 자신의 사고와 감정의 쇄신을 포함한 총체적 남쪽 사회의 변화를 감내할 각오까지 해야 합니다.

분단체제가 괴물이란 말을 더러 합니다. 잊지 말아야 할 것은 분단체제가 괴물이라면 분단체제 속에서 오랫동안 살아온 우리 모두가 마음속에 괴물 하나씩을 갖고 있다는 점입니다. 이 점을 성찰하면서, 바깥의 괴물을 이겨내는 일과 내 마음속 괴물의 퇴치를 어떻게 동시에 수행할 것인가에 대해서는 훨씬 더 많은 공부를 해야 할 것이라고 생각합니다. 이 공부에서 아직 갈 길이 멉니다. 그래서 남북간의 관계가 금방 안 풀리는 것이 꼭 나쁜 일만은 아니라고 생각하는 것입니다. 통일의 과정에 중요하게 참여해야 할 당사자로서 필요한 공부를 하고, 준비하고, 사업을 하는 데에는 시간이 필요하니, 물론 너무 오래 걸린다면 곤란하지만, 약간의 시간을 버는 것은 나쁘지 않습니다. 그래서 우리가 열심히 한다면 시간은 오히려 우리의 편이라고 말하고 싶습니다.

미국에 대해서도 '핵무기 폐기' 요구하라

마지막으로 시민참여형 통일운동의 몇 가지 현안에 대해 이야기하겠습니다. 첫째, 핵문제인데요, 핵무기에 대한 반대는 대원칙이며 당연히 북핵에 대해서도 끝까지 폐기를 주장해야 한다고 믿습니다. 그러나 원칙적인 반대는 미국 등 기존 핵보유국을 동시에 겨냥하는 철저함을 보여야 합니다. 현실적으로는 한국의 시민사회든 정부당국이든 북의 핵보유를 방지하거나 철회시킬 수 있는 실력이 없다는 점을 냉정하게 인식해야 합니다. 정부가 '북핵 불용'을 대원칙으로 내세울 때 북의 핵보유를 끝까지 반대하고 폐기를 주장하겠다는 뜻이지, 핵보유를 했을 때 쳐들어가겠다는 것은 아니지 않습니까? 미국도 못한 일을 대한민국 포용정책의 실패인 것처럼 떠드는 사태가 오지 않도록 해야 합니다. 끝까지 반대하지만 핵문제는 북측과 미국이 결자해지(結者解之)의 원리에 따라 풀어가도록 내버려두고 우리는 우리가 잘하는 일에 치중하는 게 중요한 것입니다. 원칙적 입장을 견지하면서 거기에 입각한 시민운동을 벌이고 이를 전세계적으로 확대해나가되, 핵문제에 너무 애면글면 매달릴 필요는 없다는 것입니다. 북핵문제를 너무 심각하게 보지 말자는 주장에 동의하는 면도 있다고 서두에 말씀드렸는데, 북의 핵실험으로 도래한 새로운 국면을 가볍게 봐서는 안되지만, 우리 힘으로만 해결할 수 없는 문제인 게 뻔한데 마치 인도적 지원이나 경협을 끊으면 북이 핵을 포기할 것처럼 나대는 것은 허장성세요 경거망동에 지나지 않습니다. 북미간 타결이 빠르건 늦건, 계속 진행되기 마련인 한반도식 통일의 현장작업을 추진할 일입니다.

국민들의 상상력을 사로잡는 창의적 협력사업 개발 필요하다

그중에 가장 중요한 것이 경제협력입니다. 기존의 사업을 지속함은 물론 남북 서로에 이득이 되고 국민의 상상력에 호소할 수 있는 창의적 협력사업을 계속해서 개발해야 합니다. 처음 개성공단과 금강산관광이 시작됐을 때 얼마나 국민의 상상력을 사로잡았습니까. 그러나 지금은 그보다 한걸음 더 나가야 할 때입니다.

가령 개성공단에서는 주로 중소기업 위주로 하고 있습니다. 북측에서는 성에 안 찹니다. 금강산관광도 정주영 회장 때는 그래도 현대 '그룹'이 감당했습니다만, 지금은 현대아산이라는 특정한 기업의 사업입니다. 그룹 차원에서도 현대중공업, 현대자동차 등이 떨어져나가고 팍 줄어든 현대그룹의 사업이 된 것이지요. 더 많은 기업들이 함께 참여하는 새로운 사업들도 개발해야 합니다.

'북한 퍼주기'라는 비판도 수구세력의 악의적인 왜곡이 있긴 하지만 여기에는 인도적 지원과, 남한의 경제에 직접적인 이득을 가져오는 경제협력을 구분해줄 논리가 부족했던 점도 작용합니다. 각종 사회·문화교류의 진행도 필수적입니다. 이 경우 남측은 사회·문화교류를 독자적인 영역으로 설정하고 매우 적극적인 태도를 보여온 데 비해 북측은 정치사업의 일환으로 보는 발상의 차이가 있습니다. 그 때문에 핵문제가 아니더라도 순항을 기대하기는 어려운 분야인 것이 사실입니다. 북측은 정치사업의 일환으로서 당장의 어떤 정치적 목표에 부합하든가 아니면 경제적 이득이 따라오는 사업이 아닐 경우 소극적으로 나오곤 하지요. 이러한 어려움을 감내하면서도 꾸준히 확대해갈 필요가 절실한데, 특히 강조할 점은

이 사회·문화 교류사업이 남북의 연합 혹은 낮은 단계 연방제의 실질적 기반을 하나씩 만든다는 뚜렷한 목적의식입니다. 이러한 목적의식 속에서 사회·문화교류를 끈덕지게 추진한다면 '제7의 당사자'로서 남한의 시민운동은 여타 6개의 당사자들보다 비교우위를 갖게 될 것입니다.

인도적 사업 또한 당연히 지속, 강화되어야 하지만 이를 인권담론과 적절히 결합하는 지혜가 요구되지 않는가 생각합니다. 한국은 이번에 유엔 인권결의안에 찬성표를 던졌습니다. 그 명분으로 유엔 사무총장 배출국의 위상과 북핵실험에 따른 여론악화를 내세웠는데 둘다 본질에서 벗어난 논거지요. 북한 인권개선에 대한 관심의 진정성을 보이려면 중단된 인도적 지원사업을 재개하면서 미국 등 국제사회에 대해서도 북녘 인민의 '인간안보'를 위한 획기적인 조치들을 취하도록 촉구해야 할 것입니다.

이밖에도 현안은 많지만 이만 마칠까 합니다. 끝으로 제가 '제7의 당사자'라는 표현을 쓴 것은 6자회담의 당사국들을 빗대고 한 말인데, 남북의 양자관계로 말하자면 남한의 민간부문은 '제3의 당사자'가 됩니다. 우리가 '제7 당사자'로서 한반도와 동아시아 문제해결에 기여하고 또 '제3 당사자'로서 남북관계 발전에 이바지해서 성취되는 한반도문제 해결은 그야말로 세계역사상 유례가 없는 사태가 될 것입니다. 또 이를 통해 구축될 동아시아 평화체제는 동아시아와 인류문제의 해결에도 새로운 계기를 제공할 것입니다.

북의 핵실험 이후 남북관계가 많이 어려워졌지만 한반도식 통일은 여전히 진행중이고 다른 대안이라는 것이 전쟁 외엔 없다는 점을 말씀드렸습니다. 이런 한반도식 통일의 실질적 특징이자 세계사적으로 의미있는 점은 시민참여·민중참여가 가능해진 과정이란 점을 강조하면서, 제가 관여하고 있는 6·15남측위원회도 그 과정에 더 큰 기여를 할 수 있도록 많은 성원과 편달을 부탁드리고 제 이야기를 마치겠습니다. 감사합니다.

토론

북핵실험의 긍정적 측면에도 주목하자

박경순 북한의 핵실험은 6·15선언의 이행과정에서 중대한 변화라는 것을 인정합니다. 하지만 중대한 변화의 양면성을 볼 필요가 있습니다. 백교수님께서는 부정적 영향 측면을 강조하셨는데, 그런 면이 있지만 그에 못지않게 긍정적인 영향 측면이 명백히 존재하며, 이러한 점을 심사숙고해야 합니다. 한반도 분단체제가 갖고 있는 구조적 특성을 이해해야 한다는 것입니다.

현재 한반도에 내재된 정치·군사적 대결의 성격을 두고 봤을 때 미국 대북정책의 목적은 한반도에 대한 지배력과 영향력을 확대하는 것이고 그래서 침략적이고 공세적인 성격이 있습니다. 반대로 북의 대미정책은 미국 지배력과 영향력의 확장을 저지하면서 체제유지와 보위라는 정치 군사적인 자주·자존을 지키려고 하는, 방어적이고 자위적인 성격의 대결입니다. 이 기본성격을 명확히해야 북미관계의 구조적 성격을 명료하게 할 수 있다고 생각합니다. 북한 핵실험 등 북미관계에서 발생하는 모든 사안들은 이러한 기본성격의 발현입니다. 즉 미국의 대북행동은 공격적 침략적 성격인 반면 북한의 행동은 방어적·자위적 성격이 기본이라는 점을 염두에 둬야 한다는 점이지요. 그래서 북한 핵실험도 기본적으로 침략적 공격적 행동이 아닌 방어적·자위적 행동으로 보아야 합니다.

두 가지 견해를 제기하겠습니다. 백선생님께서는 유엔결의안 1718호에 대해 정부에서 엄격히 제한해서 지지하는 것이 옳다고 하셨습니다. 시민운동이 그것을 지지해야 한다는 것인지, 정부의 정책을 이해해야 한다는 건지는 모호하지만 어쨌든 시민운동과 민중운동 관점에서 그 결의안을 인정하는 건 부당하다고 봅니다. 선생님께선 북한에 핵실험의 책임이 있다고 해도 기본적이고 근원적인 책임은 미국의 대북 적대정책, 압박정책에 있기 때문에 그것을 빼고 북을 일방적으로 비난하는 것은 공정한 태도가 아니라고 하셨습니다. 그런데 결의안 1718호는 북한에 대한 일방적 제재결의안입니다. 미국의 책임에 대해서는 단 한마디도 없습니다.

유엔결의안은 미국의 책임은 배제한 채 북한에만 이러저러한 책임을 묻고 일방적 핵포기를 요구하고, 경제적 제재를 가하는 게 핵심입니다. 그것은 백선생님의 견해에 비추어서도 공정하다고 할 수 없죠. 그 어떤 형태로든 북한에게만 일방적으로 책임을 묻는 것은 비도덕적이며 불공정한 행위입니다. 따라서 시민운동이 그 결의안을 인정하는 것은 타당하지 않다고 봅니다.

시민참여형 통일운동의 관점에 대한 정교한 토론이 필요합니다. 시민참여형 통일운동에서 국가전략 차원을 도외시하는 것은 관념적 민중주의라고 하셨는데 그것은 정확한 지적이라고 생각합니다. 그런데 선생님께서도 국가전략 차원에서 펼쳐지는 정치적 행위결과로 초래되는 정치·군사적 구조변화와 시민참여형 통일운동 진행과정을 약간은 대립적으로 설정하시고 시민참여형 통일운동만을 과도하게 강조하시는 듯한 느낌을 받았습니다. 물론 6·15선언으로 시민참여형 통일운동이 활성화되고 강화 발전될 수 있었습니다. 6·15선언을 빼놓고 시민참여형 통일운동의 활성화를 얘기할 수 없다는 것은 상식입니다. 그런데 6·15공동선언은 시민참여형 통일운동의 직접적 결과라기보다, 북미대결에서 미국의 정치적 후퇴로 페리(Perry) 프로쎄스가 만들어지고, 북미관계정상화문제가 현실적 문제로 부각되면서 한반도의 자주적 공간이 확대된 정치구조적 환경에서 가능했으며, 직접적으로는 남북정부 당국자간의 정치적 협상과 합의에 따른 '남북정상회담'의 직접적 결실이자 성과로 탄생된 것입니다. 이렇게 볼 때 북미간의 정치·군사적 대결의 성과와 남북당국간의 정치적 협상 등 한반도 정치군사적 역관계의 구조적 변화발전이 시민참여형 통일운동의 활성화 여부를 결정적으로 좌우합니다. 따라서 국가전략 차원의 정치구조적 변화와 시민참여형 통일운동을 상호대립적으로 바라보지 않고 서로 보완되고 도와주는 관계로 설정해야 할 것이라고 봅니다. 그런 측면에서 시민 '주도'라는 표현은 적절치 않다고 봅니다.

이런 측면에서 핵실험으로 시민참여형 통일운동의 활성화 측면에서는 일시적 어려움이 파생된 것은 사실입니다. 하지만 책임논쟁과는 상관없이, 북한 핵실험으로 미국의 완강했던 태도가 누그러지면서 6자회담을 재개하기로 하고, 그 틀 내에서 금융제재 문제를 전향적으로 해결하기로 한 사태의 진전과정을 잘 보아야 한다고 생각합니다. 북핵실험으로 북미대결에서 미국의 입지가 약화되고 북한의 입지가 강화되면서 미국의 부분적 또는 전면적 후퇴와 양보가 이루어지고 있는 것이 엄연한 현실이고, 그것이 한반도 핵문제의 평화적 해결가능성을 높여주고 있습니다. 우리들은 이러한 긍정적 사태발전을 분명하게 평가해야 한다고 봅니다. 최근 부시의 한국전쟁 종전선언 발언을 봐도 북핵실험이 한반도 평화체제 수립과 6자회담의 진전에 매우 긍정적인 영향을 주고 있다는 것을 부정할 수 없습니다. 그렇기 때문에 한반도 평화실현이라는 시민참여형 통일운동의 목표에 비추어봤을 때 북핵실험은 시민참여형 통일운동의 확대발전에도 긍정적 작용을 하고 있는 측면이 있다고 봅니다.

핵무기의 비윤리성을 지적해야 한다

이대훈 북핵실험이 민주지향적인 시민사회에 가져온 파급효과는 보통 이상으로 심각한 것입니다. 그 이전부터 있었던 북한 인권문제가 거론되는 방식과 논쟁에 직결되기 때문에 더욱 그렇습니다. 북한의 행동에 대해

판단할 때 이중잣대가 적용되는 것이 아닌가 하는 비판이 누적되고 있어서 심각합니다. 이는 달리 말하면 북한의 행위를 미국의 패권정책의 작용으로만 설명하는 데 대한 동의기반이 급격히 약해지고 있다는 의미이기도 합니다.

핵무기 논란에서 윤리적 문제를 제외할 수 없습니다. 핵무기는 다른 재래식 무기와 달리 대량살상무기이며 그 뜻은 민간인들을 무차별적으로 표적으로 하는 무기라는 면에서 심각한 윤리적 문제를 안고 있습니다. 북핵실험이 자위적 성격의 정책 중 하나로 나왔다는 점을 수긍하는 면이 있지만 대량살상무기의 윤리적인 측면 문제를 제기하는 건 평화운동의 도리입니다. 즉 자위의 수단으로 핵무장이 정당한가라는 질문이 제기되어야 합니다. 물론 국제법적으로도 국가존망이 위태로운 상태에서 핵무기 보유가 합법인지 불법인지에 대한 판단이 유보된 상태이지만, 세계의 평화운동에서는 핵무기가 불법적이고 반인도적이라는 점에 대해 대단히 높은 합의수준이 형성된 상태입니다. 윤리적 정당성 문제를 제기하고, 바로 답을 내지 못한다 하더라도 토론은 해야 합니다. 이러한 문제의식이 우리 시민사회 안에 약한 게 안타깝습니다. 핵무기의 비윤리성은 말로 표현될 수준을 넘습니다. 인간과 환경과 문화와 정신에 돌이킬 수 없는 손상을 미치고 이를 볼모로 하는 수단이기 때문입니다.

물론 북핵 말고도 미국을 비롯한 기존 핵보유국가들의 핵무기 보유는 그 자체로 훨씬 더 큰 범죄적인 성격을 갖고 있습니다. 같은 전제에서 북핵 보유와 핵실험에 대해 논의할 공간이 있어야 합니다. 그렇지 않으면 이중잣대죠. 북한인권의 경우에도 아무리 사소해도 인권문제는 인권문제라는 인식이 있어야 합니다. 민주화운동과 평화운동 내에 이런 논의를 할 수 있는 비판의 자유가 열리지 않으면 민주화운동과 평화운동의 윤리적 기반이 공격당하는 불행한 사태가 올 수 있습니다. 거의 모든 국가가 인권문제를 안고 있다는 점, 자위적 수단에도 한계가 있다는 점에서 좀더 개방적으로 북핵과 북한 인권문제가 논의의 틀 안으로 들어와야 합니다.

한국 시민사회에 대하여 제3의 당사자 역할을 강조하셨는데, 이제는 참여형 통일운동에서 의미하는 '참여' 담론의 의미가 불충분해졌다고 봅니다. 6·15선언 이후 남북당국의 정책과 발언은 남북한에 영향을 미치고 국제사회에도 영향을 미치고 있습니다. 6·15선언 이후 남북 정부뿐 아니라 남쪽 시민사회 단체들도 좁게는 '한반도 정치' 크게는 '국제 정치'를 하기 시작했다고 표현할 수 있겠습니다. 이런 면에서 6·15선언의 틀 안에서 그 내용을 이행하는 차원의 민간운동은 그 틀을 충실히한다는 의미에서 정부간 합의의 보조적 역할을 했다고 할 수 있겠습니다. 그런데 이번 핵실험문제, 또 북한의 인권문제 등 남북의 화해·협력의 틀 안에서 해소될 수 없는 영역이 있음이 분명히 드러났습니다. 한반도를 둘러싸고 6·15선언의 틀 안에서 정부의 보조적인 역할로 민간이 할 수 없는 의제가 마구 발생하고 있습니다. 의제를 소화하고 인식할 만한, 6·15선언을 뛰어넘는 인식공동체가 형성되고 있지 않습니다. 6·15선언의 틀을 넘어서는 의제를 포함하는 인식공동체가 형성되어야 한다는 과제가 주어졌다는 의미입니다. 이런 측면에서 남쪽의 민주지향적 시민사회세력이 '참여'를 넘어서는 '제3세력'으로서의 역할을 고려해야 한다고 봅니다.

백선생님께서는 6·15체제에 대해 "흔들거리면서 앞으로 가는 것"이라고 하셨습니다. 저는 그 이행의 과정을 설정했으면 합니다. 이행이란 남쪽의 시민사회운동이 '제3의 비전세력'으로서 남북 국가주도의 통일논의를 진취적으로 흔드는 새로운 역학구도로 발전하는 것입니다. 국가정체성이 변화될 때에는 필연적으로 기존의 국가정체성에 도전하는 사회세력의 형성이 필요하게 됩니다. 남쪽에서 남북한 국가정체성의 한계와 문제점을 제기하면서 그것을 뛰어넘는, 덜 군사적이고, 덜 안보적이며, 더 국제적으로 영향력있는 국가정체성, 다시 말해 평화국가론을 만들어낸다면 흔들리는 6·15체제를 발전시키는 방향이 될 수 있을 것입니다.

민간 차원의 남북연합기구 만들자

백낙청 먼저 박경순 선생의 발제에 대한 의견을 말씀드리겠습니다. 유엔결의안의 문제는 시민운동의 관점을 정리한 대목이 아니라 남측 정부의 대응을 이야기하는 과정에서 한 것입니다. 시민운동의 관점에서 보면 결의안은 이중잣대이고 위선적이지요. 이스라엘이 무슨 짓을 해도 그 문제에 대한 결의안은 미국의 거부권행사로 안보리에서 통과가 안되는데, 북한에 대해서만 비난하는 것부터가 부당합니다. 그러나 우리 정부의 입장에서는 일단 '북핵 불용'이라는 원칙을 견지해왔기 때문에, 아까 말했듯이 우리 정부의 소관사항이라고도 보기 어려운 북핵 폐기를 향해 지나치게 오버액션을 취하느니 유엔에서 중국이나 러시아의 역할 속에서 완화된 결의안을 엄격히 해석해서 준수하는 게 낫다는 것입니다.

북의 핵실험으로 야기된 중대한 변화의 긍정적인 측면을 더 숙고해야 한다고 했는데, 기본적으로는 저도 양면성을 얘기했으니까 강조의 차이에 그칠 것 같습니다. 그런데 핵실험 이후 사태진전을 보면 협상력 확보라는 북한의 명분이 상당히 그럴듯하다는 것이 드러나고 있고, 6자회담이 재개됨으로써 민간통일운동의 조건도 개선됐으니까 긍정적으로 볼 대목이 아니겠냐는 지적에 대해서는 물론 좋은 지적이지만 이건 더 지켜볼 문제라는 토를 달고 싶습니다. 급속하게 북미관계가 타결돼 북한이 "핵실험 하길 잘했구나"라고 생각하는 사태가 온다면 그때는 더 긍정적으로 말하겠지만 아직까지는 유보적입니다.

이어서 이대훈 선생이 제기한 문제에 대해 말씀드리겠습니다. 핵무기의 윤리성과 인권문제를 논의해야 한다고 강조하셨는데, 당연합니다. 그러나 일률적으로 모든 사람에게 요구할 필요는 없다고 봅니다. 한반도에서 멋진 통일사회를 건설하려면 누구나 핵무기나 인권문제의 윤리에 관심을 가져야 하지만 현싯점에서 얼마나, 어떻게 논의해야 하느냐에 대해서는 일정한 역할분담이 가능하며 필요하다고 봅니다. 정부 부처로 볼 때도 통일부 장관이 나서서 북의 인권문제를 거론하면 그건 남북접촉 당사자로서의 자격을 포기하는 꼴이 되겠지요. 마찬가지로 민간에서도 북과 직접 교류하는 사람과, 평화·군축쎈터 같은 데서 일하는 사람들이 관심을 공유하더라도 논의방식에 차이가 있을 수 있다는 것입니다. 아무튼 활발한 토론이 있어야 한다는 점에는 동의합니다.

이선생은 '참여'로는 불충분하다고 했는데 '제3의 당사자'는 남북 당국에 대등한 당사자, 준 국가급의 당사자를 말하는 것입니다. 보조적인 역할로 참여하는 것과는 차원이 다릅니다. 저는 '제7의 당사자'가 비교우위에 서는 분야가 사회·문화교류일 거라고 했는데 또다른 영역으로 국제시민사회와의 연대를 들 수 있을 것입니다.

이행의 문제에 대해서는 6·15시대에서 다음 시대로의 진행이 언제, 어떻게 되는 것이냐 하는 질문일 텐데, 저는 6·15공동선언 제2항에 규정된 남북연합제 또는 낮은 단계의 연방제에 해당하는 형태의 남북기구가 성립할 때 6·15시대가 종언된다고 봅니다. 그다음에 뭘 할지는 선언에 포함되지 않았으니까 새로운 합의가 필요해지겠지요. 미리 그것까지 합의해놓지 않은 것은 대단히 현명한 일이었다고 저는 보고 있습니다.

평화국가론의 '평화국가'는 차원이 다른 두 개의 담론이 섞여 있습니다. 하나는 한반도에서 평화공존을 하면서 현재 있는 남북의 국가를 좀더 평화지향적인 안보국가로 바꾸는 현실적인 과제이고, 다음에는 더 높은 추상 차원에서 안보가 아닌 평화와 인권을 목표로 하는 전혀 다른 형태의 국가를 형성해야 한다는 평화국가론이 있습니다. 후자를 원대한 목표로 설정할 수 있지만 그것을 실현하려면 한반도에서 남북의 국가연합 같은 중간단계가 필요하다고 봅니다.

그런데 이 국가연합의 건설에 대해 구체적인 논의가 너무 없는 것 같아요. 정부도 지금은 어떻게든 평화공존을 강화하고 교류를 확대하는 데만 관심이 있지, 남북연합에 대한 구체적인 준비가 없는 것으로 압니다. 북측도 지금은 체제유지에 온통 관심이 쏠려 있는 것 같고요. 이 대목도 우리 남측 민간사회에서 더 많은 연구를 해서 안을 제시하고 민간차원의 남북연합기구를 만들어가야 합니다. 미약하지만 이미 몇 개 만들어져 있습니다. 지난 10월 말 금강산에서 남북의 문인들이 모여 6·15민족문학인협회를 만들었는데, 그 형태가 연합 혹은 낮은 단계의 연방제에 해당합니다. 핵실험 이후의 싯점에 만들어졌다는 것도 의미있는 일이지요. 6·15민족공동위원회도 앞으로 개선해야 할 점이 많지만 일종의 남북연합기구입니다. 겨레말큰사전 공동편찬기구 같은 것도 아직 공동사무국이 안 생겼지만 개성에 사무국 건물을 짓기로 합의된 상태입니다. 이런 것들을 민간에서 축적하는 것이 국가위주의 구도를 흔들면서 이행을 준비하는 길이라고 봅니다. 일단 남북연합이 구성되면 시민참여의 내용에도 많은 변화가 오리라고 봅니다. 그 점에서 6·15시대에서 다음 단계로 이행하는 싯점은 6·15선언의 2항이 실현되는 날입니다.

한반도 핵위기의 주범은 미국

박경순 물론 핵무기의 윤리성 문제를 간과해서는 안됩니다. 그러나 그 윤리성에 대한 문제제기를 교조화·절대화하는 데 따르는 위험성은 경계해야 합니다. 북핵실험은 분명 한반도 핵위기의 실상을 절박하게 느끼게 해주었고 핵무기의 위험성을 깨닫게 해주었습니다. 그러나 우리가 깨달아야 하는 것은 북핵실험으로 한반도 핵위기가 처음으로 발생한 게 아니라는 점입니다. 한반도 핵문제는 북핵실험으로 발생한 것이 아니라 수십년 전부터 미국에 의해 한반도에 핵무기가 배치되면서 발생했습니다. 한반도 핵문제를 발생시킨 것은 북한이 아니고 미국이라는 것입니다. 북한

은 수십 년 동안 미국의 핵협박과 핵공격위협에 시달려왔습니다. 북한뿐
아니라 한반도 전체가 미국의 핵공격 위협에 노출되어 있었습니다. 북핵
실험으로 수십 년 동안 은폐되어 있었던 한반도 핵위기의 실상이 드러났
습니다. 미국의 실질적이고 구체적인 핵공격위협에 시달리던 북한이 핵
무기를 개발하지 않고 미국의 핵전쟁위협을 제거할 수 있었으면 더 바랄
나위가 없었겠지요. 하지만, 미국이 북미대화와 협상을 한사코 반대하고
대북압박정책으로 일관함으로써 대화와 협상을 통해 한반도 핵위협을 제
거하는 데는 실패했습니다. 이러한 현실에서 북핵실험이 미국의 대북 핵
공격 야망을 저지하고 한반도 비핵화실현에 긍정적 작용을 한다면 그 정
당방위적 성격을 감안해야 한다고 봅니다. 핵무기의 윤리성이라는 것도
핵전쟁위협을 제거하고 평화를 수호하는 것이 근본목적이라면, 북핵실험
이 그러한 방향에 긍정적 역할을 하고 있다면, 그 측면을 배제하고 비난만
을 가하는 것은 적절하지 않다고 봅니다.

평화운동 진영에서 이야기하는 '평화'라는 것을 구체적, 실천적으로 접
근해볼 필요가 있습니다. 한반도 위기의 문제는 명백하게 미국의 공세적
핵무기와 북의 방어적 핵무기가 공존하는 상황에서 발생합니다. 누구의
핵무기를 먼저 해결해야 하는가? 북한의 핵포기가 우선이냐, 아니면 미국
의 핵위협 중단이 우선이냐의 문제에 대해 구체적으로 토론해야 합니다.
또 북한과 미국에 대해 동시행동을 요구하는 실천적 행동이 있어야 할 것
입니다. 그러면서 북핵실험을 비판한다면 열 배는 더 미국을 비판하는 실
천을 벌여야 합니다. 양측에 대한 비판을 똑같이 한다면 정치공학적인 측
면에서 볼 때 강자에게는 별로 큰 타격을 주지 못합니다. 실천적으로 볼
때 그것은 북핵실험만을 비판하는 결과를 가져올 것입니다. 현실적으로
미국의 핵공격 위협에 대해 전세계가 비난하지도 제재를 가하지도 못하
는 조건에서 북의 핵실험을 비난하고 핵포기를 강력하게 촉구하는 것은
미국주도의 대북제재를 용인하고 합법화시켜주는 효과를 초래함을 명백

히 인식해야 합니다.

두번째로 시민참여형 통일운동에서 백선생님께서 말씀하신 '주도'라는 부분에 대해서는 신중한 접근이 필요하다고 봅니다. 이대훈 선생이 말씀하신 것이 제가 우려하는 부분입니다. 정부주도와 시민주도를 대립시키면서 남북의 정부를 교체하는 것이 우리의 목표라고 하는 것이 그러한 주장의 한계입니다. 분단을 극복한다는 것은 한 체제로 수렴하겠다는 것이 아니라 화해협력, 공존공영하자는 것입니다. 그것이 근본입니다. 제도로서 통일문제는 그다음이고, 남북이 화해하는 방향으로 바꾸자는 것입니다. 북한의 체제가 아무리 못마땅하더라도 그 문제는 당연히 북한주민의 몫이 아닙니까? 의도와는 다르게 불가피하게 북한체제의 변혁을 추구하는 것으로 오해되고, 남북의 화해협력에 부정적 효과를 미칠 수 있다는 점을 인식해야 합니다. 통일운동을 하는 것은 북한을 바꾸자는 것이 아닙니다.

북핵·인권 문제에 대한 보편적 접근

이대훈 제 호소는 남쪽의 시민사회에서 북한의 핵무기에 대한 이중잣대, 혹은 이중잣대로 오해될 수 있는 태도가 시민사회의 발전에 대단히 좋지 않은 영향을 준다는 점입니다. 어떤 기준을 약자와 강자에 대해 똑같이 대응했을 때 약자가 더 힘들다는 것은 인정합니다. 그러나 그렇다고 약자에 대한 비판이 봉쇄되는 것은 올바르지 않습니다. 강자의 책임을 훨씬 더 강조해야 하지만 그것이 약자에 대한 비판을 봉쇄하는 것의 정당성을 부여해주진 않는다고 봅니다. 또한 북한의 핵실험이나 미국의 위협을 둘러싸고 시민사회단체들이 이를 군사·외교적으로만 해석하는 것은 문제가 있습니다. 핵문제는 어떤 면에서 안보문제가 아닐 수도 있죠. 문화·사회·정신적 문제일 수도 있습니다. 국가를 운영하는 가부장적인 방식의 문제일 수도 있습니다. 이 숨겨진 목소리들이 봉쇄당하는 이유는 안보적 해석이 일방적으로 작용하기 때문입니다. 핵문제를 기존의 틀에서만 해석하는 것이 기존 국가체제의 가치를 재생산하는 측면도 있다는 얘기입니다. 현재 북미갈등에 관한 우리의 대응은 안보적 해석을 넘어서서 다양한 목소리를 수용할 수 있어야 합니다.

(한국이 앞장서서 북한 인권상황을 문제삼아야 하느냐는 한 청중의 질문에 대해)

제가 드리고 싶은 말씀은 북한 인권문제를 제기해야 한다는 것이라기보다는, 이제 사방에서 아주 자연스럽게 북한의 인권문제를 제기하게 될 것이라는 말씀입니다. 이것을 자연스러운 현상으로 받아들이자는 것이죠. 인권은 다른 사회문제와 마찬가지로 원인이 다양할 수 있습니다.

김낙중(청중) 백선생님께서는 결론에서 북핵문제는 미국과 북한이 결자해지를 통해 풀어가도록 맡겨두라고 하셨습니다. 6·15공동선언이 파탄났다는 말이 있습니다. 그 정도는 아니라고 하더라도 한계에 봉착한 것은 인정해야 한다고 생각합니다. 그럼 그 한계가 어디서 왔습니까? 바로 1항입니다. 미국이 우리 민족끼리 통일하는 것을 막는데 2항의 실행이 어떻게 가능합니까? 또 국가연합이든 연방이든 지구상에 연합·연방 했던 나라 가운데 군사지출을 늘여가면서 성공한 예는 없습니다. 그런데 우리나라는 작계5027이다, 뭐다 하면서 계속 국방비를 증가시켜왔습니다. 이러면서 어떻게 국가연합이나 연방이 성립할 수 있겠습니까?

백낙청 김낙중 선생이 제기하신 문제를 중심으로 말씀드리겠습니다. 국가연합도 그렇고, 인천에서 오신 민선생님도 경제공동체, 문화공동체라는 것을 미국이 저렇게 방해하는 동안 되겠는가라는 의문을 제기하셨습니다. 어려운 일임은 분명합니다. 그러나 첫째, 미국이 방해를 하더라도 우리가 할 수 있는 공간이 있으니까 최대한 열심히 하자는 것을 강조하고 싶었고, 미국에 대해서도 너무 숙명론적으로 생각할 필요는 없다고 봅니다. 부시가 북한을 깨부수고 싶어하는 것은 사실이지만 공화당 정부 하에서도 9·19공동성명이 나왔고, 지금 6자회담이 재개되려고 합니다. 쉽게 타결되리라 생각하지는 않지만 타결되면 좋고, 안되더라도 시간이 갈수록 민간의 몫이 더 늘어날 것이라는 게 제 주장입니다.

6·15공동선언 제1항이라는 것은 2, 3, 4항과 같은 구체적 프로그램이라기보다는 우리가 그동안 외세에 짓눌려 살아왔고, 통일을 한다고 하면 외국이 간섭하려 할 텐데 우리가 자주적으로 하자는 선언적 의미라고 생각합니다. 한반도 평화체제에 대한 이야기가 6·15선언에는 빠져 있는데 그것은 북미간 해결하는 것이 제일 중요하니까 제가 볼 때는 빼는 것이 당연했고, 그걸 넣었다면 남북 정상이 주제넘은 선언을 한 것이 되었을 것입니다. 그러다가 5년이 지난 후 드디어 작년 뻬이징 6자회담에서 9·19 평화체제합의가 나온 것입니다. 그 실행은 지지부진합니다만 6·15선언의 중대한 누락점이 2005년 9월에 보완된 것입니다. 물론 제2항에 대한 실행을 열심히 한다고 해서 당장 내일 모레 되는 것은 아닙니다만, 1항이 100% 실현돼야 2항도 가능한가? 전 그렇게 보지는 않습니다. 6·15공동선언 1항의 정신을 살리면서 9·19성명의 실행과정에서 제2항의 실현을 준비해야 합니다. 저는 그것이 머지않은 장래에 이뤄지리라 믿고 있습니다.

통일시대의 남남갈등과 실명비평

백낙청(서울대 명예교수)
지강유철(『인물과사상』 객원 인터뷰어)
2006년 12월 5일 창비 심학산방

지강유철 오래전부터 월간 『인물과사상』을 통해 만나고 싶었습니다.

백낙청 반갑습니다. 솔직히 말씀드려서 근래는 『인물과사상』을 부지런히 보질 못했어요. 오랫동안 강준만(康俊晚) 교수의 글도, 『인물과사상』도 즐겨 보았고 열심히 읽었지요. 직접적인 인연이 아직까지 없었는데, 이렇게 인터뷰를 통해 독자들을 만날 기회를 주신 것을 고맙게 생각합니다.

지강유철 선생님의 좌우를 넘나드는 실명비판이 2006년 한 해 동안 언론의 주목을 받고 있는데, 이런 행보에 어떤 계기가 있었는지 궁금합니다.

백낙청 창비 40년을 맞으며 개인적으로 분발해야겠다는 생각을 했지만 실명비판을 새삼스럽게 시작한 것처럼 보는 것은 사실과 달라요. 실명비판에 대해 요즘 말이 많습니다만 문학평론을 하는 사람에게 실명비판은

■ 이 인터뷰는 『인물과사상』 2007년 1월호에 수록된 것이다.

기본이라는 점을 먼저 말씀드리고요. 나 개인으로 말하면, 실명비판을 안한 적이 없다고 자부합니다. 분단문제와 관련해서 내가 처음으로 묶어낸 책이 『분단체제 변혁의 공부길』인데요. 1994년에 나왔는데, 불행하게도 그 책에는 색인이 없는 관계로 실명비판의 대상이 부각되어 있지 않습니다. 다만, 책의 첫머리를 장식하고 있는 「분단체제의 인식을 위하여」라는 글만 봐도 온갖 사회과학도들이 실명으로 비판된 것을 확인하실 수 있을 겁니다. 『흔들리는 분단체제』라든가 최근에 나온 『한반도식 통일, 현재진행형』에는 색인이 붙어 있어서 많은 논객들의 이름을 발견할 수 있을 겁니다. 거기 등장하는 이름이 모두 비평의 대상이었다는 뜻은 아닙니다만.

강준만 교수가 실명비판을 하면서 그걸 강조할 당시만 해도 우리 사회과학계 일반이나 논단에서는 대체로 실명비판을 무책임하게 또는 비겁하게 회피했던 것이 사실입니다. 그 점에서 요즘 실명비판이 뜨고 있는 현상에 대해 강준만 교수가 흐뭇할 것 같아요. 그러나 중요한 것은 비판의 내용이고 그 비평이 얼마나 적절한가가 아닐까요. 요즘은 본질을 벗어나서 실명비판을 했느냐 안했느냐 하는 것만 따지면서 너무 소란을 떤다는 느낌이 없지 않습니다.

지강유철 2000년 이후 벌어졌던 문학권력 논쟁 때 한발 물러나 계셨던 것을 기억하는 사람들은 선생님의 요즘 활동을 보면서 과거와 현재 사이에 어떤 변화가 있었는지를 궁금해하는 것 같습니다.

백낙청 내적인 어떤 계기가 있었다고 느끼진 않습니다. 당시 창비가 제대로 대응을 못한 건 사실입니다. 우리 편집진의 소극성이랄까 하는 점이 분명히 있었죠. 바꿔 말하면 창비가 상당한 문학권력을 축적하면서 거기에 안주했다는 말도 되겠는데, 다른 한편으로 보자면 문학권력 논쟁을 제기하는 쪽의 논의방식 때문에 대응하기가 마땅치 않은 점도 있었습니다. 어떻게 보면 힘을 갖는 것 자체를 권력으로 보는 거잖아요? 그걸 힘이 아니라 권력이라고 부르고 나면 거의 자동적으로 나쁜 것처럼 되어버리는

데, 권력이냐 아니냐를 가지고 논쟁을 제기했기 때문에 논쟁 자체가 잘못되었다는 느낌이 있었습니다.

『인물과사상』을 통해서도 그런 논의가 있었습니다만, 문학판의 내용을 곡진하게 알면서 하는 비판이 아니라는 측면도 있었죠. 가령 신문에 조·중·동이 있듯이 문학계에는 창비·문지(문학과지성)·문학동네가 있다는 식이었는데, 나는 그런 비유가 맞지 않다고 보았거든요. 출판계의 창비·문지·문학동네란 세 출판사가 문단에서 힘을 가지고 있는 것은 사실이지만 언론계에서 제일 큰 조선일보가 가장 보수적이고 수구적이듯 문학계 간지 중에서 제일 규모가 큰 창비가 가장 보수적인 것도 아니지 않습니까. 게다가 크게 보자면 조·중·동이야말로 문학계에서도 엄청난 권력이에요. 그에 반해 창비는 비주류적인 입장을 일관되게 견지해왔습니다. 그런 점에 대해 자상하게 짚을 것을 짚으면서 하는 비판이 아니었기 때문에 어디서부터 어떻게 답변을 해야 할지 몰라 그냥 넘어간 측면도 있었다고 봅니다.

창비의 사업성 병존 노력을 진보상업주의로 비판하면 곤란

지강유철 당시 창비나 선생님을 향한 문단 일각의 비판은 진보상업주의, 거대문학 에꼴 간의 패거리주의 내지 기회주의, 그리고 창비의 세례를 받은 남성 작가들의 발굴에 대한 무책임 등이었는데요.

백낙청 이른바 진보상업주의 문제는 창비 같은 사업을 하다 보면 항상 그런 고민이랄까 딜레마가 있게 마련입니다. 사업으로도 굴러가야 하지만 창비가 고수해야 할 정체성과 어떻게든지 조화시켜나가야 한다는 고민도 하게 되죠. 나 자신은 지금 그 고민에서 한 걸음 물러나 있습니다. 계간 『창작과비평』의 큰 기획이라든가 전체적인 방향설정에 관여할 뿐이지요. 단행본 출판회의를 주재하는 백영서 주간이나 경영을 책임지고 있는 고세현 사장 같은 분은 늘 이런 고민을 하고 있습니다. 글쎄요, 비판을 제기하는 쪽에서 창비의 고민과 진정성을 알아주면서 "이런 점에서는 당신들이 너무했다"고 지적하는 방식이라면 모르겠지만 사업성을 병존시키려는 노력 자체를 진보상업주의라고 비판하면, "그렇더라도 우리 길을 갈수밖에 없다"고 나가지 않겠어요? 생산적인 대화가 불가능해지는 거지요.

작가발굴의 경우는, 창비가 장사를 잘하기 위해서도 계속 젊은 작가를 발굴해야 하는 건데 그 점에서 근년의 창비는 다른 잡지에 비해 뒤떨어졌다고 봐요. 나뿐 아니라 창비 내부에서도 그런 반성을 하고 있습니다. 이건 굳이 이념이나 진보상업주의와 결부시킬 문제는 아니라고 봅니다. 창비가 문지나 문학동네와 소위 유착관계 내지 카르텔을 형성하고 있는 게 아니냐는 의심도, 문단 밖에서 보기에는 문학패거리주의라고 볼 수 있을지 모르겠습니다만, 문학 하는 사람들이 서로 좋게 지내면서 작가도 어느 한쪽에서 독점하지 않는 것을 일종의 아름다운 풍속으로 보아줄 측면도 없지 않습니다. 세 출판사가 완전히 유착이 되어 있어서 이 카르텔을 비판하는 사람은 지면을 안 준다거나 하는 이런 식의 철저한 배제가 이루어진다면 그야말로 문학권력의 횡포겠죠. 그러나 창비가 그런 짓은 안했다고 봅니다.(웃음)

지강유철 지금 말씀이 계간 『창작과비평』이 당시의 여러 논쟁을 끝내 지면으로 담아내지 못한 것에 대한 설명으로 충분한지는 모르겠습니다. 특히 박남철(朴南喆) 시인 사건 때 보여주었던 창비의 발 빠르지 못한 대응은 여전히 아쉬움이 남습니다.

백낙청 대응이 매끄럽지 못했던 점을 시인합니다. 나도 요즘은 자유게시판에 안 들어갑니다만 그때는 내가 나서서 하도 설치니까 동료 중 몇 사람이 할 수 없이 거들어준 정도였지, 우리 편집진의 다수는 자유게시판에서 그렇게 활동하는 것이 그리 생산적이지 못하다는 생각이었죠. 지나고 보니 그 사람들의 말이 맞았는지 내가 맞았는지 잘 모르겠습니다. 나 자신

온라인에서 그런 활동을 했던 것을 후회하진 않습니다. 많은 것을 배웠으니까요. 그러나 나와 달리 처음부터 온라인 논쟁을 안하고 다른 일을 하겠다는 사람들의 입장 또한 그것대로 일리가 있었을 것입니다.

『인물과사상』 이야기가 나왔으니까 말인데, 잡지를 통해 강준만 교수가 창비 비판을 많이 했잖아요. 강준만 교수가 언제부터 창비에 대해 실망을 했는지에 대해서는 딱히 모르겠습니다만 안티조선 운동을 할 때 창비가 앞장서서 도와주기를 바랐는데 우리가 가담을 안했죠. 그때 제일 많이 실망하고 분노하지 않았을까 짐작합니다. 당시의 창비 태도를 보수주의라 비판할 수는 있겠습니다만 우리는 조직적인 안티조선 운동에 직접 가담하는 것이 적절치 않다고 판단했습니다. 그러나 조선일보 문제에 대해 지금까지 일관된 입장을 견지해왔습니다. 당시 안티조선 운동에 여러 단체들이 합세했잖아요. 지금 돌이켜보세요. 그때 선언한 대로 일관되게 행동하고 있는 큰 단체가 몇이나 되는지. 나는 최장집 교수에 대한 사상검증 사건이 났을 때부터 조선일보에 기고나 인터뷰를 하지 않았고, 그 입장은 오늘까지 변함이 없습니다. 창비의 모든 상임편집위원들 또한 그 입장을 지키고 있어요. 그러니까 '창비는 일관되게 견지하는 나름대로의 입장이 있는가 보다' 하고 인정을 해주셨으면 하는 바람입니다. 강교수는 나나 창비에 대한 실망이 컸기 때문인지 창비가 자기 식으로 뭔가를 하는 것이 오히려 더 나쁘다고까지 말했지요. 다른 곳은 그냥 안하는데 창비는 하는 척하면서 안하니까 더 나쁘다고 본 것 같아요. 지금도 그렇게 생각하시는지는 모르겠습니다만. 창비가 조선일보 문제에 대해 취해온 태도가 『인물과사상』의 독자들에게는 다소 실망스러웠을지 모르지만, 나는 적어도 위선적인 것은 아니었다고 생각합니다.

지강유철 빈번하게 일어난 일은 결코 아니지만 창비가 오해의 소지를 제공했던 것이 창비의 고민과 입장을 선의로 보지 못하게 만들었던 것은 아닐까요. 이를테면 창비 2세대에 해당하는 비평가가 자기의 비평문에서 유일하게 백낙청의 이름 뒤에만 '선생'이라는 호칭을 붙이는 식으로 말입니다.

백낙청 한두 건 있었어요. 어쩌다 거르지 않고 잡지가 나가는 바람에 여러 소리를 들었습니다만 그런 경우가 많지는 않았을 겁니다. 그런데 그게, 꼭 창비뿐만 아니고 운동권의 좋지 못한 습성입니다. 운동권에서는 글에서도 자기네 선배는 아무개 선생이라고 하는 관행이 있는데, 그럴 필요는 없죠. 우리 모두가 조심해야 할 문제입니다. 나는 특히 창비 필자들이나 나랑 가까운 사람들이 나를 인용하는 방식이 불만이에요. 비판을 하든지, 아니면 내 의견을 본격적으로 수용해서 자기 것으로 만들어나가든 해야지, 건성으로 한번 '경의표시'하고 넘어가면 독자들 보기에도 안 좋지만 글 쓰는 방식으로도 바람직하지 못하지요. 그런데 이야기가 나왔으니 이 점도 변명을 하고 싶은데, 창비 지면에서 백낙청을 비판하는 만큼 다른 잡지에서 그 잡지의 원로나 창업세대에 대한 비판을 한 게 있나 한번 찾아보세요. 나는 창비 지면을 통해 무수히 두드려 맞았습니다. 창비가 배출한 평론가들도 나를 비판했고요.

지식인이 절대 포기해선 안될 거대담론

지강유철 2000년대에 들어서 『사회비평』『당대비평』『아웃사이더』, 저널룩 『인물과사상』 등의 잡지들이 휴간, 또는 폐간되었습니다. 계간지 형식이 디지털 미디어 시대의 담론을 담아내는 데 버거워하는 것이 아닌가 싶기도 합니다만 이런 현상의 원인을 어떻게 보시는지요.

백낙청 1970년대에는 창비가 담론개척만이 아니고 어떤 면에서는 소식지 역할도 했어요. 르뽀도 실렸고요. 김지하 시인이 긴급조치로 재판을 받을 때 일절 보도가 안되지 않았습니까. 그럴 때 내가 박형규(朴炯圭) 목사님과 대담을 하면서 우회적으로 그 이야기를 하기도 했는데, 지금은 계간지의 그런 기능은 불필요해졌고 전반적으로 기능이 많이 축소되었다고 봐야지요. 그러나 긴 호흡을 가지고 창조적인 담론을 개발한다든가, 문단에서 새로운 방향을 찾아나간다든가 하는 작업에는 계간지가 여전히 알맞다고 봅니다. 계간지의 한계를 보완하는 방법으로 금년 들어서 '창비주간논평'이란 것을 시작하기도 했습니다. 사실 인터넷 공간에서는 주간도 그렇게 빠른 것이 아니지만, 어쨌든 매주 한번씩 시국의 중요한 이슈와 문학·문화에 대한 논평을 한 꼭지씩 내보내고 있습니다. 아직은 성에 차지 않지만 제대로 안착해간다고 봅니다. 다른 잡지들에 대해 뭐라 말할 수는 없고요.

우리는 창비가 지향하는 바를 한 쌍의 표어로 나타내곤 하는데, '한결같되 날로 새로운' 창비가 되자고 하면서, 말을 바꿔서 '날로 새롭되 한결같은' 잡지를 지향하기도 합니다. 이 두 면을 갖추지 않으면 오래 살아남기 힘들다고 생각해요. 어느 한 시기에 유행하는 담론에 전문적으로 치중을 하면 한동안은 뜨겠지만 그 유행이 지나고 나면 지속이 안돼요. 창비가 만날 같은 소리만 한다는 비판이 있다는 걸 알고 있습니다만, 실제로 그렇게 하면 독자들이 다 떨어져나가죠. 그러나 창비는 금년 들어 독자가 늘었습니다. 늘고 줄고를 떠나서 지금 계간지 중에서 구독자 수로는 독보적일 겁니다. 외국 사람들도 창비를 부러워합니다. 물론 창비의 노력 때문만이 아니고 우리 사회에 미국이나 일본에 없는 어떤 기반이 있기 때문일 것입니다. 아주 진지한 담론을 추구하면서도 너무 고답적으로 흐르지 않는 지식인사회의 공감대가 형성되어 있어서 창비 같은 계간지가 존속할 수 있는 거겠죠. 이런 토대를 활용할 수 있는 잡지가 꼭 하나일 필요는 없다고 봅니다.

지강유철 40주년을 맞은 창비가 거대담론 문제와 어려운 글, 그리고 부족했던 운동성을 깊이 의식하고 있더군요. 쉬운 글을 쓰겠다고 선언한 지 1년이 지났는데 자체적으로는 어떤 평가를 하고 계시는지요.

백낙청 거대담론 이야기를 하셨는데요, 저는 지식인들이 거대담론을 절대로 포기해서는 안된다고 봅니다. 거대담론을 안한다는 사람들, 그것을 배격하는 사람들의 머릿속에도 뭔가의 거대담론이 있지, 없는 게 아닙니다. 거대담론을 안하다 보면 남의 거대담론에 자기도 모르게 포로가 될 수 있습니다. 문제는 거대담론이 거대하기만 해가지고 현실과 동떨어진 뜬소리가 되는 것일 터인데, 거대담론과 현장에 밀착된 이야기를 어떻게 동시에 하느냐가 중요하지 않겠어요? 그걸 제대로 하려면 글을 쉽게 쓰려는 노력이 병행해야 하는데, 정작 그것은 그냥 뜬소리 하는 것보다 쉽게 쓰기가 더 어려워지는 것 같아요. 그게 창비가 떠맡은 고민입니다. 백영서 주간이 연초에 '창비표 글쓰기'를 계발하겠다고 했는데, 그게 뭐 혼자 노력해서 되는 일이겠습니까. 필자들이 그렇게 써줘야죠. 약간의 진전은 있었지만 괄목할 진보는 없었다는 외부의 평가가 정확하다고 봅니다.

지강유철 혹시 『창작과비평』이 어려운 것이 독자층에 대한 체계적인 분석에 뭔가 문제가 있는 것은 아닌지요?

백낙청 요즘 하는 말로 마케팅 전략으로서의 시장분석도 중요하겠지만 그보다는 글 쓰는 사람들이 누구를 위해 글을 쓰는가를 생각해서 독자들의 입장에서 자신의 글이 말이 되는가 안되는가를 살피는 훈련이 더 필요하다고 봅니다. 교수들이 심한 편이지만 지식인사회 일반에서도 그런 노력이 부족한 것 같아요. 자유로운 공론생활의 역사가 짧다는 것도 문제가 되겠고요. 아무튼 좋은 지적을 해주셨습니다.

어느 종교의 교도도 아니지만 참된 신앙을 갖고자 노력

지강유철 6·25 때 아버님이 납북되신 걸로 압니다. 전쟁이 끝나고 비교적 일찍 유학길에 올라서 문학을 전공하셨는데 가족사적 상황이 어떤 영향을 미쳤는가요?

백낙청 어릴 때부터 문학작품을 많이 읽고 좋아했지만 문학을 전공하겠다는 생각은 없었어요. 미국 가서 공부하다가 이것저것 마땅치가 않아서 결국 문학을 공부하게 되었죠. 만약 아버지가 계셨다면 틀림없이 법학이나 의학을 하라고 강요했을 테지만,(웃음) 어머니 혼자의 힘으로는 그런 걸 강요할 수 없었다는 이야기는 가능하겠네요.

지강유철 아버님의 납북과 그 아들의 분단체제론 사이에서 연관성을 찾고 싶은 독자들이 많은데요.

백낙청 아버지가 그렇게 되셨으니까 통일문제에 대해 관심을 더 갖기는 했을 겁니다. 그렇다고 젊었을 때 그 점을 그렇게 의식했던 것 같지는 않아요. 더군다나 우리 아버지가 잡혀갔으니까 북에 대해 복수를 해야겠다든가 하는 효자다운 마음은 없었어요.(웃음) 다른 사람이 나를 심리학적으로 분석을 하면 결과가 어떻게 나올지는 잘 모르겠습니다만.

지강유철 원불교 교전 번역에 참여하셨던데요.

백낙청 우리 집사람이 장모님 때부터 원불교이다 보니 교단하고는 이런저런 연관이 있었어요. 번역하게 된 것은 원불교 정역위원회 자문위원으로 참여하게 되면서 미국의 유명한 불교학자 로버트 버스웰(Robert Buswell) 교수를 내가 끌어들였고, 어쩌다 보니 버스웰 교수와 내가 교단측 인사 두어 분과 함께 번역작업을 떠맡게 되었지요. 한 10년 작업해서지난 10월에 드디어 새 영역본이 간행됐습니다.

지강유철 원불교 사상에 대해서는 어떤 입장이신지.

백낙청 기본적으로 교리에 공감합니다. 원불교의 교전은 교도들뿐 아니라 많은 사람들을 위해 유익한 책이고, 특히 서양에 소개되었을 때 한국의 사상이나 넓은 의미의 문학을 알리는 데 중요한 문헌이 될 것이라 생각했기 때문에 번역에 참여했습니다. 단순히 아내를 너무 사랑해서(웃음) 한것은 아닙니다.

지강유철 교리의 어떤 점에 공감하시나요.

백낙청 민족종교의 역사에서 보면 동학과 증산(甑山) 다음에 나오는 것이 원불교 아닙니까. 조선조 말엽이 단순히 왕조의 위기가 아니라 민족사적인 위기였고 거대한 문명전환의 시기였지요. 이런 때를 맞아 동학처럼 유·불·선을 통합해서 새로운 종교를 창건했다는 데서 나는 우리 민족의 사상적 저력을 봅니다. 다른 나라에서는 그런 예가 없거든요. 중국의 '태평천국의 난'의 경우, 동학보다 규모는 훨씬 컸지만 지도자가 기독교를 자기 식으로 소화해서 한 것이지 우리처럼 유·불·선을 통합한 새 진리를 밝히겠다는 시도는 아니었잖습니까. 그런 사상적 흐름을 이어받은 것이 원불교지요. 그런데 원불교는 유·불·선 중에서 특히 불법을 주체로 삼았습니다. 원불교의 교리는 이렇게 우리 민족의 저력과 불교 내지 불도가 갖는 세계적인 보편성, 현대과학과의 친화성 등을 결합하는 데 성공한 것 같아요. 요즘 서양에서 불교가 유행하면서 뜻있는 사람들이 불교를 많이 찾는 것은 불교가 자기들의 생활이나 사고방식과 정면으로 위배되지 않으면서 현대사회에 맞게 재정립될 가능성을 보았기 때문인데, 원불교가 실제로는 그런 역할을 제대로 못하고 있지만 교리만큼은 그런 욕구를 충족시키고 있다고 나는 보고 있습니다.

지강유철 그러면서도 D. H 로런스와 함께 불교를 여전히 문학의 화두로 삼고 계시다는 것이 흥미롭습니다.

백낙청 원불교를 알기 전부터 불교에 대해 관심을 가졌습니다. 로런스, 불교, 원불교가 나의 '3대 화두'라고 알려진 것은 어느 인터뷰어가 그렇게 정리를 한 것일 뿐 내가 그렇게 말한 적은 없어요.(웃음)

지강유철 21세기에도 종교가 필요하다고 보시는지요?

백낙청 어떤 종교인들의 모임에 갔더니 현대인의 문제는 제대로 된 종교가 없는 데서 나오는 것이라고 하기에 우리 시대의 문제는 둘로 나눌 수가 있는데 하나는 종교가 없어서 생기는 문제이고, 또다른 하나는 종교가 있기 때문에 생기는 문제라고 말씀을 드렸어요.(웃음) 민족종교에서는 후천시대 또는 후천개벽이라는 이야기를 쓰지 않습니까. 선천시대의 종교가 탈바꿈을 해서 후천시대의 종교가 되어야 한다고 생각합니다. 원불교는 스스로 그런 것을 표방하고 나온 경우일 테고요. 불교는 그렇게 될 소지를 많이 안고 있다고 생각합니다. 그리스도교의 경우도, 천주교도인 어느 시인이 하나님을 '없으면서 계시는 분'이라고 언제 말하기에 바로 그거라고 맞장구를 친 적이 있습니다. 이건 불교하고도 통하는 이야기 아닙니까. 꼭 어떤 신이 계시다는 것에 집착하면 또 하나의 집착이 되는 것이고, 지고한 존재자라도 존재자로 못박아버리면 유무를 초월한 진리와는 거리가 생기게 됩니다. 본회퍼(Bonhoeffer)가 그런 말을 했잖아요. 독일어로 Gottlos vor Gott, 즉 '하나님 없이 하나님 앞에 나서다'라고 했는데, 이것이야말로 후천시대에 걸맞은 그리스도인의 자세가 아닐까요.

백낙청은 문학평론가다. 그의 지론에 의하면 평론가란 자신이 평론이라는 글을 쓰는 작가이기도 하지만 일차적으로는 독자이다. 따라서 법학이 법전에서 자유로울 수 없듯 비평가 또한 이미 창작된 작품을 가지고 말할 수밖에 없는 존재다. 백낙청은 지난 40여 년 동안 『창작과비평』을 중심으로 우리 문단의 한 축을 이끌었다고 해도 과언이 아닐 만큼 성실한 비평작업을 해왔다. 내가 놀라는 것은 뒷북을 치더라도 지식인은 냉정해야 한다는 입장을 고수하는 그가 예언자처럼 시대를 늘 한발 앞서가면서 비평의 좌표를 설정해왔다는 점이다. 때문에 그의 비평엔 늘 모험이 따랐다. 1998년부터 주장하기 시작한 '흔들리는 분단체제'란 표현이나 2000년 남북정상회담과 6·15공동선언을 보면서 분단체제가 무너지고 있으며 해체기에 들어섰다는 믿음, 그리고 2006년에 낸 책의 제목을 『한반도식 통일, 현재진행형』이라고 붙인 것 등에서 우리는 시대를 앞서 나가려는 그의 모험심을 발견한다. 사실 비평가와 모험, 비평과 예언은 그리 잘 어울리거나 조화로운 개념은 아니지 싶다. 그럼에도 불구하고 백낙청은 작품에 대한 꼼꼼한 비평과 시대를 먼저 읽고 경고하는 예언자의 역할을 창조적으로 결합하는 데 성공한 것으로 보인다. 〔지강유철〕

북한 다녀온 뒤 한반도식 통일이 시작되었음을 확신

지강유철 저는 선생님의 진리관이나 겸손한 비평적 태도를 보면서, 특히 늘 시대보다 한발 빠르게 '흔들리는 분단체제' '한반도식 통일, 현재진행형' 같은 비평의 한계를 넘어서는 발언을 계속 해오신 것을 보면서 선생님의 문학 밑에 흐르고 있는 종교성이랄까 영성을 느낍니다만.

백낙청 나 스스로 어느 종교의 교도도 아니지만 제대로 된 종교의 신도는 되고자 하는 생각을 갖고 있습니다.

지강유철 작년에 북한을 다녀오시고 나서 한반도식 통일이 이미 시작되었다는 확신을 갖게 되었다고 하셨는데요.

백낙청 작년에 처음 평양을 다녀왔어요. 6월 초와 6·15행사, 그리고 7월의 민족문학인대회까지 세 번 갔다 왔습니다. 행사를 크게 했어도 만나는 사람이 많았던 것은 아닙니다. 북한은 의전이 상당히 엄해서 단장으로 가면 행동의 자유가 별로 없어요. 상대하는 북측 단장이나 안내하는 사람 정도지요. 때문에 북한의 실상을 깊이 파악할 기회는 없었습니다. 다만 내가 분단체제를 이야기하기 시작한 것이 거의 20년 가까이 되었는데, 북과 접촉하는 과정에서 내가 생각해온 것이 대체적으로 맞았다는 생각을 했습니다. 분단체제가 이대로 계속 유지될 수 없다는 확신도 생기더군요. 통일로 가기 위해서도 그렇고, 그 과정에서 폭발적인 사태를 예방하기 위해서도 국가연합 같은 중간단계의 안전장치가 필요하다는 생각도 더 굳어졌고요. 6·15공동선언은 이미 국가연합 내지 '낮은 단계의 연방제'라는 중간단계를 설정하고 한반도식 통일이 어떠해야 한다는 윤곽을 제시해놓았습니다. 그것을 잘 이행하면 큰 불행을 피할 수 있을 뿐 아니라 우리 민족이 크게 다행스러운 방향으로 갈 것입니다. 작년만 하더라도 6·15행사나 8·15도 그렇고, 6자회담에서 9·19공동성명이 나오면서 모든 일이 잘되어서 크게 고무됐었는데, 그 후 1년이 지나면서 문제가 그렇게 간단치 않다는 사실을 새삼 절감한 것이 사실입니다. 그러나 분단체제가 다시 굳어지는 일은 불가능하고, 누가 그 어떤 시도를 해도 안되는 일이라는 생각 또한 확고해졌어요. 2006년 한 해 동안 한반도의 상황이 위험하고 긴박하게 돌아간다는 다급한 심정이 들기도 했지만 이런 과정 속에서도 내가 말한 1단계 통일로 가고 있다는 생각이 굳어지면 굳어졌지 약화되지는 않더군요.

완전 투항과 투항적인 행태는 구별해야

지강유철 2006년 들어 분단체제나 통일문제와 관련하여 최장집, 이인호, 안병직, 손호철 선생님 등의 주장에 대해 조목조목 반박을 하셨습니다. 『시대정신』에 실린 안병직 교수의 '분단체제는 없다'는, 선생님에 대한 상세한 비판이 제겐 일종의 신념표출로 읽히더군요. 비평이 신념을 위해 들러리를 섰다고나 할까요.

백낙청 이인호 교수는 나의 통일론에 대해 한 부분을 비판한 것이고, 안병직 교수는 유일하게 상세한 비판을 해주었지요. 도리로 치자면 나도 성의있게 답변을 해야겠지요. 옛날 우정을 생각해서라도(웃음) 그런데 당장은 그럴 생각이 없습니다. 언론보도에는 내가 안교수를 비판한 데 대해 안교수가 『시대정신』을 통해 반론을 한 것처럼 나왔지만 사실은 『시대정신』 잡지가 『창작과비평』보다 조금 늦게 나왔을 뿐, 나와 안교수의 글은 거의 동시에 씌어졌을 겁니다. 나는 남남갈등 문제를 이야기하다가 "선진화냐 통일이냐?"라는 양분법을 넘어서야 한다는 주장을 하기 위해 6·15선언을 폐기하고 선진화로 가야 한다는 극단적인 주장의 예로 안병직 교수를 잠시 거론했던 것입니다. 반면, 안교수는 나와 창비를 비판하기로 진작부터 공언했다가 이번에 실행을 한 거지요.

지선생께서 안교수의 비판을 가리켜 일종의 신념표출이라고 말씀하셨는데, 안교수의 신념에 대해서는 내 입장을 이미 밝힌 셈이라 더이상의 반론이 시급한 상황은 아니지요. 답변하기를 꺼리는 또다른 이유는 우리의 언론풍토와도 관련이 있습니다. 안교수의 비판에 대해 내 나름대로 아무리 차근차근 설명을 해도 언론은 보나마나 좌파대표와 우파대표가 격돌했다고 쓸 거 아닙니까. 통일이 먼저냐 선진화가 먼저냐라는 흑백논리를 넘어서자는 것이 내 입장인데도 선통일론자와 선선진화론자의 논쟁으로 부각시키는 기사도 나오기 십상이고요. 이런 판국에 내가 나서서 선정적인 언론에 자료를 제공할 필요가 있겠나 싶은 거죠.

지강유철 최장집 선생님의 선평화론뿐 아니라 '87년체제' 이후 한국사회에서 민주주의가 후퇴했다는 지적에 대해 생각이 어떠신지요. 손호철 교수가 『프레시안』에 이 문제로 두 분에 대한 반론을 썼던데요.

백낙청 손호철 교수는 최장집 교수와 조금 다르지요. 2006년 6월에 있었던 한겨레통일문화재단 창립 10돌을 기념해 '한반도 평화와 상생을 위한 학술회의'라는 주제로 열린 씸포지엄에서는 이인호 교수와 내가 발제를 했고 손호철 교수가 토론자의 한 사람으로 나섰어요. 사실은 손교수가 나를 두둔하는 발언을 많이 했고 좋은 이야기를 많이 했어요. 사회과학도들이 그동안 분단문제에 소홀했다는 반성을 내 작업을 검토하면서 하게 됐다는 말도 했고요. 그러나 정작 구체적인 이슈에 들어가면 여전히 분단문제를 도외시하는 경우가 많더군요. 분단체제론의 현실분석을 비판할 때, '나는 이러이러한 상황에 대해서 분단의 영향력이 어느 선까지라고 보는데 백 아무개는 그 이상으로 추정한 것이 틀렸다'는 식으로 말해주면 검증과 토론이 가능할 텐데, '백낙청은 매사에 분단을 들이미는 사람'이라는 식의 비판을 하는 것 같아서 내가 손교수를 한번 찌른 겁니다.(웃음) 지나놓고 생각해보니 손교수가 나를 비판한 대목에 대해 반박만 하고 넘긴 것은 좀 인색한 태도였다고 반성하고 있습니다.

지강유철 손호철 교수가 김대중정부를 평가하면서 신자유주의에 완전 투항했다고 평가한 것은 선생님과는 정반대의 현실인식이던데요.

백낙청 나는 손교수가 투항적인 행태들과 완전 투항을 구별했으면 해요. IMF사태란 우리 정부가 IMF 앞에 무릎 꿇고 투항한 것입니다. 두 손들고 항복문서에 서명한 것 아니에요? 그 점에서 IMF의 신자유주의적인 요구에 투항한 건 맞습니다만, 그렇다고 우리가 사회 모든 면에서 신자유주의에 투항했느냐? 나는 아니라고 보는 거죠. 우리에겐 IMF에조차 완전 투항하지 않을 저력이 있었습니다. 그리고 2000년 6월에 열린 남북정상회담이 신자유주의로의 완전 투항을 막아낼 가능성을 어느정도 확보했다고 보거든요. 나는 김영삼정부에 이어 김대중정부도 IMF에 일단 투항했다는 것을 인정합니다만 6·15체제에는 IMF체제를 극복하고 만회하는 일면도 있다고 보는 것이고, 손교수는 신자유주의가 6·15 이후 어떤 점에서 약화된 것이냐고 하는데, 어쩌면 내가 신자유주의자를 더 무섭게 보는지도 몰라요. 신자유주의는 얼마든지 더 강화될 수도 있었던 괴물이지만 우리가 그나마 이 정도로라도 견제할 수 있었다는 겁니다. 물론 이 정도로 만족한다는 건 아니고, 이만큼 하기도 쉬운 일이 아니라는 거죠. 더 나가서 장기적으로 신자유주의를 견제하거나 방지하려면 남북을 아우르는 한반도권 경제에 대한 구상을 가져야지, 그거 없이 덮어놓고 '신자유주의는 나쁘다'는 주장만 해서 될 일이 아니라는 겁니다. 신자유주의에 '완전 투항'한 김대중과 노무현이 나쁘다는 이야기만 밤낮 해댄다고 무슨 해결이 되겠어요?

분단체제극복과 한반도의 선진화를 병행해서 생각해야

지강유철 그렇다면 노무현정권의 한미FTA 추진에 대해선 어떻게 판단하시는지요.

백낙청 그 점에 대해서는 내가 "한미FTA협상, 일단 끌고 볼 일이다"라는 제목의 창비주간논평을 쓴 적이 있는데, 이대로 졸속 타결을 한다면 그야말로 IMF사태에 못지않은 투항이 되리라고 믿습니다. 그런데 정부도 한미FTA를 한다고 해놓고 갑자기 못하겠다고 그럴 수는 없는 거 아닙니까. 그러니 어떻게든 시간을 끌면서 졸속 타결을 막아야 하고, 그러다 보면 아예 깨질 수도 있겠지만 불리한 협상을 타결하는 것보다는 그 편이 낫지요. 여러 해 끌면서 협상도 잘하고 우리 실력도 키우고 혹시 미국의 입장이 약화돼서 우리에게 유리한 협상이 전개된다면 그것은 그것대로 좋은 일이고요.

지강유철 선생님께서는 우리의 통일이 분단체제의 극복과 함께 신자유주의 체제를 넘어서는 대안을 함께 고려하는 방향으로 나가야 한다는 입장이신데요.

백낙청 함께 고려해야 하는데 다만 한반도가 통일이 된다고 해서 갑자기 자본주의체제가 무너진다든가 문명의 전환이 일거에 이루어진다고 생각하진 말자는 거죠. 단기적으로는 통일이 안되더라도 남한에서 할 수 있는 일들이 얼마든지 있어요. 중기적으로는 한반도 차원에서 통일이 되어 현존하는 분단체제보다는 나은 사회를 건설하는 일이 있겠고, 장기적으로는 인류문명의 일대 전환을 이룩하는 과제가 있습니다. 이런 일들은 순차적으로 이루어지겠지만 생각은 단기·중기·장기 과제를 동시에 종합적으로 할 수 있어야지, 세계체제의 문제는 통일이 된 다음 그때 가서 보자고 할 일은 아니라는 거죠.

현존하는 자본주의 문명이 이제까지의 방식으로 계속 존속할 수 없다는 점은 꼭 사회주의자가 아니더라도 대체로 인정하는 분위기잖아요. 대표적인 예가 생태계의 위기 아닙니까. 생태적인 전환을 하지 않고 내내 이렇게 갈 수 없다는 것을 이제는 모두가 알아요. 또 사회주의 담론에서 강조되는 것입니다만, 소위 양극화라는 것도 국지적으로는 개선되는 지역도 있지만 전지구적인 상태로 보자면, 이윤추구의 극대화를 지상목표로 삼는 자본주의체제는 양극화된 사회를 필요로 하기 때문에 이 체제로는 양극화문제를 해결할 수 없습니다. 다른 사회문제 또는 도덕적인 문제들도 매사에 자본주의 탓으로 돌릴 일은 아니지만, 남녀가 조화롭게 사는 것이 점점 어려워지는 세상이에요. 남녀간의 불평등문제 또한 자본주의만의 문제는 아닙니다만 자본주의가 해결할 능력이 없다고 보고요. 이제는 뭔가가 바뀌어야 된다는 생각을 모두가 합니다.

정통 맑스·레닌주의는 자본주의가 점점 나빠지다가 결국 무너지면서 사회주의가 도래하는 역사의 법칙이 있다고 주장했지요. 하지만 단기간에 그런 일이 일어날 것 같지도 않거니와, 그렇게 될 수밖에 없는 역사의 법칙이란 게 있다고도 믿지 않습니다. 때문에 많은 보통시민 개개인의 마음공부에서 시작해서 남한사회는 남한사회대로 인간다운 삶을 만들기 위한 개혁을 현장에서 해나가되, 한반도 전체의 차원에서 지금보다 더 훌륭한 사회, 선진사회라고 불러도 좋습니다만 어쨌든 분단체제를 제대로 넘어선 사회가 되기 위한 노력을 병행하고, 다른 지역은 또 그 나름대로의 개혁 내지 선진화 노력을 하다 보면 그런 노력들이 합쳐지면서 어느 싯점엔가 거대한 문명전환을 이룩할 수 있다고 봅니다.

지강유철 분단체제를 극복하려면 시민의 참여가 매우 중요하다면서 시민사회가 '제3의 당사자' 또는 '제7의 당사자'라는 말씀을 하셨습니다. 얼마 전 이사장으로 계시는 시민방송 RTV가 개국 4주년이었는데, 방송 참여 동기가 궁금합니다.

백낙청 예. '제7의 당사자'는 6자회담에 빗대서 남한의 민간사회가 한반도문제 해결에서 6개 당사국에 못지않은 역할을 해야 된다는 뜻이었고, 남북관계 위주로 본다면 남북의 정부당국에 더하여 '제3의 당사자' 몫을 떠맡아야 된다는 말이었지요. 그런데 기존의 통일개념에서 보자면 시민방송 RTV와 통일운동과의 접점은 그리 넓지 않습니다. 그러나 분단체제를 제대로 극복한 통일을 하자고 할 때는 남쪽의 사회를 바꾸고 시민사회 스스로도 바뀌면서 한반도에 훌륭한 통합사회를 만들자는 것이니까, 그런 관점에서는 일반시민들이 만든 프로그램을 전문적으로 방영하는 텔레비전 방송의 역할은 중요하다고 봅니다.

잘 모르시는 분들을 위해 덧붙이자면, 시민방송 RTV는 외국에서 퍼블릭액세스 방송이라고 흔히 부르는데, 일반 시청자들이 제작한 프로그램을 틀어주는 방송입니다. 미국 같은 곳에서는 순전히 그런 방송만 하는 채널이 꽤 있어요. RTV가 외국과 다른 점은 아직 시민들의 미디어 제작능력이 떨어져서 좋은 프로그램의 물량확보가 어렵다는 점도 있지만 시민방송은 미국의 퍼블릭액세스 채널들과 달리 전국방송이에요. 전국적인 시청자들을 상대한다는 목적의식을 가지고 프로그램을 운영하기 때문에 뭘 만들어오든지 다 내보낼 수는 없습니다. 게다가 미디어 제작능력을 가진 시민들만 방송을 통해 자기를 표현할 권리를 갖는 게 아니잖아요. 그래서 미디어능력이 부족한 시민들을 도와주기도 합니다. 공동기획도 하고, 시민들이 기획한 것을 공동제작하기도 합니다. 좌담회 같은 경우, 외부에서 기획을 해오면 스튜디오도 빌려주고 찍어서 방영까지 해줍니다. 외국의 순수 퍼블릭액세스에 비해 시민참여의 방식이 훨씬 다양한 셈이지요. 나는 섣불리 이사장직을 맡았다가 죽을 고생을 했습니다.(웃음) 직원들도 이 사장을 잘못 만나서 고생 많이 했지요. 그러나 지금 어느정도 자리를 잡았기 때문에 2007년 9월에 두번째 임기 끝나는 대로 그만두기로 이미 합의가 되어 있습니다. 아무튼 시민방송의 발전 가능성은 무궁무진하고 '분단체제의 극복'에 값하는 통일을 하는 데 상당한 몫을 할 수 있을 것이라 보고 있죠. 그렇게 된다면 그동안 많은 시간을 빼앗기고 문필가로서 손해를 보았지만 나름대로의 보람은 느낄 것 같습니다.

지강유철 창비 내부에서까지 문학비평가로서 외도가 아니냐는 우려가 있었음에도 시민방송에 참여하셨는데요. 첨단 미디어 장비나 IT 마인드에 대한 두려움은 없으셨는지요.

백낙청 서툴죠. 시민방송은 통상적인 방송이 아니고 절반은 시민사회단체입니다. 방송도 자체 제작을 하는 비율이 낮고요. 방송사업이지만 미디어 활동가나 일반시민들 중 뉴미디어에 관심 가진 사람들과 네트워킹하는 게 중요합니다.

인간의 다른 모든 행위가 그러하듯이 비평도 겸허해야 한다. 동시에 창작에는 창작 나름의 권위가 필요하듯이 비평도 권위가 있어야 한다. 참된 권위가 진정한 겸허와 전혀 상치하지 않음은 더 말할 나위 없다.

그러면 비평의 겸허는 어디서 오며 그 권위는 또 어디서 연유하는가? 무엇보다도 비평은 창작품이 먼저 존재함으로써 그리하여 비평가가 그들 작품을 읽는 독자가 됨으로써만 가능하다는 사실이 비평이 겸허해야 될 이유다. (⋯) 하지만 스스로 작품의 일개 독자라는 겸허한 자기인식에서 비평의 권위가 발생하는 까닭은 무엇일까? 첫째, 앞서 말했듯이 '문학의 나라'라는 것이 있다면 그 양대 영역은 작가와 독자의 세계이다. 아무리 훌륭한 작품을 써놓았어도 읽어주는 사람이 없으면 흰 종이에 검은 자국이 묻은 물체에 지나지 않는다. 독자에 의한 재창조의 과정이 없이는 문학적 창조가 미완성으로 끝나는 것이다. 따라서 비평가는 바로 그가 창작자가 아닌 독자로서 발언한다는 데서 작가가 자기 작품의 저자로서 발언할 때에 가질 수 없는 권위를 지니게 된다. 즉 평론의 집필자는 작가의 동료생산자라는 사실이 아니라 창작에 필수불가결한 일반 독자를 대표한다는 점이 비평가의 자랑이요 권위인 것이다.

— 백낙청 『통일시대 한국문학의 보람』(창비 2006) 중에서

수련을 통한 참된 앎과 과학적 지식

지강유철 작가와 비평가와 독자라는 일반적인 등식이 아니라 비평가 역시 독자라는 독특한 비평관을 가지고 계신데요.

백낙청 독특하다고 하셨지만 사실은 그게 전통적인 비평관 아닐까요.

지강유철 많은 비평가들이 전통적인 비평관을 버렸다는 의미에서 독특하다고 해야겠지요.

백낙청 비평가는 근본적으로 독자입니다. 일반독자와 다른 점은 자신의 독서경험을 갖고서 문필활동을 하는 문필가라는 점이겠지요. 요즘은 인터넷에서 누구나 글을 써서 발표할 수 있으니까 비평가가 아닌 사람이 별로 없어요. 어쨌든 비평가는 독자의 입장에서 다른 독자들과 소통하는 사람입니다.

지강유철 주관에 함몰되지 않는 비평을 하는 것과 비판으로부터 상처를 받지 않는다는 건 별개의 문제라고 생각되는데요. 문학평론가들이 그 문제로부터 초연한 것처럼 글은 쓰는데, 실제도 그렇습니까.

백낙청 실명비평이 책임지는 자세를 보인다는 잇점이 있고 독자의 관심을 끄는 데도 도움이 되는데 비판의 내용보다 실명을 거론했냐 안했냐는 데에 선정적인 관심을 갖게 되는 문제를 앞서 지적했지요. 또다른 문제점은 거론되는 사람에게 마음의 상처를 주는 경우가 많다는 거지요. 그렇다고 항상 남에게 기분좋은 글만 쓸 수도 없지만 불필요한 상처를 안 주도록 배려할 필요가 있지요. 내 경우는 실명비판을 워낙 많이 당해왔기 때문에 다른 사람들에게 실명비판을 할 약간의 권리는 벌었다고 봅니다만.(웃음)

지강유철 평생 비판을 당하셨는데 상처는 없는지요.

백낙청 누구의 비판을 받고 그것 때문에 두고두고 상처를 받은 경우는 없는 것 같아요. 그 순간에 기분이 상할지 몰라도 정당한 비판의 경우는 고맙게 수용을 하면 되는 것이고, 정당하지 않은 비판은, 결국 웃어넘기면 되는 게 아니겠습니까.(웃음)

지강유철 쉽게 웃을 수 있던가요?

백낙청 내가 겸손하지 않고 교만해서 그런지 몰라도 웃을 때가 많았습니다.(웃음)

지강유철 분단체제 문제와 관련하여 어떤 작품을 높게 평가하시나요.

백낙청 분단체제를 이야기한다고 해서 문학이 꼭 분단을 다루어야 하는 게 아니란 것은 기본이죠. 분단을 다루건 안 다루건 실제로 분단체제의 지배를 받고 있는 현실을 얼마나 깊이 파고드느냐, 또 그 체제에 살고 있는 사람들에 대하여 어떻게 감동적인 이야기를 끌어내느냐가 중요합니다. 그러다 보니 딱히 몇 개 작품을 거명하기는 어렵군요.

지강유철 북한 핵실험 뉴스를 접하면서 문학적 상상력이 잘 발휘된 작품을 보고 싶었습니다.

백낙청 그것도 문학이 맡아야 할 중요한 일 중에 하나겠지요. 그러나 문학을 우리의 분단체제와 연관시킨다면 핵의 끔찍함은 그것대로 전달하면서 북핵문제는 일방적으로 규탄하는 것으로 해결될 문제는 아니라는 복합적인 현실인식을 담은 핵문제 소설이 필요하다고 봅니다.

지강유철 과학적 지식보다는 예술적인 지식을 더 높게 보시는 걸로 압니다. 그러면서 비평가의 겸손한 태도를 강조하시지요. 선생님의 이런 입장은 결국 인격적 지식으로 귀결되는 게 아닌가 싶은데요.

백낙청 전통적으로 동양에서 강조한 앎이라는 것은 수행을 통해서 도달하는 앎이지 않습니까? 서양에서도 전통적인 종교적 입장이 그런 것이고요. 저는 기본적으로 그런 앎이 제대로 된 앎이라고 생각해요. 다만 힘든 수행을 통해 자기가 어떤 인식에 도달했다고 그게 곧 진리냐 하는 것은 별개문제거든요. 수행 자체에 대한 인격적인 검증도 필요하고, 지식 자체에 대한 검증도 요청됩니다.

근대과학의 지식이란 그런 앎의 어떤 차원을 검증하는 방법이라고 봐요. 과학적 지식은 일부러 주관적인 조건과 분리시킨 앎을 추구하잖아요. 앎이 어떤 과정을 통해 도달한 누구의 지식이냐에 좌우되지 않는 객관성을 중시하지요. 이것이 최고의 앎은 아니라는 게 저의 생각이지만 반면에 동양에서는 그런 검증방법을 충분히 개발하지 않았기 때문에 관습적인 것, 주관적인 것을 가지고 "내가 일정한 수행과정을 통해 도달했으니까 이것이 보편적인 진리"라고 주장하는 경우가 많았습니다. 그러다 보니 과학적 지식 앞에서 전통적인 앎의 권위가 다 무너졌지요. 지선생께서 인격적인 지식이란 표현을 쓰셨는데, 삶의 과정과 수련을 통해서 얻는 지식이 참된 앎이라는 원칙은 되살려야 합니다. 다만 수련을 통해 얻는 지식이 인위적인 검증방법을 개발한 과학적 지식 앞에서도 견딜 만한 것이어야지 거기서 낙제할 것을 가지고 우기면 안되겠지요.

현명한 대북정책과 6자회담

백낙청(6·15공동선언실천 남측위 상임대표)
이몽룡(KBS 해설위원)
2007년 1월 2일

이몽룡 안녕하십니까, 백위원장님?

백낙청 안녕하십니까? 새해 복 많이 받으십시오.

이몽룡 예. 새해 복 듬뿍 받으시기 바랍니다. 새해를 맞아서 지난 주말부터 어제까지 금강산에서 6·15공동선언실천 남측위원회가 주최하는 새해맞이 행사가 있었다고 하는데 북측에서 어떤 분들이 참석했습니까?

백낙청 이것은 주로 남측 행사였습니다. 그래서 남측에서 500~600명 갔고, 날씨도 좋았고 분위기도 참 좋았습니다. 북측에서는 원래 참석할 예정이 없다가 이쪽에서 위원장이 직접 간다고 하니까 예우상 부위원장을 단장으로 하는 대여섯 분이 와서 축하해주고, 신년사 할 때 인사를 했습

■ 이 인터뷰는 KBS 1 라디오 시사프로그램 '안녕하십니까 이몽룡입니다'(2007년 1월 2일)에 방송된 것이다.

니다.

이몽룡 그 대여섯 명의 인사들과 이야기 좀 나누셨습니까?

백낙청 예. 첫날 그분들이 식사대접을 하셔서 잘 얻어먹었고, 이튿날은 저희가 답례로 점심을 냈는데 그게 12월 말일이었거든요. 그래서 송년회 기분도 있고, 아주 화기애애하게 좋은 시간 가졌습니다.

이몽룡 올해 6·15공동선언실천…… 그야말로 실천이 돼야 할 텐데요. 올해 행사는 어디서 진행됩니까? 합의를 좀 보셨습니까?

백낙청 작년에 핵위기 때문에 사실 민족공동위원회도 아무래도 좀 위축됐더랬죠. 그러다가 제가 지난 12월 하순에 평양을 방문해서 북측의 안경호 위원장을 만나서 우리 쪽의 정세인식이라든가 여러가지 생각을 충실히 전달하고 앞날을 협의했는데, 우선 우리가 규약상 1년에 한번 회의를 갖게 돼 있습니다. 남북이 같이 모여서. 그걸 2월 하순께 중국 심양에서 갖는다고 남북 위원장간에는 공감대가 형성됐는데 이것은 해외하고 합의할 문제라 확정은 안됐고요. 그리고 금년 6·15행사는 평양에서 여는 걸로 했습니다.

이몽룡 몇월에 엽니까?

백낙청 6월이죠. 6·15 7돌 기념으로.

이몽룡 6·15민족공동위원회 북측의 안경호 위원장 만나서 핵문제에 관해 상당히 격론을 벌이셨다는 보도가 있었는데 어떤 이야기들 오고 갔습니까?

백낙청 글쎄요. 기본적인 시각차이가, 북측은 북의 국가전략 차원에서…… 이것이 미국의 압박에 대항하기 위한 정당한 억지력 확보이고……

이몽룡 핵억지력 확보했다고 자랑은 하지 않던가요?

백낙청 자랑스럽게 이야기를 하죠, 북에서는. 거기에 대해서 우리 남측에서는 이것을 만들게 된 경위를 볼 때 미국이 그동안 대북압박을 계속해왔고 또 핵선제공격 이야기도 한 적 있단 말이죠. 그런 점에서는 이게 군사적으로 일리있는 조치고 그걸 우리가 이해 못하는 건 아니지만, 그러나 중요한 것은 한반도 비핵화 원칙은 우리가 재확인해야 되고, 또 비핵화 문제가 흔들릴 때 이것이 남쪽 국민들에게 얼마나 불안과 실망을 안겨주고, 우리 남측위원회와 6·15운동 하는 사람들의 입지를 약화시킨다는 데 대해서 제가 아주 길게 충분히 설명했습니다. 어느정도는 납득했으리라고 믿지만 아무래도 그 점에서 시각차이는 여전히 남았고, 그럼에도 불구하고 우리가 계속 만나고 대화하고 교류사업을 계속해야 된다는 공감을 한 겁니다.

이몽룡 백위원장께서 북한의 국정방향을 밝히는 이른바 신년공동사설을 혹시 보셨습니까?

백낙청 볼 기회가 없었습니다.

이몽룡 대부분 되풀이되는 내용이었지만, 민족을 중시하고 경제활성화, 남북대화 재개에 중점을 두겠다. 그리고 심지어는 한국의 대선에도 관여하겠다는 내용들로 짜여져 있던데요, 어떤 시각을 갖고 있을까요, 북한이 올해……

백낙청 글쎄요. 대선에 관여하겠다는 말 빼고는 괜찮은 얘기들 같은데, 대선에 대해서도 관심은 많이 있지만 그쪽에서 관여해봤자 역효과밖에 안 난다는 얘기는 제가 이번에도 하고 왔죠.

이몽룡 지난해 북핵문제를 한마디로 어떻게 결산해보면 되겠습니까?

백낙청 아직 해결된 게 아니니까 일단 중간결산 정도 해야겠지요. 그게 사실 한반도 전체를 큰 위기에 집어넣었던 건 사실입니다. 그렇긴 하지만 최악의 고비는 지금 넘긴 게 아닌가 하는 생각이고요, 물론 희망사항입니다만. 최악의 고비는 넘겼다고 생각되고, 잘돼서 조속하게 완전히 타결되리라고는 보지 않습니다만 조금씩 협상이 진전되면 분위기도 좋아지고, 그럴 때 우리 남쪽 정부가 더 적극성을 발휘해서 역할을 많이 하면 좋아지리라 생각합니다.

이 위기를, 저는 1994년 그때도 위험했고, 클린턴정부가 한때 북을 공격할 계획까지 세웠더랬지 않았습니까. 90년대와 비교해보면 민간교류가 쭉 지속돼왔고, 국민들이 핵에 대해서 걱정하면서도 당장 전쟁이 날 거라는 위기의식보다는 차분하게 대응했고, 이런 것을 볼 때 역시 그때와 지금 사이에 6·15공동선언이란 게 있었고, 또 9·19공동성명이 있었고, 이런 것의 효과가 나타나고 있다는 것이 제 판단입니다.

이몽룡 그렇지만 그 과정에서 정부의 대북포용정책을 둘러싸고 우리 사회 내부의 논란도 상당했거든요. 대북포용정책과 햇볕정책의 차별성이 주장되기도 했고, 대북포용정책의 폐기를 주장하는 소리도 나왔는데 이 문제는 어떻게 지켜보셨습니까?

백낙청 대북포용정책의 폐기라는 건 저는 정말 전혀 대책이 없는 그냥 주장에 불과하다고 봅니다. 이런저런 불만이 있을지 몰라도 그것 이외에 대안이 없다는 것은 상당수 국민들도 공감하고 있다고 봅니다. 그렇기 때문에 어떤 분들은 정면으로 대북화해협력을 거부하기보다는 김대중정부의 햇볕정책과 노무현정부의 포용정책이 다르다는 식으로 차별성을 이야기하면서 정부를 공격하곤 하는데요, 이건 다분히 정략적인 것이지요. 물론 정책을 수행하는 능력이나 그때그때의 상황에 대해서는 김대중정부와 노무현정부 사이의 차별성을 우리가 찾아보기도 하고 공통성도 인정하지만 근본철학이나 노선에 있어서 둘 사이의 차이는 없는 거구요. 그 차별성을 말하는 건 상당히 정략적이라고 판단합니다.

이몽룡 『창작과비평』 2006년 겨울호에서 남남갈등으로 나타나는 보수와 진보의 소모적 논쟁에 대해 언급하셨는데(「남남갈등에서 한반도 선진사회로」—편집자), 대북정책을 둘러싼 노선논란과 같은 연장선상의 시각에서 보신 겁니까?

백낙청 그렇습니다. 소위 남남갈등이라는 게 대북정책의 노선차이와 직결돼 있고, 또 역으로 대북정책의 노선에 관한 차이가 어떤 의미에서는 남쪽 내부의 이해관계의 상충과 맞물려 있고요. 이렇게 서로가 맞물려 있다는 것이 제가 주장해온 분단체제론의 요체인데, 대북정책을 우리가 현명하게 잘 설정하면 남남갈등으로 보통 일컫는 소모적인 논쟁도 많이 해소할 수 있다고 저는 생각합니다.

이몽룡 지난해 6자회담이 13개월 만에 재개됐는데, 올해 회담의 일정조차 잡지 못하고 결국은 끝났습니다. 지난 회담 잘됐다고 평가하셨습니까? 만남 자체도……

백낙청 예. 제가 특별한 정보를 갖고 있지 못합니다만 원래 북쪽에서는 금융제재 해제를 먼저 안하면 안 나오겠다고 했던 것이고, 미국은 6자회담과 별도로 양자접촉은 안하겠다고 했는데 그것이 절충이 돼서, 북은 금융제재가 해결은 안됐지만 해결을 위한 쌍무접촉이 진행된다는 선에서 나왔고, 미국측에서도 상당히 진지한 협상을 했다고 알려져 있습니다. 그래서 그것 자체가 진전이라고 보고요. 어쨌든 올해 1월 중순에 미국 뉴욕에서 다시 재무당국자들 간에 열리는데, 그 결과를 보기 전에는 아마 북에서 날짜를 잡거나 그러기는 어려울 거라고 봅니다.

이몽룡 그러다 보니까 일각에서는 6자회담 무용론까지 나오는데 올해 6자회담 잘될 것 같습니까?

백낙청 저는 6자회담 무용론에는 동의하지 않고요. 6자회담이 어쨌든 있었기 때문에 우리가 여러가지 위기를 겪으면서도 기댈 데가 한 군데 있었다고 보고, 이건 계속돼야 한다고 생각합니다. 다만 이걸 뭘 가지고 잘됐다고 하느냐가 문제인데, 짧은 기간에 북핵문제가 깨끗이 해결되고 북미관계가 정상화된다는 게 잘된다고 하는 거면 꼭 그렇게 된다고 낙관할 수는 없는 거고, 그러나 결렬돼서 다시 북이 2차 핵실험을 하고 제재가 더 강화되고 이렇게까지는 안 가지 않나…… 저는 그런 정도의 낙관은 하고 있습니다.

이몽룡 올해 대통령선거가 있어서 국내 정치상황과 맞물려서 북핵논의가 상당히 복잡한 변수 속으로 얽힐 가능성이 있는데요. 특히 정상회담…… 아까도 말씀하셨지만 북한이 남측의 대선에 관여하겠다는 입장도 공동사설에서 표명했는데 이런 상황들 어떻게 보십니까?

백낙청 저는 정상회담이 필요하다고 생각합니다. 그리고 그에 앞서서 특사파견은 반드시 조속한 시일 안에 이뤄졌으면 좋겠구요. 그런데 정상회담이 필요는 한데 아무래도 제일 경계할 것이 우리 국민들 눈에 이게 대선용 정치행위로 비치지 않도록 하는 게 중요하다고 봐요. 그런 점에서는 북은 북대로 대선에 직접 관여하겠다는 생각을 버려야 할 것이고, 우리 정부도 국민들에게 그렇게 비치지 않도록 야당이라든가 이런 데 대한 배려를 충분히 하면서 진행해야 된다고 생각합니다.

이몽룡 안경호 위원장 만났을 때 오히려 대선에 관여하게 되면 역효과만 가져올 거라고 말씀하셨다는데 반응은 어떻던가요?

백낙청 직접 그런 얘길 하면 안된다고 제가 말해서 거기 앉아 있던 여러 사람들이 웃었어요. 특별히 답은 없었지만 전달은 됐다고 생각합니다.

이몽룡 또 정상회담과 맞물려서 특사파견이 필수적이라는, 정치권과 전문가들 사이에서 이런 얘기가 나오는데요.

백낙청 정상회담을 하기 전에 특사파견을 해야 하는데 특사가 뭘 가지고 가느냐 하는 문제가 되겠어요. 특사가 가져가든 다른 경로로 하든 우선 남북간의 인도주의 사업이 복원돼야 합니다. 다시 말해서 우리 쪽에서는 인도적 차원에서 주기로 했던 쌀과 비료, 또 지난번 수해복구한다고 해서 보내려고 하던 시멘트와 철골을 상당부분 안 보내고 있거든요. 그런 것을 빨리 보내야 되고.

이몽룡 어떻게 풀어야 한다고 보십니까? 그냥 조건없이 풀면 됩니까?

백낙청 정부 입장에서는 그냥 갑자기 보내겠다 이렇게 말하긴 어렵겠지만, 남북간에 일정한 접촉을 하면서 풀 수 있는 계기를 만들 기회는 얼마든지 있다고 봅니다. 그건 의지의 문제고 외교적인 기술의 문제라고 생각하고. 북은 북대로 물론 이산가족상봉사업 중단시켰던 것 재개해야지요. 그리고 이번에 금강산 갔더니 면회소 건설하던 건물이 중단된 상태던데 그 건설작업 같은 건 빨리 재개하도록 해야지요.

이몽룡 6자회담을 비롯해서 우리 정부가 정작 당사자이면서도 별로 역할이 없고 역할이 축소됐다, 그리고 북한에 햇볕정책 등 많은 포용정책을 펴왔지만 결과적으로 우리 쪽에서 짝사랑에 불과했다, 이용만 당했다는 시각도 좀 있거든요. 앞으로 우리 정부의 역할을 어떻게 고민해야 한다고 보십니까?

백낙청 그런 요구 가운데 저는 어떤 모순이 들어 있다고 생각하는데요, 한편으로는 우리가 북측에 지원을 한다든가 적극적으로 나가면 그걸 하지 말라고 주장하다가, 그걸 안해서 우리의 영향력이 떨어지고 나면 또 우리 정부의 역할이 왜 이것밖에 안되냐고 비판합니다. 저는 우리가 정말 북의 생사를 좌우할 만큼, 우리가 북의 에너지의 숨통을 쥐고 있다든가 쌀이니 무슨 지원을 압도적으로 많이 한다든가 그럴 때는 정말 우리가 그런 지원을 중단함으로써 더 영향력을 키울 수 있을지 모르지만 지금은 그런 것은 아니고요. 북에 대해서 우리가 동포로서, 또 같은 한반도에 사는 정치적인 운명공동체의 일부로서 우리가 돕는다고 해서 관계를 개선해놨을 때 북에 대해서도 영향력이 생기고, 또 미국에 대해서도 우리는 당신들이 직접 못할 얘기를 북에 할 수 있다는 걸 보여줄 때 외교무대에서도 우리의 영향력이 생기는 거거든요. 그렇기 때문에 북에서 하는 일이 맘에 안 든다고 해서 과잉반응한다든가 하는 것은 자칫하면 우리 스스로에 대한 자해 결과가 될 수 있죠.

이몽룡 미국의 이런 태도, 자세…… 지금 방코델타은행의 동결계좌 문제로 지금 꽉 막힌 국면인데요, 올해도 역시 별로 변한 게 없는 거 아니냐는 시각들이 나오는데 미국이 어떻게 나올 것으로 보십니까?

백낙청 미국의 태도는 저는 지난번 중간선거에서 민주당이 압승한 결과로 확실히 바뀌었다고 생각합니다. 그 선거의 중요한 이슈가 북한문제는 아니었고, 주로 이라크전을 비롯한 중동문제에서 부시정부의 실패지만, 전반적으로 미국 국민들이 부시가 일방통행으로 나가다가 죽을 쑤는 데 대해서 염증을 느끼고 있단 말입니다. 그러니까 북핵문제도 해결해서…… 한편으로는 임기중 다 해결하고 싶은 욕심이 있을 겁니다. 그래야 다음 선거에 유리하니까. 그런 것도 있지만, 그렇다고 해서 북이 요구하는 조건을 다 들어줄 순 없을 거고. 그래서 밀고 당기는 과정은 시작되지만 그전처럼 회담 자체를 거부하면서 압박수위만 높여가는 일은 없지 않을까 합니다.

이몽룡 마지막 질문 드리겠습니다. 6·15공동선언의 첫번째 내용이 통일문제의 자주적 해결인데요, 지금 정황이나 국제정세, 또 모든 걸 미뤄볼 때 자주적 통일이 점차 힘들어지는 거 아니냐는 시각도 있을 수 있거든요.

백낙청 저는 그렇게 생각 안합니다. 자주적 통일이라는 건, 우리가 분단될 때 외세에 의해서 분단을 강요받지 않았습니까. 그런 식으로 통일을 할 때 외세에 완전히 맡겨놓지 않는다는 이야기지, 주변국들과 충분히 협의해가면서 통일방안을 찾아가는 것 자체가 비자주적인 건 아니라고 봐요. 또 하나 자주적이라고 할 때 남북 당국자들끼리만 만나서 해결하는 것이 자주는 아니거든요. 저는 시민참여형 통일이라는 걸 주장하는데 시민들, 주민들의 의견이 충분히 반영돼서 통일되는 것이 참된 자주고 민주주의기 때문에 그런 견지에서 보면 지금 여러가지 어려움이 있습니다만 시민참여형 한반도통일은 진행중이라고 저는 굳게 믿고 있습니다.

이몽룡 올해는 평화와 화해의 기운이 한반도에 싹텄으면 좋겠습니다. 오늘 여러가지 말씀 고맙습니다.

| 인터뷰 |

최근 진보논쟁과 남북문제

백낙청(서울대 명예교수)
박찬수(『한겨레』 정치팀장)
2007년 2월 28일 한겨레신문사 편집국

박찬수 최근 진보진영 안에서 '진보논쟁'이 일고 있습니다. 최장집(崔章集) 고려대 교수가 "참여정부가 실패했다면 정권교체 되는 게 당연하다. 한나라당이라고 안될 것은 없다"고 발언하며 불붙기 시작했고, 반론·재반론이 이어지다 노무현 대통령까지 논쟁에 참여했습니다. 최근 일고 있는 진보논쟁을 어떻게 생각하십니까.

백낙청 우리 학계가 대체로 우리 사회의 현실적인 문제를 소홀히하고 외국의 이론이나 들먹이기 좋아하는 풍조가 강한 마당에 이 정도의 논쟁이 벌어진 것도 다행스럽다고 생각합니다. 다른 한편으로는 소위 진보논쟁이라는 것도 더 진보하고 진화할 여지가 많다는 생각이에요. 최교수의

■ 이 인터뷰는 『한겨레』 2007년 3월 6일자에 「최근 진보논쟁서 정치·민생과 직결된 남북문제 누락」이라는 제목으로 실린 것이다.

경우는 그의 발언이 문제가 되자 원론적인 얘기를 한 것일 뿐이라고 발뺌을 했는데, 글쎄 원론적인 얘기는 강의실에서 하면 되는 거고, 실제로 그것이 원론적인 얘기만은 아니었다고 말할 수 있지요. 그래서 다른 차원에서 검토할 여지가 있다고 보는데 그 얘기는 나중에 계제가 되면 더 하기로 하지요.

이른바 진보논쟁 전반에 관해 내가 느끼는 것 하나가, 최장집·조희연(曺喜昖)·손호철(孫浩哲) 세 분이 그사이 주로 부각된 인사들인데, 세 사람의 논의에서 공통적으로 누락된 것이 남북관계라든가 한반도평화 문제예요. 참여정부를 평가하기 위해서도 당연히 그 문제를 다뤄야 할 건데 말이에요. 참여정부가 그 문제에 얼마나 잘 대처했냐, 김대중정부에 비해서는 어떻고, 만약 이회창(李會昌)정권이 들어섰을 경우를 가상했을 때는 더 잘했을까 더 못했을까를 학자로서 검토할 필요가 있는데, 그런 게 아예 빠져 있거든요. 그런데 한반도평화는 절박한 정치문제인 동시에 경제문제고 민생문제와도 직결됩니다. 한반도 긴장이 어느 수준이냐 하는 것하고 우리 경제가 어떻게 돌아가느냐, 우리 사회에서 민주세력과 수구세력 사이의 세력균형이 어떻게 바뀌느냐 하는 데 직접적인 영향을 주거든요. 세 사람 다 그 이야기를 빼고 하고 있어요.

그 이유는 각기 다를 거라고 보는데, 아무튼 그 문제를 빼고서 논쟁이 그냥 지속된다면 몇몇 학자가 떠들다가 사그라들게 마련이에요. 그렇지 않으려면 논쟁의 과정에서 본인들이 직접 새로운 차원을 개척하거나 아니면 제4, 제5의 논객이 가세해서 차원을 높여나가는 그런 과정이 필요했는데, 학계 내에서 그런 진전이 있기 전에 대통령이 직접 개입을 하는 바람에 판도가 달라졌죠.

박찬수 이 문제가 애초엔 학자들간의 논쟁이었는데 대통령이 끼어들면서 정치·사회적인 논쟁으로 확산됐습니다. 대통령의 논쟁개입이 적절했다고 보십니까?

백낙청 논의가 사그라지는 것을 방지하는 데는 확실하게 공헌한 셈이지요. 그러나 일반론의 차원에서 가령 대통령이 영문학 전문가라고 하더라도 임기 중에는 첨예한 영문학 논쟁을 피하는 게 좋다는 생각입니다. 다만 이번 진보논쟁은 학술논쟁인 동시에 정치적 성격이 강하니까 대통령이 정치인으로서 개입하는 것을 원칙적으로 잘못됐다고 말할 필요는 없어요. 그럴 수는 있는데, 어쨌든 이제까지는 학술논쟁의 형태로 진행되고 있었는데 대통령이 끼어드는 게 모양새가 안 좋았고, 또 하나는 이게 사실 대통령께서 직접 뛰어들 만한 수준에 도달한 논쟁이었는가에 대해 나는 의문을 갖고 있습니다.

박찬수 노대통령은 진보논쟁이 참여정부에 대한 평가를 하고 있고, 그 평가가 구체적인 자료에 근거하지 않고 무조건 '실패했다'고 규정한다는 인식을 갖고 있는 것으로 보입니다. 그게 진보논쟁에 참여한 한 계기인 것 같습니다. 이제 꼭 참여정부 4년이 지났는데, 참여정부가 실패했다고 보십니까?

백낙청 참여정부가 잘못한 일이야 한두 가지가 아니지만 난 참여정부가 실패했냐 안했냐는 식으로 문제제기하는 것 자체가 편향된 논의구도라고 봐요. 물론 정치권에서야 으레 할 수 있고, 학자라고 해서 못할 건 없지만, 모든 논의가 촛점이 그리로 모이는 것은 어떻게 보면 보수진영이 꼭 좋아하는 논의구도를 미리 설정해놓은 상태에서 진보적이라는 사람들이 말려들거나 심지어 조장하는 판국이 아닌가 생각합니다.

박찬수 지난 4년간의 참여정부 국정운영을 평가하신다면 어떻게 평가하시겠습니까?

백낙청 일단 다각적인 평가가 필요하다는 점을 강조하고 싶어요. 그러니까 평화문제나 남북관계 차원에서도 봐야 하고, 최장집 교수가 강조하는 정당정치의 활성화나 제도화의 차원에서도 평가를 해야 하고, 민생문제 차원에서도 봐야 되고. 가령 민생문제, 서민의 생활문제라는 게 굉장히 중요한 건 틀림이 없는데 그 문제도 평화문제와 따로 노는 것이 아니고, 또 여러가지 맥락이 있지 않습니까. 세계적인 맥락도 있고, 한반도 역사의 맥락도 있고, 지난 4년간 정부의 행태라든가 이런 사항도 있고. 그런데 학자들의 논쟁이 그 점에서는 오히려 정치인들의 논의 비슷하게 흘러가는 경우가 많아요.

박찬수 진보진영에서는 '참여정부 때문에 욕먹고 있다, 진보 전체가 무능력하다고 매도되고 있다'는 인식이 퍼져 있습니다. 반면에 노무현 대통령은 진보가 도와주지도 않으면서 항상 비판만 한다는 생각을 갖고 있는 것 같습니다. 양쪽의 시각차가 큰 거 같은데, 진보진영과 진보적인 기치를 내건 정부의 관계설정 문제를 어떻게 보십니까?

백낙청 진보진영이라는 말을 흔히 쓰지만, 뭐가 진보진영이냐에 대해서는 사람마다 생각이 다르잖아요. 어떤 사람들은 개혁세력이라는 말을 쓰면서 그게 곧 진보라는 전제를 깔기도 하고, 진보개혁세력이라고 뭉뚱그려서 말하는 사람도 있는가 하면, 개혁은 개혁이고 진보는 진보라는 주장도 있어요. 우선 그런 것부터 정리를 해가면서 논의를 해야지요. 나 자신은 흔히 진보학계의 한 사람으로 꼽히지만, 그리고 그게 아주 근거없는 얘기는 아니겠습니다만, 진보와 개혁 세력을 분명히 가르는 데는 반대하고요.

또 하나는 철저한 진보를 외치는 쪽에서 잘 말하지 않는 일종의 치부(恥部)가 있는데, 좁은 의미의 진보진영 안에서도 진보의 기준에 대해 전혀 다른 생각을 가진 두 정파의 대립이 있잖아요. 한쪽에는 반미자주통일을 진보의 최고 척도로 보는 그룹이 있고, 다른 한쪽에서는 우리 남한사회 내에서의 평등이랄까 이런 데 치중하면서 북에 대해서는 별 기대를 안하거나 심지어 반북적인 좌파도 있단 말입니다. 이 둘이 많은 사안에 대해 서로 협조하고 품앗이를 해주고 지내기는 하지만, 그러다가도 조직 내 헤게모니가 걸리면 비타협적으로 싸우기 일쑤고 아무튼 전혀 융합이 안돼 있거든요. 그러니까 온건진보라고 할까 중도적인 개혁세력을 떨어내고, 남은 진보세력에서도 각 정파의 상이한 기준에 따라서 절반을 다시 떨어내면 그야말로 극소수밖에 안 남죠. 철저한 진보를 말할 때 숨겨진 함정 같은 것인데, 아직 그게 솔직하게 토론이 안되고 있다고 봐요. 나 자신은 '변혁적 중도주의'를 얘기하면서 그것이 곧 이 시대의 진정한 진보라는 주장이기 때문에, 진보를 그냥 내세우는 사람과는 입장을 달리하죠.

박찬수 '변혁적 중도주의'가 어떤 개념인지 설명을 해주시죠. 요즘 중도 개념이 너무 많은데……

백낙청 정치권에서는 집토끼를 확보해놓고 산토끼까지 잡으려고 하면 중간지대로 진출해야 하니까 너도나도 중도를 외치는 경향이 있습니다. 대선에서 이길 가능성이 애당초 없다고 생각하면 극단적인 진보노선을 내세울 수도 있지만, 현실권력을 잡겠다는 사람들은 중도를 표방하게 돼죠. 내가 말하는 변혁적 중도주의가 그런 것과 근본적으로 다른 점은 '변혁'이라는 것에 대한 내 나름대로의 개념을 전제로 진정한 중도의 기준을 제시한다는 점이죠. 우리 시대 최대의 변혁과제는 한반도 분단체제의 변혁입니다. 그건 통일지상주의와는 달라요. 통일을 하되 제대로 해서 한반도에 진정한 선진사회를 만드는 통일, 현재의 분단체제를 극복하고 그보다 나은 체제를 건설한다는 개념이지요. 이것이 우리에게 주어진 최대의 변혁과제인데, 한반도의 현실에서는 그런 과제가 전쟁을 통해 달성될 수 없는 건 물론이고, 다른 어떤 혁명적·극단적 방법으로 안되고, 한반도 특유의 방식으로 점진적·단계적으로 진행하면서 그때그때 남쪽 사회에서 필요한 개혁을 남북의 통합과정과 연계시키는 폭넓은 연대세력이 필요하다, 그래서 중도주의가 나온 겁니다.

이런 변혁적 중도주의는 길게 볼 때는 남북을 통틀어서 다수의 입장이 되기를 겨냥하고 있지만, 당장의 정치판에서 변혁적 중도주의를 지지하거나 이해하는 사람들이 다수파가 되기는 어려운 게 사실이지요. 물론 지지하는 사람을 늘리기 위해 끊임없이 노력을 하지만, 당장에 여기서 표가 많이 나온다기보다 쓸데없이 분열하는 논리에 대항하는 의미가 더 크지요. 아무튼 득표전략으로서의 중간노선과는 성격을 달리합니다.

박찬수 노무현 대통령은 자신을 '유연한 진보'라고 하면서, 기존 진보세력을 '교조적 진보'라고 표현했습니다. '변혁적 중도'는 '유연한 진보'와 통하는 개념입니까?

백낙청 '유연한 진보'는 일종의 정치적 수사 아니겠어요? 구체적인 내용은 그때그때 맥락에 따라서 결정될 텐데, 우리나라에 교조적 진보가 분명히 있죠. 또 노무현 대통령이나 참여정부보다 보수적인 집단이 분명히 있고 아주 많이 있습니다. 그러니까 참여정부는 교조적 진보보다는 유연하고, 보수세력보다는 진보적이다, 이런 주장은 얼마든지 가능한데, 사안별로 그게 맞는 대목도 있고 안 맞는 대목도 있습니다. 가령 한미자유무역협정(FTA) 협상과정에 대해 비판하고 반대하는 사람을 대통령은 교조적 진보라고 봤는데, 나는 적어도 이 경우에 한해서는 노무현 대통령이 보수진영하고 죽이 잘 맞아서 가고 있다고 믿어요. 물론 반대하는 사람 중에 교조적인 진보주의자도 있지만, 미국하고의 단순한 무역협정을 넘어서서 여러 면에서 제도적 통합, 경제통합에 가까운 협정을 맺으면서 이렇게 졸속으로 할 수 있느냐, 미국의 일정에 맞춰서 그걸 '빅딜'식으로 서둘러 해결하지 말아야 한다고 주장하는 사람조차 교조적 진보라고 주장하는 것은 잘못입니다.

사실 노무현 대통령이 잘하는 일에 대해서도 보수언론이 사사건건 문제삼는 실정인데 유독 한미FTA에 대해서는 전혀 안 그런단 말이죠. 내가 노대통령이라면 이거 뭔가 좀 이상하게 돌아가는 거 아닌가, 내가 어떻게 하고 있으면 저 친구들이 나를 칭찬을 할까, 이렇게 한번 곱씹어볼 만한 대목이라고 봐요(웃음).

박찬수 노대통령은 진보세력의 가장 경직된 부분 중 하나가 개방에 대한 시각이라고 보는데, 어떻게 생각하십니까?

백낙청 지금 한미FTA 논쟁을 구한말의 '쇄국주의 대 개방'에 비유하는 것은 전혀 맞지 않는 이야기지요. 한국시장은 이미 80~90%가 개방된 상태고, 이것을 개방 이전으로 되돌리자고 하는 사람은 있더라도 극소수일 겁니다. 그런데 한미FTA를 지금처럼 추진해서는 관세장벽만 허무는 것이 아니고 우리 정부가 취할 수 있는 공공정책이나 산업정책, 남북통합 과정에서의 독자적인 국가정책마저 그 여지를 없애기 쉬운 그런 식의 경제통합이니까 훨씬 신중해야 한다는 이야기인데, 이걸 쇄국주의라고 보는 것은 전혀 타당치 않지요.

박찬수 진보 시각에서 보면, 통일외교 분야에서는 노무현정부가 잘해왔다고 평가하십니까?

백낙청 굳이 '진보 시각'이라는 토를 달 것 없이 상식적으로 판단할 때, 크게 봐서 그래도 옳은 방향으로 해왔다고 인정해야죠.

박찬수 꼭 노대통령 글이 아니더라도, 최근에 진보진영이 위기라는 지적이 많습니다. 실제 위기라고 보시는지, 위기라면 그 원인은 무엇이라고 보십니까?

백낙청 진보진영이 누구냐에 따라서 위기인 사람도 있고, 재밌게 잘사는 사람도 있고, 또 위기이더라도 어떤 위기냐가 달라지게 마련이죠. 욕먹을 이야긴지는 몰라도 나는 우리 사회에서 진보를 표방하는 지식인, 학자들의 상당수가 말로는 위기를 논하지만 사실은 87년 이래의 민주화가 가져온 공간 속에서 상당히 즐겁게 살고 있다고 봐요. 이 공간에서 위기를 말하고 정부를 비판하고 하는 것이 요즈음 지식인에게는 참 남는 장사거든요. 87년까지 우리가 정말 얼마나 피어린 투쟁을 해야 했고, 87년 이후의 20년도 저절로 된 것이 아니잖습니까. 나만 하더라도 87년 이후에도 불려가고 잡혀가고 제재를 받았는데, 나는 상대적으로 특혜를 받고 편하게 산 사람 중에 하나예요. 오늘날 이만큼이라도 자유를 누리기까지의 처절한 우리 역사의 과정을 얼마나 몸으로 느끼면서 얘기하는지 의심스러울 때가 많습니다. 어떤 의미에서는 이른바 87년체제를 비판하면서도 실제로는 87년체제에 배부른 게 아닌가, 민주주의에 대한 헝그리 정신이 과연 얼마나 있는 것인지 묻고 싶을 때가 있어요.

박찬수 진보진영이 사회를 보는 시각이나 치열한 태도가 무뎌졌다고 이해하면 되겠습니까?

백낙청 그러니까 진보진영이라고 자꾸 단순화하지 맙시다.(웃음) 또 안주하는 방식도 여러가지라고 봅니다. 양극화문제 같은 것을 계속 제기하더라도 이것이 분단체제 현실과 어떻게 고약하게 얽혀 있는가 고민하면서 구체적으로 타개할 노력을 하고 있느냐는 문제도 있고, 다른 쪽에서는 이게 모두 분단 때문이니까 통일해야겠다고 부르짖으면서 관성적인 통일운동에 안주하는 사람도 있고, 이런 현상들이 사회 도처에 있어요. 하지만 나는 우리 사회에 엄청난 역동성이 있다는 점도 강조하고 싶어요. 87년 이전과 이후의 역사에서도 그랬고, 지금도 겉으로 드러나는 것보다 훨씬 큰 잠재력을 지녔다고 봐요. 이럴 때 지식인들이 나서서 정말 슬기롭게 그 역동성을 살릴 길을 찾는 게 중요한데, 너무 거룩한 말씀들만 주고받는 게 아닌가 하는 생각이 들 때가 있다는 거예요.

박찬수 지식인집단은 아니지만, 87년 민주화체제의 산물로 전교조나 민주노총 등 사회세력이 있습니다. 예전에는 국민지지를 많이 받았지만 지금은 조직이기주의화하고 있다는 비판이 있습니다. 어떻게 생각하십니까?

백낙청 조직 내부에서도 그런 비판이 나오고 있는 모양이니까 상당한 근거가 있다고 봐야겠죠.

박찬수 올해 12월 대선 얘기를 해보겠습니다. 진보진영이라고 부르든 민주화진영이라고 부르든, 개혁세력이 어떤 자세로 임하느냐가 쟁점인데요, 최장집·조희연·손호철 논쟁의 핵심도 이것입니다. 최열(崔洌) 대표나 정대화(鄭大和) 교수 같은 분들은 한나라당에 정권 넘겨줄 수 없는 거 아니냐며 '미래구상'이라는 연대기구 만들어 총체적으로 대응하자고 말하는 사람도 있고, 일부에서는 왜 우리가 선거에 목매야 하느냐며 한발 떨어져 있기도 합니다. 민주화세력이 어떤 태도를 취해야 하는지 선생님 의견을 말씀해주시죠.

백낙청 거기에 대해서는 지금 특별한 의견이 없어요. 지금 대선 얘기가 나오니까 갑자기 표현이 '진보진영'에서 '민주화세력'으로 가는데(웃음), 여기에도 동의하지 않는 사람들이 있잖아요. 대표적인 예가 손호철 교수죠. 손호철 교수의 경우에는 이번 대선에서 한나라당이 집권을 하더라도 그가 생각하는 진보진영을 위해서는 나쁜 일이 아니라는 쪽으로 이미 생각이 정리된 것 같고, 최장집 교수는 결과적으로 손호철 교수와 상당히 비슷한 얘기를 하고 있지만 딱히 그렇게는 말하지 않고 누가 물으면 '원론적인 얘기한 것뿐이지, 그건 아니라'고 할 것 같아요, 내 짐작에. 조희연 교수는 두 사람과 다른 입장인데, 그러나 개혁세력의 대동단결이라든가 이런 얘기는 잘 안하려고 하는 것 같아요. 뭔가 덜 진보주의적으로 보일까봐 망설이는 기색도 있더군요, 내가 볼 때에는. 나는 뭐 지금 손호철 교수 같은 사람은 그들대로 진보논리를 펼치고 '미래구상'은 '미래구상'대로 움직이고, 최근에 '번영과 통합을 위한 국민운동'이라는 집단도 출범을 했는데 거기는 거기대로 하고, 각자가 나와서 활동하다 보면, 이게 대선국면이 진행되면서 어느정도는 현실논리에 따라서 정리가 되게 마련이라고 봐요. 그때 가서 국민이 선택하고 심판하면 되지, 지금부터 내가 잘 알지도 못하면서 이러쿵저러쿵할 필요는 없다고 봅니다.

박찬수 최근에 황석영(黃晳暎)씨가 언론 인터뷰에서 "새 정치질서를 위해 총대를 멜 생각이 있다"고 했습니다. 그 대상이 손학규(孫鶴圭) 전 경기지사라는 해석도 나왔습니다. 87년 이후의 민주화세력 그룹이 많이 갈라져 있는데요, 이번 대선에선 진보진영이 대동단결해야 하는 게 아니냐는 시각에 대해선 어떻게 보십니까?

백낙청 나도 문학평론가가 이것저것 딴 짓을 하고 다니는 처지에 황석영씨보고만 '당신 작품이나 열심히 쓰라'고 말할 입장은 못되죠. 황석영씨는 황석영씨대로 자기 소신대로 뛰는 거죠 뭐.

박찬수 시대적 당위가 있다고 보십니까, 범민주세력의 결집을 위해서 지식인들이 뛰는 게. 과연 그렇게까지 뛸 시기라고 보십니까?

백낙청 글쎄, 황석영씨의 정확한 입장이 뭔지는 잘 모르겠어요.

박찬수 보수진영 일부에선 김대중·노무현 정권 10년간을 '잃어버린 10년', 그러니까 그 기간 동안 나라가 무너졌다는 시각이 강합니다. 지난 10년 동안 대한민국이 후퇴했다는 일부 보수진영의 시각에 대해 어떻게 생각하십니까?

백낙청 우리 사회가 여기저기 들여다보면 엉망인 일이 한두 가지가 아니죠. 어떻게 보면 아직도 우리는 진보와 보수의 대립구도보다는 '상식'과 '몰상식'의 대립으로 분류해야 할 정도로 엉망인 점이 많습니다. 그러나 10년을 잃어버려서 그렇다고 하는 사람은 그러면 10년 전, 아니면 20년 전의 이 나라는 엉망이 아니었느냐…… 나는 박정희정권 18년도 '잃어버린 18년'이라고는 생각하지 않지만, 박정희·전두환 시절을 정상국가로 설정해놓고 그때에 비해 나라가 엉망이 됐다고 하는 건 어불성설이죠. 우리 역사를 돌이켜보면 조선왕조가 500년 넘어 지속된 끝에 그야말로 엉망이 돼서 일제 식민지가 되었고 다른 민족의 종살이를 했지요. 1945년에 해방이 됐지만 곧바로 분단이 돼서 분단민족으로 살아왔고, 독재에 시달렸고, 이거를 그래도 조금씩 헤쳐내면서, 많은 사람이 죽고 피 흘리면서 여기까지 왔단 말이에요. 엉망인 건 엉망인 걸로 솔직히 인정하되, 그것을 가장 잘 해결할 수 있는 정치세력이 한나라당이라면 한나라당이 집권하는 게 맞고, 민주노동당밖에 도저히 없다면 이번에 민주노동당이 집권 못하더라도 거기다 힘 실어주자고 주장하면 되고, 둘다 내키지 않는 대안이라면,

지금 비록 지리멸렬하지만 폭넓은 민주화세력이 대오를 정비해서 개혁작업을 계속하는 게 좋다면 어디 한번 그런 능력을 발휘하는가 지켜보면 되는 것이지, 개인적으로 거기에 미리부터 찬물을 끼얹을 생각은 없습니다.

박찬수 같은 맥락에서 뉴라이트 담론이 많이 나오고 있습니다. 얼마 전에 현대사 교과서 파문도 있었는데요. 뉴라이트가 나오는 게 합리적 보수 형성에 기여한다는 견해도 있지만, 새로운 수구세력의 외피라는 견해도 있습니다. 기존 보수보다 오른쪽으로 간 그런 극단적인 수구일 수 있다는 비판도 있는데요, 최근 뉴라이트 흐름을 한번 평가해주시죠.

백낙청 '뉴라이트 운동'이라는 게 시작된 것에 의미를 부여한다면, 하나는 옛날의 우익세력은 담론투쟁이라는 게 필요없었어요. 마음에 안 드는 놈 그냥 잡아가면 되는 거였고, 돈이나 관직을 줘서 해결하기도 쉬웠어요. 그런데 세월이 바뀌어서 담론투쟁을 우익에서 하겠다고 나선 것은 우리 사회의 발전이라 봐야죠. 지금 뉴라이트 운동이 시민운동으로서 튼튼하다고 보진 않지만은, 어쨌든 시민운동 하겠다는 건 진전이에요. 그러나 뉴라이트 담론의 내용이 얼마나 새로운지는 아직 회의적입니다.

가령 유럽이나 미국에서 60년대에 '뉴레프트 운동'이 나왔을 때 뉴레프트가 가장 치열하게 싸운 것은 라이트보다 오히려 올드레프트와의 논쟁이고 투쟁이었어요. 그런데 우리나라의 뉴라이트가 올드라이트와 그런 식의 치열한 담론투쟁을 보여주느냐, 물론 다소의 견해차는 있지만 그 정도는 뉴라이트 내부에서도 있는 것이어서 대단한 게 못돼요. 뉴라이트가 올드라이트와 별반 다를 바 없는 단적인 예가, 맘에 안 드는 아무나 친북좌파로 몰아가는 태도지요. 물론 이 나라에 친북좌파가 없는 건 아니에요. 하지만 우리 사회에는 친북좌파도 있고 반북좌파도 있고, 또 어떻게 보면 친북우파도 있잖아요. 고 정주영(鄭周永) 회장 같은 사람은 좌파일 리는 없고, 굳이 말한다면 상당부분 친북적인, 북에 우호적인 친북우파였지요. 이런 점을 가려가면서 친북좌파는 친북좌파로 비판하고, 반북좌파는 반북좌파로 비판하면서 그런 분간을 못하는 구우익을 상대로 좀 맹렬하게 다툴 건 다퉈야 하는데 아직 그 단계까진 안 간 것 같아요.

박찬수 며칠 전 선생님의 라디오 인터뷰 들으니까, "참여정부의 스타일과 정책실패를 구별해서 봐야 한다"고 말씀하시던데요, 참여정부의 책임 중 정책실패 부분도 있고, 통치스타일 부분도 있다는 말씀이십니까?

백낙청 그렇죠. 대통령의 어법이나 행동에 대한 국민들의 반감이랄까, 그런 게 있지요. 그런데 정책실패와 통치스타일 외에 보수적인 거대야당이나 거대언론에도 책임이 있다고 말했는데, 이거야말로 너무나 지당한 말씀 아닌가요.(웃음)

박찬수 정책실패는 한미FTA 추진 등 양극화를 막지 못한 것 같은 걸 말씀하시는 겁니까?

백낙청 양극화라는 게 참여정부의 전적인 책임으로 미루는 것은 온당치 않지만, 어쨌든 대통령 스스로 인정했듯이 이렇게까지 진행되는 것을 막지 못한 책임이 분명히 있지요. 그런데 이 경우에도 거대야당과 거대언론에도 책임이 있는 게, 부동산정책이라든가 분배정책 해보려고 하면 언제 뭐 협조한 적이 있습니까. 협조를 안한 정도가 아니라 여기저기서 가로막기 일쑤였지요. 부동산정책이라는 것도 성공하려면 심리적 요인이 상당히 중요한데 정부가 잘못해서 신뢰를 잃은 면도 있지만, 덮어놓고 안될 것이라는 식으로 미리 몰고간 경우도 많지요. 정부가 잘될 거라고 그랬다가 틀린 적도 있지만 보수언론에서 안될 거라고 예언했다가 안 맞은 면도 있잖아요. 그래도 되는 방향으로 밀어줬다가 안됐을 때 가열차게 비판하는 것은 몰라도, 처음부터 심지어 되는 것조차 안되는 것으로 비판했으면 나중에 양심에 거리끼는 기색이라도 보일 법한데…… 이런 것도 우리 사회가 엉망인 한 면이 아닐까요.

박찬수 정책 자체의 실패, 어법과 행동 등에서 참여정부가 지지를 끌어내지 못한 것도 있는데, 진보개혁세력이 적극적으로 노무현정부를 안 도와준 측면도 있다고 보십니까?

백낙청 분명히 야당에 속하는 진보정당이라든가 또는 정부에 대한 감시와 비판을 본업으로 하는 시민단체가 직접 나서서 도와주길 기대하는 것은 무리죠. 다른 한편으로 비판을 하더라도 좀 실상을 알고 물정을 알아가면서 해줬으면 좋겠다는 생각은 노무현 대통령이 아니더라도, 실제 국정경험과 정치현장경험이 있거나 실물경제를 만져본 사람이라면 진보·보수에 관계없이 충분히 할 법하다고 생각합니다.

박찬수 참여정부 임기가 1년 남았습니다. 어떤 점에 중점을 두고 국정을 운영해야 한다고 보십니까?

백낙청 글쎄요, 양극화를 어떻게든 완화시키고 세계적인 신자유주의 추세를 견제하는 노력을 해야 한다고 보는데, 나는 해야 할 일보다는 하지말아야 할 일 한 가지를 먼저 꼽고 싶군요. 대통령이 한미FTA가 양극화를 악화시킨다는 근거를 알지 못한다고 하지만, 거기에 대해 많은 학자들의 견해가 제출이 돼 있습니다. 그 사람들이 반드시 맞다는 보장은 없지만, 어쨌든 그런 견해를 충분히 감안해서 사안별로 검토하고 그럴 여지가 조금이라도 있다면 어떻게 대처할지를 충분히 고려해가면서 진행한다면 3월 말, 4월 초 일정에 맞춰서 후다닥 '빅딜'을 해서는 안되는 게 분명하지요. 졸속은 피하고 남은 임기 동안 협상을 계속하면서 신중히 대처할 일이라고 믿습니다.

남북관계는 대체로 옳은 방향으로 해왔다고 그랬는데, 물론 이 정권의 준비부족으로 김대중 대통령 때보다 못한 점도 있지만 처음부터 미국의 부시 대통령이 강경책을 밀고 나가는 상황이었고 노무현 대통령 취임할 무렵에 북한이 핵보유를 선언하고 이런 장애요인도 있었습니다. 여러 시행착오를 겪으면서 2007년에 희망적인 국면까지 왔으니까, 마지막 1년 동안 그 방면에 더 많은 진전을 이룩하기를 바랍니다.

박찬수 최장집 교수는 "민주화세력은 노무현정권과 결별하고 따로 가야 한다"고 말했고, 함세웅(咸世雄) 신부는 "비판할 건 비판하더라도 끝까지 잘하도록 도와줄 건 도와줘야 한다"고 반박했습니다. 선생님은 어느 쪽이십니까?

백낙청 최교수의 그 말의 정확한 의미가 뭔지 잘 모르겠어요. 민주화세력이 과연 누구며 '결별'이라는 걸 어떻게 하는 건지…… 한나라당 집권을 예상하고 그것에 적극적으로 반대하지 말자는 이야기라면 무슨 이야긴지는 분명한데, 최교수는 꼭 그런 건 아니라고 하고요.

얼마 전에 내가 최장집 교수에 대해 '자신은 원론적인 얘기를 한다고 하지만, 실제로는 원론만으로 안 받아들여지는 현실에 대해서도 숙고해보는 게 좋지 않겠냐'고 공개적으로 충고한 적이 있는데, 그것은 개인적으로 최장집 교수를 아끼는 마음의 표현이었지요. 그런데 최근 며칠 사이 계속 언론에 이 문제가 확산되고 최교수의 발언들이 부각되는 것을 보면서, 이제는 조금 각도를 달리해서 하나의 사회적 현상으로 '최장집 현상'이라는 것을 분석해볼 필요가 있지 않나 하는 생각이 들었습니다. 거기에는 최교수의 학설이나 발언뿐 아니라 그것을 언론이 다루는 방식이라든가, 진보학계에서 반응하는 방식 등이 다 포함되는데, 난 언론에 대해 불만이 많아요. 보수언론은 물론이고 『한겨레』도, 단순논리를 펼치면서 정부나 개혁세력을 꾸짖는 지식인의 발언을 굉장히 선호하는 경향이 분명히 있어요.

최교수 이야기가 사실은 한두 번 들은 이야기도 아니잖아요. 민주주의라는 게 독재헌법이 민주헌법으로 바뀌었다고 해서 민주주의가 다 되는게 아니고, 서민생활 향상시켜야 한다, 정당정치 제대로 해야 한다, 관료사회 잘 통제해야 한다, 뭐 다 지당한 말씀 아닙니까. 최근 논쟁에는 크게 부각되지 않았지만, 평화문제에 대해서도 통일을 얘기하면 평화에 위협이 되니까 평화 얘기만 하자는 게 최교수의 입장인데, 내가 원래 그를 비판한 것도 이 문제와 관련해서였어요. 왜 평화담론이냐 통일담론이냐 이렇게 이분법으로 갈라서 생각을 하는가, 한반도라는 데는 섣불리 통일을 주장해도 평화가 위협받지만, 한반도식의 통합과정을 진전시키지 않아도 평화정착이 안되는 곳이니까 단순논리를 넘어서자고 한 것이었지요. 조희연 교수 역시 정당정치냐 사회운동이냐 이렇게 딱 갈라놓는 이분법을 비판했다고 생각하는데, 최교수는 사회운동만 다시 하자는 건 과거의 타성이라거나, 지금은 통일을 말할 때가 아니라 평화를 말할 때라는 식의 얘기를 되풀이하고 있어요. 한 가지 재미있는 것은, 우리가 실명비판을 꼭 해야 하는 건 아니지만 최교수는 남이 실명비판을 해도 결코 실명으로 답하지 않고, 대신에 측근이나 지인이 나서서, "사실 이번에 최교수가 쓴 글 중 어느 대목은 아무개에 대한 답변에 해당한다"라고 언론에 귀띔해주면 기자가 열심히 받아적곤 하지요. 그런 방식을 노무현 대통령이 좀 배우면 좋지 않을까 하는 생각이 들어요.(웃음)

박찬수 1월에 청와대 오찬에 참석하신 사진을 신문에서 봤는데요, 노대통령을 몇 번이나 만나셨습니까?

백낙청 몇 번 안돼요. 그나마 여러 사람 틈에 끼어서 만났죠.

박찬수 자유롭게 얘기를 할 수 있는 자리였습니까?

백낙청 지난 1월에는 비교적 자유롭게들 얘기하는 분위기였죠. 분위기는 괜찮았지만 상대가 대통령이면 여러 사람 모인 자리에서 할 말 다 하기는 어렵지요.

박찬수 노대통령의 어법이나 행동, 그것도 국민들이 현정부 싫어하는 요인 중의 하나인데, 좀 고치라고 하면 어떻게 받아들일까요. 그런 얘기는 없었습니까?

백낙청 나는 아니지만 그런 얘기를 완곡하게 하는 사람도 있었지요. 그러나 대통령은 나름대로 소신을 갖고, 그게 내 체질인데 어떻게 하냐는 태도인 것 같아요. 또 그걸 좋아하는 사람도 있잖아요. 예전에는 많다가 지금은 대폭 줄어들었지만, 대통령은 줄어들어도 할 수 없다는 생각인 모양이니까 조금은 안타깝습니다.

박찬수 이번에 6·15공동선언실천 남측위원회 상임대표를 연임하시게 된 걸로 아는데요.

백낙청 5일에 정기총회에 해당하는 공동대표회의가 있는데 총회준비위원회에서 연임을 요청해와서 공동대표들이 결정하신다면 따르겠다고 말했습니다. 아직은 고생의 끝이 안 보이는군요.(웃음)

박찬수 지난 2년간 6·15공동선언실천 남측위원회가 어떤 성과를 냈는지 말씀해주시죠.

백낙청 6·15공동위원회는 남북의 당국간에 대화가 단절됐던 싯점에 출범해서 그것을 복원하고 2005년의 여러 성과를 이루는 데 기여했다고 생각합니다. 작년은 2005년에 비해 훨씬 어려웠는데, 북의 큰물피해자들에 대한 인도적 지원에 앞장서고 6·15공동위원회 차원의 대화의 끈을 유지함으로써 어려운 시기를 넘기는 데 공헌했다고 보고요. 또 겉으로 드러나는 성과는 아니지만 6·15남측위원회 내부사정이 굉장히 복잡했었습니다. 처음 제가 맡았을 때만 해도 언제 깨질지 모른다는 위기의식을 가지고 있었고, 실제로 심각한 위기도 더러 있었지요. 그런 것을 넘기면서 이제는 우리 내부의 남남갈등이 어느정도 잦아들었고 적어도 조직을 유지할 수 있다는 자신감을 갖게 됐다는 점도 성과라고 할 수 있습니다.

박찬수 지난해 12월에 평양 가서서 6·15공동선언실천 북측위원회 위원장과 만나셨는데, 어떤 대화를 나누셨고 어떤 합의를 하셨나요.

백낙청 지난해 6월 광주행사 이후로는 6·15민족공동위원회가 부진했죠. 7월에 미사일 발사, 10월에 핵실험, 그사이에 수해도 있었고요. 원래 10월 하순에 평양에서 모임이 있을 예정이었는데 핵실험 이후에 남쪽의 요구로 연기됐습니다. 그래서 그사이에 좀 경색된 관계도 풀고 하기 위해서 비공식적으로 북측위원장과 평양에서 만나서 정세에 대해 솔직한 의견을 주고받았고 올해 들어서 심양에서 한번 소규모 회의를 하고, 오는 6

월 행사는 평양에서 하자는 공감을 이루기도 했습니다.

박찬수 올해 6월 행사를 평양에서 열기로 합의했으면 구체적인 실무준비는 잘 진행되고 있습니까? 앞으로 어려움은 어떤 게 있을까요?

백낙청 6월 행사를 여는 일 자체에 큰 어려움은 없다고 봅니다. 평양에서도 해봤고 광주에서도 해봤고, 또 지금 전체적으로 작년 후반기에 비해 상황이 좋으니까 사태가 급전직하로 나빠져서 북에서 2차 핵실험을 하고 국제적인 제재가 강화된다든가 하는 식으로 돌변하지 않는다면 현실적인 어려움은 없어요. 다만 그때 가서 얼마나 뜻있는 성과를 내느냐 하는 것은 지켜볼 일이지요. 뻬이징 6자회담에서의 2·13 합의가 가령 1994년의 제네바 합의와 비교해서 진전된 점이 크게 두 가지라고 보는데요, 하나는 미국이건 북한이건 한번 갈 데까지 가본 뒤에 대화로 해결하기로 마음을 돌려먹었다는 점이 그전과 다르지요. 북은 핵실험까지 했고, 미국은 2000년 말에 클린턴행정부가 해결의 가닥을 잡아놓은 걸 부시행정부가 뒤집고 여러 해 동안 북을 압박하다가 이제 드디어 정책전환을 했지요. 또 하나 과거와 다른 점은 이번 합의는 구체적인 일정이 촘촘하게 잡혀 있지 않습니까. 이행조처에 대한 시한들이 박혀 있기 때문에 건축공사로 치면 '기성고' 즉 시공이 진행된 수준에 따라서 대금을 지급하는 방식이에요. 지금부터 6월 사이에 굉장히 많은 것이 진행되기로 명시되어 있기 때문에, 서로가 되는지 안되는지를 그때그때 확인할 수 있어요. 일이 잘못될 가능성을 배제하는 건 아니지만 훨씬 희망적인 상황이라 봅니다. 지금부터 6월 사이에 합의된 조처들이 이행된다면 이번 6·15행사는 2005년에 못지않은 의미있는 사건이 되리라고 생각합니다.

박찬수 마지막으로 독자들에게 하고 싶은 말씀을 해주시죠.

백낙청 글쎄요. 대강 다 말씀드린 것 같긴 한데요. 올해 대선이 대단히 중요하지만 이번에 진보논쟁이라는 이름으로 학계에서 이런 논의가 시작된 것을 계기로 적어도 학계나 공론장에서 정말 우리 사회에서 '참진보'는 뭐며, 87년 이후 20년이 된 싯점에서 다음 단계를 어디로 어떻게 나아갈 건가, 그런 것을 조금 더 깊이있게 논의하고 다소나마 의견접근이 일어나면 좋겠어요. 그리고 변혁적 중도주의라는 걸 얘기할 때에는 우리가 남북관계 문제와 남한사회 내부의 문제를 종합적으로 생각하면서 풀어나가야 한다는 전제가 깔려 있는데요, 학계에서도 그런 노력이 더 있었으면 합니다.

소위 진보진영의 많은 논자들이 남북문제를 빼고 얘기하는 공통점이 있다고 했는데, 사실 그것은 그동안 통일담론을 적극적으로 펼쳐온 쪽의 책임도 있어요. 일반국민이나 다른 사람이 볼 때 현실성도 부족한 통일노선을 가지고 외쳐대니까 나하고는 아무 관계가 없는 일이거니 하고 외면하거나, 심지어 공감하는 사람일지라도 통일은 극단적이고 용감무쌍한 투사가 하는 일이지 우리는 감히 못해볼 일이구나 하는 생각을 하게 되지요. 당연히 대부분의 학자들이 그런 걸 취급 안하려고 하고, 그러다 보니 진보적인 지식인들일수록 '후천성 분단인식결핍증'에 걸린 경우가 많아진 것 같아요. 분단체제 속에 오래 살면서 거기에 길들여진 거지요. 최근의 논의가 이런 증상을 치유해가는 계기가 됐으면 하는데, 남북관계가 진전이 되면 될수록 좋든 싫든 남북문제와 국내문제가 직결돼 있다는 사실을 실감할 거라고 봅니다. 올해 대선의 승자가 누가 될 거냐와 상관없이 우리 사회의 현실인식 면에서 상당한 진전이 이루어질 기회라고 봅니다.

'변혁적 중도주의' 제창한
문학평론가 백낙청

백낙청(문학평론가, 『창작과비평』 편집인)
이명원(문학평론가)
2007년 3월 30일 창비 심학산방

이명원 안녕하세요. 뵙게 돼서 반갑습니다. 오늘 선생님을 모시고 제가 여쭤보고 싶은 것은 중도적 변혁주의, 또는 중도진영 결집론에 대해서입니다. 최근에 중도개혁세력 '원탁회의'를 주관하신다는 기사를 읽은 바 있는데요. 어쨌든 문인 지식인으로서 오늘의 현실을 어떻게 파악할 것인지 알고 싶습니다. 개인적으로는 정국이 요동치고 있는 상황이라고 판단되는데 그런 문제와 관련해서 두루두루 고언을 듣고 싶어서 모셨습니다.

먼저 질문을 드리고 싶은 것은 2006년 후반부터 2007년 들어서 나타난 현상은 아무래도 노무현 정부의 집권 마지막 해다 보니까, 그동안의 공과에 대한 논의가 상당히 증폭되고 있는 것 같습니다. 특히 보수진영의 기왕

■ 이 인터뷰는 『오마이뉴스』 2007년 4월 9일자에 실린 것으로, 좌우 지식인들에 대한 기획 인터뷰 '이명원의 좌우지간(左右之間)'의 세번째 편이다. 『오마이뉴스』에 실린 것은 축약본이며, 여기에 수록한 것이 그 전문이다.

의 주장은 주장대로 우리가 들어왔지만 진보진영 내부에서도 상당히 가혹한 평가, 그리고 노무현 정부의 성격을 둘러싼 여러가지 논쟁이 불거져 나오는 판국인데요. 선생님께서는 여러 인터뷰에서 노무현 정부의 문제를 일거에 부정할 수 있는 것은 아니고, 사실은 그전 정부와의 관련 속에서 공과를 균형잡힌 시각에서 논의할 필요가 있다, 이런 말씀을 하신 바 있습니다. 그래서 구체적으로 노무현 정부에 대한 평가를 듣고 싶습니다.

백낙청 노무현 정부에 대해서 전면적인 부정을 하는 것이 옳지 않다는 얘기를 내가 그동안 해온 것은 사실이고요. 거기에 대해서 부연하기 전에 한 가지 해명을 하고 넘어갔으면 좋겠는데, 아까 원탁회의를 얘기하셨잖아요? 그 발상은 지금 개혁세력의 대동단결이랄까 단합을 위해서 유력한 정치인들을 시민사회나 종교계에서 초청해서 원탁회의를 한번 하자는 것인데 그 주동자나 거기에 참여하는 대상으로 내가 끼어 있다는 건 완전히 오보입니다. 실은 6·15남측위원회 대변인실에서 보도자료를 내서 그동안 신문에 나온 것이 명백한 오보이고, 나는 6·15공동선언실천 남측위원회의 상임대표를 맡고 있는 한은 현실정치에 직접 개입하는 어떤 모임도 주도하거나 참석하지 않는다는 것을 각 언론기관에 돌렸어요. 대부분 정치부 쪽으로 갔겠죠.

그다음에 아까 중도적 변혁주의라는 말을 쓰셨는데 많이들 헷갈립니다. 내가 쓰는 말은 '변혁적 중도주의'예요. 그래서 그 얘기는 나중에 기회가 나면 하기로 하지요.

노무현정권이 실패했느냐 아니냐, 무능하냐 아니냐, 이런 문제에 대해서 물론 실패한 점도 많고 무능한 점도 많지만, 진보논쟁이 그렇게 구도를 잡고 가는 것 자체가 나는 잘못된 거라고 봅니다. 그건 말하자면 보수진영에서 제일 좋아할 구도를 설정해놓고 거기에 말려들어가는 꼴이에요. 좀 더 넓은 시각에서 우리 사회가 87년 이후에 어떻게 진행되어왔고, 또⋯⋯ 87년 이후의 시기를 분류하는 방법이 여러가지 있잖아요. 87년 이후 20년인데 그중에서 노태우정권은 빼고 나머지를 민주개혁정부라고 말하는 수도 있고, 또는 노태우정권과 김영삼정권까지도 빼고 김대중정권 이래를 개혁세력 10년 집권 혹은 민주세력 10년이라고 말하는 경우도 있습니다. 게다가 노무현정권만 갖고 따로 얘기하는 방식도 있는데, 그만큼 87년 이후의 민주화과정이 선명치가 않고 복잡하다는 걸 뜻한다고 봅니다. 노태우정권을 군부 출신의 대통령이 집권했기 때문에 민주화시대에 안 넣는 경우도 있지만 그러나 우리가 87년 이후를 민주화된 시기라고 하면 엄연히 노태우정권이 들어가야 되잖아요? 또 실제로 노태우씨가 전두환씨와 같이 쿠데타를 하고 그 밑에서 줄곧 일했던 사람이지만 집권할 때는 87년 이후의 민주화된 헌법에 따라서 직선제에 의해 집권한 사람이죠. 그런 것도 모호한 상태고요. 김영삼정권은 스스로 문민정부라고 지칭했듯이 우리 사회의 30년 넘은 군사정권을 청산한 최초의 정부라는 의미가 있는데, 다만 민정당과 합친 민자당, 그 후에 신한국당 정권이 되면서 민주정권에 완전히 끼기는 좀 그런데 그렇다고 뺄 수도 없는 정권이고요. 그리고 김대중정권만 하더라도 DJP 연합으로 집권한 상태고, 그래서 그런 복잡한 양상과 큰 그림을 우리가 염두에 두고 그 맥락 속에서 노무현정권의 어떤 점을 평가하고 어떤 점을 비판할 것인가 해야지 그냥 덜렁 노무현정권이 실패했는데 맞냐 안 맞냐, 진보가 무능한 것 아니냐, 이렇게 나가면 논의가 제대로 되기 어렵다고 보는 게 제 생각이에요.

이명원 민주화의 역사 속에서 각각의 정권이 갖고 있는 특수성, 그 안에서도 민주주의 개혁이 복잡한 방식으로 구성된다는 말씀이신 것 같은데요. 그러한 인식론적인 배경 하에서 그렇다면 구체적으로 선생님께서 생각하시는 노무현 정부의 공은 어떤 것인지 알고 싶습니다.

백낙청 흔히 말하는 대로 노무현 정부에서 제왕적인 대통령이나 제왕적인 당 총재는 없어졌다든가 정치가, 선거 같은 것이 비교적 깨끗해지고 투명해졌다는 점, 이런 것은 당연히 업적으로 꼽아야 될 것이고요.

또 남북관계에 대해서는 서툰 점도 많았고 여러가지 곡절이 있었지만 크게 봐서 옳은 방향으로 밀고 나갔다고 봐야죠. 특히 최근에 이회창(李會昌)씨의 발언 같은 걸 보면, 물론 그분이 집권했으면 어떻게 했을지 모르겠지만, 그 차이를 느낄 수가 있잖아요.

그리고 과거사 문제가 참 논란이 많습니다만 제주 4·3사건 같은 경우에 대통령이 국가를 대표해서 제주도민들에게 사과를 했다든가, 또 인혁당사건의 재심이 이루어져서 무죄판결이 났다든가, 이런 건 단순히 피해유족들에게만 한정된 문제가 아니며, 이런 거야말로 나는 우리 민주주의의 전진이고 우리 사회가 선진화되어가는 증거라고 보거든요. 그런 것을 인정하면서 문제점을 지적해야 할 것이고요.

기본적인 관점에서 나는 남쪽에서 진행되는 역사건 북쪽에서 진행되는 역사건 한반도를 아우르는 분단체제라는 틀 안에서 봐야 한다는 주장을 그동안에 해오지 않았습니까? 그러니까 노무현정권의 한계도 그것이 크게는 세계체제 자체가 부과하는 한계가 있고, 그다음에는 한반도의 분단체제의 일익으로서 감내해야 할 한계가 있으며, 그다음에는 그런 걸 다 감안하고도 노무현 대통령과 참여정부가 책임지지 않으면 안될 문제점이 있다고 봅니다.

이명원 선생님 말씀을 듣다 보니 진보진영의 논쟁 구도 자체에 뭔가 문제가 있다는 것과 함께, 언론과의 인터뷰에서 진보진영이 제기하고 있는 구도 중에도 사실은 민주주의를 이해하는 관점, 또 진보를 이해하는 관점에 분단체제 인식이 결락되어 있다고 비판하신 점이 생각납니다. 구체적으로 거론하면 최장집(崔章集) 교수가 '민주화 이후의 민주주의'의 실패로 영미식의 정당 중심 체제, 프로세스가 확립되지 않은 한국사회 문제를 든 것에 대해서 선생님이 이의제기를 하신 것으로 알고 있는데요. 그 부분에 대해서 부연설명을 해주시면 좋겠는데요. 가령 분단체제의 문제의식이 결락되어 있다는 부분이 그렇습니다.

백낙청 상당수의 진보적인 학자들이 어떤 점에서는 보수적인 학자나 논객보다 분단문제를 외면하는 경향이 더 강한 것 같아요. 쉽게 말해서 보수진영에서는 툭 하면 상대방을 친북좌파로 몰잖아요. 그건 늘 북의 존재를 의식하면서 분단상황에 자기들 나름대로는 맞춰서 논리를 전개하는 거란 말이에요. 그런데 진보진영이 다 그런 건 아니지만, 상당수의 학자들은 마치 이 사회가 분단과는 기본적으로는 관계가 없고, 분단이라는 게 하나의 부수적인 사실로 있는 것처럼 그런 전제를 깔고, 분단 안된 사회의 척도로 뭐가 진보고 뭐가 보수냐를 따지는 경향이 많습니다. 나는 최장집 교수도 그런 예의 하나라고 보고 손호철(孫浩哲) 교수도 그런 경향이 강하며 그런 분들이 많다고 봅니다.

그런데 분단체제라고 할 때는 그냥 분단을 의식한다는 것만은 아니잖아요? 분단이 고착화되면서 남북 모두가 아주 다른 사회로 발전하면서도 묘하게 공통점도 있고 상호의존성도 있는 일종의 체제, 또는 적어도 체제 비슷한 구조가 정착되어서 알게모르게 영향을 미치고 있다는 뜻인데, 그런 각도에서 본다면 흔히 NL(민족해방)계라고 하는, 민족자주를 중시하고 자주통일을 부르짖는 분들도 분단에 대한 의식은 첨예하지만 분단체제라는 인식은 부족하지 않나 싶어요. 그래서 요즘 예전에 쓰던 NL, PD(민중민주주의)라는 말이 다시 나오고 있죠. 그런 양분법을 극복해야겠다는 취지에서 사람들이 다시 말하니까 좋은 현상이라고 보는데, 그 용어를 써서 말한다면 PD계열의 흐름을 이어받은 분들은 한국사회의 체제적인 성격에 대해서 관심이 많고 이 체제를 변혁하거나 전환시켜야 한다는 의지는 강한데 분단에 대한 의식이 미약한 것 같고요. 이른바 NL계 사람들은 분단에 대한 의식은 아주 첨예한데 남북을 아우르는 분단체제라는 인식은 부족한 것 같아요. 그래서 그런 분들은 분단체제라는 말을 쓰더라도 그것을 남쪽의 반공체제라든가 극우보수체제에 국한해서 쓰는 경향이 있지 않나 싶은데, 사실은 그런 걸 내가 처음 지적한 것은 80년대 말이었어요. 6월항쟁 이후에 6월을 보는 세 가지 시각을 얘기했죠.* 그래서 당시에 소위 NL 적인 시각, PD적인 시각, 그리고 중도개혁이랄까 온건개혁적인 시각이 각기 지니고 있는 한계를 극복하면서 새롭게 분단체제극복을 위해서 결합해야 한다는 주장을 했는데 요즘 와서 그런 생각이 더 절실하고요. 또 더러 그런 얘기들이 다른 분들 입에서도 나오고 있는 것 같습니다.

이명원 최근 선생님의 견해를 보면, 2000년 6·15선언 이후로 분단체제 해체기에 돌입하고 통일시대로 이행하고 있다는 관점 속에서 의견을 개진하신 것 같습니다. 이 부분에 대해서도 한국사회를 인식하는 방식의 차이겠는데, 흔히 뭉뚱그려서 PD계열의 진보적 지식인들의 경우는 분단체제라는 개념설정 자체를 이해하기가 힘들다는 견해와 함께 백선생님이 일종의 분단환원론에 고착된 게 아닌가 하는 생각을 펼치는 측이 있는 것 같습니다. 이에 비해 진보적이라고 할 수는 없겠지만 선생님께서 이른바 BD(부르주아민주주의) 계열이라고 표현하신 것 같은데, 자유주의적 계열에서 가령 고종석(高宗錫) 선생 같은 경우가 이런 문제를 제기한 바 있어요. 6·15 이후 통일시대로 이행하는 과정에서 1단계 통일의 형식이 일종의 느슨한 국가연합 형태로 진행된다는 견해에 대한 반론인데, 국가연합이라는 느슨한 틀 안에서 과연 북의 성격상 선생님께서 말씀하시는 시민주도형 통일이 가능할 것인가? 이런 반론도 읽은 바 있습니다.

백낙청 한꺼번에 여러 질문을 해주셨는데, 우선 PD계열 분들이 분단체제라는 말을 할 때마다 분단환원론이라는 반론을 하는 경우가, 매번은 아니지만 그런 경우가 흔한데 그건 바로 이분들이 체제에 대한 관심은 있지만 분단에 대한 인식이 부족하다는 내 주장을 뒷받침하는 거라고 생각되고요.(웃음) 물론 내가 분단체제라는 것이 그 자체로서 완결된 체제이고 그

---

* 『민족문학의 새 단계』(창작과비평사 1990)에 수록된 「통일운동과 문학」 제4절 '유월 이후를 보는 시각' — 편자.

것이 우리 사회현상을 분석하고 판단하는 최종적인 기준이라고 주장한다면 분단환원론이 맞겠지만, 나는 분단체제 자체가 자본주의 근대세계체제가 한반도를 중심으로 구체적인 모습을 드러내는 하나의 양태라고 말하는 거니까 분단환원론이라는 건 성립하지 않고요. 어쨌든 체제에 대한 관심과 분단현실에 대한 인식을 좀더 결합해줬으면 좋겠다, 이렇게 주문하고 싶고요.

느슨한 국가연합이라도 형성이 되면 그걸 1단계 통일이라고 부를 수 있다는 데 대해서는 여러가지 반론이 있습니다. 지금 고종석씨의 얘기를 한 것은 그중의 하나인데, 달리 쉽게 생각할 수 있는 반론은 이론상 국가연합과 연방의 차이란, 연방은 연방국가가 하나 있고 그 밑에 지방정부가 있는 것 아니겠어요? 만약에 남북연방이 구성된다면 연방정부 산하에 북측을 통괄하는 지방정부가 있고 남측을 통괄하는 지방정부가 있는 게 교과서적인 의미의 연방이죠. 그런데 가령 영연방도 연방이라고 한다면 그건 사실 아주 느슨한 형태의 국가연합이지 연방은 아닌 거죠. 어쨌든 통일이 안된다는 것이, 통일이 아직 안됐거나 또는 통일을 아직은 안한다는 것이 연합의 교과서적인 의미인데 바로 그것을 통일이라고 하는 것이 이론상 모순이 아니냐 하는 것이 하나의 반론이고요. 또 하나의 반론은 통일이든 아니든 도대체 국가연합 자체가 가능하겠느냐 하는 현실적인 전망에 대한 반론이 있고요. 그다음에 고종석씨 같은 분은 그걸 시민주도, 시민참여형 통일로 규정하는 것이 북의 현실에 비추어서 가당치 않은 얘기가 아니냐 하는 것이죠.

거기에 대한 나의 답변이 내 책에도 여기저기 나와 있기는 합니다만 간단히 말씀드리면, 첫째 국가연합, 특히 그것도 느슨한 형태의 국가연합이 어떻게 통일이 될 수 있느냐? 가령 유럽연합을 통일유럽이라고 보지 않는데 남북의 국가연합은 어떻게 보면 그것보다 더 느슨한 연합이 될 거란 말이죠. 그렇기는 하지만 이건 유럽과는 전혀 다른 맥락입니다. 유럽은 통일된 국민국가들이 이제부터 조금씩 연합해가면서 뭘 만들어나갈지 궁리하고 탐색하는 과정이고, 우리는 그래도 하나의 국가로서 오랫동안 여러 세기를 함께 살아온 민족이 강제로 분단됐다가 이제 다시 합쳐야 한다는 대원칙에는 별 이견이 없는데 언제 어떻게 하느냐, 또 그렇게 하는 게 너무 위험하지 않으냐, 나한테 불리해지지 않으냐 하는 우려가 많기 때문에 이걸 갑자기 하지 않고 우선 남북연합부터 해놓고 보자, 그다음에 연방제로 가든 뭘 하든 그때 가서 결정하자는 거니까 역사적인 맥락에서 보자면 그걸 1단계 통일이라고 봐도 무방하다는 게 내 주장이고요.

현실적으로 그게 가능하겠느냐 하는 데 대해서는 가령 작년 북의 핵실험 이후에 남북관계가 경색되는 과정에서 상당히 그 말이 설득력을 가졌죠. 그러나 나는 그 싯점에서도 북이 핵실험을 하고 한반도에 긴장이 고조된다고 해서 분단체제가 다시 안정되는 일은 없을 거라고 보았습니다. 북이 핵실험을 했다는 것 자체가 과거와 같은 안정된 대결국면을 유지할 수 없다는 아주 직접적인 증거거든요. 그런데 앞으로 어떻게 될지 모르지만 그나마 이것이 긴장이 완화되고 핵문제 해결의 적어도 1차적인 가닥은 잡힌 상태이기 때문에, 우리가 이 싯점에서 볼 때 북미관계가 정상화되고 나면 남북간의 느슨한 연합을 만드는 데 결정적인 장애는 없습니다. 우리가 얼마큼 준비해서 어떤 식으로 할 것이냐 하는 문제만 남는 것이지 절대로 하기 어렵게 만드는 요소는 사라지는 거예요. 그래서 도대체 가능하겠느냐 하는 질문에 대해서는 그렇게 답을 할 수 있겠고요.

시민참여형 문제는 그렇습니다. 참여하느냐 마느냐 이렇게 흑백으로 결정되는 게 아니고, 최대한으로 시민참여의 폭을 넓히자는 것이고 또 그럴 소지가 있다는 것인데, 첫째는 갑작스런 통일로 가지 않고 점진적이고 단계적인 통일로 가면 시민참여의 폭이 자연히 생기게 마련이에요. 더군다나 우리 남쪽의 경우는 그동안 시민사회의 역량이 축적된 것이 많기 때문에…… 이 맥락에서는 시민사회는 시장부문도 포함해야죠. 민간기업까지 포함해서 민간부문의 활력과 제어력이 대단하기 때문에 공간만 생기면 그걸 채울 수 있게 되어 있습니다. 물론 북의 경우는 전혀 다른데, 우리식의 참여나 투입이 없다고 해서 민간의 작용이 없다고 하는 건 역사를 너무 단순하게 보는 것이고요. 진행하는 단계에 따라서 다른 형태로 되고 또점점 더 폭이 넓어지리라고 보는데, 현재 싯점에서 북의 시민참여가 극히제한되어 있다고 해서 시민참여형 통일의 개념 자체가 부정되는 건 아니라고 봅니다. 왜냐하면 거듭 얘기하지만 이건 상대적으로 시민참여의 폭을 최대한 확대하자는 것이지 시민들이 정부를 제쳐놓고 통일을 하겠다는 건 아니고, 가령 70% 혹은 80% 이상 안하면 시민참여형이 아니다, 이렇게 말할 수 있는 것도 아니거든요. 남북한 시민참여가 대등하지 않고 대칭적이지 않다는 것에 대해서는 사실 우리가 편안하게 생각하면 됩니다. 북에서 시민참여가 남쪽보다 훨씬 부족하면 통일과정에서 한반도 주민중에 남쪽 주민들의 참여폭이 그만큼 넓어지니까 이쪽의 영향이 더 커지는 것이다, 북쪽 주민들의 욕구가 더 잘 반영되려면 북쪽도 시민참여의 길이 넓어지는 길밖에 없다, 그렇게 보면 되는 것이지 그것 때문에 시민참여의 개념이나 목표를 우리가 부정할 필요는 없죠.

이명원 목표에 있어서는 굉장히 뚜렷하고 분명해 보이는데요. 제기될수 있는 의문은 북한사회가 가지고 있는 특수성 하에서 우리와는 다른 방식이겠지만 시민사회라는 것이 존재할 수 있는지 여부도 중요한 문제인것 같아요.

백낙청 갑자기 한꺼번에 통일하겠다고 하면 굉장히 큰 문제가 되죠. 그런데 우선 남북교류를 하고 화해를 하고 민간들끼리 서로 만나고 마음을통하고 접근해가는 이런 노력들이 어느정도 축적됐을 때, 그 싯점에서 남북의 느슨한 연합을 만들고, 그다음에 연합이라는 구조 안에서 더 긴밀하게 교류하고 협력하고 화해를 진행하다가 그다음 단계가 어떻게 될지에대해서 합의하고, 그렇게 한다면 뭐가 그렇게 큰 문젭니까? 아쉬움은 많죠. 왜 북에서 더 많이 참여를 못할까, 왜 북의 민간부문은 아직까지는 주로 당국을 통해서 말고는 직접적인 의사표현이 안되는가 하는 아쉬움은 많지만, 그러니까 시민참여형 통일이 안된다고 볼 수는 없는 거 아녜요.(웃음)

이명원 이게 보수 우파들이 항상 제기하는 문제 아닙니까? 북한의 체제 성격 자체가 사실은……

백낙청 그런데 나는 보수 우파, 특히 더 극우적인 세력들은 북의 체제를 무너뜨리고 남한주도로 통일해야겠다고 생각하니까 그게 비현실적이기는 하지만 오히려 솔직하다고 봐요. 그런데 그렇지는 않다고 스스로 설정해놓고서 사실은 이유가 안되는 이유를 자꾸 대는 것은 지적인 나태라고 봅니다.

이명원 그런데 사실 제 생각에는 극단적인 보수세력만의 문제가 아니고요. 자유주의 진영에서도 북한 체제의 성격에 대해서 상당한 회의감이 있는 게 사실입니다.

백낙청 자유주의자뿐 아니라 더 급진적인 진보주의자들 간에도 많아요. 그렇다고 북의 존재를 외면하고 우리만 진보해보겠다는 걸 나는, 좀 심한 얘기인지는 모르지만 지적인 게으름이라고 봅니다. 분단체제 속에 오랫동안 살다 보니까 길들여져서 분단체제를 자기 삶의 자연적인 조건으로 느끼고 있는 거죠. 원래는 사회과학이라는 게, 사회현실에 대해서 피상적이고 관습적인 인식을 떨쳐버리고 좀더 본질적인 구조랄까 이런 걸 분석하고 포착하려는 게 사회과학의 목표 아니겠어요? 그런데 사회과학을 한다는 사람이 다른 면에서는 그렇다고 하면서도 정작 중요한 자기가 살고 있는 분단체제에 대해서는 인식이 없다는 게…… 개개인을 두고 말한다면 내가 친한 사람이라면 '당신 왜 그렇게 공부를 안 하느냐?' 이렇게 말할 수 있는 일이고, 하나의 집단으로서 말한다면 역시 그것은 분단체제의 위력이죠. 분단체제가 그 정도의 자기재생산 능력을 가지고 그 속에 살고 있는 사람들을 길들이고 순치할 수 있는 힘을 이제까지는 발휘해왔다고 보는데, 나는 이게 더는 통하기 어렵게 됐다고 봅니다. 왜냐하면 북의 존재를 잊어버리고 살려고 해도 좋은 면으로 자꾸 교류가 생기고 접촉의 폭이 넓어지면서 북을 좋아하든 싫어하든 우리와는 다른 사회가 있고 그러면서도 원래는 우리와 하나였고 또 당위적으로는 다시 합쳐야 할 사회가 있구나 하는 것을 더는 망각할 수 없게 되는 거죠. 나쁜 면으로 말한다면 이쪽에서는 저쪽이 실패한 국가니까 제쳐놓고 어떻게 우리끼리만 선진화할 수 없을까, 이런 생각을 하지만 북에서 고분고분하게 '우리 제쳐놓고 잘 해보십시오' 하고 가만히 있나요? 핵무기도 만들고 미사일도 쏘고 계속 문제를 일으킨단 말이에요. 왜냐하면 분단체제가 불안정해졌기 때문에 북에서도 뭔가 북미관계가 정상화되고 외국의 경제지원도 받으면서 이걸 타파하지 않으면 옛날 냉전시대처럼 그런 것 없이 자기 체제를 유지할 수 있는 시대가 아니란 말이죠. 그러니까 좋은 의미로는 자꾸 교류, 접촉하면서 북을 의식해야 할 것이고, 나쁜 의미로는 이게 잘 안 풀리면 안 풀릴수록 한반도 전체 문제가 골치 아파지고 우리 남측에서 주장하는 선진화라든가 경제발전에도 차질이 생기기 때문에 이제는 그런 걸 무시하고서 한국사회의 현실에 대해서 발언하기가 점점 어려워질 거라고 보는 겁니다.

이명원 선생님께서 지적 게으름이라고 하신 말씀이 굉장히 인상적으로 느껴지는데요. 사실은 이런 지적 게으름, 어떻게 보면 내부적 자기비판이라고 볼 수 있는데 보수진영 일각에서 사실은…… 제가 볼 때는 일종의 언론을 통한 확대재생산 같은데 진보는 무능하다, 이런 식의 표현이 대중적 차원에서의 헤게모니 효과를 발휘하는 것 같습니다. 그 자체가 아주 위험스러운 상황이 아닌가 개인적으로는 판단하고 있는데요. 이런 부분에 대한 선생님의 생각은 어떠신지 알고 싶습니다.

백낙청 이건 보수진영 쪽에서 더 적극적으로 제기한 논의구도인데, 진보가 무능하냐 아니냐, 이렇게 문제를 설정해놓고 나면 진보가 불리하게 되는 거죠.(웃음) 그렇게 되면 어떤 점에서는 무능한 게 사실이고, 어떤 면에서는 안 그렇다 하면서 변명하는 투가 되어버리니까요. 그런데 그런 논의구도에 걸려든 면이 많다는 점에 대해서는 무능하다는 말을 들어도 할 말이 없을 것 같아요. 오히려 보수진영이나 또는 중도를 표방하더라도 실제로는 보수적인 인사들의 무능에 대해서 더 예리하게 지적하면서 논의 구도를 그렇게 끌고 나간다면 담론투쟁에서는 유리한 고지에 서게 되는데, 그러려면 두 가지가 있어야 된다고 봅니다.

하나는 보수진영의 문제제기 중에서 정당한 것을 솔직하게 인정해야 돼요. 그걸 인정하지 않고 그냥 보수니까 나쁘다 수구다 하고 몰아쳐서는 항상 반격을 받게 되고 또 대중에 대해서도 설득력을 못 갖게 되죠. 다른 하나의 요건은 진보진영 자체의 약점에 대해서 오히려 보수진영보다 앞장서서 더 예리한 비판을 해야지 남들이 그런 약점을 포착해놓고 의기양양해서 진보 전체가 무능한 듯이 몰아치게 되는 건데, 어떤 점에서는 자신의 약점을 인식하지 못하거나 아니면 치부를 감추고 부끄러운 걸 얼버무리면서 나가다보면…… 세상이라는 게 얼마나 무서운 건데 진보라는 이름으로 그런 게 감춰지나요? 반드시 깨지게 마련이죠.

이명원 선생님 말씀은 의제설정 자체가 잘못된 것인데 진보진영 담론이 말려들었다는 느낌을 갖게 한다는 것으로 이해됩니다. 두 가지 말씀이 인상적인데요. 일단은 보수진영이 제기하고 있는 문제인식 가운데서도 합리적이고 온건하고 타당한 부분은 수용한다는 지적인데요. 가령 거기에서 논란이 있을 수 있는 부분도 있는 것 같아요. 선생님께서 평론*을 발표하셨을 때, 가령 '박정희체제'에 대한 논의를 하시면서 대한민국 CEO로

---

* 「박정희시대를 어떻게 생각할까」『창작과비평』 2005년 봄호 ; 『한반도식 통일, 현재진행형』(창비 2006) — 편자.

서의 박정희의 긍정적인 측면에 대한 인식이라고 하는 부분을 말씀하셨을 때 사실은 많은 부분에서 충격을 느낀 사람들이 있을 것 같은데요. 선생님의 변화가 어디에서 가능해졌는지 알고 싶습니다.

백낙청 변화랄 건 없어요. 나는 박정희시대 유신체제에 반대해서 내 나름으로 싸웠던 사람이고, 지금도 박정희시대는 우리 역사에서 끔찍한 시대이고 다시는 그런 시대가 와서는 안 된다고 믿는 사람이니까 그 점에서는 변함이 없어요. 그런데 가령 대한민국주식회사라는 것이 있다고 한다면 CEO로서의 박정희의 역할은 인정해줘야 한다는 말을 듣고서 충격을 받은 분들이 있다면, 하나는 내가 한 이야기를 직접 읽지는 않고 신문보도를 통해서 봤기 때문에 그런 면이 있을 겁니다. 또 하나는 박정희시대에 대한 단죄가 너무 단순화된 나머지 CEO로서의 역할을 말할 수 있는 여지조차 미처 생각을 안 했기 때문에 그런 것인데, 내 글을 읽어보면 처음 시작이 이런 식으로 나갑니다. '여러 사람이 박정희의 CEO로서의 역할을 주장하는데 그 정도는 나도 얼마든지 인정해줄 수 있다. 그러나 한 국가가 어떻게 하나의 주식회사냐?'

내가 말하기는 쑥스러운데 나는 창작자는 아니지만 그래도 문필가로서 박정희에 대해서 쓴 그 글이 산문으로서는 괜찮은 작품이라는 자부심을 가지고 있어요.(웃음) 그래서 사람들이 그 글을 직접 읽어주기를 바라고요. 그래서 가령 작가더러 '당신이 쓴 소설 요지를 한 마디로 말해보면 어떻겠습니까' 하면 작가들이 잘 답을 안하잖아요. 그리고 그런 질문을 싫어하잖아요. 사실 나도 나의 글을 읽지 않은 분들이 와서 '그러니까 한마디로 어쨌다는 거요?' 그렇게 물으면 대답하기가 썩 내키지 않습니다. 그러니 기왕에 얘기가 나왔으니까…… 아까도 얘기했지만 박정희시대는 끔찍한 시대였죠. 그리고 그런 시대에 대해서 향수를 갖는 것 자체가 사실은 그 끔찍한 시대의 후유증이라는 게 내 생각이거든요. 그런데 그 후유증을 극복하려면 그냥 끔찍하다고만 해서는 과거의 정신적인 외상 같은 게 치유가 되지 않지요. 정확하게 그 정황을 인식하고 정리를 해야 하는데, 그러려면 그 끔찍한 시대에 많은 사람들의 희생을 동반하면서 우리 사회가 이룩한 엄청난 업적에 대해서 우선 인정을 해야 할 거예요. 그리고 이건 지금 많은 사람들이 인정을 하죠. 박정희시대에 이러저러한 경제적인 성과가 있었기 때문에 그것을 곧 박정희 혼자 한 것이라고 말하는 건 말도 안 되지만 — 한 회사가 잘 된다고 할 때는 그 회사의 공장노동자들을 비롯해서 모든 종사자들이 희생하고 열심히 했기 때문에 잘 되는 것이지 사장이나 회장 혼자서 잘해서 된 건 아니잖아요 — 하지만 실제로 회사를 굴려본 사람이나 또는 유사한 일머리를 아는 사람들은 누가 우두머리로 나서서 하는가에 따라서 성과가 많이 달라진다는 것을 인정하지 않을 수가 없습니다. 그래서 박정희가 어떤 면에서는 유능한 CEO였다는 것은 인정을 해야죠.

그러나 동시에 제기할 것은 대한민국이 어떻게 공장이나 회사일 수 있느냐? 한 국가나 사회는 다른 차원에서 볼 것이 많고, 종합적으로 볼 때에 이러이러한 점에서 평가할 것은 있지만 그 시대는 우선 경제발전이라는 차원에서도 전혀 지속불가능한 발전이었고, 실제로 그 체제는 지속되지 못했다는 걸 우리가 인식을 해야 됩니다. 그리고 그 시대에 이루어진 업적 중에서는 노동자들의 희생만이 아니라 실제로는 민주화운동 세력의 기여도 적지 않았다, 단순히 민주화에 기여한 것만이 아니라 경제성장을 그나마 이루어지게 하고 또 훗날의 새로운 단계를 준비하는 역할을 민주화운동 세력이 했다는 자부심을 갖자는 것이고, 그 자부심을 근거로 해서 박정희시대에 대해서 인정할 건 인정하는 넉넉한 자세를 갖자는 취지죠.

이명원 저는 이런 생각도 해봤어요. 선생님 생각의 진위는 알고 있지만 가령 역사인식론이라는 관점이 대두됐을 때 낙성대연구소나 보수진영에서 1960, 70년대 한국경제를 이런 방식으로 긍정하는 논의들이 나오고 있고, 최근에는 이른바 뉴라이트라고 할 수 있는 세력들, 표면적으로 탈근대주의를 내세우고 있지만 실제로는 굉장히 보수적인 성향들을 보이는 학자들이 이러한 논리를 식민지시기까지 소급시켜서 식민지근대화론이라는 것을 긍정하는 논리로 펼쳐나가는데, 선생님의 본의나 선의와는 무관하게 이런 논리와 연결될 수 있는 지점이 있는 게 아닌가 하는 생각이 들어요. 최근에 신문기사를 보니까 안병직(安秉直) 선생 같은 경우는, 물론 선생님과 관점은 다소 차이가 있지만 산업화세력과 근대화세력이 상호의존적 차원에서 60년대, 70년대라는 공간을 거쳐오면서 한국자본주의에 이만한 현실을 만들었다는 시각도 제기하고 있던데요. 어떻게 생각하십니까?

백낙청 글쎄요. 식민지근대화론은 박정희예찬론으로 이어지죠. 그게 안병직 교수의 경우에 분명히 드러나는데, 나의 박정희시대론이 박정희 시대에 대해서 무작정 부정하고 욕하는 식으로 가지 말아야 한다고 주장하는 한에서는 식민지하의 근대화과정에 대해서도 무작정 부정하고 욕하지는 말아야 한다는 명제와도 통합니다. 그건 나쁠 것 없어요. 식민지근대화론이라는 그 나름의 단순화가 문제지 거기에 적시된 실증적인 사실이라든가 이런 것을 우리가 전면적으로 부정해서는 제대로 된 역사인식에 도달할 수가 없죠. 문제는 식민지근대화론이나 식민지시대에 전혀 근대화가 이루어지지 않고 우리는 당하기만 했다는 식민지수탈론, 극단적으로 표현하면 그런 주장들은 둘다 근대가 엄청 좋은 거라는 전제를 깔고 있어요. 한쪽에서는 근대가 좋은 건데 식민지시대에 그래도 근대화가 됐으니까 잘 된 것 아니냐 하는 것이고, 다른 한쪽은 근대화가 그렇게 좋은 건데 식민지시대에 달성됐다는 게 말이나 되느냐? 그럼 너는 친일파냐? 이렇게 싸움이 벌어지는데, 그게 아니고 근대라는 것이 우리가 부득이 적응하고 살아야 할 현실이고 또 근대 내에 좋은 면도 물론 있지만 기본적으로 그것은 우리가 극복해야 할 시대적인 과제라고 본다면 식민지근대화론에 대한 근대주의적인 부정보다는 나 같은 사람의 태도가 더 적절한

반응이라고 봅니다.

그런데 이걸 당신의 선의에도 불구하고 오해될 수밖에 없다면 그건 나한테만 해당되는 게 아니고 거의 모든 진지한 지적인 작업, 더 나아가서는 예술적인 작업에도 다 해당될 수 있는 얘기이기 때문에…… 물론 사람이 처신에 조심하고 발언을 그때그때 가려가면서 해야 하지만, 어떤 얘기는 오해의 소지가 있더라도 할 얘기는 해야 할 것 아니겠어요? 그래서 나는 거듭 얘기하지만 나의 박정희시대에 대한 글을 직접 읽어보면 박정희에 대한 긍정이라든가 식민지근대화론에 대한 긍정이 아니란 건 웬만한 독자는 다 알 수 있게 되어 있다고 봅니다. 그래서 창작자가 독자더러 자기 작품을 직접 읽어달라는 소망을 갖고 있듯이, 나도 문필가의 한사람으로서 그것도 나의 작품이니까 여러 독자들이 직접 읽어주면 좋겠다는 소망을 가지고 있죠.

이명원 선생님 말씀을 듣고 보니 균형감각이 돋보이는 측면과 동시에 예기치 못한 오해, 예기치 못한 비판에 직면하게 만드는 측면도 있지 않은가 하는 생각이 듭니다. 저도 선생님의 글을 읽어오면서 사실은 그런 부분에 대해서 애매한 느낌, 어떻게 이해해야 할까 하는 느낌들을 가졌어요. 개념적으로 명료한 부분으로 가는 부분에서 선생님께서 표현하시는 언어 자체가 통일도 알게모르게 간다라든가, 갑자기 2천년대로 이행하는 한국문학에서 지혜의 시대, 지공무사, 이런 표현들이 등장해서 사실은 표현 자체가 가지고 있는 외연이 넓어지다 보니까 텍스트를 읽고 해석하는 독자의 입장에서는 그런 불가피한 오해들도 제기될 수 있지 않나 싶습니다.

백낙청 지혜의 시대 얘기는 90년대 초에 처음 한 건데 이쁘게 봐주세요.(웃음)

이명원 (웃음) 이 부분과도 연결될 수 있는데요. 선생님께서 변혁적 중도주의라고 표현하신 것도 현실적인 의제 제기를 하신 건데, 현실상황 자체가 사실은 중도적 관점이라는 것이 갑작스럽게 하나의 전면으로 대두

되는 의외의 효과라는 걸 발휘하는 측면이 있는 것 같습니다. 선생님께서 변혁적이라고 할 때는 분단체제의 변혁이라는 게 중요한 측면으로 작용하고 있고, 그 극복에 있어서 중도주의라는 걸 견지해야 한다는 말씀이신데, 그렇게 이해를 하고도 명료하게 떠오르는 개념이라는 것이 사실은…… 별로 없습니다.(웃음)

백낙청 글쎄요. 다른 사람들의 중도론과 나의 변혁적 중도주의가 구별되는 게 내 변혁적 중도주의는 명료한 개념이라는 점이라고 생각하는데……(웃음) 왜냐하면 첫째 변혁이 무슨 변혁이냐 하는 걸 나는 명시하고 있잖아요? 물론 분단체제가 뭐냐 하는 게 뚜렷하지 못한 면이 많으니까 분단체제의 변혁이 뭐냐 하는 건 더욱이나 명료하지 않은 면이 있지만 어쨌든 변혁이 자본주의에서 사회주의로의 변혁이라거나 아니면 신비주의적인 차원에서 우리 삶의 변혁이라든가 또는 어떤 개인 차원만의 변혁이 아니고 한반도 중심으로 얘기할 때는, 적어도 우리 한반도 주민의 입장에서는 이 시대 최대의 변혁과제가 분단체제의 변혁이다, 분단체제의 변혁은 단순한 통일이 아니라 남북이 통합하는 과정에서 남이건 북이건 지금보다 나은 사회를 한반도에 건설하는 일이다 ― 그러니까 변혁적이라고 할 때 무슨 변혁인가에 대해서 내 나름으로는 책임있는 기준을 제시한 거죠.

그러면 그걸 왜 중도주의라고 하느냐? 한반도 분단체제의 변혁이 전쟁을 통해서는 안 된다는 건 다 알잖아요? 가령 전쟁을 통해서 남쪽에서 북쪽을 정복해야 된다고 할 때는 중도주의가 필요한 게 아니라 반공보수 북진통일노선으로 전 국민이 단결하는 것이 중요하게 되죠. 그러나 누구나 동의하듯이 전쟁은 안되죠. 남쪽에서의 북진통일이든 북쪽에서의 남진통일이든 전쟁은 안됩니다. 평화적으로 갑작스럽게 통일이 된다 하더라도 광범위한 중도세력보다는 통일을 주도할 수 있는 소수의 튼튼한 주도세력이 있는 게 더 중요합니다. 그게 무슨 전위당이든 아니면 독일의 경우 사태의 시발은 동독 민중들의 움직임에서 시작됐지만 그걸 끝나게 한 것은 서독의 집권층 아니에요? 콜(Kohl) 수상을 중심으로 한…… 그게 좋은 통일이든 나쁜 통일이든 통일을 하는 데 있어서는 동서독 시민들의 광범위한 참여보다는 주도세력의 확고한 비전과 실력, 이것이 더 중요했던 거죠. 이런 것도 한반도에서는 안 먹힌다, 그러니까 남한에서 먼저 민중혁명을 하고 난 다음에 통일하면 된다는 노선도 나는 현실성이 없다고 보고요. 또 전쟁을 통하지 않으면서도 북의 통일노선과 남쪽의 반미자주통일노선이 결합해서 미군을 철수시키고 통일한다, 이것도 나는 비현실적이라고 봅니다. 그러다보면 좌우의 양극단의 주장을 배제하고 ─ 게다가 좌에는 두 개의 극단적인 주장이 있는 셈이죠. 북에 대한 태도에 따라서 갈리는데, 그런 것을 배제한, 중간에 있는 광범위한 세력이 통일 이전에 남쪽에서 할 수 있는 개혁은 개혁대로 추진하면서 동시에 이런 총체적인 개혁을 남북의 통합과정과 연계해서 차근차근 남북통합을 추진해갈 때 비로소 통일도 가능하고 한반도 전체의 선진사회 건설도 가능한 것이니까, 내가 말한 식의 변혁개념에 일단 동의하고 나면 답이 중도주의밖에는 없는 거예요. 그러니까 이 개념은 누구나 쉽게 알아들을 수 있다는 점에서 명료하지는 않지만 분석해보면 어느정도 개념이 규정되어 있다는 점에서는 다른 중도노선들에 비해서는 상대적으로 명료하다고 봅니다.

이명원 최근 황석영(黃晳暎) 선생님이 제기한 중도주의를 한국사회의 정치사회적 층위에만 한정시킨다면 선생님의 문제의식과 어느정도 근접성을 갖고 있는 게 아닌가 하는 생각이 드는데요.

백낙청 나는 황석영씨의 문제의식이 나하고 기본적으로는 크게 다르지 않다고 봐요. 그런데 황선생 경우 첫째는 그가 이론가가 아니니까 이런 식으로 변혁적 중도주의를 정리하지는 않았고, 또 그럴 필요도 없는 거고요. 또 하나는 실행하는 방식에 있어서 나하고 다르죠.(웃음) 스타일도 다르고…… 나는 작가가, 가령 올해 대선 판국에 참여하는 건 나쁠 것 없다고 봐요. 나의 경우는 개인적으로 그러고 싶지 않은 면도 있고, 그럴 수가 없는 공적인 처지랄까 이런 게 있어서 신중한 행보를 해야 하는데 황석영씨야 구애되는 게 없으니까 다 좋은데…… 그런데 이게 얼마나 현명할지는 두고 봐야 할 것 같아요. 이번에 손학규(孫鶴圭) 전 지사가 탈당했을 때 황석영씨가 공개적으로 지지를 보냈는데, 지지발언이 보도된 신문 내용을 보면 손학규를 대통령 감으로 지지해서가 아니고 불쏘시개가 되겠다면 잘한 일이다, 이렇게 지지한 거니까 그 자체로서는 크게 문제될 게 없다고 봅니다. 그런데 거기에서 한 걸음 더 나아가서 대선 후보를 선정하는 과정에서 손 아무개가 제일 좋다든가 혹은 다른 누가 좋다든가 하는 식으로 지지하게 되면…… 나는 그것도 할 수는 있다고 보는데 그게 과연 현명한가 아닌가를 따져봐야 되겠죠.

이명원 중도주의와 관련해서 선생님 생각을 직접 뵙고 들어보니까, 가령 선생님께서 말씀하시는 현명하고 튼튼한 중도세력들이 결집되기 위해서는 담론 차원이 아니고 현실정치 차원으로 이월시킨다면 어떤 형태로든 기존의 제도정당이 헤쳐모여야 할 상황이 아닌가 하는 생각이 들고요. 또 그런 흐름도 있는 것 같습니다. 가령 박세일(朴世逸) 교수가 제기한 공동체자유주의가 가지고 있는 성격도 어떤 측면에서는 선생님께서 제기하신 중도주의 안에 하나의 모델로서 형식을 갖출 수 있는 측면들이 있다고 보는데요. 어떻게 생각하십니까?

백낙청 내가 말하는 변혁적 중도주의가 어떤 정당이나 광범위한 정치세력에 의해서 당장 채택될 전망은 없다고 봐야겠죠.(웃음) 그 점에서 정치인들이 말하는 중도와 다른데, 정치인들은 중도를 말할 때면 정치적인 대립이 된 상태에서 자기 표뿐 아니라 중간의 부동표까지 잡아야 이기니까 그러기 위해서 중도를 말하는 거죠. 그것은 당장의 다수세력을 확보하기 위한 구체적인 전략인데, 나는 변혁적 중도주의를 국민의 과반수가 이해해서 그걸 지지해준다면 행복하겠지만(웃음) 그럴 전망을 보고 하는 건 아니죠. 그런데 변혁적 중도주의가 아니고는 우리 사회 내의 소모적인 갈등이 정리될 길이 없다는 점에 대해서는 길게 봐서 다수세력 형성을 위한 하나의 기획이라고 말할 수 있겠고요.

금년의 정치정세와 연결시킨다면 변혁적 중도주의가 국민들 사이에 확산되는 데에 유리한 대선결과가 있고 불리한 결과가 있다고 봅니다. 그런 점에서는 유리한 결과를 위해서 각자 자기 나름으로 노력할 필요는 있고, 이것을 마치 이제는 태평성대가 와서 작가는 글만 쓰면 되지, 혹은 문인들은 글만 쓰면 되지 왜 나서서 정치에 이러쿵저러쿵하냐고 비판할 필요는 없지 않나 하는 생각이에요.

이명원 여기에서 잠깐 떠오르는 생각이 있습니다. 선생님께서 말씀하시는 중도주의라는 개념이 지닌 탄력성과 유연성은 거듭 인정될 필요가 있을 거라는 생각이 드는데요. 그런데 역사 속에서 중도세력이, 한국사만 놓고 봐도 사실 해방 직후 여운형(呂運亨) 노선이나 이승만 정부수립 직후의 조봉암(曺奉岩) 노선이나 중도주의 모델들은 몇 개가 있었던 것 같아요. 그런데 역사에서 보면 중도는 결국 양파 사이에서 배제될 운명에 있지 않나 생각됩니다만.

백낙청 그게 20세기 우리 역사의 불행이었는데, 20세기 역사가 불행했다고 해서 그것이 꼭 되풀이된다고 우리가 미리 낙담하거나 패배의식을 가질 필요는 없습니다. 지금 말씀하신 대로 해방 직후에 몽양(夢陽) 같은 분이 사실은 한쪽에서는 좌파라고 했지만 중도주의의 길을 모색했던 분이고, 백범(白凡) 김구(金九) 선생이 원래는 우파지만 그분도 중도주의로 기울었다가 암살당했고, 김규식(金圭植) 선생이라든가 그런 중도적인 노력이 다 좌절된 건 사실이죠. 그렇기 때문에 우리가 한국전쟁이라는 엄청난 불행을 겪었고 휴전하면서 분단체제가 고착됐기 때문에 분단체제가 지속되는 동안에는 중도주의가 숨쉴 공간이 아주 적었던 게 사실입니다.

그런데 나는 87년 이후에 분단체제가 흔들리기 시작했다고 보고, 그때까지만 해도 이게 흔들리다가 제 자리로 돌아가느냐 다시 굳어지느냐 마느냐 하는 의문의 여지가 좀 있었을지 모르지만 2000년 6·15 이후에는 흔들리는 정도를 넘어서 분단체제를 해체하고 새로운 단계의 역사로 나아갈 길이 열렸고, 다른 한편으로는 그렇게 못하면 엄청난 재앙이 닥칠 수밖에 없는 상황에까지 왔다고 봅니다. 그래서 그걸 분단체제 해체기라고 보는데, 이렇게 보는 것은 반드시 바람직한 통일이 된다는 낙관주의적 예정론은 아닙니다. 이것은 제대로 된 남북통합을 이루어내거나 아니면 크게 망하는 갈림길에 들어섰다, 무슨 수를 쓰더라도 과거와 같은 안정된 분단체제의 복원은 불가능하다는 그런 인식이죠.

87년 이후로는 사실 우리 과거에는 없었던 역사거든요. 한말에도 없었고 일제시대에는 물론 없었고 해방 이후에도 없었던 역사가 시작이 됐고, 또 그것이 2000년대에 들어와서 새로운 국면에 들어섰기 때문에 이제는 과거에는 불가능했던 여러가지 선택이 다시 가능해진 상황이라고 봅니다. 이걸 제대로 하면 21세기에는 우리 한반도 주민들이, 또 한민족이 20세기에 불가능했던 새로운 성취를 이루는 것이고, 이런 기회를 맞아서도 변혁적 중도주의 노선이 제대로 실현되지 못한다면 21세기는 또 한번의 불행을 맞을 가능성도 있다는 생각입니다.

이명원 이제 한국문학과 지식사회로 논의의 방향을 선회해보면, 지식인의 기능과 의미가 대중적 차원에서의 신뢰감, 다른 한편에서는 발언이 가진 영향력이 감소되는 측면들이 있는 것 같습니다. 그래서 선생님 세대와 같이 역사 속에서 축적된 작업을 해오신 분들에 대한 대중적 기대는 높지만 중진급이나 소장지식인, 현실과 세계를 좀 폭넓게 읽으면서 패러다임을 만들 수 있는 지식인의 출현이 이제 힘들어진 싯점인 것 같고, 지식인들의 발언이 크게 설득력을 얻지는 못하는 것 같아요. 그래서 우리 시대의 작가로 축소시켜 본다면 작가가 현실 속에서 유효하게 기능할 가능성이 여전히 있는 것인지, 있다면 어떤 방식의 실천이 가능한 것인지요?

백낙청 작가뿐 아니라 모든 분야에서 지식인들이 과거처럼 아무런 전문성도 없이 개입하기가 점점 어려워진 세상이죠. 그리고 어떤 의미에서는 그건 하나의 발전이라고 봐야 되겠고요. 그러나 전문가들이 자기 전공분야에 대해서만 발언하는 것도 끔찍한 세상이라고 봅니다. 그래서 자기 분야에서 충실하게 활동하고 실력을 쌓으면서도 또 전체에 대해서는 각자가 자기 나름으로 소신을 갖고 발언할 수 있어야 하는데, 가령 우리 문단에서 김지하(金芝河) 시인이나 황석영 작가, 나 자신, 또는 선배 중에 고은(高銀) 선생, 이런 세대가 발언권을 확보한 것은 민주화운동 과정에서죠. 1970년대 이후에, 좀 길게 잡으면 60년대 이래로. 그때에 확보한 입지를 바탕으로 자신의 작품활동이나 문필활동을 계속하고 현실에 대한 진지한 사유를 계속하면서 발언해온 사람들은 그런 기능이 유지되었고, 그렇지 않은 분들은 발언권이 약화되었지요. 그런데 그다음 세대로 내려가면 민주화운동 자체에서는 선배세대에 눌려서 그만한 입지를 못 얻었기 때문에 그때 민주화운동에 관여했던 사람들은 그런 사람들대로, 또 당시에는 너무 젊어서 70년대 민주화운동에 뛰어들지 못했던 이들은 새로운 방식으로 자기 발언권을 확보해야 하는데, 그건 정말 새로운 시대에 전문가들에게만 맡겨놓을 수 없는 이슈가 무엇인가 하는 걸 정확하게 읽고 적절한 대응을 하는 사람에게 그런 기능이 생기리라고 봐요.

그런데 나는 그것이 다른 나라에서는 몰라도 한국에서는 이런저런…… 흔히 외국에서 공적 지식인이라고 표현하는데 퍼블릭 인텔렉추얼(public intellectual)의 존재가 이른바 선진사회에서는 점점 축소되고 있지만 한국의 경우는 다소 위협받을지는 몰라도 아직 가능성이 풍부하다고 봅니다. 그것은 바로 우리 시대의 과제가 분단체제의 변혁이고 시민참여형이라는 한반도 특유의 방식으로 남북통합이 진행될 것이기 때문에 여기에는 전문가들의 지식도 물론 들어가야겠지만 일반시민으로서, 특히 자기 분야에서 어느정도 실력을 갖추고 인정을 받는 사람들이 동시에 하나의 공적인 인간으로서 책임감을 갖고 발언할 여지가 굉장히 크다고 봐요. 그래서 이걸 잘 활용하는 지식인들은 발언에 힘이 붙을 것이고, 그렇지 못하면 아무래도 대중의 인정을 받기가 어렵게 되겠죠.

이명원 이런 부분과 관련시켜서 문학에 대해서도 한 말씀 여쭙고 싶은데요. 근대문학이 가지고 있던 퍼블릭 미디어(public media)로서의 성격이 많이 약화된 측면이 있다는 평가들이 있습니다. 심지어는 문학에 담긴 공적인 현실개입의 기능이 사실은 소멸되어가는 단계에 있는 것이 아닌가 하는 카라따니 코오진(柄谷行人)의 지적이 있는데요. 그런 와중에 선생님께서 내신 평론집『통일시대의 한국문학의 보람』을 읽어보면 오히려 역설적으로 그런 부분에 있어서 한국문학이 할 일들이 여전히 많고 그런 차원에서 더 다양성이 확보되고 있다는 시각을 보여주셨는데, 그의 견해에 대해서는 어떻게 생각하시는지요?

백낙청 카라따니 코오진은 나하고 개인적인 친분도 있고, 또 아주 훌륭한 철학자라고 생각합니다. 그러나 「근대문학의 종언」이라는 그의 글은 카라따니의 글 중에서 별로 잘 쓴 글이라고 보기는 어려워요.(웃음) 더군다나 한국문학에 대한 진단은 본인도 인정하듯이 특별한 지식이 있는 것도 아니고, 누구한테 얻어들었다는 얘기는 내가 보기에는 완전히 낭설을 잘못 들은 것이고, 그런 사람이 한국문학도 끝났다고 한마디 했다고 해서 너도나도 카라따니 코오진을 들먹이는데 나는 솔직히 어떤 때는 비애를 느낍니다. 우리가 이것밖에 안되는가 하고. 물론 한국문학에 대해서는 그가 '그래도 한국문학은 버텨줄 줄 알았더니 최근에 들으니 유수한 잡지의 편집자들이 다 문학을 떠났다더라. 그것을 보면 한국문학도 끝난 모양이다' 하는 모양인데, 글쎄 유수한 잡지의 편집자가 누구인지는 모르지만 내가 아는 잡지 편집자 중에서 현역 문인으로는 최원식(崔元植)도 있고 김명인(金明仁)도 있고 백 아무개 등 하나도 문학을 떠난 사람이 없어요. 그런 개인들의 거취를 떠나서 한국문학이 지금 문제도 많지만 문학의 종언이니 또는 더 좁혀서 카라따니가 말하는 근대문학의 종언이니 하는 주장은 가

당치 않은 얘기라고 봐요. 하나의 참고는 될 만하지만요. 또 일본문학에 대해서 하는 얘기는 상당히 재밌어요. 그러나 그 글을 보면 논리의 비약이 있고, 개념이 어떤 때는 문학을 얘기했다가 근대문학을 얘기했다가 근대소설을 얘기했다가, 어떤 얘기는 일본문학에는 해당되는데 서양문학에는 해당되지 않는 얘기도 있고, 거기다가 한국문학에 대한 얘기는 거듭 말하지만 전혀 안 맞는 얘기고. 그래서 나는 그 문장 자체가 카라따니 문장 중에서 잘 된 건 아니라고 보는 거지요.(웃음)

이명원 그러면 선생님 판단으로는 한국문학이 여전히 건재하고 한국문학의 공적 기능이 여전히 유효하며, 그것이 또 실제적으로 대중독자들에게 영향을 끼친다고 보십니까?

백낙청 대중독자들에 직접적인 영향을 미치는 정도는 아무래도 영화와 인터넷이 없던 시대에 비하면 떨어지죠. 그건 당연한 건데, 문학의 기능이라는 게 그런 것만은 아니거든요. 대중독자에게 미치는 영향도 한국문학에서는 상당한 거고요. 시집이 수천 부씩 팔리는 시인들이 우리나라에 어디 한둘입니까? 그중에는 더군다나 좋은 시집들이 수천 부, 심지어는 수만 부 팔리기도 하고요. 이것은 일본이나 영미 측의 문인이나 학자들이 보면 부러워서 죽어요. 그런 것만 보더라도 이건 독특한 판이고, 한국판을 일본이나 서양 기준으로 함부로 말할 수가 없는 거죠. 문학도 어쨌든 힘있는 신인들이 계속 나오고, 또 옛날과 달라서 수십 년씩 활동을 계속하는 원로들도 건재하고. 그러니까 이것도 구체적으로 어느 작품이 어째서 좋고 뭐는 어째서 문제고 이렇게 얘기를 해야지, 근대문학이 끝났냐 안 끝났냐 하는, 다른 사람의 별로 적절치 않은 구도설정에 맞춰서 우리가 논의할 필요는 없다는 생각이에요.

이명원 저도 카라따니의 주장 자체를 기계적으로 받아들여서 논의를 하는 것은 소모적이라는 생각이 드는데요. 거기에서 하나의 단서를 얻을 수는 있다는 생각도 드는데, 한국문학이 처한 현 상황에 대한 선생님의 긍정에 대해서는 동의하기 힘든 부분도 있습니다.

백낙청 어떤 부분이 그러신가요?

이명원 한국문학이 가지고 있는 성격 자체가…… 선생님께서는 시집을 사례로 드렸는데 제가 보기에는 기왕의 선배작가들의 영향력, 또 작품이 발휘하는 효과는 긍정할 수 있겠는데 개별적으로는 역량있는 신인들이 있기는 있는 것 같습니다. 그런데 젊은 작가들의 텍스트가 소통되는 방식이 사실은 아젠다 설정 기능은 없다고 보입니다. 그런 차원에서 지금 문단 안에서 논쟁이 벌어지고 있는 것 같습니다. 창비 진영에서 문학을 바라보는 시각, 6·15 이후의 문학이 가지고 있는 성격에 대해서 의미부여를 하는 시각, 그 독법에 대해서 말이죠. 그리고 이번에 『문학과사회』 봄호를 보니까 어림도 없는 일이다라는 식의 흥미로운 비판을 하는데 그쪽에서 비판하는 논거는 그런 것 같아요. 이광호(李光鎬), 김형중(金亨中) 등이 주로 얘기하고 있는데 소설 혹은 문학이 가지고 있던 공적인 의제설정 기능을 여전히 기대하는 것은 현실의 소설적 흐름에서 봤을 때는 다소 빗나간 분석이다, 이렇게 말하고 있는데요. 물론 그 진영에서 논의하는 부분도 제가 보기에 선생님께서 평론집에서 여전히 견지하고 계셨던 세대론을 경계해야 한다는 것이었던 것 같습니다. 그런데 이런 우려가 계속해서 드는 것이죠. 지금 활동하는 중진작가들의 활동력이 약화되었을 때 과연 그것을 대체할 수 있는 그만한 역량의 허리세대라고 할까요? 이런 작가들이 여전히 독자들과의 관계 안에서 기능할 수 있을지 의문이 듭니다.

백낙청 문학작품이 공적 의제를 설정하는 기능은 꼭 작가가 의도해서 되는 건 아니잖아요? 의도와 무관하게 어떤 작품이 나오느냐에 일차적으로 달려 있고, 또 작품이 나온 다음에는 독서대중들이 그것을 어떻게 받아들이고 어떤 담론이 전개되느냐에 따라서 달라지는데 그 과정에서 비평의 몫이 중요하죠. 그래서 공적 의제가 작품에 함축되어 있음에도 불구하고 그런 기능이 없다면 그게 없어지지는 않더라도 약화되는 거고, 또 작품에 충분히 뒷받침되지 않은 공적 의제를 비평가가 억지로 설정하려다 보면 일시적으로 반짝하는 효과가 있을지 모르지만 결국은 반론에 부딪쳐서 무너지게 되어 있는 거고……

지금 말씀하신 것을 들으면서 여러가지 주제들이 생각납니다만, 6·15시대 문제에 대해서 몇가지 얘기를 하죠. 우선 우리 집안 얘기지만 창비에서 '6·15시대 문학'이라는 주제를 내놓은 건 내가 아니거든요. 나는 분단체제 해체기를 얘기했고, 6·15시대라는 건 거기에 해당되는 거지요. 그래서 6·15시대를 얘기했고, 또 창비가 6·15시대를 중심으로 문학특집이 아닌 다른 특집을 하기도 했습니다. 그런데 이걸 문학에도 적용해보자는 얘기를 편집위원 중에 누가 했는데 정작 본인은 그 얘기를 하고 나서 한발 빼버렸어요. 그런데 순진한 한기욱(韓基煜) 교수가 (웃음) 총대를 메고 나와서 창비 안팎으로 집중포화를 맞았는데, 나는 그의 6·15시대 문학론에 대한 비판의 상당부분이 맞다고 봐요. 그건 동감을 합니다. 기본적으로는 그런 거죠. 설혹 6·15시대라는 게 있다고 해도 그걸 요새 문학작품에서 직접적인 반응을 찾아내려는 노력은 생산적이지 못하고, 또 자칫하면 어떤 걸 침소봉대하거나 작품을 왜곡해서 해석할 우려가 있다는 그런 지적은 대부분 타당하다고 봅니다.

그런데 그렇게 비판하는 사람들이 그걸로 얘기가 끝났다고 생각하면 나는 곤란하다고 봐요. 한기욱씨가 이러이러한 얘기를 했는데 이러이러한 점에서 문제가 있으니까 그걸 지적해서 '됐다' 하고 안심하고 의기양양할 것이 아니라, 그런 식의 설정을 해본 문제의식에서 타당한 건 뭔가, 또 나 자신이 과연 그런 타당한 면을 충분히 인지하고 의식하면서 지금 작업하고 있는가, 이런 걸 한번 스스로 물어볼 필요가 있다고 봅니다. 내가 아까 사회과학계를 두고 얘기할 때 어떤 건 분단을 예리하게 의식하지만 분단체제에 대한 인식이 없고, 어떤 건 체제에 대한 관심은 크지만 분단에 대한 인식은 부족하다고 말했는데 상당수의 작가들에게도 이런 비판은 통한다고 봅니다. 특히 비평가들에 대해서. 그렇기 때문에 지금 6·15시대 문학을 얘기하는 것은 무리가 따르지만 6·15시대를 한번 제대로 성찰하면서 비평작업을 할 필요는 없겠는가 하는 과제는 남아 있다고 보고요.

그런데 한기욱씨의 경우에 작품해석에서 더러 문제가 생긴 것도 있지만 그런 틀을 끌어들여서 눈에 잘 안 띄는 면을 이끌어낸 좋은 성과도 있었다고 보는데, 문제는 6·15시대에 대한 인식이 내가 보기에는 철저하지 못한 것 같아요. 가령 이런 얘기를 하잖아요. 6·15시대 말고 우리가 한국사회를 시대구분 할 때 IMF사태를 중요한 하나의 분기점으로 잡는데, 남쪽 시민들의 삶에 직접적인 영향을 미친 건 IMF가 더 크지만 한반도 전체의 역사적 흐름에서는 6·15가 더 중요하다는 이야기를 한기욱씨가 했는데, 그 자체는 맞는 얘기라고 봐요. 그런데 그렇게 말할 때 실은 적용되는 단위가 다르지 않습니까? IMF 금융위기는 주로 남한사회가 해당단위가 되는 거고, 6·15시대라는 건 한반도 전체가 일차적 단위가 되고, 또 생각하기에 따라서는 지금 6자회담 참가 당사국 모두가 관여된 동북아정세도 해당범위에 들어오는 건데, 그렇게 적용범위가 다르다보면 남한 내부의 문학과의 관계도 훨씬 더 우회적이고 성과가 나오더라도 장기적으로 나온다는 이런 식으로 가야 될 텐데 그런 의미에서 너무 단선적으로 생각한 것 같고요. 1997년과 2000년의 관계도 사실은 여기에서 길게 논의할 얘기는 아니지만 그건 우리가 좀더 정밀하게 규명해볼 문제라고 봅니다. 이거냐 저거냐 하고 양자택일할 문제가 아니거든요. IMF를 통해서 2000년으로 가는데 각기가 87년과는 어떤 관계가 있는가, 97년과 2000년은 상반되는 관계인가, 아니면 어떤 연장선상에 있는가, 아니면 연장선상에 있는 면과 97년 이래의 상황을 견제한다거나 변화하는 데도 기여하는 양면을 동시에 가지고 있는가, 이런 복잡한 문제라고 봅니다. 그래서 6·15시대문학론에 대해서는 나의 6·15시대론을 창비 편집진의 일부가 문학에 적용해보려고 한 시도인데, 그 시도에 대한 비판은 창비 편집진 내부에서도 있었고 밖에서도 있었는데 상당부분 타당하지만 그렇다고 해서 이게 끝난 얘기는 아니라고 말하고 싶어요.

이명원 창비 안에서도 고봉준(高奉準)씨가 그런 견해를 제출하고 있는 걸 잘 읽은 바 있습니다. 그런데 저는 이런 생각도 들었는데요. 여전히 반(反)창비노선이나 반민족문학노선이 남아 있는 것 같습니다. 리얼리즘론을 둘러싼, 제가 보기에는 마타도어 같은데, 이런 방식의 정서적 차원에서의 문제가 여전히 끈질기게 남아 있는 측면이 있는 것 같고, 다른 한편에서 창비 편집진에서 기획을 해서 의제설정을 하고 나왔을 텐데 편집진들이 선생님의 큰 담론과는 다른 방식의 창발적 논의를 개발하는 데 실패한 것이 아닌가. 그러니까 창비라고 하는 하나의 씨스템 자체가 어떻게 보면 재생산이라는 측면에서는 다소 실패하고 있는 측면으로 이런 양상들이 보여질 수 있지 않을까 하는 생각을 했습니다. 그래서 제가 볼 때는 어떤 특정한 하나의 역사적 사건이 있다고 해서 그게 즉각적으로 문학에 반영된다는 사유 자체가 단순론이 아닐까 하는 생각이 들었고, 선생님 말씀처럼 중기적이고 장기적인 차원에서 반향이 점점 커질 때 논리적 분석이 가능할까 하는 생각이 들었어요. 결론의 요점을 말씀드리자면 그런 비판이 항상 제기된다는 것이죠. 저 자신도 그렇지만……(웃음)

백낙청 지금 말씀하신 것은 매우 온건한 비판이고 대부분 온당한 지적인데……(웃음) 사실은 이명원 교수 자신부터 그보다는 더 근본적인 비판의식을 갖고 있잖아요. 가령 문학권력이라고 하는데, 지금 말씀하신 것도 문학권력화했기 때문에 창조적인 재생산이 잘 안되고 있다는 주장으로 이어질 수도 있겠지만 그런 주장 치고는 지금 상당히 온건하게 표현하셨는데(웃음) 더 적나라한 표현을 한 사람들도 많이 있고…… 이형도 그런 사람 중의 하나 아닌가요?

이명원 저도 그렇게 제기했는데, 제가 가지고 있는 관점은 가령 그것이 특정 개인이 가지고 있는 환원론이나 특정 집단이 가진 환원론이 아니었고, 사실은 전반적인 구조의 문제를 논의했었죠. 사실은 그 부분도 좀 오해된 측면이 있었다고 봅니다. 그래서 『인물과사상』(2007년 1월호)에서 선생님 인터뷰하신 부분을 읽으면서, 또 문학권력을 둘러싸고 있던 의제들이 선생님이 생각하는 것처럼 한쪽 측면에서 오해를 했고, 또 그것이 간단하게 정리될 문제는 여전히 아니라는 생각을 했습니다.

백낙청 『인물과사상』 인터뷰에서 문학권력론을 잠시 언급하고 넘어가면서 한편으로는 거기에 우리가 제대로 대응하지 못한 것을 인정하고 다른 한편으로는 문학권력 담론 자체에 대해서 나로서는 의문도 갖고 있다하는 정도로 얘기한 거지 후자의 얘기만 한 것은 아니잖아요? 그런데 최근에 권성우(權晟右)씨가 쓴 글을 보니까 그 대목을 딱 따서 전혀 반성의 기미가 안 보이는 걸로 비판을 했던데……(웃음)

문학권력을 얘기하기 전에 나는 하나의 일반론으로서 평론가가 꼭 문예비평만 해야 되는 건 아니고 문학사회학적인 글을 얼마든지 쓸 수 있다고 봅니다. 그런데 문학사회학적인 글을 두 가지로 나눌 수 있는데, 하나는 문학 텍스트에 대한 문학사회학적인 분석이 있죠. 그것이 좁은 의미의 문학사회학인데, 그 경우에는 텍스트에 대해서 문예비평가로서의 읽기가 기반이 되어야 한다고 봐요. 그래서 가령 최근에 다시 불거진 창비의 문학권력론에서는 박민규(朴玟奎) 소설이 하나의 촛점이 되어 있던데, 내가 볼 때는 박민규 소설을 제대로 읽지 않고 그냥 여기저기서 그의 작품의 어느 대목이라든가 혹은 그가 작품 바깥에서 한 발언을 너무 고지식하게 해석해서 '아, 그런 소설가를 인정한다는 게 말이 되느냐' 하면서 그걸 문학권력론까지 결부시키는 유형이 있어요. 어쨌든 박민규가 됐든 누가 됐든 텍스트에 대한 문학사회학적 분석은 그 텍스트에 대한 제대로 된 문예비평적인 독해가 전제되어야 한다는 걸 말씀드리고 싶고요.

그다음에는 텍스트보다는 문단사회나 출판현실, 독서계현실에 대한 사회학적인 분석이나 평가를 문학평론가가 하는 경우가 많죠. 그런데 그것도 문학평론가가 할 수 있는 일이기는 한데 그 경우에는 문학 텍스트가 일차적인 자료가 아니기 때문에 보통 사회학자가 어떤 사회현실을 분석할 때에 일차자료에 접근하려는 노력을 그 비평가도 최대한으로 해야 한다고 봅니다. 가령 창비의 구조에 대해서 얘기를 한다면 창비 바깥에 있는 사람이 제대로 와서 실증적인 조사를 한다는 게 쉬운 일은 아니지만 어쨌든 당사자에 대한 인터뷰를 한다든가 내부구조에 대해서, 내부논의에 대해서 알아볼 건 알아본다든가 그게 일차자료거든요. 그런데 그게 아니고 2차, 3차 자료에 해당하는 활자화된 자료, 신문기사 등을 가지고 하는 것은 문학사회학을 제대로 안하는 것이다, 이렇게 보는 거고요. 이 말을 하는 이유는 창비 문학권력론 중에는 그런 작품비평이 아니라 출판현실이나 창비사의 내부사정에 대한 충분한 조사가 없는 단정이 많이 들어 있는 것 같아서요. 잘 모르고 단정한 것이 맞을 수도 있지만(웃음), 어쨌든 그것은 제대로 된 문학사회학은 아니지 않느냐 하는 얘기입니다.

이명원 참고로 말씀드리면, 제가 권성우 선생 글을 읽지 못했어요.

백낙청 부산에서 『오늘의 문예비평』이라는 잡지가 나오잖아요? 사실 그 잡지에 대해서는 내 나름으로 상당한 애정을 가지고 있어요. 부산 지역에서 후배 비평가들이 참 어렵게 작업을 해온 것이 대단하다고 생각했는데, 이번에 혁신호를 냈다기에 읽게 됐습니다. 어느 한 글은 박민규에 대한 아주 비판적인 평론이었는데 그건 문학평론에 해당하는 거죠. 그런데 내가 보기에 너무 고지식하게 접근한 것 같아요. 가령 박민규의 『핑퐁』 끝에서 '세상을 언인스톨(uninstall)한다'는 걸로 결정하잖아요? 그런데 그게 정말 지구를 완전히 부정하는 반지구적인 소설로 단정할 충분한 근거인지? 박민규 소설의 경우는 텍스트의 결을 잘 따라서 읽는 것이 특히 중요하다는 게 내 생각인데, 권유리아씨의 글은 박민규의 소설에 대한 평론이고요. 이어서 권성우씨도 문제의식은 박민규나 황병승(黃炳承) 같은 사람을 너무 띄워주어 한국문학이 어디로 가느냐는 염려인데, 권성우씨 경우는 내가 박민규를 인정한 것을 가지고 창비의 문학권력론으로 다시 연결시켰는데, 거기에는 어쨌든 박민규에 대한 문학비평이 별로 없어요. 본인이 그런 게 아주 없는 건 아니고 안 쓴 것뿐이지 자기 나름대로의 판단이 있겠지만 그 판단은 권유리아씨와 대동소이하지 않은가 짐작이 되고요.

그리고 내 경우에도 가령 황종연(黃鍾淵)씨와 대담*하면서 몇몇 젊은 작가를 얘기하다가, 끝에 가서 마침 박민규의 단편집 『카스테라』가 나온 직후라서 그걸 읽고 한국 단편문학의 보람을 느꼈다고 말했는데, 그렇다고 해서 내가 유독 박민규만을 인정한 건 아니잖아요? 황종연씨 인터뷰에서 김애란(金愛爛)과 김연수(金衍洙)도 얘기했고, 또 요즘 젊은 비평가들이 전 세대는 점점 더 거론을 안하려고 하는데 앞 세대 작가들 중에서도 내가 높이 평가하는 작가들이 많고……

그것보다도 창비에 대해서 이런저런 판단을 많이 하는데 그것은 문예비평이 아니고 사회학적 분석인데 사회학적 분석을 할 거면 제대로 자료조사도 하고 분석을 해야 하지 않겠는가, 그런 생각이 들었어요. 그것은 권성우씨 개인의 문제라기보다 우리 평단에 문학평론보다 사회비평에 해당하는 글을 쓰는 사람들이 많은데…… 이명원 교수도 그런 작업을 많이 하고 나 자신도 그런데 좀 제대로 해보자는 취지죠.

이명원 이런 느낌도 제가 개인적으로 피력하고 싶은데요. 텍스트에 즉해서 작업을 안하는 건 아닌데 역시 미디어가 가진 속성도 있는 것 같습니다. 어떤 부분에선 미디어 자체가 뉴스화에 필요한 논쟁적 주제의 글들만 노출시키는 측면도 사실 있습니다.

백낙청 그렇죠. 신문에다 칼럼 쓰라고 하는데 작품비평 하면 안 실어주려고 하죠.

---

* 도전인터뷰 「무엇이 한국문학의 보람인가 — 문학평론가 백낙청과의 대화」, 『창작과비평』 2006년 봄호 — 편자.

이명원 그런 것이 개인의 입장에서는 오해의 소지가 있는 것 같고요. 사실 저 개인적으로는 지금 단계에서는 기왕에 제기된 문학권력 논쟁이 더이상 확대될 여지는 없을 것 같고 어느정도는 정리되고 해소될 단계가 아닌가 하는 느낌을 가지고 있습니다. 왜 그라냐면 그 논의가 갖고 있는 순환논법이라는 것이 논쟁이 진행되면서 비판하는 측이나 대응하는 측이나 모범답안 식의 순환논법이 제기될 수밖에 없으니까요.

백낙청 그렇죠. 그런 순화논법이라면 해소되는 게 마땅하고, 그렇지 않고 제대로 된 실증과 분석에 입각한 논의라면 창비에 대해서도 더 많이 나와주면 좋겠어요. 왜냐하면 우선 우리 편집진만 하더라도 나도 내 동료들에 대한 불만이 있고 그 사람들도 나에 대한 불만이 있을 텐데, 남이 그런 걸 좀 분석해주면 그야말로 남의 코로 숨 쉬는 것 아니겠어요?(웃음)

이명원 어쨌든 저는 논쟁 과정에서 창비를 제3자로서 보고 있잖아요? 그런데 창비가 변화해가는 와중이고 비판했던 부분에 대한 창비 나름의 탄력적 적용이랄까 이런 느낌도 가지고 있으면서 다만 창비가 갖고 있는 독법에 대해서 개인적으로는 동의할 수 없는 부분도 있고, 그런 소회가 있습니다.

백낙청 대충 할 얘기는 다 한 셈이죠? 오늘 정말 즐거웠습니다.

이명원 선생님도 긴 시간 동안 고생하셨습니다.

| 대담 |

한국사회 미래논쟁
6월항쟁 20돌 끝나지 않은 6월

백낙청(서울대 명예교수)
권태선(『한겨레』 편집인)

기고문: 변혁과 중도를 다시 생각할 때(백낙청)

1987년의 6월민주항쟁은 한마디로 남한사회의 성공한 시민혁명이었다. 물론 그 성과에 한계가 있고 이에 대한 진지한 검토가 필요하다. 그러나 6월항쟁은 4·19에서 비롯하여 부마항쟁, 광주민주항쟁으로 이어진 남한의 독재타도 운동이 드디어 확실한 열매를 맺은 획기적 사건이었다. 전국적 민중참여의 규모에서도 4·19를 능가했으며, 무엇보다도 5·16이나 5·17 같은 군사독재로의 반전이 없는 '민주화 20년'의 새 역사를 출범시켰다.

6월항쟁 또는 그 결과로 성립된 이른바 87년체제의 한계가 무엇이건

* 이 기고문과 대담은 『한겨레』 2007년 6월 16일자에 실린 것이다.

이 기본적인 사실에 대한 인식과 자부심 그리고 이에 따르는 사명감을 저버려서는 안된다. 그런데 6월항쟁을 폄하하는 태도는 진보를 자처하는 인사들 사이에 오히려 흔한 것 같다. 절차적 민주주의와 실질적 민주주의를 기계적으로 구분하여 87년 이후 전자가 달성됐을 뿐 후자는 차라리 후퇴했다거나, 6·29선언이라는 기만적 술책 때문에 다 잡은 민중승리를 놓치고 말았다는 식의 주장이 그렇다.

다른 한편 6월항쟁에 좀더 적극적인 의미를 부여하는 경우라도 87년체제의 진보성은 97년 국제통화기금(IMF) 구제금융사태로 소진되었으며 지금은 신자유주의에 의한 민중탄압이 주조를 이루는 '97년체제'에 해당한다는 해석도 있다.

이런 주장들이 각기 일면의 진실을 담았을 만큼 87년체제의 한계는 엄연하다. 더구나 이 체제가 20년이 지난 오늘에도 순탄하게 돌아가고 있다고 믿는 사람은 거의 없다. 무언가 또 한번의 돌파를 통해 다음 단계로 도약해야 할 필요성을 많은 사람들이 절실히 느끼고 있는 것이다.

요는 87년체제의 성취와 실패를 좀더 정확하고 종합적으로 파악하는 길을 찾는 일이다. 첫머리에 나는 6월항쟁을 남한사회의 성공적인 시민혁명으로 규정했는데, 이때 '남한사회'가 분단국가임으로 해서 갖는 특성과 한계에 대한 인식이 따라야 한다고 본다. 이 점은 문자 그대로 전국적인 항쟁이었던 3·1운동과 비교하면 금세 실감할 수 있다.

따라서 6월항쟁이 1953년 휴전협정 이후 본격화된 한반도 분단체제를 흔들기 시작한 것은 사실이나, 87년체제는 53년체제를 대체했다기보다 그 큰 테두리 안에서의 새 단계를 열었을 따름이라는 한계를 직시해야 한다. 이 사실을 지적하는 것은 매사를 분단 탓으로 돌리는 '분단환원론'도 아니고 통일만 되면 모든 문제가 해결된다는 '통일지상주의'도 아니다.

자본주의 세계체제의 신자유주의적 국면이라는 전지구적 차원의 현실을 감안함은 물론, 통일이라는 한반도적 과제도 남녘에서 6월항쟁과 87년체제가 이룩한 성취를 굳건히 딛고 그 문제점들은 문제점대로 차근차근 풀어나가는 과정과 결합됨으로써만 가능해지고 분단'체제'의 극복이라는 내용을 갖출 수 있음을 강조하는 것일 따름이다.

이런 의미의 한반도적 시각은 한국사회 분석에서 필수적인 조건일 텐데도 우리 학계의 논의에서는 의외로 찾아보기 힘들다. 그러다보니 '선진화'를 강조하는 쪽에서는 남북대결이 지속되는 상황에서도 남한만의 선진화가 가능하다는 환상에 젖어 남북의 화해 협력을 부질없는 친북행위로 매도하는가 하면, '평화'나 '평등'을 앞세우는 진보세력 일각에서는 남북의 재통합 과정을 슬기롭게 추진하며 관리하지 않고도 한반도에 평화가 가능하고 양극화 해소가 가능한 듯이 온갖 비현실적인 주장과 단순논리를 쏟아내기 일쑤다. 심지어 마치 분단한국에 정상적인 정당정치가 이미 확립이라도 된 것처럼 여당이 잘못했으니 야당이 집권하는 게 당연하다는 '원칙론'이 나오기도 한다.

정작 중요한 것은 선진화, 평화, 민주주의와 평등 같은 하나같이 소중한 가치를 분단된 한반도의 현실 속에 구현하는 일이 아니겠는가. 이를 위해서는 남북을 막론하고 이들 목표의 실현에 결정적 제약이 되는 분단체제를 '변혁'한다는 목적의식을 갖고, 분단체제의 실상과 동떨어진 단순논리로 인해 분열되어 있는 여러 세력이 새롭게 힘을 합쳐 참된 '중도'를 찾을 때이다. 이런 의미의 '변혁적 중도주의'가 득표전략에 치중한 정치권의 '중도통합'론과 구별됨은 물론이다. 동시에 진보노선으로서도 분단체제의 변혁작업을 건너뛴 채 곧바로 세계체제를 바꾸거나 시장논리를 극복하기를 꿈꾸는 급진노선과 다르고, 남북 각기의 내부적 변화와 개혁을 소홀히 한 채 단번에 통일국가를 건설하려는 입장과도 다르다.

그런데 2007년 한국의 정치현실은 급진세력이나 온건개혁세력보다 그동안 53년체제에 안주해왔으면서도 유독 87년체제에 불만을 품고 올해 대선을 통해 '선진화' 체제를 새로 출범시키겠다는 세력이 우세한 실정이다. 나는 이들이 선거에 이기더라도 (일부 강경론자들이 호언하듯이) 지난 10년의 개혁 성과를 완전히 뒤엎거나 6·15공동선언을 폐기할 거라고 걱정하지는 않는다. 그보다는 87년체제를 극복하기는커녕 그 남은 목숨을 연장하여 소모적인 남남갈등과 남북대결을 더욱 부추길 위험이 크다고 본다.

진정한 '진보논쟁'이라면 마땅히 이런 현실적 위험에서 출발하여 그 원인을 캐고 대응책을 궁리해야 할 터인데, 처음부터 정권의 실패냐 개혁세력의 실패냐를 따지는 식으로 출발하는 것은 누구 좋으라고 하는 논쟁인지 모를 일이다.

끝으로 '변혁'과 '중도주의'라는 얼핏 상충되는 개념들의 결합이 가능한 것은 우리가 한반도식 통일이라는 특유의 역사 한복판에 자리하고 있기 때문임을 상기하고자 한다. 남북은 6·15공동선언을 통해 기왕의 어떤 분단국가도 못 가본 평화적일뿐더러 점진적이고 단계적인 통합의 길에 합의해놓은 상태니만큼 이 합의의 실천에 양극단이 배제된 광범위한 세력이 동참할 때, 전쟁이나 혁명이 아니면서도 점진적인 개혁의 누적이 참된 변혁으로 이어지는 일이 가능할 것이다. 6월항쟁 20주년을 맞은 한국사회가 이러한 개혁과 변혁을 위한 대통합을 이룩할 수 있기 바란다.

대담

권태선 6월항쟁을 올해 첫번째 국가기념일로 맞았는데 기념일로 정했지만 6월항쟁과 이후 87년체제에 대한 평가는 다양하다. 20년이 흘러서 후배들에게는 이제 역사의 차원이 됐다. 당시 선생님은 어떤 역할 하셨나.

백낙청 계간 『창작과비평』이 80년에 폐간됐고 85년에 출판사 등록마저 취소됐다. 86년 창작사라는 이름으로 출판사 등록을 다시 냈다. 출판사 등록취소당한 계기가 『창작과비평』이라는 무크지를 냈기 때문이었는데 87년 들어 『창비 1987』이라는 이름으로 무크지를 다시 내기로 했다. 또 무슨 파란이 일어날지 모르는 상황이었다. 그 일에 매진하고 국본(민주헌법쟁취 국민운동본부) 지도부에는 참여하지 않았다. 데모현장에 더러더러 나갔지만 열성파는 아니었다. 『창비 1987』이 출간된 것은 6·29선언 직후였지만 준비 당시에는 또 한번 군사독재에 도전한다는 마음이었다. 『창비 1987』이 나와서도 무사하고 이듬해 계간지가 복간되고 창작과비평사 이름도 되찾은 건 6월항쟁 덕분이다.

권태선 6월항쟁에 대해 노무현 대통령은 '절반의 승리, 미완의 승리'라고 했고, 보수세력은 전반부 10년은 언급 않은 채 후반부 10년을 '잃어버린 10년'이라고 한다. 최장집 교수(고려대) 같은 분은 87년 민주화 이후 한국사회가 질적으로 더 나빠졌다고까지 평가한다. 선생님은 성공한 시민혁명이라고 하셨는데, 그렇게 보는 근거는 무엇인가?

백낙청 미완의 혁명이라거나 실패했다고 하는 것은 비현실적인 목표를 세워놓고 규정하는 자의적인 판단이다. 노무현 대통령이 '절반의 승리'를 말하는 것은 민주화가 아직도 더 진행되어야 한다는 뜻에서는 공감하지만 한반도적 시각이 빠져 있다. 남한상황만 놓고 수구세력과 민주세력을 갈라놓는 것은 분단체제 변혁을 위해 합리적 보수까지 함께 가야 한다는 시대적 과제에 어울리는 설정이 아니라고 본다.

'잃어버린 10년' 주장은 말이 안된다. 그러나 지난 10년만 너무 따로 떼어 옹호하는 것도 보수진영의 논리에 말려드는 것이다. 요즘 독재와 권위주의를 섞어 쓰는데, 이승만·박정희·전두환 정권은 독재였고 노태우 정권은 권위주의지만 독재는 아니었다. 민주화 20년의 연속성도 보아야 한다. 최근 10년의 가장 중요한 성과 중 하나는 2000년 6·15공동선언인데, 이는 98년의 정권교체 없이는 불가능한 일이었지만 노태우정권 하의 남북연합 제안이라든가 91년 남북기본합의서에 뿌리를 둔 것이기도 하다. 지난 20년을 실질적 민주주의의 후퇴라는 주장에도 동의할 수 없다. 97년 외환위기 이후에 양극화가 심해지는 등 일부 진실을 반영하고 있지만, 절차적 민주주의의 진전이라든가 과거사 진상규명이라든가 6·15선언 이후 한국경제의 안정이라든가 이런 것들도 다 실질적 민주주의의 일부를 이루는 것이므로 좀더 종합적인 판단이 필요하다.

권태선 잃어버린 10년 주장에 대한 공감이 있는 것은 일반민중들이 체감하는 경제적 상황이 연관돼 있는 것으로 여겨진다.

백낙청 대중들에게 양극화는 생활상의 어려움으로 분명하게 다가온다. 그래서 과거 10년의 역사 혹은 20년의 역사가 실패다라는 말이 귀에 쏙쏙 들어올 수 있다. 하지만 정치인이 아닌 학자들까지 그렇게 선동적으로 말해야 되는가? 가령 과거 억울하게 희생당한 사람들을 복권하는 조치, 이런 것은 직접 관련 안된 사람들은 기분이 좀 좋기는 해도 생활에 와닿지는 않는 문제이고 6·15시대의 개막으로 인해서 국민 전체가 엄청난 혜택을 보지만 직접적인 이득을 봤다고 실감하는 사람은 제한돼 있다. 그러나 이런 것을 제대로 정리하는 게 학문하는 사람들의 의무다.

권태선 97년 이후 양극화의 심화와 사회경제적 민주화의 지연은 외환위기에서 비롯된 것인가? 87년체제 자체 안에 그런 한계를 내포하고 있는 것은 아닌가.

백낙청 시장만능주의적 세계화가 전 지구를 휩쓸고 있는 현실에서 아이엠에프 위기가 아니더라도 양극화는 어느정도 불가피했다고 본다. 그런 대세를 결정적으로 반전시키는 체제변화를 성공한 혁명이라 한다면, 그것은 시민혁명 이후 제2의 혁명이다. 분단체제가 엄연히 존재하는 상황에서 그런 제2의 혁명을 실현가능한 목표로 설정하고 그것이 안됐다고 해서 정권을 탓하고 자유주의자를 탓하는 게 온당한지에 대해 문제제기하고 싶다. 그 점에 대해서는 설혹 통일을 이룩하더라도 세계시장의 원리에서 즉각 벗어나기는 불가능하다는 비관적 논리를 펴왔다.

그런데 이것이 시장논리를 완전히 벗어나느냐 완전히 종속되느냐의 흑백논리로 가를 사안은 아니다. 87년체제의 성취를 바탕으로 남북의 점진적 재통합을 추진하는 과정에서 시장만능주의의 위력을 견제하고 감소시키는 우리 내부의 변화가 가능하다고 보고, 그래서 변혁적 중도주의를 얘기한다. 그런 시각을 빼고서 우리가 신자유주의에 대해서 경제적 민주주의가 완전한 우위에 서는 새로운 사회체제(87년체제 이후)를 남한사회 내에서만 설계하고 달성할 수 있다고 보는 것은 비현실적이다.

권태선 최장집 교수는 한국 민주주의 발전과 관련해 정당의 중요성을 강조한다. 민주화가 제대로 되려면 국민들이 자신의 이념이랄까, 지향에 맞는 정당을 선택할 수 있어야 한다는 것은 맞는 이야기이다. 그러나 우리의 현실에서 그런 정당정치를 어렵게 하는 요소가 분명히 있고, 그렇기 때문에 어떻게 그것을 가능한 일로 만들어낼 수 있는가에 대한 고민이 필요하다고 보는데…….

백낙청 한국은 분단된 현실 속에서 짧은 기간에 경제성장을 했고 획기적인 민주화를 이뤘다. 독일과 달리 동족상잔을 경험했는데도 평화적이고 점진적인 통일에 합의해서 진전시키고 있다. 이런 나라는 세상 어디에도 없다. 따라서 사회발전의 모델도 이런 현실에 맞는 한국 모델을 창안해야 한다. 이 과정에서 북구·프랑스·독일 등의 모델도 공부하고 우리에게 가장 큰 영향을 미치는 영미식 자본주의도 공부해야 한다.

그러나 기성의 어느 모델이 좋으니까 그걸 따라가자는 논의들은 그 나물에 그 밥이다. 정당정치의 경우도 마찬가지다. 이런 사회에 정당정치를 어떻게 꽃피울지를 고민해야 한다. 한국에 정상적인 정당정치가 없다는 것은 맞다. 이런 문제점이 지적될 때면 우익이나 보수쪽은 '분단현실의 특수성'이라는 답을 내놓는다. 액면대로 보면 맞는 말이다. 다만 그들은 분단현실의 특수성을 오히려 간직하고 싶어하고 특수상황의 억압들을 항구적인 걸로 받아들이려 한다. 분단이라는 특수성이야말로 우리사회 모든 논객과 사회과학자들이 붙들고 씨름해야 할 화두이다. 분단현실의 억압성도 있고 동시에 분단현실을 완화, 해소해가는 한반도 특유의 개방성도 있는데, 분단의 특수성이란 담론을 보수파에게 넘겨주거나 반미자주 통일의 단순논리에나 맡겨두고 있으니 이건 지식인사회의 엄청난 직무유기다.

권태선 지난해 북이 핵실험 했을 때 남한사회가 예전만큼 흔들리지 않았다. 일부에서는 이를 두고 북한 변수는 이제 그렇게 중요하지 않은 사안이 됐다며 남한만의 발전전략을 주장하기도 한다.

백낙청 북한 핵실험 이후 남한사회의 반응은 6·15 이후 우리 사회의 역량이 늘어난 때문이다. 그러나 분단체제와 관련해서 중요하게 지적할 점은 북에서 핵실험을 하고 한반도 긴장이 다시 높아지니 분단체제가 복원되는 게 아닌가 하는데 그렇지 않다는 점이다. 북의 핵실험은 분단체제가 다시 안정되는 것이 불가능하기 때문에 현상타파를 위해 극단적 수단을 동원했다고 봐야 한다.

남한만의 발전을 이야기하지만, 우리가 북을 잊어버리고 살려고 한다고 북이 고분고분히 잊혀져주는가. 북은 자신들에게 불리한 질서를 타파하기 위해서 온갖 수단을 다 쓰게 마련이고 핵무기 개발까지도 한다. 핵실험 얼마 뒤 다시 6자회담 테이블에 나오고 부시도 정책을 바꿨기 망정이지 2차 실험까지 갔으면 아무리 우리 내부가 성숙했더라도 국가신인도가 떨어지고 어디서 어떤 충돌과 혼란이 발생할지 예견할 수 없는 일이었다. 남한이 북을 적대시하면서 혼자만 선진화하는 것은 현실적으로 어렵다는 걸 인정해야 한다. 당장 통일은 안 하더라도 남북관계를 풀어가면서 선진화해야 하고 궁극적으로 한반도 전체를 선진화하겠다는 비전이 있어야 한다. 그것 없는 선진화론은 또하나의 허상이다. 나쁜 경우는 남북대결을 조장하면서 기득권을 강화하는 입장을 미화하는 이름일 수 있다.

권태선 선진화 얘기 나왔으니 말씀인데 보수진영의 선진화 담론이 우리 민족의 미래전략으로 타당한가?

백낙청 선진화의 내용을 따져봐야 한다. 한편으로는 선진화 구호를 보수진영에 고스란히 넘겨주고, 다른 한편으로는 대중들이 실감할 수 없는 얘기만 해대는 것은 중대한 정치적 오류다. 민주화되고 인권이 보장되고 지난날의 어두운 현실이 햇볕에 드러나는 거야말로 선진화의 일부다. 왜 신자유주의에 편승해서 경제성장하는 것만이 선진화인가? 우리사회의 개혁진보세력이 선진화담론 자체를 적극적으로 수용해서 기존의 선진화론자들과 접점도 찾고 잘못된 것 적극적으로 비판도 해야 한다. 나 자신은 '한반도 선진사회'라는 걸 내세운 바 있다.

권태선 올 대선은 민주화의 미래를 가름하는 커다란 의미를 갖는다. 그러나 진보진영에서는 아직 뚜렷한 주자도 내지 못하고 있는 상황이다. 일부에선 이와 관련해 한나라당에 정권을 넘겨줄 수 있는 것도 민주화라고 주장하는 사람들도 있는 반면 선생님께선 개혁진영의 단결을 주장하시는데…….

백낙청 나뿐 아니라 그렇게 생각하는 사람이 대다수라 믿는다. 다만 실현방법이 아직 눈에 잘 안 보인다. 나는 현실정치 전문가가 아니라서 답을 제시할 수 없지만 더 기다려볼 문제다. 미리 찬물을 끼얹을 필요는 없다. 일각에서는 올해 대선을 통해 잃어버린 10년을 되찾고 전혀 다른 선진화 체제를 출범시켜야 한다고 주장한다. 내가 말하는 것은 그런 쪽의 승리가 불가능하다는 얘기가 아니다. 또 그쪽이 승리했을 때 퇴보가 이뤄지지 않는다고 장담하는 것도 아니다. 다만, 그 세력이 승리하더라도 그때의 퇴보는 87년체제의 말기증상을 확대하고 연장하는 퇴보이지, 87년체제와 본질적으로 다른 체제를 출범시킬 수는 없다고 본다. 우리의 선택은 87년체제를 질질 끌고 갈 것인가 아니면 변혁적 중도주의라는 유일한 타개원칙을 중심에 놓고 그에 걸맞는 정책배합, 세력연합을 이뤄내는가 하는 것이다.

87년체제의 양대 흐름을 민주화와 경제적 자유화로 보면서 지금 양자가 교착상태에 빠졌고 오히려 경제적 자유화가 우위에 서게 되었다는 김종엽(金鍾曄) 교수(한신대)의 주장은 설득력이 있다. 그런데 나는 87년체제를 좀 더 정확히 보려면 세 개의 흐름을 봐야 한다고 생각한다. 민주화, 경제적 자유화, 그리고 남북의 접근이다. 이 셋의 배합이 지금 일종의 교착상태에 빠진 것이 현재의 위기다. 우리가 87년체제 이후의 새 체제를 출범시킨다 해도 셋 중에 어느 하나를 청산한다든가 완전히 제압하는 해법은 없다. 민주화의 원칙이 확실히 견지되고 남북접근도 시민참여를 확대하는 방식으로 이뤄지면서 경제적 자유화도 우리 실정에 맞게 진행시키는 새로운 배합이 필요하다. 현싯점에서 신자유주의를 완전히 압도하는 체제는 불가능하기 때문에 대중의 생활상의 복지라든가 정부정책의 공공성이 어느정도는 관철되는 경제적 자유화 방안을 찾아야 한다. 세 흐름의 이런 새로운 배합을 이루는 원리가 변혁적 중도주의다.

권태선 지난해 북이 핵실험 했을 때 남한사회가 예전만큼 흔들리지 않았는데, 선생님은 남한이 그 정도를 감수할 수 있는 역량이 쌓여서 그렇다고 보는지.

백낙청 6·15공동선언 이후 남북화해가 진전이 됐고, 남한사회의 독자적인 진전이 있었던 것도 엄연한 사실이다. 그러나 분단체제와 관련해서 중요하게 지적할 점은 북에서 핵실험을 하고 한반도 긴장이 다시 높아지니 분단체제가 복원되는 게 아닌가 하는데 그렇지 않다. 북의 핵실험은 분단체제가 다시 안정되는 것이 불가능하기 때문에 현상타파를 위해 극단적 수단을 동원했다고 봐야 한다. 분단체제의 재안정화가 불가능하다는 증거로 볼 수 있다.

권태선 '변혁적 중도주의'와 관련해 양 극단을 배제한 민족해방·민중민주·시민민주 진영 등 3자가 함께 연대해야 한다고 주장했는데. 현실적으로 그것을 가능하게 할 동력이 있을지……

백낙청 현실적으로도 그렇게 가고 있다. 기존의 방향 그대로 가려는 이들은 맥을 못 추게 되어 있다. 많은 대중이 당장에 쉽게 공감하는 온건개혁을 주장하는 사람들 가운데 한반도 전체를 설계하는 변화가 아니면 개혁도 제대로 안 된다는 걸 깨닫는 사람들이 많아지고 있다. 정치권에서도 남북접근이나 평화문제를 경제성장, 시민들의 생활향상과 결부시키는 주장이 나오고 있다. 좁은 의미의 좌파가 여전히 세력을 갖고 있지만 그 논리만 가지고는 자기들 목표를 실현할 기회가 안 돌아올 거라는 게 점점 분명해지고 있다. 민족해방을 주장하는 급진적 통일론자들과도 소통해서 북한에 대한 인식을 정리하면서 온건개혁세력과의 연대전략도 세워야 한다는 인식이 더욱 확산될 것이다. 이런 인식의 진전을 이룩해가는 여러 세력을 합칠 수 있는 게 변혁적 중도주의다. 물론 변혁적 중도주의라는 용어 자체는 선거용 구호는 아니다. 다만 그런 방향이 아니고는 대선정국에서도 세력집결이 어려울 것이며 한반도 현실에 맞는 생산적인 담론이 나오지 못할 것이다.

권태선 남북문제를 푸는 데 시민참여형 방식을 얘기했는데 부연설명을 한다면……

백낙청 쉽게 말해 무력통일을 할 경우에도 대대적인 민중동원이 이뤄지지만 그건 시민의 자발적 참여와 다르다. 또 평화통일을 하더라도 독일처럼 급속하게 해버리면 정권과 기득권세력이 주도하고 시민들은 선거를 통해 추인하거나 통일의 뒷감당을 하는 역할을 주로 맡게 된다. 한반도에서는 남북 정상이 만나 서두르지 않고 단계적으로 통일하자고 합의했다. 두 정상이 합의할 때 원했든 원하지 않았든 일단 그런 합의가 성립하고나면 시민들이 끼어들 여지가 많이 생긴다. 더구나 우리 남쪽의 시민사회를 보면 끼어들 여지가 생기면 반드시 끼어든다. 시민사회를 넓은 의미로 이해하면, 그간 어려운 조건 속에서도 기업인까지 포함한 시민사회가 이미 참여해왔고 북미관계가 개선될 경우 획기적으로 증가할 것이다.

권태선 올 대선에선 개인적으로 어떤 입장인가?

백낙청 6·15남측위원회 대표는 현실정치에 대해 다소 초연한 자세를 취하는 게 어울린다고 믿는다.

6·15평양축전을 다녀와서

머리발언(백낙청)

우선 이번 6·15 7돌 평양 대축전에서는 6월 15일에 예정된 민족단합대회가 제때 열리지 못하고 이틀 뒤에 열렸다. 그 과정에서 참여하신 모든 분들이 많은 고통을 겪었기 때문에 저를 포함한 남·북·해외의 위원장들이 민족단합대회장에서 사과를 한 바가 있다. 그 점에 대해서는 제가 어제 남측위 운영위원회를 하면서도 남측 관련자들에게 남측 단장으로서의 사과를 거듭 드렸다.

■ 인터넷통일언론기자단과의 이 간담회는 2007년 6월 28일 한국언론재단 회의실에서 진행되었으며 내용은 『통일뉴스』 김치관·박현범 기자가 정리했다(『통일뉴스』 2007년 6월 29일자). 단, 〔 〕에 넣은 대목은 6·15남측위원회 대변인실에서 좀더 분명한 전달을 위해 추가하여 남측위 홈페이지에 올린 것이다.

파행이기는 했지만, 결과적으로는 상당한 성과가 있었다고 개인적으로 평가한다. 밝혀둘 것은 아직까지는 6·15남측위 전체의 공식 평가가 아니고 개인적인 평가라는 점이다. 우리가 지금 각 단위로부터 평가 의견을 받는 중이고, 제대로 수집이 되면 그걸 바탕으로 한번 모여서 솔직한 의견교환을 할 예정이다. 그때까지는 개인적인 의견을 말씀드리는 것인데, 비록 파행이었지만 어떤 의미에서는 그것이 파행이었던 것만큼이나 두드러진 성과였다, 이렇게 평가한다.

왜냐하면, 첫째 파행하는 과정에서 남과 북 사이의 깊은 대화가 오갔고, 그냥 원만하게 진행됐으면 알 수 없었을 그런 면까지 서로를 깊이 이해하는 계기가 되었다. 물론 이렇게 서로 깊은 속만 보고서 끝끝내 대회가 무산됐다면 성과라 볼 수 없고 실패라고 봐야겠지만, 비록 제때에는 못했지만 이틀 뒤 원만하게 단합대회를 치렀다는 점에서 이번에 성과가 컸고, 이것은 우리 남측위뿐만 아니라 북측위를 포함한 6·15민족공동위가 자랑해도 좋을 성과라고 말하고 싶다.

그런데 거듭 말씀드리지만, 여기에 대해서는 남측위 내부에서 많은 의견들이 있고, 이것을 종합하고 서로 조절하고 하는 과정이 꽤 복잡하지 않을까 싶은데, 개인의 생각은 그렇다.

이번 6·15가 그런 파행을 겪었기 때문에 8월.대회, 광복절기념 부산 축전이 제대로 될까 하고 염려하는 사람들도 많다. 실제로 이번 경험으로 볼 때 여러가지 부담되는 사항들이 있는 것은 사실이다.

그러나 첫째는 지금 큰 틀에서 북미관계가 잘 풀려가고 있고, 한반도 긴장이 완화되고 있고, 남북당국관계도 이제 회복단계로 들어갔기 때문에 이번 8월에는 제가 속단할 일은 아니지만, 남쪽 당국이 적극적으로 나서서 북쪽 당국을 초청하는 가운데 8·15행사가 벌어지지 않을까 이렇게 기대하고 예측한다.

사실은 이 민간행사에 당국이 끼어들면 여러가지 복잡한 일이 많지만,

남북관계의 진전에서는 통일대축전에 당국이 끼어드는 것이 바람직한 일이고, 그것을 위해 다소의 불편을 감수할 용의가 돼 있다.

큰 틀에서 그렇게 잘 풀려가고 있기 때문에 8·15행사가 잘 성사가 될 것 같다. 부담되는 사항이 있지만, 이번 경험을 통해서 서로가 어떤 문제점이 있다는 것을 확실히 깨달았고, 어떤 문제는 절충되고 어떤 문제는 절충이 안된다는 것을 깨달은 바가 있기 때문에 미리미리 협의를 해서 잘 풀어나가도록 하겠다.

이번 평양행사의 파행에 대해서 우리 남측위에서는 결국 북측이 받아들일 수 없는 조처를 취했기 때문에 이 사태가 벌어졌다고 인식하고 있기는 하지만, 그 후에 이것을 어떻게든지 수습하기 위해서 북측위에서 많은 성의있는 노력을 했고, 그래서 대회가 결국 잘 치러지는 데 북측위가 기여를 많이 했다고 평가하고, 그 점에 대해서는 고맙게 생각하고 있다.

질문·답변

■ 6·15 7년이 됐는데, 전문분야인 문학에서 6·15 전과 후에 변화가 있는지?

백낙청 문학평론가이기는 하지만, 북한문학에 대해서 아는 것이 참 적다. 북의 문단과 관련해서 문학작품이라기보다도 남북교류 차원의 일로서 작년에 6·15민족문학인협회가 구성됐다. 그래서 '통일문학'이라는 잡지를 공동으로 내기로 했는데, 지금 진행중이다.

자세한 내용은 모르지만, 남쪽에서 읽은 북쪽 작품들 중에서 우리가 추천하는 작품을 선정하고, 북쪽 사람들이 남쪽 작품들 중에서 추천한다. 그게 예비 리스트가 돼서 그걸 놓고서 양쪽에서 공동으로 선발해서 싣게 돼 있다. 남북이 서로 받아들일 수 없는 작품은 처음부터 제외가 된다. 이번에 평양 가서 아마 남쪽에서 선정한 작품을 북에 통보를 해주고 온 것으로 알고 있는데, 그 중에는 꽤 괜찮은 작품이 있다고 들었다.

남북교류가 실질적으로 이루어지고 있다는 것이 옛날과 다른 점이고, 또 작품내용에 대해서 간접적으로 들은 것이지만, 내용적으로 괜찮은 작품들이 더러 있다. 그것이 몇년 전보다 얼마나 더 좋아졌는지, 전부터 늘 그 정도의 좋은 작품이 있었던 것인지, 여기에 대해서는 잘 판단을 못하겠다.

■ 이번에 북측에서 추천한 작품들은 어떤 것들이 있나?

백낙청 남측 것만 전달했고, 북측 것은 전달받지 않았다. 남측 작품을 북에서 읽고서 좋은 것 통보를 해주는데 그것이 아직 안 왔다. 그것이 와도 남쪽에서 제외할 수도 있는 것이다. 1차적으로 예비명단을 각자가 만드는 것이고, 최종 수록작품을 뽑는 것은 공동으로 하는 것이다.

■ 최종작품이 나오기 까지는 얼마나 걸릴지?

백낙청 협회에 직접 관여는 하고 있지 않아서 잘 모른다.

■ 남측위 내부에서 논란이 되고 있는 것 중 하나로, 내부 민주주의가 제대로 작동됐느냐를 제기하는 것에 대해서는?

백낙청 사실은 남측위가 무슨 제왕적인 상임대표제라거나 그런 것은 결코 아닌데, 첫째는 씨스템 상으로 아직 미비한 점이 많다. 그러니까 운영위원회니 대표자회의니 전부 회의기구들이다. 집행위원장 역시 5명이나 된다. 각기 다른 세력이랄까, 분야를 대표한다. 집행위원장단도 집행기구라기보다는 오히려 정무적인 성격이 강한 회의체다.

그러니까 결국은 집행에 직접 책임지는 사람은 상임대표와 사무처장이다. 단일 상임대표와 단일 사무처장 사이에 다른 집행책임자가 없는 것이다. 취임할 때부터 누가 있어야 되지 않느냐, 무슨 기구가 있어야 하지 않느냐 수없이 요구했으나 합의가 되지 않는다. 어떻게 보면 민주적 절차를 합의하려 하는데 합의가 되지 않는 상황이다. 그런 데 따른 집행상의 여러 가지 문제점이 있다.

그다음에 평양에 가서 급박한 상황을 만나는데, 그러면 거기서 휴대폰이 되는 것도 아니고, 이메일이 되는 것도 아니고, 조별로 나눠서 이리 뛰고 저리 뛰고 연락하고. 게다가 협상이라는 것은 매번 회의를 해서 민주적으로 결정할 수도 없는 일이고, 그렇기 때문에 민주주의 실행에 불가피하게 제약이 생기는 것이다.

두 가지 그런 사정이 있다는 것을 말씀드리고, 그럼에도 불구하고 우리 집행부에서 잘못한 것이 많이 있다. 나 자신이 대표단에 그때그때 충분한 설명과 보고를 못 드린 점에 대해서 거듭 사과했고, 집행위원장단도 1차 사과를 했지만, 좀더 명백하게 자신들의 입장을 정리해서 전달하리라고 믿고 있다.

나 자신은 그런 어려운 여건 속에서, 또 씨스템 상 책임지기 어려운 상황에서 집행위원장들이 얼마나 동분서주하면서 고생했는지를 알기 때문에 최종 책임을 내가 지면 졌지, 그 사람들에게 어느 수준 이상의 책임을 지우기는 어렵다고 판단하고 있는데, 집행위원장들 자신이 한번 이런 여론을 충분히 감안해서 입장을 정리하겠다고 하니까 〔결과를 본 뒤 다시 말씀드리겠다〕.

■ 행사 파행의 계기가 박계동(朴啓東) 의원 주석단 배치문제, 그것에서 비롯된 것으로 알고 있는데, 그 이후로 상임대표께서 말씀하시기를 "남측 위가 정당과 종교, 단체로 조직된 조직이어서 배제하는 것은 받아들일 수 없다"했는데, 언론본부가 논평에서 "'6·15공동선언을 실천하여 민족의 화해와 단합, 통일을 이룩하려는' 부분을 빼고 말했다"고 비판하고 있는데.

백낙청 그 부분을 전제하고 한 얘기다. 6·15공동선언에 정면으로 반대하는 당론을 가진 국회의원이라면 갈 수가 없다. 그렇지 않겠나? 당의 승인을 받아서 간 사람들인데. 각 당 원내대표실에 의원추천을 의뢰해서 선임된 사람들인데, 그 사람들을 보낸다는 것은 일단 6·15행사에 동참하겠다는 의사의 표시고, 한나라당 의원들 자신도 강조하는 것은 한나라당이 6·15합의정신 자체를 부정이 아니라, 이행과정에 대한 문제를 제기해왔다 이렇게 얘기하고 있다. 그것을 나는 전제하고 말한 것이지. 빠진 게 6·15 남측위 대표가 규약도 모르고 함부로 떠들었다고 이건 아니라고 생각한다.

얘기가 나왔으니 말인데, 언론본부 논평이라는 것은 형식이나 내용에다 문제가 있다. 형식상에서는 지금 우리가 각 부문본부나 각 분야의 평가 의견서를 접수하고 있는 중인데, 유독 언론본부만은 직접 논평을 냈다. 언론이니까 이거는 6·15남측위 내부의 부문본부가 아니고 별도의 언론기관이라 생각하는지 모르겠지만, 나는 그 점에 대해서 의견이 다르다. 논평은 언론인, 종교인 누구나 낼 수 있는 것이지만 그래도 조직내 부문본부라면 조직내에서 의견표명을 먼저 하고 사실관계를 더 확인하고 결과를 봐서 필요하다면 논평을 내는 것이 수순이라고 본다.

내용에서도 세세히 따질 생각은 없지만, 더군다나 언론계 취재경험이 있는 분들이라면 사실관계 확인이라든가 절차를 거쳐서 의견을 내는 것이 합당하다고 생각한다.

■ 강재섭(姜在涉, 한나라당) 대표가 대표단이 갔다와서 박계동 의원도 위원회 회의도 들어가고, "이번에 간 의원들은 당 차원에서 공식적으로 대표단 형태로 간 것이 아니고, 개인 차원에서 간 것이다"고 직접 확인을 해줬다. 사실관계라 하는 것은 저희 논평이 예들 들어 남측위가 무조건 잘못했다가 아니고, 남측 집행부의 협동사무처장, 북측의 여러가지 얘기들을 종합해보고, 또 중론의 입장에서 논란이 있기에 이 부분에서 남측위 집행위나 책임있는 해명이 필요하다는 것을 제기를 한 것이다.

북쪽 사람들은 그런다. 자신들은 박계동 의원을 배제할 생각도 없었고, 언론에서 마치 의도적으로 배제를 하고, 마치 12월 대선에서 북과 한나라 대결인 양 몰아가고 확대보도하니까, 거기에 대해서 대단히 유감스러워하며 "우리는 전혀 그런 의도 없었다" 하면서, 발단 부분은 좁게 하자면 단상배치 부분이라고 얘기를 했고, 그 부분은 남측위 집행위 간부, 협동사무처장 차원에서 확인을 해줬다. 사실관계 확인을 하지 않고 했다는 것은 대표님이 잘못 알고 계시거나 동의하지 않으시는 차원의 문제이다.

왜 당일 발표를 할 때, 상임대표도 그렇고, 인사말을 하면서 북측이 박계동의원 주석단참여를 배제했기 때문에 남측 입장에서 도저히 받아들일 수 없는 안이기 때문에 대회가 무산이 됐다 이렇게 발표를 했지 않는가?

〔배석했던 정현곤(鄭鉉坤) 남측위 사무처장이 이 대목에서 비보도를 전제로 상세한 사실관계를 설명함.〕*

백낙청 각자가 아는 것이 다른데, 나대로 종합해서 보고를 받지 않는가. 실무진이 아니라도 내가 좀 다양하게 여러 면으로 아는 것이 있고, 안경호 위원장하고 나하고 오간 사이의 얘기는 내가 잘 알지 않나? 단둘이 밀담한 것은 없다. 〔집행위원장 두 사람이〕 배석하고 얘기했으니까 〔내가 나중에 멋대로 꾸며댈 수도 없는 일이고〕 내 말을 좀 신용을 하라는 뜻으로 한 얘기다.

말을 다 안하는 이유는 지금 그래도 이렇게 원만하게 수습이 됐고, 북측위가 성의를 보였고, 어떻게 보면 남측위 이상으로 북측위도 상처를 받았을지 모르는데, 이걸 까발려가지고 민족공동위 전체 입장을 난처하게 할 필요가 있을까 이런 생각이다.

■ 현장에 있을 때, 그런 일이 벌어지고, 그 얘기를 처음 들은 대표단들 입장에서는 상당히 당황스러운 부분이고, 어쨌든 이구동성으로 대회는 성사돼야 된다는 부분은 같았던 것 같다. 그런 취지로 설명도 하고 말씀도

* 이후 6·15남측위의 여러 정파가 두루 참여하는 집행위원회에서 훨씬 자세한 사실관계를 '상황일지'라는 내부문건으로 정리하여 6·15축전평가 공동대표워크숍(7. 12)에 제출했고, 이 문건은 7월 26일 개성에서 열린 실무접촉에서 북측에도 전달되어 북측의 남측위 책임론에 종지부를 찍었다 — 편자.

하고, 몇분은 또 중요한 제안도 하셨는데, 유감스럽게도 공동집행위원장 중의 한 분께서, 대표단 일부의, 소수의 의견이라 할지라도 그러한 부분을 "선동하지 말라"는 표현을 하면서 발언을 제지했다.

백낙청 개별적인 행동 중 바람직하지 못한 것 짚기 시작하면 그런 행동은 여기도 있고, 저기도 있다. 발단 경위를 캐기 시작하면 서로가 할 말 많을 텐데, 나는 적어도 민족공동위원회의 공동위원장의 한사람으로서는 지금 싯점에서는 말을 아끼는 것이 도리다 이렇게 판단하고 있다.

■ 어쨌든 참여한 대표들 입장에서는 공동위집행위원장은 남측위의 중요한 실무를 총괄하고 대표 단위에서 선출돼서 그 일을 하시는 분들인데, 일부이기는 하지만 그런 발언들이 거기 있던 사람들에게 엄청난 상처를 줬다. 그런 부분들을 이해해주길 바란다.

백낙청 여러가지 다른 의미로 상처받는 사람이 많다. 그러니까 서로가 자기하고 입장이 다른 사람들의 경우만 문제삼기 시작하면 상처가 오히려 깊어진다는 생각이다.

■ 논란이 벌어지고 있는 이유 중 하나는 사실관계도 충분히 납득되지 않는 게 있는 것 같다. 내부적으로도 아직 정리가 되지 않은 것 같고, 외부에서 본 사람들 입장에서는 왜 그런지 내막을 알고 싶은데 충분히 명쾌하게 알려지지 않기 때문에 여러가지 해석이 나올 수 있다. 나름대로 언론본부 측에서 최대한으로 정보를 취합한 거지만, 전체를 이해하기엔 부족했다. 그런 측면에서 어떤 형태로든 6·15민족단합대회가 이틀 동안 파행을 겪은 것에 대해서 과정의 사실관계를 최대한 공개해주시길 바란다.

백낙청 〔공동취재단에서 이미 보도한 내용인데〕 순안공항에서 나하고 안 위원장하고 주고받은 대화가 있었다. 안 위원장은 〔내가 남쪽에 가서 이번 사태에 관한〕 얘기 좀 그만했으면 좋겠다는 입장이었고, 나는 남측의 사정상 얘기 안하는 것은 불가능한데 적절한 수위에서 조절하겠다 했는데, 내가 상임대표로서 말하는 적절한 수위가 있을 것이고, 집행부가 대응하는 적절한 수위가 있을 것이고 하니까 그런 수준에서 대응하겠다.

그리고 내가 지금 언론회견을 하면서 언론본부에 대해서 비판적인 발언을 한 것이 대단히 서투른 전술이었는지는 모르겠지만,(웃음) 언론본부가 언론취재단하고는 전혀 달라야 한다고 믿는다.

■ 하나는 사실관계를 밝혀달라는 말씀이었고, 다른 하나는 6·15남측위가 한나라당 의원들을 대회에 참여시키려고 노력하고, 뿐만 아니라 주석단 앞자리, 만찬사에 세우려 한 것이 남측 정세에서는 이해가 가지만, 과연 북측을 제대로 읽고 있었는가? 주최측이나 집행부, 대표가 이런 상황들을 예상을 했는지?

백낙청 다소간에 어려움은 예상했지만 단합대회의 주석단 문제까지 어쨌든 합의가 됐었기 때문에 이런 일이 발생하리라고는 예견하지 못했다. 북측의 기류에 대해서는 기류가 결코 단일하지 않다는 것을 충분히 인지하지 못한 것도 사실이다.

■ 일각에서 기류를 잘못 읽은 문제지만, 과도하게 앞열이냐 뒷열이냐까지, 만찬사까지 쉽게 말해 북측의 인내심의 한계를 넘어선 것이 아니냐 하는 제기를 하는데.

백낙청 앞열, 뒷열 문제는 주석단 입장 싯점에서 해결이 됐던 문제이고, 그것은 지엽적 문제이다. 왜 이런 사태가 발생했을까에 대해서 남측위가 충분한 판단력을 발휘했는가 이런 차원에서 생각해야 할 문제이다.

대회 자체에 대해서는 큰 차원에서 봐야 한다. "얼마나 그때 화가 났냐?" 이런 것도 얘기하는 것은 당연하지만, 크게 봐서 이번 대회가 파행을 겪으면서도 성사된 것이 그 나름으로 큰 의미가 있지 않은가 이런 차원으로 봐야 될 것 같다. 나는 모두에서도 얘기했듯이 큰 의미가 있다고 생각한다. 처리가 잘못됐다면 책임지겠다 얘기했었다. 나는 성과가 있었다고 생각하는데, 남측위 내부의 전체적 평가가 "아니다" 그러면 거기에 따르는 나의 책임지는 모습이 당연히 있어야겠지.

■ 좀더 나아간 질문으로 일각에서 제기되는 것을 여과없이 말하자면, '6·15남측위 일부가 한나라당 원내대표를 초청하려고 했었고, 상당히 많은 수의 한나라당 의원을 데려가려 했고, 본대회 주석단 앞열에 세우려 했고, 만찬장의 연설자로 세우려 했었고, 이런 것이 과도한 것 아닌가. 지금까지의 한나라당이 해온 역할이나 이런 것을 봤을 때. 하나는 정세를 잘못 읽은 것이 있고, 또 하나는 지나친 과욕을 부리다가 집행부 일부가 한나라당 대표를 내세우는 과정에서 과도한 것이 북측의 인내의 한계를 넘어서게 된 것 아닌가?' 이런 지적이 있다.

백낙청 차원이 다른 문제들이 섞여 있는 것 같은데, 한나라당 의원을 데려가느냐 마느냐 하는 기본적 문제가 있고 몇명을, 어떤 위상에 있는 분들을 데리고 가느냐 하는 문제가 있고, 그다음에 일단 데려간 이상 제1당으로서의 기본적 예우를 하느냐 마느냐 하는 문제가 있다. 그다음에 예우를 하는 방법이 1열이냐 2열이냐 하는 것은 낮은 차원의 문제이다. 이것을 뭉뚱그려서 집행부의 어느 특정인물이나 특정세력이 한나라당에 너무 잘 보이려고 하지 않았냐 이런 제기는 생산적 논의가 되기 어렵다고 본다.

분명히 말씀드릴 것은 한나라당 의원을 이번에 포함시키자 하는 것은 나의 결정이다. 집행부 일부의 결정이 아니고. 그리고 〔원내대표〕 김형오(金炯旿) 의원이 갈 의향이 있으면 한번 같이 가는 것도 생각해보자는 것도 나의 생각이었는데, 그 문제는 내가 나중에 생각을 바꾸었다. 북에서 한나라당 의원들을 데려오는 것을 처음에는 올 필요 없을 것 같다고 말했다가 나중에는 심사숙고해라 이렇게 말해서, 원내대표 급을 데려가는 것은 북, 남 너무 부담이 될 것 같아서, 결국 세 명만 포함하게 된 것이다.

그것은 한나라당에서 6·15정신 그 자체를 당론으로 반대한다거나, 일부 의원, 강경파 의원들의 돌출발언이 아니고 유력 대선후보라든가 책임있는 당직자가 6·15선언 폐기를 주장하지 않고 본인들이 가담할 생각이 있는 한, 가담하는 것이 오히려 6·15정신 실천에 부합된다는 내 나름의

6·15운동관, 6·15정신 해석에 따른 것이다. 이것은 집행위원장이나 일각의 책임으로 돌릴 문제가 아니다.

■ 아까 모두에서 이번 경험으로 앞으로는 어떤 것은 절충할 수 있겠고, 어떤 것은 절충하기 어렵다는 것을 깨달았다고 했는데, 구체적으로 어떤 것이 있을까?

백낙청 글쎄(웃음). 한나라당 대표를 불러서 연설을 시킨다는 것은 어렵지 않겠는가? 우리가 북하고 한번 결렬을 각오하고 싸우자는 식으로 가야할 텐데. 그런데 만찬문제도 그것은 진행중인 문제였고, 그것 때문에 행사가 파탄되는 일은 없었을 것이다. 본질적 문제가 아니지만, 만찬장에서도 건배사, 만찬사, 따로 인사 한마디 시키는 법 등 여러가지 방법이 있으니까, 그런 것은 아주 지엽적인 문제다.

지금 질문에 대해서는 북으로서는 도저히 받아들일 수 없는 요구를 해서는 안되고, 북은 북대로 남쪽 부산에서 (8·15행사) 개최가 되는데, 부산시장이 한나라당 출신 아닌가? 한나라당 자치단체장 없는 곳 하려면 전주, 제주밖에 없다. 북에서도 "부산시장 한나라당이니까 하지 말라" 이러면 행사가 사실상 어려운 것인데, 그런 정도는 서로 이해하고 행사를 하지 않겠는가?

■ 민간통일운동이 남북관계가 경색이 됐을 때 추동하는 역할했는데, 민간통일운동이 그런 역할도 하지만, 2005년부터 정부당국이 참여를 했는데, 결정을 내릴 수 있는 부분은 정부라 배제할 수 없는 부분이기도 한데 민간통일운동의 앞으로의 과제는?

백낙청 남북관계에서 직접적 결정자는 당국 아닌가? 특히 북의 경우 그렇다. 남쪽에서는 민간 쪽에서 여론을 통해서라든가, 언론인, 여러 기관을 통해서 당국을 움직이는 길이 그나마 열려 있지만, 어쨌든 남쪽에서도 북이 절실히 필요로 하는 결정을 내릴 수 있는 권한을 가진 것은 당국이고, 북에서는 그야말로 남북관계를 풀어가는 결정적 결단은 당국이 내리는 상황이고, 그렇기 때문에 남북의 직접적 만남의 현장이나 이런 데서 정부가 주도적 위치를 차지하는 것은 불가피할 뿐 아니라 당연하기도 하다.

그러나 가령 경제협력이라면, 정부 승인과 협력을 얻어야 하지만, 그 뒤는 기업이 어떻게 하느냐가 중요한 것이고, 사회문화교류 영역에서도 밑으로 내려올수록 얼만큼 어떻게 진행되는 것이 각자가 어떻게 하느냐에 달려 있는 것이다.

그다음에 남측위의 중요한 몫은 남쪽사회 내부에서 6·15정신을 확장시키는 것이라고 본다. 이것이 남측위 내부에서 더러 견해차를 낳기도 한다. 우리 내부에서 나를 비롯한 상당수 사람들은 어떻게든 남쪽〔의 많은 국민들이〕6·15정신에 동참하게 만들어야지 남측위도 굳건한 기반을 갖게 되고, 남북 당국 간의 접촉에서 지원할 땐 지원하고 견제할 땐 견제하면서 영향력을 키울 수 있다 하는 입장이고, 반면에 다른 쪽에서 상당수의 인사들은 그게 나쁘다는 것이 아니라, 그것도 좋지만 6·15공동선언을 적극적으로 지지하고 그 실천을 소리 높여 주창하는 이런 사람들이 계속 돌파하는 역할이 필요하다고 본다.

내 경우에도 물론 그쪽의 주장을 전혀 부정하는 것은 아니다. 때로는 그런 돌파가 필요할 때가 지금도 여전히 우리 사회에 있다고 본다. 그러나 적어도 2000년 6월 이후로 넓어진 공간 속에서는 〔이를〕 최대한 활용해서 6·15운동이 남측 사회에 튼튼히 뿌리내리게 하는 것, 폭넓은 터전을 확보하는 것이 남측위 할 일이 아니겠는가? 남북교류 자체만 본다면, 역시 정부에 대해서 종속적 위치를 벗어나기는 구조적으로 어렵지 않겠는가?

■ 이번에 남측 정부가 참여를 안한 것은?

백낙청 북쪽에서 오지 말라고 했다기보다는 일정한 싯점까지 오라는 소리가 없으니까, 우리 정부에서 안 가겠다 말한 것인데, 그 뭐 왜 그렇게 됐는가는 뻔한 것 아닌가? 지난번에 쌀 지원을 하기로 해놓고 그것을 2·13합의와 연계시켜서 안 보냈다. 정부에서 말로는 안 준다는 것이 아니라

천천히 주겠다 했지만, 언제부터 주겠다 했다가 기일을 안 지켰으니 약속 위반이고, 기본적 발상에서 남북관계를 6자회담에 종속시키는 것이기 때문에 대단히 잘못된 것이었다.

우리 남측위는 대변인 성명 내는 정도로 했고, 다른 경로를 통해서 그런 의견이 충분히 전달이 됐다. 내가 알기로는 통일부 자체의 입장은 수량을 줄여서라도 일단 보내놓고 시간을 끌어보자였는데, 정부 안에서 그런 통일부 견해가 관철이 되지 않은 것으로 알고 있다.

결과를 놓고 보면, 6·15를 앞두고 정부에서 쌀 주겠다는 입장으로 바뀌지 않는 한, 설혹 평양에 갔더라도 쌀 못 주겠다는 얘기를 또 할 것이면 갈 필요가 없는 것이다. 피차가 필요없는 것이고. 지나간 얘기지만 만약 쌀을 다만 몇천 톤 보내놓고, 북이 6·15때 초청했다면, 우리 대표단이 갔을 무렵 BDA 문제가 해결됐고, 또 힐(Hill)의 방북 같은 것은 그때쯤은 대개 합의되고 진행중이지 않았겠나? 그런 좋은 상황에서 상당한 성과를 거두고 돌아올 수 있었는데, 정부로서 대단히 좋은 기회를 놓친 것이다.

■ 6·15 행사가 어렵게 끝났고, 한나라당 문제로 말썽이 빚어졌고, 한나라당의 아성이랄 수 있는 부산에서 대선을 코앞에 두고 8·15를 치러야 할 입장인데, 이 문제를 어떻게 풀어갈 계획인가?

백낙청 북측과 충분히 협의를 하고, 우리가 서로 겪은 것이 있으니까 심도있는 대화가 아주 쉽게 가능해진다. 그래서 우리쪽은 우리쪽대로 사정이 있는 것이고 북은 북쪽대로 사정이 있는 것인데, 이런 것을 감안해서 미리미리 지난번과 같은 불상사가 안 일어나도록 대비해야 될 텐데, 이것이 꼭 그렇게 어렵다고만 보지 않는 것이 전체적인 국면이 풀려가고 있으니까, 당국관계가 잘 풀리면, 민간 쪽에서도 일이 쉬워지지 않겠는가 하는 것이 있다. 당국 간의 관계는 8월까지 지금보다 훨씬 좋아져야지, 그렇지 않으면 한반도에 모처럼 다가온 좋은 기회를 놓치는 것 아니겠는가?

■ 일각에서는 8·15행사 자체가 어려워진 것이라는 얘기도 나돌고, 일

각에서는 부산 개최가 북측, 해외측과 협의되지 않은 남측 내부만의 결정 이라는 얘기가 있는데.

백낙청 북측에서는 남쪽에서 정하는 대로 하겠다고 했고, 남측에서 정한 것을 통보받고 그것을 전제로 움직이고 있을 것이다.

■ 그러면 마지막 폐막사에서 '부산에서 만납시다' 이런 대목들을 왜 제외했나?

백낙청 문건팀에서 고쳐줘서 고쳐 읽었다. 북에서 양해한 상태지 남북 해외가 공식합의를 안했다는 얘기다. 이번에 남북해외 공동위원장 회의를 한번 하기는 했는데, 거기서 "다음번 개최는 부산서 한다" 이런 것도 합의하고 했어야 하는데 그럴 겨를이 없었다. 15일 저녁에 남북해외 공동 위원장 네 명이 모여서, 안경호 위원장 제의에 따라서 합의하기를, "오늘 행사는 불가능해졌지만, 끝까지 포기하지 말고 해법을 찾아봅시다" 하면서 합의한 이외에 다른 얘기가 없었다. 그러나 부산에서 하는 것은 확정됐다고 보면 된다.*

■ 어제 정세현(丁世鉉) 전 장관이 현재 남측 정부 대북정책이 최근 1년 여에 걸쳐서 상당히 잘못됐고, 역사적으로도 좋지 않게 평가받을 것이라는 취지로 말했는데, 최근 북미관계는 앞서 나가고 있는데 남북관계는 뒤처진 구도에 대해서 어떻게 생각하는지?

백낙청 북미관계에 비해서 남북관계가 반걸음 뒤처지는 때도 있을 수 있다고 본다. 반걸음 앞서기도 하고, 반걸음 뒤서기도 하고, 나란히 가기도 하고, 이런 가운데 뒤처지는 것은 좋은데, "우리는 미국보다 〔항상〕 반

* 8월 14~16일간 부산에서 열기로 추후 공식합의한 8·15민족공동행사는 8월 4일 북측이 일방적으로 불참통보를 해옴으로써 무산되었다. 북측은 을지렌즈포커스 한미군사훈련(8. 20~31) 등을 이유로 들었는데, 곧 이어 남북정상회담을 8월 28~30일에 걸쳐 개최한다는 발표가 나옴으로써(8. 8) 공동행사 취소 이유가 다른 데 있었음이 드러났다. 알려진 대로 정상회담 자체도 북녘의 극심한 홍수피해로 10월 초로 연기되었다 ― 편자.

걸음 뒤로 가는 것이 맞다" 만약에 이런 형식이면 대단히 잘못된 것이다. 최근 6자회담과 남북관계를 연계시켜서 쌀 안 보낸 것은 사실 정세현 전 장관한테 그런 비판을 받음직하다. 정부의 반론을 들어보지는 못했지만.

■ 7주년 됐는데, 6·15공동선언에서 합의 이행되고 있는 부분과 안되는 부분은?

백낙청 6·15 공동선언에서 지금 이행이 안됐다고 많은 사람이 비판하는 것이 '답방'이다, 그것은 5개 합의사항에 들어 있는 것이 아니고, 대개 국가원수간에 공동성명 낼 때 끝에 가서 의례적으로 붙는 것처럼 돼 있다. 실행이 안되고 있는 것은 사실이지만, 이것은 명백한 위반으로 볼 수는 없다. 답방이면 좋고, 아니더라도 정상회담이 이뤄지면 그것대로 의미가 있다 그런 생각이다.

1, 2, 3, 4, 5항 중에서 명백히 이행이 안되고 있는 것은 없다. 북에서는 제1항 중에서 '우리 민족끼리'라는 표현을 따서 이것을 '우리 민족끼리의 리념'이라고까지 격상시켜 일반화해서, 이게 실현이 안되고 있다, 주로 남쪽에서 안되고 있고 미국 때문에 실현이 안되고 있다는 주장인데, 우리의 자주성이 아직도 많이 부족한 것은 사실이지만, 그렇다고 제1항의 '우리 민족끼리'라는 표현을 문맥에서 걷어내서 모든 일에 우리 민족끼리만 해야 한다 해석하는 것은 타당하지 않다.

제2항의 경우도 지금 실행은 안되고 있다. 남측의 연합제 안이든 북측의 낮은 단계의 연방제 안이든 구체적 작업이 당국간 되고 있지 않다. 실현은 안되고 있지만, 그 원칙을 파기했다든가 그런 것은 아니고, 특히 내가 주장하는 '시민참여형 통일'이라는 관점에서 본다면, 3, 4, 5항의 실천이 유기적으로 돼서 충분한 사회적 기반이 이뤄졌을 때 남북 당국자가 얘기해서 연방제든 연합이든 선포하는 것이기 때문에, 지금까지 거기에 대한 명시적 조치가 없다는 것은 6·15공동선언 2항이 위반되고 있다고 볼 수는 없다. 다만, 남쪽이든 북쪽이든 2항의 중요성에 대해서 좀더 연구하

고 관심을 기울일 필요는 있다.

3, 4, 5항은 부분적으로 실천되고 있고, 특히 4항이 중요한데 경제협력과 사회문화교류라든가, 물론 우리 원하는 만큼 진행되고 있진 않지만, 6·15 이전에 비하면 획기적으로 바뀌었고, 북미관계가 풀린다면 더 급물살을 타게 될 것이다.

■ 정세현 전 장관이 만찬사에서 정상회담 하자고 했다고 한다. 북측에서 언론보도에는 쓰지 말자고 했다는데. 북측에서는 남쪽에서 정상회담 의지가 없다고 생각해서 그런 것인가?

백낙청 글쎄 꼭 그렇다고 생각하지는 않는데. 그것에 대해서 내가 알 수가 없다. 왜 북에서 그 문제에 민감하게 반응했는지는 모르겠다.

■ 대체적으로 얘기된 것은 '정상'이라는 용어 자체에 북은 거부반응이 있는 것이고, 남측이 연설문에 합의되지 않은, 연설문 내용에 포함되지 않은 것을 낭독했기 때문이라고 기자단은 알고 있다.

언론 송출·송고가 안돼 기자협회 회장과 함께 북측에 항의했다.

백낙청 나도 항의하고 그랬는데, 우리가 힘이 없지 않으냐. 언론 기자에게는 참 미안한 일인데 그렇고. 그리고 북측 인사들이 다 그런 것은 아니겠지만 기자들이 취재거부 한다는 게 중대한 사태라는 인식이 좀 부족한 것 같다. 취재거부 한다는 게 기사 안 쓰겠다는 것이 아닌데, 그게 충분히 전달이 안되는 것 같다.

■ 얘기를 해보니까 관점이 크게 차이가 나는 게 "이 행사를 개최하는 데 좋게 보도해야지 파행된 것을 굳이 일찍 가서 보도하려고 하느냐?" 단순하더라.

백낙청 일찍 보도가 안 나가면 더 흉하게 나갈 수 있는데. 그래서 이튿날 크게 나고 또 '기자 억류'니 취재단에서 쓰지 않은 용어도 나가고, 북에서 조금 당황하지 않았나 싶다.

■ 상임대표 맡으신 지 2년 반 정도 되셨는데, 결성식 때도 큰 고초를 당

했고 이번에도 어려움을 겪었는데 심경을 담아서 마무리 발언을 해달라.

백낙청 초년 고생은 돈 주고 일부러 한다는 말이 있지 않나. 결성식 하면서 경을 한번 쳤기 때문에 다소의 면역은 생긴 상태다. 그렇긴 했지만 이번은 그때보다 더 힘든 진통이었는데, 이런 진통을 겪고 어렵게어렵게 일을 성사시킨 것이 여러가지 의미가 있다고 생각한다.

바꿔서 생각해보면, 북에서 한나라당 의원의 주석단참여를 배제하기로 했다 하는 그런 상태에서 내가 대회참여를 강행했다고 하면, 그 싯점에서 "그럴 경우 나도 안 들어가겠다" 이런 사람들이 있고, "그 사람들이 안 들어가면 우리도 안 들어가겠다"는 사람 있고, "그들이 안 들어가면 우리도 재고해봐야겠다", 이런 연쇄현상이 일어나게 돼 있었다. 그러니까 덥석 받았더라도 대회 자체가 반쪽 대회가 됐을 것이고, 남측에 와서는 엄청난 비난여론이 있었을 것이다.

다른 한편으로 대회가 완전 무산됐다면, 6·15남측위 일대 위기는 물론이고, 나는 당연히 물러나야 될 것이고, 보수언론이라 한들 "북에 맞서서 남측 6·15운동 잘했다" 이렇게 칭찬했겠나? "멋모르고 날뛰더니 잘됐다" 이랬을 것이고. 이런 양극단의 위험이 실질적으로 존재하는 상황에서 둘다 피했다는 것, 그리고 이것이 남쪽만이 잘해서 된 것이 아니다. 북측위에서 이것을 수습하기 위해서 많은 노력을 했고, 우리 공동위원장들이 사과를 했는데 남측관행으로는 별거 아닌 것이지만 북측에서 그쪽 인민들 앞에 놓고 사과한다는 것이 흔히 있는 일인가? 북측위가 많은 성의와 노력을 기울였다고 평가한다.

비판적으로 보는 분들은 "상임대표가 평양 가서 죽을 쑤고 와서도 아직도 정신을 못 차리고 잘했다 그런다" 그럴지 모르지만, 나는 다 잘했다는 것이 아니라 여러가지 실수와 차질이 있는 가운데도 그래도 우리가 상당한 성과를 거두었고, 이것은 6·15민족공동위원회가 함께 거둔 성과다 이렇게 말씀드리는 것으로 마무리짓겠다.

실천 현장에 나선 백낙청의 분단체제론

유재건

1

『백낙청 회화록』 제5권은 2005년 1월부터 올해 2007년 6월까지 최근의 대담과 인터뷰를 수록하고 있다. 불과 2년 반 동안의 회화록임에도 거의 600면에 달하고, 꼭지수도 앞의 책들에 비해 훨씬 많다. 대화의 주제 또한 아주 다양한데, 군데군데 선생의 개인사와 사상적 궤적을 회고하는 대목도 적지 않게 있다. 아마도 이제 우리 사회의 원로 지성으로서의 중요한 역할이 널리 인정되고 또 요청되는 그만큼, 선생 자신의 이력에 대해 관심을 갖는 일도 빈번해진 것이 아닐까 싶다. 특히 신문이나 방송, 잡지 등 각종 매체의 인터뷰와 대담이 부쩍 늘어났는데, 이 2년 반은 선생의 개인사에서도 가장 바쁜 시기 가운데 하나일 것이다. 2005년 초 선생은 새로 결성된 '6·15공동선언실천 민족공동위원회'의 남측대표를 맡아 통일운동의 현장에 적극 참여하게 된다. 짤막한 인터뷰가 한층 잦아진 것도, 때로 반복되는 이야기가 여기저기 눈에 띄는 것도 통일운동가로서의 역할과 활동이 한 요인이 되었을 것이다.

회화록 다섯 권은 주제별이 아니라 시기별로 구분되어 있는데, 이런 구성은 시대의 기록으로도 의미가 있지만 시대와 현장에 밀착해 살아온 선생의 삶의 궤적을 이해하는 데도 도움이 된다. 선생은 지난 40여년간 문학평론, 영문학연구, 사회비평, 계간 『창작과비평』 발간, 민주화운동과 통일운동 등 다양한 이론적·실천적 활동을 해왔지만 거기서 모종의 일관성을 확인하기는 그리 어렵지 않다. 이 책에서 보듯 새로운 방식의 통일운동 이야기에서부터 '한국문학의 보람'에 관한 이야기로, 또 불교 이야기로 갔다가 북한 핵실험 사태 이야기로 이어지는 이런 회화록은 세상에 또 있을 성싶지 않다. 하지만 여기서도 그저 관심사의 다양성이 아니라 그것들이 서로 근원적으로 통하는 '일이관지(一以貫之)'의 면모를 보는 일은 충분히 가능하지 않을까 싶다.

잘 알려져 있다시피 선생은 문학평론가이자 영문학자, 그리고 『창작과비평』 편집인으로 활동해온 대한민국의 대표적인 지성이다. 그런데 혹자는 지혜의 시대와 인류문명의 전환을 사유하는 선생 같은 지식인이 범국민적인 통일기구의 대표로서 남북간, 혹은 조직 내부의 소모적인 갈등에 시달리면서 아까운 역량을 소진하는 것은 아닌지 걱정하기도 한다. 또 선생의 창의적인 식견과 경륜이 공식적 발언을 해야 하는 처지와 정치적 고려 때문에 제대로 발휘되지 못할까 우려하는 경우도 있다. 하지만 이것은 선생을 잘 모르는 소치이기도 하거니와, 이 책은 그런 우려를 말끔히 씻어주는 듯하다. 아무래도 때로 조심하고 말을 아끼는 부분이 없진 않겠지만, 독립적 지식인으로서 평소의 소신이 한결같이 그러면서도 좀더 대중적으로 개진되고 있는 것을 볼 수 있기 때문이다. 오히려 선생의 한층 근원적인 관심이 구체적 현장에 선 통일운동과 어떻게 연결되는지 보는 것이 이

책을 제대로 읽는 요체가 될 수도 있을 것이다.

필자는 수록된 자료를 이전에 대략 절반 정도 읽은 것 같은데, 이번에 한꺼번에 읽고 나서는 현재의 범국민적 연대기구의 대표직이 선생에게 절묘하다 싶을 정도로 잘 어울리는 공직(선생의 표현을 빌면 '비정규직 공익근무')이 아닐까 하는 생각이 들었다. 그간 분단체제의 변혁을 역설해온 지식인으로서 민간통일운동이 무척 의미있는 실천이라는 점에서도 그러하지만, 현재 선생이 제창하는 시민참여형 통일의 관점에서 이렇듯 광범위한 연대기구만큼 적절한 실천의 장을 찾기는 어려우리라는 점에서도 그러하다. 현재의 각기 다른 갈래와 노선의 통일운동들이 선생의 통합적 지혜를 정녕 필요로 한다는 실감을 갖게 되었는데, 아마도 특유의 거시적 시야와 유연한 정세판단은 과거의 통일운동이 넘지 못했던 문턱을 넘어 운동의 지평을 한층 넓힐 수 있지 않을까 기대해본다.

2

지난 40년간 시대상황에 밀착한 선생의 사유의 특징은 무엇보다 '그날그날의 현장'에 충실하되 언제나 '긴 안목의 시야'를 함께 견지하는 데 있다고 보인다. 여느 지식인들과 두드러지게 다른 면모가 있다면 그것은 구체적 정세판단을 무척 중시한다는 점, 그리고 이를 언제나 거시적 시야와 결합하고자 하는 점이다. 이렇듯 철저히 실사구시적인 관점은 그날그날의 일에 매몰되어 큰 흐름을 놓치는 논의나, 그럴싸해 보이지만 실상 무책임한 거대담론 양자에 대한 경계에서도 잘 드러난다. 당장 이 책에서도 한편으론 "거대담론을 안하다 보면 남의 거대담론에 자기도 모르게 포로가 될 수 있음"(「통일시대의 남남갈등과 실명비평」, 본서 281면)을 꼬집기도 하고 다른 한편 "그때그때 구체적인 정세를 보고서 핵심고리가 뭔지 짚어내서 풀어나가는"(「백낙청과 인터넷 논객들」, 본서 39면) 데 소홀하거나 "세정(細情)을 헤아리고 폐부를 찌르는"(「분단의 과거, 평화의 미래」, 본서 99면) 데 실패하는 원론적 논리를 예리하게 비판하는 것을 볼 수 있다.

그런데 이렇듯 '그날그날의 현장'을 중시하는 관점은 선생의 독특한 진리관에서 나온 것이기도 하다. 책에서도 여러 번 언급되듯이, 예술이나 올바른 실천을 통해 드러나는 진리가 과학의 진리보다 한급 차원이 높다는 관점이다. 진리란 인간이 알 수 있는 어떤 대상이나 실체가 아니라, "그날그날 알아야 할 것을 알고 해야 할 일을 하게 만들어주는 것"(「학문의 과학성과 민족주의적 실천」, 송건호·강만길 엮음 『한국민족주의론』 II, 창작과비평사 1983, 349면)이라는 선생의 지론은 통상적인 진리관과는 너무 다른 것이긴 하지만 그래도 어딘가 친숙하고 실감에 와닿는 것 또한 사실이다. 생각해보니, 필자가 선생을 처음 만나게 된 것도 이런 사유방식에 공감하고 가르침을 받았으면 해서 찾아간 것이 계기가 되었다.

선생과 처음 만나 인연을 맺은 것이 1982년 가을이니, 어느덧 25년이 된 셈이다. 그때 복직한 지 얼마 안된 선생을 뵙고 싶던 차에 마침 졸역서가 출간되어 한권 드린다는 핑계거리가 생겨 찾아간 것으로 기억된다. 그리고 그 이후 맑스에 관한 석사논문을 쓰는 과정에서 몇 차례 더 선생의 연구실을 찾았다. 당시 맑스의 진리관이 인식과 대상의 일치라는 통상적인 진리관과는 다른 새로운 진리관을 예시하고 있다는 생각에 선생께 의견을 듣고 싶었던 것이다. 실천의 장에서 드러나 지속되는 진리라는 발상을 맑스에서 발견할 수 있지 않은가 하는 물음이었는데, 지금 기억해보면 그런 면이 분명 있지만 딱히 그렇다고 규정하기도 좀 어려운 것 아닐까 하는 정도의 절제된 답변을 들었던 것 같다.

당시 선생의 다방면에 걸친 글들은 주체적인 서양학을 고민하고 모색하는 연구자에게 귀감이 되기에 충분했다. 국내에서 서구이론에 누구 못지않게 밝을 선생이, 현실문제에 소홀하면서 외국이론을 들먹이기 좋아하는 우리 지식계를 비판하는 것은 특히 인상적이었다. 그렇지만 이 땅에서 서양학을 하는 데 가져야 할 주체적 인식이 단지 고유성에 대한 집착이 아니라 세계사적 시야에서 가능하다는 것 또한 일찍부터 선생이 외국문학 학자로서 체득한 신념이었던 것 같다. 선생이 통일의 문제를 단순한 민족문제가 아니라 세계체제 전체의 문제이면서 동시에 분단 '체제' 극복의 문제로 보게 된 것도 이런 믿음과 무관치 않다고 생각된다.

필자가 그간의 서양사 공부길에서 선생과 교감하기가 좀 용이했던 데는 아마도 세계체제론에 대한 공감이 일부 작용했으리라 짐작한다. 1982, 83년 무렵 일부 서양사학도 사이에서 이매뉴얼 월러스틴의 저작이 막 읽히기 시작했는데, 필자는 그의 새로운 패러다임에 뭔가 새롭게 개안(開眼)이 되어가는 느낌을 받았다. 그런데 선생이 1983년에 쓴 「학문의 과학성과 민족주의적 실천」이란 글에서 세계체제론의 분석틀을 원용하는 것을 보고 좀 놀랐던 기억이 있다. 아마 선생 특유의 해체주의적 감각과 세계사적 시야로 인해 세계체제 분석틀을 수용하는 것이 좀더 쉬웠으리라 짐작된다. 세계체제론을 적절히 활용하게 되면서 그 이전의 문제의식과 생각은 한층 적확한 표현을 찾아 이론적 정교함을 더할 수 있었고 분단체제론으로 진전해갔다고 할 수 있겠다. 선생이 1977년에 쓴 「역사적 인간과 시적 인간」이란 글을 우연히 다시 읽어본 적이 있는데, 통일은 세계사적 과제이기에 "통일 이전에는 적어도 무엇이 와야 하고 통일 다음에는 대저 무엇이 올 것이냐에 대한 차원 높은 비전이 없고서는"(『창작과비평』 44호, 195면) 이루어질 수 없다는 주장을 접하고 분단체제론이 이미 오래전에 싹트고 있었음을 확인하게 되었다.

그간 보면 선생은 매 글마다 끊임없이 뭔가 새로운 문제를 던지거나 모종의 돌파를 해내는 것같이 보인다. 그런데 신기한 것은 그 이전에 쓴 글들도 전혀 낡아 보이지 않는다는 것이다. 아마도 『창작과비평』이 다짐하고 있는 '나날이 새로워지되 한결같은' 자세는 선생 스스로 지난 40여년간 견지하고 있는 다짐이 아닐까 싶다.

3

　제5권의 '회화'가 이루어진, 2005년부터 지금까지의 시대적 정황을 여기서 특기할 필요는 없을 듯하다. 다만 선생은 통일운동의 현장에 적극 참여한 2005년을 지나면서 6·15공동선언 이후의 현재 국면이 분단체제가 흔들리는 동요기가 아니라 무너지고 있는 해체기임을 확신하게 되었다고 한층 자신있게 말한다. 대세는 이미 기울었다는 것, 앞으로 과거의 안정적 분단체제의 복원은 불가능하다는 것, 그렇다고 반드시 바람직한 통일이 된다는 것은 아니고 시민참여형 통일을 이루거나 크게 망하는 갈림길에 들어섰다는 것, 아마도 대략 10년 안에 남북이 느슨한 국가연합을 할 수 있는 단계에 이르리라는 것, 그렇기 때문에 미래를 준비하고 마음공부를 하는 일이 절실히 요구된다는 것 등등 다소 모험을 거는 과감한 주장과 지혜로운 대응방안에 대한 생각이 이 책에서 명료하게 개진된다.

　2006년 5월 출간된 『한반도식 통일, 현재진행형』에서도 이런 정세관은 어느정도 피력되었지만 이 회화록은 통일운동의 내밀한 사정과 전략 방향까지 알기 쉽게 전달하고 있다는 점에서 각별하다. 6·15공동위원회의 활동과 관련해 올바른 정세판단에 근거한 노선정립이 강조되는데, 그 요체는 새롭게 열린 공간에 걸맞은 새로운 통일운동이 이루어져야 하고 그것이 새로운 시대와 국면에 맞게 넓어져야 한다는 데 있다. 6·15공동선언이 한반도식 통일의 윤곽을 제시하고 시민참여형 통일의 가능성을 열어주었기 때문에 6·15 이전 시대의 타성에 머물러 가령 통일운동을 정부를 겨냥한 운동공간 확보를 위한 투쟁 정도로 오해해서는 안된다는 것이다.

　선생은 현재 네 개의 축으로 이루어진 느슨한 연대기구인 6·15공동위원회 결성과 성공적 유지에 일단 큰 의의를 두면서, 과거에 통일운동에 직접 나서지 않던 시민사회단체들이 여기 가세한 사실 자체에 큰 의미를 부여한다. 통일연대와 민화협이라는 통일운동 기구에 7대 종단과 시민단체가 함께한 4자 구도에서, 길게 볼 때 통일운동에 나서지 않은 대중에 대해 엄청난 영향력을 지닌 종단과 시민단체들이 어떤 몫을 하느냐에 따라 한반도식 통일의 성패가 좌우된다는 것이다.

그렇지만 한층 더 중요한 것은 다수 민중이 변해야 할 터인데, 선생은 이 점에서 한결같이 낙관주의자이자 현실주의자이다. 이는 현실 자체에서 긍정적인 가능성의 싹을 찾아 가꾸고자 하는, 거의 체화된 삶의 태도가 아닐까 싶다. 가령 2006년 10월 북한 핵실험 사태 때도 그것이 당장 시민참여의 폭을 좁히긴 했지만 한편으로 우리가 분단체제 속에 살고 있음을 일깨워줬기 때문에 "이걸 계기로 시민의식이 한층 더 성숙해서 종국에는 시민참여형 통일을 달성할 수 있으리라" 믿는다는 것이다.(「북한의 핵실험을 어떻게 볼 것인가」, 본서 433면) 또한 남북간의 관계가 지금처럼 빨리빨리 안 풀리는 것도 꼭 나쁜 일만은 아니고 시민참여형 통일에서는 현실에서나 마음공부에서나 준비와 시간이 필요하기에 오히려 다행인 면이 있다고 본다. "통일의 과정에 중요하게 참여해야 할 당사자로서 필요한 공부를 하고, 준비하고, 사업을 하는 데는 시간이 필요하니, 물론 너무 오래 걸린다면 곤란하지만 약간의 시간을 버는 것은 나쁘지 않습니다."(「한반도식 통일과 북의 핵실험」, 본서 459면)

서준섭 교수와의 「나의 문학비평과 불교, 로런스, 원불교」란 대담은 이 회화록에서도 선생의 사상적 바탕을 살펴볼 수 있는 좋은 자료라는 점에서 일독할 만한 것이 아닌가 한다. 특히 필자의 눈길을 끈 것은 지공무사(至公無私)에 관한 두 사람의 대화였다. 요즘 젊은이들이 공보다 사를 우선시한다는 서교수의 말에 대한 답변을 들으면서 다시 한번 굳어진 상투적 사고를 전복시키는 선생 특유의 면모를 보게 되었기 때문이다. 이 대담 중한 대목을 인용해본다.

불교에서 '자리이타(自利利他)'를 말하며 자신과 남을 동시에 위할 줄 아는 사람을 최고로 치지만, 어떤 경전에서는 그 다음 등급으로 남만 위하고 자신을 위할 줄 모르는 사람보다 자신만 위하고 남을 위할 줄 모르는 사람을 꼽는다고 들었습니다. 자기를 제대로 위하다보면 남을 위하는 것도 중요하다는 걸 배우게 되는데 그 반대의 경우 즉 남만 위하다 보면 끝까지 자기를 위하는 공부를 못하기 쉽다는 거예요. 그래서 제대로 '사'를 챙기다 보면 '이타'를 하고 결국 '지공무사'의 경지를 향해 진급할 가능성이 있다고 봐요.(본서 389~90면)

앞세대가 부르짖던 '공'이 과연 정말 '공'이었는지도 보아야 하고 혹시 '공'이 아닌 걸 '공'으로 치장해서 도모했다면 젊은이들이 그걸 일단 깨뜨리는 긍정적인 면도 있다는 것인데, 확실히 선생은 그저 지당한 말씀으로 점잖게 꾸짖고 마는 그런 원로와는 거리가 멀어 보인다. 특히 오래전부터 이상주의에 대한 경계와 비판은 남다른 데가 있었지 싶다. 민중의 생활상의 요구를 존중하고 이에 근거한 실천을 수행하는 운동만이 현실적인 위력을 발휘하게 되리라는 것이다. 결국 통일운동도 젊은이들을 비롯한 민중이 자신의 일상적인 문제, 생활상의 요구와 맞물려 있는 분단체제를 제대로 인식하도록 하는 과제를 빼어놓을 수 없는 것이다. 어쩌면 시민참여형 통일에 걸맞은 새로운 통일운동, 혹은 '어깨에 힘 빼고 통일하자'는 구호도 이상주의를 버리고 민중의 일상적 요구에 좀더 다가가자는 것일 수도 있겠다.

선생이 학술회의나 강연에서도 백병전 같은 토론에 강하다는 것은 익히 알고 있었지만, 이번에 이 회화록을 한꺼번에 읽고 나서는 좀처럼 보기

드문 해체와 전복의 사상가이자 토론가이기도 하다는 것을 새삼 확인하게 되었다. 불과 2년 반 동안의 회화록이 34꼭지에 600면에 달하지만 그 내용 또한 드넓은 사유와 군더더기 없는 치밀함을 보여준다는 점에서 놀라웠다. 이는 그때그때의 주어진 현실이 요구하는 데 대해 항심(恒心)으로 응대하면서 삶 자체를 깨닫고 닦아가는 공부길로 삼아온 과정의 소산이 아닐까 싶다. 이 책을 다 읽고 나서는 거꾸로 오늘의 우리 시대가 깨달음과 닦음의 공부길에 대한 감각을 크게 잃어버린 것은 아닌가 하는 생각이 떠나지를 않았다.

柳在建 | 부산대 사학과 교수

후기

　'인생칠십 고래희(人生七十古來稀)'라는 말은 이제 한갓 옛이야기가 되었지만 주변의 벗들로부터 선물을 받아 챙기는 구실로는 아직도 쓸모가 없지 않다. 적어도 내 경우에는 『백낙청 회화록』이라는 거의 전집 규모의 책을 갖게 되었으니 고희 덕을 톡톡히 보는 셈이다.

　상업출판을 하는 회사가 판매전망이 밝지 않은 이런 대규모 기획에 착수하려면 실제로 특별한 구실이 필요하다. 게다가 집단적 작업인 회화(會話)의 기록을 모아 만든 책에 개인 이름을 다는 것도 고희를 축하해준다는 핑계가 없다면 심히 면구스러운 일이 될 게다.

　아무튼 이 회화록의 간행은 오랫동안 내가 소망하던 사건이다. 개인 저서에 대한 애착이야 나도 누구 못지않지만, 그간 편집자로서 또는 현장활동가로서 분주히 살면서 저술에 몰두할 시간이 부족했던 대신에 이런저런 회화의 자리를 기획하고 참여할 일이 유난히 많았다. 그것이 혼자만의 글쓰기와는 또다른 차원에서 매우 중요한 작업이라는 믿음도 갖고 있었다. 하지만 그 성과물은 대부분 신문, 잡지 또는 방송매체에서 접해지는 것으로 끝난 채 여기저기 흩어져 있는 상태였다.

　이처럼 흩어지고 다분히 잊혀졌던 기록들이 '백낙청 회화록 간행위원회'의 노력으로 모아지고 보니 고맙고 흐뭇한 마음 더할 바 없다. 나 개인의 업적을 넘어 한 시대의 지성사를 담았다는 생각도 든다. 물론 이는 특정인이 출연한 대담·좌담들을 중심으로 그려진 하나의 단면도(斷面圖)에 불과하지만, 그 점을 감안하며 읽는 독자에게는 그런대로 지난 40년간 우리 역사와 담론현장을 증언해주리라 본다. 『백낙청 회화록』의 편집기준을 처음에는 본인의 참여도가 최소한 4분의 1은 되는 것으로 한정했다가, 나중에 5인 또는 6인 좌담마저 일부 포함하는 쪽으로 바뀐 것도 그런 역사적·문헌적 가치를 중시했기 때문이다.

게다가 이 역사는 분투와 성취의 자랑스러운 역사였다. 분단과 독재와 갖가지 식민성에 시달리면서도 우리 사회는 자주력과 민주주의를 키워왔으며 그 과정에서 지식인과 문학인들의 치열한 이바지도 적지 않았다. 그 틈에 끼여 나 또한 내 나름으로 연마하고 분투했다는 자부심을 굳이 숨기고 싶지 않다.

그런 까닭에 2천 7백 페이지에 가까운 교정지를 읽는 일이 결코 지루하지 않았다. 지난 40년의 현대사를 돌이켜보는 공부가 되기도 했고, 이미 고인이 된 여러 선배들의 육성을 다시 대하는 남다른 감회도 맛볼 수 있었다. 자신의 발언들에 관해서는 '아, 그때는 아직 거기까지밖에 못 갔었구나' 하는 아쉬움과 함께, 더러는 '그때 벌써 이런 소리를 했다니 제법이로군' 하는 자기만족에 젖기도 했으며, 말들의 나눔과 다툼을 통해 생각이 여물어가는 현장을 목격하는 즐거움도 느꼈다.

그런데 이 기록을 읽는 오늘의 독자들에게 한 가지 바라는 바가 있다. 언표된 내용만 보지 말고 당시의 시대적 상황을 감안해서 읽어주었으면 하는 것이다. 유신시대는 유신시대대로, 1980년대는 80년대대로 지금으로서는 상상하기 힘든 숨막히는 억압의 세월이었다. 하지만 누군가의 가냘픈 한마디 발성이 듣는 이에게 우레 같은 충격이 될 수도 있고, 에둘러 말하는 '노예의 언어'가 곧바로 저항의 언어로 번역될 수 있는 시대이기도 했다. 가령 어느 역사학자의 '민족주의적 내셔널리즘'이라는 동어반복적이며 요즘 젊은 세대에게는 아무런 공감도 못 줄 용어가 실은 '민중적 민

족주의'의 조심스러운 대용어였고 '민중'과 '민족'은 하나같이 가슴 조이
는 도전을 담은 언사였던 것이다.

다행히도 그런 시대는 지나갔다. 하지만 1990년대 이래로 표현의 자유
에 대한 억압이 대폭 완화되었다고 해서 '감안해서 말하고 감안해서 읽
는' 습성이 불필요해진 것은 아니다. 사안의 복잡성에 충실하면서도 발언
의 전파력과 실효성에 유의하는 자세는 생각하고 말하는 사람의 항시적
인 부담이기 때문이다.

개인적으로는 근년에 올수록 대등한 토론보다 일방적인 회견이 잦아지
고, 특히 6·15민족공동위원회 남측대표를 맡은 이래로는 공인으로서의
명료한 입장표명을 요구받는 일이 늘어났다. 그러나 이 또한 감안해야 할
또다른 현실이며, 이 현실을 감당하는 과정에서 나 자신과 씨름하는 공부
를 포기하지 않으리라 다짐하고 있다. 물론 나의 가장 큰 소망은 하루빨리
이런 처지에서 벗어나 본격적인 저술과 한층 대화적인 토론에 더 몰두할
수 있었으면 하는 것이다.

개인 저서가 아닌 방대한 집단작업이라는 점에서 이 책의 출간을 맞아
실감하는 세상의 은혜는 그 어느 때보다 크다. 실제로 절반을 훨씬 넘는
지면이 회화에 동참해준 수많은 분들의 발언으로 채워졌거니와, 각자 자
기 이름을 걸고 참여했던 대담이나 좌담이 '백낙청 회화록'이라는 제목으
로 수록되는 것을 흔쾌히 응낙해주었으니 그들의 은덕을 먼저 꼽지 않을
수 없다. 간행위를 구성하여 간행사와 해설의 집필을 분담한 염무웅·임
형택·최원식·백영서·유재건·김영희 위원들은 모두 창비사업의 오랜 동
지로서 내가 그들에게 빚진 바가 이 책의 간행에 한정되지 않음은 물론이
다. (해설에 관해 한마디 덧붙이자면, 덕담이 과한 대목이 내 눈에도 들어
오지만 고희기념용이라는 '장르적 성격'을 독자들이 감안하여 읽어줌으
로써 필자들께 누뙞가 미치지 않기 바란다.)

간행위원들 이외에 창비 동료들에 입은 은혜도 일일이 거명하자면 한

이 없다. 다만 한때 창비사의 대표를 맡았고 지금도 계간 『창작과비평』의 발행인인 외우(畏友) 김윤수 선생과 어려운 회사의 살림을 맡아 훌륭히 꾸려가고 있는 고세현 사장에게 특별한 고마움을 표하며, 회화록 편집의 실무작업에서는 유용민, 염종선, 안병률 제형을 비롯한 인문사회출판팀 여러 분이 엄청나게 고생했음을 밝힌다. 끝으로 얼마 전에 세상을 떠나신 어머니의 오랜 고독과 망극한 은혜를 되새기면서, 40년 넘게 시어머니를 모신 아내의 공덕도 기억하고자 한다.

이래저래 고마움 가득이다.

2007년 10월
백낙청 삼가 씀

강만길(姜萬吉) 1933년 경남 마산에서 태어나 고려대 사학과를 졸업하고 동대학원에서 박사학위를 받았다. 고려대 교수와 상지대 총장, 친일반민족행위진상규명위원회 위원장을 역임했다. 저서『조선후기 상업자본의 발달』『분단시대의 역사인식』『한국민족운동사론』『조선시대 상공업사 연구』『일제시대 빈민생활사 연구』『통일운동시대의 역사인식』『조선민족혁명당과 통일전선』『고쳐 쓴 한국근대사』『고쳐 쓴 한국현대사』『역사는 이상의 현실화 과정이다』등이 있다.

공지영(孔枝泳) 1963년 서울에서 태어나 연세대 영문과를 졸업했다. 1988년『창작과비평』가을호에 단편소설을 발표하며 등단했다. 소설집『인간에 대한 예의』『존재는 눈물을 흘린다』『별들의 들판』, 장편소설『더 이상 아름다운 방황은 없다』『무소의 뿔처럼 혼자서 가라』『고등어』『착한 여자』『봉순이 언니』『우리들의 행복한 시간』『사랑 후에 오는 것들』등이 있다.

권영빈(權寧彬) 1943년 경북 예천에서 태어나 서울대 사학과와 동대학원을 수료했다. 『중앙일보』주필, 편집인을 거쳐 사장 겸 발행인을 역임하고 현재 경기문화재단 대표이사로 있다. 칼럼집『어느 좀팽이의 작은 소망』, 역서『중국 공산주의 운동사』『리대조―중국 사회주의의 기원』『어두운 시대의 사람들』등이 있다.

권태선(權台仙)　1955년 경북 안동에서 태어나 서울대 영어교육과를 졸업했다. 『한국일보』와 『한겨레』에서 기자로 활동했고 『한겨레』 편집국장을 거쳐 현재 편집인으로 있다. 저서 『마틴 루터 킹』, 역서 『바다 이야기』 『그리스·로마 신화』 등이 있다.

김진호(金振鎬)　1961년 서울에서 태어나 한국외대 불어과를 졸업하고 프랑스 빠리8대학 박사과정(DEA－정치학)을 수료했다. 기자협회 부회장을 역임하고 현재 『경향신문』 국제부 기자로 있다.

김명인(金明仁)　1958년 강원도 삼척에서 태어나 서울대 국문과를 졸업하고 인하대 대학원에서 박사학위를 받았다. 현재 인하대 교수와 『황해문화』 편집주간으로 있다. 저서 『자명한 것들과의 결별』 『희망의 문학』 『잠들지 못하는 희망』 『불을 찾아서』 『김수영, 근대를 향한 모험』 『조연현, 비극적 세계관과 파시즘 사이』 등이 있다.

김명환(金明煥)　1958년 서울에서 태어나 서울대 영문과를 졸업하고 동대학원에서 박사학위를 받았다. 성공회대 교수를 거쳐 현재 서울대 교수로 있다. 저서 『지구화시대의 영문학』(공편), 역서 『죽음과 소녀』(공역), 『문학이론입문』(공역) 등이 있다.

김용락(金龍洛)　1959년 경북 의성에서 태어나 계명대 영문과와 동대학원 국문과를 졸업했다. 1984년 창작과비평사의 17인 신작시집 『마침내 시인이여』에 시를 발표하며 등단했다. 시집 『푸른 별』 『기차소리를 듣고 싶다』, 평론집 『한국민족문학론 연구』 등이 있다.

김용민(金容敏)　1974년 강원도 춘천에서 태어나 강남대와 건국대 언론홍보대학원을 졸업했다. 극동방송과 기독교TV PD를 거쳐 현재 시사평론가로 활동하며 한양대 겸임교수로 있다.

김치관(金致寬)　1963년 전남 목포에서 태어나 연세대 정외과와 경남대 북한대학원을 졸업했다. 구로시민센터 기획실장을 거쳐 현재 『통일뉴스』 편집국장으로 있다.

김호기(金皓起)　1960년 경기도 양주에서 태어나 연세대 사회학과를 졸업하고 독일 빌레펠트대에서 박사학위를 받았다. 현재 연세대 교수로 있다. 저서 『세계화시대의 시대정신』 『한국 시민사회의 성찰』 『한국의 시민사회, 현실과 유토피아 사이에서』 『한국의 현대성과 사회변동』 등이 있다.

민경배(閔庚培) 1966년에 태어나 고려대 사회학과를 졸업하고 동대학원에서 박사학위를 받았다. 현재 경희사이버대 교수와 사이버문화연구소 소장으로 있다. 저서 『사회학 나들이』 『사이버스페이스의 사회운동』 『미래혁명이 시작된다』(공저) 등이 있다.

박경순(朴敬順) 1956년 전북 임실에서 태어나 서울대 동양사학과에서 수학했다. 한국진보운동연구소 소장, 민주주의민족통일전국연합 교육위원장을 역임하고 현재 진보정치연구소 이사, 6·15공동선언실천 남측위원회 정책위원으로 있다.

박인규(朴仁奎) 1956년 서울에서 태어나 서울대 해양학과를 졸업했다. 『경향신문』 기자를 거쳐 『프레시안』 발행인 겸 편집인으로 있다.

박찬수(朴贊洙) 1964년 서울에서 태어나 서울대 정치학과를 졸업했다. 현재 『한겨레』 정치부 기자로 있다.

서동만(徐東晚) 1956년 태어나 서울대 정치학과를 졸업하고 일본 토오꾜오(東京)대에서 박사학위를 받았다. 외교안보연구원 교수와 국가정보원 기획조정실장을 역임하고 현재 상지대 교수로 있다. 저서 『김정일체제의 북한』 『북조선사회주의체제 성립사 1945~1961』 『한반도 평화보고서』(공저), 역서 『한국전쟁』 『북조선: 유격대국가에서 정규군국가로』 등이 있다.

서준섭(徐俊燮) 1952년에 태어나 강원대 국어교육과를 졸업하고 서울대 대학원에서 박사학위를 받았다. 현재 강원대 교수로 있다. 저서 『감각의 뒤편』 『한국 모더니즘 문학 연구』 『한국 근대문학과 사회』 『생성과 차이』 등이 있다.

설정환(薛正煥) 1970년 전북 순창에서 태어나 조선대 국문과를 졸업했다. 2005년 『함께 가는 문학』으로 등단했고 현재 5·18기념재단에서 발행하는 『주먹밥』 편집위원과 광주전남민족문학작가회의 사무처장으로 있다.

성경환(成景煥) 1955년 전북 정읍에서 태어나 원광대 법학과를 졸업했다. 현재 MBC 아나운서국 국장으로 있다.

신승엽(辛承燁) 1962년에 태어나 서울대 국문과를 졸업하고 동대학원에서 박사과정을 수료했다. 문학평론가로 활동중이다. 평론집 『민족문학을 넘어서』 등이 있다.

안철흥(安哲興) 1964년 광주에서 태어나 고려대 경제학과를 졸업했다. 『말』 『시사저널』

을 거쳐 현재 『시사IN』 기자로 있다. 저서 『다시 희망을 묻는다』, 역서 『키신저 재판』 등이 있다.

여정민(呂庭旼) 1981년 서울에서 태어나 서울대 역사교육과를 졸업했다. 현재 『프레시안』 사회팀 기자로 있다.

염무웅(廉武雄) 1941년 강원도 속초에서 태어나 서울대 독문과를 졸업하고 동대학원에서 박사학위를 받았다. 1964년 『경향신문』 신춘문예로 등단했고, 영남대 독문과 교수와 민족문학작가회의 이사장을 역임했다. 현재 영남대 명예교수와 6·15민족문학인협회 공동대표로 있다. 저서 『한국문학의 반성』 『민중시대의 문학』 『혼돈의 시대에 구상하는 문학의 논리』 『모래 위의 시간』 등이 있다.

왕상한(王相漢) 1963년 태어나 서울대 법대를 졸업하고 미국 컬럼비아대에서 박사학위를 받았다. 현재 서강대 교수로 있다. 저서 『WTO 뉴라운드와 기술무역장벽』 『디지털방송과 법』 『미국통상법의 허상과 실체』 『전자상거래와 국제규범』 등이 있다.

유병문(兪炳紋) 1972년 부산에서 태어났다. 동국대 불교학과를 졸업하고 현재 『민족21』 전문기자로 있다.

윤해동(尹海東) 1959년 대구에서 태어나 서울대 국사학과를 졸업하고 동대학원에서 박사학위를 받았다. 역사문제연구소 연구원, 일본 와세다(早稻田)대학 연구원 등을 역임하고 현재 성균관대 동아시아학술원 연구교수로 있다. 저서 『지배와 자치』 『식민지의 회색지대』 『근대를 다시 읽는다』(공편) 등이 있다.

이대훈(李大勳) 1960년에 태어나 서울대 물리학과를 졸업했다. 참여연대 협동처장 등을 거쳐 현재 참여연대 평화군축센터 소장과 성공회대 외래교수로 있다. 저서 『세계의 화두』, 역서 『빈곤의 세계화』 『루가노 리포트』 등이 있다.

이명원(李明元) 1970년 서울에서 태어나 서울시립대 국문과를 졸업하고 성균관대 대학원에서 박사학위를 받았다. 1993년 『문화일보』 신춘문예 문학평론으로 등단했고, 서울디지털대 교수를 역임했다. 현재 지행네트워크 연구위원으로 있다. 저서 『타는 혀』 『파문』 『해독』 『연옥에서, 고고학자처럼』 『종언 이후: 최일수와 전후비평』 등이 있다.

이몽룡(李夢龍) 1949년 서울에서 태어나 고려대 신방과를 졸업했다. KBS에 입사해 기자로 활동하고 부산방송총국 총국장과 보도본부 해설위원을 역임했다. 저서 『미국은 아니다』가 있다.

이수언(李秀彦) 1942년 경남 창녕에서 태어나 고려대 불문과를 졸업했다. 『부산일보』
『일요신문』을 거쳐 『국민일보』 편집국장과 논설위원을 역임했다. 현재 민족화해협력범
국민협의회 대변인과 『민족화해』 편집인, 언론중재위원회 중재위원으로 있다.

이순애(李順愛) 1953년 재일조선인 2세로 일본 오오사까(大阪)에서 태어났다. 현재 와세
다(早稻田)대 강사로 있다. 저서 『전후세대의 전쟁책임론』 『2세의 기원과 '전후사상'』,
편역서 『분단시대의 한국여성운동』 『백낙청 평론선집』 등이 있다.

이진섭(李珍燮) 1945년 경북 안동에서 태어나 경북대 철학과를 졸업했다. MBC와 『조선
일보』 기자, 기획위원을 거쳐 국회 사무처 공보관을 역임했다. 역서 『현대물리학과 동
양사상』 『아이아코카 자서전』 『리더의 수사학』 등이 있다.

정운찬(鄭雲燦) 1948년 충남 공주에서 태어나 서울대 경제학과를 졸업하고 미국 프린스
턴대에서 박사학위를 받았다. 한국경제학회 회장, 서울대 총장을 역임하고 현재 서울대
교수로 있다. 저서 『금융개혁론』 『중앙은행론』 『통계학』 『화폐와 금융시장』 『거시경제
론』 『중앙은행의 이론과 실제』 등이 있다.

조희정(趙希禎) 1970년 부산에서 태어나 서울대 국어교육과를 졸업하고 동대학원에서 박
사학위를 받았다. 공간플러스와 퍼슨웹 기획위원으로 활동했고 현재 한성대 교수로 있
다. 공저 『인텔리겐차』 『대담한 책읽기』 『국어교육 100년사』 등이 있다.

지강유철(池康裕哲) 1958년 강원도 화천에서 태어나 총신대 종교음악과에서 공부했다.
기독교윤리실천운동 및 교회개혁실천연대 사무국장을 역임하고 현재 『인물과사상』
전문인터뷰어로 있다. 저서 『요셉의 회상』 『안티 혹은 마이너』 『장기려, 그 사람』 등이
있다.

타까사끼 소오지(高崎宗司) 1944년 일본 이바라끼(茨木)현에서 태어나 토오꾜오(東京)
교대 대학원에서 일본근대사와 한국근대사를 전공했다. 현재 쓰다주꾸(津田塾)대 교수
로 있다. 저서 『반일 감정: 한국인·조선인·일본인』 『중국 조선족: 역사·생활·문화·민
족·교육』 『식민지 조선의 일본인』 『일본망언의 계보』 『북한을 읽는다』 등이 있다.

하승창(河勝彰) 1961년에 태어나 연세대 사회학과를 졸업했다. 경제정의실천시민연합
조직국장과 정책실장을 거쳐 '함께하는 시민행동' 정책위원장을 역임했다. 저서 『하승

창의 NGO 이야기』가 있다.

하종강(河琮剛) 1955년 인천에서 태어났다. 현재 한울노동문제연구소 소장과 『한겨레』 객원논설위원, 서울중앙지방법원 조정위원, 노동자교육쎈터 교육위원 등을 맡고 있다. 저서 『철들지 않는다는 것』 『그래도 희망은 노동운동』 『노동자는 못 말려』 등이 있다.

한수진(韓受辰) 1969년 서울에서 태어나 연세대 신방과를 졸업했다. 현재 SBS 기자로 있다.

한승동(韓承東) 1957년 경남 창원에서 태어나 서강대 사학과를 졸업했다. 현재 『한겨레』 문화부 선임기자로 있다. 역서 『부시의 정신분석』 『우익에 눈먼 미국』 등이 있다.

한정숙(韓貞淑) 1957년에 태어나 서울대 역사교육과를 졸업하고 독일 튀빙겐대에서 박사학위를 받았다. 현재 서울대 교수로 있다. 역서 『봉건사회』 『비잔티움 제국사』(공역), 『고대에서 봉건제로의 이행』(공역) 등이 있다.

황종연(黃鍾淵) 1960년 서울에서 태어나 동국대 국문과를 졸업하고 미국 컬럼비아대를 거쳐 동국대 대학원에서 박사학위를 받았다. 1992년 『세계의 문학』에 평론을 발표하며 등단했고, 현재 동국대 교수로 있다. 평론집 『비루한 것의 카니발』, 편서 『김주영 깊이 읽기』, 역서 『현대 문학·문화 비평 용어사전』 등이 있다.

부록

1938년 1월 10일(음력으로 丁丑년 12월 9일) 대구시 봉덕동 외가에서 부친 수원 백
공(휘 鵬濟)과 모친 월성 최씨(휘 貴蘭) 사이에 차남으로 출생(6남매 중 셋째).

1944년 어린 시절 부친이 경북, 황해, 전북, 전남 등 도청의 관리로 근무한 관계로 대
구, 해주, 전주, 광주 등지로 옮겨다니며 살다가 광주에서 서석(瑞石)국민학교 입학.

1945년 부친을 제외한 식구들이 평북 정주(定州)군 남서면의 향리로 옮겨가 그곳 부
호(鳧湖)국민학교에서 2학년 1학기를 지낸 뒤 8·15를 맞음. 10월에 배를 타고 38
선을 넘어 서울로 와서 부친과 합류. 재동(齋洞)국민학교(현 재동초등학교) 전입.

1949년 재동국민학교 졸업하고(도중에 월반하여 1년 일찍 마침) 경기중학교 입학.

1950년 6·25를 맞아 서울에 남았다가 당시 변호사이던 부친이 북한 당국에 의해 북
으로 연행됨. (이후 부친은 줄곧 행방불명 상태이다가, 2000년 6월 가형 樂晥이 대
통령 방북수행단에 포함됨에 따라 국가정보원 당국에서 재북친척 존재여부를 조
사하여 '부친 사망' 사실을 확인해주었으나 사망 시기와 정황은 확인이 안됨.) 모

친의 분발로 생계와 자녀교육이 유지됨. 1·4후퇴를 앞두고 대구로 피난, 봉덕동 외가에 거주.

1951~53년 대구에서 서울피난연합중학교 및 고등학교 2학년까지 다니다가 서울로 돌아와 경기고등학교를 다님.

1954년 미국 뉴욕헤럴드트리뷴 신문사가 주최하는 세계고등학생 토론대회(New York Herald-Tribune World Youth Forum)에 한국대표로 선발되어 연말에 도미.

1955년 3개월간 미국생활 및 대회를 마치고 영국·프랑스·레바논·파키스탄·인도에서의 부수일정을 채운 뒤 일본 경유 귀국. 외유 도중에 경기고를 졸업(51회)하고 9월에 미국 브라운대학교 입학.

1957년 3학년에 진입하면서 영문학 및 독문학 분할전공을 선택.

1959년 6월에 브라운대를 졸업. 졸업식에서 졸업생 대표로 연설. 9월에 하바드대학교 대학원 영문학 석사과정 입학.

1960년 박사과정 진학허가를 받았으나 귀국을 결심. 6월에 석사학위 취득하고 유럽 경유 귀국. 10월 육군 제2훈련소 입대.

1961년 국가재건최고회의 근무중 유학귀휴 조치로 1년간의 사병생활을 마침(이듬해 3월 출국과 동시에 제대).

1962년 다시 미국으로 가 샌프랜씨스코 및 인근지역에서 반년간 생활하다가 9월에 하바드대 영문학 박사과정에 진학.

1963년 박사과정 1년 수료 후 귀국하여 서울대학교 문리대 영문학과에서 강의 시작.

1964년 서울대 전임강사로 발령됨.

1965년 『신동아』『청맥』『조선일보』 등에 평문 기고. 「분지(糞地)」의 작가 남정현의 구속에 항의하는 글로 중앙정보부에 의해 가택수색을 당하고 연행되어 조사받음

(뒤에 검찰에서 불기소 처분). 몇몇 벗들과 계간 『창작과비평』 창간 준비작업을 진행함.

1966년 1월에 『창작과비평』을 창간하고 편집인이 됨(발행처는 문우출판사). 권두논문으로 「새로운 창작과 비평의 자세」 발표. 6월에 한지현(韓智現)과 결혼.

1967년 「역사소설과 역사의식」 「소설 『이성계』에 대하여」 등 평론을 『창작과비평』에, 「한국소설과 리얼리즘의 전망」을 『동아일보』에 발표.

1968년 『사상계』에서 작가 선우휘와 대담. 마지막 2년간 선배로 따르며 가깝게 지내던 김수영 시인의 타계를 맞아 『한국일보』에 추도문을 쓰고 『현대문학』에 「김수영의 시세계」 기고. 장녀 영경(英瓊) 출생(9월). 김동리·백철·선우휘·전광용 등과 『신동아』 좌담에 참여.

1969년 「콘래드 문학과 식민지주의」 「시민문학론」 등 발표. 조교수로 승진. 중단했던 박사과정을 마치기 위해 8월에 도미. 이를 계기로 『창작과비평』은 67년말 이래 발행을 맡아주던 일조각으로부터 독립함(발행인 신동문, 편집장 염무웅).

1971년 하바드대에서 덱스터 펠로십을 받아 여름에 영국 및 유럽 여행.

1972년 D. H. 로런스에 관한 박사논문 제출 뒤 귀국하여 서울대 조교수로 복직. 『창작과비평』 편집인으로도 복귀하여 그동안 창비를 맡아 고군분투하던 염무웅과 합력함. 12월에 박사학위를 받음.

1973년 장남 웅재(雄在) 출생(1월). 신경림 시집 『농무』의 발문을 쓰고 「문학적인 것과 인간적인 것」 「시와 민중언어」 등 평론 발표. 부교수로 승진. 8월에 미국 하와이대 이스트웨스트쎈터 주최 '사회문학 대회'에서 김정한 중편 「수라도」에 관해 발표.

1974년 1월에 유신헌법에 반대하는 '개헌청원지지 문인61인선언'에 참여하고 중부경찰서에 연행되었다가 훈방, 이후 중앙정보부의 조사를 받음. 이 사건의 여파로 소설가 이호철 등이 연루된 '문인간첩단 사건'이 조작되자 동료문인들과 함께 구명운동을 벌임. 도서출판 창작과비평사(대표 신동문)의 출범으로 출판사업을 개시. A. 하우저의 『문학과 예술의 사회사 — 현대편』을 염무웅과 공역으로 간행. 『월간중앙』에 「민족문학 이념의 신전개」(뒤에 「민족문학 개념의 정립을 위해」로 개제) 발표. '현대의 사상' 전집(태극출판사) 중 『문학과 행동』을 엮고 해설 「현대문학을 보는 시각」을 씀. 전해 창작과비평사가 제정한 만해문학상 제1회 심사에 참여(상은 1회 신경림, 2회 천승세 시상 이후 1988년까지 중단됨). 11월에 자유실천문인협의회 발기선언에 참가하고 뒤이어 민주회복국민선언에 서명. 후자의 일로 학교측으로부터 사표제출을 종용받았으나 거절하고 12월 문교부에 의해 징계 파면됨. 이에 대한 소청 및 행정소송을 이듬해 제기함(80년 3월 서울대에 복귀한 뒤 81년 12월에 대법원에서 최종적인 패소판결이 내려짐).

1975년 「민족문학의 현단계」를 『창작과비평』 봄호에 발표. 뒤이어 선포된 긴급조치 9호로 잡지가 회수됨. 여름호도 리영희의 「베트남전쟁 3」 게재 이유로 판매금지됨. 차남 연재(然在) 출생(5월). 창작과비평사에서 간행한 『신동엽전집』 관계로 중앙정보부에 연행됨. 12월에는 염무웅이 복사한 이용악 시집 등을 소지한 혐의로 염무웅 등과 함께 정보부에 연행, 조사받음.

1976년 창작과비평사 대표 취임. 『창작과비평』 10주년 기념호 좌담을 진행(신경림·신동문·염무웅·이호철 참여). 가을호에 최초의 본격적인 '창비' 좌담 「민족의 역사, 그 반성과 전망」을 기획·진행(강만길·박태순·송건호·이우성·정창렬 참여). 『문학과 예술의 사회사 — 고대·중세편』 번역 간행. 이 기간에 창작과비평사는 영인본 간행, 창비아동문고 출범 등 활동범위의 적잖은 확대를 이루었으나 거듭되는 탄압과 관리부실 등으로 재정난에 시달린바, 종형 고 백낙신(白樂晨), 고교동문인 고 박윤배(朴潤培)와 김우중 대우그룹 회장 등의 특별한 도움을 받음.

1977년 「역사적 인간과 시적 인간」을 『창작과비평』 여름호에 발표하고 해직교수들의 글모음 『마지막 강의』(정우사)에 「D. H. 로렌스의 소설관」을 발표. 리영희 편역 『8억인과의 대화』의 발행자로 남영동 치안본부 대공분실에 연행되었다가 반공법 위반 혐의로 불구속 입건, 뒤이어 불구속 기소됨(리영희 교수는 구속). 고 김강영·황인철 변호사와 이돈명·조준희·홍성우 변호사 등으로 무료변호인단이 구성됨. 『창작과비평』 가을호의 「분단시대의 민족문화」 좌담에 강만길·김윤수·리영희·임형택과 함께 참여. 연말에 창작과비평사 대표직에서 물러나 편집위원으로 남음.

1978년 첫 평론집 『민족문학과 세계문학』(뒤에 『민족문학과 세계문학』 I로 개제)

상재. 「소설 『무지개』와 근대화의 문제」 「토속세계와 근대적 작가의식」 「인간해방과 민족문화운동」 등을 발표. 11월 명동 가톨릭문화관에서 자유실천문인협의회 연속강좌의 일부로 김지하의 시에 관해 「한국문학과 제3세계문학의 사명」이라는 제목으로 강연(뒤이어 그 내용이 일본 『세까이(世界)』에 번역 게재됨). 『창작과비평』 가을호에 구중서·고은·유종호·이부영과 「내가 생각하는 민족문학」이라는 제목으로 좌담. 『8억인과의 대화』 사건 재판이 이 해 내내 진행되어 1심에서 징역 1년이 선고되었다가 2심에서 집행유예를 받고 이듬해 대법원에서 확정됨(리영희 교수는 실형복역). 이 과정에서 국내의 동지들뿐 아니라 미국의 친지들도 구명운동에 나선바, 특히 헤럴드트리뷴 토론회 당시에 만나 유학시절 내내 많은 은혜를 입은 에드워드 쏠로몬, 브라운대 동문 앨런 폴즈비, 평화봉사단원 시절 서울에서 처음 만난 에드워드 베이커 등이 노력하여 사건관련 보도가 시사주간지 『뉴스위크』에 나기도 함. 4월 해직교수협의회 결성과 동시에 문동환 박사와 함께 부회장이 됨(회장 성내운).

1979년 「민중은 누구인가」(『뿌리깊은나무』 4월호), 「문학의 사회적 의미와 사회학적 연구」(『세계의 문학』 가을호), 「제3세계와 민중문학」(『창작과비평』 가을호) 등 발표. 전남대 교수들이 발표한 선언문 「우리의 교육지표」를 집필했으나 성내운·송기숙 교수의 보호로 역할이 노출되지 않음. 『창작과비평』 여름호의 좌담 「오늘의 여성문제와 여성운동」을 진행(김행자·서정미·이창숙·이효재 참여). 2학기를 맞으며 해직교수협의회의 성명을 발표하고 관악경찰서에 10일간 구금되어 조사받음. 제2평론집 『인간해방의 논리를 찾아서』를 시인사에서 간행. 10·26 직후 계엄법 위반 혐의로 종로서, 중부서 등에 구금되었다가 석방됨.

1980년 『실천문학』 제1집에 「민족문학론의 새로운 과제」(뒤에 「80년대 민족문학론의 전망」으로 개제)를 기고하고 복직을 앞둔 해직교수들의 글모음 『다시 하는 강의』(전예원)에 「영문학연구에서의 주체성 문제」 발표. 사면·복권과 함께 3월에 서울대 인문대 부교수로 복귀. 『창작과비평』 봄호에 서남동·송건호·강만길과 좌담을 했으나 계엄검열단에 의해 전문삭제됨. 『문학과 예술의 사회사 — 근세편·상』을 반성완 교수와 공역. 5·17 이후 7월에 계엄사에 연행되었다가 풀려났으나 『창작과비평』은 국가보위비상대책위원회 결정으로 폐간됨. 「D. H. Lawrence의 Women in Love 연구」를 서울대 『인문논총』에 발표(뒤에 「로렌스문학과 기술시대의 문제」로 개제하여 민음사 간 『20세기영국소설연구』에 수록). 이돈명 변호사 등의 '거시기산악회'에 가담, 이후 주말등산을 계속.

1981년 『민족주의란 무엇인가』를 엮어냄(창작과비평사). 한국영어영문학회 편 『19세기 영국소설 연구』(민음사)에 「디킨즈 소설 속의 빅토리아조 신사」 발표. 계간지의 공백을 메우는 노력의 일환으로 신작평론집 『한국문학의 현단계』 연속간행을 기획하고 「리얼리즘에 관하여」를 집필.

1982년 『현상과 인식』에 「소설 『테스』의 현재성」 기고, 뒤이어 이 글을 포함한 『서구 리얼리즘소설 연구』(창작과비평사)를 엮어냄. 「미국의 꿈과 미국문학의 짐」(『세계의 문학』 겨울호) 「서양 명작소설의 주체적 이해를 위해」 「제3세계의 문학을 보는 눈」 등을 발표. 일역평론선 『한국민중문학론(韓國民衆文學論)』(安宇植 편역, 三一書房)이 나옴.

1983년 『한국문학의 현단계 II』를 엮고(염무웅 공편) 「민족문학의 새로운 고비를 맞아」를 기고. 「학문의 과학성과 민족주의적 실천」 「한국에 있어서 미국의 의미」 등을 발표.

1984년 『한국문학의 현단계 III』 및 『리얼리즘과 모더니즘』을 엮음. 전자에 「1983년의 무크운동」, 후자에 「모더니즘에 관하여」 기고. 교수로 승진. 『고은 시전집』 평 「한 시인의 변모와 성숙」을 발표.

1985년 자유실천문인협의회 개편 후 첫 '민족문학의 밤' 행사에서 「민족문학과 민중문학」 강연. 『실천문학』 창간호에 김지하 시인과 대담. 제3평론집 『민족문학과 세계문학 II』 간행(신고 「모더니즘 논의에 덧붙여」 포함). 『한국문학의 현단계 IV』를 엮고 좌담 「80년대의 민족운동과 한국문학」에 참여. 무크지 『창작과비평』에 「민중·민족문학의 새 단계」 발표. 계간지를 무단 복간했다는 구실로 문화공보부 당국은 출판사의 등록을 취소. 이에 대한 국내외의 항의와 당국을 상대로 한 김윤수 대표의 끈질긴 교섭이 이듬해까지 계속됨. 두번째 일역평론선 『민족문화운동의 상황과 논리(民族文化運動の狀況と論理)』(瀧澤秀樹 監譯, 御茶の水書房)가 '한국현대사회총서' 제4권으로 나옴.

1986년 「민족문학과 외국문학연구」 「작품·실천·진리」 「민족문학의 민중성과 예술성」 「'감수성의 분열' 재론」 등 발표. 8월에 창작과비평사가 '창작사'라는 명의로 복구되면서 일체의 관계단절을 당국으로부터 요구받음. 그러나 김윤수 대표 및 업무국장으로 '전보'된 이시영 주간 등과의 협조를 계속.

1987년　「『폭풍의 언덕』의 소설적 성과」(『외국문학』 봄호), 「'다른 어떤 율동적 형식'과 리얼리즘」(『황찬호교수 정년기념논문집』, 명지출판사) 등 발표. 제2회 심산상(心山賞)을 받음. 6월항쟁을 앞두고 『창비 1987』이라는 제목으로 다시 무크지를 엮어내고(출간 직전에 6·29선언이 나옴으로써 당국의 제재 위험을 면했음) 좌담 「현단계 한국사회의 성격과 민족운동의 과제」 참여. 9월에 자유실천문인협의회가 민족문학작가회의로 개편되면서 고은 시인과 더불어 부회장이 됨(회장 김정한, 뒤에 부회장에 신경림 시인이 추가됨). 10월, 대구에서 열린 지방사회연구회 심포지엄에서 「민족문학론과 분단문제」 발표.

1988년　『창작과비평』이 복간되면서 다시 편집인이 되고 복간호에 「오늘의 민족문학과 민족운동」을 발표. 창작과비평사도 제 이름을 되찾음(대표 김윤수). 3월초 일본 이와나미쇼뗑(岩波書店) 출판사 초청으로 약 10일간 일본방문, 지식인간담회와 강연회·좌담회 등을 가짐. 일본 『민또오(民濤)』에 강연록 「한국의 민중문학과 민족문학에 관하여」가 이회성·양민기 등과의 좌담 「민족문학과 재일(在日)문학에 관하여」와 함께 발표됨(전자는 『창작과비평』에도 게재). 김수영 20주기를 맞아 김수영 시선집 『사랑의 변주곡』(창비시선 68)을 엮어내고 해설 「살아있는 김수영」을 집필. 가을에 미국 애스펜 연구소 주최로 매릴랜드주에서 열린 인권문제 토론회에 참석하고 워싱턴, 뉴욕, 보스턴 등지를 15년 만에 재방문. 하바드대와 브라운대에서 강연. 박현채·박형준·양건 등과 『창작과비평』 가을호 좌담 「민족통일운동과 민주화운동」에 참여. 「언어학적 모형과 문학비평」 집필(이듬해 『현대문학의 연구』 1집에 실림).

1989년　「통일운동과 문학」 「살아있는 신동엽」(신동엽 20주기 기념강연) 「신식민지시대와 서양문학 읽기」 「영미문학연구와 이데올로기」 등 발표. 3월에 민족문학작가회의에서 추진한 남북작가회담 문제로 경찰에 연행되었다가 불구속 입건(고은 단장은 구속), 출국이 정지됨. 문익환 목사 방북사건 관련 혐의로 국가안전기획부에 연행되고 가택수색을 받았으나 무혐의로 풀려남. 가을에 미국 인디애나대학 한국학대회에 초청되었으나 출국금지로 발제문만 보냄. 『창작과비평』 겨울호 좌담 「민주주의의 이념과 민족민주운동의 성격」에 김승호·안병직·정윤형 등과 참여. 한국영어영문학회 가을총회(10월 충북대)에서 「영문학연구와 이데올로기」 발제 및 토론. 서울에서 열린 '전환기의 세계와 맑시즘' 국제학술회의에 토론자로 참여하여 이매뉴얼 월러스틴 등 다수 해외학자들과 만나고 하바드대 대학원 재학 당시 그의 학부 불문학 강의를 수강한 바 있는 프레드릭 제임슨과 해후, 『한겨레』와 『창작과비평』을 위한 대담 진행.

1990년 1월 민족문학작가회의 부회장 임기를 마침. 2월에 대학교수 중국방문단 일행으로 뻬이징, 시안, 샹하이, 쑤저우 등 방문. 「지혜의 시대를 위하여」 「맑시즘, 포스트모더니즘, 민족문화운동」(F. 제임슨과의 대담), 「민족문학론과 리얼리즘론」 등 발표. 제4평론집 『민족문학의 새 단계』 간행. 『문학』 창간호에 김우창·조동일 등과 「90년대 민족문학의 진로」라는 제목으로 좌담. 『창작과비평』 겨울호에 김록호·김세균·김종철·이미경 등과 좌담 「생태계의 위기와 민족민주운동의 사상」에 참여.

1991년 『창작과비평』 창간 25주년을 맞아 서울과 지방에서 여러 행사에 참여(기념호에 실린 「90년대 민족문학의 과제」 발제 및 토론 포함). 서울대 교수협의회 부회장단의 일원으로 선임됨(회장 이상희). 일본 『세까이』에 '서울의 눈' 칼럼을 1년간 번갈아 기고하는 3인 중 하나로 참여. 『동향과 전망』 가을호에 「분단시대의 계급의식을 다시 생각한다」 발표. 로런스 단편선 『목사의 딸들』(창작과비평사)을 번역 간행(2001년에 개정판). 8월에 세번째 일역평론선 『지혜의 시대를 위하여(知惠の時代のために)』(李順愛·徐京植 옮김, オリジン出版センター) 간행. 11월 시카고대 개교 100주년기념 동아시아학술대회에 초대받아 기조강연, 이때 브루스 커밍스 교수를 인터뷰하여 『창작과비평』에 실음(「세계사 속의 한국전쟁과 통일한국」, 1992년 봄호). 귀로에 버클리 캘리포니아대(UC Berkeley)에 들러 강연. 평론선집 『현대문학을 보는 시각』(솔) 간행. 『실천문학』 주최 '문제는 다시 리얼리즘이다' 심포지엄에 참여하고 「시와 리얼리즘에 관한 단상」을 겨울호에 기고.

1992년 민족문학작가회의 신경림 회장의 임기가 끝나면서 후임 물색에 어려움을 겪다가 송기숙 작가가 회장을 맡게 됨에 따라 부회장으로 복귀하여 보필함(94년까지). 「로런스 소설의 전형성 재론」 「분단체제의 인식을 위하여」 발표. 『민족문학사연구』의 좌담 「국문학연구와 서양문학 인식」에 반성완·임형택·임규찬과 참여. 일본에서 李順愛 편역으로 『白樂晴 評論選集』 출간(同時代社, 1권 1992, 2권 1993). 가을에 영국을 방문하여 페리 앤더슨, 로빈 블랙번 등과 만나고, 독일 슈미튼에서 개최된 한독 국제심포지엄에서 「독일통일이 한국에 주는 교훈」(Die Lehren aus der Vereinigung Deutschlands für Korea)이라는 제목으로 기조강연(이듬해 간행된 Bernhard Moltmann·Rainer Werning 공편 *Deutschland und Korea: Begegnung in* *der Teilung*에 수록). 심포지엄 참석에 앞서 당시 베를린에 체류중이던 임재경, 홍윤기 등과 베를린과 구 동독지역의 라이프찌히, 바이마르 등지 여행.

1993년 영국의 『뉴레프트리뷰』 1-2월호에 "South Korea: Unification and the Democratic Challenge"를 발표. 『창작과비평』 봄호에 회갑을 맞은 고은 시인과 대담하고, 뒤이어 신경림 시인과 함께 고은 문학 35년을 조명한 『고은 문학의 세계』를 엮으면서 「선시와 리얼리즘」을 기고. 가을호에 「지구시대의 민족문학」 발표. 미국 쌘디에고 캘리포니아대 마사오 미요시 교수의 초청으로 아시아·태평양 지식인 워크샵에 참석, 미요시 교수 외에 아리프 딜릭 등 여러 동아시아연구자들과 만남. 9월 서울대 '민주화를 위한 교수협의회' 주최 학술토론회 '한국 근대사회의 형성과 근대성 문제'에서 「문학과 예술에서의 근대성 문제」 발표(『창작과비평』 겨울호에 수록). 11월 『현대문학을 보는 시각』으로 제1회 대산문학상(평론부문) 수상.

1994년 2월에 어바인 캘리포니아대(UC Irvine)의 특임교수(Regents' Professor)로 동아시아학과에서 2주간 집중강의, 이어서 UCLA, UC Berkeley 등에서 특강. 3월 『분단체제 변혁의 공부길』(창작과비평사) 출간. 6월 모교 브라운대에서 명예인문학박사학위를 받음. 7월에 호주국립대 인문학연구소 초청으로 국제학술회의에 참석·발제하고 호주와 뉴질랜드 여행. 손호철 교수의 분단체제론 비판에 답하는 「분단시대의 최근 정세와 분단체제론」을 『창작과비평』 가을호에 발표. 가을에 프레드릭 제임슨 등이 주관한 미국 듀크대 국제학술회의에서 「지구화시대의 민족과 문학」(Nations and Literatures in the Age of Globalization) 발표(1996년 듀크대 출판부에서 간행된 Fredric Jameson and Masao Miyoshi, eds., *The Cultures of Globalization*에 수록). 이 대회에서 아리엘 도르프만, 데이비드 하비, 카라따니 코오진 등을 만나 이후 교우관계를 유지함. 서울을 방문한 일본의 원로 문학가 카토오 슈우이찌(加藤周一)와 대담. 이 대담은 「한·일의 근대경험과 연대모색」이라는 제목으로 『창작과비평』 겨울호 및 『세까이』 1995년 2월호에 실림.

1995년 2월 꼬스따리까 싼호세에서 열린 미국 전국인문학쎈터와 범미주인권연구소 공동주최 국제학술회의 '자유의 확립을 위하여: 시민사회의 역할'에 참석해 "National and Transnational Claims on Civil Society: A South Korean Contribution" 발표(이듬해 미국의 전국인문학쎈터의 홈페이지에 게재되고 서울대 한국문화연구소 간행 *Seoul Jouranl of Korean Studies* 9권에도 수록됨). 같은 달 일본 이와나미쇼뗑 사장이자 한반도문제 전문가인 야스에 료오스께(安江良介)가 한국크리스찬아카데미 주최 심포지엄 참석차 방한하여 『창작과비평』 편집위원들과 남북문제와 한일관계 등에 대해 의견을 교환함. 6월 건축관계 ANYWISE 국제학술회의에 참석하고(발제문 「도시의 연속성과 변모 — 서울의 경우」는 『황해문화』 1996년 봄호에 발표) 이때 방한한 제임슨, 미요시, 하비 등과 「변혁운동과 녹색사상」이라는 제목으로 좌담(『창작과비평』 겨울호). 9월 「민족문학론, 분단체제론, 근대극복론」 발표. 장녀 영경이 성지동(成志東)과 결혼함.

1996년 2월 계간 『창작과비평』 창간 30주년 기념호 발행 및 축하연 개최. 3월 민족문학작가회의 회장 취임(이후 작가회의가 사단법인이 됨에 따라 초대 이사장으로 1998년 3월까지 재임). 월간 『원광』 4월호에 「한국 민중종교의 개벽사상과 소태산의 대각」이라는 제목의 인터뷰 발표(묻는이 박혜명). 4월 『창작과비평』 창간 30주년 기념 국제학술대회 '새로운 전지구적 문명을 향하여 — 민중과 민족·지역운동들의 역할' 개최하고(페리 앤더슨·브루스 커밍스·노마 필드·와다 하루끼·보리스 까갈리쯔끼 등이 참가하여 주제발표) 기조발제문 발표. 7월 영국 노팅엄대에서 열린 국제로런스학회 7차대회에서 "Lawrence and the Question of Representation and (Virtual) Reality"라는 제목으로 발제(발제문을 뒤에 대폭 보완하여 『안과밖』 창간호에 「로런스와 재현 및 (가상)현실 문제」로 발표). 10월 서울대 50주년기념 국제학술회의에서 「한국 대학의 이념을 찾아서」 발표. 이 해에 치아와 잇몸 문제로 인공치아이식 작업을 시작하여 이듬해까지 감.

1997년 「비평과 비평가에 관한 단상」(『문학과사회』 여름호), 「『외딴 방』이 묻는 것과 이룬 것」(『창작과비평』 가을호) 발표. 10월 안동대 한국학국제학술대회에서 「분단체제극복을 위한 통일운동의 일상화」 발표, 한국원불교학회 학술대회에서 「통일사상으로서의 송정산의 건국론」 발표. 미국의 불교학자 로버트 버스웰 등과 함께 원불교 교전 영역작업에 참여, 이후 2006년까지 간헐적으로 진행됨. 11월 제14회 요산문학상 수상. 방한한 일본의 평론가 카라따니 코오진, 우까이 사또시, 그리고 최원식과 「한국의 비평 공간」이라는 제목으로 좌담(이듬해 일본 『히효오 쿠우간(批評空間)』에 게재). 백석문학기념사업운영위원회 위원장 맡음(현재까지). 민족문학작가회의 이사장 퇴임 전에 재정문제를 해결해야 할 처지를 당하여 거의 20년간 격조했던 김우중을 찾아가 기금희사를 약속받음(이후 IMF사태 발발로 지연되었다가 이듬해 초에 이행). 사돈 석여(石如) 성대경(成大慶) 교수가 청사(晴蓑)라는 아호를 지어줌.

1998년 회갑을 맞아 『창작과비평』 편집동료들과 좌담(「백낙청 편집인에게 묻는다」, 『창작과비평』 봄호). 김우중과 함께 영국, 폴란드, 헝가리, 체코슬로바키아, 루마니아 등지를 여행. 2월 친우 와다 하루끼 교수가 정년퇴임을 앞두고 주최한 토오꾜오대 사회과학연구소의 한일포럼에 참석하여 발제(『社會科學研究』 제50권 제6호, 1999에 수록). 3월 사단법인 민족문학작가회의 이사장 임기를 마치고 상임고문을 맡음(현재까지). 6월 『흔들리는 분단체제』(창작과비평사) 출간. 9월 하바드옌칭연구소(소장 뚜 웨이밍 杜維明, 부소장 에드워드 베이커) 초청으로 하바드대 객원연구교수로 가서 이듬해 8월까지 체류. 컬럼비아대, 듀크대 등을 방문하여 한국문학 또는 한반도문제에 관해 특강. 10월 은관문화훈장을 받게 되어 모친이 대신 수령함. 12월 미국 뉴욕주립 빙엄튼대 페르낭 브로델 쎈터 주최 학술대회에서 주제발표(이때의 발표문을 손질하여 「한반도에서의 식민성 문제와 근대 한국의 이중과제」라는 제목으로 『창작과비평』 1999년 가을호에 수록했으며 영문으로는 2000년에 영국의 *Interventions* 2권 2호에 발표됨). 대회 직후 이매뉴얼 월러스틴과 대담. 이 대담은 「21세기의 시련과 역사적 선택」이라는 제목으로 『창작과비평』 1999년 봄호에 실리고, 그 후 월러스틴 저서 『유토피스틱스』 국역본(창작과비평사)에 재수록됨. 12월에 중국에서 평론선 『全球化時代的文學與人』(金正浩·鄭仁甲 옮김, 中國文學出版社) 간행을 계기로 뻬이징대에서 열린 한중지식인포럼에 참석, 기조발제. 한두 해 전부터 건강문제에 시달렸으나 좋은 인연들을 만나 건강을 유지하게 되었고 특히 이 해 시작한 한서자기연구원(원장 구한서)의 생체자기조절법을 이후에도 꾸준히 계속.

1999년 상반기는 하바드에 계속 체류하면서 시카고대, 버펄로 뉴욕주립대, 버클리 캘리포니아대, 워싱턴대(씨애틀) 등에서 특강. 봄학기에 하바드대 객원연구교수로 부임한 고은 시인과 대담(「세계체제 속의 한국과 미국」, 『내일을 여는 작가』 가을호). 5월에 첫 손주(외손자) 성주용(成周鏞) 탄생. 영국의 마이클 벨, 미국의 얼 잉거쏠 및 한국의 정종화 교수와 함께 한국로런스학회의 *D. H. Lawrence Studies* 국제특집호 편집. 귀국 후 9월에 한·독 평화통일 워크숍(천안)에서 「한반도 평화통일을 위한 새 발상」 발표. 대담 「희망의 21세기, 어떻게 맞이할까?」(월간 『원광』 11월호), 「시대적 전환을 앞둔 한국문학의 문제들」(『21세기 문학』 겨울호) 발표.

2000년 조선족 시인 김정호와의 대담 「푸른 산맥 저 멀리」가 중국 『장백산』 3월호에 발표됨. 「2000년대의 한국문학을 위한 단상」 발표. 20세기 학문의 성격을 다룬 공저서 『현대 학문의 성격』(민음사) 펴냄. 6·15공동선언 발표 직후의 『창작과비평』
특집 '분단시대에서 통일시대로'의 일부로 좌담 「통일시대를 어떻게 살아갈 것인
가」에 강만길·김경원·홍윤기 등과 참여. 위성방송시대의 개막을 앞두고 (사)국민
방송실현을위한시민모임에서 시민채널을 확보함에 따라 10월에 시민방송 준비위
원회 위원장을 맡음.

2001년　『한겨레』 신년호에 김동춘 교수와, 『교수신문』 신년호에 박순성 교수와 각
기 대담. 2월 시민방송 발기인대회, 5월에 재단법인 시민방송 창립과 더불어 이사
장을 맡음(이후 국민주방송추진위원회와 통합하면서 9월에 재단 이사장의 임기를
새로 시작). 원불교 교전영역사업의 첫 성과로 『정전』의 새 영역본이 출간됨(『대종
경』 번역작업을 계속 진행키로 함). 『흔들리는 분단체제』 일역본(『朝鮮半島統一
論 ─ 搖らぐ分斷体制』)이 토오꾜오의 쿠레인(クレイン)출판사에서 간행됨. 제5회
만해상 실천상 수상. 8월 심포지엄 '세계평화를 위한 한반도 화해와 통일' 국제회
의에서 「분단체제극복운동의 세계화를 위해」 발표. 9월 인터넷신문 『프레시안』 창
간과 더불어 고문 맡음. 10월 '새만금 생명학회' 참여.

2002년　『정전』 영역의 공로로 원불교 교단에서 공산(空山)이라는 법호를 받음. 창비
웹매거진에 「밝아올 세상, 밝아진 한반도」 발표. 영남대(영남학원) 관선이사 취임
(임기 2년). 불교방송에서 김사인 시인과 대담, 그 내용이 「한민족의 새로운 모
색 ─ 어둠의 세계체제, 한반도 분단체제의 극복은 가능한가」라는 제목으로 『대구
사회비평』 3-4월호에 실림. 「한반도의 2002년」 발표. 5월 2002한일월드컵을 앞두
고 일본을 방문하여 NHK·KBS 공동주최 한일 지식인 TV토론회에 참여(사회 지명
관, 일본측에서 오꼬노기 마사오, 와다 하루끼, 히라야마 아끼오 등 출연). 귄터 그
라스 초청 국제 통일심포지엄에서 「분단체제 극복을 위한 지구적 시각을 찾아서」
강연. 9월 시민방송 RTV 개국에 성공하나 재정난과 많은 시행착오로 난항이 지속
됨. 고은 시선집 『어느 바람』(창작과비평사)을 엮고 발문을 씀. 10월에 차남 연재
가 구정윤(具正允)과 결혼. 「한반도에 '일류사회'를 만들기 위해」 발표.

2003년　EBS 시청자위원회 위원장 맡음(2005년까지). 2월 서울대 정년퇴임(이후 명
예교수), 옥조근정훈장 받음. 환경재단 136포럼 공동대표(2005년까지). 창비 웹매
거진에 김명환·설준규와의 대화 「영문학연구에서 시민사회의 현안까지」 발표. 3
월 '새만금 바다도시 중간쎄미나'에 참석·발표하고 뒤에 그 내용을 보완하여 『녹
색평론』에 실음(「새만금 생태보존과 바다도시 논의」, 5-6월호). 4월 민주화운동관

런자명예회복 및 보상심의위원회에서 민주화운동 관련자로 인정. 환경운동연합 10주년기념 심포지엄 '녹색의 주류화를 위하여'에서 「생명지속적 발전을 위하여」 발표. 7월 아내의 회갑을 맞아 러시아와 핀란드, 노르웨이 여행. 하정일과의 대담 「민족문학운동의 역사와 미래」 발표(『작가연구』 제15호). 스웨덴 스톡홀름대 한국학과가 주최한 고은의 시세계 조명 쎄미나에서 「고은의 시세계 — '만인보'와 선시를 중심으로」 발표. 김석철·박세일·성경륭과 「동북아시대 한국사회의 중·장기 전략과 단기적 과제」 좌담(『창작과비평』 겨울호).

2004년   공저서 『21세기의 한반도 구상』(창비) 출간. 서울대 영문과 정년퇴임을 기념하여 설준규·김명환 교수 등 제자들이 엮은 논문집 『지구화시대의 영문학』(창비) 출간. 저서 『흔들리는 분단체제』가 2005 프랑크푸르트 국제도서전에 번역 소개될 '한국의 책 100'에 선정. 4월 '이라크파병 철회 시국선언' 발표에 참여. 마이클 벨, 키스 쿠쉬먼, 정종화 등과 *D. H. Lawrence Studies*의 두번째 국제특집호를 편집하고 논문 "Freud, Nietzsche and *Fantasia of the Unconscious*"를 기고. 9월 '2004 세계문화오픈' 공동대회장 맡음. '국가보안법 폐지촉구 원로 공동선언' 발표에 참여. 평론 「소설가의 책상, 에쎄이스트의 책상 — 배수아 장편 『에세이스트의 책상』 읽기」와 「'창비적 독법'과 나의 소설읽기」 발표. 『지구화시대의 영문학』를 두고 손혜숙·여건종·윤혜준 등 영문학계 후학들과 대화, 「지구화시대의 영문학 — 백낙청 선생과의 대화」 발표(『안과밖』 제17호). 11월 호주 월롱공대학 주최 국제학술회의 '박정희시대: 25년 뒤의 재평가'에서 기조연설을 함. 12월 북한작가 홍석중에게 만해문학상을 시상하기 위해 금강산 방문.

2005년   시민방송 RTV 신년특집의 일환으로 김용민·민경배·조희정·하종강 등과 '백낙청과 인터넷 논객들' 좌담 방영. 1월말 6·15공동선언실천을 위한 남북해외 공동행사 남측준비위원회(후에 '6·15공동선언실천 남측위원회'로 개칭) 상임대표를 맡음. 3월에 남북해외 대표단이 모여 공동위원회 결성. 서울국제문학포럼 '평화를 위한 글쓰기'(5월, 서울)에서 「한반도에서 화해와 평화 찾기: 황석영 소설 『손님』의 경우」 발표. 6월초 처음으로 평양을 방문하여 6·15민족공동행사를 위한 사전조율을 하고 중순에 6·15선언 5돌기념 축전에 남측 단장으로 참여. 월롱공 학술회의 기조연설문을 수정·보완한 「박정희시대를 어떻게 생각할까」(『창작과비평』 여름호) 발표로 많은 논란을 일으킴. 7월 평양에서 열린 '6·15공동선언실천을 위한 민족작가대회'에 명예손님으로 참가하여 축하연설을 하고 남북 작가들이 함께 백두산 천지에 올라 '통일문학의 새벽' 행사를 함. 8월 서울에서 개최된 남북해외

공동행사를 주관.『한겨레』8월 15일자에 강만길 교수와의 대담「분단의 과거, 평화의 미래」게재. 9월 (재)시민방송 제2기 출범과 더불어 이사장 연임. 경기문화재단 주최 '광복 60주년 기념 세계평화축전 도라산 강연회'에서「6·15시대의 한반도와 동북아 평화」발표. 10월『세까이』와 인터뷰. 이 인터뷰는「우리는 지금 통일시대의 들머리에 있다(私たちはいま, '統一時代'のとば口にいる ― 南北關係, 東アジア地域統合, 北の人權問題をめぐって)」라는 제목으로『세까이』2006년 1월호에 실림. 12월 중국 선양에서 열린 6·15공동선언실천 민족공동위원회 회의에 참석.

2006년 1월 (사)세교연구소(이사장 최원식) 창립에 참여, 이후 세교포럼 등 공부모임 참석에 열심을 냄. 문학평론집『통일시대 한국문학의 보람』(창비), 사회비평서『한반도식 통일, 현재진행형』(창비, 5월) 출간. 황종연의 '도전인터뷰'「무엇이 한국문학의 보람인가 ― 문학평론가 백낙청과의 대화」발표(『창작과비평』봄호). 2월『창작과비평』창간 40주년 기념 축하모임 개최. 일본 리쯔메이깐(立命館)대 코리아연구쎈터(소장 서승) 심포지엄에서「한반도의 통일시대와 한일관계」발표.『프레시안』에 서동만 교수와 대담. 계간『사람의 문학』50호를 맞아 시인 김용락과 대담. 5월 전남대 5·18연구소에서 주최한 5·18민중항쟁 제26주년 기념 국제학술대회 '민주주의, 평화, 통일과 시민사회'에서「한반도식 통일과정과 시민사회의 역할」발표. 대통령 통일고문회의 의장 맡음(2007년 말까지). 6월 제11회 늦봄통일상 수상.『창작과비평』창간 40주년을 기념해 창비와 세교연구소가 공동으로 개최한 한중일 국제심포지엄 '동아시아의 연대와 잡지의 역할'에 참여. 광주와 목포에서 6·15공동선언 6주년기념 민족공동행사를 주관. 7월 6·15민족문학인협회가 결성되면서 고문을 맡음.『대산문화』가을호에 서준섭 교수와 대담. 8·15평양축전이 북녘의 큰물피해로 무산되자 남측위원회에서 남북수해민돕기운동을 벌임. 10년 가까이 공동작업을 해온 원불교 교전 새 영역본 완간. 민화협과 한겨레통일문화재단이 공동주최한 '2006년 한반도 평화와 상생을 위한 학술회의'에서「남남갈등에서 한반도 선진사회로 ― 어디가 중도이며 어째서 변혁인가」발표(수정 보완하여『창작과비평』겨울호에 수록). 10월 민주화운동기념사업회 주관으로 토오꾜오에서 열린 한일 국제심포지엄 '동북아시아 평화를 위한 한국과 일본의 역할'에서「한반도의 시민참여형 통일과 전지구적 한민족 네트워크」발표. 이 달로 예정됐던 6·15민족공동위원회 공동위원장회의는 북핵실험 사태로 남측이 연기를 요구. 11월『프레시안』창간 5주년 기념강연에서「한반도식 통일과 북의 핵실험」발표. 12월 평양을 방문하여 북측위원회 안경호 위원장과 회동하고 2007년도 민족공동위 사업의 윤곽에 합의. 지강유철의『인물과사상』인터뷰에 응함(「통일시대의 남남갈등과 실명비평」, 2007년 1월호에 게재).

2007년   3월초에 6·15공동선언실천 남측위원회 상임대표로 재선되고(임기 2년), 중
순에 선양에서 열린 민족공동위 회의에 남측대표단을 이끌고 참석. 4월 평론집
『민족문학과 세계문학』이 『한국일보』가 뽑은 우리 시대의 명저 50권에 선정됨.
『오마이뉴스』에서 「변혁적 중도주의 제창한 문학평론가 백낙청」 인터뷰(묻는이
이명원). 5월 남북열차 시험운행에 동승, 개성 방문. 민주화운동기념사업회와
UCLA 한국학연구소, 민화협 미주한인협의회 공동주최로 로스앤젤레스에서 열린
'6월항쟁 20주년기념 국제심포지엄'의 기조연설에서 「6월항쟁 이후 20년, 어디까
지 왔으며 어디로 갈 것인가」 발표(이후 『황해문화』 여름호에 실림). 전해에 있었
던 『프레시안』 창간 5주년 기념강연과 토론(신영복, 백낙청 등)을 엮은 『여럿이 함
께』(프레시안북) 출간. 『경향신문』에서 민주화 20년을 맞아 각계 지식인 74명을 대
상으로 실시한 설문조사에서 지난 20년간 한국사회에 가장 큰 영향을 준 지식인으
로 뽑힘. 『창작과비평』 여름호에 평론 「외계인 만나기와 지금 이곳의 삶」 발표. 6
월 학교법인 원광학원 개방이사로 취임(임기 4년). 『한겨레』에 「변혁과 중도를 다
시 생각할 때」를 기고하고 이를 주제로 권태선 편집인과 대담. 6·15공동선언 7주
년 기념 민족통일대축전에 남측단장으로 평양 방문, 논란 끝에 행사를 치름. '2007
아시아·아프리카 문학페스티벌 ─ 전주' 조직위원장을 맡음. 7월 장남 웅재가 신
성희(申星姬)와 결혼. 마이클 벨, 버지니아 하이드, 정종화 등과 *D. H. Lawrence
Studies*의 세번째 국제특집호를 편집. 8·15민족공동행사의 부산 개최를 준비하던
중 북측의 불참통보로 행사가 무산됨(뒤이은 제2차 남북정상회담 개최합의 발표로
불참원인에 대한 내부논란이 가라앉음). 9월 모친상을 당함. 시민방송 RTV 이사장
임기를 마치고 명예이사장으로 추대됨. 10월초 남북정상회담의 특별수행원으로
평양을 다녀옴. 『백낙청 회화록』(1~5) 간행.

어떻게 할 것인가
김우창 백낙청 유종호 _ (좌담, 『세계의 문학』 1976년 가을호)

하나의 세계를 지향하는 한민족의 이상
홍현설 성내운 최동희 이호재 백낙청 _ (좌담, 『독서신문』 1977년 6월 19일·26일자)

분단시대의 민족문화
강만길 김윤수 리영희 임형택 백낙청 _ (좌담, 『창작과비평』 1977년 가을호)

한국기독교와 민족현실
박형규 백낙청 _ (대담, 『창작과비평』 1978년 봄호)

학생 독자들과의 좌담
최규덕 주종택 황인하 백낙청 _ (좌담, 『월간독서』 1978년 11월호; 백낙청 『인간해방의 논리를 찾아서』,
시인사 1979)

오늘의 여성문제와 여성운동
이효재 이창숙 김행자 서정미 백낙청 _ (좌담, 『창작과비평』 1979년 여름호)

1980년대를 맞이하며
서남동 송건호 강만길 백낙청 _ (좌담, 『창작과비평』 1980년 봄호 수록 예정 중 비상계엄하 군 검열로 삭제)

제2권

김지하 시인과의 대담
백낙청 김지하 _ (대담, 원제 「민중, 민족 그리고 문학」, 『실천문학』 1985년 봄호)

80년대의 민족운동과 한국문학
박현채 최원식 박인배 백낙청 _ (좌담, 백낙청·염무웅 엮음 『한국문학의 현단계』 IV, 창작과비평사 1985)

현단계 한국사회의 성격과 민족운동의 과제
백낙청 정윤형 윤소영 조희연 _ (좌담, 『창비 1987』)

민족문학과 재일문학을 둘러싸고
백낙청 이회성 양민기 _ (좌담, 『민또오(民濤)』 1988년 여름호)

민족통일운동과 민주화운동
박현채 백낙청 양건 박형준 _ (좌담, 『창작과비평』 1988년 가을호)

東アジア地域統合, 北の人權問題をめぐって」, 『세까이(世界)』 2006년 1월호)

북 인권 정략적 압박은 주민생존권 위협
백낙청 김진호 _ (인터뷰, 『경향신문』 2005년 12월 23일자)

분단현실 망각한 양극화 논의는 공허
백낙청 서동만 박인규 _ (좌담, 『프레시안』 2006년 2월 20일자)

무엇이 한국문학의 보람인가
백낙청 황종연 _ (인터뷰, 『창작과비평』 2006년 봄호)

한국사회 변화를 논하다
백낙청 정운찬 권영빈 _ (좌담, 『중앙일보』 2006년 3월 6일·7일자)

분단현실 망각하는 진보담론
백낙청 안철흥 _ (인터뷰, 원제 「분단현실 망각하고 진보담론 펼쳐 최장집 교수 비판」, 『시사저널』 2006년
5월 16일자)

'우리의 교육지표' 사건을 말한다
백낙청 우리의 교육지표사건 조사단 _ (인터뷰, 『'우리의 교육지표' 사건 구술자료 채록사업 결과보고서』
2006년 5월 30일)

문학에서 통일로
백낙청 김용락 _ (인터뷰, 원제 「문학에서 통일로, 통일운동의 대가 백낙청 교수」, 『사람의 문학』 2006년
여름호)

6·15광주축전을 '5월의 전국화' 계기로
백낙청 설정환 _ (인터뷰, 원제 「어깨에 힘을 빼고 할 수 있는 통일작업이 필요」, 『주먹밥』 2006년 여름호)

백낙청·공지영의 통일이야기
백낙청 공지영 _ (대담, 광주MBC TV 2006년 6월 9일)

『한반도식 통일, 현재진행형』을 말하다
백낙청 김호기 왕상한 _ (토론, KBS 1TV 'TV, 책을 말하다' 2006년 6월 19일)

통일 노력 없는 평화 주장은 공허
백낙청 김진호 _ (인터뷰, 『경향신문』 2006년 6월 13일자)

나의 문학비평과 불교, 로렌스, 원불교
백낙청 서준섭 _ (대담, 원제 「불교, 로렌스, 원불교는 내 문학비평의 오랜 화두」, 대산문화재단 홈페이지
www.daesan.or.kr 웹진 2006년 가을호)

염무웅(廉武雄) 1941년 강원도 속초에서 태어났고 영남대 교수와 민족문학작가회의 이사
장을 역임했다. 현재 영남대 명예교수와 6·15민족문학인협회 공동대표로 있다. 저서
『한국문학의 반성』『민중시대의 문학』『혼돈의 시대에 구상하는 문학의 논리』『모래 위
의 시간』 등이 있다.

임형택(林熒澤) 1943년 전남 영암에서 태어났고 현재 성균관대 교수와 대동문화연구원 원
장으로 있다. 저서 『한국문학사의 시각』『실사구시의 한국학』『한국문학사의 논리와 체
계』, 편역서 『이조한문단편집』『이조시대 서사시』, 공역서 『역주 백호전집』 등이 있다.

최원식(崔元植) 1949년 인천에서 태어났고 현재 인하대 교수와 인천문화재단 대표이사,
세교연구소 이사장으로 있다. 저서 『민족문학의 논리』『한국근대소설사론』『한국계몽
주의문학사론』『문학의 귀환』『생산적 대화를 위하여』 등이 있다.

백영서(白永瑞) 1953년 인천에서 태어났고 현재 연세대 교수와 계간 『창작과비평』 주간
으로 있다. 저서 『동아시아의 귀환』『중국 현대 대학문화 연구』『동아시아의 지역질
서』(공저), 편서 『중국 사회성격 논쟁』『동아시아, 문제와 시각』 등이 있다.

유재건(柳在建) 1954년 서울에서 태어났고 현재 부산대 사학과 교수와 계간 『창작과비
평』 편집위원으로 있다. 공역서 『고대에서 봉건제로의 이동』『근대 세계체제』『영국 노
동계급의 형성』 등이 있다.

김영희(金英姬) 1957년 서울에서 태어났고 현재 한국과학기술원 교수와 계간 『창작과비
평』 편집위원으로 있다. 저서 『비평의 객관성과 실천적 지평』, 역서 『토박이』『변증법
적 문학이론의 전개』(공역), 『미국의 꿈에 갇힌 사람들』(공역) 등이 있다.

백낙청 회화록 간행위원회
—

염무웅 영남대 명예교수
임형택 성균관대 교수
최원식 인하대 교수
백영서 연세대 교수
유재건 부산대 교수
김영희 한국과학기술원 교수
—

백낙청 회화록 5

초판 1쇄 발행 2007년 10월 20일

엮은이/백낙청 회화록 간행위원회
펴낸이/고세현
펴낸곳/(주)창비
등록/1986년 8월 5일 제85호
주소/413-756 경기도 파주시 교하읍 문발리 513-11
전화/031-955-3333
팩시밀리/영업 031-955-3399 · 편집 031-955-3400
홈페이지/www.changbi.com
전자우편/human@changbi.com
인쇄처/우진테크

ISBN 978-89-364-8326-5 03080
ISBN 978-89-364-7981-7(세트)